Richard Hill Tiddeman, Thomas Arnold

The history of the Peloponnesian war

Illustrated by maps, taken entirely from actual surveys by Thucydides

Richard Hill Tiddeman, Thomas Arnold

The history of the Peloponnesian war
Illustrated by maps, taken entirely from actual surveys by Thucydides

ISBN/EAN: 9783742862419

Manufactured in Europe, USA, Canada, Australia, Japa

Cover: Foto ©ninafisch / pixelio.de

Manufactured and distributed by brebook publishing software (www.brebook.com)

Richard Hill Tiddeman, Thomas Arnold

The history of the Peloponnesian war

ΘΟΥΚΥΔΙΔΗΣ.

THE HISTORY OF
THE PELOPONNESIAN WAR,
BY THUCYDIDES:

ILLUSTRATED BY MAPS, TAKEN ENTIRELY FROM ACTUAL SURVEYS;

WITH NOTES,

CHIEFLY HISTORICAL AND GEOGRAPHICAL,

BY

THOMAS ARNOLD, D.D.

LATE HEAD MASTER OF RUGBY SCHOOL, AND FORME
OF ORIEL COLLEGE, OXFORD.

SIXTH EDITION.

VOL. III. PART II.

CONTAINING THE INDEXES,

BY THE REV. R. P. G. TIDDEMAN, M

OXFORD,
AND 377, STRAND, LONDON;
JOHN HENRY and JAMES PARK
WHITTAKER AND CO. LONDON.
M DCCC LXIII.

CONTENTS.

PREFACE.

INDEX OF WORDS, PHRASES AND CONSTRUCTIONS.

HISTORICAL AND GEOGRAPHICAL INDEX.

A NEW RECENSION OF THUCYDIDES, BY L. DINDORF, COLLATED WITH BEKKER'S AND ARNOLD'S TEXTS.

PREFACE.

In stating the service which I hope the accompanying Indexes may be found to do to the reader, I must be understood of course to speak chiefly, though not merely, with reference to his first perusal of Thucydides; when the chief impediment will be found to be, —as regards the text, the periodical change of scene, and consequent interruption of the narrative at the conclusion of each summer or winter season;—and as regards a considerable portion of the notes, original or selected by Dr. Arnold, the fact that there is not in them sufficient reference made to the parallel notes or passages; and that frequently the references which *are* given, are only made by figures, involving the expenditure of more time, in turning out the passages, than can well be spared by the junior student who has various lectures to prepare for;—and leaving him to discover, as he may, the precise portions of a passage (with perhaps much parenthetic matter interposed) which belong to the illustration of the subject of the note.

In removal of the former difficulty, a single consultation of the Historical Index will present him with a connected and I trust complete view of all the passages in which the subject of his search has been noticed by the author. The causes, manifestations, effects and changes of the interests, sympathies, or enmities of the agents, principal or subordinate, in the great war here chronicled, will be traceable from first to last as recorded by Thucydides. The scattered, and therefore, on a first reading but feeble lights occurring here and there in our author's incidental mention of an institution or office will now be found to converge with united power upon its illustration.

In regard to exegetical or grammatical notes, in many of which reference was made by figures only, portions of the text have been given in the Index, sufficient to exemplify the usages, constructions, or phrases in question, and to enable the student the more readily to apprehend the force of the inductions drawn by the several annotators.

The Collation with the texts of Bekker and Arnold of a New Recension of Thucydides by Louis Dindorf, which concludes this volume, will at once commend itself to the favour of all who have benefited by the many former labours of that distinguished scholar.

MAGDALEN HALL,
JUNE 9, 1854.

INDEX

OF

WORDS, PHRASES AND CONSTRUCTIONS.

ἈΒΔΑΒΗΞ· εἶναι τὰς σπονδὰς—ἀδόλους καὶ ἀβλαβεῖς, v. 18, 3 n.

ἀβροδίαιτος· διὰ τὸ ἀβροδίαιτον (a confused structure), i. 6, 3 n.

ἀγαθός· καλοὶ κἀγαθοί, iv. 40, 2 n.

ἀγάλλομαι· τοῖς ἄλλοις, οἷς ὁ πόλεμος ἀγάλλεται· vi. 41, 3 Sch.

ἄγαν· καὶ ἄγαν εἰ τύχοιμεν, iv. 63, 2 n. modified by τι, in ἢν γάρ τι καὶ ἄγαν θειασμῷ τε καὶ τῷ τοιούτῳ προσκείμενος, vii. 50, 4 n. μὴ ἐκπεπλῆχθαί τι ταῖς ξυμφοραῖς ἄγαν, 63, 3.

ἀγανάκτησις· ἀγανίκτησιν ἔχει, ii. 41, 3 n.

ἀγγελία· ἡ ἀγγελία τῶν πόλεων ὅτι ἀφεστᾶσι· i. 61, 1. ἀγγελία τῆς Χίου, viii. 15, 1 n.

ἄγγελος· ἀγγέλων a suspected reading, v. 82, 4 nn.

ἀγήρως· τὸν ἀγήρων ἔπαινον ἐλάμβανον, ii. 43, 2 n. τὸ γὰρ φιλότιμον ἀγήρων μόνον. 44, 6 n.

ἄγνοια· φοβούμενοι μὴ τῷ ὄντι ὦσι καὶ πρός τινα εἰπών τίς τι ἀγνοίᾳ σφαλῇ viii. 92, 11 Sch.

ἀγορά· ἀγορὰν ἔξω τῆς πόλεως, i. 62, 1 n. ναύσταθμον—αὐτοῖς πλοίων καὶ ἀγορᾶς, iii. 6, 2 n. τοῦ περιτειχίσματος τὸ κατὰ τὴν ἀγοράν, v. 115, 4 n. τὴν ἀγορὰν τῶν πωλουμένων, vii. 39 n. cf. *Provisions* in Hist. Index. ἐν τῇ ἀγορᾷ πληθούσῃ, viii. 92, 2 n.

ἀγοράζω· ἐσελθόντες ἠγόραζον ἐς τὴν πόλιν, vi. 51, 1 n.

ἅγος· = sacer. τὸ ἅγος ἐλαύνειν τῆς θεοῦ, i. 126. 2 n. ἅγος euphemism for μύσος, n. i. 126, 11.

ἄγραφος· ὅσοι (sc. νόμοι) ἄγραφοι ὄντες, ii. 37, 4 n.

ἀγρός· often used without the article; why, n. i. 10, 2.

ἄγω· ἐξελθόντες—καὶ ἄγοντες τὴν ἡμέραν ταύτην πάντα τὸν χρόνον, v. 54, 3 n. καὶ οἱ ἐν τῇ Σάμῳ τιμιώτερον—αὐτὸν ἄγοιεν, viii. 81, 2 n. its coincidence in meaning with *duco, ago, brechen, do, hold, break;* related to ἄξιος? ib. n.

ἀγωγή· τὴν ἀγ. διὰ τάχους ἐποιεῖτο. iv. 29, 1 n. μὴ κατασχεῖν τὴν ἀγ., vi. 29, 3. ἀγωγή·=προσαγωγή, v. 85. Sch.

ἀγωγός· ii. 12, 3 n.

ἀγών· ἦλθον ἐς ἀγῶνα τῆς δόξης, iii. 49, 2 n. προελθὼν ἐς τὸν ἀγῶνα, v. 50, 4 n. πολὺν τὸν ἀγῶνα καὶ ξύστασιν τῆς γνώμης, vii. 71, 1 n. παισὶ δ' αὖ—ἦ ἀδελφοῖς ὁρῶ μέγαν τὸν ἀγῶνα· ii. 45, 1. οὐ περὶ τῶν ἐν Σικελίᾳ Ἐγεσταίων ἡμῖν—ὁ ἀγών, vi. 11, 6. καὶ ἦν δὲ ἄξιος ὁ ἀγών, vii. 56, 3. τὸ δὲ, —τούσδε τε κολασθῆναι, καὶ τῇ πάσῃ Σικελίᾳ—ἐλευθερίαν βεβαιοτέραν παραδοῦναι, καλὸς ὁ ἀγών, 68, 3. ἀγὼν τιμητός, n. viii. 67, 3; cf. ἀγώνισμα.

ἀγωνίζομαι· ἀγωνίσασθαι to be taken twice over, viii. 27, 2 n.; cf. iii. 68, 2 n. ἐκ περιόντος ἀγωνιεῖσθαι, viii. 46, 5 n.

ἀγώνισμα· ὅτι ἀπάτῃ περιγενόμενος ξυνέσεως ἀγώνισμα προσελάμβανε. iii. 82, 14. νομίζοντες—καλὸν σφίσιν ἐς τοὺς Ἕλληνας τὸ ἀγώνισμα φανεῖσθαι, vii. 56, 2. ἐνόμισαν καλὸν ἀγώνισμα σφίσιν εἶναι—ἑλεῖν τε τὸ, κ. τ. λ. 59, 2 n. ὁ γὰρ Γύλιππος καλὸν τὸ ἀγώνισμα ἐνόμιζέν οἱ εἶναι, 86, 2 n. τοῖς Χίοις καὶ ἑαυτῷ καὶ Χαλκιδεῖ καὶ τῷ ἀποστείλαντι Ἐνδίῳ—τὸ ἀγώνισμα προσθεῖναι—, viii. 17, 2.

ἀγωνισμός· πολλὴ δὲ ἡ ἀντιτέχνησις τῶν κυβερνητῶν καὶ ἀγωνισμὸς πρὸς ἀλλήλους· vii. 70, 3 n.

ἀδεής· μὴ †ἀδεεῖς† εἶναι κινδυνεύειν, vi. 87, 4 n.

ἄδεσμος· ἐν φυλακῇ ἀδέσμῳ, iii. 34, 3 n.

ἀδεῶς· ὡς παρὰ φίλους καὶ εὐεργέτας †Ἀθηναίους† ἀδεῶς ἀπιέναι. vi. 50, 4 n.

ἄδηλος· ἄδηλον ὃν ὁπότε—, i. 2, 2 n. ἔχθραν προσποιησάμενος ἄδηλον, viii. 108, 4 n.

ἀδήλως· ἀδ. τῇ ὄψει πλασάμενος πρὸς τὴν ξυμφοράν, vi. 58, 1 n.; cf. i. 92, 1.

ἀδικέω and βλάπτω distinguished, iv. 98, 1 n.

ἀδόκητος· τῷ ἀδοκήτῳ, vi. 34, 8 n.; cf. εἰκότι, ii. 89, 8 n.

ἄδολος· εἶναι τὰς σπονδὰς—ἀδόλους καὶ ἀβλαβεῖς, v. 18, 3 n.

ἀδύνατος· ἦν οἱ ἐχθροὶ—ἀδύνατοι ὦσιν. vi. 85, 1. αἱ γὰρ νῦν οὖσαι πόλεις ξύμμαχοι ἀδύνατοι, vii. 14, 2. ἀδύνατοι ἐγένοντο τοῖς χρήμασι. 28, 4. ἀδύνατοι ὄντες διὰ τὸ μέγεθος τῆς πόλεως καὶ διὰ τὴν ἀλλήλων ἀγνωσίαν, viii. 66, 3 n. its positive rather than negative sense in the above passages, ib. n. its neuter plural preferred to the singular; ἀδύνατα ἦν, i.

1, 3 n. 59, 2. 125, 2 n. iii. 88, 1, v. 14, 3.

ἀδωρότατος· χρημάτων—διαφανὼς ἀδ. ii. 65, 8 n.

ἀεί, with indic. m. i. 84, 6 n. ἀεὶ γὰρ τὰ πόλλα—μάλιστα καθεστήκει, iv. 80, 2 n.

ἀζήμιος· ἀζημίους—ἀχθηδόνας, ii. 37, 3 n.

ἀθλητής· ἰδίᾳ δὲ ἑταινίουν τε καὶ προσήρχοντο ὥσπερ ἀθλητῇ. iv. 121, 1 n.

ἀθρόος· ἀθρόοι ξυνελθόντες, iii. 111, 2 n. τὸν στρατὸν ἐμβοήσαντα — ἀθρόον, iv. 112, 2 n. ἀθρόον not in the neuter gender, ib.; cf. vi. 49, 2 n.

ἀθυμέω· ἡμεῖς δὲ τῆς ἡμετέρας ἀρχῆς —οὐκ ἀθυμοῦμεν τὴν τελευτήν· v. 91. Sch. τὰ τῶν πόλεων οὐκ ἂν βέβαια ἔχοντες, εἰ ὑποδέξοιντο, ἀθυμοῖεν. vi. 34, 5 n.

αἰδώς = αἰσχύνη, i. 84, 5 n.

αἱμασιά· οἱ δὲ ὑποχωρήσαντες πρὸς αἱμασιὰν—βάλλοντες τοῖς λίθοις, iv. 43, 3 n.

αἴρω· πόλεμον—αἰρομένων, iv. 60, 2 n; see σημεῖον.

αἰσθάνομαι· πρὸς ἀνθρώπων τῶν αἰσθανομένων, i. 71, 6 n. αἰσθανόμενος τῇ ἡλικίᾳ, v. 26, 5. ὡς πρὸς αἰσθύμενους καὶ μὴ ἐπιτρέψοντας, vi. 40, 1 Sch.

αἰσχρός· τὸ πένεσθαι οὐχ ὁμολογεῖν τινὶ αἰσχρὸν, ἀλλὰ μὴ διαφεύγειν ἔργῳ αἴσχιον, ii. 40, 2 n. ἐκ τοῦ αἰσχίονος, vi. 10, 2 n; cf. viii. 27, 3. αἴσχρον μᾶλλον, iii. 63, 8 n. ἐν τοῖς αἰσχροῖς καὶ προὔπτοις κινδύνοις, v. 111, 4 n.

αἰσχύνη· τὴν—πλεῖστα διαφθείρουσαν ἀνθρώπους αἰσχύνην, v. 111, 4 n. αἰσχύνην αἰσχίω—προσλαβεῖν. ib. n.

αἰσχύνομαι to have a sense of shame, n. to i. 83, 5. ἐν τοῖς ἔργοις αἰσχυνόμενοι ii. 43, 1 n. v. 9, 6.

αἰτία· τὴν αἰτίαν ἐπιφέρειν, iii. 81, 4 n. ἐν αἰτίᾳ ἔχοντες τὸν Ἆγιν, v. 60, 5 n. τὴν αἰτίαν οὐχ ἔξω πιστὴν ἀποδεικνύ-

ναι, ἀλλ' ἤ—ἐπιφέρειν, ἤ—ἀφῖχθαι. different applications of αἰτίαν ἔξω, iv. 85, 4 n; see ἔχω. τῆς αἰτίας τῶν κινδύνων—τὴν τιμωρίαν ὑφέξετε. vi. 80, 4 n.
αἰτιάω· ἐποιήσαντο—οὐδὲ ἠτιαμένων πολλὴν τὴν ἀπολογίαν, iii. 61, 1 n. αἰτιωμένων Κορινθίων ξυνθέσθαι σφίσι· v. 32, 7 Sch. n.
αἴτιον· αἴτιον δὲ ἦν οἱ Λακεδαιμόνιοι—, iv. 26, 5 n. αἴτιον δ' ἐγένετο—οἱ μὲν πολλοὶ—, viii. 9, 3 n.
αἴτιος· ἐν τούτῳ ὑμᾶς αἰτιωτέρους ἡγήσονται. iv. 20, 2 Sch. αἰτιώτατος —ναυμαχῆσαι, i. 74, 1 n.
αἰφνίδιος· αἰφνίδιοι δὲ ἦν προσπέσωσιν, vi. 49, 2 n.
αἰχμάλωτος· τῶν σφετέρων νεῶν τῶν αἰχμαλώτων ὅσαι ἦσαν ὑγιεῖς ἐκομίσαντο, viii. 107, 3 n.
αἰὼν δι' ὅλου τοῦ αἰῶνος, i. 70, 9 n.
ἀκάτιον· ἀκ. ἀμφηρικόν, iv. 67, 2 Sch.
ἀκίνητος· νόμοις ἀκινήτοις, iii. 37, 3 n.
ἀκμάζω· ἀκμάζοντες—ἐς αὐτὸν—παρασκευῇ τῇ πάσῃ, i. 1, 1 n. τοῦ σίτου ἀκμάζοντος, ii. 19, 1 n. τὸ γὰρ ναυτικὸν—τὸ μὲν πρῶτον ἤκμαζε, vii. 12, 3; cf. 14, 1 n.
ἀκμή· βραχεῖα ἀκμὴ πληρώματος, vii. 14, 1 n. τύχης ἅμα ἀκμῇ, ii. 42, 5 n.
ἀκολασία· τῆς δὲ ὑπαρχούσης ἀκολασίας—μετριώτεροι ἐς τὰ πολιτικὰ εἶναι. vi. 89, 5 n; cf. viii. 64, 5.
ἀκολουθέω· μὴ ὕστεροι ἀκολουθῆσαι δοκεῖν τῇ γνώμῃ, iii. 38, 4 n.
ἀκόλουθος· vi. 28, 1 n.
ἀκούσιος· τῶν ἀκ. ἁμαρτημάτων, iv. 98, 6 n.
ἀκουσίως· οὐδενὶ γὰρ ἀκ. ἀφῖχθαι, iii. 31, 1 n.
ἄκρα· βουλόμενος κατ' ἄκρας καὶ βεβαίως ἑλεῖν αὐτήν· iv. 112, 3 n. τὴν ἄκραν τὸ Ἡραῖον, v. 75, 6 n.
ἄκρατος· διαρροίας ἀκρ. ii. 49, 7 n.
ἀκριβής· ὥστε ἀκριβῆ τὴν πρόφασιν γενέσθαι, iv. 47, 2 n. καί τι καὶ ἐντὸς τοῦ ἀκριβοῦ †πείσονταί† τινα ὠφελη-

θῆναι. v. 90 n. διὰ τὸ πρότερον ξυνηθες —, ἐς δὲ τοὺς ἐπικούρους ἀκριβές, vi. 55, 3 n.
ἄκριτος· ἔτι δ' ὄντων ἀκρίτων, iv. 20, 2 Sch. and n.
ἀκρίτως· διὰ τὸ ἀκρίτως ξυνεχὲς τῆς ἁμίλλης, vii. 71, 4 Sch.
ἀκροάομαι· οὔτε λόγου μιᾷ γνώμῃ ἀκροᾶσθαι, vi. 17, 4 Sch.
ἀκροατής· ἀκ. τῶν ἔργων, iii. 38, 4 n.
ἄκρος· ἐς ἄκρας χεῖρας καὶ πόδας, ii. 49, 8 n.
ἀκροτελεύτιον· μαντείου ἀκροτελεύτιον, ii. 17, 2 n.
ἀκρωτήριον· sing. num. a promontory. ἀκρωτήρια, pl. num. the extremities, ἀκρωτηρίων ἀντίληψις, ii. 49, 8 n.
ἄκων· ἄκων καὶ κατὰ σπουδήν, ii. 90, 3 n. ἐπὶ τοὺς ἀποίκους ἄκοντας μετὰ μισθοῦ ἐλθεῖν. vii. 57, 9 n.
ἀλήθεια· οὐ λόγων—κόμπος τάδε μᾶλλον ἢ ἔργων ἐστὶν ἀλήθεια, ii. 41, 2. ἀλήθεια, opp. to ὑπόνοια, in τῶν δ' ἔργων τὴν ὑπόνοιαν ἡ ἀλήθεια βλάψει, § 4 n; cf. n. viii. 92, 9.
ἀληθής· πρόφασιν μὲν—τὸ δὲ ἀληθές, vi. 33, 2; cf. n. viii. 99, 9.
ἀληπτότεροι τοῖς πέλας, i. 37, 4 n. ἀληπτοτέρους ἔχειν, 82, 4. ἀληπτότεροι, 143, 6.
ἁλίσκομαι· κόπῳ ἁλίσκεσθαι. vii. 40, 3 n.
ἀλιτήριος· ἀλιτήριοι τῆς θεοῦ, i. 126, 12 n.
ἀλλά· original meaning of, i. 133 n. two different applications of ἀλλά μηδέ, iii. 42, 7 n. οὐ μέντοι ἀλλὰ καί, v. 43, 2 n. ἀλλά repeated after a parenthesis; ἀλλ' ἔτι καὶ νῦν—ἀλλ' ἤτοι μαθόντες γε ἢ μεταγνόντες,—αὔξετε, vi. 40, 1 n.
ἄλλος· ἐς τὰ ἄλλα, 1. 2, 6 n. τά τε ἄλλα, iii. 3, 6 n. τἆλλα with explanation subjoined; καὶ τἆλλα ἐπιστείλαντες τὰ πρέποντα εἰπεῖν, viii. 72, 2 n. the crasis τἆλλα to be used when there is no substantive with it, iii. 90, 5 n. ἄλλας δὲ ἄλλῃ τοῦ τεί-

χους, ii. 76, 4. εἴτε καὶ αὐτῷ ἄλλο τι ἢ κατὰ τὸ αὐτὸ δόξαν ἐξαίφνης, v. 65, 3 n. ἢ ἄλλο τι ξυνήκετε ἢ—βουλεύσοντες, v. 87, n; cf. ἄλλο οὐδὲν ἢ ἐκ γῆς ἐναυμάχουν, iv. 14, 3. τί ἄλλο οὗτοι ἢ ἐπεβούλευσαν.; iii. 39, 2. τί ἄλλο ἢ ἐν πολεμίᾳ—καταλείψετε; 58, 6. ἀπόγνοια—τοῦ ἄλλο τι ἢ κρατεῖν τῆς γῆς, iii. 85, 2 n. ἄλλοσε· μεταστήσοντάς ποι ἄλλοσε, iv. 48, 1 n.
ἄλλοτε· iii. 104, 7 n.
ἀλλότριος opp. to οἰκεῖος· τοῖς μὲν σώμασιν ἀλλοτριωτάτοις — χρῶνται, τῇ γνώμῃ δὲ οἰκειοτάτῃ, i. 70, 6 n.
ἀλλοτριόω· τῶν σωμάτων τὴν πόλιν οὐκ ἀλλοτριοῦντες, iii. 65, 3 n.
ἀλλοτρίωσις· οὐχ ὁμοία ἡ ἀλλοτρίωσις, i. 35, 5 n.
ἄλλως· explained; its force, compared with that of ἕτερος, in composition, i. 109, 3 n. inaccurate use of, ii. 50, 2 n. καὶ ἄλλως, iii. 39, 5 n. ἄλλως τε· ἄλλως τε οὐκ εὔπορον—καὶ —, iv. 78, 2 n. ἄλλως τε· = ἄλλως τε καὶ, vi. 72, 2 n. τὰς — Φοινίσσας ναῦς μένοντες, ἄλλως ὄνομα καὶ οὐκ ἔργον, viii. 78 nn.
ἀλόγως· ἀλ. σωφρονοῦσιν, ὑμεῖς δ' εὐλόγῳ προφάσει—, vi. 79, 2 n.
ἄλφιτον· οἴνῳ καὶ ἐλαίῳ ἄλφιτα πεφυραμένα, iii. 49, 4 n. σῖτον—ἐκπέμπειν—μεμαγμένον—ἀλφίτων, iv. 16, 1 n.
ἅμα· used as a predicate, iv. 30, 4 n. ἅμα—ἅμα do not answer to each other in vii. 70, 1 n.
ἀμαθής· ἀμαθέστερον τῶν νόμων τῆς ὑπεροψίας, i. 84, 5 n. ἀμαθέστεροι τῶν νόμων, iii. 37, 4.
ἀμαθῶς· τὰς ξυμφορὰς τῶν πραγμάτων —ἀμαθῶς χωρῆσαι, i. 140, 3 n. n. to i. 21, 1.
ἁμαρτάνω· ὅσα ἡμάρτομεν πρότερον— διδασκαλίαν παρέξει, ii. 87, 9 n. πεφύκασι —ἅπαντες — ἁμαρτάνειν, iii. 45, 2 n. εἰ γνώμῃ ἁμάρτοι, vi. 78, 3 Sch.

ἁμάρτημα· τῶν ἀκουσίων ἁμ. καταφυγὴν εἶναι τοὺς βωμούς, iv. 98, 6 n. πρὸς τὸν Μαντινικὸν—πόλεμον καὶ ἐς ἄλλα ἀμφοτέροις ἁμαρτήματα ἐγένοντο, v. 26, 2 n.
ἁμαρτία· τὴν ἁμ. καταλῦσαι, iii. 46, 1 n.
ἀμάρτυρος· ἁμ. τὴν δύναμιν, ii. 41, 4 n. λόγος ἁμ. ib. n.
ἀμηχανέω and ἀπορέω distinguished; see ἀπορέω.
ἄμιππος· ἱππῆς πεντακόσιοι καὶ ἄμιπποι ἴσοι, v. 57, 2.
ἀμόθι· ἀλεξέμεναι ἀμόθι βουλευσαμένοις, v. 77, 6 n.
ἀμύνω, ἀμύνομαι, different senses and governments of, i. 42, 1 n. Sch. 78, 4. iv. 63, 2. ἄμεινον ἠμύνατο, ii. 11, 5 n. ἐπὶ ἀδύνατον ἀμύνεσθαι οὕτω πόλιν, ii. 11, 7 n.
ἀμφηρικός· ἀκάτιον ἀμφηρικόν, iv. 67, 2 Sch.
ἀμφίβολος· ἐν ἀμφιβόλῳ μᾶλλον γίγνεσθαι, ii. 76, 3 n. ἀμφίβολοι γίγνωνται τῷ πλήθει, iv. 32. 3 n, = βαλλόμενοι ἀμφοτέρωθεν, 36, 3.
ἀμφότερος· ἐμπόριον παρέχοντες ἀμφότερα, i. 13, 5 n. μὴ χείρους κατ' ἀμφότερα, ii. 62, 3 n.
ἀμφοτέρωθεν· βαλλόμενοι ἀμφ. = ἀμφίβολοι, iv. 32, 3 n. 36, 3.
ἄν—ἄν· this repetition exemplified, i. 136, 6. ii. 41, 1 n. vi. 18, 6 n. ἂν repeated after a parenthesis; ἄν μοι δοκοῦσιν,—καὶ ἔτι ἄν—, vi. 11, 2 n. ἂν repeated, owing to a clause intervening between it and its verb; ἢ καὶ αὐτοβοεὶ ἂν—τῆς τῶν μακρῶν τειχῶν —λήψεως οὐκ ἂν ἁμαρτεῖν, viii. 71, 1 n. ἂν with infinitive, after a condition expressed or implied, as at μᾶλλον ἂν αὐτοὺς—τραπέσθαι, i. 72, 3. omission of ἂν apparently occasioned by the first syllable of ἀναγκασθῆναι, in οὕτω γὰρ ἥκιστα ἀναγκασθῆναι Βοιωτούς—, v. 36, 1 n. occasionally omitted when the thing hoped, intended or asserted does

depend on a condition; εἰ γὰρ κρατήσειαν—ἤλπιζον—χειρώσασθαι—, iv. 24, 4. ἄν expressing chance or possibility, αἱρεῖσθε—κἂν περιγενόμενοι—μὴ—λαβεῖν, vi. 80, 5 n. difference between αἱρεῖσθε κἂν μὴ λαβεῖν and αἱρεῖσθε μὴ λαβεῖν, ib. n. ἄν referring to an infinitive, yet placed before a verb or participle preceding it, ὡς δ' ἂν ἐδόκουν—εἰπεῖν, i. 22, 1 n. οὐκ ἂν ἡγοῦνται—ἀνθίστασθαι, ii. 89, 6 n. οὐκ ἂν ἡγεῖται—δύνασθαι, iii. 42, 2 n. οὐκ ἄν οἰόμενοι σφίσι τοὺς Ἀθ. προτέρους ἐπελθεῖν, vi. 69, 1 n. ἄν· with perf. pass. infin. ἐδόκει αὐτῷ ἱκανὴ ἂν κεχῶσθαι δίαιτα, ii. 102, 8. ἠπίστουν —μὴ οὕτω γε †ἄν† πασσυδὶ διεφθάρθαι· viii. 1, 1 n. effect of its addition to perf. infin. pass. κινδύνων τε τοιούτων ἀπηλλάχθαι ἂν τὸ λοιπόν, viii. 2, 4 n. ἄν followed by a future, γνόντες νῦν μᾶλλον ἂν †ἐνδεξομένους†, (the future participle here contravenes a rule of the Grammarians,) v. 15, 2 n. μέγιστον ἂν σφᾶς ὠφελήσειν, v. 82, 5 n. οἱ ἱππῆς τῶν Σ. ἥκιστ' ἂν αὐτοὺς —λυπήσειν· vi. 66, 1 n. ῥᾳδίως ἂν σφίσι τἆλλα προσχωρήσειν. ii. 82, 12. ῥ. ἂν σφ. καὶ τἆλλα προσχωρήσειν. viii. 25, 5 n. οὐκ ἂν ἡσυχάσειν, 71, 1. Dobree would substitute aorists for futures in these passages in conformity with Dawes' canon; see the above nn. Dawes' canon that ἄν must not be joined to the future tense, v. 82, 5 n. ἄν with relatives; ᾧ ἄν—ἢ ἄλλως ὅπως ἄν—, vii. 7, 3 n. effect of its addition to ὅς or ὡς, ὡς ἂν—ξυντάξῃ, vi. 91, 4 n. the optative after a relative used without ἄν, the subjunctive with it, iv. 26, 5 n. οὔτε ὄντα οὔτε ἂν γενόμενα, vi. 38, 1 Sch. ἄν with aorist; see Aorist. ἄν in the sense of ἐάν, ὥστε ἄν τις ἀλῷ—, iv. 46, 4 n. ἂν μὴ ψηφίζηται πολεμεῖν, vi. 13. τὴν πόλιν, ἂν μὲν ἡσυχάζῃ, τρίψεσθαι—, 18, 6. ἀνά· with acc. ἀνὰ τὸ σκοτεινόν· iii. 22, 2 n. difference between this and διὰ τοῦ σκότους, ib. n. ἀναβαίνω· ἀνέβαινον—ἀνέβη—ἀνέβαινον, iii. 22, 4 n. augment of pluperfect omitted, vii. 4, 2. 44, 4 n. ἀναβολή· οὔτε—ἀναβολὴν τοῦ δεινοῦ ἐποιήσατο, ii. 42, 5. μὴ ἐς ἀναβολὰς πράσσετε, vii. 15, 3 n. ἀναγκάζω· ἄγειν—σιτοποιοὺς—ἠναγκασμένους ἐμμίσθους, vi. 22 n. ἀναγκαῖος· ξύμβασιν—καὶ ξυμμαχίαν ἀν. i. 61, 2 n. βρώσεως περὶ ἀν. ii. 70, 1. τὴν ὅπλισιν ἀναγκαίαν οὖσαν, v. 8. 3 n. ἐκ σκηνιδίων καὶ ἀναγκαίας παρασκευῆς, vi. 37, 2 Sch. n. ἐξ ἀναγκαίου τε καὶ τοιαύτης διανοίας, vii. 60, 4 n. τῶν—ἀναγκαίων ξυμφόρων διαναστάς, iv. 128, 5 n. τῆς ἀρχῆς τῷ ἀναγκαίῳ, v. 99 Sch. ὥστε ἀπομάχεσθαι ἐκ τοῦ ἀναγκαιοτάτου ὕψους· i. 90, 3 n; cf. n. viii. 40, 3. τοῖς ἀναγκαιοτάτοις, i. 84, 7. opp. to τὰ ἀχρεῖα, ib. § 5 n. ἀναγκαίως· φέρειν—τὰ δαιμόνια ἀναγκαίως, ii. 64, 3; cf. n. i. 21, 1. ἀναγκαστός· Σικυώνιοι ἀναγκαστοὶ στρατεύοντες, vii. 58, 3 n. εἶχον δὲ ἐπιβάτας ἐκ καταλόγου ἀναγκαστούς· viii. 24, 2 n. ἀνάγκη· προσάγοντες τὰς ἀνάγκας, i. 99, 1 n. ἡ μὲν πενία ἀνάγκῃ τὴν τόλμαν παρέχουσα, iii. 45, 4 n. κατὰ δύο ἀνάγκας, iv. 87, 1 n. ἀπὸ τῆς ἴσης ἀνάγκης, v. 89 n. πλοῖα δὲ ἑκατὸν [ἃ] ἐξ ἀνάγκης μετὰ τῶν ὀλκάδων ξυνέπλει· vi. 44, 1 n; cf. ἀναγκάζω. κατ' ἀνάγκην ἤδη τοῦ ναυτικοῦ προσγεγενημένου, viii. 2, 3 n; see also ἔχω. ἀνάγραπτος· κεῖταί σοι εὐεργεσία ἐν τῷ ἡμετέρῳ οἴκῳ ἐσαεὶ ἀνάγραπτος, i. 129, 2 n. ἀνάγω· ἐκ τοῦ Ὠρωποῦ ἀνήγαγε τὰς ναῦς· viii. 95, 3. οἱ δὲ — ἀνήγοντο μιᾷ καὶ εἴκοσι ναυσὶν ἐς τὴν

Χίων, viii. 10, 2. καὶ ὁ μὲν—ἀνήγετο ταῖς πέντε ναυσί, 12, 3. οἱ δὲ Χῖοι ταῖς λοιπαῖς ναυσὶν ἀναγαγόμενοι, 19, 4; cf. for constructions ἀνανάγω.

ἀναδαίω· ὁ δῆμος τὴν γῆν ἐπενόει ἀναδάσασθαι, v. 4, 2 n. ἀναδασμὸς and κλῆρος explained, ib. n.

ἀναδέομαι· τὰ σκάφη μὲν οὐχ εἷλκον ἀναδούμενοι τῶν νεῶν ἃς καταδύσειαν, i. 50, 1 n. τῶν νεῶν τινὰς ἀναδούμενοι εἷλκον κενὰς, ii. 90, 6; cf. ἃς (sc. ναῦς—διαφθείραντες—ἀνεδήσαντο· ii. 92, 3.

ἀναδιδάσκω· ἀναδιδάσκοντες αὐτὸν τῶν Αἰτωλῶν ὡς εἴη ῥᾳδία ἡ αἵρεσις, iii. 97, 1. οὓς τότε ἔπεμψαν παραμυθησομένους καὶ ἀναδιδάξοντας τοὺς ἐν τῇ Σάμῳ, viii. 86, 1 n.

ἀναζεύγνυμι· n. i. 136, 3. ὁ Τισσαφέρνης ἀπὸ τῆς Ἀσπένδου—ἀναξεύξας ἤλαυνεν ἐπὶ τῆς Ἰωνίας. viii. 108, 3.

ἀναθαρσέω· τῇ γνώμῃ ἀναθαρσοῦντας ἀνθρώπους, καὶ τῇ ὄψει καταφρονεῖν μᾶλλον, vi. 49, 2 n. ἀνεθάρσησάν τε ἄν, vii. 71, 3 Sch.

ἀναιρέω and ἀναιρέομαι distinguished, τούς τε ἄνδρας ἐξ αὐτῶν—ἀνελόμενοι, ii. 84, 4 n. στάσεις—καὶ ἀγῶνας—ἀναιρεῖται, τυραννίδας δέ ἐστιν ὅτε καὶ δυναστείας ἀδίκους, vi. 38, 3 Sch.

ἀναίσθητος· —θάνατος, ii. 43, 6 n.
ἀναισχυντέω, i. 37, 4 n.
ἀναίσχυντος· ἐς ἀναισχύντους θήκας ἐτράποντο, ii. 52, 5 n.

ἀνακηρύσσω· νικῶντος τοῦ — ζεύγους καὶ ἀνακηρυχθέντος Βοιωτῶν δημοσίου, v. 50, 4 n.

ἀνακλάω· ἃς, βρόχους—περιβάλλοντες ἀνέκλων, ii. 76, 4. ὤνευον ἀναδούμενοι τοὺς σταυροὺς καὶ ἀνέκλων, vii. 25, 6 n.

ἀνακρούομαι· = πρύμναν ἐκρούοντο, n. i. 50, 6.

ἀνάκρουσις· n. ii. 89, 12. τὴν γὰρ ἀνάκρουσιν οὐκ ἔσεσθαι τοῖς Ἀθηναίοις ἐξωθουμένοις ἄλλοσε ἢ ἐς τὴν γῆν, καὶ ταύτην δι' ὀλίγου καὶ ἐς ὀλίγον, vii. 36, 5 nn. οὐκ οὔσης αὐτοῖς ἐς πάντα τὸν λιμένα τῆς ἀνακρούσεως, § 6 Sch. σφῶν (sc. Συρακοσίων) ἐχόντων τὴν ἐπίπλευσιν ἀπὸ τοῦ πελάγους τε καὶ ἀνάκρουσιν, ib. χειρῶν σιδηρῶν ἐπιβολαὶ αἱ ἀχήσουσι τὴν πάλιν ἀνάκρουσιν τῆς προσπεσούσης νεώς, 62, 3. διὰ τὸ μὴ εἶναι τὰς ἀνακρούσεις καὶ διέκπλους, vii. 70, 4.

ἀνακῶς· προειρημένης φυλακῆς τῷ φιλίῳ ἐπίπλῳ, ὅπως αὐτῶν ἀνακῶς ἕξουσι, viii. 102, 2 n. Sch.

ἀνακωχή· Κορινθίοις μέν γε ἔνσπονδοί ἐστε, Κερκυραίοις δὲ οὐδὲ δι' ἀνακωχῆς πώποτ' ἐγένεσθε, i. 40, 4 n. Κορινθίοις — ἀνακωχὴ ἄσπονδος ἦν πρὸς Ἀθηναίους. v. 32, 7 n.

ἀναλαμβάνω· ἔδοξεν αὐτοῖς--†ἀναλαβόντες† αὐτὰ ὅσα περὶ τὸ σῶμα ἐς δίαιταν ὑπῆρχεν ἐπιτήδεια ἀφορμᾶσθαι. vii. 74, 1 n.

ἀναλογισμός· μετάνοιά τις—καὶ ἀν. iii. 36, 3 n.

ἀναλόω· οἱ δ' ὡς ἕκαστοι ἐδύναντο ἀνηλοῦντο. iii. 81, 3 n. ἀναλοῦντες σφᾶς αὐτούς, iv. 48, 3 n. ἄλλους τινὰς ἀνεπιτηδείους—κρύφα ἀνάλωσαν. viii. 65, 3.

*ἀναλύω· opp. to καταλῦσαι, n. i. 136, 3.

ἀνανεόομαι· τὸν δὲ ὅρκον ἀνανεοῦσθαι κατ' ἐνιαυτὸν ἀμφοτέρους. v. 18, 9 n.

ἀναπαύω· ἀναπαύοντες ἐν τῷ μέρει, iv. 11, 3 n.

ἀναπειράομαι· φανεραὶ δέ εἰσιν ἀναπειρώμεναι, vii. 12, 5 n. καὶ ἀνεπειρῶντο ἡμέρας ὅσαι αὐτοῖς ἐδόκουν ἱκαναὶ εἶναι. vii. 51, 2. distinguished from ἀποπειράομαι, 12, 5 n.

ἀναπίμπλαμαι· ἕτερος ἀφ' ἑτέρου θεραπείας ἀναπιμπλάμενοι, ii. 51, 6 n.

ἀναπίπτω, its metaphorical meaning in νικώμενοι ἐπ' ἐλάχιστον ἀναπίπτουσιν, i. 70, 5 n.

ἀναρριπτέω· τοῖς—ἐς ἅπαν τὸ ὑπάρχον ἀναρριπτοῦσι, v. 103, 1 n.

ἀνασκευάζω· τὴν Λήκυθον καθελὼν καὶ ἀνασκευάσας, iv. 116, 2 n. ἀνα-

ἀνάστασις—ἄνοια. 7

σκευησάμενοι, i. 18, 3 n. opposed to κατασκ. ib. n.
ἀνάστασις· ἐκ τοῦ ἱεροῦ—τῆς ἀναστάσεως, i. 133 n.
ἀνάστατος· ἀνάστατα ἐποίησαν τὰ ταύτῃ χωρία. viii. 24, 3 n.
ἀναστέλλω· τοὺς Σικανοὺς—†ἀνέστειλαν† πρὸς τὰ μεσημβρινά, vi. 2, 4 n.
ἀναστροφή· as a nautical movement, ii. 89, 12 n.
ἀνατίθημι· 'Ρήνειαν ἑλὼν ἀνέθηκε τῷ Ἀπόλλωνι τῷ Δηλίῳ, i. 13, 7 n. —ἀνέθηκε—ἀλύσει δήσας πρὸς τὸν Δῆλον. iii. 104, 4. ναῦν, ἀνέθεσαν—παρὰ τὸ τροπαῖον, ii. 92, 6 n.
ἀναφέρω· ἐς τὴν ἑαυτῶν ἀναφέρειν = κατάγειν, v. 16, 2 Sch.
ἀναχράομαι· ἐκ τῶν νεῶν ὅσους ἔπεισαν ἐσβῆναι ἐκβιβάζοντες †ἀνεχρήσαντο†, iii. 81, 2 n. = διαχράομαι, i. 126, 11 n.
ἀναχωρέω· ἀναχωροῦσι sc. οἱ Ἀθηναῖοι, ii. 79, 7 n.
ἀνδραγαθίζομαι· εἴ τις καὶ τόδε—ἀνδραγαθίζεται, ii. 63, 2 n.
ἀνδραποδισμός· δούλοις—ἄνευ ἀνδραποδισμοῦ, v. 9, 6 n.
ἀνδράποδον· distinguished from δοῦλος, v. 9, 6 n.
ἀνδρία· μὴ μετὰ νόμων τὸ πλεῖον ἢ τρόπων ἀνδρίας, ii. 39, 5 n.
ἀνειλέω· ἀνειληθέντες γὰρ ἔς τι χωρίον, —ἐβάλλοντο περισταδόν. vii. 81, 3 n.
ἀνεῖπον· = ἀνεβόησα in ἀνεῖπεν ὁ κῆρυξ, ii. 2, 5 n.
ἀνέλπιστος· καὶ νῦν οὔτε ἀνέλπιστοί πω μᾶλλον Πελοποννήσιοι ἐς ἡμᾶς ἐγένοντο, vi. 17, 8 n.
ἀνεξέλεγκτος· i. 21, 1 n.
ἀνεπίφθονος· πᾶσι δὲ ἀνεπίφθονον with infinitive, i. 75, 3 n. vi. 83, 2. πολλὰ—δεδιῄτημαι—ἐς ἀνθρώπους—ἀνεπίφθονα, vii. 77, 2 n; cf. n. iii. 82, 18.
ἄνευ· ἄνευ δαπάνης καὶ πολιορκίας, ii. 77, 2; cf. 49, 2 n. ἄνευ τοῦ πάντων κοινοῦ πορευόμενον, iv. 78. 3 n. ἄνευ κοινῆς γνώμης, v. 38, 1 n. ἄνευ ἀλ-

λήλων μήτε σπένδεσθαί τῳ μήτε πολεμεῖν, 39, 3 n. οὐκ ἄνευ ὀλίγων ἐπιθειασμῶν καὶ οἰμωγῆς, vii. 75, 4 n.
ἀνεχέγγυος· διὰ τὸ τὴν γνώμην ἀνεχέγγυον γεγενῆσθαι, iv. 55, 3 n.
ἀνέχω· πᾶσα γὰρ ἀνέχει πρὸς τὸ Σικελικὸν καὶ Κρητικὸν πέλαγος. iv. 53, 3 n. ἀνέχομαι· its infinitive after ὥστε, with nom. case, referring to the virtual nom. case to the principal verb in the sentence, γυμνοὶ ἀνέχεσθαι, ii. 49, 4 n. ἀνεχέσθω· ὑπερφρονούμενος, vi. 16, 4. with participle in acc. case, ἀνέχεσθαι—ὁρῶντας, ii. 74, 1 n. στερισκομένους ἀνέχεσθαι, v. 69, 1.
ἀνήρ· without τις, followed by gen. c. ἄνδρας τε ἀποβάλλουσι σφῶν αὐτῶν, ii. 33, 3. ἄνδρας τῶν φυλάκων ἀποκτείνουσιν. vii. 43, 3 n.
ἀνθρώπειος· δίκαια μὲν ἐν τῷ ἀνθρωπείῳ λόγῳ ἀπὸ τῆς ἴσης ἀνάγκης κρίνεται, v. 89 Sch.
ἀνθρωπείως· παρὸν ἀνθ. ἔτι σώζεσθαι, v. 103, 2 Sch.
ἀνθρωπίνως· ἁμαρτεῖν ἀνθ. iii. 40, 1 n.
ἄνθρωπος· ἀνθρώπων οὐκ ἐνόντων, ii. 25, 1 n.
ἀνίημι· τῶν πρασσόντων σφίσιν—ὡς τότε ἐμέλλησαν οὐκέτι ἀνέντων, iv. 123, 2 n. εἰ μὴ τὴν ξυμμαχίαν ἀνήσουσι Βοιωτοῖς,—τὴν μὲν ξυμμαχίαν οἱ Λακ. Βοιωτοῖς οὐκ ἔφασαν ἀνήσειν, v. 46, 4 n. τέμενος ἀνῆκεν ἅπαν. iv. 116, 2 n. ὁρᾶν ὅτῳ τρόπῳ μὴ ἀνεθήσεται τὰ πράγματα, viii. 63, 4 n. opp. to ἀντέχω, ib. n. ἀνειμένῃ τῇ διαίτῃ, i. 6, 3 n.
ἀνίστημι· ἀναστήσαντες αὐτοὺς (sc. ἱκέτας), i. 126, 11 n. n. 133. ὁ δὲ—ἀνίστησί τε αὐτόν, i. 136, 7. ἀναστήσας αὐτοὺς ὥστε μὴ ἀδικῆσαι, iii. 28, 2. ὁ δὲ δῆμος δείσας—ἀνίστησί τε αὐτοὺς πείσας, iii. 75, 8.
ἄνοια· μετὰ ἀνοίας γίγνεσθαι, iii. 42, 1 n. οὐκ ἄχρηστος ἥδ᾽ ἡ ἄνοια, vi. 16, 3 Sch. n.

ἀνοικίζομαι· μέχρι τοῦδε ἔτι ἀνῳκισμένοι εἰσί. i. 7 fin. τὰς ἐπὶ θαλάσσῃ πόλεις ἐκλιπόντας—ἀνοικίσασθαι ἐς Ὄλυνθον, 58, 2. ἀνοικίζεσθαι ἐς τὸν Δαφνοῦντα, viii. 31, 1 n.

ἀντανάγω· ἀντανῆγον πέντε καὶ ἑβδομήκοντα ναῦς· vii. 37, 3 n. οἱ δ' Ἀθηναῖοι ἀντανῆγον ναυσὶν ἐξ καὶ ὀγδοήκοντα, 52, 1. ὡς οὐδεὶς αὐτοῖς ἀντανήγετο, viii. 79, 6. ἐπειδὴ ἀθρόαις ταῖς ναυσὶν—οὐκ ἀντανήγοντο, 80, 1 n; cf. for constructions ἀνάγω.

ἀνταποδίδωμι· ἀνταποδόντες, iii. 67, 4 n. Bekker conjectures ἀνταπυδιδόντες or ἂν ἀποδόντες, Dobree ἂν ἀνταποδ. ib. v. l. and n.

ἀντειπεῖν· iii. 61, 2 n.

ἀντέχω· διὰ τὴν λῃστείαν ἐπὶ πολὺ ἀντισχοῦσαν, i. 7 n. ἐπὶ πολὺ ἀντισχούσης τῆς ναυμαχίας, vii. 71, 5. τὰ τοῦ πολέμου ἅμα ἀντέχειν, viii. 63, 4 n. opp. to ἀνιέναι, ib. n. καὶ τἆλλα ἐκέλευεν ἀντέχειν καὶ μηδὲν ἐνδιδόναι τοῖς πολεμίοις, 86, 7.

ἀντηρίς· τὰς ἐπωτίδας ἐπέθεσαν ταῖς πρώραις παχείας, καὶ ἀντηρίδας ἀπ' αὐτῶν ἀπέτειναν πρὸς τοὺς τοίχους, vii. 36, 2 n.

ἀντί· ἀνθ' ὧν οἵ τε Λακεδαιμόνιοι ἦσαν αὐτῷ προσφιλεῖς, κἀκεῖνος οὐχ ἥκιστα πιστεύσας ἑαυτὸν τῷ Γυλίππῳ παρέδωκεν. vii. 86, 3 n.

ἀντιδίδωμι· τὰς ὁμοίας χάριτας μὴ ἀντιδιδόναι, iii. 63, 8 n. τὰς (sc. χάριτας) ἐς ἀδικίαν—ἀποδιδομένας, (sc. μὴ ἀντιδιδόναι,) ib. n.

ἀντικρούω· αὐτοῖς τοῦτό τε πρῶτον ἀντεκεκρούκει, καὶ οἱ Ῥηγῖνοι—, vi. 46, 2 n.

ἄντικρυς· ἄντικρυς δουλείαν, i. 122, 4 n. τὴν ἄντικρυς ἐλευθερίαν, viii. 64, 5. ἄντικρυς δῆμον—ὀνομάζειν, viii. 92, 11 Sch.; cf. τὸ μὲν καταστῆσαι μετόχους τοσούτους ἄντικρυς ἂν δῆμον ἡγούμενοι, ib.

ἀντιλέγω· ὁ δ' ἀντιλέγων αὐτῷ ὕποπτος, iii. 82, 8 n.

ἀντιλογία· ἔχον δέ τινα ἐν αὑτῷ ἀντιλογίαν, ii. 87, 3 n. πρὸς ἀλλήλους δι'

ἀντιλογιῶν πειρώμεθα καταλλαγῆναι. iv. 59, 4 Sch.

ἀντιμέλλω· ἐκ τοῦ ἴσου καὶ ἀντεπιβουλεῦσαι καὶ ἀντιμελλῆσαι, iii. 12, 3 n.

ἀντίπαλος· as adj. to an infinitive taken substantively; ἀμύνασθαι — ἀντίπαλον ὄν—, iii. 38, 1 n. τῶν γνωμῶν — μάλιστα ἀντιπάλων πρὸς ἀλλήλας, 49, 2 n. μὴ ὄντων μὲν ἡμῶν ἀντιπάλων, i. 143, 1. ἐπειδὴ ἐς ἀντίπαλα καθεστήκαμεν, vii. 13, 2 n. πρὸς ἀντίπαλόν τι τῆς ναυμαχίας ἀπιδόντες, vii. 71, 4 Sch.

ἀντιπάσχω· τί ἂν δράσειαν αὐτοὺς ὅτι οὐκ ἂν μεῖζον ἀντιπάθοιεν; vi. 35 Sch.; cf. iii. 61, 3.

ἀντισόομαι, iii. 11, 1 n.

ἀντιτέχνησις· πολλὴ δὲ ἡ ἀντιτέχνησις τῶν κυβερνητῶν, vii. 70, 3 n.

ἀντιτίθημι, with acc. and gen. οὐκ ἀντιτιθέντες τὴν Ἀθηναίων ἐκ πολλοῦ ἐμπειρίαν τῆς σφετέρας δι' ὀλίγου μελέτης, ii. 85, 2 n. τῆς νῦν ἁμαρτίας —ἀντιθεῖναι τὴν τότε προθυμίαν, iii. 56, 6.

ἀνυδρία· iii. 88, 1 n.

ἄνω· ὅπως μὴ ξυμβοηθῶσιν—ἄνω, ii. 83, 1 n. τὰ μὲν τείχη τὰ ἄνω ἐκλιπεῖν, vii. 60, 2 n. τῆς νεὼς ἄνω ἐπὶ πολύ, vii. 65, 3 n. ἄνω τὸν πλοῦν ἐποιεῖτο. viii. 88. f. n.

ἄνωθεν· denoting position. ii. 102, 3 n. iii. 68, 4. ὕδατος ἄνωθεν γενομένου, iv. 75, 2 n. 108, 1. vii. 63, 1.

ἀνώμαλος· †διὰ τὸ ἀνώμαλον καὶ τὴν ἔποψιν τῆς ναυμαχίας ἐκ τῆς γῆς ἠναγκάζοντο ἔχειν.† vii. 71, 2 nn.

ἀξιόλογος· ἐγκλήματα—οὐκ ἀ. iv. 23, 1. τοὺς μάλιστα ἐν τέλει καὶ ἀξιολογωτάτους, ii. 10, 3 n. ὅσοι αὐτῶν ἦσαν ἀξιολογώτατοι, iii. 109, 2.

ἄξιος· is it related to ἄγω? n. viii. 81, 2. ἄξιος ἅμα νομίζω εἶναι, vi. 16, 1 n. διὰ τὸ μὴ ἀξίαν εἶναι (sc. τὴν κόρην), vi. 56, 1 n. μὴ μέλλοντάς τι ἄξιον τοῦ παρὰ πολὺ πράξειν, ii. 89, 6 n. ἄξιόν τι τῆς διανοίας δρᾶν, vi. 21, 1 n. ἄξιόν τι λό-

άξιόχρεως—άπό.

γου παραλαβεῖν, vii. 38, 1 n. τοὺς πολεμίους ἔτι ἀξίους του ἐς τὰ ναυτικὰ νομίζειν, viii. 106, 2.
ἀξιόχρεως· οὐκ ἀξιόχρεων αὐτῶν ὄντων, v. 13 n. εἴ τι ἀξιόχρεων ἀφ' ἡμῶν ὀφθείη. vi. 34, 6 Sch.
ἀξιόω· οὐκ ἀξιῶν, ii. 89, 1 n. ἀξιώσων ἀποφαίνειν, iii. 38, 1 n. ἐν τῷ τοιῷδε ἀξιοῦντι, iii. 43, 4 n. ἐν ᾧ ἀπαθὴς ἦν καὶ ἠξιοῦτο, v. 16, 1 n.
ἀξίωμα· ὧν—ἐν μεγάλῳ ἀξιώματι ὑπὸ τῶν Ἑλλήνων, i. 130, 1. ὧν—ἐν ἀξ. ὑπὸ τῶν ἀστῶν, vi. 15, 3 n.
ἀξυγκρότητος· ἀξυγκροτήτοις πληρώμασιν ἀναγκασθέντες χρήσασθαι, viii. 95, 2 n.
ἀξύμφορος· τρισὶ τοῖς ἀξυμφορωτάτοις τῇ ἀρχῇ, οἴκτῳ καὶ ἡδονῇ λόγων καὶ ἐπιεικείᾳ ἁμαρτάνειν, iii. 40, 3 n.
ἀόριστος· γῆς τῆς ἱερᾶς καὶ τῆς ἀορίστου, i. 139, 2 n.
ἀπάγχομαι· ἐκ τῶν δένδρων τινὲς ἀπήγχοντο, iii. 81, 3. ἐκ τῶν ἱματίων παραιρήματα ποιοῦντες, ἀπαγχόμενοι, iv. 48, 3 n.
ἀπάγω· ἀπαγάγωσι preferred by Arnold to †ἀπάγωσι†, i. 28, 5 n.
ἀπαιδευσία· μετὰ ἀπαιδευσίας καὶ βραχύτητος γνώμης. iii. 42, 1 n. in ἀπαιδευσίᾳ ὀργῆς used in a sense belonging to a later age, iii, 84, 1 n.
ἀπαλγέω· ἀπαλγήσαντας δὲ τὰ ἴδια τοῦ κοινοῦ τῆς σωτηρίας ἀντιλαμβάνεσθαι. ii. 61, 4 n.
ἀπαλλάσσω· †οὐ τὸ† ἀπαλλάξειν τοῦ ἄγαν ἐς ὀλίγους ἐλθεῖν, viii. 89, 2 n. Sch. τῆς δόξης μᾶλλον ἢ τοῦ δέους ἀπηλλάγησαν, ii. 42, 5 n. κρῖναι ἱκανῶς οὐκ ἀπήλλακτο, i. 138, 4 n. κινδύνων τε τοιούτων ἀπηλλάχθαι ἂν τὸ λοιπόν, viii. 2, 4 n.
ἀπαναλίσκω· τά τε ὄντα καὶ ἀπαναλισκόμενα, vii. 14, 2 n.
ἀπαντάω· τὸν μὲν—ἐς τὰς Σίφας ἀπαντῆσαι τὸν δ' ἐπὶ τὸ Δήλιον, iv. 89, 1 n.
ἀπαρίθμησις· σκοπείτω—μὴ—τὴν ἀπαρίθμησιν τῶν ὀνομάτων ἐς τὰ προγεγενημένα σημαινόντων, v. 20, 2 n.

ἀπαρτάω· ἐς ἀλλοτρίαν πᾶσαν ἀπαρτήσαντες, vi. 21, 2 Sch.
ἀπαρχή· Συρακοσίοις δὲ καὶ ἀπὸ βαρβάρων τινῶν ἀπαρχὴ ἐσφέρεται· vi. 20, 4 n. Dindorf and Poppo read, as Duker prefers, ἀπ' ἀρχῆς φέρεται.
ἀπατάω· τὰ κλέμματα—ἃ τὸν πολέμιον —ἄν τις ἀπατήσας, here ἀπατήσας follows κλέμματα as of cognate meaning, v. 9, 3 n. see ἄριστος.
ἀπάτη· taken together with οὐκ in νομίσαντες οὐκ ἀπάτην εἶναι. vii. 74, 1 n; cf. n. i. 137, 7.
ἄπειμι, -εἶναι· ἐν Ἀμπρακίᾳ—ἀπῆσαν, [ἀπῇεσαν all the MSS.] iv. 42, 3 n.
ἄπειμι, -ιέναι· παρήγγειλε τοῖς ἀπιοῦσιν ἐπὶ τὸ εὐώνυμον κέρας—ὑπάγειν ἐπὶ τῆς Ἠιόνος. v. 10, 3 n.
ἀπέρχομαι· καὶ αὐτοῖς (sc. τοῖς Ἀθηναίοις) τὸ μὲν Πελοπόννησιον ὕστερον ἐν ταῖς γενομέναις σπονδαῖς ἀπῆλθε, v. 3, 4 n.
ἀπεχθάνομαι· κινδύνου ὤν—ἀπήχθεσθε, ii. 63, 1 n. τοῖς πολλοῖς ἀπηχθημένους—κινδυνεύειν, i. 75, 2.
ἀπέχω· ἀπέχει τὸ πόλισμα πλέον τῆς διαβάσεως, iv. 103, 4 n. ὅθεν πρὸς Σικελίαν ἐλάχιστον—†πλοῦν† ἀπέχει, vii. 50, 2 n.
ἀπηλιώτης· iii. 23, 4 n.
ἀπιστέω· with μή, ἀπιστοίη μὴ γενίσθαι τὸν στόλον—, i. 10, 1. ἀπιστοῦντες αὐτὸν μὴ ἥξειν, ii. 101, 1 n. τὴν μὲν ὄψιν τοῦ σώματος προορᾶν τὴν δὲ γνῶσιν τοῦ οἰκείου ἀπιστεῖσθαι. vii. 44, 3 n.
ἀπίστως, i. 21, 1 n.
ἄπλοια· ἡσύχαζεν ὑπὸ ἀπλοίας, iv. 4, 1 n.
ἀπό· ἀπὸ τῆς Νισαίας, opp. to τὸ ἐκ τῆς ἠπείρου, iii. 51, 3 n. ὅσοι ἀπὸ σφῶν (sc. τῶν Ἀθηναίων) ἦσαν ξύμμαχοι, vi. 76, 3 n. Ἴωνες ὄντες—καὶ ἀπ' Ἀθηναίων, vii. 57, 4. ἀπό· meaning remote from, ἀπὸ τοῦ ἀνθρωπείου τρόπου, i. 76, 2 n. use of ἀπό in a condensed expression, τῶν ἀπὸ θαλάσσης Ἀκαρνάνων, ii. 80, 1. οἱ ἀπὸ θαλάσσης ἄνω Ἀκαρνᾶνες, 83, 1 n.

ἡκόντων αὐτοῖς τῶν ἀπὸ Θράκης μετὰ Βρασίδου ἐξελθόντων στρατιωτῶν, v. 34, 1 n. πρότερον—ἢ τοὺς ἀπὸ τοῦ —καταστρώματος ὁπλίτας ἀπαράξητε. vii. 63, 1 n. τῷ ἀφ' ἡμῶν αὐτῶν ἐς τὰ ἔργα εὐψύχῳ· ii. 39, 2. τὰ ἀπὸ τῆς τύχης, ii. 87, 2 n. προθυμία ἀπὸ τῶν ναυτῶν (see n. iii. 37, 4.) vii. 70, 3; cf. also ἐκ. ἀφ' ἑαυτῶν— εἶπον, v. 60, 1. ἀπὸ σφῶν αὐτῶν, viii. 47, 2; cf. n. vi. 76, 3. τὴν δὲ ἀπὸ Λακεδαιμονίων ἐλευθερίαν ὁσημέραι προσδεχόμενοι. viii. 64, 3. τὴν ἀπὸ τῶν Ἀθ. ὕπουλον εὐνομίαν οὐ προτιμήσαντες, § 5 n. ἦν δέ τι καὶ τοιοῦτον ἀπὸ τῶν τὴν κατηγορίαν ἐχόντων, viii. 91, 3 n. mixed meaning, of both derivation and agency, *from* and *by*, ἐπράχθη τε ἀπ' αὐτῶν οὐδὲν ἔργον ἀξιόλογον, i. 17, 1 n. γνῶμαι ἀφ' ἑκάστων ἐλέγοντο, iii. 36, 5 n. τά τε ἀπὸ τῶν ἐναντίων καλῶς λεγόμενα, iii. 82, 13 n. μηχανῆς μελλούσης προσάξεσθαι αὐτοῖς ἀπὸ τῶν ἐναντίων, iv. 115, 2 n. τοὺς πολεμίους, ἤν τι δύνηται, ἀπ' αὐτῶν βλάψαι. vii. 29, 1 n. νομίσαντες ἄπορον εἶναι ἀπὸ τῶν παρόντων δεινῶν ἑλεῖν τὴν πόλιν, ii. 77, 1. νομίσαντες μὴ ἂν ἔτι ἀπὸ τῆς παρούσης σφίσι δυνάμεως ἱκανοὶ γενέσθαι —, vi. 102, 4 n. γνοὺς ὅτι ἀπὸ μὲν τῶν αὐτῶν λόγων οὐκ ἂν ἔτι ἀποτρέψειε, vi. 19, 2 Sch. n. ἀπὸ τῆς ὁμοίας τύχης, ii. 62, 5 n. ἀπὸ (=ὑπαρχούσης) τῆς ἴσης ἀνάγκης, v. 89 n. τοὺς μὲν ἀπὸ περιουσίας χρωμένους αὐτῇ (sc. ἐλπίδι), v. 103, 1 n. ἀπὸ τῆς ἴσης, i. 15, 4 n. iii. 40, 9 n. ἀπὸ τοῦ ἴσου, iii. 37, 4 n. 42, 7 n. ὡς ἀπὸ τῆς ὑπαρχούσης ἀξιώσεως, vi. 54, 3 Sch. Duker gives these passages as parallel, οὐ γὰρ ἀπὸ βραχείας διανοίας ἐδόκουν τὴν ἀπόστασιν ποιήσασθαι, iii. 36, 1. Ἡράκλειαν— ἀποικίαν καθίσταντο ἀπὸ τοιᾶσδε γνώμης, 92, 1. τὰ—αὐτὰ ἀπ' ἐλασσόνων πράξας. viii. 87, 5 n. ὅσον καὶ ἀπὸ βοῆς ἕνεκα, viii. 92, 9 n. verbs of denial, compounded with ἀπό, opp. to verbs of accusation or imputation compounded with κατά, n. i. 95, 3. verbs compounded with ἀπό, followed by ἐς with an acc. case, ἐς τοῦτο πάντα ἀπεκρίθη· ii. 49, 1 n. ἀποβλέψατε—ἐς πατέρων τῶν ὑμετέρων θήκας, iii. 58, 4.

ἀποβάθρα· iv. 12, 1 Sch.

ἀποβαίνω· τῶν ἀποβαινόντων τὸ πλέον ἐπ' ἀμφότερα τῆς αἰτίας ἔξομεν, i. 83, 3 n. μεγίστην δόξαν οἰσόμενοι—ἐπ' ἀμφότερα ἐκ τῶν ἀποβ. ii. 11, 10.

ἀποβλέπω· ἀποβλέψατε ἐς πατέρων θήκας, iii. 58, 4.

ἀπογίγνομαι· οὐκ ἐταλαιπώρησαν ὥστε καὶ ἀξιόλογόν τι ἀπογενέσθαι, v. 74, 3 n.

ἀποδείκνυμι and ὑποδείκνυμι, difference between, i. 77, 3 n.

ἀποδέχομαι· πάντας ὑπόπτως ἀποδεχόμενοι, vi. 53, 2 n.

ἀποδίδωμι· ἀπεδίδου Πλαταιεῦσι γῆν καὶ πόλιν αὐτονόμους οἰκεῖν, ii. 71, 4 n. νομίζοντες καὶ τοῦτο ἀποδιδόναι· v. 42, 1 n. καὶ τἀνδράποδα †ἀπέδοσαν†, possible meaning of this, if the reading be genuine, vi. 62, 4 n. Dindorf reads ἀπέδοντο according to Bekker's suggestion.

ἀπόδοσις· περὶ τοῦ μισθοῦ τῆς ἀποδόσεως· viii. 85, 3 n. distinct from δόσις, ib. n.

ἀποδύω· ἐς τὸ φανερὸν ἀποδύντες, i. 6. 5 n.

ἀποζάω· νεμόμενοί τε τὰ αὑτῶν ἕκαστοι ὅσον ἀποζῆν, i. 2, 2 n.

ἀποθεν· μὴ ἐπ' αὐτοῖς τοῖς ὅπλοις, ἀλλ' ἄποθεν, περιμένειν, viii. 69, 2 n. τοῦ ἄποθεν ξυνοίκου vi. 77, 2 n. according to Lobeck the orthography is undecided, whether as here ἄποθεν, or as in other places ἄπωθεν.

ἀποθνήσκω· ὑπὸ τῶν ταύτῃ ἀποθανεῖν, iii. 96, 1 n.

ἄποικος and ἔποικος distinguished, ii. 27, 2 n.

ἀποκινδύνευσις· οὐ παρασκευῆς πίστει μᾶλλον ἢ τύχης †ἀποκινδυνεύσει†, vii. 67, 4 nn.
ἀποκλήω· ἀποκεκλημένοι μὲν τῇ ὄψει τοῦ προορᾶν, iv. 34, 3 n.
ἀπόκλησις· καὶ εἰ φθάσειαν, ἀποκλήσεις γίγνεσθαι, vi. 99, 2 n.
ἀποκρίνομαι· ἐς τοῦτο πάντα ἀπεκρίθη, ii. 49, 1 n.
ἀπόκροτος· ἐν γῇ ἀποκρότῳ, vii. 27, 5 n.
ἀποκρύπτω· ἀναχωροῦντες ἐκείνοί τε ἀπέκρυψαν—, v. 65, 5 n.
ἀποκωλύω· τοὺς δὲ καὶ ὑπὸ τῶν Σ.—ἀπεκωλύοντο, vi. 88, 5 n.
ἀπολαμβάνω· ἄκρον τῆς πόλεως ἐς τὴν θάλασσαν ἀπειλημμένον ἐν στενῷ ἰσθμῷ. iv. 113, 3 n. τῆς Παλλήνης ἐν τῷ ἰσθμῷ ἀπειλημμένης ὑπὸ τῶν Ἀθ. Ποτίδαιαν ἐχόντων, 120, 3 n. ἐν τοῖς ἀγροῖς πολλοὺς ἀποληφθῆναι ἔξω, vi. 49, 3 n.
ἀπολείπω· ἀπολιπόντων—ἐκ τοῦ Μηδικοῦ πολέμου, iii. 10, 2 n. ἀπολιπόντες ἐκ τῶν Συρακουσῶν, v. 5, 4 n.
ἀπόλειψις· πρὸς—τὴν ἀπόλειψιν τῶν ἡμετέρων, iv. 126, 1 n.
ἀπόλλυμι· †ἀπολλύασι†, regarded as the true Attic form of the third pers. plur. and ἀπολλύουσι as doubtful, vii. 51, 2 n. ἀπολώλει. iv. 133, 1. vii. 27, 5 n.
ἀπολογία· οὐδὲ ᾐτιαμένων—ἀπολογίαν, iii. 61, 1 n.
ἀπολοφύρομαι· ἀπολοφυράμενοι — ἄπιτε, ii. 46, 2 n.
ἀπόμνυμι· used improperly; ἀπομόσαι —ἢ μὴν ἀποδώσειν ὕστερον τὴν καταδίκην, v. 50, 1 n.
ἀπόνοια· ἐς ἀπόνοιαν καθεστήκασιν, vii. 67, 4 nn.
ἀπορέω· ἀποροῦντες — ταῦτα, v. 40, 3 n. οἱ δὲ μετ' ὀλίγων ἐφοδίων ὡς ἐπὶ ναυμαχίᾳ περαιωθέντες ἀποροῖεν ἂν κατὰ χωρία ἔρημα, vi. 34, 5 Sch.
ἀπορέω and ἀμηχανέω distinguished, ναυτικὸν πολυ—βόσκοντας, τὰ μὲν ἀπορεῖν, τὰ δ' ἔτι ἀμηχανήσειν· vii. 48, 5 n.

ἀπορία· ἡ ἀπορια τοῦ μὴ ἡσυχάζειν, ii. 49, 6 n.
ἄπορος· ἐν ἀπόρῳ εἴχοντο θέσθαι τὸ παρὸν, i. 25, 1 n. ἐν ἀπόρῳ ἦσαν εἰκάσαι τὸ γιγνόμενον, iii. 22, 7. οἱ ἀπορώτατοι—ἐκ πολλοῦ ἔχοντες ἀλκήν, iv. 32, 4 n. and Sch.
ἀποσαλεύω· ἀποσαλεύσας ἡμέραν καὶ νύκτα ὑπὲρ τοῦ στρατοπέδου, i. 137, 4 n.
ἀποσημαίνω· ἐς Νικίαν—ἀπεσήμαινεν, iv. 27, 5 n.
ἀποσιμόω· ἀποσιμωσάντων ἐκείνων, iv. 25, 5 n.
ἀπόστασις, double meaning of, iii. 13, 1 n.
ἀποσταυρόω· ἀπεσταύρουν εἴ πῃ δέοιτό τι· iv. 69, 2 n.
ἀποστέλλω· ἀποστέλλειν—τὴν θάλασσαν, iii. 89, 5 n. ἀποστελοῦντες ὁπλίτας ἐς τὴν Σικελίαν, vii. 17, 3 nn. ἐπειγομένων τῶν Χίων ἀποστεῖλαι τὰς ναῦς, viii. 7 n.
ἀποστερέω· ἄλλου αὐτὸν ἀποστερῶν, i. 40, 2 n.
ἀποστολή· οὐδὲ τὰ χρήματα ἐδίδοσαν, —ἐς τὴν ἀποστολήν, viii. 8, 1 n. τῆς ἀποστολῆς τῶν νεῶν, 9, 3.
ἀποστροφή· οὔσης ἑκάστοις διὰ βραχέος ἀποστροφῆς, iv. 76, 3 n.
ἀποτρέπω· ξυνῆρχε γὰρ ἤδη Δημοσθένει, ἀποτραπόμενος, ὥσπερ καὶ ᾐρέθη, vii. 31, 5 n.
ἀποφέρω· †ἀπενεχθέντων† γάρ—καὶ—ξυμμαχήσαντες, vii. 50, 2 n.
ἀποχράομαι· ἐπικαιρότατον χωρίον πρὸς τὰ ἐπὶ Θρᾴκης ἀποχρῆσθαι, i. 68, 4 n. ἀποχρήσασθε τῇ ἑκατέρου ἡμῶν ὠφελίᾳ. vi. 17, 1. ἀποχρήσασθαι τῇ παρούσῃ τοῦ στρατεύματος ἐκπλήξει. vii. 42, 3.
ἀποψύχω· 1. 134, 5 n.
ἀπραγμόνως· ἀπρ. σώζεσθαι. vi. 87, 4 n.
ἀπράγμων· τὸ ἄπραγμον — ξυμφέρει — ἀσφαλῶς δουλεύειν, ii. 63, 5 n.
ἄπρακτος· ἦν—ἀπράκτους ὧν ἐφίενται

ἀπώσωμεν, vi. 33, 4. εἰ—ἄπρακτον ἐάσετε ἀπελθεῖν, vi. 86, 4 n.
ἀπρεπής· ἐν—τῷ ἐκείνων ἀπρεπεῖ τὸν πόλεμον ἀναβάλλεσθαι· v. 46, 1 n.
τὸ σφέτερον ἀπρεπές, vi. 11, 6.
ἀπροσδόκητος· ἀπρ. εὐπραξία, iii. 39, 4 n.
ἀπροφασίστως· iii. 82, 11 n.
ἅπτομαι· ii. 49, 4 n.
ἄρα, originally the illative ἄρα; compared with ecquid; with en unquam; ἆρ' ἄξιοί ἐσμεν; = ἆρ' οὐκ ἄξιοί ἐσμεν; difference between this and ἆρα μὴ ἄξιοί ἐσμεν; i. 75, 1 n.
ἀργός· τὸ πρὸς ἅπαν ξυνετὸν ἐπὶ πᾶν ἀργόν, iii. 82, 6 n.
ἀρέσκω· εἰ οὖν τί σε τούτων—ἀρέσκει, i. 128, 9 n. elsewhere with dat. c.
ἀρετή· = εὐδοξία or δόξα τῆς ἀρετῆς, i. 33, 2 nn. ii. 45, 3, 4. its popular sense, ii. 40, 6 n. ἡμῶν τὰς ἀρετὰς, iii. 53, 5 n.
ἀριθμέω· †ὅσοι† ἕκαστοι σφᾶς αὐτοὺς ἠρίθμουν, vi. 17, 5 n. Sch.
ἀριθμός· τοῖς ἄλλοις, ὅσῳ πλείους νῆες ἦσαν τούτου τοῦ ἀριθμοῦ, viii. 29, 2 n.
ἀριστερός· τὸν ἀριστερὸν πόδα μόνον ὑποδεδεμένοι, iii. 22, 3 n.
ἀριστοποιέομαι· ἀριστοποιεῖσθαι διὰ προφυλακῆς, iv. 30, 2 n. ὅπως— εὐθὺς παρὰ τὰς ναῦς ἀριστοποιήσονται, vii. 39 n. ὁ γὰρ Ἀγησανδρίδας ἀριστοποιησάμενος ἀνήγαγε τὰς ναῦς, viii. 95, 3.
ἄριστος· ἀπατᾶσθαι ἄριστοι, iii. 38, 4 n.
ἀρκέω· τὰ μὲν γὰρ ἐκεῖ καὶ αὐτοὶ ἀρκοῦμεν πρὸς τοὺς πολεμίους, vi. 84, 3 Sch.
ἀρκούντως· ἀρκ. ἕξει, sc. ἐμοί, i. 22, 4 n.
ἅρμα· ἅρματα μὲν ἑπτὰ καθῆκα, ὅσα οὐδείς πω ἰδιώτης πρότερον, vi. 16, 2 n.
ἁρπαγή· σκεύη μὲν καὶ ἀνδράποδα ἁρπαγὴν ποιησάμενος, viii. 62, 2; cf. n. 41, 2.
ἀρρωστία· ἀρρ. τοῦ στρατεύειν, iii. 15,

3 n. τὴν—κατὰ πάντα ἀρρωστίαν, vii. 47, 1 n.
ἀρρωστότερος· πολλῷ ἐς τὴν μισθοδοσίαν τὸν Τισσαφέρνην ἀρρωστότερον γενόμενον, viii. 83, 2 n.
ἄρτι· laxly used, ii. 16; see n. to ii. 8, 3.
ἄρτος· δόντος βασιλέως αὐτῷ Μαγνησίαν μὲν ἄρτον, i. 138, 8 n. ἄρτος and μᾶζα distinguished, iv. 16, 1 n.
ἀρχαιολογέω· οὐ πρὸς τὸ δοκεῖν τινι ἀρχαιολογεῖν φυλαξάμενοι, vii. 69, 2 n.
ἀρχή· ἀρχὴ ἡ διὰ πλεονεξίαν καὶ φιλοτιμίαν, iii. 82, 16 n. οὐκ εἰκὸς ἀρχὴν ἐπὶ ἀρχὴν στρατεῦσαι· vi. 11, 3; cf. n. v. 91, 1. τῆς Καρχηδονίων ἀρχῆς καὶ αὐτῶν ἀποπειράσοντες. vi. 90, 2 n. καὶ τῆς ἀρχῆς τῆς ἡμετέρας οὐκ ἔλασσον κατὰ τὸ ὠφελεῖσθαι, ἕς τε τὸ φοβερὸν τοῖς ὑπηκόοις καὶ τὸ μὴ ἀδικεῖσθαι πολὺ πλεῖον μετείχετε. vii. 63, 3 n. ἦν πρόθυμος—καὶ αὐτὸς τὰς λοιπὰς ἔτι πόλεις τῆς ἑαυτοῦ ἀρχῆς ἀποστῆσαι τῶν Ἀθηναίων, viii. 99, 1 n.
ἄρχω· ἀτιμίαν δὲ τοιάνδε ὥστε μήτε ἄρχειν, v. 34, 2 n. ἀρχόμενοι improperly used, iii. 84, 1 nn. τὴν ἐκεχειρίαν εἶναι ἐνιαυτόν, ἄρχειν δὲ τήνδε τὴν ἡμέραν, iv. 118, 7 n. ἄρχει δὲ τῶν σπονδῶν ἔφορος Πλειστόλας, v. 19, 1 n. οὐ γὰρ οἱ ἄρχοντες ἄλλων—οὗτοι δεινοὶ τοῖς νικηθεῖσιν. v. 91, 1 n. τί καὶ βούλεσθε—; πότερον ἄρχειν ἤδη; vi. 38, 5 Sch. ὡς — δικαίως τὸν Μῆδον καταλύσαντες ἄρχομεν, v. 89. ὡς — τὸν βάρβαρον μόνοι καθελόντες εἰκότως ἄρχομεν, vi. 83, 2 n.
ἄρχων· ἄρχων ἐπώνυμος, n. i. 9, 2.
ἀσαφής· ἀσαφῆ τὴν ἐλευθερίαν, iv. 86, 2 n.
ἀσαφῶς· πολεμοῦνται ἀσ. ὁποτέρων ἀρξάντων· iv. 20, 3 Sch.
ἀσθενής· ἐν τῷ ὑμετέρῳ ἀσθενεῖ τῆς γνώμης, ii. 61, 2; cf. τῷ ἐμῷ διαπρεπεῖ τῆς Ὀλυμπίαζε θεωρίας, vi. 16, 2 n. ἀσθενέστερος· Göller's reading for ἀσθενεστέρου, i. 136, 5 n.

ἀσπίς—αὐτός. 13

ἀσπίς· ἐπ' ἀσπίδας δὲ πέντε μὲν καὶ εἴκοσι Θηβαῖοι ἐτάξαντο, iv. 93, 4 n. ὠθισμῷ ἀσπίδων, iv. 96, 2 n.
ἄσπονδος· Κορινθίοις δὲ ἀνακωχὴ ἄσπονδος ἦν πρὸς Ἀθηναίους. v. 32, 7 n.
ἀστάθμητος· ἀστάθμητον τὸ τῆς ξυμφορᾶς, iii. 59, 1 n. τὸ ἀστ. τοῦ μέλλοντος, iv. 62, 3 Sch. n.
ἀστυγειτῶν· πρὸς τοὺς ἀστυγείτονας πᾶσι τὸ ἀντίπαλον καὶ ἐλεύθερον καθίσταται, iv. 92, 4. ἀστυγείτονας ὑπὲρ πολλῶν ἀδικημάτων ἀμύνασθαι· v. 69, 1 n.
ἀσφάλεια· ἀσφαλείᾳ (= δι'ἀσφαλείας, i. 17, 1.) iii. 56, 6 n. 82, 7 n.
ἀσφαλής· οὐχ ὡς τῷ ἀσφαλεῖ—περισχήσων, v. 7, 3 n. Sch. πολλῷ τῷ περιόντι τοῦ ἀσφαλοῦς κατεκράτησε, vi. 55, 3 n. ἐς τὸ ἀσφαλές, vi. 101, 6 n. ἀσφαλέστερον, used as an adverb, i. 37, 1 n.
ἄτε· difference between ἄτε οὐ and ἄτε μή, iv. 130, 6 n.
ἀτείχιστος· τὴν Παλλήνην ἀτείχιστον οὖσαν, i. 64, 3 n.
ἀτελής· its meaning, n. i. 58, 1.
ἀτιμάζω· distinguished from ἀτιμόω, n. v. 98. ὁ δὲ νόμος—ἐτέθη ἀτιμάζειν. vi. 38, 5 Sch.
ἀτιμία· ἀτίμους ἐποίησαν, ἀτιμίαν δὲ τοιάνδε ὥστε μήτε ἄρχειν μήτε πριαμένους τι ἢ πωλοῦντας κυρίους εἶναι. v. 34, 2 n.
ἄτιμος· ἀτίμους γερῶν, iii. 58, 6 n.
ἄτοπος· ἄτ. καὶ δυσῶδες, ii. 49, 2 n.
ἄτρακτος· —τὸν ἄτρακτον (λέγων τὸν ὀϊστόν), iv. 40, 2 n.
ἄττα· ἄλλα ἄττα χωρία, i. 113, 1. ii. 100, 3 n.
αὖ· οἱ ἐν ταῖς Ἀθήναις αὖ βουλόμενοι—, v. 43, 1 n. indicating a change in the subject, in οἱ·δ' †ταῦτ† Ἀθηναῖοι, viii. 94, 3 n.
αὐθέντης· iii. 58, 6 n.
αὖθις· ὑπὸ τοῦ δήμου—αὖθις γενομένου, viii. 91, 3 n.
αὐξάνω, or αὔξω· ἐς τὰ ἄλλα μὴ ὁμοίως αὐξηθῆναι· i. 2, 6 n. ὅπερ καὶ Ἀθηναῖοι αὐτοὶ οὗτοι—ηὐξήθησαν instead of ἔπαθον, vi. 33, 6 n. τὸ τῆς πόλεως ξύμπασι κοινὸν αὔξετε, vi. 40, 1 Sch.
αὐτάρκης· ἡ πόλις αὐτῶν ἅμα αὐτάρκη θέσιν κειμένη, i. 37, 3 n.
αὐτερέτης, i. 10, 5 n.
αὐτόδεκα· αὐτόδεκα ἐτῶν διελθόντων, v. 20, 1 n.
αὐτόδικος· Δελφοὺς—εἶναι—αὐτοδίκους καὶ αὐτῶν καὶ τῆς γῆς τῆς ἑαυτῶν κατὰ τὰ πάτρια. v. 18, 2 n.
αὐτόθεν· with article prefixed, = the inhabitants, or natives, τῶν αὐτόθεν ξυμμάχων, iv. 129, 2 n. v. 52, 2. vi. 71, 2. ὁ αὐτόθεν, vii. 34, 2 n. 71, 1. viii. 22. 1; cf. n. 23, 5. τῶν αὐτόθεν ἐκ τῆς περιοικίδος Ἠλείων, ii. 25, 4. τῶν αὐτόθεν ξυμβοηθησάντων, opp. to φρουρῶν, iii. 7, 4 n. τὸν δὲ καὶ αὐτόθεν σῖτον ἐν ὁλκάσι — ἄγειν, vi. 22 n. pleonastic use after ἐκ with name of place, n. to ii. 7, 2. ἐκ τοῦ Ἄργους αὐτόθεν, v. 83, 1 n.
αὐτοκράτωρ· λογισμῷ αὐτοκράτορι διωθεῖσθαι. iv. 108, 4 n. αὐτοκράτωρ μάχη, 126, 5 n. αὐτοκράτωρ εἶναι, iv. 64, 1 n, compared to ταμίαν γενέσθαι, vi. 78, 2 n.
αὐτόματος· ἀπὸ ταὐτομάτου, ii. 77, 4 n. vi. 36, 2 Sch. τὰ πολλὰ πρὸς ὑμᾶς, τὰ μὲν ληφθέντα τὰ δ' αὐτόματα, ἥξει, vi. 91, 7.
αὐτομολία· ἐπ' αὐτομολίας προφάσει, vii. 13, 2 n.
αὐτόνομος· Δελφοὺς αὐτονόμους εἶναι, v. 18, 2 n.
αὐτός· its force after a personal pronoun, ἡμεῖς αὐτοί, iii. 65, 2 n. ἡμῶν αὐτῶν ἐπίπεμψιν, ii. 39, 4 n. τὸ τρίτον μέρος ἡμῶν αὐτῶν, iii. 54, 5 n. denoting spontaneous action, καὶ αὐτοὶ ὀργιζόμενοι οἱ στρατιῶται—κατέκοπτον, iv. 128, 4 n. οἱ δὲ ξύμμαχοι ἐν τῇ Λακ. αὐτοὶ ἔτυχον ὄντες, v. 22, 1 n. τούτην δὲ αὐτοὶ Ἀθηναῖοι εἶχον, viii. 95, 7 n. αὐτοὶ spoken for the people at large, ii. 40, 3 n. αὐτοὶ οὐ

πολλῷ πλείους διεφθάρησαν.v. 59, 1 n. αὐτὸς = only, merely, αὐτοὶ ἐπελθόντες, ii. 39, 3 n. opp. to μετὰ πάντων, ib. n. as περιγενέσθαι τῶν Πελοποννησίων αὐτῶν τῷ πολέμῳ. ii. 65, 14. ἀναλαβόντες δὲ αὐτὰ ὅσα περὶ τὸ σῶμα, vii. 74, 1 n. μέρος ἀντιπέμπειν †αὐτοῖ†, vi. 99, 2 n. δύναμιν γὰρ ἔχων αὐτὸς ἑκασταχόσε δεινὸς παρῆν. viii. 5, 3 n. αὐτὰ referring to τὰ πράγματα understood; οὐκ ἀπὸ τοσῶνδε ὁρμώμενοι—ἐς τάδε προήγαγον αὐτά. i. 144, 5. ἐς τάδε ἦραν αὐτά, vi. 18, 6 n. τά τε πρὸ αὐτῶν ἠπόρουν, vii. 55, 2 n. the reference made by the neuter plural of αὐτὸς, as τὰ πρὸ αὐτῶν, i. 1, 3 n. αὐτῶν, in iii. 84, 1 n. referred to τὰ ἔργα in iii. 83, 4. dubious reference of αὐτῶν in τῷ ὑπερβάλλοντι αὐτῶν, ii. 35, 5 n. αὐτῶν separated from its governing word; ὀλίγοι—αὐτῶν, iv. 113, 2 n; cf. τὰ πολλὰ—αὐτῶν, i. 21, 1. ἔχουν πρὸς τὴν πόλιν, ἐλπίζοντες—αἵρεσιν ἔσεσθαι αὐτῶν, ii. 75, 1 n; cf. ἐς Κερκυραν ὦν αὐτῶν εὐεργέτης, i. 136,1. τῷ δὲ Ἱπποκράτει—ὡς αὐτῷ ἠγγέλθη, according to Duker superfluous, n, iv. 93, 2, according to Jelf, 658, retrospective. referring to an infinitive; στρατηγῆσαί τε ἐπιθυμῶν, καὶ ἐλπίζων—δι' αὐτοῦ—, vi. 15, 2 n. its case determined by the position of a participle denoting the same subject, πρὶν δὲ ἀναστῆναι, ἔτεσιν ὕστερον ἑκατὸν ἢ αὐτοὺς οἰκῆσαι, vi. 4, 2 n. followed by article and substantive, αὐτὴ ἡ πόλις, vi. 54, 6 n. αὐτὰς τὰς γυμνοπαιδίας τῶν Λακ. v. 82, 1 n. preceded by article, καθ' ὅσον δέ τι ὑμῖν—τὸ αὐτὸ ξυμφέρει, τούτῳ ἀπολαβόντες χρήσασθε, vi. 87, 3 n. τὸ αὐτὸ λέγοντες ἡσύχαζον, v. 31, 6 n. ταῦτα—γιγνώσκειν, 36, 1 n. τὸ γὰρ αὐτὸ ἐποίουν, v. 38, 1. ὁ αὐτός τε—καὶ—, in οὐ τοὺς αὐτοὺς ψηφιεῖσθαί τε περὶ σφῶν [αὐτῶν] καὶ τὰ πράγματα— ὁρῶντας, vii. 48, 3 n. dat. αὐτῷ or αὐτοῖς with a nom. case, and translated he or they found, &c., οἱ γὰρ βάρβαροι καὶ ἐφοβήθησαν τῆς τροπῆς αὐτοῖς ἐνταῦθα γενομένης σφῶν, iv. 128, 2 n. dat. case of relation, its reference and force; οἱ πρεσβύτεροι αὐτοῖς, i. 6, 3 n. οἱ Εἵλωτες αὐτοῖς, 101, 2 n. ἡ στρατία—αὐτῷ, ii. 101, 5 n. οἱ τοξόται—αὐτοῖς, iii. 98, 1 n. ὑποχωρησάντων—αὐτοῖς τῶν παρατεταγμένων, iv. 96, 3 n. αὐτοῖς τὸ μὲν Πελοποννήσιον—ἀπῆλθε, v. 3, 4 n. μή ποτε Ἀθηναῖοι αὐτοῖς—ἔλθωσιν, vi. 34, 2. ἐτύγχανον—αὐτοῖς —οἱ—στρατηγοὶ ἄρτι παρειληφότες τὴν ἀρχήν, 96, 3 n. αἵπερ τὰς σπονδὰς—αὐτοῖς ἔλυσαν, 105, 1. ὥσπερ αὐτοῖς — οἱ ὁπλῖται — ἀπῆραν, vii. 19, 5 nn. ὅπως αὐτοῖς αἱ νῆες — ὁρμοῖεν, 25, 5. οὐ αὐτοῖς τὰ πλοῖα—ὥρμει. 30, 1. καὶ αὐτοῖς— ὁ μὲν πεζός, vii. 34, 2. ὅπως αὐτοῖς ἐκβιβάσαντες τοὺς ναύτας, vii. 39 n. καὶ οἱ ἀπὸ τῶν καταστρωμάτων αὐτοῖς, 40, 4. προσαπώλλυντο αὐτοῖς καὶ οἱ ἐν τῇ νήσῳ ἄνδρες, vii. 71, 7 n. εἰργομένοις οὖν αὐτοῖς τῆς θαλάσσης καὶ κατὰ γῆν πορθουμένοις ἐνεχείρησάν τινες πρὸς Ἀθηναίους ἀγαγεῖν τὴν πόλιν· viii. 24, 6 n. dat. c. of relation αὐτοῖς, treated as the subject of the sentence; followed in the next clause by a participle in the nom. c. νῆες αὐτοῖς—ἀναχωροῦντες—, viii. 38, 5 n. dat. case αὐτοῖς force of, τὴν πόλιν †αὐτοῖς† ξυμμίκτων ἀνθρώπων οἰκίσας, vi. 4, 5 n. †ἃ καὶ αὐτῷ ἐδόκει,† vii. 73, 1 n. ἡ τριήρης ἀμύνοι αὐτῷ (v. l. αὐτῇ), iv. 120, 2 n. ὑφ' ὧν δ' †αὐτῶν† [Reiske's conjecture adopted by] Bekker, Göller, Maltby, Poppo and Dindorf, αὐτοί, vi. 10, 5 n. elliptical use of αὐτὸ, sc. τὸ ἐλευθεροῦσθαι, to be supplied from ἠλευθέρωσαν in the preceding clause, i. 122, 5 n. agreeing in gender not with a word preceding,

but with its equivalent; ἐν αὐτῷ sc. τῷ τιμωρεῖσθαι, implied from τῆς τιμωρίας preceding, iii. 46, 5 n. with a sentence interposed between it and the subject to which it refers, ὕστερον αὐτοὶ μέν—, vi. 4, 5 n. αὐτὸς omitted, see Pronoun, personal.
αὐτοσχεδιάζω· αὐτοσχεδιάζειν τὰ δέοντα, i. 138, 6 n.
αὐτοτελής· Δελφοὺς—εἶναι καὶ αὐτοτελεῖς, v. 18, 2 n.
αὐτοῦ· αὐτοῦ τὴν μάχην ἔσεσθαι, iv. 68, 6 n. [αὐτοῦ] ὑπὸ σφῶν αὐτῶν διαμέλλοντας κόπῳ ἁλίσκεσθαι. vii. 40, 3 n. with epexegesis ; αὐτοῦ ἐξ Ἰταλίας καὶ Σικ. ii. 7, 2. pleonastic use of, τῶν αὐτοῦ ἐκεῖ, vii. 16, 1 n. ἐς τὴν Μίλητον αὐτοῦ, viii. 28, 5 n.
αὐτοῦ, or ἑαυτοῦ· πολλὰς ἐλπίδας εἶχον αὐτοί θ' ἑαυτοῖς οἱ δυνατοὶ τῶν πολιτῶν τὰ πράγματα—ἐς αὐτοὺς περιποιήσειν, viii. 48, 1 n.
αὐτουργός· (= γεωργός, i. 142, 6.) i. 141, 3 n.
αὐτόφωρος· κολάζων, μὴ μόνον αὐτοφώρους (χαλεπὸν γὰρ ἐπιτυγχάνειν) ἀλλὰ καὶ ὧν βούλονται μέν, δύνανται δ' οὔ, vi. 38, 4 Sch.
ἀχθηδών· ἀχθηδόνας προστιθέμενοι, ii. 37, 3 n. δι' ἀχθηδόνα, iv. 40, 2 n.
ἀχρεῖος· τὰ ἀχρεῖα, i. 84, 5 n. opp. to τοῖς ἀναγκαιοτάτοις, § 7.
ἀφαιρέομαι· ξύμπαν ἀφελομένη ἔχει· vi. 39, 2 Sch.
ἀφανής· ἥ τε ἐλπὶς καὶ ὁ ἔρως ἐπὶ παντί,—ὄντα ἀφανῆ, iii. 45, 5 n. ἐκ τοῦ ἀφανοῦς ὁρμήσας, iv. 36, 2 n. τοῦ ἀφανοῦς—τὸ ἀτέκμαρτον δέος, 63, 1 Sch.
ἀφανίζω· Θηραμένης—ἀποπλέων ἐν κέλητι ἀφανίζεται. viii. 38, 1 nn.
ἀφίημι· ἐς τὸ πέλαγος ἀφῆκαν· vii. 19, 4 n.
ἀφικνέομαι· ἀφικνεῖται—πράσσειν, i. 128, 4 n. ἐς ὀλίγον ἀφίκετο πᾶν τὸ στράτευμα—νικηθῆναι, iv. 129, 4 n.
ἀφίστημι· τὴν Ἰωνίαν ἀποστήσωσι, iii. 31, 1 n. οἱ μὲν πρὸς τὰ πεδία μᾶλ-

λον τῶν Σικελῶν,—οἱ πολλοὶ ἀφεστήκεσαν· vi. 88, 4 Sch. n. double meaning of ; ἀποστήσεσθαι διπλῆν ἀπόστασιν, iii. 13, 1 n.
ἄφρακτος· ἀφράκτῳ τῷ στρατοπέδῳ, i. 117, 1 n.

Abbreviated construction, iv. 29, 4 n. Abstract term defined by the subsequent concrete, as τὸ δ' εὐτυχές, οἱ ἂν—λάχωσιν, ii. 44, 1 n. δόξα, καὶ ἧς ἂν—κλέος ᾖ, ii. 45, 4 n. καταφρόνησις δέ, ὃς ἂν—πιστεύῃ, 62, 4 n. ἀδύνατον καὶ πολλῆς εὐηθείας, ὅστις οἴεται, iii. 45, 7 n. τὸ ξυμφέρον μὴ ἄλλο τι νομίσαι ἢ—ὅταν—ἔχωσι, iii. 56, 8. ἐκ τοῦ ἀκινδύνου—καὶ ὅστις —παραδίδωσι, v. 16, 1 n. τὸ καλῶς ἄρξαι τοῦτ' εἶναι, ὃς ἂν—ὠφελήσῃ, vi. 14 n. νομιμώτατον εἶναι — οἱ ἂν—δικαιώσωσιν, vii. 68, 1 n. Abstract (or act) for concrete (or persons); αἱ ἐκδρομαὶ = οἱ τεταγμένοι πρὸς τὸ ἐκτρέχειν (ἔκδρομοι, iv. 125, 3.), iv. 127, 2 n. τὴν πλείονα κύκλωσιν σφῶν = τοὺς πλείους τῶν κυκλοῦν τοὺς Λακ. μελλόντων, 128, 1 n. ἡ δουλεία = οἱ δοῦλοι, v. 23, 4 n. φυγὴ αὐτῶν = φυγάδες, viii. 64, 4. τῷ φιλίῳ ἐπίπλῳ = τοῖς φιλοῖς ἐπιπλέουσι, 102, 2 n. ξυμμαχία = ξύμμαχοι, vi. 73, n. τῆς ἡμετέρας παρουσίας = τοῦ ἡμετέρας παρουσίας = τοῦ ἡμετέρου στρατοπέδου νῦν παρόντος, 86, 3.
Accusative absolute, ἄδηλον ὂν ὁπότε—, i. 2, 2 n. καὶ ἀπαντᾶν εἰρημένον καὶ σιτία ἄλλα κομίζειν. vii. 77, 6 n. after ὡς· in ὡς μετέχοντά τινα τῶν γιγνομένων. viii. 66, 5 n. acc. c. commencing a period, τὸν δὲ πόνον —μὴ γένηται—πολύς, ii. 62, 1 n. acc. of the principal subject begins the sentence, iii. 15, 2 n. acc. (διαθέντα) according to Arnold, used, although the verb requires another case, vi. 15, 4 n. instead of nom. case, ἡσυχάζοντας καὶ Ἀθηναίους δεχομένους,

ii. 7, 2 n. instead of genitive governed by ὅστις, in τοὺς μέντοι ἀγωνιζομένους—ὅστις ξυμβουλεύσαιτό τι, viii. 68, 1 n. acc. case sing. with double termination in -ην or η, from proper names in -ης, as Ἀλκαμένη or Ἀλκαμένην, viii. 5, 1 n. 8, 2. 10, 2.

Active voice used where the Middle seems more natural, n. iv. 79, 2. ἐπῆγον, i. 107, 6. ἐξήγαγον and ξυνεπῆγον, iv. 79, 2.

Addition of a word, to explain a neuter relative, confuses the construction, iii. 12, 1 n.

Adjective with participle the more important part of the subject; compared with the Latin passive participle preceding its substantive; rendering of, i. 93, 4 n. adj. (χρήσιμον) applied to both members of a sentence, belongs properly only to one, vi. 12, 1 n. preceding, and agreeing with, two Substantives, τῆς εὐπρεπεστάτης—τελευτῆς,—λύπης. ii. 44. 2. τῆς ἀνθρωπείας—νομίσεως,—βουλήσεως, v. 105, 1 n. neuter plural adj., use of, i. 7, 1 n. 102, 2 n. ii. 98, 2.

Adverb at a distance from its verb (οὐ πολὺ ὕστερον—ἀπόλλυσι—), iv. 75, 2 n. adv. in the predicate, φθορὰ οὕτως, ii. 47, 4 n. used after εἶναι, or γίγνεσθαι as predicate instead of an adjective, οὕτως, ii. 47, 4 n. ῥᾳδίως, iv. 10, 3 n. ῥᾷον, vii. 4, 4 n. θᾶσσον, 28, 1. used as predicate, Πελοποννησίων ἤδη ὁμοίως ἐν τῇ θαλάσσῃ ὄντων, viii. 48, 3 n.

Adverbial use of neuter singular of adjectives, with few exceptions, not common in the older Greek writers, n. iv. 112, 1. and n. vi. 49, 2.

Alternative, the most certain part of, marked by γε; its two parts often in a different order from the English, ii. 40, 3 n.

Anacoluthon, οὔτε — ἔχων, βασιλεύς τε—ἐγένετο, ii. 29, 5 n. nominative following dative explained, ἔδοξεν αὐτοῖς—ἐπικαλοῦντες, iii. 36, 1 n. τοῖς δὲ—οὖσι, vi. 24, 3 n. τοῖς μὲν Συρακοσίοις—ὁρῶντες, vii. 42, 2 n. τοῖς μὲν Ἀθηναίοις—ἐπιβοῶντες, 70, 7 n. ἐψευσμένοις—κρίνοντες, iv. 108, 4 n. Antecedents, not agreeing with their own adjective, but with the following relative, iii. 68, 4 n.

Antithesis between the several words of two clauses, iii. 56, 6 n.

Aorist after ἄν, as ὡς τῶν γε παρόντων οὐκ ἂν πράξαντες χεῖρον. vii. 67, 4 n. and present optative, inconsistent, δράσειαν — γιγνώσκοιεν,— ἐπέλθοιεν, iii. 84, 1 n. and imperfects, how used in the description of the pestilence, ii. 49, 3 n. between two imperfects, iii. 22, 4 n. followed by an imperfect; effect of this, iii. 112, 4 n. in context with imperfects, as ἐδίδασκεν ἀπήλασεν—, viii. 45, 3, 4. with future, παρασκευάσασθαι — παρατενεῖσθαι, why, iii. 46, 2 n. νεωτερίσαι—πείσειν, 66, 2 n. ἤ—ἀπαλλαγήσεσθαι,—ἤ—χειρώσασθαι. iv. 28, 5 n. 52, 3 n. sometimes has the force ot a pluperfect, ἐποιήσατο ii. 98, 2, γένοιτο, vii. 18, 2 n, γένοιντο, § 3. ib. ξυνέλαβον, viii. 93, 1. for pluperfect, καταδύσειαν, i. 50, 1. ἀπίστη, 62, 2. μετανέστησαν, iii. 114, 4 n. aor. infinitive without ἄν after verbs of thinking or affirming where there is no condition implied; νομίζοντες ἥκιστα—ὑποτοπῆσαι—, iii. 24, 1. οὐκ ἔφασαν δέξασθαι, v. 22, 1 n. for the force of it see n. i. 26, 5. aor. reading preferred to pres. opt. καταβαῖεν, vii. 44, 8 nn. preferred to imperfect, †διέφθειραν†, ib. ἔφυγον, vi. 101, 3 n. preferred to the future after such verbs as λέγειν or εἰπεῖν, i. 26, 5 n. οὐκ ἔφασαν δέξασθαι, v. 22, 1 n. aor. (ἀνταποδόντες) why used rather than the future, iii. 67, 4 n. aor. used for future, see Future. aor. (ἐπισπάσασθαι) where a future seems required, iv. 9, 2 n. Hermann's rule concerning aor. participles with ἄν does not always hold good, iv. 10, 1 n. Apodosis of a sentence, δέ and τε sometimes used in, = εἶτα, n. i. 133. iii. 31, 1 n. a sentence without apodosis, τὸ γὰρ αὐτοὺς—ἐκ Πελοποννήσου. vii. 28, 3 n. apodosis to a clause wanting, iv. 13, 3 n. Aristotle's rule for the arrangement of Conjunctions (Rhet. iii. 5, 2) violated, i. 32, 1 n. Article, definite, masculine form of its dual with fem. substantive, ἀμφοῖν τοῖν πολέοιν, v. 29, 2. ἐκ τοῖν δυοῖν πολέοιν, viii. 44, 2 n. definite art. used to indicate notoriety, τὸ σφοδρὸν μῖσος, i. 103, 5 n. indicating well known persons or things, —αἱ δύο Σαλαμινία καὶ Πάραλος, iii. 77, 3 n. in οἱ πολλοὶ τότε σεισμοὶ τῆς γῆς, iii. 87, 4 n. its force in αὐτοῖς τοὺς ὀλίγους ἱππέας ἔπεμψαν, vi. 88, 1 n. its force in τὰς πόλεις, i. 12, 1 n. τὰς ναῦς, 13, 5 n. its force in τὰ σημεῖα αὐτοῖς ἤρθη, iv. 42, 4 n. ὁπότε—τὸ σημεῖον ἀρθείη ὁ ξυνέκειτο, 111, 1. its force where used on the first mention of an individual, as Σάλαιθος ὁ Λακεδαιμόνιος, iii. 25, 1 n. 100, 3 n. τὸ used demonstratively, τὸ δ᾽—ἐπετήδευσαν, i. 37, 2 n. retrospective force of the article in τὰς ἑκατὸν ναῦς, ii. 23, 2 n. in τὸ στρατόπεδον, vi. 65, 2 n. with substantive after a middle verb = a pronoun possessive, n. to ii. 22. 5. to be expressed in English by the possessive pronoun, τὸ πλῆθος τῶν νεῶν—παρεσκευάσαντο, ii. 89, 2 n. its use as equivalent to the English possessive pronoun, ἀθρόαις ταῖς ναυσὶ οὐκ ἀξιόμαχοι νομίσαντες εἶναι, viii. 80, 1 n. unusual position, making it equivalent to a pronoun, πρὸς μὲν τὰ ἀντειπεῖν δεῖ, iii. 61, 2 n. ἐπὶ δὲ τῷ ἀγάλλονται, 82, 15. παρὰ δὲ τὸ κρημνοί. vi. 66, 1 n. prefixed on the renewed mention of a thing; τῆς ξυνωμοσίας, vi. 61, 1 n, referring to vi. 27, 3, ἐδόκει—ἐπὶ ξυνωμοσίᾳ γεγενῆσθαι, and to 60. 1, ἐδόκει ἐπὶ ξυνωμοσίᾳ—πεπρᾶχθαι. not referring to any thing preceding, but explained by a subsequent clause or sentence, iii. 3, 4. 22, 8 n. viii. 13 n. 15, 1. 26, 1 n. τὸ in τὸ μὲν κρίνοντες referred to τὸ θεῖον implied in θεῶν φόβος, ii. 53, 4 n. neuter, with gen. c. after it, τὸ τῶν Ἀθηναίων, viii. 56, 4 n. discriminative use of article with geographical names, ἐπὶ Ἀκανθον τὴν Ἀνδρίων ἀποικίαν, iv. 84, 1 n. article in the genitive case with the name of a people, following such words as δῆμος, γῆ, πλῆθος, each with its article prefixed, as τὸν δῆμον τῶν Μυτ. iii. 47, 3 n. τὴν γῆν τῶν Παρρασίων, v. 33, 2. τὸ—πλῆθος τῶν Ἀργ. v. 59, 4. prefixed to numerals denoting a part of a whole number, i. 116, 1 n. vii. 22, 1 n. 25, 1. viii. 39, 3. in τὸ μέρος has a tacit reference to τὸ ὅλον; see μέρος. after ἐς before a numeral, τὰς πάσας ἐς τὰς διακοσίας, i. 100, 1 n; cf. viii. 21. before πᾶς after numerals, τριάκοντα τὰς πάσας ἡμέρας, ii. 101, 7 n; cf. i. 100, 1. in gen. c. before infinitive explained, τοῦ μὴ ἐκφεύγειν, ii. 4, 2 n. τοῦ μὴ—ἐξαμαρτεῖν, 22, 1. τοῦ—μὴ ἀθυμεῖν. vii. 21, 3 n. article with infin. mood, where the simple infinitive might seem more natural, τὸ ἀμύνεσθαι τὸ—σώζεσθαι, ii. 42, 5 n. τὸ μὲν προσταλαιπωρεῖν. 53, 4. sometimes omitted before a clause with infinitive mood, i. 23, 7 n. omitted before an infinitive used as a substantive or subject of a sentence, ii. 87, 7 n. iii. 38, 1 n. often omitted before πόλις, ἀγρός, κ. τ. λ. i. 10, 2 n. names of nations, when used in Greek without the article,

iii. 57, 2 n. iv. 34, 1 n. probable reason of its frequent omission before μέσος, δεξιός, and other words denoting parts of an army or the position of troops in it, ii. 81, 3 n. iv. 31, 2 n. definite, omitted, οὔτε ξυνοικισθείσης πόλεως, i. 10, 2 n. πολιορκίας μακρᾶς καθεστηκυίας, 102, 2 n. effect of its absence in ἐπὶ πλεῖστον δὴ τύραννοι οὗτοι, vi. 54, 5 n. not required in the phrase κατὰ τοῦτο καιροῦ, vii. 2, 4 n. improperly joined with ἕκαστος or οὗτος where these stand alone, n. vii. 67, 2. cannot be prefixed to ἐκεῖνος in ἐς τῶν ἐκείνων τι χωρίων, i. 45, 2 n. superfluous in τούτοις—ἐντυχὼν τοῖς κομιζομένοις, v. 5, 2 n. wrongly inserted, ἑξακόσιοι [οἱ] τὴν νυκτὰ πορευόμενοι, iv. 68, 5 n. Δωριῆς τε καὶ [οἱ] αὐτόνομοι πάντες, vii. 58, 3 n. in τὸ Σικελικόν, has reference to Σικελῶν, iii. 103, 1 n. ὁ followed by δὲ confused with ὅδε, ii. 46, 1 n. v. l. iii. 98, 1 n. v. l.

Atticisms of Thuc. frequently discarded in quotations by ancient authors, instanced in ἐς and ξύν, ii. 4, 3 n.

Augment, syllabic of the pluperfect, omitted by Attic writers, as γεγένητο for ἐγεγένητο. Duker n. v. 14, 2.

B.

βακτηρία· τῷ γε Δωριεῖ—καὶ ἐπανήρατο τὴν βακτηρίαν. viii. 84, 2 n.

βάλανος· ii. 4, 3 n. *βαλανάγρα and *βαλανοδόκη, n. ib.

βάλλω· dubious reading, †βάλλειν†, iv. 116, 2 n.

βάρβαρος· not used by Homer to designate all who were not Greeks, i. 3, 4 n.

βασιλεύς· when denoting the k. of Persia, usually found without the article, ii. 62, 2 n. τοὺς παῖδας τοὺς βασιλέως, viii. 37, 1 n.

βέβαιος· φθονήσαντες τῆς οὐ βεβαίου δοκήσεως τῶν κερδῶν, iii. 43, 1. βέβαιον τὴν ἀπιστίαν τῷ δήμῳ πρὸς ἑαυτὸν καταστήσαντες. viii. 66, 5 n. μετὰ βεβαίου παρασκευῆς, viii. 27, 3 n. τὰ β. τῆς γνώμης, i. 70, 3 n. τὰ τῶν πόλεων οὐκ ἂν βέβαια ἔχοντες, εἰ ὑποδέξοιντο, ἀθυμοῖεν. vi. 34, 5 Sch. n. βεβαιότερος—ὁ δράσας τὴν χάριν, ii. 40, 7 n. κίνδυνον—βεβαιότερον, iii. 39, 8 n. τοὺς κινδύνους —βεβαιοτέρους, v. 108 n..

βεβαιόω· ἡ δόκησις τῆς ἀληθείας βεβαιοῦται, ii. 35, 3 n. τὴν ἐκείνου φιλίαν οὐχ ἧσσον βεβαιώσασθαι βούλεσθαι. vi. 78, 1 n.

βεβαίως· φιλία—βεβαίως, ii. 7, 3 n. φίλους γενέσθαι βεβαίως, iv. 20, 4. βεβαίως τι—πράξειν οἴεται, iv. 62, 2 Sch. βεβαίως οὐδέτεροι τελευτήσαντες ἀπεκρίθησαν, iv. 72, 4 n.

βέλτιστος· βέλτιστοι δὴ ἄνδρες, iii. 98, 3 n. τοὺς δὲ ἔχοντας τὰ χρήματα καὶ ἄρχειν ἄριστα βελτίστους. vi. 39, 1 n.

βία· = ἰσχύς, iv. 62, 2 Sch.

βιάζομαι· ἐκείνοις τε βιαζομένοις τὴν ἀπόβασιν, iv. 9, 2 n. βιαζομένους τὴν ἀπόβασιν, 11, 4. βιάσασθαι τὴν ἔφοδον, iv. 36, 1. —βουλόμενοι τὸν ἔσπλουν, vii. 22, 3. βιάζεσθαι—τὸν ἔκπλουν, 70, 7. βιασάμενοι τὰς τῶν Ἀθ. ναῦς, vii. 23, 3. βουλόμενοι βιάσασθαι ἐς τὸ ἔξω. vii. 69, 4 n. passive, βιαζόμενοι ὑπό τινων, i. 2, 1 n. μὴ ἀνταμύνεσθαι ὡς βιασθείς, iv. 19. 3 n.

βλάβη· οὐ τοὺς λόγους τοῖς ἔργοις βλάβην ἡγούμενοι, ii. 40, 3 n. οἷς ἦν ἐν βλάβῃ τειχισθέν, v. 52, 2 n. οὐδεμία βλάβη τοῦ †τε† τὸ κοινὸν κοσμηθῆναι—, vi. 41, 3 n.

βλάπτω· τοὺς πολεμίους—ἀπ' αὐτῶν βλάψαι, vii. 29, 1 n. ἀμυνόμενοι μὴ βλάπτεσθαι, i. 71, 1. δικαστὰς ὄντας —βλάπτεσθαι, iii. 46, 3 n. βλάπτω and ἀδικέω distinguished, οὔτε ἀδικῆσαι ἔφασαν οὐδὲν οὔτε τοῦ λοιποῦ ἑκόντες βλάψειν· iv. 98, 1 n.

βοή· βοῆς μεγέθει ἀφόρητοι, iv. 126, 5 n. ὅσον καὶ ἀπὸ βοῆς ἕνεκα, viii. 92, 9 n.
βοηθέω· and its compounds, proper meaning of, n. to iv. 4, 3. with ἐπὶ and acc. c. of person, n. viii. 11, 2. with ἐπὶ and acc. c. of place; βεβοηθηκότες—ἐπὶ τὸ Αἰγίτιον. iii. 97, 4. οἵ τε Κορίνθιοι βοηθοῦντες ἐπὶ τὰς ναῦς, viii. 11, 2 n; cf. τὴν βοήθειαν τὴν ἐπὶ τὴν Χίον. viii. 15, fin.
βορέας. iii. 23, 4 n.
βόσκω· used of men contemptuously, ναυτικὸν πολὺ ἔτι ἐνιαυτὸν ἤδη βόσκοντας, vii. 48, 5 n.
βουλεύω· τῷ—πλεῖστα εὖ βουλεύοντι, iii. 42, 7 n. difference between βουλεύω and βουλεύομαι, v. 111, 2 n. ἀπὸ ἀντιπάλου παρασκευῆς βουλεύεσθαι, i. 91, 6 n. ὁμοῖόν τι ἢ ἴσον ἐς τὸ κοινὸν βουλεύεσθαι, ib. n. ἴσον ἢ δίκαιον βουλεύεσθαι, ii. 44, 4 n.
βούλησις· τῇ ἑαυτῶν δικαίᾳ βουλήσει, iii. 68, 2 n.
βούλομαι· δεδιότα μὲν—βουλόμενον δὲ ὅμως, εἰ δύναιτό πως, πεισθῆναι, viii. 52, 1 n. οὐ βουλομένῳ ἦν, ii. 3, 2 n. βουλομένοις ἦν, iv. 80, 2 n. βουλομένοις ἔσεσθαι, iv. 85, 3 Sch.; cf. προσδέχομαι. καὶ δῆτα—τί καὶ βούλεσθε, ὦ νεώτεροι; vi. 38, 5 Sch. εἰ δ' ἄλλα βουλήσεσθε, vi. 40, 1 Sch. καὶ ἦν γάρ τι καὶ ἐν ταῖς Συρακούσαις βουλόμενον τοῖς 'Αθηναίοις τὰ πρήγματα ἐνδοῦναι, vii. 48, 2 n. ἦν αὐτόθι †[που] τοτ Βουλόμενον τοῖς 'Αθηναίοις γίγνεσθαι τὰ πράγματα, vii. 49, 1 n. difference between βούλομαι and ἐθέλω, i. 28, 3 n. 4.
βραδύς· προνοῆσαι βραδεῖς, iii. 38, 4 n. ὅπως τῇ παρούσῃ ὁρμῇ τοῦ περαίνεσθαι ὧν ἕνεκα ἦλθον, μὴ βραδεῖς γένωνται· vii. 43, 5 Sch. n.
βραχύς· τὸ βραχύ τι τοῦτο, i. 140, 8 n. καὶ ἐπὶ μεγάλῃ καὶ ἐπὶ βραχείᾳ ὁμοίως προφάσει, i. 141, 1. προφάσει βραχείᾳ καὶ εὐπρεπεῖ, vi. 8, 4 n. οὕτω

βραχείᾳ βουλῇ, vi. 9, 1. ἀπὸ τοῦ βρ. τείχους, ii. 76, 3 n. τοῦ δὲ βρ. ᾠκοδομημένου, vii. 29, 3. αἱ δὲ καὶ ἐς βράχεα—ὤκειλαν, ii. 92, 5. ὡς διὰ βραχέος, iv. 14, 1 n. βραχεῖ μορίῳ τῆς δαπάνης, viii. 45, 3 n.
βραχύτης· μετὰ—βραχύτητος γνώμης, iii. 42, 1 n. μελέτης βραχύτητι, i. 138, 6 n.
βρόχος· βρόχους περιβάλλοντες, ii. 76, 4 n.
Βύζην· τοὺς—ἔσπλους ταῖς ναυσὶν ἀντιπρώροις β. κλῄσειν, iv. 8, 7 n.

Blending of two constructions, τῷ δὲ Ἱπποκράτει—ὡς αὐτῷ ἠγγέλθη—πέμπει, iv. 93, 2 n.

C.

Change from particular to universal; αἱ πόλεις—αἱ τῶν 'Αθηναίων ὑπήκοοι —τὸ εἰωθότες οἱ ἄνθρωποι, iv. 108, 3, 4 n. from universal to particular, αἱ 'Αττικαὶ νῆες—μάχης οὐκ ἦρχον δεδιότες οἱ στρατηγοί—, i. 49, 4; cf. iv. 108, 4 n. v. 71, 2 n. from the construction by ὅτι to the participle, i. 1, 1 n. from indicative mood to participle, οὐδ' αὖ—σπεύδοντες, iv. 87, 3 n. from indic. to subjunctive, ὅπως—ἀριστοποιήσονται, καὶ—ἐπιχειρῶσι. vii. 39 n. of tense, in the same clause repeated after a parenthesis, νομίζοντες ἥκιστα—νομίσαντες—οὐ—, v. 22, 2 n. of tense and mood; from fut. indic. to pres. subj. ὅπως—ἀριστοποιήσονται, καὶ—ἐπιχειρῶσι. vii. 39 n. of tense, n. on †τρίψεσθαι†, vii. 42, 5. ἐνόμιζε—'Αμόργην—ἢ ζῶντα ἄξειν ἢ ἀποκτεῖναι. viii. 5, 5.
Comparative, the genitive governed by it, omitted, ἐπικινδυνοτέραν ἑτέρων τὴν παροίκησιν τῶνδε ἔχομεν, for ἐπικ. τῆς ἐτ. κ. τ. λ. iv. 92, 5 n. followed by παρά with acc. πυκνότεραι παρὰ τὰ—μνημονευόμενα, i. 23, 4 n. followed by ἢ κατά with acc.

case, χαλεπωτέρως ἢ κατὰ τὴν ἀνθρωπείαν φύσιν, ii. 50, 1 n. comparatives coupled by ἤ, instead of positives coupled by μᾶλλον ἤ—, i. 21, 1 n. iii. 42, 4 n. resolvable by the positive and μᾶλλον· αἴσχιον, ii. 40, 2 n. viii. 27, 3. ἑτοιμοτέροις, iv. 61, 5 n. comparative adj. or adv. with ἔτι, see ἔτι. Attic formation of comparatives in -αίτερος, vii. 15, 3 n. Conclusion of an argument, to be supplied by the reader, while the inferential particle ὥστε is prefixed to a consideration from which it follows, iv. 85, 5 n. v. 14, 3 n. Condensed expressions. οἱ ἀπὸ θαλάσσης ἄνω Ἀκαρν. ii. 83, 1 n. παρὰ τοὺς ἄλλους τοὺς ἐν τῇ νήσῳ—καταδῆσαι. iv. 57, 4 n. τοὺς—ἐκ τῆς νήσου ληφθέντας, v. 34, 2. τοὺς ἀπὸ τοῦ—καταστρώματος—ἀπαράξητε, vii. 63, 1 n. καθεζόμενοι ἐς τὸ Ἡραῖον i. 24, 6 n. ἐτελεύτα ἐς νύκτα, 51, 3 n. ἔπρασσε ἐς Πελοπ. 65, 2. μέχρι—τοῦδε ὡρίσθω, 71, 5 n. ἐτελεύτα ἕως ὀψέ, iii. 108, 4 n. ποιησάμενοι μέντοι πρὸς Ἀθηναίους πίστεις, iv. 51 n. τῆς—πρὸς τὸ θεῖον εὐμενείας, v. 105, 1 n. τὴν πρὸς ἡμᾶς ἔχθραν, vi. 80, 1 n. ἐκινήθη—ἐν τῷ στρατοπέδῳ—καὶ ἐς τὴν πόλιν, viii. 48, 1 n. τὸ ἐλλιπὲς τῆς γνώμης—εἰρχθῆναι, iv. 63, 1 n. Confused construction, referring to the sense, i. 120, 1 n. ἐσαγγελθέντων ὅτι Φοίνισσαι νῆες, i. 116, 3 n, or to be explained by the use of neuter adjectives plural. confused by acc. ἡσυχάζοντας — δεχομένους instead of nom. cases, ii. 7, 2 n. from the position of τε in the relative clause οἳ ἦσαν ἔκ τε Αἴνου, instead of its being attached to the antecedent πελταστὰς, iv. 28, 4 n. οὔτε—ἔχων —βασιλεύς τε—ἐγένετο, ii. 29, 5 n. ἢν οἱ ἡγεμόνες, ὥσπερ νῦν ὑμεῖς — ποιήσησθε, iii. 67, 7 n. σωφρόνων δὲ ἀνδρῶν οἵτινες — ἔθεντο, iv. 18, 4 n. by the needless addition of διεφθάρησαν, iv. 48, 3 n. by participle instead of infinitive; διὰ τὸ—παρόντας—, iv. 63, 1 n. διὰ τὸ ἐν τῷ αὐτῷ καθημένους, v. 7, 2 n. and cf. n. v. 9, 4. διὰ τὸ, μὴ ἀσθενεῖς ὑμᾶς ὄντας, ἀντέχειν—, vi. 84, 1 n. ὡς ἐν σελήνῃ—ἀπιστεῖσθαι, vii. 44, 3 n. with αἱ—νῆες nom. c. instead of gen. c. and with participle ἐλθοῦσαι instead of finite verb, viii. 80, 3 n. confused construction of the nom. c. of ἕτοιμος, see ἕτοιμος. confused expression, v. 95 n. obscuring the reference of words, i. 6, 3 n. 32, 5 n. confusion from condensed expression, omitting a clause, i. 38, 3 n. i. 40, 2 n. iii. 11, 4 n. iv. 86, 2. confusion of two different modes of expression, ii. 89, 2 n. of different modes of expression, iii. 26, 1 n. of two constructions, iv. 36, 3 n. 37, 1 n. 92, 7 n. between two constructions after πλήν, n. viii. 70, 1.

Conjunctive mood with πρίν, ii. 6, 2 n. with ἤν, after Opt. with εἰ, ii. 5, 4 n; see Subjunctive.

Conjunctions, Aristotle's rule for their arrangement (Rhet. iii. 5, 2.) violated, i. 32, 1 n.

Consequences, immediate or remote, of an act, expressed by the verbs following, in the subjunctive or in the optative; the difference between these, iii. 22, 9 n. vii. 17, 4. viii. 87, 3.

Construction adapted to the sense, rather than to the preceding words, substituting acc. for gen. c., i. 10, 6 n. construction according to the sense, but not the form of the preceding expression, ἢν δὲ ἡ γνώμη τοῦ Ἀριστέως—ἔχοντι, i. 62, 3 n; cf. Jelf, 712, 1. a mixed construction, iv. 52, 3 n. construction κατὰ σύνεσιν, or σχῆμα πρὸς τὸ σημαινόμενον; as ἡ ξύνοδος ἦν, Ἀργεῖοι μέν—χωροῦντες, v. 70 n. ἔρως ἐνέπεσε τοῖς

CORRECTION—γίγνομαι.

πᾶσιν—καὶ εὐέλπιδες ὄντες;—· ὁ δὲ πολὺς ὅμιλος—, vi. 24, 3 n. εἴρητο —θεραπεύοντες, vi. 61, 5 n. relative not agreeing with its antecedent, but with the equivalent of it, —ὠφελίας, οἱ—, vi. 80, 1 n. construction varied, εἰ ῥαθυμίᾳ—καὶ μὴ μετὰ νόμων—ἀνδρίας, ii. 39, 5 n. οὐ μετὰ —ὠφελίας—ἀλλὰ—πλεονεξίᾳ, iii. 82, 11 n. varied, from gen. absolute to infinitive with prep. vi. 84, 1 n. confused, obscuring the reference of ἦσαν, i. 35, 5 n; see also *Change*, *Condensed*, *Confused*, *Transition*.
Correction adopted, iv. 54, 3 n.
Corrupt passages, i. 39, 5 nn. iii. 31, 1 n. iv. 73, 4 n. †τοῖς δὲ—κρατήσειν†. 117, 2 n. †ἣν μιᾶς πέρι—ἴσται†. v. 111, 6 n. Heilmann and Haack read ἧς μιᾶς—. †ὥς† πολὺ κρείσσους εἰσί, vii. 48, 6 n. αὐτόθι †[που] τὸ† βουλόμενον, 49, 1 n. †θαρσήσει κρατηθείς†. ib. n. ἐπεὶ εἴγε ἐβουλήθη διαπολεμῆσαι, ἐπιφανὲς δήπου οὐκ ἐνδοιαστῶς, viii. 87, 4 n. Dobree's emendation, διαπολεμῆσαι ἄν, ib. n. viii. 89, 2 n. Sch.
Corruption of readings; ὃν lost by being confounded with the termination of the preceding word χρόνον, iv. 46, 1 n. corruption by change of future participle into aorist, μεταστήσοντας, iv. 48, 1 n, ἄξοντας, v. 6, 2 n. by repetition of a final syllable, as παρεκελεύσατο τότε instead of τε, vii. 60, 5 n. of the text by the introduction of marginal glosses, vi. 40, 1 n. by introduction of a relative, viii. 86, 9 n.
Country, name of, in the gen. c. preceding or following the name of a place; effect of each order, iii. 105, 2 n. v. 33, 1 n. viii. 100, 3 n.
Crasis of τε with ἄλλα (τἄλλα), use and limitations of, iii. 90, 5 n. of καὶ with ἀγαθός as the latter of two adjectives united by τε καί; its limitations, iii. 90, 5 n. viii. 24, 5 n.

opposed to these are κακῶν τε κἀγαθῶν, ii. 41, 4.

Γ.

γάρ· or οὐ γάρ· with a reason in assent or dissent after a question; οὐ γὰρ τοσοῦτον ἡμᾶς βλάπτει ἡ ἔχθρα ὑμῶν ὅσον κ. τ. λ. v. 95 Sch. n. δικαιώματι γὰρ οὐδετέρους ἐλλείπειν ἡγοῦνται, v. 97 Sch. οὐ γὰρ νομίζομεν ἡμῖν τούτους δεινοτέρους κ. τ. λ. 99. Sch. used to account for the succeeding statement, iv. 67, 4 n. introducing a parenthesis, iii. 70, 4 n. referring to a suppressed sentence, i. 120, 2 n. verb omitted in a fresh sentence after γάρ, i. 25, 4 n. vii. 28, 3 n.
γε· its force expressed by an emphasis on the word to which it is subjoined, πάντες γὰρ ὑμῖν γε ὁμοίως ἐπέθεντο, iii. 39, 7 n, καὶ μετὰ ὅπλων γε δὴ καὶ τοῖς πᾶσί γε ὁμοίως Ἕλλησιν ὕποπτον, iv. 78, 2 n. ὑπήκοοι δ' ὄντες καὶ ἀνάγκῃ ὅμως, Ἰωνές †γε† ἐπὶ Δωριέας, ἠκολούθουν. vii. 57, 4 n.
γε—ἦ=*at any rate*—*if not;* γε always stands with the most certain part of an alternative, not always in the same order as in English, ii. 40, 3. ἧς γε=*quippe cujus*, iv. 61, 1 n.
γεγωνίσκω· βουλόμενος ὡς ἐπὶ πλεῖστον γεγωνίσκων ὠφελεῖν. vii. 76 n.
γεωμόρος· τοῖς γεωμόροις μετεδίδοσαν οὔτε ἄλλου οὐδενός, οὔτε ἐκδοῦναι οὐδ' ἀγαγέσθαι παρ' ἐκείνων οὐδ' ἐς ἐκείνους οὐδενὶ ἔτι τοῦ δήμου ἐξῆν. viii. 21 n.
γίγνομαι· ὡς γιγνόμενα ἤδη θεᾶσθε, v. 113 Sch. εἰκοστὴν μόνον πρασσόμενοι τῶν γιγνομένων, vi. 54, 5 n. γίγνεσθαι distinguished from εἶναι and ὑπάρχειν, vi. 87, 4 n. γίγνομαι with dat. c. of a participle, προσδεχομένῳ μοι τὰ τῆς ὀργῆς ὑμῶν—γεγένηται, ii. 60, 1. πεπειραμένοις ἄν τι γένοιτο καὶ ὑμῖν, v. 111, 1 n. adjective or sub-

stantive omitted after γίγνομαι to be supplied from the adjective or substantive preceding it, iii. 65, 3 n; cf. ii.13,1. ἀν—†γιγνώμεθα.† a disputed reading, iv. 63, 2 n.
γιγνώσκω· γιγνώσκω—δοκεῖν, vi. 18, 7 n. τὸ πάνυ δοκοῦν ἀνταποφῆναι ὡς οὐκ ἔγνωσται, iii. 38, 2 n.
γνήσιος· τῶν γνησίων ἀδελφῶν, vi. 55, 1 n.
γνώμη· opp. to ἔργον, see ἔργον. opp. to σῶμα, iii. 65, 3 n; cf. i. 70, 6. γνώμης ξυνέσεως, i. 75, 1 n. γνώμης ἁμάρτημα, ii. 65, 12. μετὰ βραχύτητος γνώμης, iii. 42, 1 n. τῆς γν. τὸ μὴ κατὰ κράτος νικηθέν, ii. 87, 3 n. τὴν—γν. αὐτῶν οὐχ ἡσσῆσθαι, vi. 72, 2. †γνώμης† ἐλλιπεῖς γιγνόμενοι, vii. 8, 2 n. ἀγῶνα καὶ ξύστασιν τῆς γνωμης, vii. 71, 1 n. γενόμενοι—τῇ γνώμῃ = διανοηθέντες, iii. 40, 10 n. παρὰ ξυμμάχους — τῇ γοῦν γνώμῃ ἥξειν, iv. 85, 3 n. γνώμη—ἀπὸ τῶν ὑπαρχόντων, ii. 62, 5 n. iv. 18, 2 n. ἀναπαύλας τῇ γνώμῃ, ii. 38, 1 n.
γοῦν restored by Göller, i. 10, 7 n.
*γραφὴ παρανόμων, n. iii. 36, 4. n. viii. 67, 3.
γράφω· ἣν δέ τις τὸν εἰπόντα ἢ γράψηται παρανόμων ἢ ἄλλῳ τῳ τρόπῳ βλάψῃ, viii. 67, 2 n.
γραμματεύς· ὁ δὲ γρ. ὁ τῆς πόλεως, vii. 10, n. and Scribe in Hist. Index.
γραμματεύω· Φαίνιππος ἐγραμμάτευε, iv. 118, 7 nn.
γυμνόομαι, ἐγυμνώθησάν τε πρῶτοι, i. 6, 5 nn.
γυμνός· καὶ ἐτόξευόν τε καὶ ἐσηκόντιζον ἐς τὰ γυμνά, iii. 23, 4. τὰ γυμνὰ πρὸς τοὺς πολεμίους δοῦς, v. 10, 4 n.
γυνή· γυναῖκες—σιτοποιοί, ii. 78, 3 n.

Δ.

δαπανάω· with acc. τὴν πόλιν δαπανᾷν, to put to expense, exhaust, iv. 3, 3 n. δαπανῶντας τὰ οἰκεῖα, vi. 47 n.
δαπάνη· ἄνευ δαπάνης καὶ πολιορκίας, ii. 77, 2. 49, 2 n.

δάπανος· δάπανος γὰρ φύσει, v. 103, 1 n.
δέ in apodosi = εἶτα, n. i. 133, probable original meaning of δέ and ἀλλά, n. ib. use of δέ in the apodosis of a sentence, i. 11, 2 n. 18, 1 n. ii. 65, 5 n. iii. 98, 1 n. iv. 132, 2 n. v. 16, 1 n. viii. 29, 2. 70, 1 n. δέ after ὁ in the apodosis confused, in MSS. and by editors, with ὅδε, ii. 46, 1 n, v. l. and iii. 98, 1 v. l. δέ' introducing a parenthesis, ἦσαν [δ'] Ἀθηναῖοι—ἐφ' ὅπλοις. viii. 69, 1 n. answering to τε in θᾶσσόν τε γὰρ ὁ Ν. ἧγε,—ὁ δὲ Δημοσθένης—, vii. 81, 3 n. in καὶ—δέ—, see καί. preferred to τε (δῶρα δέ), ii. 101, 1 n. †δέ† its retention justified by Arnold, i. 28, 6 n. interpolated in ὅ τι [δ'] ἂν δόξῃ, v. 47, 12 n.
δεῖ· καὶ ἦν ἄρα μηδὲν δεήσῃ, vi. 41, 3 Sch.
δείλη· περὶ δείλην ὀψίαν, iii. 74, 2 n. δείλη πρωΐα, ib. n. περὶ δείλην, iv. 69, 3. 103, 1. περὶ δείλην ἤδη ὀψίαν, viii. 26, 1.
δεινός· οἱ Ἀθηναῖοι δεινὰ ἐποίουν, v. 42, 2. distinction between δεινὰ ἐποίουν and δεινὰ ἐποιοῦντο, ib. n; cf. δεινὸν ποιησάμενοι, i. 102, 5. δεινὸν ποιούμενοι, vi. 60, 4.
δεκάπλεθρος· τὸ δεκάπλεθρον προτείχισμα, vi. 102, 2 n.
δελφινοφόρος· αὐτοὺς αἱ κεραῖαι ὑπὲρ τῶν ἔσπλων αἱ ἀπὸ τῶν ὁλκάδων δελφινοφόροι ἠρμέναι ἐκώλυον. vii. 41, 2.
δένδρον· dat. pl. δένδρεσιν = fruit trees; distinguished from ξύλα, ii. 75, 1 n, and from ὕλη in κόπτοντες τὰ δένδρα καὶ ὕλην, iv. 69, 2 n.
δέομαι· ἀντειπόντος—ὅτι οὐκ ἐπέξεισιν οὐδὲ δέοιτο πολεμεῖν, iv. 130, 4 n. δέοιτο = δέοι, ih. n. followed by ὅπως in τὸ — Πάνακτον ἐδέοντο Βοιωτοὺς ὅπως παραδώσουσι Λακεδαιμονίοις, v. 36, 2 n. ἅπερ—δεόμενοι ἂν ἐπεκαλεῖσθε, ταῦτα ἐκ τοῦ ὁμοίου καὶ νῦν

παρακελευομένους—φαίνεσθαι. vi. 48, 4 n.

δέρρις and διφθέρα distinguished, ii. 75, 5 n.

δεύτερος· —πολύ δευτέρα μετά τήν Σκ. ii. 97, 6 n. δευτέρας corrupt reading for προτέρας, or ἑτέρας, n. and v. 1. to iii. 49, 3.

δεχήμερος· δεχημέροις σπονδαῖς, vi. 10, 3 n.

δέχομαι· τῶν—πόλεων οὐ δεχομένων αὐτούς ἀγορᾷ οὐδέ ἄστει, ὕδατι δέ καί ὅρμῳ, vi. 44, 2 n.

δέω· δυοῖν δεούσας εἴκοσι (sc. ναῦς), vii. 31, 4 n.

δή, force of, i. 24, 2 n. iii. 10, 5 n. 104, 1 n. vi. 54, 4. vii. 81, 2. "Αγις δέ αὐτοῖς ἑτοίμως ἦν, ἐκείνους μέν μή λύειν δή τάς Ἰσθμιάδας σπονδάς, viii. 9, 1 n. μάλιστα †δή†—ἐς ὁ ἐμέμνηντο, ἐν τούτῳ τῷ καιρῷ, v. 66, 2 n. ποῦ δή (sc. ἐνδέχεσθαι), μή βιαζομένη γε, πρός αὐθαιρέτους κινδύνους ἰέναι; viii. 27, 4 n.

δῆθεν· use of, i. 92, 1 n. 127, 1. implies an unreal statement, iii. 68, 2 n.

δημιοῦργος· see Hist. Index.

δῆμος· = δημοκρατία in μή οὖν ὑπὸ τοῦ δήμου γε αὖθις γενομένου, viii. 91, 3 n.

δημόσιος· ἐπιφοράς τε πρός τῷ ἐκ δημοσίου μισθῷ, vi. 31, 3. ἄνευ τοῦ [ἐκ] δημοσίου μισθοῦ, § 5 n.

διά· I. with gen. c. denoting the accompanying state or circumstances rather than the cause of an action, δι' ἀσφαλείας τάς πόλεις ᾤκουν, i. 17, 1. Κερκυραίοις δέ οὐδέ δι' ἀνακωχῆς πώποτ' ἐγένεσθε, i. 40, 4 n. δι' ὄχλου ἔσται, 73, 2 n. δι' ἐλαχίστης βουλῆς, 138, 3. ἐλθεῖν διά μαχῆς τινί, ii. 11, 4, 7. διά φυλακῆς ἔχοντες, ii. 81, 4. διά προφυλακῆς ἀριστοποιεῖσθαι. iv. 30, 2 n. οἶς—διά ξυμφορῶν ἡ ξύμβασις, καὶ ἐκ τοῦ αἰσχίονος, vi. 10, 2 n. δι' ὀλίγης παρασκευῆς κατειλημμένου (sc. τοῦ χωρίου), iv. 8, 8 n. διά τοιαύτης δή παρασκευῆς οἱ Ἀθ. ἀναγαγόμενοι, viii. 95, 5 n. διά χειρός ἔχειν, ii. 13, 2 n. διά φυλακῆς opp. to δι' ἑκουσίων κινδύνων, vii. 8, 3 n. διά πάσης according to Poppo in every ship (?), according to Haack διά πάσης sc. νεώς, i. 14, 4 nn. διά τοσούτου, ii. 29, 4 n. δι' ὀλίγου, ii. 89, 13 n. ὡς διά βραχέος, iv. 14, 1 n. οὔσης —διά βραχέος ἀποστροφῆς, iv. 76, 5 n. ξυνέκληε γάρ διά μέσου· v. 64, 4 n. ὑπό τῶν διά μέσου κωλυθέντες, viii. 75, 1 n. δι' ἀχθηδόνα, iv. 40, 2 n. διά τό περιέχειν αὐτήν, 102, 4 n. διά τοῦ θύματος τήν ἔσπραξιν, v. 53. II. with acc. c. unusual sense of, δι' ἥν ἡ Ἀττική ὠφελεῖται, iii. 13, 7 n. προσόδων, δι' ἥν ἰσχύομεν, τό λοιπόν στερήσεσθε, 39, 10. κινδύνων οὗτοι σπανιώτατοι, οἵ ἄν ἐλάχιστα ἐκ τοῦ σφαλῆναι βλάπτοντες πλεῖστα διά τό εὐτυχῆσαι ὠφελῶσιν. vii. 68, 3. διά τό with participle instead of infinitive —παρόντας, iv. 63, 1 n, —καθημένους, v. 7, 2 n, —ὄντας, vi. 84, 1 n. διά in composition, its force in διαψηφίζομαι, iv. 88, 1 n, in διαφορέω, vi. 91, 7 n.

διαβαίνω· οἱ ἐν τῇ νήσῳ ἄνδρες διαβεβηκότες, vii. 71, 7 n.

διαβάλλω· μάλιστα δέ Λακεδαιμονίους καί Πελοποννησίους διαβαλεῖν ἐς τούς ἐκείνῃ χρῄζων Ἕλληνας, ὡς καταπροδόντες τό ἑαυτῶν προὐργιαίτερον ἐποιήσαντο, iii. 109, 2. ἐξ ὦν ἄν τις εὖ λέγων διαβάλλοι, vii. 48, 3 n. ἵνα—οἵ τε πολέμιοι τῷ Τισσαφέρνει ὡς μάλιστα διαβάλλοιντο—, viii. 81, 2 n. καί πρότερον τῷ Τισσαφέρνει ἀπιστοῦντες, πολλῷ δή μᾶλλον ἔτι διεβέβληντο. 83, 1 n. βουλόμενος αὐτόν τοῖς Πελοποννησίοις ἐς τήν ἑαυτοῦ καί Ἀθηναίων φιλίαν ὡς μάλιστα διαβάλλειν, 88 n. διαβεβλῆσθαί τε νομίσας (sc. ὁ Τισσαφέρνης) αὐτοῖς σφόδρα, 109, n.

διαβατήρια· τά δ. θυομένοις οὐ προὐ-

διαβολὴ—διάστασις.

χώρει, v. 54, 2 n. οὐδ' ἐνταῦθα τὰ δ. αὐτοῖς ἐγένετο, 55, 3. τὰ δ. ἱερὰ οὐκ ἐγίγνετο, 116, 1.
διαβολή· κατὰ τὰς ἰδίας διαβολάς, ii. 65, 12 n. τὸ ἐπὶ διαβολῇ ἐς δίκην καταπλεῦσαι. vi. 61, 6 n.
διάγγελος· τῷ Νικίᾳ διάγγελοι τῶν ἔνδοθεν, vii. 73, 3 n; cf. ἐξάγγ.
διάγω· διῆγε καὶ προὐφασίζετο. i. 90, 5, 6 n. ἐν τοῖς χαλεπώτατα διῆγον· vii. 71, 4 n.
διάδηλος· iv. 68, 5 n.
διαδοχή· τὴν—χώραν ἀεὶ οἱ αὐτοὶ οἰκοῦντες διαδοχῇ τῶν ἐπιγιγνομένων, ii. 36, 2 n.
διάζωμα· διαζώματα ἔχοντες περὶ τὰ αἰδοῖα οἱ ἀθληταὶ ἠγωνίζοντο, i. 6, 5 nn.
διαιρετός· τύχας οὐ λόγῳ διαιρετάς, i. 84, 5 n.
διαιρέω· τάφρον τε καὶ τείχη διελομένη ἡ στρατιά, iv. 69, 2 n. διελόντες τὴν ὀροφήν, iv. 48, 2 n. τὴν— πυλίδα διῄρουν. 110, 3. ὡς αὐτοῖς ἥ τε πυλὶς διῄρητο, 111, 2. διελὼν τοῦ παλαιοῦ τείχους, v. 2, 4. τὸ διῃρημένον τοῦ παλαιοῦ τείχους, 3, 2. οἱ στρατιῶται πυλίδα τινὰ ἐνῳκοδομημένην κακῶς ἔλαθον διελόντες, vi. 51. τοῖς τε γὰρ ἔργοις ὡς διῄρηται ἀθρείτω, v. 26, 2 n.
δίαιτα· δίαιτα τῷ σώματι, ii. 102, 8 n.
διαιτάομαι· πολλὰ μὲν ἐς θεοὺς νόμιμα δεδιῄτημαι, vii. 77, 2 n; cf. n. vi. 17, 1.
διάκειμαι· ὡς αὐτοῖς διάκειται, iv. 92, 4 Sch. nn.
διακοσμέω· τά τε ἄλλα διεκόσμησε τὴν χώραν, ii. 15, 3. τἆλλα διεκόσμησε τά τε κατὰ τὸν πόλεμον ἵπποις—, ii. 100, 2 n. τὴν πόλιν αὐτῶν καλῶς διεκόσμησαν, vi. 54, 5.
διακρίνω· αἱ δέ τινι τᾶν πολίων ᾖ ἀμφίλογα,—διακριθῆμεν. v. 79, 4 n.
διακριτέον· see Verbal Adj.
διακωλύω· τὸ μὲν—προτείχισμα—αἱροῦσι—αὐτὸν δὲ τὸν κύκλον Νικίας διεκώλυσεν· vi. 102, 2 n.

διαλύω· διαλῦσαι — τὰ στρατόπεδα, v. 55, 1 n. τὰς μεγάλας ἔχθρας μάλιστ' ἂν διαλύεσθαι βεβαίως, iv. 19, 2 n. καὶ ὁπόσα ἀλλήλων πολέμῳ ἢ εἴ τι ἄλλο εἶχον, διελύσαντο. v. 80, 1 n. αἱ μὲν ἐνιαύσιοι σπονδαὶ διελέλυντο μέχρι Πυθίων. v. 1, 1 n.
διαμάομαι· διαμώμενοι τὸν κάχληκα— ἔπινον—ὕδωρ, iv. 26, 2 n.
διαμέλλησις· πολλὴν τὴν διαμέλλησιν τῆς—φυλακῆς ποιήσονται, v. 99 n.
διαμνημονεύω· χαλεπὸν τὴν ἀκρίβειαν αὐτὴν τῶν λεχθέντων διαμνημονεῦσαι ἦν, i. 22, 1 n.
διανίστημι· τῶν—ἀναγκαίων ξυμφόρων διαναστάς, iv. 128, 5 n.
διανοέομαι· ὅτι ἐγγύτατα τούτων διανοηθέντας, i. 143, 6 n. διανοέομαι an infinitive to be supplied after it from a preceding verb; ξυνίστασθαι, i. 1, 1 n. ἄρχειν, 124, 2. ἀποστῆναι, v. 80, 2.
διαπολεμέω· ἱκανωτέραν ἡγοῦμαι Σικελίαν Πελοποννήσου διαπολεμῆσαι, vi. 37, 1 Sch. εἴγε ἐβουλήθη διαπολεμῆσαι, viii. 87, 4 n. διαπεπολεμήσεται αὐτοῖς ἀμαχεὶ—ὁ πόλεμος, vii. 14, 3. ὡς—ἢν φθάσωσιν αὐτοὶ πρότερον διαφθείραντες τὸ παρὸν στράτευμα αὐτῶν, †διαπεπολεμησόμενον†. vii. 25, 9 n.
διαπολέμησις· καὶ †τοῖς† ξυντομωτάτην ἡγεῖτο διαπολέμησιν· vii. 42, 5 n.
διαπράσσομαι· ἐς τὴν εἱρκτὴν ἐσπίπτει τὸ πρῶτον — ἔπειτα διαπραξάμενος ὕστερον ἐξῆλθε, i. 131, 3 n. ἐπιφθόνως τι διαπράξασθαι, iii. 82, 18 n. τὰ δυνατὰ—διαπράσσεσθαι, v. 89 n.
διαπρεπής· ἐκείνων—διαπρεπῆ τὴν ἀρετὴν κρίναντες, ii. 34, 6. τῷ ἐμῷ διαπρεπεῖ τῆς Ὀλυμπιάζε θεωρίας, vi. 16, 2 n.
διάρροια· διαρροίας ἀκράτου, ii. 49, 7 n.
διάστασις· ἡ Νικίου τῶν λόγων—διάστασις τοῖς νέοις ἐς τοὺς πρεσβυτέρους, vi. 18, 6 n.

διασώζομαι· εὐδαιμονίαν διασώζονται, iii. 39, 4 n.
διατείχισμα· iii. 34, 2 n.
διατίθημι· ληφθεὶς οὐ ῥᾳδίως διετέθη· vi. 57, 4 Sch. n.
διατρίβω· τὰς παρὰ Τισσαφέρνους Φοινίσσας ναῦς μένοντες—κινδυνεύσειν διατριβῆναι· viii. 78 n. ἵνα διατρίβῃ ἀπελθὼν — τὰ τῶν Πελοποννησίων, 87, 3.
διαφέρει· ἰδίᾳ τι αὐτῷ δ. iii. 42, 2. περὶ μεγίστων δὴ τῶν διαφερόντων, vi. 93. 4; cf. n. to iii. 82, 1.
διαφερόντως· δ. τι ἀδικουμενοι. i. 38, 3 n.
διαφέρω· μηδὲν διαφέροντας τῶν ἄλλων ὑφ' ἡμῶν τετιμῆσθαι, iii. 39, 5 n. ψῆφον φανερὰν διενεγκεῖν, iv. 74, 2 n. διαφέρω (= ὑπερφέρω)· διαφέρειν δὲ τὸν ἰσθμὸν τὰς ἡμισείας τῶν νεῶν πρῶτον, viii. 8, 2; cf. viii. 7 n.
διαφεύγω· οἱ διαφεύγοντες used as a substantive, iii. 40, 8 n. διέφευγον αὐτοὺς ἅτε ἐκείνων ἐπιστάμενοι τὸ ξύνθημα, vii. 44, 5 n.
διαφθείρω· αὐτοὶ οὐ πολλῷ πλείους διεφθάρησαν. v. 59, 1 n. περί τε τοῖς δορατίοις καὶ σκεύεσιν οἱ μὲν εὐθὺς διεφθείροντο, vii. 84, 3 n. διαφθείρω and καταδύω in their naval use synonymous, n. i. 50, 1; see also καταδύω.
διαφορά· διαφορῶν οὐσῶν — τοῖς τε τῶν δήμων προστάταις τοὺς 'Αθ. ἐπάγεσθαι, iii. 82, 1 n. its meaning, ib. n. εἰρήνη—διαφοραί—παύονται, iv. 61, 8 Sch. ὁ δὲ ἄκοντος καὶ ἐκ διαφορᾶς ξυγγίγνεται, iv. 83, 6 n.
διαφορέω· τῆς ἀπὸ τῶν ξυμμάχων προσόδου ἧσσον διαφορουμένης, vi. 91, 7 n.
διάφορος· with dat. c. τῶν αὐτοῖς ἰδίᾳ διαφόρων, i. 68, 2 n. τῶν ἡμῖν ἐς τὰ μέγιστα διαφόρων, iv. 86, 4 n. τοῖς δὲ Συρακοσίοις ἀεὶ κατὰ τὸ ὅμορον διάφοροι· vi. 88, 1 n. οὐ δυνάμενοι ἐπενεγκεῖν οὔτε ἐκ πολιτείας τι μεταβολῆς τὸ διάφορον αὐτοῖς, vii.

55, 2 n. with gen. c. τὰ Θηβαίων διάφορα, iii. 54, 1 n. τὰ παλαιὰ διάφορα τῶν 'Αθηναίων, iv. 79, 2.
διαφρέω· ὁ Νικίας πέμπει ἐς τοὺς σφίσι ξυμμάχους,—ὅπως μὴ διαφρήσουσι τοὺς πολεμίους, vii. 32, 1 n.
διαφυγγάνω· ἐς τὸ στρατόπεδον διεφύγγανον, vii. 44, 8 n.
διαχέω· διαχεόμενον κc. χῶμα, ii. 76, 1.
διαχράομαι· καθεζομένους δέ τινας καὶ ἐπὶ τῶν σεμνῶν θεῶν ἐν τοῖς βωμοῖς —διεχρήσαντο, i. 126, 11 n. κατὰ τάχος κελεύοντες διαχρήσασθαι Μυτιληναίους. iii. 36, 2. τοὺς ὁμήρους τῶν 'Αργείων—οἱ 'Αθ.—παρέδοσαν τῷ 'Αργείων δήμῳ — διαχρήσασθαι. vi. 61, 3.
διαψηφίζομαι· κρύφα διαψηφισάμενοι, iv. 88, 1 n.
δίγλωσσος· ξυμμίκτοις ἔθνεσι βαρβάρων διγλώσσων, iv. 109, 3 n. Κᾶρα δίγλωσσον, viii. 85, 2 n.
δίδωμι· δίκας ἤθελον δοῦναι, i. 28, 2 n. ὅρκον διδόναι, usual sense of, iii. 82, 14 n. ὅρκοι — διδόμενοι, unusual sense of, ib. n.
διεγγυάω. ὀκτακοσίων ταλάντων—διηγγυημένοι, iii. 70, 1 n.
δίειμι· μετὰ ὅπλων—τὴν τῶν πέλας μὴ πείσαντας διιέναι· iv. 78, 2 n.
διείργω· οἱ δ'—'Αθηναῖοι—καὶ αὐτοὶ ἐκ τοῦ ἐπὶ θάτερα λόφου διείργοντο. viii. 33, 2 n.
διέκπλους· διέκπλοι δ' οὐκ ἦσαν, ἀλλὰ θυμῷ καὶ ῥώμῃ τὸ πλέον ἐναυμάχουν ἢ ἐπιστήμῃ. i. 49, 3 n. μὴ διδόντες διέκπλουν, ii. 83, 5. διέκπλοί τε οὐκ εἰσὶν οὐδὲ ἀναστροφαί, ἅπερ νεῶν ἄμεινον πλεουσῶν ἔργα ἐστίν, 89, 12. τοῖς δὲ 'Αθηναίοις οὐκ ἔσεσθαι σφῶν ἐν στενοχωρίᾳ οὔτε περίπλουν οὔτε διέκπλουν, vii. 36, 4. διὰ τὸ μὴ εἶναι τὰς ἀνακρούσεις καὶ διέκπλους, 70, 4. ἔπλεον πρὸς τὸ ζεῦγμα τοῦ λιμένος καὶ τὸν †παραλειφθέντα† διέκπλουν, vii. 69, 4 Sch. n.
διέχω· corrupt reading διείχετον, ii. 36, 3 n.

διίστημι' διαστησαντες τους λόχους, iv. 74, 2 n.
δικάζομαι' οὐ δικαζόμεθα πρὸς αὐτούς, ὥστε τῶν δικαίων δεῖν, iii. 44, 7 n.
δίκαιος' with infin. mood, δίκαιοί γ' ἐστέ—ἐκποδὼν στῆναι, i. 40, 4 n. ἔλεός τε γὰρ πρὸς τοὺς ὁμοίους δίκαιος ἀντιδίδοσθαι, iii. 40, 4. —δίκαιοί εἰσι καὶ ἀπιστότατοι εἶναι ταῖς εὐπραγίαις, iv. 17, 5 n. δίκαια πρός τε τὰ Θηβαίων διάφορα καὶ ἐς ὑμᾶς, iii. 54, 1 n. τὸ δίκαιον—τῆς ξυνθήκης, iv. 61, 4 n. ἦν δέ τι διάφορον ᾖ πρὸς ἀλλήλους, †δικαίῳ† χρῆσθων καὶ ὅρκοις, v. 18, 4 n.
δικαιόω, δικαιοῦμαι' ὑμᾶς—αὐτοὺς—δικαιώσεσθε, iii. 40, 5 n.
δικαίως' τιμωρία—οὐκ εὐτυχεῖ δικαίως, iv. 62, 3 Sch. n. δικαίως κατεγνωκότες, vi. 34, 8 Sch. δικαίως αὐτὴν νῦν μὴ καταπροδίδοτε, vii. 63, 4 n.
δικαίωσις' δικαίωσις ἀπὸ τῶν ὁμοίων —τοῖς πέλας ἐπιτασσομένη. i. 141, 1 n. ἀντήλλαξαν τῇ δικαιώσει. iii. 82, 5 n. τῶν δρασάντων οὔτε ζήτησις οὔτ' εἰ ὑποπτεύοιντο δικαίωσις ἐγίγνετο, viii. 66, 2 n.
δικαστήριον' Ἀκαρνᾶνες τειχισάμενοι κοινῷ δικ. ἐχρῶντο, iii. 105, 1 n. ὅσα ἀπὸ γῆς καὶ δικαστηρίων νῦν ὠφελοῦνται, vi. 91, 7 Sch. n.
δικαστής' δικαστὰς ὄντας—ἀκριβεῖς, iii. 46, 3 n. μέσῳ δικαστῇ ἐπιτρέπειν· iv. 83, 3 Sch. n.
δίκη' δίκας διδόναι compared with ὅρκον δ. i. 28, 2 n. δίκην οἰόμενοι—ὑφέξειν, iii. 53, 1. δίκην ὑποσχεῖν, 81, 2; cf. n. vii. 21, 3. οἱ δ' Ἀθηναῖοι ἐρήμῃ δίκῃ θάνατον κατέγνωσαν αὐτοῦ, vi. 61, 7 n.
διοικέω' its proper and more common meaning distinguished, n. i. 17, 1; cf. διῴκουν τὴν πόλιν, viii. 21.
διοικοδομέω' διοικοδομήσαντες τὸ πρὸς Μεγαρέας, iv. 69, 2 n.
διόλλυμι' διόλλυνται used in an active or rather middle sense, iii. 40, 9 n.

Διοσκόροι' not Διοσκοῦροι, the correct Attic form, iii. 75, 4 n; compare Λεωκόριον, i. 20, 3. vi. 57, 3.
διπλάσιος' διπλασίας ζημίας, iii. 67, 1 n.
διφθέρα and δέρρις distinguished, ii. 75, 5 n. Schneider's derivation of διφθέρα, ib.
δίχα' δίχα πέφυκε, iv. 61, 3 n.
δίψα' τῇ δίψῃ ἀπαύστῳ ξυνεχόμενοι, ii. 49, 5; cf. n. vii. 87, 1.
δίψος' ταλαιπωρούμενοι — ὑπὸ — δίψους, iv. 35, 4. δίψει ἐπιέζοντο. vii. 87, 1 n.
διωθέομαι' reciprocal use of, in τοῖς κοντοῖς διωθοῦντο, ii. 84, 3 n.
δίωξις' τὰς δὲ—κατιδόντες, τὴν δίωξιν εὐθὺς †ποιούμενοι†, οὐ φθάνουσι πᾶσαι, viii. 102, 2 n.
δοκέω' ἢ δοκεῖτε, first taken as parenthetical, and then affecting the construction of the latter part of the sentence, iv. 62, 1 n; cf. δοκεῖ—οὐδὲ —εἶχεν, ἀλλὰ—οὐδὲ εἶναι—, i. 3, 2. δοκέω, and δοκεῖ' ὡς δ' ἂν ἐδόκουν ἐμοὶ ἕκαστοι — εἰπεῖν, i. 22, 1 n, opp. to τὰ δ' ἔργα τῶν πραχθέντων—οὐδ' ὡς ἐμοὶ ἐδόκει, ἀλλ'—, § 2 n. τᾷ καὶ αὐτῷ ἐδόκει,† vii. 73, 1 n. ὧν μὴ χρῆσθαι μηδεμιᾷ, (sc. ἔδοξε, to be repeated from § 1.) ii. 24, 2 n. τὸ πάνυ δοκοῦν, iii. 38, 2 n. difference between τὸ δοκοῦν and τὸ δύξαν, ib. n. double signification of ἐδόκει and consequent change of construction in ἐδόκει—τὴν Ἐπίδαυρον τῷ τε Ἀλκιβιάδῃ καὶ τοῖς Ἀργείοις προσλαβεῖν τῆς τε Κορίνθου ἕνεκα ἡσυχίας, καὶ ἐκ τῆς Αἰγίνης βραχυτέραν ἔσεσθαι τὴν βοήθειαν, v. 53 n. γιγνώσκω—δοκεῖν, vi. 18, 7 n. μετ' ἀρετῆς δοκούσης, iii. 10, 1. διὰ τὴν—μετὰ δώρων δοκοῦσαν ἀναχώρησιν, v. 16, 3 n.
δόκησις' ἡ δ. τῆς ἀληθείας βεβαιοῦται, ii. 35, 3 nn. τῆς οὐ βεβαίου δοκήσεως τῶν κερδῶν, iii. 43, 1.
δοκός' κατὰ δοκοὺς τετραγώνους, iv. 112, 2 n.

δόξα—Dubious.

δόξα· παρὰ δόξαν—παραινεῖν, iii. 37, 5 n. difference between this and παρὰ τὸ δόξαν. δόξα = πίστις· τῆς—δόξης, ἣν—βοηθήσειν ὑμῖν πιστεύετε αὐτούς, v. 105, 3 n.
δοξάζω· ἐπὶ πλέον τι †αὐτὸν† ἐδόξασεν. iii. 45, 6 n.
δουλεία· ἡ δ. = οἱ δοῦλοι, v. 23, 4 n.
δοῦλος· δούλοις, ἢν τὰ ἄριστα ἄνευ ἀνδραποδισμοῦ ἢ θανατώσεως πράξητε, v. 9, 6 n. distinguished from ἀνδράποδον, ib.
δουλόω· ἀπέβαινον τῇ γνώμῃ δεδουλωμένοι ὡς ἐπὶ Λακεδαιμονίους, iv. 34, 1 n.
δραχμή· δέκα μυριάσι δραχμῶν ζημιῶσαι. v. 63, 2 n.
δράω· πολλοὶ τοῦτο—καὶ ἔδρασαν ἐς φρέατα,(= ἔρριψαν ἑαυτούς ἐς φρ.,) ii. 49, 5 n. μετὰ τοῦ δρωμένου, v. 102 n.
δύναμαι· δύνασθαι ἐν τοῖς πρώτοις τῶν ἠπειρωτῶν, iv. 105, 1 n. ὑμῶν οἵ τε δυνάμενοι καὶ οἱ νέοι, vi. 39, 2 Sch. τούς τε λόγους ἀφ' ὑμῶν ὡς ἔργα δυναμένους κρινεῖ, vi. 40 Sch. δύναμαι, according to the Grammarians, never followed by the future tense, οὐδὲ—δυναίμεθ' ἂν χρήσασθαι, vii. 11, 3 n.
δύναμις· φύσεως δυνάμει, i. 138, 6 n.
δυναστεία· δ. ὀλίγων ἀνδρῶν, iii. 62, 4 n. δυναστείας ἀδίκους, vi. 38, 3 n.
δύο· δυεῖν, Attic gen. dual, not dative, i. 23, 1 n. Elmsley's rule respecting δυοῖν· †Λεσβίαιν† δὲ δυοῖν, v. 84, 1 n. †δυσὶν† ἡμέραις, viii. 101, 1 n.
δυσέρως· δυσέρωτας εἶναι νῶν ἀπόντων, vi. 13 n.
δωρεά· τήν τε δωρεὰν ἀνταπαιτῆσαι αὐτούς, iii. 58, 1 n.
δυστυχέω· καθ' αὑτὸν δυστυχεῖν, vi. 77, 2 n.

D.

Dative, τοῖς ἐν τῇ Σικελίᾳ, dubious construction of, vi. 93, 2 n. either dative of the agent or *dativus commodi*, Λακεδαιμονίοις, ii. 7, 2 n. dative signifying the cause, ἀνάγκῃ, ὕβρει, φρονήματι, and ὀργῇ, iii. 45, 4 n. ἐλπίδι ὀρέγονται, iv. 17, 4 n. dative of relation, iv. 10, 3 n; see αὐτὸς and οὗ. transition from dative to acc. c., Ἱππάρχῳ δὲ ξυνέβη —ὀνομασθέντα, vi. 55, 4. οὐκ ἐδόκει τοῖς Ἀθηναίοις — διαμέλλοντας, vii. 40, 3. ξυνέβη δὲ τοῖς Κρησὶ,—ξυγκτίσαντας, vii. 57, 9 n. dative = acc. with ἐς in κακώσει—προσποιήσει, iii. 82, 1 n. dative with νομίζω, see νομίζω.
Deponent verb, aorist of (ἐκτήθη), used passively, i. 123, 1 n.
Destinations, of two, the more specific one put first, ἐπὶ Καύνου καὶ Καρίας, i. 116, 3 n.
Different cases required by two words, e. g. I. Participle and verb; a word depending on them is put in the case required by that which comes first in the sentence; which is (a) *generally* the participle; as τῷ Ἱππάρχῳ περιτυχόντες—ἀπέκτειναν, i. 20, 3. τοῖς ἄλλοις ξυμβαλόντες ἐκράτησαν. i. 105, 8. τούτοις ἀποκρινάμενοι ἀποπέμψωμεν, 144, 2. λύπῃ (sc. ἐστὶ)—οὗ ἂν ἐθὰς γενόμενος ἀφαιρεθῇ, ii. 44, 3. ᾗ—ἀνελόντες τὰς θήκας—ὀρθῶς ἐνόμισαν ποιῆσαι. v. 1 n. vi. 77, 2 n. ὧν κρατήσας—μὴ κατασχήσει τις, vi. 11, 1. Ἰώνων—κρατήσαντες ἐξελάσασθαι, vii. 5, 4 n. τὸν Τισσαφέρνην θεραπεύων προσέκειτο· viii. 52, extr. n. (β) but sometimes the verb; as φείσασθαι οἴκτῳ—λαβόντας, iii. 59, 1 n. τῇ τάξει, ἐντὸς λίαν τῶν τειχῶν ποιήσας, ἀφελέσθαι· vii. 5, 3 n. II. Substantive and infinitive, ἐπιθυμίᾳ τῶν ἀνδρῶν—κομίσασθαι, v. 15, 1 n.
Doubtful construction, τρία μὲν ὄντα λόγου ἄξια τοῖς Ἕλλησι ναυτικά, i. 36, 3 n.
Dubious construction of an infinitive and a dative, τοῖς ἐν τῇ Σικελίᾳ πέμπειν—, vi. 93, 2 n.

E.

ἔαρ· ἦρι ἀρχομένῳ, ii. 2, 1 n.
ἐάω· ἐθάρσυνέ τε καὶ οὐκ εἴα τῷ γεγενημένῳ ἐνδιδόναι· vi. 72, 2 n. difference between οὐκ εἴα and οὐκ εἴασε, ib. n; cf. vi. 41, 1. 80, 2.
ἐγγύς· with dative, τῷ παθεῖν ὅτι ἐγγυτάτω κείμενον, iii. 38, 1 n. ὅτι ἐγγύτατα τούτου διανοηθέντας, i. 144, 6 n. γενόμενοι δ' ὅτι ἐγγύτατα τῇ γνώμῃ τοῦ πάσχειν, iii. 40, 10 n.
ἐγγώνιος· ἐν τομῇ ἐγγώνιοι (sc. λίθοι), i. 93, 6 n.
ἐγκάρσιος· ἐγκαρσίας (sc. δοκούς), ii. 76, 4 n. ἐγκάρσιον τεῖχος ἄγοντες, vi. 99, 3 n. πρὸς τὸ ἐγκάρσιον, vii. 4, 1 n. μέχρι τοῦ ἐγκαρσίου τείχους, vii. 7, 1 n.
ἐγκαταλαμβάνω· οὐδαμοῦ ἐγκαταληφθεῖσαι, iii. 33, 5 n.
ἐγκατάληψις· τοῦ μὴ φθῆναι τὴν ἐγκατάληψιν. v. 72, 4 n.
ἐγκατοικοδομέω· †ἐγκατῳκοδόμηται,† objection to the tense, iii. 18, 4 n.
ἔγκειμαι· ἐνέκειντο φεύγοντες, ii. 81, 8. ἐσπίπτω more usual in the sense here required, ib. n. πολὺς ἐνέκειτο, iv. 22, 2 n.
ἐγχώριος· θεούς—τοὺς—ἡμετέρους ἐγχ. ii. 71, 6 n. θεοὺς καὶ ἥρωας τοὺς ἐγχ. ii. 87, 1 n.
ἐθελοπρόξενος and πρόξενος distinguished, ii. 29, 1 n. Πειθίας ἐθελοπρόξενός τε τῶν Ἀθηναίων—, iii. 70, 4 n.
ἐθέλω· difference between this and βούλομαι, i. 28, 3 n. ἐθέλειν τολμᾶν, iv. 73, 4 n.
ἔθνος· ἔθνος ἓν πρὸς ἕν, ii. 97, 7 n.
ἔθος· ταῦτα ἐν ἔθει τῇδε τῇ πόλει, ii. 64, 3 n.
εἰ· εἰ σωφρονοῦσι, a confused expression as regards its context, i. 40, 2 n. νησιῶται ναυκρατόρων εἰ μὴ περιγένοισθε. v. 97 nn. εἰ followed by a subjunctive, †εἴ† ξυστῶσιν, vi. 21, 1 n; see also Kenrick's letter on εἰ in App. to vol. III. part 1. εἰ μὴ καὶ νῦν, ii. 11, 7. in εἰ †μὴ καὶ† δέδρακεν, vi. 60, 3 n, Arnold condemns, but Poppo justifies the order μὴ καὶ by ii. 11, 7. πλὴν καθ' ὅσον εἰ—ᾤοντο—, vi. 88, 1 n. εἰ used in the commencement of a question, λέγοντα εἰ βούλονται, iii. 52, 3 n. ἐκήρυξάν τε εἰ βούλοιντο—, iv. 37, 2 n. εἴ τις· question by, and answer to, ἠρώτα ἕνα ἕκαστον—εἴ τινα ἐλπίδα ἔχει—, ὁπότε δὲ μὴ φαίησαν ἐρωτώμενοι, viii. 53, 2, 3 n.
εἴγε· distinguished from εἴπερ, n. i. 69, 1.
εἶδον· ἰδεῖν an alleged Atticism = ἐντυχῆσαι, in πρὶν τὸν Βρασίδαν ἰδεῖν, iv. 125, 1 n. according to the Sch. = πρὶν διαλεχθῆναι τῷ Βρασίδᾳ. Duker doubts this, ib. nn.
εἶδος· ἐπὶ πλεῖστ' εἴδη, ii. 41, 1 n. σκέψασθε ἐν οἵῳ εἴδει ἑκάτεροι ἡμῶν τοῦτο ἔπραξαν. iii. 62, 3. ὁρῶντες αὑτοὺς ἐπὶ τοῦτο τὸ εἶδος τρεπομένους, vi. 77, 2. Ἀλκιβιάδης δὲ—τρέπεται ἐπὶ τοιόνδε εἶδος, viii. 56, 2. μάλιστα ἐναντίοι ὄντες τῷ τοιούτῳ εἴδει, 90, 1; cf. n. 89, 3.
εἰκάζω· ᾔκαζον, not εἴκαζον, the proper Attic form, ii. 54, 6 n. vi. 92, 4. διπλασίαν ἂν τὴν δύναμιν εἰκάζεσθαι —ἢ ἔστιν. i. 10, 2. ἐς τοὺς ἄλλους Ἕλληνας ἐπίδειξιν μᾶλλον εἰκασθῆναι τῆς δυνάμεως, vi. 31, 4 n.
εἰκός· τῷ οὐκ εἰκότι, ii. 89, 8 n; cf. ἀδοκήτῳ, vi. 34, 8 n. τῷ ἀεὶ ἐν κινδύνῳ γιγνομένῳ εἶναι τὰ εἰκότα καὶ δίκαια, v. 90 n.
εἰκοστός· εἰκοστὴν μόνον πρασσόμενοι τῶν γιγνομένων, vi. 54, 5 n. καὶ τὴν εἰκοστὴν—τῶν κατὰ θάλασσαν ἀντὶ τοῦ φόρου τοῖς ὑπηκόοις ἐποίησαν, vii. 28, 4 n.
εἰμί, εἶναι· its participle omitted after τυγχάνω. i. 32, 3. 120, 7 n; see τυγχάνω. εἶναι distinguished from ὑπάρχειν and γίγνεσθαι, vi. 87, 4 n. restrictive force of ἔστιν οἷς, i. 6, 6 n. ἑκὼν εἶναι, ii. 89, 10 n. ἑκών-

ειμι—έκαστος. 29

τες είναι, iv. 98, 4 n. τό επί σφας είναι, iv. 28, 1 n. τό—έπ' εκείνοις είναι, viii. 48, 5 n. είναι = εξείναι ταύτα—δίκαιον ενθάδε είναι άναλούν, vi. 12, 1 n. ειμί as copula, agreeing with the predicate: ούκ Ίωνες τάδε είσίν, vi. 77, 1 n. τά τε όντα και άναλισκόμενα, vii. 14, 2 n. φοβούμενοι μή τώ όντι ώσι, viii. 92, 11 Sch.
ειμι, ίέναι· μή ταχείς ίέναι ές τούς πολέμους, i. 118, 2. θαρσούντας ίέναι —ές τόν πόλεμον, i. 123, 1; cf. n. i. 1, 1. Άθηναίων ιόντων έπί τούς Έλληνας, iii. 62, 2. ίέναι έπί τούς Άθηναίους, iv. 93, 1. ίέναι †παρεσκευάσθαι† έπί Κατάνην, vi. 63, 1 n. θύειν καί ίέναι καί μαντεύεσθαι καί θεωρείν, v. 18, 1 n.
είπερ· distinguished from είγε, i. 69, 1 n. viii. 92, 10.
είπον· move, or propose, ii. 24, 1 n. iii. 71, 1 n. ήν δέ τις είπη ή έπιψηφίση κινείν τά χρήματα ταύτα, ii. 24, 1 n. difference between ειπείν and έπιψηφίσαι, ib. n. Λάχης είπε, = rogavit, iv. 118, 7 n.
είργω· followed by an infinitive without a negative, i. 62, 4. with a negative, iii. 1, 2 n. Λακεδαιμόνιοι τού ιερού ύπό Ηλείων είρχθησαν ώστε μή θύειν μηδ' άγωνίζεσθαι, v. 49, 1. Λακ. μέν είργοντο τού ιερού, θυσίας καί άγώνων, 50, 2 n.
ειρεσία· οί-ξυνέχοντες τήν ειρεσίαν, vii. 14, 1 n.
είρηκα· καί άπαντάν ειρημένον καί σιτία άλλα κομίζειν. vii. 77, 6 n.
είς· κατά μίαν έπί κέρως, ii. 90, 4; see n 91, 4. μή καθ' έν έκαστον κατά πολλά δέ πανταχόθεν περιεστάναι, vii. 70, 6 n. έθνος έν πρός έν, ii. 97, 7 n. περί πατρίδος βουλεύεσθε, τήν μιάς πέρι καί ές μίαν βουλήν τυχοίσάν τε καί μή κατορθώσασαν έσται† v. 11, 6 n. Heilmann and Haack read ής μιάς. Λακεδαιμονίους ές μίαν ημέραν κατέστησα—περί τών άπάντων άγωνί-

σασθαι vi. 16, 6 n. είς in connection with a superlative; μάλιστα δή μίαν πόλιν—. iii. 39, 1 n. πλείστα είς άνήρ, viii. 68, 1 n.
είσω· έπιφανές πάν είσω = έσωθεν, vi. 96, 2 Sch.
έκ· denoting the agent, έκ—τών Άθηναίων, iii. 69, 1 n. έκ = with; forming with an adjective an adverbial phrase, έκ τού υπέρφρονος. ii. 62, 3 n. έκ τού όμοίου, iv. 10, 3 n. έκ τού έπί πλείστον, used as a preposition and substantive, = άνέκαθεν, i. 2, 5 n. adverbial force of phrases with έκ, έκ διαφοράς, iv. 83, 6 n. with gen. c. denoting the accompanying state or circumstances of an action, έκ τού άκινδύνου άνδραγαθίζεσθαι, iii. 40, 7. ή ξύμβασις—έκ τού αισχίονος—έγένετο, vi. 10, 2 n; see also διά. έκ τών παρόντων κράτιστα, v. 40, 3 n. στρατοπέδω τε έκ νεών ίδρυθέντι, καί έκ σκηνιδίων καί αναγκαίας παρασκευής, vi. 37, 2 n. έκ δ' αυτών, iii. 82, 16 n. in a condensed expression, τούς δέ έκ τής νήσου ληφθέντας, v. 34, 2; cf. n. iv. 57, 4. έκ and ές, used with reference to the opposite positions of spectators of the same fixed object, i. 64, 1, 2 n. μετά τά έκ τής Αιτωλίας, iii. 102, 3 n. μετά τά έκ τής Σικελίας iv. 81, 2 n. τό έξ Έπιδαύρου τείχος —έκλιπείν, v. 80, 3 n. άποπλέων—μετά τήν έκ τής Λακωνικής τείχισιν, vii. 31, 1 n. έκ, or έξ, = on the side of, or in—, αυτού—έξ Ιταλίας καί Σικελίας, ii. 7, 2 n. τό έκ τής ηπείρου, iii. 51, 3 n. άπιστούντες τή έξ εαυτών ξυνέσει, iii. 37, 4 n. τά έκ Σικελίας (cf. n. viii. 42, 1.), iv. 81, 2 n. τά έκ τού ουρανού, viii. 42, 1 n.
έκαστος· ώς έκαστοι Έλληνες, i. 3, 5 n. ού καθ' έκάστους (sc. ξυμμάχους) μετά πάντων δέ, ii. 39, 3 n. ούτως ώς έκαστος ώρμητο. v. 1. n. ώς έκαστοι δύνανται, vii. 13, 2 n.

ούκ ανάρμοστοι προς †εκαστον† αυτών εσύμεθα· 67, 2 n.
εκάτερος· ενόμισαν αυτοί εκάτεροι ουκ έλασσον έχειν, i. 105, 6 n. ναυμαχήσαντες δε αντίπαλα μεν και ως αυτούς εκατέρους αξιούν νικάν, vii. 34, 6 n. από της στάσεως εκάτερος, ii. 22, 5 n. difference between καθ' εκάτερα, and καθ' έτερα, vii. 59, 2 n.
εκατέρωθεν· εκ. της Νισαίας, iv. 69, 2 n.
εκβάλλω· with a modified signification, τους Σαμίους—εκβαλών, vi. 4, 5 n.
εκβολή· περί σίτου εκβολήν, iv. 1, 1 n.
έκδεια· των φόρων και νεών έκδειαι, i. 99, 1.
εκδρομή· αι τε εκδρομαί (= οι τεταγμένοι προς το εκτρέχειν) όπη προσπίπτοιεν απήντων, iv. 127, 2 n; cf. εκδρόμους, 125, 3.
εκεί· τους εκεί καταπεφευγότας, a condensed expression, iii. 71, 3 n. pleonastic use in των αυτού εκεί, vii. 16, 1 n.
εκείνος, rendered yonder, i. 51, 2 n. ώστε βουλεύσαι ότι αν εκείνοις δοκή. iv. 37, 2 n. εκείνην την προμήθειαν, vi. 80, 1 n.
εκείσε· instead of εκεί in των τε εκείσε Ελλήνων, vi. 77, 1 n.
εκεχειρία· Καμαριναίοις και Γελώοις εκεχειρία γίγνεται—προς αλλήλους· iv. 58, 1 n.
εκκάμνω· τας ολοφύρσεις—τελευτώντες εξέκαμνον, ii. 51, 7 n.
εκκλησία and ξύλλογος distinguished, ii. 22, 1 n. ξυνέκλησαν την εκκλησίαν ες τον Κολωνόν, viii. 67, 2 n. επ' εκκλησίας έπεισε το πλήθος (the v. l. απ' εκκλησίας not correct), viii. 81, 1 n.
εκλέγω· παν το ενόν εκλέγων, iv. 59, 2 Sch.
εκλείπω· όπως μη αθρόοι εκλίποιεν τα όπλα, iv. 91, n. το εξ Επιδαύρου τείχος—εκλιπείν, v. 80, 3 n; cf. n. v. 4, 4.

εκνικάω· απίστως επί το μυθώδες εκνενικηκότα, i. 21, 1 n.
εκούσιος· και ολκάδες εκούσιοι ξυνηκολούθουν τη στρατιά, vi. 44, 1 n. δι' εκουσίων κινδύνων opp. to διά φυλακής, vii. 8, 3 n. καθ' εκουσίαν—επιχειρείν, viii. 27, 3 n.
εκπαύομαι· οι μεν άλλοι εξεπαύσαντο, v. 75, 6 Sch.
εκπέμπω· εκπέμπειν και το λοιπόν μη δέχεσθαι, i. 56, 2. εκπέμψαντες Κορινθίους αυτοί Ακαρνάνες—έσχον το χωρίον. iv. 49 n. Ηγ.—ως ου καλώς άρχοντα εξέπεμψαν. v. 52, 1.
εκπίπτω· η τοις Συρακοσίοις στάσις ες φιλία εξεπεπτώκει· vii. 50, 1 n.
εκπλέω· βουλόμενοι εκπλεύσαι (= εκπλεύσαντες εκφεύγειν) ες την ευρυχωρίαν τας των πολεμίων ναύς. viii. 102, 1 n; see ευρυχωρία.
εκπλήσσω· η τέρψις το λυπηρόν εκπλήσσει. ii. 38, 1 n.
εκπολεμέω· τα ενθάδε χρή άμα φανερώτερον εκπολεμείν, vi. 91, 5; cf. n. viii. 57, 1.
εκπολεμόω· τους δε των ξυμμάχων ελπίδι εκπολεμούν προς αλλήλους, vi. 77, 2. και μη παντάπασιν †εκπεπολεμώσθαι,† viii. 57, 1 n.
εκπολιορκέω· προσκαθεζόμενοί τε εξεπολιόρκησαν λιμώ. i. 134, 4. εκπολιορκηθέντων ημών, vii. 14, 3 n. ουδέν γαρ άλλο η πόλει εκπεπολιορκημένη εώκεσαν υποφευγούση, 75, 5 n.
εκπορίζω· οις τε όπλα μη έστιν, εκπορίζοντες, vi. 72, 3 n.
εκπρεπώς· ουδ' επιστρατεύομεν εκπρεπώς μη και διαφερόντως τι αδικούμενοι, i. 38, 3 n.
έκσπονδος· ηγούμενοι—έκσπονδοι ήδη υπ' αυτών κακώς πεπονθέναι, iii. 68, 2 n.
εκστρατεύω· πυθόμενοι δε τους Λακ. εξεστρατεύσθαι, — απήλθον. v. 55, 4 nn.
εκτρέπω· αφικόμενος—το ύδωρ εξέτρεπεν ες την Μαντινικήν, v. 65, 4 n.
εκχρηματίζομαι· ίνα τους Φοίνικης προ-

αγαγών ἐς τὴν Ἄσπενδον ἐκχρηματίσαιτο ἀφείς, viii. 87, 3 n.
ἑκών· ἑκὼν εἶναι, ii. 89, 10 n. iv. 98, 4 n.
ἐλασσόω· ἐλασσούμενοι—ἐν ταῖς ξυμβολαίαις δίκαις, i. 77, 1 n. τῇ ἐμπειρίᾳ—ἐλασσωθέντες, v. 72, 2 n. ὡς οὐκ ἀπὸ τῶν ὁμοίων ἐλασσούμενος, viii. 89, 3 n.
ἐλάσσων· φανεῖται καὶ ἃ τῶν ὑμετέρων οὐκ ἐλάσσω ἡμῖν πρόσεισι, i. 40, 6 n. οὐκ ἐλάσσω = μᾶλλον, i. 122, 2 n.
ἐλάχιστος· οὔτε πόλεως ὢν ἐλαχίστης, iv. 59, 1 Sch.
ἔλεγχος· τῶν δὲ ἔλεγχον ποιήσασθαι, iii. 61, 2 n.
ἐλέγχω· τοὺς—ὀλίγους τὰ μὲν ἐλέγχων, vi. 38, 4 n. Sch.
ἐλευθερία· τῆς ἐλευθερίας τῷ πιστῷ, ii. 40, 8 n.
ἐλεύθερος· ὅσοι—τῷ ἐλευθέρῳ πολλὴν τὴν διαμέλλησιν τῆς πρὸς ἡμᾶς φυλακῆς ποιήσονται, v. 99 n.
ἐλευθερόω· ἀπὸ μὲν σφῶν τῶν Ἑλλήνων ἐλευθεροῦν νῦν τοὺς Ἕλληνας, ἀπὸ δ' ἐκείνων τῶν βαρβάρων—μὴ ἐλευθερῶσαι. viii. 46, 3 n.
ἡλικία· ἐν τῇ καθεστηκυίᾳ ἡλ. ii. 36, 4 n.
Ἑλλάς· used as an adjective, Ἑλλὰς πόλις, vi. 62, 2 n; cf. Ἕλλην.
ἐλλείπω· if a genuine reading, in an unusual sense, v. 103, 1 nn. τῆς δὲ δυνάμεως τῷ ἐλλείποντι, v. 104 Sch.
Ἕλλην· as masc. adj. in βάρβαρον ἢ Ἕλληνα πόλεμον—ἠμυνάμεθα, ii. 36, 5 n; cf. Ἑλλάς.
ἑλληνίζω· ἑλληνίσθησαν τὴν νῦν γλῶσσαν, Loheck's correction ἠλληνίσθησαν probably erroneous, ii. 68, 5 n.
ἐλλιπής· ἐλλιπές — τῆς δοκήσεώς τι πράξειν. iv. 55, 1 n. τὸ ἐλλιπὲς τῆς γνώμης, iv. 63, 1 n. †γνώμης† ἐλλιπεῖς γιγνόμενοι, vii. 8, 2 n.
ἕλος, the Delta of the Nile so called, i. 110, 2 n.
ἐλπίζω· οὔτε—αὐτοὶ ἐλπίζοντές ποτε ναυσὶ κρατηθήσεσθαι οὐκ ἰσχυρὸν ἐτείχιζον, ἐκείνοις τε βιαζομένοις τὴν ἀπόβασιν ἀλώσιμον τὸ χωρίον γίγνεσθαι, iv. 9, 2 n. ἐλπίζων preferred to ἐπελπίζων, the reading of all the MSS. at viii. 54, 1 nn.
ἐλπίς· πενίας ἐλπίδι, ii. 42, 5 n. ἐλπίδι—ᾗς ἐν τῷ ἀπόρῳ ἡ ἰσχύς, ii. 62, 5 n. ἰσχὺν τῆς ἐλπίδος, iv. 65, 4 n. ἐλπὶς κινδύνῳ παραμύθιον, v. 103, 1 Sch. ἡ δὲ (sc. ἐλπίς)—τὴν εὐπορίαν τῆς τύχης ὑποτιθεῖσα, iii. 45, 5. ἐλπίδα οὔτε λόγῳ πιστὴν οὔτε χρήμασιν ὠνητήν, iii. 40, 1 n. τῷ παρ' ἐλπίδα, = τῷ παραλόγῳ, iv. 62, 2 n. vii. 66, 3 n. ἐπὶ μεγίστῃ ἐλπίδι τῶν μελλόντων πρὸς τὰ ὑπάρχοντα, vi. 31, 6 n. οἳ — σφαλέντες ἔπειτα διὰ παντὸς τὴν ἐλπίδα τοῦ φόβου ὁμοίαν ταῖς ξυμφοραῖς ἔχουσιν. vii. 61, 2 n.
ἐμβάλλω· ἡ Ἀττικὴ ναῦς—τῇ Λευκαδίᾳ διωκούσῃ ἐμβάλλει μέσῃ καὶ καταδύει. ii. 91, 4. ἀντίπρωροι ἐμβαλλόμεναι καὶ ἀνερραγεῖσαι τὰς παρεξειρεσίας ὑπὸ τῶν Κορινθίων νεῶν, vii. 34, 5. ξυνετύγχανέ τε πολλαχοῦ —τὰ μὲν ἄλλοις ἐμβεβληκέναι, τὰ δὲ αὐτοὺς ἐμβεβλῆσθαι, vii. 70, 6 n.
ἐμβολή· τὸ προέχον τῆς ἐμβολῆς, ii. 76, fin. = ἔμβολον, in τῶν ἐμβολῶν τῇ παρασκευῇ, ἀνερρήγνυσαν τὰς τῶν Ἀθ. ναῦς ἐπὶ πολὺ τῆς παρεξειρεσίας, vii. 40, 4 n. ἐμβολὴ distinguished from προσβολή, in αἱ μὲν ἐμβολαὶ διὰ τὸ μὴ εἶναι τὰς ἀνακρούσεις καὶ διέκπλους ὀλίγαι ἐγίγνοντο, αἱ δὲ προσβολαί, ὡς τύχοι ναῦς νηὶ προσπεσοῦσα—πυκνότεραι ἦσαν. vii. 70, 4 n.
ἔμμισθος· ἄγειν — σιτοποιούς — ἠναγκασμένους ἐμμίσθους, vi. 22 n.
ἐμπαλάσσω· περί τε τοῖς δορατίοις καὶ σκεύεσιν οἱ μὲν εὐθὺς διεφθείροντο, οἱ δὲ ἐμπαλασσόμενοι κατέρρεον, vii. 84, 3 n.
ἐμπαρέχω· μηδὲ τούτῳ ἐμπαράσχητε τῷ τῆς πόλεως κινδύνῳ ἰδίᾳ ἐλλαμπρύνεσθαι, vi. 12, 2. τὴν σφετέρα

πόλιν ἐμπαρασχόντες προκινδυνεῦσαι, vii. 56, 3 n.
ἐμπειρία· ὁ τῇ τε ὑμετέρᾳ πόλει δι' ἐμπειρίαν καὶ ἡμῖν—προσείη, iv. 17, 5 n.
ἐμπλήκτως·τὸ—ἐμπλήκτως ὀξύ, iii. 82, 7 n.
ἐμπορεύομαι· αὐτοὶ ἐμπορευόμενοι—τὴν ἀκρίβειαν τοῦ ναυτικοῦ ἀφήρηνται. vii. 13, 2 n.
ἐν· ἐν ἑνὶ ἀνδρὶ—κινδυνεύεσθαι, ii. 35, 2 n. νομίζων—τὴν αὑτοῦ γνώμην, μηδὲν ἐν τῷ ἀγγέλῳ ἀφανισθεῖσαν, μαθόντας, vii. 8, 2 n. ἐν repeated; ἐν δικασταῖς οὐκ ἐν ἄλλοις, iii. 53, 1 n. τὴν δίκην -ἣν ἐν τῷ Ὀλυμπιακῷ νόμῳ Ἠλεῖοι κατεδικάσαντο αὐτῶν, v. 49, 1 n; cf. τὰ μὲν πραχθέντα ἐν ἄλλαις πολλαῖς ἐπιστολαῖς ἴστε, vii. 11, 1. ἐν with a neuter relative; ἐν ᾧ μὴ— (= εἰ μή), iii. 84, 2. ἐν ᾧ οὐ—, vi. 55, 3 n. οὐκ ἐν ᾧ ἀδικοῦμαι, 92, 2 n. ἐν ᾧ ἄν—, vii. 29, 4. ἐν ᾧ—εἶχον, viii. 86, 4 n. ἐν ᾧπερ καὶ μάλιστα—, viii. 89, 3. ἐν ἀπόρῳ, i. 25, 1. n. iii. 22, 7. ἐν μὲν τῷ σφετέρῳ καλῷ ἐν δὲ τῷ ἐκείνων ἀπρεπεῖ τὸν πόλεμον ἀναβάλλεσθαι· v. 46, 1 n. ἐν καλῷ ἐδόκει ἡ μάχη ἔσεσθαι, 59, 4. ἐν καλῷ παρατυχὸν σφίσι ξυμβαλεῖν, 60, 2 n. οἷς ἦν ἐν βλάβῃ τειχισθὲν, v. 52, 2 n. οὐκέτι ἐν καταλήψει ἐφαίνετο, iii. 33, 4 n. οὐκ ἐν παύλῃ ἐφαίνετο, vi. 60, 2 n. ἐν τύχῃ γίγνεσθαι σφίσιν, iv. 73, 3 n. ἄκρον—ἐς τὴν θάλασσαν ἀπειλημμένον ἐν στενῷ ἰσθμῷ. iv. 113, 2 n. τῆς Παλλήνης ἐν τῷ ἰσθμῷ ἀπειλημμένης, iv. 120, 3 n. ἐν εἴκοσι σταδίων μάλιστα μέτρῳ—διείργεται, vi. 1, 2 n. ἐν στενῷ ἰσθμῷ προὔχουσα ἐς τὸ πέλαγος, vi. 97, 1 n. ἐν in a condensed expression used after verbs of arrival, τοὺς ἐν Ὄλπαις Ἀμπρ. ἥκοντας, iii. 106, 1 n. ταῖς δὲ λοιπαῖς ἐν τῇ γῇ καταπεφευγυίαις, iv. 14, 1 n. as a condensed expression compared with τοὺς ἀπὸ τοῦ—κατα-

στρώματος ἀπαράξητε, vii. 63, 1 n. οἱ ἐν τῇ νήσῳ ἄνδρες διαβεβηκότες, vii. 71, 7 n. ἐν not found after καταφεύγειν but after καταπεφευγέναι, iv. 14, 1 n. ἐν Πυθίου. vi. 54, 6 n, 7. ἐν τοῖς with superlative, explained, i. 6, 3 n. iii. 17, 1 n. 81, 6 n. vii. 24, 3. ἐν τοῖς χαλεπώτατα διῆγον· vii. 71, 4 n. ἐν governing the article, followed by a superlative nominative, ἐν τοῖς πλεῖσται, iii. 17, 1 nn. ἐν τοῖς πρῶτοι, vii. 19, 4 n. ἐν τοῖς ξυγκαταλύουσι τὸν δῆμον πρῶτος ἦν, viii. 68, 4 n. verbs compounded with ἐν, ἐνευδαιμονῆσαι—ἐντελευτῆσαι, ii. 44, 2 n. ἐναγωνίσασθαι, 75, 2 n.
ἐναγής· ἐναγεῖς καὶ ἀλιτήριοι τῆς θεοῦ, i. 126. 12, n 13. περὶ τῶν ἐναγῶν τῆς ἐλάσεως· 139, 1.
ἐναλλάσσω· ἐνηλλάγησαν used in a middle sense, Ἀθηναίοις ἤδη ἐνηλλάγησαν, i. 120, 3 n.
ἐναντίος· δύο ἅμαξαι ἐναντίαι ἀλλήλαις, i. 93, 5 n. δυοῖν (sc. νεοῖν) ἐναντίαιν, iv. 23, 2 n. πᾶν τὸ ἐνάντιον — πολέμιον ἐνόμιζον, vii. 40, 5 n. οἱ ἐναντίοι τῷ πλήθει, viii. 92, 9 n.
ἐναποκλάομαι· δοράτιά τε ἐναποκέκλαστο βαλλομένων, iv. 34, 3 n.
ἔνδεια· δυνάμεως ἐνδείᾳ, iv. 18, 2 n. μήτε βιαίως μήτε δεσμοῖς μήτε τῆς ἀναγκαιοτάτης ἐνδείᾳ διαίτης, vii. 82, 2. and n. i. 99, 1.
ἐνδεής· τούτου ἐνδεᾶ ἐφαίνετο, i. 102, 2 n.
ἐνδέχομαι· impersonally, ᾗ (sc. τῇ πόλει) μόλις — ἐνδέχεσθαι — ἐπιχειρεῖν· ποῦ δὴ (sc. ἐνδέχεσθαι)—ἰέναι; viii. 27, 3 n.
ἔνδηλος· ἔνδηλόν τι ποιεῖν τοῖς Ἀθ. βεβαιότητος πέρι, iv. 132, 2 Sch.
ἔνδημος· αἱ ἔνδημοι ἀρχαί, v. 47, 9 n.
ἐνδιατρίβω· ἄλλως ἐνδιέτριψαν χρόνον περὶ αὐτήν. ii. 18, 3 n.
ἐνδίδωμι· καθ' ἡδονὰς τῷ δήμῳ καὶ τὰ πράγματα ἐνδιδόναι, ii. 65, 11 n. καὶ

ἐνδοιαστῶς—ἐξαρτάομαι.

τινες αὐτοῖς καὶ αὐτῶν Τεγεατῶν ἐν τῇ πόλει ἐνεδίδοσαν τὰ πράγματα. v. 62, 2 n. distinction between ἐνδίδωμι and προδίδωμι, ib. n. ἀντέχειν καὶ μὴ ἐνδιδόναι τοῖς πολεμίοις, viii. 86, 7; cf. ἀνεθήσεται, 63, 4 n.
ἐνδοιαστῶς· ἐνδοιαστῶς ἀκροῶνται, vi. 10, 5. ἐπεὶ εἴγε ἐβουλήθη διαπολεμῆσαι, ἐπιφανὲς δήπου οὐκ ἐνδοιαστῶς. a corrupt passage; for Dobree's emendation, see viii. 87, 4 n. according to the note the construction will be ἐπεὶ ἐπιφανὲς δήπου (sc. ἐστίν) οὐκ ἐνδοιαστῶς διαπολεμῆσαι ἂν αὐτὸν, εἴγε ἐβουλήθη.
ἐνεδρεύω· ἐνήδρευσαν ἐς τὸν Ἐννάλιον, iv. 67, 1 n.
ἐνείλλω· ἐν ταρσοῖς καλάμου πηλὸν ἐνείλλοντες, ii. 76, 1 n.
ἔνειμι· ἀνθρώπων οὐκ ἐνόντων, ii. 25, 1 n. πᾶν τὸ ἐνὸν ἐκλέγων, iv. 59, 2 Sch.
ἕνεκα· preferred to οὕνεκα, in ἀσφαλείας ἕνεκα vi. 56, 3 nn. καταβοῆς ἕνεκα τῆς ἐς Λακεδαίμονα, viii. 87, 3 n. ὅσον καὶ ἀπὸ βοῆς ἕνεκα, 92, 9 n. ellipse of ἕνεκα, i. 23, 6 n; see Genitive of article.
ἐνευδαιμονέω· ἐνευδαιμονῆσαί τε—καὶ ἐντελευτῆσαι. ii. 44, 2 n.
ἔνθεν· ἔνθεν δὲ καὶ ἔνθεν αὐτοῦ, ii. 76, 3 n. ὁδὸς δὲ ἔνθεν τε καὶ ἔνθεν, vii. 81, 3 n.
ἐνθένδε· ἐνθένδε ἄνδρες, vi. 38, 1 Sch.; cf. 10, 2.
ἐνθυμέομαι· ἤτοι κρίνομέν γε ἢ ἐνθυμούμεθα ὀρθῶς τὰ πράγματα, ii. 40, 3 n. κράτιστος ἐνθυμηθῆναι γενόμενος, καὶ ἃ ἂν γνοίη εἰπεῖν, viii. 68, 1. ἐνθυμούμενοι τάς τε ἐν ταῖς μάχαις ξυμφορὰς, v. 32, 1. ἐνεθυμοῦντο τήν τε περὶ Πύλον ξυμφορὰν καὶ εἴ τις ἄλλη αὐτοῖς γένοιτο. vii. 18, 2 n.
ἐνθύμησις· δείσας κατὰ ἐνθύμησίν τινα, i. 132, 3 n.
ἐνθύμιον· ἐνθύμιον ποιούμενοι, vii. 50, 4 n.
ἐνοικοδομέω· οἱ στρατιῶται πυλίδα τινὰ ἐνῳκοδομημένην κακῶς ἔλαθον διελόντες, vi. 51, 1 n.
ἔνορκος· (= ἔνσπονδοι at iv. 122, 3.) ὡς ἔνορκοι ὄντες, ii. 72, 5 n.
ἔνσπονδος· iv. 122, 3. = ἔνορκος n. ii. 72, 5.
ἐντειχίζομαι· τῶν πόλεων τὰς μὲν βίᾳ λαβόντες, τὰς δ' ἐντειχισάμενοι, vi. 90, 3 n.
ἐντελευτάω· ἐνευδαιμονῆσαί τε—καὶ ἐντελευτῆσαι, ii. 44, 2 n.
ἐντέμνω· ὡς ἥρωΐ τε ἐντέμνουσι, this verb and ἐναγίζω related, as σφάζω and θύω, v. 11, 1 n.
ἐντός· ἐντὸς πολλοῦ χωρίου, ii. 77, 5 n. ἐντὸς τοῦ ἀκριβοῦς, v. 90 n.
ἐντυγχάνω· εἰ μὲν ἐντύχοιέν τισι κρείσσους ὄντες τῶν πολεμίων, vii. 44, 5 n.
ἐξ· τῇ ἐξ ἑαυτῶν ξυνέσει, iii. 37, 4 n; see ἐκ.
ἐξαγγέλλω· Κλέων δὲ—οὐ τἀληθῆ ἔφη λέγειν τοὺς ἐξαγγέλλοντας. iv. 27, 3; cf. n. viii. 51. f.
ἐξάγγελος· αὐτὸς προφθάσας τῷ στρατεύματι ἐξάγγελος γίγνεται, viii. 51, 1 n; cf. n. vii. 73, 3, on διάγγελος·
ἐξάγω· ἐξήγαγον τὸν στρατὸν, iv. 79, 2 n.
ἐξαιρέω· κλήρους—τριακοσίους—τοῖς θεοῖς ἱεροὺς ἐξεῖλον, iii. 50, 3 n. Δημοσθένει ἐξῃρέθησαν τριακόσιαι πανοπλίαι, iii. 114, 2 n. ἵνα Ἀργείους ἐξέλωσι, v. 43, 3 n. ἐβούλοντο πλεῦσαι ἐπὶ τὰ σκεύη ἃ ἐξείλοντο ἐς Τειχιοῦσσαν πύλιν. viii. 28, 1. στοὰν, —ἐς ἣν καὶ τὸν σῖτον ἠνάγκαζον πάντας—ἐξαιρεῖσθαι, viii. 90, 5 n.
ἐξαίφνης· ἀπ' οὐδεμιᾶς προφάσεως ἀλλ' ἐξαίφνης, ii. 49, 2 n.
ἐξαλείφω· οὐκ ἐξαληλιμμένον τὸ τεῖχος, iii. 20, 2 n.
ἐξαναχωρέω· ὁ Κλέων ἐξανεχώρει τὰ εἰρημένα, iv. 28, 3 n.
ἐξαργυρίζω· οὐδ' ἢν δέῃ τελευτῶντα τὴν ἐμαυτοῦ στρωμνὴν ἐξαργυρίσαι, viii. 82, 3 n.
ἐξαρτάομαι· ἐξήρτηται γὰρ τὸ ἄλλο χωρίον, vi. 96, 2 Sch.

F

ἐξείργομαι· τῷ—νόμῳ ἐξείργοντο, iii. 70, 6 n.

ἐξεκκλησιάζω· †ἐξεκκλησίασαν† Bekker reads ἐξεκλησίασαν, as from ἐκκλησιάζω, viii. 93, 1 n.

ἐξέρχομαι· τοὺς φύλακας τῶν Ἀργείων ἐξελθόντων [αὐτῶν] διαφθεῖραι πολλούς. v. 75, 4 n. οἱ Ἀργεῖοι, μετὰ τῶν Ἀθ. πανστρατιᾷ ἐξελθόντων, vi. 7, 2 n.

ἐξετάζω· οἱ δὲ Ἀθ.—ἐξητάζοντο, vi. 97, 1 n.

ἐξέτασις· ἐξέτασις ὅπλων, iv. 74, 2 n.

ἐξηγέομαι· with acc. c. τὴν Πελοπόννησον—μὴ ἐλάσσω ἐξηγεῖσθαι, i. 71, 7. †τοὺς ἐκεῖ ξυμμάχους,†—ἐξηγούμεθα, vi. 85, 2 n. with acc. and dat. c. ᾆ δὲ ἑκάτεροι ἐξηγεῖσθε τοῖς ξυμμάχοις, iii. 55, 5. ᾆ μὲν μετὰ χεῖρας ἔχοι, καὶ ἐξηγήσασθαι οἷός τε· i. 138, 4 n. Ἄγιδος τοῦ βασιλέως ἕκαστα ἐξηγουμένου κατὰ τὸν νόμον. v. 66, 2. καὶ ὁ Νικίας—οὐδ᾽ ἂν διαβουλεύσασθαι ἔτι ἔφη, πρὶν, ὡς οἱ μάντεις ἐξηγοῦντο, τρὶς ἐννέα ἡμέρας μεῖναι, vii. 50, 4 n.

ἐξισόω· ἐξισώσαντες τοῖς ἄλλοις, vi. 87, 5 n.

ἐξορκόω· ἐξορκούντων δὲ οἱ πρυτάνεις· v. 47, 9 n.

ἐξορμάω· οἱ ἐξορμῶντές τε ναῦν καὶ ξυνέχοντες τὴν εἰρεσίαν, vii. 14, 1 n.

ἐξουσία· iii. 45, 4 n.

ἔξω· ἄλλα ἔξω τοῦ πολέμου δοκοῦντα εἶναι, ii. 65, 7 n. οἱ—φίλοι τῶν ἔξω (=τῶν φυγάδων), iv. 66, 1. οἱ ὑπομένοντες τοῖς ἔξω (=τοῖς αὐτομολήσασι, Sch.) πίσυνοι, v. 14, 2 n. ἔξω, according to Thomas Magister =χωρίς, i. 10, 6 n, according to the Sch. on iii. 61, 3. v. 26, 2,=ἄνευ.

*ἔξωθεν· ἔξωθεν τοῦ τείχους outside—, preferred to ἔξω, iii. 22, 8 n.

ἐξωθέω· διαβουλευσαμένους, — ἐξωσθῆναι ἂν τῇ ὥρᾳ ἐς χειμῶνα, v. 34, 6 Sch. n.

ἐπαγγέλλω· καὶ κατὰ πόλεις ἐπήγγελλον τεσσαράκοντα νεῶν πλῆθος· iii.

16, 3. στρατιάν τε ἐπαγγέλλων ἐς τοὺς ξυμμάχους, vii. 17, 1 n. ἐπαγγείλας στρατιὰν αὐτῶν τοῖς βελτίστοις, viii. 108, 4. ἐν δὲ τούτῳ τὰ Ἴσθμια ἐγίγνετο, καὶ οἱ Ἀθηναῖοι (ἐπηγγέλθησαν γὰρ) ἐθεώρουν ἐς αὐτά, viii. 10, 1 n.

ἐπάγομαι· ἐπαγομένων αὐτοὺς—ἐς τὰς ἄλλας πόλεις, i. 3, 2 n; cf. viii. 44, 1 n. διαφορῶν οὐσῶν ἑκασταχοῦ τοῖς τε τῶν δήμων προστάταις τοὺς Ἀθηναίους ἐπάγεσθαι καὶ τοῖς ὀλίγοις τοὺς Λακεδαιμονίους, iii. 82, 1 n. κατὰ στάσιν ἰδίᾳ ἐπαχθέντων, iii. 34, 1 n. ἐπάγεσθαι αὐτοὺς, iii. 63, 3 n. ξυμμάχων δούλωσιν ἐπαγομένους, iii. 10, 4 n. ἐκ θαλάσσης—ἐπάξονται, i. 81, 2 n, cf. ἐπακτός.

ἐπαγωγή· ῥᾳδίως αἱ ἐπ. τοῖς νεωτερίζειν τι βουλομένοις ἐπορίζοντο, iii. 82, 1 n.

ἐπαγωγός· ὀνόματος ἐπαγωγοῦ δυνάμει, v. 111, 4 n. Sch.

ἐπαινέω· ἐπῃνέθη ἐν Σπάρτῃ, ii. 25, 3 n.

ἐπαίρω· ναυτικῷ δὲ καὶ πολὺ προέχειν —ἐπαιρόμενοι, καὶ κατὰ τὴν τῶν Φαιάκων προενοίκησιν τῆς Κερκύρας κλέος ἐχόντων τὰ περὶ τὰς ναῦς (sc. ἐπαιρόμενοι). i. 25, 4 n.

ἐπαιτιάομαι· ὧν καὶ τὸν Ἀλκ. ἐπῃτιῶντο. vi. 28, 2 n.

ἐπακτός· σίτῳ οἰκείῳ καὶ οὐκ ἐπακτῷ χρῶνται, vi. 20, 4. τῶν τε πάντων ὁμοίως ἐπακτῶν ἐδεῖτο ἡ πόλις, vii. 28, 1 n.

ἐπαληθεύω· ἡ ἔκπεμψίς μου—γεγένηται τὴν αἰτίαν ἐπαληθεύουσα ἥν— προείπομεν, iv. 85, 1. τὸν τοῦ Ἀλκ. λόγον πρότερον εἰρημένον — ἐπηλήθευσεν ὁ Λίχας, viii. 52 n.

ἔπαλξις· τῶν παρ᾽ ἔπαλξιν, ii. 13, 6 n. 7 n. πρὸς—τῇ ἐπάλξει φυλάσσοντες, vii. 28, 2 n.

ἐπαναγωγή· οὐχ ὥσπερ νῦν ἐκ μυχοῦ τοῦ λιμένος τὰς ἐπαναγωγὰς ποιήσεσθαι, vii. 4, 4 n. διὰ τὴν τῶν Κορινθίων οὐκέτι ἐπαναγωγήν, 34, 6.

distinguished from επαγωγή, n. vii. 4, 4; cf. n. vii. 70, 1.
επανάστασις· ή εν Σάμω επανάστασις [ύπό] του δήμου τοις δυνατοίς μετά 'Αθηναίων, viii. 21, 1 n; cf. n. 63, 3.
επαναχώρησις· κύματος επ. iii. 89, 4 n.
επανείπον· των δε διαφυγόντων θάνατον καταγνόντες επανείπον αργύριον τώ αποκτείναντι, vi. 60, 4 n. difference between επανειπείν and επικηρύξαι αργύριόν τινι, ib.
επανίστημι· καίπερ επαναστάντας αυτούς αλλήλοις ίνα μή ολιγαρχώνται, viii. 63, 3 n.
επείγομαι· ηπείγοντο φθήναι τους Λ. τα επιμαχώτατα εξεργασάμενοι, iv. 4, 3 n. την καθ' αύτούς περιτείχισιν επειγόμενοι, vi. 100, 1. του δ' επιγιγνομένου θέρους ευθύς επειγομένων των Χίων αποστείλαι τας ναυς, viii. 7 Sch. n. επειγομένων αυτών τον πλουν, viii. 9, 1 n. πολλών επειγομένων· 82, 2.
επειδή with an indic. mood, i. 49, 1. with opt. mood, 49, 3 n. subjoined to a nom. case, v. 28, 1. vii. 32, 1; see n. iii. 4, 1.
επείδον· και την υπάρχουσαν σφίσι πατρίδα νικήσαντες πάλιν επιδείν· vi. 69, 3. την υπάρχουσάν που οικείαν πόλιν επιδείν. vii. 61, 1 n.
έπειμι, επείναι· επόντας a correction of the reading of all the MSS. n. iv. 128, 1. 131, 2.
έπειμι, επιέναι· οί τε—από ίσου— —επιόντες, iii. 84, 1 n. το—επιόν ύστερον δεινότερον τοις πολεμίοις, v. 9, 5 n. επιέναι used of coming forward to speak, i. 72, 5 n.
επεξάγω· επεξαγαγόντας από σφών εξισώσαι τοις Μ. v. 71, 3 n. επεξαγαγόντα τω πλώ προς την γην, vii. 52, 2 n; cf. αντεπεξήγον, viii. 104, 4.
επέξειμι· ετόλμησάν τε τα δεινότατα επεξιέναι τε, iii. 82, 17 n.
επεξέρχομαι· παν του δουλεύσαι επεξελθείν. v. 100 Sch. προφυλά-

ξασθαι τε και αισθόμενοι επεξελθείν. vi. 38, 2 Sch.
επεξέτασις· επεξέτασιν του στρατεύματος, vi. 42, 1 n.
επεργασία· επικαλούντες επεργασίαν Μεγαρεύσι της γης της ιεράς και της αορίστου, i. 139, 2 n.
επέρχομαι· ή θάλασσα επελθούσα—επήλθε, iii. 89, 2 n. περί δε τας ημέρας ταύτας αις επήρχοντο, iv. 120, 1 n. όσους μή Βρασίδας επήλθε. v. 110. Sch. n. τάς—ξυνωμοσίας απάσας επελθών. viii. 54, 4. of coming forward to speak, n. to i. 72, 5.
επέχω· I. act. 2 aor. with acc. c. τούτο μεν επέσχον, ii. 76, 2 n. επισχόντας τα προς 'Αργείους, v. 46, 1. οι δε την μεν ζημίαν και την κατασκαφήν επέσχον, 63, 4 n. επέσχον το ευθέως τοις 'Αθηναίοις επιχειρείν. vii. 33, 3 n. the active form of this 2 aor. preferable in Thucyd. ib. n.
II. neut. ούτ' επέσχον το στρατόπεδον καταλαβείν, ii. 81, 4 n. επισχείν αυτούς εκέλευον, v. 32, 6; cf. n. vii. 33, 3. with gen. c. ως τότε —έτυχε—τους ομήρους καταλεγόμενος τούτου μεν επέσχε, viii. 31, 1. the gen. c. required with the middle voice, cf. n. ii. 76, 2.
III. its military use, το δε άλλο αυτοί επείχον, i. 48, 2. όσον εδύναντο από του μετεώρου πλείστον επισχείν, ii. 77, 3 n. ό δε την τε Χαλκιδικήν—και Μακεδονίαν άμα επίχων έφθειρε· ii. 101, 5 n. το δε άλλο 'Ακαρνάνες ως έκαστοι τεταγμένοι επείχον, iii. 107, 7 n. τας επί σφίσι ναυς επεχούσας — ημύναντο, viii. 105, 3.
επηλυγάζω· όπως τω κοινώ φόβω το σφέτερον επηλυγάζωνται. vi. 36, 2 Sch. n.
επήρεια· εκέλευον κατ' επήρειαν, i. 26, 3 n.
επί· with gen. case, το εφ' εαυτών, i. 17, 1 n. unusual use of, after

verbs of arrival, ταῖς ἐκ τῆς Χίου ναυσὶν ἐπ' †Ἀβύδου† ἀφικομέναις, viii. 79, 3 n. οἱ δὲ Πελοποννήσιοι καταπλεύσαντες ἐπὶ τῆς Μυκάλης, ib. § 4 n. ἐπ' ἐκκλησίας, and not ἀπ' ἐκκλ. correct, viii. 81, 1 n.

II. with dat. c. ἐπὶ μεγίστοις, ii. 64, 6 n. ἐπὶ χρήμασι, iii. 42, 3 n. ἐπὶ μεγίστῃ τιμωρίᾳ, v. 90 n. ἐπὶ τῷ ὀνόματι ὡς ἐπ' Ἀθήνας ᾔει, vi. 33, 6. ἐπὶ δεσπότου μεταβολῇ, 76, 4. ὡς ἐπὶ τούτοις παρεσκευάζοντο, 45, 1 n. καὶ τἆλλα, ὡς ἐπὶ ταχεῖ πολέμῳ καὶ ὅσον οὐ παρόντι, καθίσταντο. ib. § 2. τὸ ἐπὶ διαβολῇ ἐς δίκην καταπλεῦσαι. vi. 61, 6 n. with dat. c. implying a principle or condition, ἐπὶ τῷ μὴ λυπεῖν τε ἄλλους, i. 71, 1 n. ἐπ' ἔχθρᾳ—τάδε λέγεσθαι, i. 69, 10 n. ἐπὶ τῷ—καὶ ἐπὶ τῷ μή—, with participles and infinitives = that we may—, and that we may not —, i. 121, 7 n. ἐπὶ τῷ τὸ λοιπὸν νέμεσθαι, i. 74, 4. ἐπὶ τούτῳ γὰρ ξυνεκπλεῦσαι, iv. 3, 2 n. ἐπὶ τῷ βελτίονι λόγῳ, i. 102, 5 n. ἐφ' ᾧτε, = ἐπὶ τούτῳ ἐφ' ᾧτε, with future tense, i. 103, 1 n. 113, 4. 126, 11. ἐπ' ἐτησίῳ προστασίᾳ, ii. 80, 6 n. ἐπ' ἐκείνοις εἶναι, Arnold suggests ὑπ'. difference between, iii. 12, 3 n. τὸ μὲν ἐπ' ἐκείνοις εἶναι, viii. 48, 5 n. Λακεδαιμονίους δὲ—, τὰς ἑαυτῶν ναῦς ἢν βούλωνται τρέφειν, ἐφ' ἑαυτοῖς εἶναι. viii. 58, 5 n. ἐπ' ἔτει ἑκατοστῷ μάλιστα, viii. 68, 4 n. ἐπὶ Λοκροῖς on the coast of L. or off the coast of L. ii. 32, 1 n. ἐπὶ τῷ Ἐνιπεῖ, iv. 78, 3 n. ὧν ἐπὶ τῇ γῇ ἐκτίζετο, iii. 93, 3 n. ὃ ἐτείχισαν Μαντινῆς—ἐπὶ τῇ Σκιρίτιδι, v. 23, 1 n. οὐ γὰρ ἐπ' ἄλλῃ τινὶ γῇ—τὸ χωρίον ἐτειχίσθη, v. 51, 2 nn. ἐπὶ γὰρ τῇ Ἐρετρίᾳ τὸ χωρίον ὄν, viii. 60, 1 Sch. ἐπὶ τοῖς ἑαυτοῦ—μένειν, iv. 105, 2 n. τὰ ἐπὶ τούτοις παρασκευάζειν, i. 65, 1 n. αὐτὸς ἐπὶ τούτοις τάδε μηχανᾶται. vii. 73, 3. ἐπὶ †τῇ Θρᾴκῃ† (τὴν Θρᾴκην preferred by Arnold), v. 7, 4 n.

III. with acc. c. οὐκ ἐπὶ πολὺ ὑπὸ τῶν ἡμετ. ἱππέων ἐξιόντες. ἐπὶ or ἐς with μέγα, πολύ, πλεῖστον, τοῦτο followed by a genitive, i. 1, 2 n. 49, 7 n. ii. 76, 4 n. iv. 12, 3 n. 100, 2 n. ἐπὶ πολὺ τῆς χώρας, iv. 3, 2 n. ἐπὶ πολὺ—τῆς δόξης, 12, 3 n. τοῦ μεγάλου οἰκοδομήματος ἐπὶ μέγα, ii. 76, 4 n. ἐπὶ μέγα—ἰσχύος, 97, 5. ἐπὶ μέγα καὶ τοῦ ἄλλου ξύλου, iv. 100, 2 n. τῆς χώρας ἐπὶ πολύ, vii. 11, 4 n. τῆς νεὼς—ἐπὶ πολύ, 65, 3 n. ἐπὶ πλεῖον τῆς ἄλλης Θρᾴκης, ii. 29, 2 n. ἐπὶ πλέον τι αὐτῶν, n. iii. 45, 6. ὅταν—τὸ ἐφ' ἑαυτὸν ἕκαστος σπεύδῃ, i. 141, 6 n. τὸ ἐπὶ σφᾶς εἶναι, iv. 28, 1 n. the dative occurs, τὸ ἐπ' ἐκείνοις εἶναι, viii. 48, 5 n. ἔπλεον ἐπὶ τὴν ἑαυτῶν γῆν, ii. 90, 2, according to Schol. ἐπὶ = παρά; explained, ib. n. after βοήθεια or βοηθέω, with acc. of person means against; with acc. of place means to, n. viii. 11, 2. ἐπὶ Συρακούσας ἐπολέμησαν, vii. 57, 1 n. ᾤχετο ἐπὶ—went after, i. 116, 3 n. force of ἐπὶ in composition, ἐπεξέτασιν, vi. 42, 1 n. ἐπὶ in composition, denoting reciprocity (= inter-) examples ἐπέρχεσθαι, ἐπιγαμία, ἐπεργασία, ἐπινομία, n. iv. 120, 1.

ἐπιβάλλω· αὐθαίρετον δουλείαν ἐπιβαλεῖται, vi. 40, 2 Sch.

ἐπιβάτης· ὃς Ἀντισθένει ἐπιβάτης ξυνεξῆλθε, viii. 61, 2 n. Sch.; see Hist. Index, Epibatæ.

ἐπιβοηθέω· φθῆναι τοὺς Λ. τὰ ἐπιμαχώτατα ἐξεργασάμενοι πρὶν ἐπιβοηθῆσαι· iv. 5, 1 n.

ἐπιβόητος· ὧν—πέρι ἐπιβόητός εἰμι, vi. 16, 1 n.

ἐπιβουλεύω· ὥστε ἀμύνασθαι ἐπιβουλεύσαντα, viii. 66, 4 n. ἐπιβουλεύοντες ἀπόστασιν τῆς Εὐβοίας· viii. 60, 1 Sch.

ἐπιγίγνομαι· πνεῦμά τε εἰ ἐπεγένετο

αὐτῆ ἐπίφορον, ii. 77, 5. εἰ ἄνεμος ἐπεγένετο τῇ φλογὶ ἐπίφορος ἐς αὐτήν, iii. 74, 2 n. ταύτης τῆς νυκτὸς τῇ ἐπιγιγνομένῃ ἡμέρᾳ, vi. 97, 1 n.
ἐπιγιγνώσκω· ἐπιγνῶναι μηδέν, i. 70, 2. ἐπιγιγνώσκοντες, ii. 65, :2 n. ἀπρεπές τι ἐπιγνῶναι, iii. 57, 1.
ἐπίγραμμα· τοῦ βωμοῦ ἠφάνισε τοὐπίγραμμα· vi. 54, 7 n.
ἐπιγράφω· Λεοντῖνοι—πολίτας—ἐπεγράψαντο πολλούς, v. 4, 2 n.
ἐπίδειξις· ἐς τοὺς ἄλλους Ἕλληνας ἐπίδειξιν μᾶλλον—τῆς δυνάμεως, vi. 31, 4 n; cf. iii. 16, 1. ἐπὶ χρήμασι ἐπίδειξίν τινα, iii. 42, 3 n.
ἐπιδιαφέρω· διαφέρειν δὲ τὸν ἰσθμὸν τὰς ἡμισείας τῶν νεῶν πρῶτον, καὶ εὐθὺς ταύτας ἀποπλεῖν, ὅπως μὴ οἱ Ἀθηναῖοι πρὸς τὰς ἀφορμωμένας μᾶλλον τὸν νοῦν ἔχωσιν ἢ τὰς ὕστερον ἐπιδιαφερομένας. viii. 8, 2 n.
ἐπιδίδωμι· followed by ἐπὶ or ἐς with acc. c. καθ' ἡμέραν ἐπεδίδοσαν μᾶλλον ἐς τὸ ἀγριώτερον, vi. 60, 2 n. ἐπεδίδου ἡ πύλις αὑτοῖς ἐπὶ τὸ μεῖζον, viii. 24, 4. τὸν Τισσαφέρνην—ἐς τὸ μισεῖσθαι ὑπ' αὐτῶν—ἐπιδεδωκέναι, viii. 83, 2 n.
ἐπιδοχή· τῶν πολιτειῶν τὰς μεταβολὰς καὶ ἐπιδοχάς. vi. 17, 2 n.
ἐπιείκεια· and οἶκτος compared, see οἶκτος.
ἐπιθειάζω· τοσαῦτα ἐπιθειάσας, ii. 75, 1 n. μαρτυρομένων καὶ ἐπιθειαζόντων μὴ κατάγειν, viii. 53, 2 n.
ἐπιθυμία· ἐπιθυμίᾳ τῶν ἀνδρῶν—κομίσασθαι, v. 15, 1 n.
ἐπικαταβαίνω· ἐπικαταβάντες ηὐλίσαντο πρὸς τὴν θάλασσαν καὶ τὴν ἐκβολὴν τοῦ Ὑλίου· vii. 35, 2 n.
ἐπικατάγομαι· ἡ μὲν ἔφθασε—, ἡ δ' ὑστέρα αὐτῆς ἐπικατάγεται, iii. 49, 5. οἱ δὲ Πελοπ.—ἐπικατάγονται, viii. 28, 1 n.
ἐπικαταδαρθάνω· τῆς ἱερείας λύχνον τινὰ θείσης ἡμμένον πρὸς τὰ στέμματα καὶ ἐπικαταδαρθούσης (-θείσης v. l. Q) iv. 133. 2 n.

ἐπικελεύω· ὁ ἐπικελεύσας τὸν μὴ διανοούμενον, iii. 82, 10 n.
ἐπικηρυκεύομαι· αὐτοὺς ἐνόμιζον οὐκέτι σφίσιν ἐπικηρυκεύεσθαι· iv. 27, 2 n. used improperly of secret communications, ἐπεκηρυκεύετο, vii. 48, 2 n. ἐπικηρυκευόμενον, 49, 1. ἐπικηρυκευομένων (= ἐλθόντων ἀγγέλων) ἀπὸ τῶν δυνατωτάτων ἀνδρῶν, viii. 44, 1 n.
πικινδύνως· οὐκ ἐπικινδύνως—ἐς ὑμᾶς, the οὐκ is to be taken with the verb ἡγεῖσθε, iii. 37, 2 n.
ἐπικλινής· μέχρι τῆς πόλεως ἐπικλινές τε ἐστὶ καὶ ἐπιφανὲς πᾶν εἴσω. vi. 96, 2 Sch.
ἐπικλύζω· ἐγένετο—κύματος ἐπαναχώρησίς τις, οὐ μέντοι ἐπέκλυσέ γε· iii. 89, 4 n.
ἐπικουρικός· ἐπικουρικὰ μᾶλλον ἢ δι' ἀνάγκης—ὄντα, vii. 48, 5. Τισσαφέρνους τι ξενικὸν ἐπικουρικόν, viii. 25, 2 n.
ἐπικρύπτομαι· ἐπεκρύπτοντο γὰρ ὅμως ὅτι τῶν πεντακισχιλίων τῷ ὀνόματι, μὴ ἄντικρυς δῆμον ὅστις βούλεται ἄρχειν ὀνομάζειν, viii. 92, 11 n.
ἐπιμαχέω, πρὸς Ἀργείους ξυμμαχίαν ποιεῖσθαι ὥστε τῇ ἀλλήλων ἐπιμαχεῖν, v. 27, 2 n; see also ἐπιμαχία.
ἐπιμαχία· distinguished from ξυμμαχία· ξυμμαχίαν μὲν μὴ ποιήσασθαι ὥστε τοὺς αὐτοὺς ἐχθροὺς καὶ φίλους νομίζειν,—ἐπιμαχίαν δὲ ἐποιήσαντο τῇ ἀλλήλων βοηθεῖν, ἐάν τις ἐπὶ Κέρκυραν ἴῃ ἢ Ἀθήνας ἢ τοὺς τούτων ξυμμάχους, i. 44, 1 n. ἀρκεῖν δ' ἔφασαν σφίσι τὴν πρώτην γενομένην ἐπιμαχίαν, ἀλλήλοις βοηθεῖν, ξυνεπιστρατεύειν δὲ μηδενί. v. 48, 2. ἐπιμαχία and ἐπιμαχέω are to ξυμμαχία and ξυμμαχέω, as species to genus, n. i. 44, 1.
ἐπιμίσγω· διὰ τῆς ἐκείνων παρ' ἀλλήλους ἐπιμισγόντων, i. 13, 5. μὴ ἐπιμισγομένους ἐς τὴν ξυμμαχίαν, μήτε ἡμᾶς πρὸς αὐτοὺς μήτε αὐτοὺς πρὸς ἡμᾶς, iv. 118, 3 n. μηδὲ ἐπιμισγο-

ἐπίνειον—ἐπιφέρω.

μένους μηδετέρους μηδετέρωσε· iv. 118, 3.
ἐπίνειον· Κυλλήνην τὸ Ἠλείων ἐπίνειον ἐνέπρησαν, i. 30, 2, ἐς Κυλλήνην τὸ Ἠλείων ἐπίνειον· ii. 84, 5. distinguished from νεώριον and νεωσοῖκος, n. vii. 25, 5.
ἐπίνοια· χρὴν—μηδ᾿ ἐς ἐπίνοιάν τινα ἡμῶν ἐλθεῖν—ὡς—, iv. 92, 1 n; cf. iii. 46, 5.
ἐπιπαρανέω· ἐπιπαρένησαν καὶ τῆς ἄλλης πόλεως ὅσον ἐδύναντο—πλεῖστον ἐπισχεῖν, ii. 77, 2 n.
ἐπιπάρειμι, -ιέναι· ἐπιπαριὼν τῷ δεξιῷ, v. 10, 8 n. Sch.
ἐπίπεμψις· τὴν—ἐπὶ πολλὰ ἡμῶν αὐτῶν ἐπίπεμψιν, ii. 39, 4 n.
ἔπιπλα· iii. 68, 4 n.
ἐπιπλέω· νῆες ἐκεῖναι ἐπιπλέουσι. i. 51, 2 n. καὶ ὁ —Δημοσθένης εὐθὺς—†ἐπέπλει† ἐπὶ τῆς Κερκύρας, vii. 26, 2 n.
ἐπίπλους· προειρημένης φυλακῆς τῷ φιλίῳ ἐπίπλῳ, = τοῖς φιλοῖς ἐπιπλέουσι, viii. 102, 2 n. Sch.
ἐπισημαίνω· τῶν γε ἀκρωτηρίων ἀντίληψις αὐτοῦ ἐπεσήμαινε· ii. 49, 8 n.
ἐπισιτίζομαι· ἐκεῖθεν δὲ ἐπισιτισάμενοι, vi. 94, 3. οὐκ ἐκ τῆς ἀγορᾶς ἄριστον ἐπισιτιζόμενοι—ἀλλὰ ἐκ τῶν ἐπ᾿ ἔσχατα τοῦ ἄστεος οἰκιῶν, viii. 95, 4 n.
ἐπισπάομαι· ἐπισπάσασθαι αὐτοὺς ἡγεῖτο προθυμήσεσθαι, iv. 9, 2 n. πολλοῖς—προορωμένοις— τὸ αἰσχρὸν —ἐπεσπάσατο, ἡσσηθεῖσι τοῦ ῥήματος, ἔργῳ ξυμφοραῖς — περιπεσεῖν, καὶ αἰσχύνην—προσλαβεῖν, v. 111, 4 n.
ἐπίσταμαι· ἐπισταμένους πρὸς εἰδότας ὅτι—, v. 89, Sch.
ἐπιστατέω· Νικιάδης ἐπεστάτει. iv. 118, 7 nn.
ἐπιστέλλω· Ammonius' restriction of its meaning erroneous; κατὰ τὰ ἐπεσταλμένα ὑπὸ Δημοσθένους, iv. 8, 4 n.

ἐπιστρατεία· ἅμα τῇ τῶν Πλαταιῶν ἐπ. ii. 79, 1 n; cf. n. vi. 97, 1.
ἐπιστρατεύω· τοὺς μὴ ἐπικαλουμένους αὐτοὶ ἐπιστρατεύουσι, iv. 60, 2 nn.
ἐπιστροφή· in its nautical use, ὑπεκφεύγουσι—τὴν ἐπιστροφὴν ἐς τὴν εὐρυχωρίαν· ii. 90, 5. 91, 1. in its political sense, ὅπως μή τις ἐπιστροφὴ γένηται. iii. 71, 3 n.
ἐπίτακτος· τοὺς σκευοφόρους ἐντὸς τούτων τῶν ἐπιτάκτων ἐποιήσαντο. vi. 67, 1 n.
ἐπιταχύνω· μαστιγοφόροι—ἐπετάχυνον τῆς ὁδοῦ τοὺς σχολαίτερον †προ[σ]ιόντας.† iv. 47, 3 n.
ἐπιτείχισις, its twofold signification exemplified, i. 141, 2, 3.
ἐπιτειχισμός· ἐπ. τῇ χώρᾳ, i. 122, 1 n. ὡς ἐς ἐπιτειχισμόν, v. 17, 2 Sch. n.
ἐπιτήδειος· εὐθὺς ἐκ τρόπου τινὸς ἐπιτηδείου ἐτεθνήκει, viii. 66, 2 n. οἱ ἐδόκουν ἐπιτήδειοι εἶναι ὑπεξαιρεθῆναι, viii. 70, 2 n.
ἐπιτηδείως· σφίσιν αὐτοῖς—ἐπιτ. i. 19, 1. μὴ σφίσι τοῖς Λακεδαιμονίοις ἐπιτ. αὐτονομεῖσθαι, 144, 2 n.
ἐπιτιμάω· ἀπὸ τῶν λόγῳ καλῶς ἐπιτιμησάντων, iii. 38, 4 n.
ἐπιτολή· περὶ ἀρκτούρου ἐπιτολάς, ii. 78, 2 n. distinguished from ἀνατολή, ib. n.
ἐπιτρέπω· μὴ ἐπιτρέψοντες, i. 71, 1 n. μηδ᾿ ὡς ἐπιτρέψομεν, i. 82, 1 n. Παυσανίᾳ μὴ ἐπιτρέπειν ἤν που βιάζηται, i. 95, 1. ἐκ δὲ τοῦ ἔργῳ φυλασσομένῃ μὴ ἐπιτρέπειν, vi. 40, 2. πάντα τὰ πράγματα ἐπέτρεψαν, ii. 65, 4 n. πλεῖστ᾿ ἂν τῷ ἀλογίστῳ ἐπιτρέψαντες—, v. 99 n.
ἐπιτροπή· ἠξίουν δίκης ἐπιτροπὴν σφίσι γενέσθαι ἢ ἐς πόλιν τινὰ ἢ ἰδιώτην περὶ τῆς Κ. v. 41, 2 n.
ἐπιφέρω· τὴν—αἰτίαν ἐπιφέροντες τοῖς τὸν δῆμον καταλύουσιν, iii. 81, 4 n. ὅπλα οὐδαμόσε ἔτι αὐτοῖς ἐπενεγκεῖν. v. 49, 4 n. Ἀστύοχον εἶναι αἴτιον, ἐπιφέροντα ὀργὰς Τισσαφέρνει διὰ ἴδια κέρδη· viii. 83, 3 Sch. n.

ἐπιφήμισμα—ἐς.

ἐπιφήμισμα· ἀντὶ δ' εὐχῆς τε καὶ παιανῶν, μεθ' ὧν ἐξέπλεον, πάλιν τούτων τοῖς ἐναντίοις ἐπιφημίσμασιν ἀφορμᾶσθαι, vii. 75, 7 n.
ἐπιφθύνως· ἐπιφθ. τι διαπράξασθαι, iii. 82, 18 n.
ἐπίφορος· πνεῦμα—ἐπίφ. ii. 77, 5. εἰ ἄνεμος ἐπεγένετο τῇ φλογὶ ἐπίφορος ἐς αὐτήν, iii. 74, 2 n.
ἐπιχειρέω· τὸ μὴ ἐπιχειρούμενον, iv. 55, 1 n. ᾗ (sc. τῇ πόλει) μόλις—ἐνδέχεσθαι, μετὰ βεβαίου παρασκευῆς καθ' ἑκουσίαν, ἢ πάνυ γε ἀνάγκῃ, προτέρᾳ ποι ἐπιχειρεῖν· viii. 27, 3 n.
ἐπιχράομαι· οὐκ ἐχθροὶ ὄντες ὥστε βλάπτειν, οὐδ' αὖ φίλοι ὥστ' ἐπιχρῆσθαι, i. 41, 1 n.
ἐπιψηφίζω· distinction between ἐπιψηφίσαι and εἰπεῖν, n. ii. 24, 1. ἐπεψήφιζεν αὐτὸς ἔφορος ὢν ἐς ἐκκλησίαν, i. 87, 1. καὶ σὺ, ὦ πρύτανι, ταῦτα,—ἐπιψήφιζε, vi. 14, 1. ἢν δέ τις εἴπῃ ἢ ἐπιψηφίσῃ κινεῖν τὰ χρήματα ταῦτα—, ii. 24, 1 n. τά τε χίλια τάλαντα, — εὐθὺς ἔλυσαν τὰς ἐπικειμένας ζημίας τῷ εἰπόντι ἢ ἐπιψηφίσαντι,—καὶ ἐψηφίσαντο κινεῖν, viii. 15, 1 n.
ἐποικέω· οἵδε δὲ οὐ στρατοπέδῳ, πόλει δὲ—ἐποικοῦντες ὑμῖν, vi. 86, 3. ἡ Δεκέλεια—φρουραῖς ἀπὸ τῶν πόλεων —τῇ χώρᾳ ἐπῳκεῖτο, vii. 27, 3 n.
ἔποικος, distinguished from ἄποικος, ii. 27, 1 n. τὴν Αἴγιναν—αὐτῶν πέμψαντας ἐποίκους ἔχειν. ii. 27, 1. Αἰγινητῶν τῶν ἐποίκων, οὓς οἱ Ἀθ. ἔπεμψαν οἰκήσοντας, viii. 69, 3 n. Λοκρῶν—τοῖς ἐκ Μεσσήνης ἐποίκοις ἐκπεπτωκόσιν, οἱ — ἔποικοι ἐξεπέμφθησαν, v. 5, 1 n.
ἕπομαι· θαρσοῦντες—τὸ καθ' ἑαυτὸν ἕκαστος ἕπεσθε, ii. 87, 10 n.
ἐπονομάζω· πατρόθεν τε ἐπονομάζων, καὶ αὐτοὺς ὀνομαστὶ καὶ φυλήν, vii. 69, 2 n.
ἔποψις· τὴν ἔποψιν τῆς ναυμαχίας ἐκ τῆς γῆς ἠναγκάζοντο ἔχειν· vii. 71, 2 nn.

ἑπτά· ἄλλαι εἰσὶν ἑπτὰ (sc. πύλεις), vi. 20, 3 Sch.
ἐπωνυμία· τὴν ἐπωνυμίαν τῆς χώρας— σχεῖν, i. 9, 2 n. τῆς χ. τὴν ἐπ. ii. 102, 9 n.
*ἐπώνυμος· ἄρχων ἐπώνυμος, n. i. 9, 2.
ἐπωτίς· its etymology and meaning, vii. 34, 5 Sch. n. 36, 2 n.
ἔρανος· κάλλιστον ἔρ. αὐτῇ (sc. πόλει) προϊέμενοι, ii. 43, 1 n.
ἐργασία· τῶν χρυσείων μετάλλων ἐργασίας, iv. 105, 1. ἡ τετράγωνος ἐργασία, vi. 27, 1 n. ᾗ τῶν τειχῶν ἀμφοτέρων αἱ ἐργασίαι ἔληγον. vii. 6, 2.
ἔργον· τοῦ μὲν ἔργου—τοῦ δὲ λόγου—, i.73, 2 n. opp. to γνώμῃ· ἄγραφος μνήμη—τῆς γνώμης μᾶλλον ἢ τοῦ ἔργου, ii. 43, 3 n. πρὸς μὲν τὰ ἔργα—τῆς δὲ γνώμης, v. 108 n. τῶν δ' ἔργων τὴν ὑπόνοιαν ἡ ἀλήθεια βλάψει, iv. 122, 4 n. ἐκδιδάσκειν μὲν οὐδὲν ἔργον εἶναι σαφῶς, vi. 80, 3 n. ξυνέβη τε ἔργον τοῦτο Ἑλληνικὸν τῶν κατὰ τὸν πόλεμον τόνδε μέγιστον γενέσθαι, vii. 87, 4 n.
ἔρημος· ἔρημον αὐτό τε καὶ ἐπὶ πολὺ τῆς χώρας· iv. 3, 2. ἐν χωρίῳ ἐρήμῳ, 27, 1 n. ὡς ἐρήμου οὔσης—βίᾳ αἱρήσοντες· v. 56, 5 n. οἱ δ' Ἀθηναῖοι ἐρήμῃ δίκῃ θάνατον κατέγνωσαν αὐτοῦ, vi. 61, 7 n ἔχων δὲ ξύμμαχον ἐμὲ καὶ οὐκ ἔρημον ἀγωνιεῖται. vi. 78, 1 n.
ἔρχομαι· μὴ οἱ Ἀθ. τοὺς ἐλθόντας οὐκ ἀποκτείνωσι, iv. 46, 4 n. ἦλθεν is unnecessary, vii. 50, 1 n. τοῖς δὲ Ἀθ. ὡς ἦλθε τὰ περὶ τὴν Εὔβοιαν γεγενημένα, the reading ἦλθε suspected by Duker to be a corruption from ἠγγέλθη, viii. 96, 1 n.
ἐρώτημα· τοῖς ἐρωτήμασι τοῦ ξυνθήματος πυκνοῖς χρώμενοι, vii. 44, 5 n.
ἐς· ἐς and ἐκ used of the same fixed object, with reference to opposite positions of spectators, i. 64, 1, 2 n. and so τὸ—ἐς τὴν Παλλήνην (sc.

τεῖχος), i. 64, 2, is identical with τὸ ἐκ τῆς Παλλήνης τεῖχος, § 3; see also ἐκ. ἐς· indicating a result, ἐς τὸ φανερὸν ἀποδύντες, i. 6, 5 n. μὴ ἐς ἀναβολὰς πράσσετε, vii. 15, 3, where the n. gives a different explanation. ἐς ὃ ἐβούλοντο, iii. 20, 3 n. καὶ τἆλλα προύχώρει αὐτοῖς ἐς ἐλπίδας. vi. 103, 3 n. ἀκμάζοντες—ἦσαν ἐς αὐτὸν, i. 1, 1 n. ἔρρων τὸ ἐστὸν πύλεμον, ii. 8, 1. ἐς with article before a numeral, ἐς τὰς δ. i. 100, 1 n. viii. 21 n. ἐς with numerals, iii. 20, 1 n. δικαια — ἐς ὑμᾶς, —towards —, iii. 54, 1 n. ἐς μίαν βουλὴν—ἔσται, v. 11, 6 n. Λακεδαιμονίους ἐς μίαν ἡμέραν κατέστησα—περὶ τῶν ἁπάντων ἀγωνίσασθαι· vi. 16, 6 n. after verbs of suspecting, charging, reproaching, &c. takes an acc. c. denoting the substance of the suspicion, change, or reproach, τὴν—ἐπιφερομένην αἰτίαν ἔς τε μαλακίαν—καὶ ἐς τὴν ἄλλην ἀβουλίαν τε καὶ βραδυτῆτα, v. 75, 3. οὐδὲ ὑποπτεύεσθαί μου ἐς τὴν φυγαδικὴν προθυμίαν τὸν λόγον. vi. 92, 1 n. βουλόμενος αὐτὸν τοῖς Πελοποννησίοις ἐς τὴν ἑαυτοῦ καὶ Ἀθηναίων φιλίαν—διαβάλλειν, viii. 88 n. Λακεδαιμονίους—διαβαλεῖν ἐς τοὺς ἐκείνῃ χρῄζων Ἕλληνας, ὡς—, iii. 109, 2. condensed expressions with ἐς· ἐς—τὴν Πελοπόννησον ἔπρασσεν. i. 65, 2 n. ἡ ναυμαχία ἐτελεύτα ἐς—νύκτα, i. 51, 3 n. ἐς with its case used elliptically, ὥστε μήτε ἐς ἀλκὴν ὑπομεῖναι, iii. 108, 1. μὴ ἐς ἀναβολὰς πράσσετε, vii. 15, 3 n. ἐς used with the name of a temple, παρὰ with that of the god, iv. 67, 1 n. ἐς crept in as a corruption by repetition of a final syllable, πέμψαντες [ἐς] Σελινοῦντα κτίζουσι· vi. 4, 2 n. in the formula ὡς ἐς frequently omitted in the MSS. ὡς ἐς ἐπίπλουν, i. 50, 6 n. ὡς ἐς ἐπιτειχισμόν, v. 17, 2 n. ὡς ἐς τὴν Εὔβοιαν. viii. 5, 1 v. l.

ἐσαγγέλλω· ἐσαγγελθέντων ὅτι—, i. 116, 3 n. πράσσων τε ἐσηγγέλλετο αὐτοῖς πρὸς τοὺς βαρβάρους, 131, 1. ἐσηγγέλθη γὰρ αὐτοῖς ὡς εἴη—ἑορτή, iii. 3, 3. ταῦτα ἐσαγγείλας. (preferable reading to ἐξαγγ.) viii. 51, 2 n. ἐσβάλλω· πρὸς τὴν πόλιν ἐσέβαλλον, iv. 25, 8 n. ἐσβολή· ἐπὶ τῆς ἐσβολῆς, iii. 112, 3 n. ἐπὶ τῇ ἐσβολῇ τῆς Λύγκου, iv. 83, 2 n. τὴν ἐσβολὴν—φθάσαντες προκατέλαβον, 127, 2. †ἐσβολὴν† ποιησάμενος τῇ πόλει οὔσῃ ἀτειχίστῳ, viii. 31, 2 n. ἔσειμι· βουλεύσασθαι Ἀθηναίους, καθ' ὅτι ἂν ἐσίῃ ἡ πρεσβεία, iv. 118, 7 n. ἔσθημα· ταφέντας—ἐτιμῶμεν—ἐσθήμασι, iii. 58, 4 n. ἐσκομίζω· οἱ—Ἀθηναῖοι ἐσεκομίζοντο ἐν τῷ χρόνῳ τούτῳ, ii. 18, 5. καὶ ἐσκομιζομένων αὐτῶν, vi. 49, 3 n. ἔστι· ὅπου γὰρ ἔξεστιν ἐν ὑστέρῳ, σαφῶς εἰδότας ὑπὸ ὅποσας τε ναῦς—καὶ ὅσαις —παρασκευασμένοις ἔσται ἀγωνίσασθαι—, viii. 27, 2 n. ἑστία· διδάσκεται—καθίζεσθαι ἐπὶ τὴν ἑστίαν, i. 136, 4 n. ἐσφέρω· αὐτοὶ ἐσενεγκόντες τότε πρῶτον ἐσφοράν, iii. 19, 1 n. ἐσφορὰ and φόρος distinguished, αὐτοὶ ἐσενεγκόντες τότε πρῶτον ἐσφορὰν διακόσια τάλαντα, iii. 19, 1 n. ἐσφορέω· ἐσεφόρουν τὴν γῆν. ii. 75, 7 n. ἔσχατον· πολιορκίᾳ παρατενεῖσθαι ἐς τοὔσχατον, iii. 46, 2. αὐτὸ τὸ ἔσχατον—τῆς νήσου, iv. 31, 2 n. ἔσχον· its nautical sense, see under ἔχω. ἑταιρία n. to iii. 82, 6. ἑταιρίας διαλυτής, § 9 n. ἑταιρικός· τὸ ξυγγενὲς τοῦ ἑταιρικοῦ ἀλλοτριώτερον, iii. 82, 11 n. ἕτερος· —τῶν ἑτέρων ὅ τι καὶ ἀξιόλογον. iv. 48, 5 n. τοῦ ἑτέρου ἔχθει, iv. 61, 3 n. difference between καθ' ἑκάτερα, and καθ' ἕτερα, vii. 59, 2 n.

ἡ ὑμετέρα ἐπιστήμη κρείσσων ἐστὶν ἑτέρας (=ἑτέρων) εὐτυχούσης ῥώμης. vii. 63, 4 n. ἐς τὰ ἐπὶ θάτερά τε τοῦ ποταμοῦ παραστάντες, vii. 84, 4 n. ἐκ τοῦ ἐπὶ θάτερα λόφου διείργοντο· viii. 33, 2 n. ἐπ᾽ αὐτὸν γὰρ τὸν ἐπὶ τῷ στόματι τοῦ λιμένος—τὸν ἕτερον πύργον ἐτελεύτα τὸ—τεῖχος, viii. 90, 4 n. its use in composition by later writers, i. 109, 3 n.

ἔτης· τοῖς δὲ ἔταις κατὰ πάτρια δικάζεσθαι, v. 79, 5 n. Sch.

ἐτήσιος· ὧν ἡγοῦντο ἐπ᾽ ἐτησίῳ προστασίᾳ, ii. 80, 6 n. τιμὰς δεδώκασιν ἀγῶνας καὶ ἐτησίους θυσίας, v. 11, 1 n.

ἔτι· with comparative adj. καὶ τὰ ἔτι παλαιότερα, i. 1, 3. καὶ ἔτι πλέω, i. 120, 7. καὶ ἔτι πλείους, vii. 12, 4 n. with comparative adv. καὶ ἔτι περαιτέρω. iii. 81, 4.

ἕτοιμος· τὰς—σπονδὰς—ἤδη σφίσιν— ἑτοίμους εἶναι, iv. 21, 2 n. τὰ ἕτοιμα βλάπτοντας, iv. 61, 1 n. οὐκ ἐώντων Λακεδαιμονίων — ἀλλ᾽ εἰ βούλονται σπένδεσθαι—ἔτοιμοι εἶναι, v. 41, 2 n. and n. 50, 1. κήρυκα προπέμπει— λέγοντα, εἰ βούλονται—ἕτοιμος εἶναι σπένδεσθαι. vii. 3, 1 n.

ἑτοίμως· ἧσσον ἑτοίμως κατέχειν. iv. 92, 5 n.

ἔτος· ὥρᾳ ἔτους, ii. 52, 2 n.

εὖ· ἐκ τοῦ εὖ εἰπεῖν τὸ παθεῖν εὖ ἀντιλήψονται, iii. 40, 4 n. τὰ ἴδια—εὖ —θέσθαι, iv. 59, 4 Sch. τὸ κοινῶς φοβερὸν—εὖ θέσθαι, 61, 6 n.

εὐεπίθετος· καὶ ἡμῖν ἂν εὐεπίθετος εἴη, (sc. ἡ παρασκευὴ τῶν Ἀθ.) vi. 34, 4 Sch. n.

εὐεργεσία· κεῖταί σοι εὖ. i. 129, 2 n.

εὔζωνος· ἀνὴρ εὔζ. ii. 97, 1 n.

εὐθύς· τὴν ἀρχὴν εὐθὺς ξυγκατεσκεύαζε. i. 93, 4 n. ἐκ τοῦ εὐθέος δεῖσθαι, opp. to ἀπάτῃ, i. 34, 3 n.

εὐλάζω· see εὐλάκα.

εὐλάκα· ἀργυρέᾳ εὐλάκᾳ εὐλάξειν· v. 16, 2 Sch. n.

εὔλογος· distinguished from εὐπρεπής,

n. vi. 8, 4; cf. vi. 76, 2, 3. iv. 87, 1. vi. 84, 2. εὐλόγῳ προφάσει, vi. 79, 2 n.

εὐλόγως· εὐλ. ἄπρακτοι ἀπίασι, iv. 61, 8 n. Sch.

εὐμενής· εὐμενῆ (sc. γῆν) ἐναγωνίσασθαι, ii. 74, 2 n.

εὐμεταχείριστος· οὔτε γὰρ ἡμῖν ἔτι ἔσται ἰσχὺς ἐς ἓν ξυνεστῶσα εὐμεταχείριστος, vi. 85, 3 n.

εὐνή· ἐπιπίπτει τοῖς Ἀμπ. ἔτι ἐν ταῖς εὐναῖς, iii. 112, 4. ἔν τε ταῖς εὐναῖς ἔτι ἀναλαμβάνοντας τὰ ὅπλα, iv. 32, 1 n. τὸ δὲ ἥμισυ ἐπὶ ταῖς εὐναῖς ἐν πλαισίῳ, vi. 67, 1 n.

εὔνοια· εὔνοιαν ἔχουσα, ii. 11, 3 n. with gen. c. of its object, ὡς ἑκατέρων τις εὐνοίας ἢ μνήμης ἔχοι. i. 22, 3 n. Ἀθηναίων εὐνοίᾳ, vii. 57, 10 n.

εὐνομία· τὴν ἀπὸ τῶν Ἀθηναίων ὕπουλον εὐνομίαν οὐ προτιμήσαντες· viii. 64, 5 n.

εὔνους· δεδιότες τό τε στράτευμα, μὴ εὔνουν ἔχῃ, vi. 29, 3 n.

εὐοργήτως· εὐοργ. αὐτῷ (sc. πολέμῳ) προσομιλήσας, i. 122, 2 n.

εὐπραξία· ἀπροσδόκητος εὐπ. iii. 39, 4 n.

εὐπρεπής· προφάσει βραχείᾳ καὶ εὐπρεπεῖ, vi. 8, 4 n. distinguished from εὔλογος, ib. n, cf. vi. 76, 2, 3. i. 37, 4. 39, 2. iii. 38, 2. 44, 6. iv. 86, 4. ἦν δὲ τοῦτο εὐπρεπὲς πρὸς τοὺς πλείους, viii. 66, 1 n.

εὐπρεπῶς· εὐπ. ἄδικοι ἐλθόντες, iv. 61, 8 n. Sch.

εὑρίσκω· ὡς δὲ ἡ ἀλήθεια εὑρίσκεται, vi. 2, 2 n.

εὐρυχωρία· κατὰ τὴν εὐρυχωρίαν, ᾗ τῶν τειχῶν ἀμφοτέρων αἱ ἐργασίαι ἔληγον, vii. 6, 2 n. ὑπεκφεύγουσι τὸ κέρας τῶν Π.—ἐς τὴν εὐρυχωρίαν, ii. 90, 5 n. βουλόμενοι ἐκπλεῦσαι ἐς τὴν εὐρυχωρίαν τὰς τῶν πολεμίων ναῦς· viii. 102, 1 n.

εὐτέλεια· φιλοκαλοῦμεν γὰρ μετ᾽ εὐτελείας, ii. 40, 2. τῶν τε κατὰ τὴν πόλιν τι ἐς εὐτέλειαν σωφρονίσαι, viii.

1, 3 n. τἄλλα—ξυστελλόμενοι ἐς εὐτελειαν, 4. εἰ δὲ ἐς εὐτέλειάν τι ξυντέτμηται,—πάνυ ἐπαινεῖν, 86, 6.
εὐτελής· εὐτελέστερα—τὰ δεινά, viii. 45, 3 n.
εὐτραπέλως· μετὰ χαρίτων μάλιστ' ἂν εὐτραπέλως—, ii. 41, 1 n.
εὐφύλακτος· ὅπως εὐφύλακτα αὐτοῖς εἴη, iii. 92, 10 n.
ἐφίημι· τῶν δὲ ἐφίεσθαι, ii. 42, 5 n. ὁ δὲ ἐς τὴν Λακεδαίμονα ἐφιέμενος, iv. 108, 6 n.
ἔφοδος· γνώμης μᾶλλον ἐφόδῳ ἢ ἰσχύος, iii. 11, 3 n.
ἐφοράω· ὅσον ἀπὸ τοῦ ἱεροῦ ἐφεωρᾶτο τῆς νήσου, iii. 104, 2 n.
ἐφορμέω· ii. 89, 13 n.
ἐφορμή· καὶ τῷ πεζῷ ἅμα ἐκ γῆς ἐφορμαῖς, vi. 90, 3 n.
ἐφόρμησις· δι' ὀλίγου τῆς ἐφ. οὔσης, ii. 89, 13 n. σφίσι—ἐφόρμησιν παρασχεῖν, iii. 33, 5 n. ἐφόρμησιν τῇ στρατιᾷ, vi. 48, n. distinguished from ἐφόρμισις, vi. 48 n.
ἐφορμίζω· ἐφορμισθέντας, vi. 49, 4 n.
ἔφορμος· adj. νῆες ἔφορμοι, iii. 76, 1 n.
ἔφορμος· subst. τοὺς ἐφ.—ἐποιοῦντο, iii. 6. 1 n. τόν τε ἐφ. οὐκ ἐσόμενον, iv. 27, 1 n. ἐς ἐφ. τῆς νυκτὸς πλεῖν, 32, 1.
ἔφορος· ἄρχει—ἔφορος Πλειστόλας = the ephoralty of—, v. 19, 1 n.
ἐχέγγυος· τῇ ζημίᾳ ὡς ἐχεγγύῳ πιστεύσαντας, iii. 46, 1 n.
ἔχθος· τοῦ ἑτέρου ἔχθει, iv. 61, 3 n. κατὰ ἔχθος τὸ Κορινθίων, their hate of the Cor., vii. 57, 7 n.
ἔχθρα· ἀίδιον—ἔχθραν πρὸς τῇ κοινῇ καὶ ἰδίαν ἔχειν, iv. 20, 1 n. ἔχθραν προσποιησάμενος ἄδηλον, viii. 108, 4 n.
ἐχυρός· τὸ δ' ἐχυρόν γε τοῖς ξυναγωνιουμένοις, v. 109 Sch.
ἐχυρῶς· μόνον δὴ τοῦτο ἐχυρῶς ξυμβάν. v. 26, 3 n.
ἔχω· Θεοὶ ὅσοι γῆν τὴν Πλ. ἔχετε, ii.

74, 2 n. πόλεσι—καὶ †ναῦς καὶ ἵππους καὶ μεγέθη ἐχούσαις†, Duker's proposed correction ἰσχυούσαις, vii. 55, 2 nn. ἐπεὶ ἕξειν γε τὴν πόλιν οἷπερ καὶ μεθιστάναι ἔμελλον. viii. 66, 1 n. οὐκ ἔχοντες ὅ τι γένωνται and —ὅτι γένοιντο, difference between, ii. 52, 3 n. οὐκ εἶχον ὅ τι εἰκάσωσιν, v. 65, 5. ἐξευρεῖν αὐτὸ— οὐκ εἶχον. viii. 66, 3 n. ἔχοντας omitted where it ought to have been repeated in πρῶτον ἐς Χίον πλεῖν ἄρχοντα ἔχοντας Χαλκιδέα,—ἔπειτα ἐς Λέσβον, καὶ 'Αλκαμένην ἄρχοντα (sc. ἔχοντας), viii. 8, 2 n. ἔχω· give occasion to, σχεῖν τὴν ἐπωνυμίαν, i. 9, 2 n. ἔχει τὴν βεβαίωσιν καὶ πεῖραν τῆς γνώμης, 140, 8 n. ii. 41, 3 n. 61, 2 n. iii. 82, 17 n. iv. 1, 2 n. ἔχει = παρέχει, in ἀγανάκτησιν ἔχει, ii. 41, 3 n. ἔχει τὴν αἴσθησιν ἑκάστῳ, 61, 2 n. τέκμαρσιν, 87, 1 n. προσβολήν, iv. 1, 2 n; cf. n. i. 9, 2. διὰ τὸ ἡδονὴν ἔχον ἐν τῷ αὐτίκα, iv. 108, 5 n. τὴν αἰτίαν οὐχ ἔξω—ἀποδεικνύναι, ἀλλ' ἢ—ἐπιφέρειν, ἢ— ἀφῖχθαι. iv. 85, 4 n. different significations of αἰτίαν ἔξω, ib. n. unusual sense of χάριν ἔχειν, see χάρις. participle of ἔχω with a substantive in acc. c. as a periphrasis of the passive participle of the verb cognate to the substantive καὶ τὸ ἀπὸ τοῦδε ἤδη ὅ τι ἂν ἁμαρτάνωσιν αἰτίαν ἕξοντας (= αἰτιαθησομένους), iv. 114, 5. τὴν Λακεδαιμονίων — ξυμμαχίαν — ἀνάγκην ἔχουσαν (= ἀναγκαζομένην) —τῆς γε ξυγγενείας ἕνεκα καὶ αἰσχύνῃ βοηθεῖν. v. 104. ἔσχον· in its nautical use; followed

I. by ἐς with acc. c. (cf. n. vii. 1, 2.) ἔσχε καὶ ἐς Νότιον, iii. 34, 1. ἐς τὴν Πύλον—σχόντας, iv. 3, 1. καὶ αἱ νῆες σχοῦσαι ἐς τὴν Μεσσήνην, iv. 25, 10. σχὼν δὲ ἐς Σκιώνην, v. 2, 2.

II. by κατὰ with acc. c. ἔσχον κατὰ τὸ Μενδήσιον κέρας, i. 110, 4 n. σχόντες κατὰ τὸ Ποσειδώνιον, iv.

129, 3. σχόντες κατὰ τὸν Λέοντα, vi. 97, 1 n.
III. by a dat. c. ὡς γῇ ἑκούσιος οὐ σχήσων ἄλλη ἢ Πελοποννήσῳ. iii. 33, 1. σχόντες Ῥηγίῳ, vii. 1, 2 n.
ἔχω· = διάκειμαι· ἐπ' ἀμφότερα ἔχων, vii. 48, 3 n. ἔχω with gen. c. ὥστις εὐνοίας ἢ μνήμης ἔχοι, 1. 22, 3 n. impers. ὡς ἑκάστοις τῆς ξυντυχίας ἢ κατὰ τὸ ξυμφέρον ἢ ἀνάγκη ἔσχεν, vii. 57, 1 n. ἔχομαι· Συρακούσας δὲ τοῦ ἐχομένου ἔτους Ἀρχίας—ᾤκισε, vi. 3, 2 n.
ἕως· subst. ἅμα ἕῳ ἔσχον—ἐς τὸν αἰγιαλόν, iv. 42, 2 n; cf. νυκτὸς καταπλεύσαντες, § 4.
ἕως ἂν with present; with aor. ἕως ἂν—ἄρωσιν, 1. 90, 3 n.
ἕωσπερ· will probably not be found in the tragedians, vii. 19, 5 n.

Eaphemisms, σεμναὶ θεαὶ or Εὐμένιδες for Ἐρινύες; ἄγος for μύσος, i. 126, 11 n.

Z.

ζεῦγμα· ἔπλεον πρὸς τὸ ζεῦγμα τοῦ λιμένος, vii. 69, 4 n.
ζεύγνυμι· ζεύξαντες—τὰς παλαιὰς (sc. ναῦς), i. 29, 2 n.
ζημία· ἀξιώτεροι—πάσης ζημίας, iii. 63, 1 n. διπλασίας ζημίας, iii. 67, 1 n.
ζυγός· τῆς τε ἐνωμοτίας ἐμάχοντο ἐν τῷ πρώτῳ ζυγῷ τέσσαρες· v. 68, 3 nn.

H.

ἤ· coupling comparatives, instead of μᾶλλον ἢ coupling positives, i. 21, 1 n. iii. 42, 4 n. ἤ· = μᾶλλον ἤ, instead of, iii. 23, 4 n. ἤ—ἤ, varied construction with, see *Varied Construction*. ἢ καί· coupling words of similarity, different effect of, n. v. 74, 1. ἤ = quam, ἄλλο τι ἢ κατὰ τὸ αὐτό, v. 65, 3 n. οὐδὲν μᾶλλον ὀλιγαρχίας ἢ δημοκρατίας δεῖσθαι—†ἤ† ἄλλο τι σκοπεῖσθαι ἢ ὅτῳ τρόπῳ —κάτεισι, viii. 48, 3 n. ἢ inserted

after μᾶλλον by Palmer, viii. 55, 1. n. v. l.
ἤ· ἢ πού ἄρα, εἰ—, v. 100 Sch. ἢ πού γε δὴ ἐν πάσῃ πολεμίᾳ Σικελίᾳ, vi. 37, 2 Sch.
ἡγεμονεύω· οὐκ ἠξίουν οὗτοι—ἡγεμονεύεσθαι ὑφ' ἡμῶν, iii. 61, 3 n.
ἡγεμονία· ὑπὲρ τῆς τε παλαιᾶς ἡγεμονίας, καὶ τῆς ἐν Πελοπ. ποτὲ ἰσομοιρίας, v. 69, 1 n.
ἡγέομαι· ἡγούμενοι,—σπονδὰς ποιησάμενοι—ἡσυχίαν ἔχειν. v. 40, 3 n. ἡγούμεθα γὰρ τό τε θεῖον δόξῃ τὸ ἀνθρώπειόν τε σαφῶς—ἄρχειν. v. 105, 2 n. Sch. μᾶλλον ἡγησάμενοι, with a pregnant meaning, ii. 42, 5 n.
ἤδη· ere now, ii. 77, 4 n. τὸ δ' ἤδη, vi. 34, 9 Sch. n.
ἡδονή· καθ' ἡδονήν τι δρᾶ, ii. 37, 3. καθ' ἡδονὴν ποιεῖν, ii. 53, 2 n. πρὸς ἡδονήν τι λέγειν, ii. 65, 8 n.
ἡδύς· ὅ τι δὲ ἡδὺ καὶ πανταχόθεν τὸ ἐς αὑτὸ κερδαλέον, ii. 53, 4 n.
ἥκω· has a past signification, n. to ii. 65, 12 n. iii. 106, 1 n. vi. 96, 1.
ἡλικία· τοὺς ἐν τῇ αὐτῇ ἡλ. *contemporaries*, i. 80, 1 n. ἡλ. ἡμῶν, iii. 67, 2. ἡλικία ἡ αὐτή, 98, 3 n.
ἥμισυς· ἐξ ἡμισείας ἑκατέρου τοῦ ἐνιαυτοῦ τὴν δύναμιν ἔχοντος, v. 20, 3 n. τὰς ἡμισείας τῶν νεῶν, viii. 8, 2. ταῖς μὲν ἡμισείαις τῶν νεῶν, viii. 35, 2 n.
ἡμιτέλεστος· τὰ ἡμιτ. τῶν τειχῶν, iii. 3, 6 n.
ἤν· used with optative mood; the reading regarded as corrupt by Arnold, iii. 44, 3 n.
ἤπειρος· its signification in the pl. num. κατὰ τὰς ἠπείρους, vi. 10, 5 n.
ἠπειρώτης· ἠπειρῶται—ὄντες ἐναυμαχήσαμεν, iii. 54, 4 n. δύνασθαι ἐν τοῖς πρώτοις τῶν ἠπειρωτῶν, iv. 105, 1 n.
ἠπειρωτικός· τὸ ἄλλο ἠπ. iii. 94, 3 n.
ἠπειρῶτις· ναυτικῆς καὶ οὐκ ἠπειρώτιδος τῆς ξυμμαχίας διδομένης, i. 35, 5 n.

ἡσσάομαι· ἀξιῶ—ὅσον εἰκὸς ἡσσᾶσθαι. iv. 64, 1; cf. ἐλασσούμενοι, n. i. 77, 1.
ἡσυχάζω· ἡσύχαζεν ὑπὸ ἀπλοίας, iv. 4, 1 n. τοῖς δὲ Ἀθ.—ἡσύχασαν, iv. 56, 1 nn. τῆς νυκτὸς φυλάξαντες τὸ ἡσυχάζον, vii. 83, 4 n.
ἡσυχία· ἡσυχίαν ἔχειν, v. 40, 3 n. τῆς τε Κορίνθου ἕνεκα ἡσυχίας, v. 53 n.
ἤτοι—γε ἤ—ἤ, by the Greeks the more likely supposition put first, by us the less likely; ἤτοι κρύφα γε ἢ φανερῶς ἢ ἐξ ἑνός γέ του τρόπου, vi. 34, 2 n. in English in the reverse order, *either openly* or *at least secretly*, &c.

F.

Feeling, substantives expressing, with a gen. c., ἑκατέρων—εὐνοίας, i. 22, 3 n. Ἀθηναίων εὐνοίᾳ, vii. 57, 10, or a possessive pronoun indicating its object, n. i. 22, 3. αἱ—ὑμέτεραι ἐλπίδες, 69, 9. ἡμέτερον δέος, 77, 7 n.
Future infinitive after verbs implying futurity of action, ii. 29, 7 n. future participle expressing intention without ὡς, as διανοηθῆτε—μὴ εἴξοντες, i. 141, 1 n. future time assumed as present, expressed by a present tense after οὕτως, iv. 61, 8 n. present or aorist (according to Duker) often used by Thuc. instead of the future, n. v. 65, 4. ὡς προδιδομένην, iii. 18, 1. παραδοῦναι—ἀποθνήσκειν. iv. 40, 1. οὐκ ἂν πείθειν, v. 4, 6. future with aorist; why, iii. 46, 2 n. iv. 28, 5 n. 52, 3 n. future (προθυμήσεσθαι) where an aorist seems required, iv. 9, 2 n. future, when preferable to the aorist, after such verbs as λέγειν or εἰπεῖν, i. 26, 5 n.

G.

General statement restricted by ἔστιν οἷς, i. 6. 6 n.

Genitive case in ου or α, Δίρδου v. l. Δίρδα, i. 59, 2 n. genitive in Greek = to ablative in English, i. 23, 1 n. ii. 48, 4 n. genitive partitive, τῶν Εἰλώτων ἐκπέμψαι, iv. 80, 2 n. genitive of the object of the act, after a verbal substantive, τῇ τῶν Πλαταιῶν ἐπιστρατείᾳ, ii. 79, 1 n. with τῇ ἐπιγιγνομένῃ ἡμέρᾳ, vi. 97, 1 n. genitive absolute as subject instead of nom. c. †ἀπενεχθέντων† γὰρ—καὶ —ξυμμαχήσαντες, vii. 50, 2. ἐπειγομένων δὲ—καὶ—ὑπερσχόντες, viii. 104, 4 n. instead of acc. c. ἐχόντων γὰρ σφῶν—ἀναγκάσειν—, viii. 76, 4 n. gen. abs. of participle, instead of the case required to agree with a subject already spoken of, ἡσσηθέντων, iv. 73, 3 n. φοβηθέντων, for φοβηθέντας, iv. 130, 5 n. ἐς Παρρασίους—ἐπικαλεσαμένων, for ἐπικαλεσαμένους, v. 33, 1 n. οἱ Ἀργεῖοι, μετὰ τῶν Ἀθηναίων πανστρατιᾷ ἐξελθόντων for ἐξελθόντες, vi. 7, 2 n. Θούριοι καὶ Μεταπόντιοι, ἐν τοιαύταις ἀνάγκαις τότε στασιωτικῶν καιρῶν κατειλημμένων, for κατειλημμένοι, vii. 57, 11 n. genitive absolute corrupted (according to Arnold) into nominative, through the transcribers' misunderstanding, viii. 102, 2 n. genitive of article with infinitive, indicating *the aim, final cause,* or *intent* of an action; τοῦ τὰς προσόδους μᾶλλον ἰέναι αὐτῷ, i. 4, fin. τοῦ μή τινα ζητῆσαι—, 23, 6 n. τοῦ μὴ ἐξάγγελτοι γενέσθαι. viii. 14, 1 n. τοῦ λέγεσθαι ὡς οὐκ ἀδικεῖ—, viii. 87, 3 n. ἀγγελίαν ἔπεμπον ἐπὶ τὰς— ναῦς τοῦ ξυμπαρακομισθῆναι, viii. 39, 4 n. genitive of the object, following substantives expressing a feeling, as ἑκατέρων—εὐνοίας ἢ μνήμης, i. 22, 3 n. κατὰ φιλίαν αὐτοῦ, i. 60, 2. κατὰ ἔχθος τὸ Κορινθίων, vii. 57, 7 n. Δημοσθένους φιλίᾳ καὶ Ἀθηναίων εὐνοίᾳ, § 10. genitive case explaining the specific meaning of

the preceding word, ή άπορία τοῦ μὴ ἡσυχάζειν, ii. 49, 6 n. τῇ τοῦ μὴ ξυμπλεῖν ἀπιστίᾳ, iii. 75, 6 n. πέρας — τοῦ ἀπαλλαγῆναι τοῦ κινδύνου, vii. 42, 2 n. genitive explanatory, I. after καλῶς with a verb. τῆς τε γὰρ Ἰταλίας καὶ Σικ. καλῶς παράπλου κεῖται, i. 36, 2 n. τοῦ πρὸς Ἀθ. πολέμου καλῶς αὑτοῖς ἐδόκει ἡ πόλις καθίστασθαι iii. 92, 5. II. after a substantive and its adj. οὐ γὰρ ἔτι οὐδ' οἱ ἔσπλοι ἀσφαλεῖς ἦσαν τῆς ἐπαγωγῆς τῶν ἐπιτηδείων, vii. 24, 3 n. genitive case with ὑπονοέω, explanation of, i. 68, 2 n. genitive case, to give it prominence, placed before its governing word, i. 68, 2 n. iii. 105, 2 n. viii. 96, 3 n. name of a country in the gen. c. preceding or following the name of a place; effect of each order, iii. 105, 2 n. v. 33, 1 n. viii. 100, 3 n. double genitive, geographical use of, v. 2, 2 n. double genitive, after a substantive, ii. 49. 8 n. iii. 12, 2. genitive with dative, τοῦ στρατεύματος ταῖς—ναυσὶ κρατεῖν, vii. 47, 3 n. genitive, suspected, κατεκλῄσαν δὲ †Μακεδονίας† Ἀθηναῖοι Περδίκκαν, v. 83, 4 n.
Geographical order of places reversed, see *Order*.

Θ.

θαλάμιοι· iv. 32, 2 n.
θάλασσα, not θάλαττα, used by Thuc. i. 128, 9 n. πρὸς θάλασσαν=πρὸς λιμένα, viii. 90, 4 n.
θάπτω· ii. 57, 1 n; cf. n. to θηκή, 52, 5. τὸν Βρασίδαν οἱ ξύμμαχοι πάντες ξὺν ὅπλοις ἐπισπόμενοι δημοσίᾳ ἔθαψαν ἐν τῇ πόλει, v. 11, 1 n; see *Burial* in Hist. Index.
θάρσησις· †θαρσήσει κρατηθείς.† vii. 49, 1 n.
θᾶσσον· used as predicate, vii. 28, 1; cf. nn. ii. 47, 4. iv. 10, 3. vii. 4. 4. 28, 1.
θάτερα· see ἕτερος.
θαυμάζω· with gen. c. τῆς μὲν τόλμης οὐ θαυμάζω, τῆς δὲ ἀξυνεσίας, vi. 36, 1 Sch.
θέα· κατὰ θέαν τετραμμένους, v. 9, 2 n. ὁ ἄλλος ὄχλος κατὰ θέαν ἦκεν, vi. 30, 2.
θεάομαι· ἔργῳ θεωμένους, ii. 43, 1 n. τὰ δὲ ἀφανῆ τῷ βούλεσθαι ὡς γιγνόμενα ἤδη θεᾶσθε, v. 113 Sch.
θεατής· θεαταὶ — τῶν λόγων,—ἀκροαταὶ—τῶν ἔργων, iii. 38, 4 n.
θειάζω· ὁπόσοι τι τότε αὐτοὺς θειάσαντες ἐπήλπισαν ὡς λήψονται Σικελίαν. viii. 1, 1 n.
θεῖος· τῆς—πρὸς τὸ θεῖον εὐμενείας— λελείψεσθαι. v. 105, 1. πρὸς τὸ θεῖον —ἐλασσώσεσθαι, v. 105, 3 Sch.
Θεογένης· why preferable to Θεαγένης, iv. 27, 3 n.
θεραπεία· θ. τοῦ κοινοῦ, iii. 11, 7 n.
θεράπων· see *Servants* and *Slaves* in Hist. Index.
θέρμη· τῆς κεφαλῆς θέρμαι ἰσχυραὶ, ii. 49, 2 n.
θέρος· γέγραπται (sc. ὁ πόλεμος) δὲ ἑξῆς—κατὰ θέρος καὶ χειμῶνα· ii. 1 n.
θέσις· ἡ πόλις—αὐτάρκη θέσιν κειμένη, i. 37, 3 n.
θεωρέω· ἐθεώρουν, ὥσπερ νῦν ἐς τὰ Ἐφέσια Ἴωνες, iii. 104, 6 n. οἱ Ἀθ. ἐθεώρουν ἐς αὐτὰ, viii. 10, 1 n. θεωρεῖν κατὰ τὰ πάτρια, v. 18, 1 n.
θεωρός· χρῆσαι Λακεδαιμονίοις—θεωροῖς ἀφικνουμένοις, v. 16, 2 n. ἐν δὲ Μαντινείᾳ—ἐξορκούντων—οἱ θεωροί, v. 47, 9 n. ὅταν ἐκ Σικελίας θεωροὶ πλέωσι, vi. 3, 1; see Hist. Index, *Theori*.
θήκη· ἐς ἀναισχύντους θήκας ἐτράποντο, used here incorrectly, ii. 52, 5 n.
θής· ἑπτακόσιοι δὲ θῆτες, ἐπιβάται τῶν νεῶν, vi. 43 n.
θνήσκω· ἵνα, ἢν μὴ ὑπακούωσι, τεθνήκωσι· viii. 74, 3 nn.
θορυβέω· ἐθορυβοῦντο—κατὰ χώραν μένοντες, iii. 22, 7 n. Νικόστρατος

θρανίτης—ἰσχυρός.

δέ—καὶ πάνυ ἐθορυβήθη, iv. 129, 4 n.
ἐπισπασθέντος τῇ χειρὶ ὑπ' αὐτοῦ καὶ θορυβηθέντος, iv. 130, 4 n ἐθορυβήθησαν μὲν τὸ παραντίκα, ὕστερον δὲ ἀπάγουσιν αὐτούς, v. 65, 6 n.
θρανίτης· τῶν τριηράρχων ἐπιφοράς τε πρὸς τῷ ἐκ δημοσίου μισθῷ διδόντων τοῖς θρανίταις, vi. 31, 3 n.
θρασύνω· πλήθει τὴν ἀμαθίαν θρασύνοντες· i. 142, 6. καὶ οὐ παντάπασιν οὕτως ἀλόγως θρασυνόμεθα, v. 104 Sch.
θροῦς· iv. 66, 2 n.
θύματα and ἱερεῖα distinguished, οὐχ ἱερεῖα ἀλλὰ θύματα ἐπιχώρια, i. 126, 6 nn.
θυσία· τιμὰς δεδώκασιν ἀγῶνας καὶ ἐτησίους θυσίας, v. 11, 1 n.
θύω· and σφάζω related, as ἐναγίζω and ἐντέμνω, n. v. 11, 1.

I.

ἴδιος· ἰδίᾳ ἄνδρες κατὰ στάσιν, iii. 2. 3 n. ὑπὸ τῶν πολεμίων, εἰ δεῖ, κινδυνεύσας τοῦτο (sc. τὸ ἀπολέσθαι) παθεῖν ἰδίᾳ. vii. 48, 4 n.
ἰδιώτης· ἰδιώτας, ὡς εἰπεῖν, χειροτέχναις, ἀνταγωνισαμένους. vi. 72, 2 n.
ἰδρύω· στρατοπέδῳ — ἐκ νεῶν ἱδρυθέντι, vi. 37, 2 n.
ἱερεῖον· distinguished from θῦμα, see θῦμα.
ἱερομηνία· iii. 56, 2 n. ἱερομηνίαις, 65, 1 n. ἱερομήνια Δωριεῦσι, v. 54, 2 n.
ἱερόν, a synonym to τέμενος, i. 134, 2 n. more frequently distinguished, ib. n. ἱερὸν and νεώς distinguished, iv. 90, 2 n. difference between ἱερεῖα and ἱερά, iii. 104, 9 n. ἱερά—ἐκ τῆς κατὰ τὸ ἀρχαῖον πολιτείας πάτρια, ii. 16 n.
ἱερός· ὀμνύντων δὲ—κατὰ ἱερῶν τελείων. v. 47, 8 n.
ἵημι, τίθημι, and their compounds: Attic (so called) formation of 2 aor. mid. optative in -οιμην, with accent on antepenult where possible; but προεῖντο, i. 120, 3 n. vi. 11, 4 n.
ἱκέτευμα· μέγιστον ἱκ. i. 136, 7 n.
ἵνα· subjunctive after it followed by indicatives; ἵνα Πελοποννησίων τε στορέσωμεν τὸ φρ.—καὶ ἅμα—ἄρξομεν, ἢ κακώσομέν γε—, vi. 18, 4 n.
ἱππεύς· and ἱππότης, early sense of, οἱ τριακόσιοι ἱππῆς καλούμενοι, v. 72, 4 n.
ἰσοδίαιτος· πρὸς τοὺς πολλοὺς οἱ τὰ μείζω κεκτημένοι ἰσοδίαιτοι μάλιστα κατέστησαν, i. 6, 4 n.
ἰσοκίνδυνος· τοὺς προεπιχειροῦντας— μᾶλλον πεφόβηνται ἰσοκινδύνους ἡγούμενοι. vi. 34, 7 Sch.
ἰσομοιρέω· καὶ ταῦτα ὁμοίως καὶ κατὰ μέρη καὶ ξύμπαντα ἐν δημοκρατίᾳ ἰσομοιρεῖν. vi. 39, 1 n. Sch.
ἰσομοιρία· ὑπὲρ —τῆς ἐν Πελοποννήσῳ ποτὲ ἰσομοιρίας, v. 69, 1 n. ἡ ἄλλη αἰκία †καὶ ἡ† ἰσυμοιρία τῶν κακῶν, vii. 75, 6 n.
ἰσονομία· ἰσονομίας πολιτικῆς, iii. 82, 17 n.
ἰσόνομος· κατ' ὀλιγαρχίαν ἰσόνομον, iii. 62, 4 n.
ἰσοπολιτεία· n. to iii. 55, 4.
ἰσύρροπος· ἰσ.—ὁ λόγος τῶν ἔργων, i. 42, 2 n.
ἴσος· ἐπὶ τῇ ἴσῃ καὶ ὁμοίᾳ, i. 27, 1 n. ἀπὸ τοῦ ἴσου πλεονεκτεῖσθαι, i. 77, 5 (n. 141, 1). μὴ ἴσος βούλεσθαι εἶναι τοῖς παροῦσι, i. 132, 1 n. with καί· ἴσα καὶ ἱκέται, iii. 14, 1 n. —ἀπὸ τοῦ ἴσου, iii. 37, 4 n. 42, 7 n. ἀπὸ τῆς ἴσης, i. 15, 4 n. iii. 40, 9 n. τῆς ἴσης καὶ ὁμοίας μετέχοντα, iv. 105, 2 n. ἐκ τοῦ ἴσου, iv. 117, 2 n. ἴσον πλῆθος ἐφ' ὑμᾶς ἀποστεῖλαι· iv. 85, 5 n. τῆς ἴσης φρουρᾶς καταθεούσης τὴν χώραν, vii. 27, 4 n; see νέμω.
ἰσόψηφος· iii. 11, 4 n.
ἰσχυρίζω· τοῖς ἀπὸ χρησμῶν τι ἰσχυρισαμένοις, v. 26, 3 n.
ἰσχυρός· ἔχοντάς τι ἰσχυρόν, iv. 27, 2 n.

ἰσχύς· τὴν ἰσχὺν αὐτοῖς ἀπὸ τούτων (sc. ξυμμάχων) εἶναι τῶν χρημάτων τῆς προσόδου, ii. 13, 2 n. iii. 13, 8. πρὸς δὲ τοὺς ξένους καὶ αὕτη ἰσχὺς φαίνεται. vi. 16, 3 n.

Imperative after ὅτι, δεῖξαι ὅτι—κτάσθωσαν, instead of fut. indic., iv. 92, 7 n.

Imperfect, use of, expressing contemporaneousness, Ὀλυμπιὰς ᾗ Δωριεὺς Ῥόδιος τὸ δεύτερον ἐνίκα. iii. 8, 1 n. Ὀλύμπια—οἷς Ἀνδροσθένης—ἐνίκα· v. 49, 1 n; cf. ὁ χειμὼν ἐτελεύτα, καὶ τρίτον καὶ δέκατον ἔτος—ἐτελεύτα. 56, 5. its parenthetic use in a narrative, viii. 33, 2 n. used with reference to a time formerly mentioned, ii. 23, 2 n. imperfect (προσέβαλλον), its force, iii. 103, 1 n. denoting preparation for or endeavour at the act, τὴν ξύλληψιν ἐποιοῦντο, i. 134, 1 n. denoting preparation for action, καθίστη ἐς πόλεμον τὸν στρατόν, ii. 75, 1. πρὸς πόλεμον εὐθὺς ἐτρέποντο, v. 114 n. denoting willingness to do the act denoted by its verb, οὐδ' αὖ ἐσπένδοντο δῆθεν ὑπὲρ τῆς ἐκείνων· iv. 99 n. denoting frequency, διεφθείροντο, vii. 4, 6 n, ἐληστεύοντο, vii. 18, 3 n. to express the necessary result of a supposed case, iii. 57, 3 n. iv. 32, 4 n. 131, 1 n. viii. 86, 4 n. ἦσαν, where the present εἰσὶ might have been expected; probable reason of this, i. 35, 5 n. ἐξέπεμπε why preferable to the aor. at i. 12, 4 n. imperfect used instead of aorist by Herodotus; effect of it; unlikely to have been so used by Thucyd. i. 138, 1 n. imperfects and aorists, how used in the description of the pestilence, ii. 49, 3 n. imperfect, ἔκληον, distinguished from aorist, vii. 59, 3 n. no apparent reason for preferring the imperfect to the aorist in, ἐς τὴν Μήθυμναν παραπλεύσας, ἄλφιτά τε καὶ τἄλλα ἐπιτήδεια παρασκευάζειν ἐκέλευεν, viii. 100, 2 n.

Improper application of a word or expression, to one of two clauses; ναύσταθμον—πλοίων καὶ ἀγορᾶς, iii. 6, 2 n. ἀνθ' ὧν οἵ τε Λακ. ἦσαν αὐτῷ προσφιλεῖς, κἀκεῖνος οὐχ ἥκιστα πιστεύσας ἑαυτὸν τῷ Γυλίππῳ παρεδωκεν. vii. 86, 3 n.

Indicative, its use after μὴ to express conviction, not doubtful apprehension; φοβούμεθα μὴ—ἡμαρτήκαμεν, iii. 53, 2 n. its use, in oratio obliqua, instead of the optative, explained, n. ii. 13, 1.

Infinitive added as an explanation, διὰ — τοῦ Ἑλληνικοῦ ἐλπίδα — δουλώσειν, i. 138, 2 n. explanatory of preceding words, οὐ γὰρ ἐπίστευον τοῖς ἀπὸ τῶν Ἀθηναίων προχωρήσειν. iii. 4, 5 n. explanatory of preceding verb, as ἀπεκρύπτετο μὴ καθ' ἡδονὴν ποιεῖν, ii. 53, 1 n; cf. ἀπέσχοντο μὴ —στρατεῦσαι, v. 25, 2. with τὸ prefixed, added as an explanation, εἴ τις ἄρα—φοβεῖται—, οὐχὶ δικαίαν ἔχει τέκμαρσιν τὸ ἐκφοβῆσαι. ii. 87, 1 n; cf. εἶργον τὸ μὴ—κακουργεῖν, iii. 1, 2. explaining a relative neuter (οἷον or ὅπερ), ὅπερ—λόγου τελευτᾶν, iii. 59, 4 n. ὅπερ φιλεῖ μεγάλα στρατόπεδα ἀσαφῶς ἐκπλήγνυσθαι, iv. 125, 1 n. ὕπερ προσεδέχετο ποιήσειν αὐτόν, ἐπὶ τὴν Ἀμφίπολιν—ἀναβήσεσθαι. v. 6, 3 n. οἷον φιλεῖ καὶ πᾶσι στρατοπέδοις—φόβοι καὶ δείματα ἐγγίγνεσθαι, vii. 80, 3 n. infinitive with genitive of article, see Genitive. unusual use of infinitive, with article in gen. c. prefixed, explained, τοῦ μὴ ἐμφεύγειν, ii. 4, 2 n. τοῦ μὴ—ἐξαμαρτεῖν, ii. 22, 1. τοῦ— μὴ ἀθυμεῖν, vii. 21, 3 n. infinitive with accusative, instead of the finite verb, Ἀθηναίους — ἐλθεῖν— ξυνελθεῖν, viii. 72, 1 n. infinitive (ὁρᾶν) instead of participle ὁρῶσι,

ii. 11, 8 n. transition to infinitive from construction with ὅτι or ὡς, see λέγω. infinitive moods, depending upon a verb understood, i. 35, 5 n. use of infinitive where ἔφη, ἔφασαν, or λέγεται are implied, i. 91, 5 n. ii. 102, 7 n. iv. 98, 4 n. v. 63, 4. vi. 64, extr. vii. 47, 3 n. infinitive, διακινδυνεῦσαι, depending on ἔφη understood, vii. 47, 3 n. infinitive, after certain adjectives or their equivalents, defining or limiting the application of the notion conveyed by them (Jelf, Gr. § 667 a.) οὐ πάσης ἔσται πόλεως ὑποδέξασθαι, vi. 22 n. ἵνα—ῥᾷους ἄρχειν ὦσι, 42, 1. χαλεπαὶ γὰρ αἱ ὑμέτεραι φύσεις ἄρξαι, vii. 14, 2 n. Λακεδαιμόνιοι Ἀθηναίοις — ξυμφορώτατοι προσπολεμῆσαι, viii. 96, 5 n. infinitive, without ὥστε, following an adj. ταπεινὴ—ἐγκαρτερεῖν, ii. 61, 2 n. after ὅθεν, in ὅθεν τροφὴν ἕξει[ν], viii. 83, 3 n. infinitive to be supplied from a following clause, see κινέω. infinitive after ἀφικνεῖται—τὰ πρὸς βασιλέα πράγματα πράσσειν, i. 128, 4 n; cf. Ἀστυόχῳ παραδοῦναι τὰς ναῦς ξυμπλέων, viii. 29, 2. infinitive or participle of the verb given in the first of two clauses to be supplied in the second; ἐπειδὴ καὶ ἐκείνους εἶδον, iii. 16, 4 n. τοὺς δὲ καὶ—ἀπεκωλύοντο, vi. 88, 5 n. αὐτὸν δὲ τὸν κύκλον Νικίας διεκώλυσεν· 102, 2 n. ἀλλὰ καὶ ὅπως ἐκείνους κωλύσωσι, vii. 56, 2 n. dubious construction of infinitive, πέμπειν, vi. 93, 2 n.
Interrogation by εἴ τις, or by ὅς τις, different answer required by each, viii. 53, 2 n.
Involved Constructions, explanation of, i. 72, 2 n. 115, 5 n. vii. 48, 2 n. viii. 30, 1 n.

K.

καθαιρέω· τό τε λῃστικὸν—καθῄρει ἐκ τῆς θαλάσσης, i. 4 n. Ἀθηναίους ῥᾷον καθαιρήσετε, iii. 13, 9 n. καθαίρω· Δῆλον ἐκάθηραν Ἀθηναῖοι, iii. 104, 1 n; cf. i. 8, 2. καθαρός· τῶν γὰρ Ἀθηναίων ὅπερ ἐστράτευε, καθαρὸν ἐξῆλθε, v. 8, 2 n. καθήκω· ἐπὶ μὲν θάλασσαν καθήκουσα· ii. 97, 1 n. οἱ πρὸς τὸν Μηλιακὸν κόλπον καθήκοντες, iii. 96, 3 n. καθίζω· οἱ Ἀθ.—καθῖσαν τὸ στράτευμα ἐς χωρίον ἐπιτήδειον, vi. 66, 1 n; cf. Νικίας—πρὸς μετεώρόν τι καθῖσε τὴν στρατιάν. vii. 82, 4. καθίζομαι· καθίζεσθαι ἐπὶ τὴν ἑστίαν, i. 136, 4 n. ὅπως καθεζομένους χρὴ τὸ βέλος ἀφεῖναι, vii. 67, 2 n.
καθίημι· καθεῖσαι τὰς κώπας, ii. 91, 5 n. ἅρματα μὲν ἑπτὰ καθῆκα, vi. 16, 2 n.
καθίστημι· καταστάντες — ἐπολέμουν, ii. 1. v. 4, 4 n. ἐν τῇ καθεστηκυίᾳ ἡλικίᾳ, ii. 36, 4 n. τὸ—καθεστὸς τοῖς Ἕλλησι νόμιμον, iii. 9, 1 n. ἐς ἀπόνοιαν καθεστήκασιν, vii. 67, 4 nn. τὴν πόλιν ἐς ἔκπληξιν καθιστάναι, vi. 36, 2 Sch. καθίσταμαι, political sense of, τὴν μὲν ἄλλην ὁμολογίᾳ κατεστήσαντο, i. 114, 5 n. καθίστατο τὰ περὶ τὴν Μυτιλήνην, iii. 35, 2. καθισταμένοις ὧν ἔδει, i. 125, 3 n. ἀνεπιφθόνως κατεστήσατο· (sc. τὴν ἀρχήν) vi. 54, 5 n.
καθ' ὅτι· see under κατά.
καί· whether needless or not in [καί] εἴ τι ἐβεβλαστήκει, iii. 26, 3 n. not superfluous in ἠγγέλθη ὅτι καὶ οἱ Ἰλλυριοὶ μετ' Ἀρριβαίου προδόντες Περδίκκαν γεγένηνται· iv. 125, 1 n. apparently superfluous in οὐκ ἀξιόχρεων αὐτῶν ὄντων δρᾶν τι ὧν κἀκεῖνος ἐπενόει. v. 13 n. καί τις καὶ ἄνεμος, ii. 93, 3 n. δίκαιοί εἰσι καί (=also) ἀπιστότατοι εἶναι —, iv. 17, 5 n. ὅ τι ἄξιον καὶ εἰπεῖν, ii. 54, 7 n. ὅτι καὶ ἀξιόλογον, iv. 48, 5. οὐκ ἐταλαιπώρησαν ὥστε καὶ ἀξιόλογόν τι ἀπογενέσθαι, v. 74, 3 n. καὶ—ἐλπίσαντες = ἐλπίσαντες ἅμα, vii. 61, 3 n.

probable force of καὶ in †ἀ καὶ αὐτῷ ἐδόκει,† vii. 73, 1 n. force of καὶ expressed in English by an emphasis on the auxiliary verb, τούτων δὲ ὅσπερ καὶ ἤψατο, i. 97, 2. ἦν δέ τις ἄρα καὶ βουληθῇ, ii. 87, 11 n. νῦν δ' εἴ τῳ καὶ ἀσφαλέστερον ἔδοξεν εἶναι, iv. 92, 2 n. εἰ †μὴ καὶ† δέδρακεν, vi. 60, 3 n. πρὸς τῇ γῇ ναυμαχοῦντες [ῥᾳδίως] καὶ διεσώζοντο, vii. 34, 6 n. καὶ πάνυ, iii. 30, 2 n. iv. 129, 4 n. in καὶ ἐπὶ πολύ, even, iii. 98, 1 n. καὶ ὡς, i. 44, 2 n. iii. 33, 2. vii. 81, 4. viii. 51, 2 n. 56, 3. καὶ γὰρ ὡς, 87, 3 n. force of καὶ with numerals, ἀπεῖχεν ἐν τῷ πρόσθεν καὶ πεντήκοντα σταδίους. vii. 81, 3 n. parenthesis introduced by καὶ, in καὶ πειράσαντες—οὐχ ἑλόντες, i. 61, 2 n. καὶ subjoining a description; ἄλλαι εἰσὶν ἑπτὰ (sc. πόλεις), καὶ παρεσκευασμέναι, κ. τ. λ. vi. 20, 3 n. καὶ after words denoting likeness, identity, or correspondence, = ac, or atque, ἴσα καὶ ἱκέται, iii. 14, 1 n. ἔδοξεν αὐτοῖς παραπλήσια καὶ ἀντελέγον, v. 112, 1 n. αἱ μὲν γὰρ δαπάναι οὐχ ὁμοίως καὶ πρὶν, ἀλλὰ πολλῷ μείζους καθέστασαν, vii. 28, 4. παραπλήσιά τε πεπόνθεσαν καὶ ἔδρασαν αὐτοί, vii. 71, 7 n. καὶ in ἄτοπον καὶ δυσῶδες, ii. 49, 2 n, compared to ἄνευ δαπάνης καὶ πολιορκίας, 77, 2. καὶ after μή· μὴ ἀθρόοις καὶ ἀλλήλους περιμείνασι, v. 64, 4 n. καὶ used by itself, where the addition of ὅτι seems required, βουλόμενοι ἄλλως τε προσγενέσθαι σφίσι, καὶ ὅμβροι—ἦσαν αὐτόθι, vi. 61, 5. ἐπειδὴ κακῶς σφίσι τὸ στράτευμα εἶχε, τῶν τε ἐπιτηδείων πάντων ἀπορίᾳ ἤδη, καὶ κατατετραυματισμένοι ἦσαν πολλοί, vii. 80, 1 n. καὶ transposed in οὐ μόνον —ἀλλ' ὡς καὶ, instead of —ἀλλὰ καὶ ὡς—, i. 37, 1 n. καὶ placed late in the sentence, ὅτι οὐκ ὀρθῶς αἱ σπονδαὶ—καὶ γένοιντο, καὶ νῦν—, v. 61, 2 n. καὶ in the apodosis of a sentence,

μέχρι οὗ—καὶ—, ii. 21, 1 n. ὡς δί— καὶ—, ii. 93, 3. iv. 8, 9 n. †καὶ† σφίσιν αὐτοῖς καὶ τοῦ ἑταιρικοῦ τῷ πλέονι τὰ ἀπὸ τοῦ Ἀλκ. ἐσκόπουν. viii. 48, 2 n. καὶ—δέ, and—too, compared with καὶ—μέντοι, ii. 36, 1 n. καὶ ἦν δέ—, i. 132, 2. vii. 56, 3. force of καὶ, if genuine, in ἀντιπάλους [καὶ] τῷ πλήθει καὶ ἔτι πλείους τὰς τῶν πολεμίων οὔσας (sc. ναῦς), vii. 12, 4 n. καὶ—τε = atque—etiam, explanation of, i. 9, 3 n. viii. 68, 2 n. καὶ εἰ—ἢ· καὶ εἰ ἐκ τῶν νεῶν πρὸς παρεσκευασμένους ἐκβιβάζοιεν ἢ κατὰ γῆν ἰόντες γνωσθεῖησαν, vi. 64, 1 n. καινόομαι· τοῦ καινοῦσθαι τὰς διανοίας, iii. 82, 4 n.

καινός· doubtful whether this adj. or κενός be the true reading; the difference between τὸ καινὸν and τὸ κενὸν τοῦ πολέμου, iii. 30, 4 n.

καίριος· ἀπὸ νεῶν, αἷς πολλὰ τὰ καίρια δεῖ ἐν τῇ θαλάσσῃ ξυμβῆναι, iv. 10, 3 n. Sch.

καιρὸς· καιρὸς ἐλάμβανε, ii. 34, 10 n. ἔργου καιρῷ, ii. 40, 2 n. εἰ μὴ καιρῷ τύχοιεν—πράσσοντες, iv. 59, 3 n. ὡς ἂν καιρὸς ᾖ, viii. 1, 3 n. δι' ἐλαχίστου καιροῦ, ii. 42, 5. κατὰ τοῦτο καιροῦ, vii. 2, 4 n.

κακοπάθεια· distinguished from ξυμφορὰ, in μήτε ταῖς ξυμφοραῖς μήτε ταῖς παρὰ τὴν ἀξίαν νῦν κακοπαθείαις. vii. 77, 1 n.

κακοπαθέω· πόλεις τοσάσδε ὑπὸ μιᾶς κακοπαθεῖν. i. 122, 4 n.

κακοπραγέω· ii. 43, 5 n.

κακός· κακοὺς κριτάς, ὡς μὴ προσηκόντων εἶναι, i. 120, 3 n. κακοὶ—προφυλάξασθαι, vi. 38, 2 Sch.·

κακοτυχέω· ii. 60, 3 n.

κακοῦργος· ἔτι τούτων κακουργοτέροις (sc. λόγοις), vi. 38, 2 Sch.

κακόω· ἢ κακῶσαι ἡμᾶς ἢ σφᾶς αὐτοὺς βεβαιώσασθαι. i. 33, 3 n. ἢ τῆς Ἑλλάδος—πάσης—ἄρξομεν, ἢ κακώσομέν γε Συρακοσίους, vi. 18, 4. ἢ γὰρ ξυμμάχους πλείους σφᾶς ἕξειν, ἢ

II

τοὺς Ἀθηναίους, ἢν τι σφάλλωνται, κακώσειν. viii. 32, 3 n.
κάκωσις· ἡ μετὰ τοῦ μαλακισθῆναι κάκωσις, ii. 43, 6 n. τῇ τῶν ἐναντίων κακώσει, iii. 82, 1 n.
κάλαμος· ἐν ταρσοῖς καλάμου, ii. 76, 1 nn; cf. use of κέραμος, ii. 4, 2 n.
καλέω· why its passive participle is added to the name of a place, as, τὴν Πειραϊκὴν καλουμένην, ii. 23, 3 n. 55, 1 n. οἱ τριακόσιοι ἱππῆς καλούμενοι, v. 72, 4 n; cf. ὠνομασμένοις, ib. force of its passive with a proper name governing a gen. c. Ἔνδιος γὰρ Ἀλκιβιάδου ἐκαλεῖτο. viii. 6, 3 n.
καλλιεποῦμαι· οὐ καλλιεπούμεθα. ὡς— εἰκότως ἄρχομεν, vi. 83, 2 n.
κάλλος· ἅμα ἐνεργοὶ κάλλει, iii. 17, 1 n.
καλός· ὡς καλὸν (sc. ὄν), ii. 35, 1 n. καλοὶ κἀγαθοί, iv. 40, 2 n. τούς τε καλοὺς κἀγαθοὺς ὀνομαζομένους, viii. 48, 5. ἐν καλῷ, v. 46, 1 n. 59, 4. 60, 2 n.
καλῶς· τὸ Ἄργος—ἐπιθυμοῦντας—καλῶς σφίσι φίλιον γενέσθαι, v. 36, 1 n. καλῶς ἔχει — μήποτε — νομισθῆναι, iv. 18, 5 n. καλῶς ἔχειν, iv. 73, 2 n. καλῶς with verb and genitive, τῆς—Ἰταλίας καὶ Σικελίας καλῶς παράπλου κεῖται, i. 36, 2 n. τοῦ πρὸς Ἀθηναίους πολέμου καλῶς καθίστασθαι, iii. 92, 5.
κάλως· παραπλεόντων ἀπὸ κάλω, iv. 25, 5 n.
κανοῦν· κόρην,—κανοῦν οἴσουσαν ἐν πομπῇ τινί, vi. 56, 1 n.
κἀνταῦθα, i. 10, 3 n.
καρδία· Lucretius uses cor in the same sense, ii. 49, 2 n.
καρτερέω· μετὰ σφῶν καρτερεῖν. iv. 66, 3 n.
καρτερός· κατὰ τὸ καρτερώτατον τοῦ χωρίου ἰόντι, v. 10, 6 n.
κατά· I. with gen. c. κατ' ἄκρας καὶ βεβαίως ἑλεῖν αὐτήν· iv. 112, 3 n. ἥ τε τῶν ἐπιτηδείων παρακομιδὴ— —κατὰ γῆς, vii. 28, 1 n.
II. with acc. c. κατὰ τὸν Ἀχελῷον, opp. to κατὰ γῆν, iii. 7, 3 n. κατὰ τὸν Ἀκεσίνην ποταμὸν, iv. 25, 8 n. ἐς τὸ κατὰ τὸ Ὀλυμπιεῖον, vi. 65, 2 n. σχόντες κατὰ τὸν Λέοντα καλούμενον, vi. 97, 1 n. κατὰ τὸν Τεριναῖον κόλπον, vi. 104, 2 n. κατὰ (a correction for καί,) τὸν ἐπὶ τὴν Μίλητον τῶν Ἀθηναίων ἐπίπλουν, viii. 83, 2 n. κατὰ πόλεις, i. 73, 4 n. μὴ καθ' ἓν ἕκαστον κατὰ πολλὰ δὲ πανταχόθεν, vii. 70, 6 n. καθ' ἑκάστους regarded as a single noun depending together with ξύμπαντας on the preposition πρός, ii. 64, 4 n. οἱ Μήλιοι αὖθις καθ' ἕτερόν τι τοῦ περιτειχίσματος εἷλον, v. 116, 2 n. κατ' ὀλίγας (sc. ναῦς), iii. 78, 1 n. κατ' ὀλίγας ναῦς, iv. 11, 3. κατ' ὀλίγον γὰρ μαχεῖται, iv. 10, 3 n. τό τε κατ' ὀλίγον καὶ μὴ ἅπαντας κινδυνεύειν, v. 9, 1 n. βραδεῖά τε καὶ κατ' ὀλίγον προσπίπτουσα, vi. 34, 4 n. κατὰ μικρὸν τῆς ὕλης, iv. 30, 2 n. κατὰ μόνας = ἰδίᾳ, i. 37, 4 n. καθ' αὑτὸν δυστυχεῖν, vi. 77, 2 n. καθ' αὑτοὺς, meaning of, iii. 78, 1 n. vi. 13. οἱ Συρακόσιοι τὰ καθ' ἑαυτοὺς ἐξηρτύοντο ἐς τὸν πόλεμον. vi. 88, 3 n. difference between τὸ καθ' ἑαυτοὺς and τὰ καθ' ἑαυτούς, ib. n. τοῖς καθ' ἑαυτόν, vii. 78, 1 n. καθ' ὅτι· Βουλεύσασθαι Ἀθηναίους, καθ' ὅτι ἂν ἐσίῃ ἡ πρεσβεία, iv. 118, 7 n. δύο λόγω φέρων —, τὸν μὲν καθ' ὅ, τι εἰ βούλονται πολεμεῖν, τὸν δ' ὡς εἰ εἰρήνην ἄγειν. v. 76, 3 n. κατὰ τὰς ἰδίας φιλοτιμίας καὶ ἴδια κέρδη, ii. 65, 7 n. δικαιότεροι ἢ κατὰ τὴν ὑπάρχουσαν δύναμιν, i. 76, 3 n. οὐ κατὰ τὴν τῶν οἰκιῶν—χρείαν, ii. 62, 3 n. κατὰ τὴν παλαιὰν προξενίαν, v. 43, 2 n. μείζω ἢ κατὰ δάκρυα—πεπονθότας, vii. 75, 4. κατὰ θέαν τετραμμένους, v. 9, 2 n. ὁ ἄλλος ὄχλος κατὰ θέαν ἧκεν,

κατά—καταλύω.

vi. 30, 2. κατὰ τοῦτο, iv. 9, 3 n. verbs compounded with κατὰ of asserting or judging take an acc. and gen. c.; have a bad sense; are opposed to verbs of denial compounded with ἀπό· ἀδικία πολλὴ κατηγορεῖτο αὐτοῦ, i. 95, 3 n. τὴν (sc. δίκην) ἤδη κατεψηφισμένην σφῶν, ii. 53, 5. καταγνοὺς ἑαυτοῦ, iii. 45, 1. τὴν δίκην—ἣν Ἠλεῖοι κατεδικάσαντο αὐτῶν, v. 49, 1. ἀντέλεγον μὴ δικαίως σφῶν καταδεδικάσθαι, § 2 n. ἐρήμῃ δίκῃ θάνατον κατέγνωσαν αὐτοῦ, vi. 61, 7 n. καταφρονήσαντες τῶν Ἀθηναίων ἀδυνασίαν, viii. 8, 3 n; cf. διὰ κατάγνωσιν ἀσθενείας σφῶν, iii. 16, 1 n.
καταβαίνω· καὶ ἐπειδὴ—ἄνωθεν καταβαῖεν, vii. 44, 8 n.
καταβοή· ἐπὶ καταβοῇ τῇ αὐτοῦ, viii. 85, 2. καταβοῆς ἕνεκα τῆς ἐς Λακεδαίμονα, 87, 3 n.
καταγιγνώσκω· see n. i. 95, 3. καταγνοὺς ἑαυτοῦ, iii. 45, 1. κατέγνωσαν πάντων θάνατον, iii. 81, 2 n. κατέγνωσαν θάνατον αὐτοῦ, vi. 61, 7 n.
κατάγνωσις· διὰ κατάγνωσιν ἀσθενείας σφῶν, iii. 16, 1 n; compare n. i. 95, 3.
καταγώγιον· iii. 68, 4 n.
καταδέω· παρὰ τοὺς ἄλλους τοὺς ἐν τῇ νήσῳ—καταδῆσαι. iv. 57, 4 n.
καταδικάζω· μὴ δικαίως σφῶν καταδεδικάσθαι, v. 49, 2 n; cf. n. i. 95, 3. see also, under κατὰ, verbs compounded with κατά.
καταδίκη· ἧ μὴν ἀποδώσειν ὕστερον τὴν καταδίκην. v. 50, 1 n.
καταδύω and διαφθείρω synonymous in τὰ σκάφη—τῶν νεῶν ἃς καταδύσειαν, i. 50, 1 n; cf. ναῦς καταδύσαντες and ναῦς διαφθείραντες. 54, 4. ἡ Ἀττικὴ ναῦς—τῇ Λευκαδίᾳ—ἐμβάλλει μέσῃ καὶ καταδύει. ii. 91, 3; cf. ἐπὶ δὲ τῆς Λευκαδίας νεὼς, ἣ περὶ τὴν ὁλκάδα κατέδυ—ὡς ἡ ναῦς διεφθείρετο, 92, 4. τῶν μὲν Κορινθίων

τρεῖς νῆες διαφθείρονται, τῶν δὲ Ἀθηναίων κατέδυ μὲν οὐδεμία ἁπλῶς, ἑπτὰ δέ τινες ἄπλοι ἐγένοντο—, vii. 34, 5.
καταισχύνω· μὴ καταισχυνθῆναι,—ὅπως μὴ δόξει—μαλακὸς εἶναι, vi. 13 n.
κατακομιδή· χαλεπωτέραν ἕξουσι τὴν κατακομιδὴν τῶν ὡραίων, i. 120, 3 n.
κατακρατέω· πολλῷ τῷ περιόντι τοῦ ἀσφαλοῦς κατεκράτησε, vi. 55, 3 n.
καταλαμβάνω· ἐλπίζω καταληφθῆναι ἂν τὰ πράγματα, iii. 30, 3; cf. n. to 11, 3. τὰ μακρὰ τείχη καὶ τὸν Πειραιᾶ κατέλαβον, v. 26, 1 n. οὐ τοσοῦτον τοῖς Τυνδάρεω ὅρκοις κατειλημμένους, i. 9, 1. ὅρκοις τε Λακεδαιμονίων καταλαβὼν τὰ τέλη τοῖς μεγίστοις, iv. 85, 6 n. ἐπειδὴ εὗρε κατειλημμένας (sc. τὰς σπονδάς), v. 21, 3 n. τά τε ἐν αὐτῷ τῷ στρατεύματι ἔτι βεβαιότερον κατέλαβον, viii. 63, 3 n. Ἰταλιωτῶν δέ—ἐν τοιαύταις ἀνάγκαις τότε — κατειλημμένων, vii. 57, 11 n.
καταληπτός· τὰ πράγματα ἐφαίνετο καταληπτά. iii. 11, 3 n.
κατάληψις· ἐν καταλήψει ἐφαίνετο, iii. 33, 4 n.
καταλλάσσω· καταλλαγῆναι, iv. 59, 4 Sch.
κατάλογος· τὸ δὲ πεζὸν καταλόγοις— χρηστοῖς ἐκκριθέν, vi. 31, 3 n. Ἀθηναίων μὲν αὐτῶν — ἐκ καταλόγου, 43 n; cf. n. iii. 87, 3. 95, 2. ὁπλίταις—ἐκ καταλόγου Ἀθηναίων διακοσίοις καὶ χιλίοις, vii. 20, 1. εἶχον δὲ ἐπιβάτας τῶν ὁπλιτῶν ἐκ καταλόγου ἀναγκαστούς. viii. 24, 2 n.
καταλύω· its proper and derived significations; παρὰ Ἄδμητον—καταλῦσαι. i. 136, 3 n. τὴν ἁμαρτίαν καταλῦσαι, iii. 46, 1 n. μὴ καταλύειν ὑμᾶς τὸ κοινὸν ἀγαθόν, v. 90 n. καταλύειν τὸν δῆμον, n. vii. 31, 4, as τοὺς δήμους ἐν ταῖς πόλεσι κατέλυον, viii. 65, 1. τὸν πόλεμον καταλῦσαι, iv. 108, 7. καταλύειν δὲ ἅμα ἄμφω τὼ πόλεε. v 23, 3. καταλύειν δὲ μὴ ἐξεῖναι τὸν πόλεμον πρὸς

ταύτην την πόλιν, v. 47, 4. ούτε καταλύουσι τὸν πόλεμον ναυμαχεῖν τε μέλλουσι· vii. 31, 4 n. ἣν δὲ καταλύειν βούλωνται τοῖς Ἀθηναίοις, ἐν ὁμοίῳ καταλύεσθαι. viii. 58, 7 n. τὸν ἐκεῖ πόλεμον μήπω βεβαίως καταλελυμένους, vi. 36, 4 Sch. καταλύομαι = ἀναπαύομαι in ἐν τῷ εὐτυχεῖν ἂν μάλιστα καταλύοιντο, iv. 18, 4 Sch.

καταντικρύ· Πλαταιῆς δὲ καταντικρὺ Βοιωτοὶ Βοιωτοῖς, sc. ἐμάχοντο, vii. 57, 5 n.

καταπλέω· τὸ ἐπὶ διαβολῇ ἐς δίκην καταπλεῦσαι. vi. 61, 6 n.

καταπλήσσω· τῷ ἀδοκήτῳ μᾶλλον ἂν καταπλαγεῖεν ἢ τῇ ἀπὸ τοῦ ἀληθοῦς δυνάμει. vi. 34, 8 Sch. καταπέπληχθε (v. l. καταπεπλῆχθε), vii. 77, 4 n.

καταπροδίδωμι· δικαίως αὐτὴν νῦν μὴ καταπροδίδοτε, vii. 63, 4 n.

καταρρέω· περί τε τοῖς δορατίοις καὶ σκεύεσιν — ἐμπαλασσόμενοι κατέρρεον. vii. 84, 3 n.

κατασκευάζω· κατεσκευάσαντο—ἐν τοῖς πύργοις τῶν τειχῶν, ii. 17, 3 n. opp. to ἀνασκ. n. i. 18, 3. οἷς τε γὰρ ἡ χώρα κατεσκεύασται, vi. 91, 7 n; compare also κατασκευή.

κατασκευή· distinguished from παρασκευή; the distinction not always observed, i. 10, 2 n. ii. 65, 2 n. vi. 17, '3 n. ὄντων--ἐν κατασκευῇ τοῦ πυλέμου, viii. 5, 1 n. difference between κατασκευή and παρασκευή, ib. n.

κατάστρωμα· αὗται οὔπω εἶχον διὰ πάσης καταστρώματα, i. 14, 4 n. οἵ τε ἐπιβάται ἐθεράπευον—μὴ λείπεσθαι τὰ ἀπὸ τοῦ καταστρώματος τῆς ἄλλης τέχνης· vii. 70, 3 n.

κατατίθημι· ἡμῖν δὲ — ξυμφορὰς μετρίως κατατιθεμένης, iv. 20, 2 n. metaphorical meaning of καταθεῖσθε, i. 33, 1 n. perhaps καταθήσεσθε is preferable, the full construction (compare vi. 57, 3.) requiring both, ib. n.

κατατρίβω· αὐτοὺς περὶ ἑαυτοὺς τοὺς Ἕλληνας κατατρῖψαι. viii. 45, 3 n.

καταφεύγω· its participle to be supplied in the second clause, in ὅσοι μὲν αὐτῶν πρὸς τὴν πόλιν—καταφεύγουσι, χαλεπώτατα ἔπραξαν—· οἱ δὲ (sc. καταφεύγοντες) ἐς τὸ [ἐπὶ]τείχισμα—περιγίγνονται, viii. 95, 6 n.

καταφρονέω· καταφρονοῦντες κἂν προαισθέσθαι, iii. 83, 3 n. vi. 11, 5 n. τὸ μὲν καταφρονεῖν τοὺς ἐπιόντας ἐν τῶν ἔργων τῇ ἀλκῇ δείκνυσθαι, vi. 34, 9 Sch. n. τῇ γνώμῃ ἀναθαρσοῦντας ἀνθρώποις, καὶ τῇ ὄψει καταφρονεῖν μᾶλλον. vi. 49, 2 n. καταφρονήσαντες τῶν Ἀθηναίων ἀδυνασίαν, viii. 8, 3 n.

καταφρόνησις, and ἀφροσύνη, play upon these words, i. 122, 7 n. μὴ ἀπὸ τοῦ ὄντος καταφρονήσεως (sc. οὔσης), v. 8, 3 n.

κάτειμι· ἀνέμου κατιόντος, ii. 25, 5 n. = καταλαβόντος, ib. n. τὸ πνεῦμα κατῄει, 84, 3 n. κατιόντος τοῦ ἀνέμου, vi. 2, 4 n.

κατείργω· οἱ Σ.—κατείργον αὐτοὺς τῷ πολέμῳ καὶ κατὰ γῆν καὶ κατὰ θάλασσαν· vi. 6, 2 n. πᾶν—τῷ πολέμῳ καὶ δεινῷ τινι κατειργόμενον ξύγγνωμόν τι γίγνεσθαι καὶ πρὸς τοῦ θεοῦ. iv. 98, 6 n. αὐτόνομοι μέν, κατὰ δὲ τὸ νησιωτικὸν μᾶλλον εἰργόμενοι, vii. 57, 7.

κατέρχομαι· μηχανὰς ὅτι οὐ κατῆλθεν ἔχων, v. 7, 5 n.

κατέχω· ἧσσον ἑτοίμως κατέχειν. iv. 92, 5 n. ἐπιθέμενος τοῖς τὰς ἀρχὰς ἔχουσιν οὐ κατέσχεν, vi. 95, 3 n. τῷ ναυτικῷ ᾧπερ πάντα κατέσχον, vii. 66, 2 n. ὁ λόγος κατέχει, i. 10, 1 n. τοῦ περὶ αὐτῶν λόγου κατεσχηκότος, i. 11, 5. τῶν σεισμῶν κατεχόντων, iii. 89, 2 n. ὅσοι περὶ Πύλον κατεῖχον, iv. 32, 2 n. ἐν ᾗ Ἀμόργης—κατεῖχε, viii. 28, 2 n. νομίσας αὐτὸν καθέξειν αὐτοῦ, viii. 100, 2 n.

κατηγορία· see ἔχω.

κατοικίζω· κατὰ τοὺς ἑαυτῶν νόμους

κατώκισαν, iii. 34, 5 n. τοὺς Λεοντίνους εὐλογον κατοικίζειν, μὴ ὑπηκόους—, ἀλλ' ὡς δυνατωτάτους, vi. 84, 2 Sch. κατοικίζομαι· ἡ Ἑλλὰς ἔτι μετανίστατό τε καὶ κατῳκίζετο, i. 12, 1 n.
κατορθόω· ἐπιθυμίᾳ μὲν ἐλάχιστα κατορθοῦνται, vi. 13 n.
κάτω· στρατηγοὺς—τῶν κάτω, viii. 5, 4 nn.
κάχληξ· iv. 26, 2.
κεῖμαι· κεῖταί σοι εὐεργεσία ἐν τῷ ἡμετέρῳ οἴκῳ ἐσαεὶ ἀνάγραπτος, i. 129, 2 n. τὰ ὅπλα κείμενα, iv. 130, 3 n.
κελευστής· οὐδὲν κατήκουον—τῶν κελευστῶν, ii. 84, 3 n. τῆς ἀκοῆς ὧν οἱ κελευσταὶ φθέγγοιντο, vii. 70, 6. πολλὴ—ἡ παρακέλευσις καὶ βοὴ ἀφ' ἑκατέρων τοῖς κελευσταῖς—ἐγίγνετο, § 7; cf. n. vii. 14, 1.
κεραία· iv. 100, 2 n.
κέραμος· λίθοις τε καὶ κεράμῳ, ii. 4, 2 n.
κέρας· ἐπὶ κέρως, ii. 90, 4 n. vi. 32, 3 n. 50, 4 n. *arm of a river,* ἔσχον κατὰ τὸ Μενδήσιον κέρας, i. 110, 4 n.
κερδαλέος· τὸ ἐς αὐτὸ κερδαλέον, ii. 53, 4 n.
κῆδος· τὸ κῆδος Πανδίονα ξυνάψασθαι τῆς θυγατρός, ii. 29, 4 n.
κηρύσσω· ἐκήρυξάν τε εἰ βούλοιντο τὰ ὅπλα παραδοῦναι, iv. 37, 2 n.
κινδυνεύω· ἐν ἑνὶ ἀνδρὶ πολλῶν ἀρετὰς κινδυνεύεσθαι, ii. 35, 2 n. κινδυνεύω, and κίνδυνος, neutral and extensive application of, n. iii. 49, 5. μετεώρῳ—πόλει—κινδυνεύειν, vi. 10, 5. τῇ πόλει—κινδυνεύειν. vi. 47 n. after an aorist, βουλόμενοι—δράσαντές τι καὶ κινδυνεῦσαι, i. 20, 3 n. βουλόμενοι εἰ προσγένοιτό τι κινδυνεύειν, iii. 5, 2. εἰπόντας τι κινδυνεύειν· 53, 3 n.
κίνδυνος, μετὰ κινδύνων τὰς μελέτας ποιεῖσθαι, i. 18, 7 n. τὴν (sc. εὐταξίαν) μετὰ κινδύνων μεμελετωμένην, vi. 72, 3 n. κινδύνων τόνδε κάλλιστον νομίσαντες, ii. 42, 5 n. κιν-
δύνου ὧν—ἀπήχθεσθε, ii. 63, 1 n. παρὰ τοσοῦτον — κινδύνου, iii. 49, 5 n. vii. 2, 4 n. extensive meaning of κίνδυνος, n. iii. 49, 5. τὸν μετὰ τῶν ὀλίγων κίνδυνον ἡγησάμενοι βεβαιότερον, iii. 39, 8 n. τοὺς κ.—βεβαιοτέρους — νομιεῖν, v. 108 n. ὡς ἐπὶ κινδύνου πράσσειν, vi. 34, 9 n.
κινέω· τά τε χίλια τάλαντα —, εὐθὺς ἔλυσαν τὰς ἐπικειμένας ζημίας τῷ εἰπόντι ἢ ἐπιψηφίσαντι,—καὶ ἐψηφίσαντο κινεῖν. viii. 15, 1 n. κινέομαι· ἐπὶ τὰ σφέτερα αὐτῶν ἕκαστοι κινούμενα, iv. 76, 4. ἤν τι ναυτικῷ κινῶνται, vii. 4, 4 n. εἰ ἄρα ποι κινοῖντο αἱ νῆες, viii. 100, 2. καὶ ἐκινήθη πρότερον ἐν τῷ στρατοπέδῳ τοῦτο, καὶ ἐς τὴν πόλιν ἐντεῦθεν ὕστερον. viii. 48, 1 n.
κίνησις· κίνησις—μεγίστη δὴ τοῖς Ἕλλησιν—καὶ ἐπὶ πλεῖστον ἀνθρώπων. i. 1, 2 n.
κλέμμα· in a military sense, followed by the participle ἀπατήσας of cognate meaning, τὰ κλέμματα—ἃ τὸν πολέμιον ἄν τις ἀπατήσας, v. 9, 3 n.
κλέος· ἧς ἄν—κλέος ᾖ, ii. 45, 4 n; cf. ἀγγελία τῆς Χίου, viii. 15, 1 n.
κληματίς· ὁλκάδα παλαιὰν κληματίδων καὶ δᾳδὸς γεμίσαντες, vii. 53, 3 n.
κλίνη· κλίνας κατασκευάσαντες, iii. 68, 4 n.
κλῆρος·=μερίς, iii. 50, 3 n; cf. n. v. 4, 2.
κληροῦχος· σφῶν αὐτῶν κληρούχους τοὺς λαχόντας ἀπέπεμψαν, iii. 50, 3 n.
κλῇσις· λιμένων τε κλῇσει, ii. 94, 6 n.
κλῄω· τοὺς—ἔσπλους ταῖς ναυσὶν ἀντιπρῴροις βύζην κλῄσειν, iv. 8, 7 n. ἔκλῃον οὖν τόν τε λιμένα εὐθὺς τὸν μέγαν, vii. 59, 3 n.
κοῖλος· ἐκ τῆς κοίλης Ἤλιδος, ii. 25, 4 n.
κοινός· ἀπὸ τῆς ἴσης κοινὰς στρατείας ἐποιοῦντο, i. 15, 4 n. κοινῆς ἐλπίδος, ii. 43, 6 n. τοὺς κοινοὺς περὶ

τῶν τοιούτων—νόμους, iii. 84, 3 n.
neutral, ἅ—προείχοντο αὐτοῖς, κοινοὺς εἶναι, iii. 68, 2 n. κοινῇ—διδόντες ἰδίᾳ—ἐλάμβανον, ii. 43, 2 n. κοινῇ μᾶλλον—τὰ τοῦ 'Αρριβαίου—πράσσειν. iv. 83, 4 n. μὴ πολεμήσειν τῷ μηδὲ ξυμβήσεσθαι ἄνευ κοινῆς γνώμης, v. 38, 1 n. τὸν πόλεμον—κοινῇ πολεμούντων, viii. 18, 2. τὸν δὲ πόλεμον—κοινῇ ἀμφοτέρους πολεμεῖν, viii. 37, 4. μηδετέρους οἰκεῖν τὸ χωρίον ἀλλὰ κοινῇ νέμειν, v. 42, 1 n. κοινοτέρας τὰς τύχας λαμβάνοντα ἢ κατὰ τὸ διαφέρον ἑκατέρων πλῆθος. v. 102 n. ἔν τε τοῖς ἱεροῖς πολλὰ (sc. χρήματα) καὶ ἐν τοῖς κοινοῖς, vi. 8, 2 n; cf. οὔτε ἐν κοινῷ ἔχομεν, i. 80, 4. περὶ—τῶν ἱερῶν τῶν κοινῶν, v. 18, 1 n. κοινόν· reference of τῷ κοινῷ controverted, i. 92, 1 n. ἄνευ τοῦ πάντων κοινοῦ πορευόμενον. iv. 78, 3 n.
κοινόω· οὐκ †ἐκοινοῦντο† τὸν στῦλον ἐς τὴν Χίον, viii. 8, 1 n; cf. n. 50, 3. ἐπειδὴ τῷ πλήθει ἐκοίνωσαν, 48, 2 n. distinguished from κοινωνέω, ib. n.
κοινῶς· τὸ κ. φοβερόν, iv. 61, 6 Sch.
κολάζω· μὴ τὴν τοῦ Συρακοσίου ἔχθραν κολάσασθαι, vi. 78, 1 n. κολάζων, μὴ μόνον αὐτοφώρους—ἀλλὰ καὶ ὧν βούλονται μέν, δύνανται δ' οὔ, vi. 38, 4 Sch.
κομιδῇ· ὅθεν ῥᾴδιαι αἱ κομιδαὶ ἐκ τῆς φιλίας ὧν προσέδει, vi. 21, 2 Sch.
κομίζομαι· ἡμέρας—ἐν αἷς εἰκὸς ἦν κομισθῆναι, ii. 73, 2 n. τούτοις οὖν ὁ Φαίαξ ἐντυχὼν τοῖς κομιζομένοις, v. 5, 2,=ἀποκομ. n. ib. ἐπιθυμίᾳ τῶν ἀνδρῶν—κομίσασθαι, v. 15, 1 n.
κομπέω· καὶ μὴν οὐδ' ὁπλῖται οὔτ' ἐκείνοις ὅσοι περ κομποῦνται, vi. 17, 5 n.
κόμπος· λόγου κόμπῳ, ii. 40, 2 n.
κόπτω· καὶ περὶ τὴν Λευκαδίαν ἀποληφθεῖσαι (sc. αἱ—Πελοπ. ἑκκαίδεκα νῆες) καὶ κοπεῖσαι ὑπὸ τῶν Ἀττικῶν—, viii. 13, n.
κορυφή· κατὰ κορυφήν, ii. 99, 1 n.
κοσμέω· τοῦ †τε† τὸ κοινὸν κοσμηθῆναι καὶ ἵπποις καὶ ὅπλοις καὶ τοῖς ἄλλοις, vi. 41, 3 n.
κοτύλη· iv. 16, 1 n. vii. 87, 1 n; see Cotyle in Hist. Index.
κουφίζω· εἰ αὖ τῷ ταχυναυτοῦντι ἀθρωστέρῳ, κουφίσαντες, προσβάλοιεν, vi. 34, 5 Sch.
κρατέω· τὸ δὲ ἀστάθμητον τοῦ μέλλοντος ὡς ἐπὶ πλεῖστον κρατεῖ, iv. 62, 3 n. Sch. τὰς διανοίας κρατήσαντας θαρρεῖν· vi. 11, 6 n. κρατῆσαι—τῆς γῆς, vi. 37, 2 n. κρατέω not governing the genitive, but put absolutely, ἕως ἔτι—οἶόν τε—τοῦ στρατεύματος—ναυσὶ κρατεῖν. vii. 47, 3 n. †θαρσήσει κρατηθείς.† vii. 49, 1 n.
κρατήρ· κρατῆρας τε κεράσαντες παρ' ἅπαν τὸ στράτευμα, vi. 32, 1 n.
κρείσσων· κρείσσους—ὄντες, iii. 83, 1 n. πολλῷ κρείσσους, dubious whether acc. or nom. c. vii. 55, 2 n.
κρημνός· τὸ πρὸς τὸν κρημνόν, vi. 101, 3 n.
κρίνω· κρῖναι ἱκανῶς, i. 138, 4 n. κρίνομεν—ὀρθῶς τὰ πράγματα, ii. 40, 3 n. κρῖναι δ' ἂν ἀκούσαντας ἄριστα τοὺς πολλούς, vi. 39, 1 n. αὐτοὶ ἤτοι κρίνομέν γε ἢ ἐνθυμούμεθα ὀρθῶς τὰ πράγματα, ii. 40, 3 n. κρίνω in ὡς ἐγὼ κρίνω, iv. 60, 1,=νομίζω, Sch. 59, 4. βουλήσει κρίνοντες ἀσαφεῖ, iv. 108, 4. διὰ τὸ ὀργῶντες κρίνειν τὰ πράγματα, viii. 2, 2 n.
κροσσαίη· from κροσσός (?), n. ii. 79, 6.
κρούω· πρύμναν ἐκρούοντο, see πρύμνη.
κρύφα· κρύφα διαψηφισάμενοι, iv. 88, 1 n. κρύφα ἐπιστείλας ὅτι—, viii. 50, 2 n.
κρωβύλος· explained, i. 6, 3 n.
κτάομαι· its aorist passive used passively, ἅ τῇ ἀπορίᾳ ἐκτήθη, i. 123, 1 n. κτώμενοι τὸ κρατεῖν, iii. 82, 17 n.
κύαμος· βουλὴ ἡ ἀπὸ τοῦ κυάμου ξυνελέγετο· viii. 66, 1 n.
κυβερνήτης· κυβερνήτας ἔχομεν πολίτας, i. 143, 1 n.

κύκλος— ληΐζω. 55

κύκλος· two distinct applications of the expression ό κύκλος at the siege of Syracuse, vi. 98, 2 n. ἀπὸ τοῦ κ. ἐτείχιζον, 101, 1 n.
κυκλόω· καὶ ἅμα τὸ δεξιὸν τῶν Λακ. καὶ Τεγ. ἐκυκλοῦτο τῷ περιέχοντι σφῶν τοὺς Ἀθ. v. 73, 1 n.
κύκλωσις· τὴν πλείονα κύκλωσιν = τοὺς πλείους τῶν κυκλοῦν τοὺς Λακ. μελλόντων, iv. 128, 1 n.
κύριος· μήτε πριαμένους τι ἢ πωλοῦντας κυρίους εἶναι. v. 34, 2 n. κύριος ἦν αὐτὸς πράσσων ταῦτα· viii. 51, 1 n. κυριώτατοι — τοῦ ἱεροῦ, v. 53 n.
κώδων· τοῦ—κώδωνος παρενεχθέντος, iv. 135 n.
κωλύω· κωλύει according to Haack and Göller impersonal; according to Hermann not so, i. 144, 2 n. ταῦτα—μὴ ἐν ὑμῖν κωλυθῇ, ii. 64, 3 n. ἐν τούτῳ—κεκωλῦσθαι ἐδόκει ἑκάστῳ, ii. 8, 6 n. —ἕκαστος, iv. 14, 2 n. κατὰ πενίαν,—ἀξιώματος ἀφανείᾳ κεκώλυται, ii. 37, 2 n. after κωλύω or its compounds the infinitive of a verb occurring in the preceding part of the sentence, omitted, τοὺς μὲν προσηνάγκαζον, τοὺς δὲ καὶ —ἀπεκωλύοντο. vi. 88, 5 n. τὸ μὲν —προτείχισμα—αἱροῦσι—αὐτὸν δὲ τὸν κύκλον Νικίας διεκώλυσεν· vi. 102, 2 n. οὐ περὶ τοῦ αὐτοὶ σωθῆναι —τὴν ἐπιμέλειαν ἐποιοῦντο, ἀλλὰ καὶ ὅπως ἐκείνους κωλύσωσι. vii. 56, 2 n.
κώμη· πόλεως—κατὰ κώμας—οἰκισθείσης, i. 10, 2 nn.
κώπῃ· ii 93, 2 n. and Append. III. to vol. I.
κωπήρης· πλεῖν μὴ μακρᾷ νηΐ, ἄλλῳ δὲ κωπήρει πλοίῳ, iv. 118, 4 n.

Λ.

λαμβάνω· φείσασθαι—οἴκτῳ σώφρονι λαβόντας, iii. 59, 1 n. λαβόντων (sc. χρήματα) = δανεισαμένων, money lent called τὰ ληφθέντα, iii. 81, 4 n.

πάντα ἱπύπτως ἐλάμβανε. vi. 53, 3. and n. § 2. κἂν—μὴ—λαβεῖν, distinguished from μὴ—λαβεῖν, vi. 80, 5 n.
λαμπρῶς· λελυμένων λ. τῶν σπονδῶν, ii. 7, 1 n.
λανθάνω· λαθόντες τὴν ἀπόβασιν, iv. 32, 1 n.
λάρναξ· λάρνακας κυπαρισσίνας ἄγουσιν ἅμαξαι, φυλῆς ἑκάστης μίαν· ii. 34, 3 n.
λέγω· = ἐρωτάω· λέγοντα εἰ βούλονται—, lll. 52, 3 n. ἔλεγον occurring twice; first as part of an inaccurate, secondly as part of a corrected expression, iii. 52, 7, 8 n. transition of construction after it from ὅτι with definite verb, to infinitive; λέγοντες ὅτι — κρατήσουσι, καὶ ὁ περίπλους οὐκέτι ἔσοιτο—ἐλπίδα δ' εἶναι—, ii. 80, 1. ἔλεγε—ὅτι ἐσβολή τε—ἔσται καὶ αἱ—νῆες παρέσονται—, προαποπεμφθῆναί τε αὐτός—, iii. 25, 2. λέγων ὅτι φθήσονταί τε — καὶ —πείσειν—, viii. 12, 1 n. λέγων (according to Dr. Arnold = λέγων χρῆναι), — τὸν πόλεμον ἀναβάλλεσθαι· v. 46, 1 n. ἐλέχθησαν—λόγοι ἀπό τε ἄλλων—, vi. 32, 4. καὶ λεγομένων λόγων ἀπό τε τοῦ Χαλκιδέως—, viii. 14, 2 n. τὸ λεγόμενόν που ἥδιστον, vii. 68, 1 n.
λεία· Οἰταίων τε κατὰ τὴν παλαιὰν ἔχθραν τῆς λείας τὴν πολλὴν ἀπολαβὼν χρήματα ἐπράξατο, viii. 3, 1 n. τὴν χώραν καταδρομαῖς λείαν ἐποιεῖτο, 41, 2 n.
λεῖος· ὅσα ὑφαντά τε καὶ λεῖα, ii. 97, 3 n.
λειποστράτιον· 1. 99, 1 n.
λέπας· Ἀκραῖον λέπας. vii. 78, 5 n.
λεπτόγεως· διὰ τὸ λεπτόγεων, i. 2, 5 n.
ληΐζω· middle voice generally used by Thuc. (but ἐληΐζόν τε—καὶ πλεῖστα ἔβλαπτον in iv. 41, 2.) ἐληΐζοντο—καὶ πολλὰ ἔβλαπτον, iii. 85, 1 n. εἴ τις βούλεται παρὰ σφῶν Ἀθηναίους ληΐζεσθαι. v. 115, 2 n. ἐκόμισαν τοὺς

λιθοτομία—μαντική.

—Είλωτας ληίζεσθαι, v. 56, 3 Sch.
λιθοτομία· vii. 86, 2; see *Lithotomiæ*
in Hist. Index.
λιθουργός· ἐκ τῶν Ἀθηνῶν αὐτοῖς ἦλθον τέκτονες καὶ λιθουργοί. v. 82, 6 n.
λιμήν· λιμένων τε κλήσει, ii. 94, 6 n. ἐς τὸν Κολοφωνίων λιμένα τῶν Τορωναίων, this double genitive explained, v. 2, 2 n.
λίμνη· λίμνης τοῦ ποταμοῦ, iv. 108, 1 n; cf. λιμνώδης.
λιμνώδης· τὸ λιμνῶδες τοῦ Στρυμόνος, v. 7, 4; cf. iv. 108, 1 n.
λιμός· λιμῷ διαφθαρῆναι, iii. 57, 3 n. ἐῷ αἰσχίστῳ ὀλέθρῳ λιμῷ τελευτῆσαι, iii. 59, 4 n.
ˋίπα· an anomalous word, λίπα μετὰ τοῦ γυμνάζεσθαι ἠλείψαντο· i. 6, 5 n.
λογάδην· λ. φέροντες λίθους, iv. 4, 2 n. ἔρυμα—λίθοις λογάδην καὶ ξύλοις—ὤρθωσαν, vi. 66, 2 n.
λογάς· Ἀργείων οἱ χίλιοι λογάδες, v. 67, 2 n. 72, 3, and n. § 4.
λογισμός· λογισμὸν ἥκιστα ἐνδεχόμενα, iv. 10, 1. οὐ—ἐνδέχεται λογισμόν, 92, 2 n. λογισμῷ αὐτοκράτορι διωθεῖσθαι, iv. 108, 4 n. μάλιστ' ἂν αὐτοὺς ἐκπλήξαιμεν, καὶ ἐς λογισμὸν καταστήσαιμεν ὅτι —, vi. 34, 4 n.
λογοποιέω· οὔτε ὄντα οὔτε ἂν γενόμενα, λογοποιοῦσιν. vi. 38, 1 Sch.
λόγος· ὅσα μὲν λόγῳ εἶπον ἕκαστοι, i. 22, 1 n. λόγος and ἔργον contrasted, i. 73, 2 n. ὁ λόγος τοῦ ἔργου κρατεῖ, i. 69, 8, opp. to ἰσόρροπος—ὁ λόγος τῶν ἔργων, ii. 42, 2 n. τὸν λόγον τε ξυμφορώτατον καὶ τὸ ἔργον ἔχοντας (sc. τοὺς Ἀθηναίους) πολεμεῖν· viii. 45, 3 n. λόγος ἐχυρός, iii. 83, 1 n. ἄξιόν τι λόγου, vii. 38, 1 n. καὶ τὰ μυστικὰ,—μετὰ τοῦ αὐτοῦ λόγου καὶ τῆς ξυνωμοσίας ἐπὶ τῷ δήμῳ—ἐδόκει πραχθῆναι. vi. 61, 1 n. ἔθνη—πλεῖστα—πλὴν γε δὴ τοῦ ξύμπαντος λόγου τοῦ ἐν τῷδε τῷ πολέμῳ πρὸς τὴν Ἀθηναίων τε πόλιν καὶ

Λακεδαιμονίων. vii. 56, 4 n. καὶ τοῖς ἄλλοις—κατὰ τὸν αὐτὸν λόγον τοῦτον ἐδίδοτο. viii. 29, 2 n. ἐς χρημάτων λόγον, iii. 46, 3 n. μηδ' ὑπολείπειν λόγον αὐτοῖς ὡς —, viii. 2, 2 n.
λοιδορέω· καὶ αὐτὸς οὐδενὸς ἂν χείρον, ὅσῳ καὶ †λοιδορήσαιμι·† vi. 89, 6 n.
λοχμώδης· ἐς ὁδόν τινα κοίλην καὶ λοχμώδη, iii. 107, 6 n.
λόχος· διαστήσαντες τοὺς λόχους, iv. 74, 2 n; see *Lochus* in Hist. Index.
λύγξ· λυγξ—κενή, ii. 49, 3 n.
λυπηρός· βασιλεῖ ἐξεῖναι [ἀεὶ] ἐπὶ τοὺς †αὑτοῦ† λυπηροὺς τοὺς ἑτέρους ἐπάγειν. viii. 46, 1 n.
λύω· μὴ λύειν δὴ τὰς Ἰσθμιάδας σπονδάς, viii. 9, 1 n.
λωφάω· μετὰ ταῦτα λωφήσαντα, ii. 49, 4 n. vii. 77, 3. vi. 12, 1.

M.

μάζα· distinguished from ἄρτος, n. iv. 16, 1.
μακρός· ἐπὶ μακρότατον σκοποῦντι, i. 1, 3 n. τοὺς δὲ λόγους μακροτέρους —μηκυνοῦμεν, iv. 17, 2 n.
μαλακίζω· νῦν ἀνταπόδοτε μὴ μαλακισθέντες πρὸς τὸ παρὸν αὐτίκα, iii. 40, 10. δεδιότες—ὅ τε δῆμος μὴ μαλακίζηται, vi. 29, 3 n.
μάλιστα· μάλιστα μὲν—εἰ δὲ μὴ— interposed between πρῶτον,—ἔπειτα, i. 32, 1 n. ἐς διακοσίους—μάλιστα iii. 20, 1 n. ὁμοῖα τοῖς μίλιστα τοῦ βαρβαρικοῦ,—φονικώτατόν ἐστι, vii. 29, 4 n.
μᾶλλον· οὐδ'—μᾶλλον ἢ οὐ —, ii. 62, 2 n. μᾶλλον ἢ οὔ, iii. 36, 3. μᾶλλον referring to an adj. (χαλεπὰ) in the preceding clause, iii. 82, 2 n. οὐχ ἥκιστα, ἐπὶ ἃς μᾶλλον πλέομεν, vi. 20, 3 Sch. ξυμφορά—μᾶλλον ἑτέρας ἀδόκητός τε καὶ δεινή. vii. 29, 5 n.
μαντεία and μαντεῖον, difference between, ii. 47, 5 n.
μαντική· μαντικήν τε καὶ χρησμοὺς καὶ ὅσα τοιαῦτα μετ' ἐλπίδων λυμαίνεται. v. 103, 2 n.

μάντις—μέσος.

μάντις· ὡς οἱ μάντεις ἐξηγοῦντο, vii. 50, 4 n.
μαρτύρομαι· δεόμεθα δὲ, καὶ μαρτυρόμεθα ἅμα—ὅτι—, vi. 80, 3.
Εὐμολπιδῶν καὶ Κηρύκων περὶ τῶν μυστικῶν —μάρτυρομένων, viii. 53, 2 n.
μάσσω· σῖτον—ἐκπέμπειν—μεμαγμένον—ἀλφίτων, iv. 16, 1 n.
μαχαιροφόρος· τῶν ὀρεινῶν Θρᾳκῶν—τῶν — μαχαιροφόρων, ii. 96, 2 n. Θρᾳκῶν τῶν μαχαιροφόρων, vii.27,1n.
μάχη· αὐτοκράτωρ μ. iv. 126, 5 n.
μάχιμος· ὁμολογουμένως νῦν βαρβάρων †μαχιμωτάτους,† vi. 90, 3 n.
μέγας· in the sense of *high* opp. to βραχύς, in τὸ μὲν μέγα οἰκοδόμημα, —ἀπὸ τοῦ βραχέος τείχους—τὸ μέγα τεῖχος, ii. 76, 3 n. ἐρύματος μείζονος προσπεριβαλλομένου, viii. 40, 3 n; see also βραχύς.
μέγεθος· βοῆς μεγέθει ἀφόρητοι, iv. 126, 5 n. ὡς ἐπὶ μεγέθει, vii. 30, 4 n; see n. 29, 3. πόλεσι—καὶ †ναῦς καὶ ἵππους καὶ μεγέθη ἐχούσαις,† vii. 55, 2 nn.
μέγιστος· τὰ μέγιστα, iv. 126, 1 n.
μεθεκτέον· οὔτε μεθεκτέον τῶν πραγμάτων πλείοσιν ἢ πεντακισχιλίοις, viii. 65, 3 n.
μεθίστημι· μεταστήσοντάς ποι ἄλλοσε ἄγειν, iv. 48, 1 n.
μελιτόω· μήκωνα μεμελιτωμένην, iv. 26, 8 n.
μέλλησις· τῇ μελλήσει ἀμυνόμενοι, i. 69, 7 n. ὄκνος τις καὶ μέλλησις ἐνεγένετο, vii. 49, 5 n.
μέλλω· καὶ τὸ μὲν πρῶτον δέκα τούτων αὐτοὶ ἔμελλον πέμπειν, viii. 6, 5 n. infinitive after it omitted, τεταγμένοι ὥσπερ ἔμελλον, sc. τάσσεσθαι, iv. 93, 3 n. ὡς μέλλουσα, Σάμος θᾶσσον ἐτειχίσθη, viii. 51, 2 n.
μεμπτός· καὶ τῶν στρατιωτῶν καὶ τῶν ἡγεμόνων ὑμῖν μὴ μεμπτῶν γεγενημένων, vii. 15, 1 n.
μέμφομαι· ὧνπερ ἐκείνοις ἐμεμψάμην ἀπηλλάχθαι, i. 143, 3 n. signification of μέμφομαι, n. vii. 15, 1.

μέν· its position determines the sense of a passage, ii. 89, 7 n. μὲν—δέ, with the whole chapter intervening, i. 20, 1 n. μὲν—δέ· long interval between; πρὸς μὲν—βαρβάρους δέ, n. iv. 126, 1-3. μὲν—δὲ not expressing contrast, but merely order and division, iv. 87, 1 n. ἀκούσιος μὲν—νομίζων δὲ, not *only*—*but*, vi. 8, 4 n. μὲν—δέ· varied construction of clauses with, viii. 78 n. ὅσοι μὲν —οἱ δὲ, viii. 95, 6 n. μὲν followed by τε instead of δὲ, iii. 46, 2 n. vi. 31, 3 n. followed by καὶ τότε, v. 71, n. 1, 2. μὲν, implying ὅμως δέ· ὁ δὲ ἄκων μὲν εἶπεν—, vi. 25, 2 n.
μέντοι· οὐ μέντοι ἀλλὰ καὶ, v. 43, 2 n. καὶ δέδοικα μέντοι, vi. 38, 2 n.
μένω· τοῦ ὑπαπιέναι πλέον ἢ τοῦ μένοντος, v. 9, 4 n.
μέρος· ξυνῄεσαν τὰ δύο μέρη, ii. 10, 2 n. 47, 2 n. iii. 15, 2. δύο μερῶν τῶν ἐς χρῆσιν φανερῶν, ii. 62, 2 n. μεῖζον μέρος νέμοντες τῷ μὴ βούλεσθαι, iii. 3, 1 n. καθ᾽ ὅσον—μέρος referred to by τούτῳ, and afterwards by αὐτῶν, iv. 18, 4 n. ἐν ᾧ μέρει εἰσὶν, iv. 98, 4 n. δῆμον ξύμπαν ὠνομάσθαι, ὀλιγαρχίαν δὲ μέρος, vi. 39, 1 Sch. μέρει τινὶ τῶν βαρβάρων, i. 1, 2 n. μέρος τι φθείρασα ἡ λοιμώδης νόσος, 23, 4 n. ἀπὸ —τοῦ Αἰτωλικοῦ παθοῦς ὃ διὰ τὴν ὕλην μέρος τι ἐγένετο, iv. 30, 1 n. opp. ὀλίγοι—μέρος δέ τι, vii. 30, 2. opp. ἐς εἴκοσι μάλιστα—μέρος τι ἀπαναλώθη § 3 n. ξυνεσώσαμεν ὑμᾶς τε τὸ μέρος καὶ ἡμᾶς αὐτούς· i. 74, 4 n. ὡς καὶ διὰ τὴν ἐκείνου ξυμφορὰν τὸ μέρος ἔσται ὁ πόλεμος. i. 127, 2 n. ὅπως μὴ—τὴν ἐκείνου πόλιν τὸ μέρος βλάψωσιν. ii. 67, 2 n. ἀναπαύοντες ἐν τῷ μέρει, iv. 11, 3 n. οὐκ ἀπὸ μέρους τὸ πλεῖον—ἢ ἀπ᾽ ἀρετῆς, ii. 37, 2 n. ἄγειν—σιτοποιοὺς ἐκ τῶν μυλώνων πρὸς μέρος ἠναγκασμένους ἐμμίσθους, vi. 22, n.
μέσος· its military use without the

μετά—μέχρι.

article, ii. 81, 3 n. iv. 31, 2 n. 96, 3 n. τὰ—μέσα τῶν πολιτῶν, iii. 83, 19 n. Ἀριστογείτων, ἀνὴρ τῶν ἀστῶν, μέσος πολίτης, vi. 54, 2 n. μέσῳ δικαστῇ ἐπιτρέπειν iv. 83, 3 Sch. n. ὑπὸ τῶν διὰ μέσου κωλυθέντες, καὶ διδαχθέντες μὴ—, viii. 75, 1 n.
μετὰ I. with gen. c. μ. τοῦ γυμνάζεσθαι, i. 6, 5. μ. τοῦ μαλακισθῆναι, ii. 43, 6 n. οἱ μ. τούτων = οἱ ξύμμοροι αὐτοῖς, ii. 81, 3 n. μετ' Ἀρριβαίου—γεγένηνται iv. 125, 1 n. οὐ μ. τοῦ πλήθους ὑμῶν, iii. 66, 2 n. denoting concert or complicity, οὐ μετὰ τοῦ πλήθους ὑμῶν εἰσελθόντες, iii. 66, 2 n. μὴ μετὰ Ἀθηναίων σφᾶς βούλωνται Λακεδαιμόνιοι δουλώσασθαι, v. 29, 3. ὅπως—ἡ κατὰ θάλασσαν σφᾶς μετὰ τῶν Ἀθηναίων παγωγὴ τῶν ἐπιτηδείων ὠφελῇ, 82, 5. ἐβόων ὡς—οὐδὲν εἴη αὐτῶν ὅτι οὐ μετ' ἐκείνου ἐπράχθη, vi. 28, 2. τοὺς —φύσει ξυγγενεῖς μετὰ τῶν ἐχθίστων διαφθείραι. vi. 79, 2. καὶ Ὑπέρβολόν τε—ἀποκτείνουσι μετὰ Χαρμίνου τε —καί τινων τῶν παρὰ σφίσιν Ἀθηναίων,—καὶ ἄλλα μετ' αὐτῶν τοιαῦτα ξυνέπραξαν, viii. 73, 3 n.
II. with acc. c. its original signification, and etymological connection, i. 138, 4 n. μετὰ χεῖρας ἔχοι, ib.
μεταβολή· τῶν πολιτειῶν τὰς μεταβολὰς καὶ ἐπιδοχάς. vi. 17, 2 n. καὶ ὅσα ἐπὶ μεταβολῇ τις ἢ στρατιώτης ἢ ἔμπορος ἔχων ἔπλει, vi. 31, 5 n.
μεταγιγνώσκω· μεταγνῶναι—τὰ προδεδογμένα, iii. 40, 3 n.
μεταλαμβάνω· πολιτείας μ. iii. 55, 4 n.
μεταμέλει· ᾧ μετέμελεν, iii. 4, 4 n.
μετανίσταμαι· ἡ Ἑλλὰς ἔτι μετανίστατό τε καὶ κατῳκίζετο, i. 12, 1 n.
μεταξύ· τὸ οὖν μ. τοῦτο, iii. 21, 3 n.
μεταπέμπω· στρατιάν τε μεταπέμπων ἐκ τῶν ἐγγὺς ξυμμάχων, iv. 30, 3. αὐτῶν τῶν Λακ. μεταπεμψάντων, vi. 88, 9 n. εἰ μὴ—σφᾶς μεταπέμψουσιν, vii. 8, 1. ἀλλ' ἢ τούτους μεταπέμπειν δέον ἢ—, 15, 1. ἣν οὐδ' ἂν μετέπεμψαν οἱ Σ. vii. 42, 3.
μεταπίπτω· ἐπειδὴ τὰ τῶν τετρακοσίων ἐν ὑστέρῳ μεταπεσόντα ὑπὸ τοῦ δήμου ἐκακοῦτο, viii. 68, 2 n.
μεταποιέομαι· οἱ ἀρετῆς τι μεταποιούμενοι, ii. 51, 7 n.
μετάστασις· ὑπ' ἐλαχίστων γενομένη ἐκ στάσεως μετάστασις, iv. 74, 3 n.
μέτεστι· ὡς οὐ μετὸν αὐτοῖς Ἐπιδάμνου, i. 28, 1 n.
μετέχω with gen. c. αἰδὼς σωφροσύνης πλεῖστον μετέχει, i. 84, 5 n. τὸ εὔηθες, οὗ τὸ γενναῖον πλεῖστον μετέχει, iii. 83, 1 n. τῆς ἴσης καὶ ὁμοίας μετέχοντα, iv. 105, 2 n. τοῦτο μὲν ἂν καὶ ἴσον καὶ πλέον—ἤπερ τὸ τῆς πόλεως πλῆθος μετασχεῖν, vi. 40, 1 n. Sch. καὶ τῆς ἀρχῆς τῆς ἡμετέρας—μετείχετε. vii. 63, 3 n. τῶν τε πεντακισχιλίων ὅτι πάντες ἐν τῷ μέρει μεθέξουσι, viii. 86, 3 n. τῇ—αὐτονόμῳ οἰκήσει μετεῖχον, this dative explained, ii. 16, 1 n.
μετέωρος· Ἑλλὰς—μετέωρος ἦν, ii. 8, 1 n. ἀπὸ τοῦ μετεώρου, ii. 77, 3 n.
μέτριος· μετρίᾳ ἐσθῆτι, i. 6, 4 n. πρὸς δὲ τοὺς ἥσσους μέτριος v. 111, 5 Sch.
μετρίως· χαλεπὸν—τὸ μ. εἰπεῖν, ii. 35, 3 n.
μέτρον· κωπῆρει πλοίῳ, ἐς πεντακόσια τάλαντα ἄγοντι μέτρα. iv. 118, 4 n.
μέχρι· μέχρι—τοῦδε ὡρίσθω, a condensed expression, i. 71, 5 n. μέχρι Γραπίων—ὡρίζετο, ii. 96, 3 n. μέχρι, as a conjunction, usually begins a sentence, iv. 4, 1 n. ἐνεῖναι γὰρ καὶ νήσους ἁπάσας πάλιν δουλεύειν καὶ Θεσσαλίαν καὶ Λοκροὺς καὶ τὰ μέχρι Βοιωτῶν, viii. 43, 3. ἐν τούτῳ Ἑλλήσποντός τε ἂν ἦν αὐτοῖς καὶ Ἰωνία καὶ αἱ νῆσοι καὶ τὰ μέχρι Εὐβοίας καὶ ὡς εἰπεῖν ἡ Ἀθηναίων ἀρχὴ πᾶσα. viii. 96, 4 n.

μή· after words expressing or implying a negation; ἀπορία τοῦ μὴ ἡσυχάζειν, ii. 49, 6 n. ἀπιστοῦντες αὐτὸν μὴ ἥξειν, ii. 101, 1 n; cf. ἀπιστοίη μὴ γενέσθαι—, i. 10, 1, εἶργον τὸ μή—, iii. 1, 2 n. ἐλπίδα οὐδὲ τὴν ἐλαχίστην εἶχον, μή ποτε—, iii. 32, 3. ἀπέσχοντο μή—στρατεῦσαι, v. 25, 3. ἀπροσδοκήτοις μὴ ἄν ποτέ τινα σφίσιν—ἐπιθέσθαι, vii. 29, 3 n. transposed; μὴ προσποιεῖσθαι=πρ. μή, iii. 47, 4 n. transposed from the beginning to the latter part of a sentence in ἆρ' ἄξιοί ἐσμεν—μὴ οὕτως ἄγαν ἐπιφθόνως διακεῖσθαι; i. 75, 1 n. καὶ εἰ †μήτ τι αὐτῶν ἀληθές ἐστιν, vi. 40, 2 n. †ἣν μή ποτε αὐτοὺς μὴ ἐξέλωσι,† μὴ ἐλευθερῶσαι. viii. 46, 3 n. μή=μὴ ὅτι· μὴ τοὺς ἐγγὺς ἀλλὰ καὶ τοὺς ἄποθεν, iv. 92, 4 n. ὅπως μή and μὴ ὅπως of different signification, vi. 18, 2 n. ὅσα μή, see ὅσος. μή apparently a corruption for οὐ, in ὄντες μὲν καὶ πρὸ τοῦ μὴ ταχεῖς—, i. 118, 2 n. μή and οὐ· different effect of; οὐ δυνάμενοι εὑρεῖν. iv. 44, 5 n. ἅτε οὐκ ἀπὸ ξυμβάσεως ἀνοιχθεῖσαν, 130, 6 n. οὐ ῥᾴδιον ἦν μὴ ἀθρόοις καὶ ἀλλήλους περιμείνασι, v. 64, 4 n. ὅσους μὴ Βρασίδας ἐπῆλθε· v. 110 n. use of subjunctive instead of optative after οὐ μή ποτε, n. v. 69, 1.

μηδέ· ἀλλὰ μηδ', two uses of, in ἀλλὰ μηδ' ἐλασσοῦν—, οὐχ ὅπως ζημιοῦν ἀλλὰ μηδ' ἀτιμάζειν. iii. 42, 7 n. μηδέ instead of οὐδέ· marks a sentence as partaking of the character of oratio obliqua, iv. 32, 4 n.

μηδέτερος· reason for writing μηδ' ἑτέρων in οἱ μὲν μηδετέρων ὄντες ξύμμαχοι, viii. 2, 1 n.

μηκύνω· τοὺς δὲ λόγους μακροτέρους—μηκυνοῖμεν, iv. 17, 2 n.

μήκων· μήκωνα μεμελιτωμένην, iv. 26, 8 n.

μήν· τοῦ πρὸ τοῦ Καρνείου μηνὸς ἐξελθόντες τετράδι φθίνοντος, v. 54, 3 n. μήτε· μήθ' ὡς=καὶ ὡς οὐκ—, i. 82, 1 n.

μηχανάομαι· τὰ τοιαῦτα μηχανωμένους, vi. 38, 4 Sch.

μικρός· ὡς μικρὸν μεγάλῳ εἰκάσαι, iv. 36, 3 n.

μισθός· ἐπέστησαν τοῖς ἀπὸ τοῦ κυάμου βουλευταῖς οὖσιν ἐν τῷ βουλευτηρίῳ, καὶ εἶπον αὐτοῖς ἐξιέναι λαβοῦσι τὸν μισθόν· viii. 69, 4; cf. n. 65, 3.

μισθοφορέω· μήτε ἀρχὴν ἄρχειν μηδεμίαν ἔτι ἐκ τοῦ αὐτοῦ κόσμου μήτε μισθοφορεῖν, viii. 67, 3; cf. n. 65, 3. μισθοφορητέον· ὡς οὔτε μισθοφορητέον εἴη ἄλλους ἢ τοὺς στρατευομένους, viii. 65, 3 n.

μνημεῖον·=μνῆμα, i. 138, 8 n. περιέρξαντες αὐτοῦ τὸ μνημεῖον, v. 11, 1 n.

μνήμη· ἄγραφος μν. παρ' ἑκάστῳ τῆς γνώμης μᾶλλον ἢ τοῦ ἔργου, ii. 43, 3 n. τὴν παρακέλευσιν τῆς μνήμης ἀγαθοῖς οὖσιν ἐποιοῦντο, v. 69, 2 n.

μοῖρα· Πελοποννήσου τῶν πέντε τὰς δύο μοίρας νέμονται, i. 10, 2 n. τῶν δύο μοιρῶν, two thirds, i. 74, 1 n.

μόριον· ἐν βραχεῖ μορίῳ ἡμέρας, 1. 85, 1. ἐν βραχεῖ μὲν μορίῳ σκοποῦσί τι τῶν κοινῶν, i. 141, 8 n. πολλοστὸν μόριον αὐτῆς, vi. 86, 4 n. βραχεῖ μορίῳ τῆς δαπάνης, viii. 45, 3 n.

μυθώδης· τὰ πολλὰ ὑπὸ χρόνου αὐτῶν ἀπίστως ἐπὶ τὸ μυθῶδες ἐκνενικηκότα, i. 21, 1 n.

μυριοφόρος· προσαγαγόντες—ναῦν μυριοφόρον αὑτοῖς οἱ Ἀθ. vii. 25, 6 n.

Manuscripts, their authority of little weight in places relating to the geography of countries imperfectly known, ii. 96, 3 n. tampering of the copyists with manuscripts; their omission of relatives which are indispensable to the construction; remarks on this; οἱ, iii. 37, 2 n. δ, iv. 10, 3 n. proof of the early corruption of all the MSS. of Thucydides, as regards the change of Μέθανα into Μεθώνη, iv. 45, 2 n; cf. n. viii. 101, 1. confusion in MSS. of ἡμεῖς and ὑμεῖς in all their cases, n. iv. 87, 1. omission in MSS. of words recurring after a short interval, n. iv. 118, 2. readings of MSS. patched to hide gaps in older MSS. n. iv. 63, 2. Middle future used as passive, τιμήσονται, ii. 87, 11 n. middle (or reflective) voice used with reflective pronouns; σφᾶς αὐτοὺς βεβαιώσασθαι. i. 33, 3. ὑμᾶς αὐτοὺς—δικαιώσεσθε, iii. 40, 5. this pleonasm compared with that of the preposition out of composition following a verb compounded with it, iii. 40, 5 n.

Mood, transition from the indicative to the subjunctive, οἵτινες—ἔθεντο —τόν τε πόλεμον νομίσωσι, iv. 18, 4 n. interchange of moods in *oratio obliqua;* indicative and optative, ὅτι ἔσοιτο—καὶ ὅτι—ἐνδέξονται, viii. 50, 1 n; see also *Transition,* and the *Moods* under their names.

N.

ναός· Attice νεώς, see νεώς.
ναυάγιον· τὰ ναυάγια προσαγαγόμενοι, viii. 106, 4 n. ἀνελέσθαι (i. 54, 4. ii. 92, 5. vii. 72, 1.) and ἀνελκύσαι (vii. 23, 4.) τὰ ναυάγια, n. viii. 106, 4.
ναυαρχία· Ἀστύοχος ἐπῆλθεν, ᾧπερ ἐγίγνετο ἤδη πᾶσα ἡ ναυαρχία. viii. 20, 1 n.
ναυκράτωρ· ναυκράτορες γὰρ ἐσόμεθα καὶ ξυμπάντων Σικελιωτῶν. vi. 18, 5 n.
ναυλοχέω· εἴκοσι ναῦς, αἷς εἴρητο περὶ τε Λοκροὺς καὶ Ῥήγιον καὶ τὴν προσβολὴν τῆς Σικελίας ναυλοχεῖν αὐτάς. vii. 4, 7 n.
ναύσταθμος· ν.—πλοίων καὶ ἀγορᾶς, an incorrect expression as regards ἀγορᾶς, iii. 6, 2 n.

ναύτης· τοὺς ναύτας—ὥπλισεν, iv. 9, 1 n.
ναυτικός· ναυτικῆς καὶ οὐκ ἠπειρώτιδος τῆς ξυμμαχίας, i. 35, 5 n.
νεανίσκος· οἱ τετρακόσιοι,—καὶ οἱ εἴκοσι καὶ ἑκατὸν μετ' αὐτῶν Ἕλληνες νεανίσκοι, viii. 69, 4 n.
νεκρός· ξυγκομίσαντες δὲ τοὺς ἑαυτῶν νεκρούς, vi. 71, 1 n.
νέμω· τὸ ἴσον νέμετε, i. 71, 1 n. τὰ ἴδια ἐξ ἴσου νέμοντες, i. 120, 2 n. τὰ ἴσα νέμων, vi. 16, 4 Sch. μεῖζον μέρος νέμοντες τῷ μὴ βούλεσθαι, iii. 3, 1 n. οἴκτῳ πλέον νείμαντες, 48, 1. τοῖς Ἀθ. ἔλασσον δοκῶσι νείμαι, vi. 88, 1 n. μηδετέρους οἰκεῖν τὸ χωρίον ἀλλὰ κοινῇ νέμειν, v. 42, 1 n. ἔνεμον κατὰ κράτος τὴν πόλιν. viii. 70, 1 n.
νέος· ἡλικίᾳ μὲν ὢν ἔτι τότε νέος ὡς ἐν ἄλλῃ πόλει, v. 43, 2 n. comparative, νεωτέρου ἔτι, iii. 26, 2 n. νεώτερος ἐς τὸ ἄρχειν, vi. 12, 2. καὶ δῆτα,—τί καὶ βούλεσθε, ὦ νεώτεροι; vi. 38, 5 Scn.
νέω· νήσαντας, sc. πυράν, ii. 52, 5 n.
νεώριον· i. 108, 4. iii. 74, 2. 92, 10. vii. 22, 1, 2. distinguished from νεωσοῖκος, and ἐπίνειον, n. vii. 25, 5.
νεώς = choir, or chapel, n. i. 134, 2. νεὼν ἑκατόμπεδον λίθινον ᾠκοδόμησαν, iii. 68, 4 n. distinction between νεὼς and ἱερόν, iv. 90, 2 n.
νεωσοῖκος· περὶ τῶν σταυρῶν—οὓς οἱ Συρακ. πρὸ τῶν παλαιῶν νεωσοίκων κατέπηξαν, vii. 25, 5 n. ναῦς οὐχ ὁρῶντες ἐν τοῖς νεωσοίκοις ἱκανὰς, viii. 1, 2. distinguished from ἐπίνειον and νεώριον, vii. 25, 5 n.
νεωτερίζω· whether active or neuter, iv. 76, 5 n.
νηΐτης· νηΐτῃ—στρατῷ, iv. 85, 5 nn.
νησίδιον· ἐν τῷ νησιδίῳ—τῷ πρὸ τοῦ Πλημυρίου, vii. 23, 4 n. ταῖς δὲ λοιπαῖς ἐς τὸ νησίδιον ὁρμίζονται, viii. 11, 1 n.
νῆσος· τοὺς ὁμήρους—τοὺς ἐν ταῖς

νήσοις κειμένους, vi. 61, 3 n; cf. Islands in Hist. Index.
νικάω· τῆς γνώμης τὸ μὴ—νικηθέν, ii. 87, 3 n. use of its imperfect, Ὀλυμπιὰς ᾗ Δωριεὺς Ῥόδιος τὸ δεύτερον ἐνίκα, iii. 8, 1 n. Ὀλύμπια—οἷς Ἀνδροσθένης Ἀρκὰς παγκράτιον τὸ πρῶτον ἐνίκα· v. 49, 1 n. ἀρετῇ αὐτὸν νικῆσαι, iv. 19, 2 n. ἐνίκησα δὲ, καὶ δεύτερος καὶ τέταρτος ἐγενόμην, vi. 16, 2 n.
νομίζω, with infinitive present without ἄν, i. 93, 4 n. 127, 1. ἀγῶσι—καὶ θυσίαις—νομίζοντες, ii. 38, 1 n. εὐσεβείᾳ—οὐδέτεροι ἐνόμιζον, iii. 82, 18 n. ἐνομίζομεν ἀποστήσεσθαι—, iii. 13, 1 n. pregnant meaning of νομίζω, n. on ἡγησάμενοι, ii. 42, 5. with a pregnant meaning, in νομίζω (=ν. χρῆναι) ἐπιφέρειν, iv. 86, 2; cf. n. ii. 42, 5. ἄξιος ἅμα νομίζω εἶναι, vi. 16, 1 n. νομίσαντες,—οὐκ ἂν ῥᾳδίως σφᾶς—ἀποτειχισθῆναι, vi. 96, 1 n.
νόμιμος· οὐ τοιάνδε δίκην—νομμωτέραν δέ τινα, iii. 53, 1 n.
νόμισις· τῆς ἀνθρωπείας τῶν μὲν ἐς τὸ θεῖον νομίσεως, v. 105, 1 n. Sch.
νόμος· distinction between νόμοι and ψηφίσματα, iii. 36, 4 n. 37, 3 n. ἄγραφος ν. n. to iii. 37, 3. ν. γεγραμμένος, ib. n. τῶν νόμων σοφώτεροι, iii. 37, 4 n. κατὰ τοὺς ἑαυτῶν νόμους κατῴκισαν, iii. 34, 5 n. ὁ δὲ νόμος τοῖς Ἕλλησι μὴ κτείνειν τούτους, iii. 58, 3 n. ἐν τῷ Ὀλυμπιακῷ νόμῳ, v. 49, 1 n. τὸ μὲν λύειν τοὺς νόμους, vi. 14, n.
νοτερός· χειμὼν—νοτ. iii. 21, 5 n.
νουμηνία· νουμηνίᾳ κατὰ σελήνην, ii. 28 n.
νῦν· ὥς γε νῦν ἔχουσι,—. νῦν μὲν γὰρ —, vi. 11, 2 n.
νῶτος· κατὰ νώτου, iii. 107, 6 n. 108, 1. iv. 33, 1.
Narrative and dramatic forms of composition blended by the Greeks, n. iii. 52, 3.

Negation prefixed to the second of two particulars implied of the first, καὶ αἱ Φοίνισσαι νῆες οὐδὲ ὁ Τισσαφέρνης τέως που ἦκον, viii. 99, 1 n. verb implying a negation followed by a positive expression, coupled by καὶ with a negative; παύσαντες τὴν φλόγα καὶ τὸ μὴ προσελθεῖν ἐγγὺς τὴν ὁλκάδα, vii. 53, 4 n. Negative applied to a compound notion, οὔτε—τάξιν ἔχοντες αἰσχυνθεῖεν —, iv. 126, 5 n; cf. ὥστε μὴ ἡσυχάσασα αὐξηθῆναι, i. 12, 1. ὅταν μήτε βουλευτηρίῳ ἑνὶ χρώμενοι παραχρῆμά τι ὀξέως ἐπιτελῶσι, i. 141, 6. multiplication of negatives, οὐδέ—μᾶλλον ἢ οὔ, ii. 62, 3. μᾶλλον ἢ οὔ, iii. 36, 3. οἵ γε μηδέ—ἐν αἷς οὐ—, iv. 126, 2 n.
Neuter Article with local use, τὰ ἐπὶ Θρᾴκης, iv. 78, 1. περὶ τοῦ πρὸς τῷ Ὀλυμπιείῳ χωρίου, vi. 64, 1. ἐς τὸ κατὰ τὸ Ὀλυμπιεῖον, 65, 2 n. τῇ μὲν γὰρ τειχία—εἶργον—παρὰ δὲ τὸ κρημνοί. vi. 66, 1 n. neuter article followed by a substantive in the gen. case (τὸ τῆς ξυμφορᾶς); how its force differs from the same substantive alone in the nom. case (ἡ ξυμφορά), iii. 59, 1 n. τὸ τῆς τύχης, iv. 18, 3 n. τὰ τῆς ὁμολογίας, 54, 3 n. neuter article with gen. c. of substantive, τὰ τῶν πολεμίων, v. 102 Sch. n. neuter plural article and adj. followed by a subst. in gen. c. ἐπεὶ δὲ ἑτοῖμα αὐτοῖς καὶ τὰ τῆς παρασκευῆς ἦν, vi. 65, 1 n. general reference by means of a neuter adj., —πρόσφορα ἔσται, vii. 62, 2 n. neuter relative; addition of a word or phrase to explain it confuses the construction, ὅ τε—εὔνοια, iii. 12, 1 n. ὅπερ—ἀσαφῶς ἐκπλήγνυσθαι, iv. 125, 1 n. v. 6, 3 n. vii. 80, 3 n. force of neuter relative used instead of the feminine; δουλείαν· ὃ καὶ λόγῳ ἐνδοιασθῆναι αἰσχρόν, i. 122, 4 n. ἐπὶ τὴν Μακεδονίαν ἐφ᾽ ὅπερ

NOMINATIVE—ξενικός.

καὶ τὸ πρότερον ἐπέμποντο, i. 59, 2. neuter αὐτὰ in apparent reference to a feminine substantive (σπονδαὶ); force of this expression, vi. 10, 2 n. neuter singular pronoun preceded by a feminine plural substantive, αἱ παραινέσεις—. ὅ—, iv. 59, 3, 4 n. neuter plural substantive; when it may have a plural verb, i. 125, 5 n; cf. v. 26, 2 n. ἁμαρτήματα ἐγένοντο, neuter plural with plural verb; see *Plural Verb.* neuter nom. c. with plural verb, τὰ τέλη—ἐξέπεμψαν, iv. 88, 1 n. neuter, used instead of masculine, τὰ ὑπεραυχοῦντα, iv. 19, 4 n. neuters pl. preferred to singular by Thuc.; examples, ἀδύνατα, i. 1, 3 n, παριτητέα, 72, 2, ἐπιχειρητέα, ii. 3, 3, πλευστέα, vi. 25, 2. neuter pl. adj. in preference to singular with εἰμί or γίγνομαι, πλοιμωτέρων ὄντων, i. 7 n. πλοϊμώτερα ἐγένετο, 8, 3. ἐπειδὴ ἕτοιμα ἦν, ii. 56, 1 n. 98, 2 n. ὅπως εὐφύλακτα αὐτοῖς εἴη, iii. 92, 10 n; cf. ἄπορα νομίζοντες, iii. 16, 2 n.
Nominative, instead of the case required by the construction, ἐν ἔθνεσι τοσοῖσδε, Καρία—Δωριῆς—Ἰωνία, ii. 9, 5. τῇ τε πρότερον ἀμαθίᾳ—, τὸ ἀντίπρωρον ξυγκροῦσαι, vii. 36, 5 n. τῆς δοκήσεως προσγεγενημένης—τὸ κρατίστους εἶναι, 67, 1 n. ἦν τε—πάντα ὁμοῦ ἀκοῦσαι, ὀλοφυρμὸς, βοή, vii. 71, 5 n. instead of ὑπό and a genitive, ὑπ' ἀμφοτέρων ἐπολεμεῖτο, Ἀθηναῖοι μὲν—, iv. 23, 2 n. instead of gen. agreeing with τῶν Πελοπ. preceding; probable reason of this, viii. 104, 4 n. instead of a dative, ἔδοξεν αὐτοῖς—†ἀναλαβόντες†—, vii. 74, 1 n. following an accusative of the same subject, ἐπιθυμοῦντας τοὺς Λακεδαιμονίους—ἡγούμενοι—, v. 36, 1 n. following a genitive of the same subject, ἣν αὐτῶν ἡ διάνοια—κρατυνάμενοι, iv. 52, 3 n. anomalous construction of a nominative,

δεδιότες οἱ στρατηγοί, i. 49, 4 n. nom. c. without a verb, ὁ δὲ προκαλεσάμενος, κ. τ. λ. iii. 34, 3, ἀπιστοῦντες—, iv. 40, 2 n, καὶ προκρίναντες, 80, 3 n, οὗτος δὲ ὁ στόλος, —, vi. 31, 3 n. nom. absolute of neut. participle, λεγόμενον, ii. 47, 4 n. εἰρημένον, i. 140, 5. nom. plural participle before an infinitive used, after ἔφη expressed or implied, of those among whom the speaker is included, ἑτοιμασάμενοι ἄξειν. vi. 25, 2 n. return to a construction by nominative case, after a variation from it, i. 23, 4 n. nom. c. used to express both a whole and its parts, iii. 23, 1 n.
Notoriety indicated by the definite article, i. 103, 5 n.
Noun, instead of pronoun, αὐτοὺς Ἀθηναίοις = αὐτοὺς ἑαυτοῖς, v. 18, 5 n. καὶ (οἱ Ἀθηναῖοι) τοῖς Λακεδαιμονίοις ἤδη εὐπροφάσιστον μᾶλλον τὴν αἰτίαν ἐς τοὺς Ἀθηναίους (= ἐς ἑαυτοὺς) τοῦ ἀμύνεσθαι ἐποίησαν. vi. 105, 2.
Number of Verb suited to either of two nominatives, iv. 26, 5 n.
Number, adjectives of, denoting a part of a whole number have an article prefixed, i. 116, 1 n.
Numbers, corruption of in MSS., viii. 104, 2 n.

Ξ.

ξεναγός· Λακεδαιμονίων — οἱ ξεναγοὶ ἑκάστης πόλεως, ii. 75, 3 n.
ξενηλασία· ἣν καὶ Λακεδαιμόνιοι ξενηλασίας μὴ ποιῶσι, i. 144, 2 n. οὐκ ἔστιν ὅτε ξενηλασίαις ἀπείργομέν τινα ἢ μαθήματος ἢ θεάματος, ii. 39, 2 n.
ξενικός· τὸν μισθοφόρον ὄχλον τὸν ξενικόν, iii. 109, 2. ναῦς τε τρεῖς καὶ ἑβδομήκοντα μάλιστα ξὺν ταῖς ξενικαῖς, vii. 42, 1. Τισσαφέρνους τι ξενικὸν ἐπικουρικόν, viii. 25, 2 n. ξενικὸν and ἐπικουρικὸν distinguished, ib. n.

ξένος—ξυμπαρακομίζω. 63

ξένος· οἱ ξένοι εἴη, οὐ μέντοι—γένοιτο (sc. ξένος), ii. 13, 1 n.
ξυγγενής· μετὰ Λακ. καὶ Βοιωτῶν ξυγγενῶν ὄντων, iii. 2, 3 n. Ἀναξάνδρου Θηβαίου κατὰ τὸ ξυγγενὲς ἡγουμένου, viii. 100, 3 n. τὸ ξυγγενὲς τοῦ ἑταιρικοῦ ἀλλοτριώτερον, iii. 82, 11 n. ὁμοίως σφίσι ξυγγενεῖς. v. 15, 1 n.
ξυγγνώμη· ξυγγ. ἁμαρτεῖν ἀνθρωπίνως, iii. 40, 1 n.
ξυγγνώμων· ξυγγ. ἴστε τῆς ἀδικίας κολάζεσθαι τοῖς ὑπάρχουσι προτέροις, ii. 74, 3 n. ξυγγνώμων· used passively, iii. 40, 2 n. iv. 98, 6 n.
ξυγγραφεύς· δέκα ἄνδρας εἱλέσθαι ξυγγραφέας αὐτοκράτορας, viii. 67, 1 n.
ξυγγραφή· χρόνους—προύθεντο ἄνευ ξυγγραφῆς, v. 35, 3 n.
ξυγγράφω· ξυνεχώρησαν ἐφ᾽ οἷς ἠξίουν, καὶ ξυνεγράψαντο. v. 41, 3 Sch.
ξυγκαλέω· ξυγκ. παρεῖναι, ii. 10, 3 n.
ξύγκειμαι· κατὰ τὰ ξυγκείμενα, iii. 70, 3 n. οὐκ ἀπὸ ταὐτομάτου, ἐκ δὲ ἀνδρῶν, οἵπερ ἀεὶ τάδε κινοῦσι ξύγκεινται. vi. 36, 2 Sch.
ξυγκλῄω· ξυνέκλῃε γὰρ διὰ μέσου· v. 64, 4 n. τούτους ξυγκλῇσαι, v. 72, 1 n. τὸ διάκενον καὶ οὐ ξυγκλησθέν, § 3 n. ξυνέκλησαν τὴν ἐκκλησίαν ἐς τὸν Κολωνόν, viii. 67, 2 n.
ξυγκοινόομαι· καὶ τὰ πράγματα πάντα καὶ τὰ ἀποβησόμενα ἐκ τῶν κινδύνων ξυνεκοινώσαντο οἱ στρατιῶται τοῖς Σαμίοις, viii. 75, 3; cf. n. viii. 8, 1.
ξυγκομίζω· ξυγκομίσαντες δὲ τοὺς ἑαυτῶν νεκροὺς, vi. 71, 1 n.
ξυγκρούω· τὸ ἀντίπρωρον ξυγκροῦσαι, vii. 36, 5 n.
ξυγχωρέω· ὅπῃ ἂν ξυγχωρῇ, v. 40, 3 n. οἱ Ἀργεῖοι πρέσβεις τάδε—ἐπηγάγοντο τοὺς Λακ. ξυγχωρῆσαι, v. 41, 2 n.
ξυλλέγω· τῶν δὲ σφετέρων τὰ ὀστᾶ ξυνέλεξαν, vi. 71, 1 n.
ξύλληψις· τὴν ξ. ἐποιοῦντο, i. 134, 1 n.
ξύλλογος· ξύλλογον σφῶν αὐτῶν ποιήσαντες τὸν εἰωθότα, i. 67, 3 n. ξύλ-

λογος and ἐκκλησία distinguished, ii. 22, 1 n.
ξύλον· distinguished from δένδρον, ii. 75, 1 n. θύρας καὶ ξύλα πλατέα ἐπιθέντες, vi. 101, 3 n.
ξύλωσις· τῶν οἰκιῶν καθαιροῦντες τὴν ξύλωσιν· ii. 14, 1 n.
ξυμβαίνω· ἕως ἄν τι περὶ τοῦ πλέονος ξυμβαθῇ, iv. 30, 4 n. ξυμβῆναι τὰ πλείω, 117, 1 n. μόνον δὴ τοῦτο ἐχυρῶς ξυμβάν. v. 26, 3 n. ξυνέβη —αὐτῷ followed by one clause dependent on ξ. αὐ., and another dependent on ξυνέβη only, i. 95, 4. v. 72, 1 n. ξυνέβη δὲ αὐτοῖς, ὥστε—ἐξαγαγεῖν, ἡ τῶν Λ. κακοπραγία, iv. 80, 1. ξυνέβη τε—ὥστε—ἅψασθαι —πρὸς δὲ τὴν εἰρήνην—εἶχον, v. 14, 1 n.
ξυμμαχέω· κατὰ τὰ πάτρια τῶν πάντων Βοιωτῶν ξυμμαχεῖν ii. 2, 5 n.
ξυμμαχία and ἐπιμαχία· difference between, i. 44, 1 n. v. 48, 3; see ἐπιμαχία. οἱ Μαντινῆς—αὐτοὶ τὴν ξυμμαχίαν (= τῶν ξυμμάχων χώραν) ἐφρούρουν, v. 33, 2 n. τὴν ξυμμ. Βοιωτοῖς, v. 46, 4 n. τὴν Λακεδαιμονίων ἡμῖν ξυμμαχίαν, v. 104 n. ξυμμαχία = ξύμμαχοι, vi. 73 n.
ξυμμαχίς· used as a substantive, v. 36, 1. τῆς οἰκειοτέρας ξυμμαχίδος τε καὶ γῆς, 110 n; cf. vi. 90, 2.
ξυμμαχικός· κατὰ τὸ παλαιὸν ξυμμαχικόν, ii. 22, 4. ἐς τὸ αὐτῶν ξυμμαχικὸν ἰέναι, iii. 91, 2. ἀρνουμένων τῶν Χίων, τὸ πιστὸν ναῦς σφίσι ξυμπέμπειν ἐκέλευον ἐς τὸ ξυμμαχικόν, viii. 9, 2 n.
ξύμμαχος· ξύμμαχοι — τοῖς Ἕλλησι, iii. 10, 3 n.
ξυμμετρέω· ἐνευδαιμονῆσαί τε ὁ βίος ὁμοίως καὶ ἐντελευτῆσαι ξυνεμετρήθη, ii. 44, 2 n.
ξύμμορος· Θηβαῖοι καὶ οἱ ξύμμοροι αὐτοῖς, iv. 93, 4 n; cf. n. 76, 3.
ξυμπαρακομίζω· ἀγγελίαν ἔπεμπον ἐπὶ τὰς—ναῦς τοῦ ξυμπαρακομισθῆναι. viii. 39, 4 n.

ξύμπας· τοῖς τε ξύμπασι καὶ καθ' ἕκαστον, i. 36, 3 n. καὶ τὸ ξύμπαν, iii. 68, 6 n. τὸ ξύμπαν, iv. 63, 2 Sch. 64, 3 n. δῆμον ξύμπαν ὠνομάσθαι, ὀλιγαρχίαν δὲ μέρος, vi. 39, I n. ἡμεῖς δὲ τοῦ ξύμπαντος προέστημεν, vi. 89, 6 n.

ξυμπλέω· παραδοῦναι τὰς ναῦς ξυμπλέων, viii. 29, 2; cf. n. i. 128, 4.

ξυμπροθυμέομαι· τοῖς ξυμπροθυμηθεῖσι τῶν ῥητόρων τὸν ἔκπλουν, viii. 1, 1 n; see for the construction προθυμέομαι.

ξυμφέρω· dative with ξυμφέρει, iv. 86, 4 n.

ξυμφορά· καὶ ξυμφορὰ τῇ πόλει πάσῃ οὐδεμιᾶς ἥσσων μᾶλλον ἑτέρας ἀδοκητὸς ἐπέπεσεν αὕτη καὶ δεινή. vii. 29, 5 n. distinguished from κακοπάθεια in μήτε ταῖς ξυμφοραῖς μήτε ταῖς παρὰ τὴν ἀξίαν νῦν κακοπαθείαις. vii. 77, I n. διὰ ξυμφορὰν σφίσιν—γενομένην ἀνδρῶν — διαφθορᾶς, viii. 98, 2 n.

ξύμφορος· τὰ ξύμφορα αὑτοῖς, iii. 56, 6 n. ξυμφορώτατος—προσπολεμῆσαι, viii. 96, 5 n.

ξυναιρέω· πάντα ξυνῄρει καὶ τὰ πάσῃ διαίτῃ θεραπευόμενα, ii. 51, 5. τὰ τῶν Ἀθηναίων ταχὺ ξυναιρεθήσεσθαι, viii. 24, 5 n.

ξυναπονεύω· καὶ τοῖς σώμασιν αὐτοῖς ἴσα τῇ δόξῃ περιδεῶς ξυναπονεύοντες, vii. 71, 4 n.

ξύνδεσμος· ii. 75, 5. 102, 5 n.

ξύνειμι, -εῖναι· μὴ καθ' ὅσον ἄν τις αὑτοῦ μέρος βούληται μεταχειρίζειν, τούτῳ ξυνεῖναι, iv. 18, 4 n.

ξυνεκπλέω· iv. 3, 2 n.

ξυνεξέρχομαι· ὃς Ἀντισθένει ἐπιβάτης ξυνεξῆλθε, viii. 61, 2 n. Sch.

ξυνεπιτίθημι· τῷ δὲ ξυνεπιθέμενοι, iii. 54, 3 n.

ξυνεπιλαμβάνω· ὥστε τοῖς μὲν πρῶτον μαχομένοις —καὶ τοῦτο ξυνεπιλαβέσθαι τοῦ φόβου, vi. 70, I n. Ἑρμοκράτους—ἐνάγοντος ξυνεπιλαβέσθαι †καὶ† τῆς ὑπολοίπου Ἀθηναίων καταλύσεως, viii. 26, 1.

ξυνέρχομαι· ταύτην τὴν στρατείαν— ξυνῆλθον. i. 3, 6 n. ἡ μὲν μάχη— ὑπὸ ἀξιολογωτάτων πόλεων ξυνελθοῦσα, v. 74, 1 n. οὐ πώποτε Ἀθηναίους—ἐς οὐδὲν πρᾶγμα οὕτω μέγα ἐλθεῖν βουλεύσοντας, ἐν ᾧ πεντακισχιλίους ξυνελθεῖν. viii. 72, 1 n.

ξύνεσις. τῇ ἐξ ἑαυτῶν ξυνέσει, iii. 37, 4 n.

ξυνετός· τὸ πρὸς ἅπαν ξυνετὸν ἐπὶ πᾶν ἀργόν, iii. 82, 6 n. ἐπιβουλεύσας τις τυχὼν ξυνετός, § 8 n. μηδεὶς— ξυνετὸς βουλέσθω δοκεῖν εἶναι, iv. 10, 1 n.

ξυνέχω· οἱ ἐξορμῶντές τε ναῦν καὶ ξυνέχοντες τὴν εἰρεσίαν, vii. 14, 1 n.

ξυνήθης· διὰ τὸ πρότερον ξύνηθες τοῖς μὲν πολίταις φοβερόν, ἐς δὲ τοὺς ἐπικούρους ἀκριβές, vi. 55, 3 Sch. n. Πελοποννησίων — οὐ ξύνηθες μῖσος εἶχε, iv. 128, 5 n.

ξυνθήκη· τὸ δικαίον—τῆς ξυνθήκης, iv. 61, 4 n.

ξύνθημα· τοῖς ἐρωτήμασι τοῦ ξυνθήματος πυκνοῖς, vii. 44, 5 n.

ξυνίστημι· ὅσοις ξυνειστήκει (sc. ὁ περίβολος) i. 90, 2 n, opp. to τοῦ περιβόλου βραχέα εἱστήκει, 89, 3.

ξυννέω· τῶν νεκρῶν ὁμοῦ ἐπ' ἀλλήλοις ξυννενημένων, vii. 87, 1 n.

ξύνοδος· αἱ ξύνοδοι ἐς τὸ ἱερὸν ἐγίγνοντο. i. 96, 4 n. *an association,* αἱ τοιαῦται ξύνοδοι, referring to τοῦ ἑταιρικοῦ preceding, iii. 82, 11 n. ἡ ξύνοδος ἦν (= ξυνῆλθον) Ἀργεῖοι μὲν —χωροῦντες, v. 70 n. τῶν ξυμμάχων—ὑπὸ κοινῶν ξυνόδων βουλευόντων, i. 97, I. δόξαν αὐτοῖς ἀπὸ ξυνόδου ὥστε—, viii. 79, 1 n. ἀπὸ ξυνόδου, but not ἀπ' ἐκκλησίας, correct, n. viii. 81, 8.

ξυνοικία and οἰκία· difference between, iii. 74, 2 n.

ξυνοικίζω· ξυνοικίζουσι τὴν Λέσβον τὴν Μυτιλήνην βίᾳ, iii. 2, 3 n.

ξυντεκμαίρομαι· ξυντεκμηράμενοι ὑπὸ τὸ χῶμα, ii. 76, 2 n.

ξυντελέω· ἁπάντων ἤδη ξυντελούντων

ές αὐτήν, ii. 15, 3 n. ἢ ἐς Ὀρχομενὸν—ξυντελεῖ, iv. 76, 3 n; cf. n. i. 58, 1.
ξυντυχία· with gen. c., *simultaneous occurrence*, i. 33, 1 n. iii. 112, 7 n; cf. n. viii. 98, 2. αἱ δ' ἄλλαι ξυντυχίαι, iii. 45, 4 n. ὡς ἑκάστοις τῆς ξυντυχίας—ἔσχεν, vii. 57, 1 n.
ξυνωμοσία· ξυνίστασαν τῶν ἀνθρώπων τοὺς ἐπιτηδείους ἐς ξυνωμοσίαν, viii. 48, 1. οἱ δὲ ξυλλεγέντες τῶν ἐν τῇ †ξυνωμοσίᾳ,† (all the MSS. ξυμμαχίᾳ) 49 n. ξυνωμοσία = ἑταιρία, in viii. 54, 4 n. 81, 2 n; see *Clubs* in Hist. Index.
ξυρράσσω· ἄδηλον ὂν ὁπότε σφίσιν αὐτοῖς ξυρράξουσι, viii. 96, 2 n.
ξύστασις· ἀγῶνα καὶ ξύστασιν τῆς γνώμης, vii. 71, 1 n.

O.

ὁ· ἐν γὰρ τῷ πρὸ τοῦ, iv. 72, 2 n. †τὸν† (or τῶν) ἐπὶ Θρᾴκης, iv. 104, 3 n. neuter pl. followed by a prep. with a national name, τὰ ἐς Βοιωτούς, v. 39, 3 n. τὰ πρὸς Ἀργείους, 46, 1. difference between τὸ καθ' ἑαυτοὺς and τὰ καθ' ἑαυτούς, vi. 88, 3 n; see also *Article*.
ὀγδοήκοντα· οἱ ὀγδ. v. 47, 9 n.
ὅδε· always used in and with respect to treaties; while τοιάδε and τοσαῦτα are generally used of speeches, v. 46, 5 n. vi. 8, 4 n. ἐς τάδε βλέψαντες, v. 98 Sch. οὐκ Ἴωνες τάδε εἰσίν, vi. 77, 1 n.
ὁδός· μετὰ γὰρ Ἀθηναίων ἄδικον ὁδὸν ἰόντων ἐχωρήσατε, iii. 64, 6 n. ὁδόν τινα κοίλην καὶ λοχμώδη, iii. 107, 6 n.
ὅθεν· ὅθεν πρὸς Σικελίαν ἐλάχιστον—†πλοῦν† ἀπέχει, vii. 50, 2 n. καὶ εἰ μή τις ἢ διαναυμαχήσει ἢ ἀπαλλάξεται ὅθεν τροφὴν ἕξει[ν],—, viii. 83, 3 n.
οἵ· corrupted into ᾗ, or ᾗ into οἵ, n. iv. 42, 3. and v. l. i. 136, 3.
οἶδα· ἐν δὲ νυκτομαχίᾳ,—πῶς ἄν τις σαφῶς τι ᾔδει; vii. 44, 2 n; difference between πῶς ἄν—ᾔδει; and its v. l. πῶς ἄν—εἰδείη; ib. n.
οἰκεῖος· τὰ οἰκεῖα χεῖρον τίθενται φιλονεικίας ἕνεκα τῆς αὐτίκα. i. 41, 3 n. τοὺς Μεσσηνίους οἰκείους ὄντας αὐτῷ (sc. τῷ χωρίῳ), iv. 3, 3 n.
οἰκειόω· τὴν πόλιν—ἐς τὴν ξυγγένειαν οἰκειοῦντες, iii. 65, 3 n.
οἰκέτης· see *Slaves* in Hist. Index.
οἰκέω· ἥμισυ τῆς οἰκίας τοῦ ἱεροῦ τότε τοῦ Διὸς οἰκοῦντα, v. 16, 3 n. ἐλευθέρους εἶναι καὶ οἰκεῖν ὅπου ἂν βούλωνται· v. 34, 1 n. τὰς πόλεις ᾤκουν, in the sense of *conduct, manage*, i. 17, 1 n. ii. 37, 2 n. iii. 37, 3. ἐς πλείονας οἰκεῖν, ii. 37, 2 n. ἄμεινον οἰκ. τὰς πόλεις, iii. 37, 3. αὐτοὶ δὲ—ἡγεμόνες καταστάντες οἰκοῦμεν, vi. 82, 2 n.
οἴκησις· τῶν δὲ τὴν μεσόγαιαν ἐχόντων αὐτόνομοι οὖσαι καὶ πρότερον ἀεὶ [αἱ] οἰκήσεις, vi. 88, 4 n.
οἰκία· τὰς οἰκίας—καὶ τὰς ξυνοικίας, difference between οἰκία and ξυνοικία, iii. 74, 2 n.
οἰκίζω· Φωκαῆς τε Μασσαλίαν οἰκίζοντες, i. 13, 8 n. Σκῦρον ᾤκισαν αὐτοί, i. 98, 2 n.
οἴκισις· interchanged with οἴκησις in MSS., μνημόσυνον—αὐτοῦ τῆς οἰκίσεως, v. 11, 1 n.
οἰκοδόμησις· τὸ δὲ τεῖχος ἦν—τοιόνδε τῇ οἰκοδομήσει, iii. 21, 1 n.
οἶκτος, and ἐπιείκεια, differences between these, regarding the persons in whom they exist, and likewise the persons towards whom they are shewn, iii. 40, 3 n. οἴκτῳ σώφρονι, iii. 59, 1 n.
οἷος with dat. c. τὸ πρᾶγμα μέγα εἶναι καὶ μὴ οἷον νεωτέρῳ βουλεύσασθαι, vi. 12, 2 n. οἷός τε· οὐ γὰρ οἷόν τε —ὁμοῖόν τι ἢ ἴσον—βουλεύεσθαι, i. 91, 6 n. —ἴσον τι ἢ δίκαιον βουλεύεσθαι, ii. 44, 4 n.
οἷπερ· οἷπερ καὶ μετανέστησαν παρὰ Σαλυνθίου, iii. 114, 4 n. ἐς Τειχι-

οὔσσαν—οἴπερ τοῦ κόλπου πλεύσαντες ηὐλίσαντο, viii. 26, 3.

ὀϊστός· —τὸν ἄτρακτον (λέγων τὸν ὀϊστὸν), iv. 40, 2 n.

οἴχομαι· has a past signification; τοῖς οἰχομένοις, ii. 65, 12 n.

ὀκτώ· disputed position of, ii. 100, 2 n.

ὄλεθρος· τῷ αἰσχίστῳ ὀλέθρῳ λιμῷ τελευτῆσαι, iii. 59, 4 n.

ὀλιγαρχία· κατ' ὀλ. ἰσώνομον, iii. 62, 4 n. πόλιν δι' ὀλιγαρχίας ἐπιβουλεύουσαν, vi. 11, 6 n.

ὀλίγος· καὶ ὀλίγον οὐδὲν ἐς οὐδὲν ἐπενόουν. vii. 59, 3 n. καὶ ὀλίγον ἐπράσσετο οὐδὲν ἐς τὴν βοήθειαν τὴν ἐπὶ τὴν Χίον. viii. 15, 2. ὀλίγον πρὸ τούτων, latitude of this expression, ii. 8, 3 n. Μακεδόνων ξὺν Χαλκιδεῦσιν ὀλίγου ἐς χιλίους, iv. 124, 1 n. προσβαλόντες τῇ πόλει—ὀλίγου εἷλον. viii. 35, 3 nn. ἐς ὀλίγον ἀφίκετο πᾶν τὸ στράτευμα—νικηθῆναι, iv. 129, 4 n. ὀλίγον = ὀλιγαρχία, in τῆς ἄλλης πόλεως κατ' ἀνάγκην ἐς ὀλίγον κατεχομένης, viii. 38, 3 n; cf. τά τ' ἐν Σικυῶνι ἐς ὀλίγους μᾶλλον κατέστησαν αὐτοὶ οἱ Λακ. v. 81, 2. ἐξ ὀλίγου, relating to time, ii. 11, 5. 61, 2. iv. 108, 6. v. 64, 4. 72, 1. to space, ii. 91, 5. τῇ ἐξ ὀλίγου †αἰφνιδίῳ†—ἀναχωρήσει, v. 65, 5 n. δι' ὀλίγου, of space, ii. 89, 13 n. v. 66, 1. δι' ὀλίγου, iii. 43, 4 n. δι' ὀλίγου καὶ ἐς ὀλίγον, vii. 36, 5 n. δι' ὀλίγου γὰρ οὔσης τῆς θέας, vii. 71, 3 Sch. κατ' ὀλίγον—μαχεῖται, iv. 10, 3 n. τό τε κατ' ὀλίγον καὶ μὴ ἅπαντας κινδυνεύειν, v. 9, 1 n. βραδεῖά τε καὶ κατ' ὀλίγον προσπίπτουσα, vi. 34, 4 n. οὐκ ἄνευ ὀλίγων ἐπιθειασμῶν, vii. 75, 4 n.

ὁλκάς· ii. 91, 4 n. τὰς ἀπ' Αἰγύπτου ὁλκάδας προσβαλλούσας ξυλλαμβάνειν· viii. 35, 2 n.

ὀλοφυρμός· πρὸς—ὀλοφυρμὸν. τραπόμενοι, vii. 75, 4; see n. ii. 51, 7.

ὀλοφύρομαι· οὐκ ὀλ. μᾶλλον ἢ παραμυθήσομαι, ii. 44, 2 n.

ὀλόφυρσις· τὰς ὀλ. τῶν ἀπογιγνομένων—ἐξέκαμνον, ii. 51, 7 n.

ὁμηρεία· ὑπολιπόντες ἐς ὁμηρείαν τὸν προσοφειλόμενον μισθόν, viii. 45, 2 n.

ὅμηρον· a security, ὅμηρον ἔχειν, i. 82, 4 n.

ὁμιλέω· καὶ ταῦτα ἡ ἐμὴ νεότης—λόγοις—ὡμίλησε, vi. 17, 1 n.

ὁμοβώμιος· θεοὺς τοὺς ὁμ. καὶ κοινοὺς τῶν Ἑλλήνων, iii. 59, 2 n.

ὅμοιος· χρημάτων δυνάμει ὄντες—ὁμοῖα τοῖς κ.τ.λ. = πλουσιοὶ ὄντες ὁμοίως τοῖς κ.τ.λ. i. 25, 4 n. ἐπὶ τῇ ἴσῃ καὶ ὁμοίᾳ, i. 27, 1 n. οὐχ ὁμοία = οὐχ ὁμοίως ξυμφέρει, i. 35, 5 n. ἐν τοῖς ὁμοίοις νόμοις, impartial, i. 77, 1 n. ὅμοια γνώσεσθε = ὁμοίαις γνώμαις χρήσεσθε, i. 77, 7 n. ὁμοῖα τῇ πίστει καὶ ἔργῳ, i. 120, 8 n. ἐκ τοῦ ὁμοίου = ὁμοίως, iii. 12, 3 n. τῆς ἴσης καὶ ὁμοίας μετέχοντα, iv. 105, 2 n. ὅμοιος· such as before, οὐκέτι ὁμ. i. 73, 5 n. ii. 80, 1 n. ὁμοίους —ὑπολειπομένους, iii. 40, 4 n. δικαίωσις ἀπὸ τῶν ὁμοίων (= ἴσων)—τοῖς πέλας ἐπιτασσομένη, i. 141, 1 n. ἀπὸ τῶν ὁμοίων ἐλασσούμενος, viii. 89, 3 n. ὅμοιοι as a class of Spartan citizens, n. i. 141, 1. and n. v. 15, 1.

ὁμοιότροπος· πόλεσι—ταύταις μόναις ἤδη ὁμοιοτρόποις, vii. 55, 2 n. μάλιστα γὰρ ὁμοιότροποι γενόμενοι ἄριστα καὶ προσεπολέμησαν, viii. 96, 5 n.

ὁμοίως· ὁμ. πάντας ἐς τὰ παραγγελλόμενα ἰόντας, i. 121, 2 n. ὁμοίως σφίσι ξυγγενεῖς, v. 15, 1 n. νομίζων ὁμοίως ἀγαθὸν πολίτην εἶναι, ὃς ἄν—, vi. 9, 2 n. ὁμοίως used as predicate, see Adverb. ὁμοίως followed by καί, see καί.

ὁμολογία· τὴν ὁμολογίαν προὐθυμοῦντο, viii. 90, 1 n.

ὅμορος· κατὰ τὸ ὅμορον, vi. 88, 1 n.

ὅμως· ἐπὶ πλέον δὲ ὅμως, ii. 51, 8 n. ὄντα μὲν—ὅμως δέ, ii. 97, 4 n. ἅς ὁ

Νικίας ὅμως—ἀπέστειλε. vii. 1, 2 Sch.; cf. vi. 104. 3. ὑπήκοοι δ' ὄντες καὶ ἀνάγκη ὅμως, Ἰωνές †γε† ἐπὶ Δωριέας, ἠκολούθυυν. vii. 57, 4 n. ὅμως· iii. 28, 2 n. 49, 2 n. 80, 2 n. iv. 96, 8. vi. 70, 4 n. vii. 1, 2 Sch. ὁμωχέτης· τοὺς ὁμωχέτας δαίμονας, iv. 97, 3 n.
ὀνεύω· ἔκ τε τῶν ἀκάτων ὠνεύον ἀναδούμενοι τοὺς σταυρούς, vii. 25, 6 n.
ὄνομα· μετ' ὀνομάτων καλῶν, v. 89, Sch. n. ἐπὶ τῷ ὀνόματι ὡς ἐπὶ Ἀθήνας ᾔει, vi. 33, 6 n. ἄλλως ὄνομα καὶ οὐκ ἔργον, viii. 78 nn.
ὀνομάζω· τοῖς πρεσβυτέροις καὶ πέντε λόχοις ὠνομασμένοις, v. 72, 4 n; cf. οἱ—ἱππῆς καλούμενοι, ib.
ὀξέως· ὀξέως—τι λέγοντος, iii. 38, 4 n.
ὀξύς· τὸ—ἐμπλήκτως ὀξύ, iii. 82, 7 n.
ὅπᾳ· ὅπᾳ κα δικαιότατα δοκῇ τοῖς Π. v. 77, 6 n. ὅπᾳ κα δικαιότατα κρίναντας, 79, 3 n.
ὅπῃ· wherever, iii. 1, 2 n.
ὁπλίζω· ὁ Σάλαιθος—ὁπλίζει τὸν δῆμον πρότερον ψιλὸν ὄντα, iii. 27, 2. τὴν Ἔρεσον ἀποστήσας καὶ ὁπλίσας, viii. 23, 4 n.
ὅπλον· προεξιόντας τῶν ὅπλων, iii. 1, 2 n. θέμενοι τὰ ὅπλα, ii. 2, 5 n. iv. 44, 1 n. προσκαλῶν ἑκάστους κατὰ λόχους, ὅπως μὴ ἀθρόοι ἐκλίποιεν τὰ ὅπλα, iv. 91 n. τὰ ὅπλα κείμενα, iv. 130, 3 n ἐν ὅπλοις τῶν πολιτῶν τοὺς τὴν πομπὴν πέμψαντας ἀθρόους γενέσθαι· vi. 56, 2 n. καί τινα μίαν νύκτα καὶ κατέδαρθον ἐν Θησείῳ—ἐν ὅπλοις, vi. 61, 2 n. ἐφ' ὅπλοις ποιούμενοι, vii. 28, 2 n; cf. viii. 69, 1, 2 n. ἐς τὰ ὅπλα ἰέναι, viii. 92, 6 n. αὐλίζεσθαι ἄπο τῶν ὅπλων ἐν τῇ πόλει, vi. 64, 3 n. ὅπλα = spears and shields, ii. 2, 5 n. ἄνευ ὅπλων, ii. 81, 9 n. ὅπλον = ἀσπίς· ὅπλα μέντοι ἔτι πλείω ἢ κατὰ τοὺς νεκροὺς ἐλήφθη· vii. 45, 2 n. εἶναι δὲ αὐτῶν (sc. τῶν πεντακισχιλίων) ὁπόσοι καὶ ὅπλα παρέχονται· viii. 97, 1 n.
ὁπόσος· τὰ χρήματα Τισσαφέρνει ἀποδοῦναι, ὁπόσα ἂν λάβωσιν. viii. 58, 6 n.
ὁποσοσοῦν· εἰ καὶ ὁποσοιοῦν τολμήσειαν, vi. 56, 3 n.
ὅπως· how, with fut. indicative; in order that, with a view to, admits the subj. aorist, ii. 60, 1 n. οὐχ ὅπως—ἀλλὰ μηδ', iii. 42, 7 n. οὐχ ὅπως — ἀλλὰ καὶ, i. 35, 4. ὅπως ἔτυχέ τῳ, v. 20, 2 n. ἐδέοντο Βοιωτοὺς ὅπως παραδώσουσι—, v. 36, 2 n. ὅπως μή—with i. aor. subj. Dawes' canon concerning it; with fut. indic. i. 82, 5 n. ὅπως μὴ οὐκ—with i. aor. subj. iii. 57, 1. ὅπως μὴ and μὴ ὅπως of different significations, vi. 18, 2 n.
ὁπωσοῦν, probably = ὁτιοῦν· ἤν τι— ὁπωσοῦν, i. 77, 3 n. ὁ δὲ Δημοσθένης περὶ μὲν τοῦ προσκαθῆσθαι οὐδ' ὁπωσοῦν ἐνεδέχετο· vii. 49, 2 n. ἐπιστείλαντες παντὶ τρόπῳ, ὅστις καὶ ὁπωσοῦν ἀνεκτός, ξυναλλαγῆναι πρὸς τοὺς Λακ. viii. 90, 2.
ὁράω· ὡς ἑώρα τὰς ναῦς πολλὰς (sc. οὔσας) τὰς ἀπὸ τῆς Χίου, viii. 16, 2 n.
ὀργάω· Λακεδαιμονίων ὀργώντων, iv. 108, 5 n. ὀργῶντες κρίνειν τὰ πράγματα, viii. 2, 2 n. ὡς ἕκαστος ὤργητο, ii. 21, 3 n.
ὀργή· τῇ ὀργῇ οὕτω χαλεπῇ ἐχρῆτο ἐς πάντας, i. 130, 2 n. εἰδὼς τοὺς ἀνθρώπους οὐ τῇ αὐτῇ ὀργῇ ἀναπειθομένους τε πολεμεῖν καὶ ἐν τῷ ἔργῳ πράσσοντας, i. 140, 1 n. πρὸς ὀργὴν τι ἀντειπεῖν, ii. 65, 8 n. ὀργὴν ἤν τινα τύχητε—ζημιοῦτε, iii. 43, 5 n. ὀργῇ τῶν ἀνθρώπων, 45, 4 n. Ἀστύοχον εἶναι αἴτιον, ἐπιφέροντα ὀργὰς Τισσαφέρνει διὰ ἴδια κέρδη. viii. 83, 3 Sch. n.
ὀργίζομαι· ὁ ὀργισθεὶς περὶ αὐτὸν (sc. πόλεμον), i. 122, 2 n.
ὀρέγομαι· ἀεὶ γὰρ τοῦ πλέονος ἐλπίδι ὀρέγονται, iv. 17, 4 n.
ὄρθιος· Φλιάσιοι ὄρθιον ἑτέραν ἐπορεύοντο· v. 58, 4 n.

ὀρθόομαι· τῷ ὀρθουμένῳ αὐτοῦ πιστεύοντες ἐπαίρεσθαι, iv. 18, 4 Sch.

ὄρθρος· ἅμα ὄρθρῳ—νυκτὸς ἔτι οὔσης, iii. 112, 4 n. νυκτὸς ἔτι καὶ περὶ ὄρθρον, iv. 110, 2; cf. ἔτι νυκτὰ καὶ αὐτὸ τὸ περίορθρον, ii. 3, 4.

ὁρίζομαι· μέχρι—τοῦδε ὡρίσθω, a condensed expression, i. 71, 5 n. μέχρι —Γρααίων—ὡρίζετο, ii. 96, 3 n. ἐς τὸ—ἡδονὴν ἔχον ὁρίζοντες, iii. 82, 17 n.

ὅρκιον· τὸ ὅρκιον ἢ μὴν ἐάσειν ἄρχειν ὅπῃ ἂν ἐπίστωνται, vi. 72, 4 n.

ὅρκιος· θεοὺς τοὺς—ὁρκίους, ii. 71, 6 n.

ὅρκος· ὅρκον διδόναι compared with δίκας δ. n. i. 28, 2. ὅρκοι—ξυναλλαγῆς, ἐν τῷ αὐτίκα πρὸς τὸ ἄπορον ἑκατέρῳ διδόμενοι, unusual sense of ὅρκοι—διδόμενοι, iii. 82, 14 n. οὔτε ὅρκος φοβερός, iii. 83, 1 n. ὀμνύντων δὲ τὸν ἐπιχώριον ὅρκον ἑκάτεροι τὸν μέγιστον ἐξ ἑκάστης πόλεως. v. 18, 9 n. τὸν δὲ ὅρκον ἀνανεοῦσθαι κατ' ἐνιαυτὸν ἀμφοτέρους· ib. nn.

ὁρμάομαι· military sense of, ἐκ πόλεως ὁρμώμενοι, iii. 31, 1 n. οὕτως ὡς ἕκαστος ὥρμητο. v. 1 n. ὥσπερ ὥρμητο, viii. 23, 1 n. ὡρμημένων αὐτῶν, viii. 11, 3 n. ὁ δὲ Ἀστύοχος—ὥρμητο ἐς τὸ βοηθεῖν. 40 fin. τὸ δὲ πλέον καὶ ἀπὸ σφῶν αὐτῶν—ὥρμηντο ἐς τὸ καταλῦσαι τὴν δημοκρατίαν. 47, fin. οἱ δὲ πρὸς τὴν τῆς Χίου κακουμένης βοήθειαν μᾶλλον ὥρμηντο, 60, 2. τοῖς τε πλείοσιν ὥρμηντο ἐπιτίθεσθαι. 73, 3. ὡρμημένων τῶν ἐν Σάμῳ Ἀθηναίων πλεῖν ἐπὶ σφᾶς αὐτούς, 86, 4.

ὁρμέω and ὁρμίζω frequently confounded in the MSS. iv. 75, 2 n.

ὁρμή· ὅπως τῇ παρούσῃ ὁρμῇ τοῦ περαίνεσθαι, ὧν ἕνεκα ἦλθον, μὴ βραδεῖς γένωνται· vii. 43, 5 Sch. n.

ὅρος· οἷσπερ νῦν ὅροις χρωμένους πρὸς ἡμᾶς, vi. 13 n.

ὀροφή· ὀροφαῖς καὶ θυρώμασι, iii. 68, 4. ἀναβάντες — ἐπὶ τὸ τέγος—

καὶ διελόντες τὴν ὀροφήν, iv. 48, 2 n.

ὄροφος· τοῦ—οἰκήματος τὸν ὄροφον ἀφεῖλον, i. 134, 4 n.

ὅς· used as a demonstrative pronoun after καί· καὶ οἱ ὑποστρέφοντες ἠμύνοντο, iv. 33, 2 n. οἱ is the nom. to four futures including ἐπαξόμεθα in iv. 64, 3 n. followed by a complete sentence; ὃ=ὅπου· ὃ τοῖς ἄλλοις ἀμαθία μὲν θράσος, λογισμὸς δὲ ὄκνον φέρει, ii. 40, 4 n. iii. 12, 1 n. ἐν ᾧ resolvable into a demonstrative with conjunction, viii. 72, 1 n.

ὅσιος· its opposite significations, i. 71, 7. distinction between it and ἱερός, ib. ii. 52, 3 n.

ὅσος· ὅσα μὲν κ. τ. λ. i. 22, 1 n. ὅσα μή, an adverbial phrase, limiting the preceding proposition, i. 111, 2 n. iv. 16, 1 n. οὐχ ὅσον οὐκ — ἀλλ' οὐδ', iv. 62, 2 Sch. καθ' ὅσον ἄν τις αὐτοῦ μέρος βούληται μεταχειρίζειν, iv. 18, 4 n. ταμιεύεσθαι ἐς ὅσον βουλόμεθα ἄρχειν, vi. 18, 3. καθ' ὅσον δέ τι ὑμῖν—ξυμφέρει, τούτῳ ἀπολαβόντες χρήσασθε, vi. 87, 3 n. πλὴν καθ' ὅσον εἰ—, 88, 1 n. dative ὅσῳ· ὅσῳ καὶ περὶ πλείστου καὶ διὰ πλείστου δόξαν ἀρετῆς μελετῶσιν. vi. 11, 6. ἔμοιγε ἀξιῶ ὑμᾶς—χρῆσθαι—ὅσῳ τὰ μὲν Ἀθηναίων οἶδα, τὰ δ' ὑμέτερα ἥκαζον· vi. 92, 4. after a comparative; οὐχ ἧσσον—ὅσῳ—, iii. 45, 6. v. 90. κινδύνους—βεβαιοτέρους ἢ ἐς ἄλλους νομεῖν, ὅσῳ—, 108. καὶ αὐτὸς οὐδενὸς ἂν χείρων, ὅσῳ καὶ †λοιδορήσαιμι·† vi. 89, 6 n. ὅσος after τοσοῦτος, vii. 28, 3 n. ὅσα πρὸς τοὺς θεούς, viii. 70, 1 n. ὅσον καὶ ἀπὸ βοῆς ἕνεκα, viii. 92, 9 n. ἀποβάντες ἐς Ἐπίδαυρον τὸν Λιμηρὰν καὶ Πρασιὰς καὶ ὅσα ἄλλα, vi. 105, 2 n.

ὅσπερ· ὅπερ καὶ Ἀθηναῖοι αὐτοὶ οὗτοι —ηὐξήθησαν, vi. 33, 6 n. ἅπερ δεόμενοι ἂν ἐπεκαλεῖσθε, ταῦτα — νῦν παρακελευομένους — φαίνεσθαι. vi. 48, 4 n.

ὀστέον—οὖ.

ὀστέον· τὰ δὲ ὀστᾶ—κομισθῆναι—οἴκαδε, i. 138, 9 n. τῶν δὲ σφετέρων τὰ ὀστᾶ ξυνέλεξαν, vi. 71, 1 n.
ὅστις with μή· πρὸς γῇ οὐδεμιᾷ φιλίᾳ ἥντινα μὴ—κτήσεσθε· vi. 68, 3 n. ἐν ὅτῳ ἔτι φυλάξεταί τις αὐτὴν γνωρισθεῖσαν, οὐκ ἐλλείπει. v. 103, 1. εἰ δὲ ἅπαξ τὸ ἕτερον σφαλήσεται—οὐδὲ ὅτῳ διαλλαγήσεταί τις ἔτι ἔσεσθαι. viii. 86, 7 n.
ὁστισοῦν· ὅ τι δ' ἂν τούτων παραβαίνωσιν ἑκάτεροι καὶ ὁτιοῦν, iv. 16, 2 n.
ὀστρακίζω· ἔτυχε γὰρ ὠστρακισμένος καὶ ἔχων δίαιταν μὲν ἐν Ἄργει, ἐπιφοιτῶν δὲ καὶ ἐς τὴν ἄλλην Πελοπόννησον, i. 135, 3 n. ὠστρακισμένου οὐ διὰ δυνάμεως καὶ ἀξιώματος φόβον ἀλλὰ διὰ πονηρίαν καὶ αἰσχύνην τῆς πόλεως, viii. 73, 3.
ὅτε· ὅτε μὲν—ὅτε δὲ—, vii. 27, 4 n.
ὅτι and ὅ, τι· ὅ τι οὐκ ἐπέρχεται ἐπὶ τὸ κοινόν, i. 90, 6 n. ὅ τι· whether put for διότι, i. 90, 6 nn; explanations of Duker, and Schol. on Aristoph. Vesp. 22. καθ' ὅ τι ἂν πεισθῆτε, i. 35, 4 n. τά τε ἄλλα ὅτι ἀνέλπιστα αὐτοῖς ἐφαίνετο. vii. 47, 2 n. ὅτι or ὡς with a superlative with a preposition interposed, i. 63, 1 n. ὅτι followed by a preposition with a neuter superlative, —ἐν βραχυτάτῳ, iii. 46, 1 n. —ἐπ' ἐλάχιστον, iii. 46, 5 n; cf. n. i. 63, 1. ὅτι ἐν βραχυτάτῳ, compared with ὡς ἐς ἐλάχιστον, i. 63, 1 n. iii. 46, 1 n.
οὖ· καί †οἵ† ξυντομωτάτην ἡγεῖτο διαπολέμησιν· vii. 42, 5 n.
οὗ· reflexive pronoun; the plural number σφεῖς κ. τ. λ., as well as its derivative σφέτερος, always has reference to a subject, virtually at any rate, plural. δείσας δὲ Ἆγις μὴ σφῶν κυκλωθῇ τὸ εὐώνυμον, v. 71, 3 n; cf. διδάσκεται ὑπ' αὐτῆς τὸν παῖδα σφῶν λαβών—, i. 136, 4. αἰφνίδιοι δὲ ἢν προσπέσωσιν,—μάλιστ' ἂν †σφᾶς†

περιγενέσθαι, vi. 49, 2 n. τοὺς—Ἀθηναίους—ἐκέλευον σφᾶς, εἰ βούλονται, αὐτοὺς διαφθείρειν, iv. 48, 1 n. οἱ πολλοὶ σφᾶς αὐτοὺς διέφθειρον,—παντὶ τρόπῳ—ἀναλοῦντες σφᾶς αὐτούς, § 3 n. νομίσαντες,—οὐκ ἂν ῥᾳδίως σφᾶς—ἀποτειχισθῆναι, vi. 96, 1 n. τὴν κύκλωσιν σφῶν, iv. 128, 1 n. σφῶν περιτείχισις. 131, 1 n. σφῶν ἐπὶ Φύρκον, a conjectural reading, v. 49, 1 n; cf. σφῶν ἐπὶ τὸν Πειραιᾶ, viii. 96, 3 n, δι' ἐκείνου νομίζοντες πεισθῆναι †σφᾶς† ξυστρατεύειν. vi. 61, 5 n. ὅσοι ἀπὸ σφῶν (sc. τῶν Ἀθηναίων) ἦσαν ξύμμαχοι, vi. 76, 3 n. different subjects referred to by σφῶν, and σφῶν αὐτῶν. vii. 48, 3 n. different use of σφίσιν and αὑτοῖς in the same sentence applied to the same subject; ὅπερ πάσχουσιν ἐν τοῖς μεγάλοις ἀγῶσι, πάντα τε ἔργῳ ἔτι σφίσιν ἐνδεᾶ εἶναι καὶ λόγῳ αὑτοῖς οὔπω ἱκανὰ εἰρῆσθαι, vii. 69, 2 n. dative case of relation; δέκα ναῦς τὰς ἄριστα σφίσι πλεούσας, vii. 31, 5. ἐνόμισαν σφίσιν ἔτι δυνατὰ εἶναι τὰ πράγματα—περιγενέσθαι. viii. 106, 5 n. but in iii. 86, 5, σφίσι is governed by ὑποχείρια. σφίσι referring, not to the subject of the subordinate clause in which it stands, but to the original subject of the context, as κατέφυγον—τῶν Τ. ἐς αὐτοὺς ὅσοι ἦσαν σφίσιν (sc. τοῖς Ἀθηναίοις) ἐπιτήδειοι. iv. 113, 3. οἰόμενοι τὴν βουλήν,—οὐκ ἄλλα ψηφιεῖσθαι ἢ ἃ σφίσι (sc. τοῖς βουλευταῖς, implied from τὴν βουλήν,) προδιαγνόντες παρανοοῦσιν. v. 38, 3 n. φάσκοντες †σφᾶς†, (if that reading may stand, referring to Λακεδαιμόνιοι,) v. 49, 1 n. τοὺς—πολεμίους εὐθὺς σφίσιν ἐνόμιζον—ἐπὶ τὸν Πειραιᾶ πλευσεῖσθαι, viii. 1, 2 n; cf. n. iii. 98, 1. εἰ οἱ πολέμιοι τολμήσουσι —εὐθὺς σφῶν (= τῆς Ἀττικῆς) ἐπὶ τὸν Πειραιᾶ—πλεῖν· viii. 96, 3 n; cf. n. v. 49, 1. ὁ Νικίας—πέμπει ἐς

των Σικελών τούς—†σφίσι† ξυμμάχους, vii. 32, 1 n. σφίσι used improperly with reference to the subject of a preceding part of the context, vii. 70, 2 n.
οὐ, or οὐκ· placed between the article and its substantive ;—τὴν τῶν γεφυρῶν—οὐ διάλυσιν, i. 137, 7 n. τὴν οὐ περιτείχισιν, iii. 95, 2 n. τὴν— οὐκ ἀπόδοσιν, v. 35, 2, κατὰ τὴν οὐκ ἐξουσίαν τῆς ἀγωνίσεως, 50, 4. taken together with a substantive to form one notion, νομίσαντες οὐκ ἀπάτην εἶναι. vii. 74, 1 n; cf. n. i. 137,7. in οὐκ ἐπικινδύνως ἡγεῖσθε, the position of οὐκ produces obscurity, iii. 37, 2 n. confusion arising in the latter part of a sentence from the position of οὐ in the former part, iv. 62, 1 n; cf. i. 71, 1. transposed position of; οὐκ ἐν πατρίδι, vi. 68, 3 n. τῇ πόλει—οὔσῃ οὐ μεγάλῃ, vii. 29, 3 n. οὐχ ὅσον οὐκ— ἀλλ' οὐδ', iv. 62, 2 Sch. οὐ and μή· different effect of, iv. 44, 5 n. 130, 6 n. v. 64, 4 n. 110 n.; see under μή. οὐ γὰρ ἂν "for they would not else," introduces proof of what precedes, i. 68, 4 n. οὐ μὴν οὐδέ· as a mere continuance of a preceding negative, i. 3, 4 n. vi. 55, 3; see n. on ii. 97, 8; as an explanation or modification of the force of some preceding statement, i. 82, 1. ii. 97, 8 n. οὐκ requires to be repeated in οὐκ ἄνευ ὀλίγων ἐπιθειασμῶν καὶ οἰμωγῆς, vii. 75, 4 n. οὐ probably omitted by transcribers after τοῦ, i. 118, 2 n. dropped by the transcribers, and restored by Krueger and Haack, after Χίου, in ἀπαίρουσιν ἐκ τῆς Χίου οὐ πελάγιαι, viii. 101, 1 n. καὶ οὐκ ἐν τῷ ὁμοίῳ στρατευσάμενοι καὶ [οὐκ] ἐν τοῖς τῇδε ὑπηκόοις ξύμμαχοι, the latter οὐκ spurious, vi. 21, 2 n.
οὐδέ· †οὐδέ† corrected by Dobree to οὔτε, i. 37, 2 n. καὶ αἱ Φοίνισσαι νῆες οὐδὲ ὁ Τισσαφέρνης τέως που ἧκον, viii. 99, 1 n.
οὐδείς· ἄλλος μὲν οὐδεὶς ἂν ἱκανὸς ἐγένετο—, viii. 86, 5 ; Duker supports the v. l. οὐδ' ἂν εἷς, by quotation from Th. Magister and Aristophanes, ib. n.
οὐδέπω· καὶ αἱ νῆες αὐτῶν οὐδέπω ἐν τῷ αὐτῷ εἰσίν, viii. 78 n.
οὐκέτι· ἐνταῦθα δὴ οὐκέτι, ellipse of verb after, viii. 56, 4 n.
οὐκοῦν, οὐκ οὖν, or οὔκουν· v. 107 n. Sch.
οὕνεκα· occurs nowhere in Thucyd. n. vi. 56, 3.
οὐρανός· τὰ ἐκ τοῦ οὐρανοῦ ξυννέφελα ὄντα, viii. 42, 1 n.
οὔτε· οὔτ' ἐγὼ referring to the verb in the following clause with οὐδ' ἂν, ii. 62, 1 n. οὔτε—οὔτε, a correction of Bekker for οὐδέ—οὐδέ, necessary, ii. 93, 2 n. οὔτε followed by τε, ii. 29, 5 n. iii. 64, 4 n.
οὗτος with article = this—of ours, αὕτη ἡ φιλία, iii. 12, 1 n. οὗτος inserted in a sentence where its noun has been previously given ; ἔτυχον δὲ— Λεόντα τε—τοῦτον κεκομισμένοι—, viii. 61, 2 n. ταυτί· οὔκουν τὰ ὅπλα ταυτὶ φαίνεται, iii. 113, 5 n. ταῦτα preferable to ταὐτά, i. 124, 1 n.
οὕτως· used as a predicate, ii. 47, 4 n ὅσοι μὲν ἐτύγχανον οὕτως ἀθρόοι ξυνελθόντες, iii. 111, 2 n. οὕτως introducing a present tense to express what is really future, οὕτως— παύονται, iv. 61, 8 n.
ὀφείλω· ὀφείλω and ὀφείλημα, distinguished from ὄφλω and ὄφλημα, iii. 70, 6 n. ὀφείλων—ὁ ἐναντίος—ἀνταποδοῦναι ἀρετήν, iv. 19, 3 nn.
ὄφλω· ὄφλω and ὄφλημα distinguished from ὀφείλω and ὀφείλημα, accentuation of ὄφλειν, iii. 70, 6 n. μὴ αἰσχύνην ὄφλειν, v. 101, n.
ὀψέ, at a late period, i. 14, 4 n.
ὄψις· τῇ τε ὄψει τοῦ θαρσεῖν τὸ πλεῖστον εἰληφότες, iv. 34, 1 n. ἀποκε-

όψου—παρά. 71

κλημένοι μὲν τῇ ὄψει τοῦ προορᾶν, iv. 34, 3 n. πλήθει ὄψεως δεινοί, iv. 126, 5 nn.
ὄψον· its signification varies in writers of different times, i. 138, 8 n.

Object of a feeling expressed by a genitive case governed by it or by a possessive pronoun agreeing with it, n. i. 22, 3, as ἑκατέρων εὐνοίας, ib. Ἀθηναίων εὐνοίᾳ, vii. 57, 10. αἱ— ὑμέτεραι ἐλπίδες, i. 69, 9. τὸ ἡμέτερον δέος, 77, 7 n. ἐπὶ τῇ ἡμετέρᾳ τιμωρίᾳ, iii. 63, 2 n.

Object, referred to by both a participle and a verb governing different cases, how its case is determined; τοῖς δὲ ὡς ἑκάστοις τι προσηνὲς λέγοντες δύνανται κακουργεῖν. vi. 77, 2 n; see also *Different cases required by two words*, &c.

Omission of verbs to nom. cases, to be supplied from a preceding verb, διότι δὲ οὐκ ἦλθον, πολλαχῇ εἰκάζεται· οἱ μὲν γὰρ (sc. εἴκαζον) ἵνα διατρίβῃ ἀπελθών—, οἱ δὲ (sc. εἴκαζον) ἵνα—, viii. 87, 3 n.

Omission, in a question (by ποῦ δὴ,) of a verb (ἐνδέχεσθαι) to be supplied from the preceding sentence, viii. 27, 3 n.

Optative with εἰ, followed by subjunctive with ἢν ἄρα— explained, ii. 5, 4 n. optative with εἰ, and conjunctive with ἤν, different force of, ii. 5, 4 n. optative in the *oratio obliqua*, ii. 5, 5 n. optative with relative, its force, i. 50, 1 n. ii. 52, 5 n. 67, 5 n. 97, 3 n. force of optative expressing a consequence subjoined to a past tense, iii. 22, 9 n,— subjoined to a present tense, n. ib. optative mood, expressing indefiniteness in an action or thing, εἴ τις ἄλλη (sc. ξυμφορὰ) αὐτοῖς γένοιτο. vii. 18, 2 n. ὁσάκις περί του διαφοραὶ γένοιντο, § 3 n ; cf. n. i. 50, 1. optative after ἤν in the *Oratio ob-liqua*, defended by Hermann; see n. on ἤν που καιρὸς ᾖ, viii. 27, 4 n. *Oratio obliqua*, use in it of indic. and subj. moods, instead of the optative, the mood proper to it, n. viii. 27, 4. Order of words denoting places successively passed, or reached, or left, often the reverse of the natural order; explanation of this in εὐθὺ τῆς Φασήλιδος καὶ Καύνου, viii. 88. f. n. Λάρισαν καὶ Ἀμαξιτόν, 101, 3. ἀπὸ τῆς Καύνου καὶ Φασηλίδος, 108, 1.

Π.

πάθος· διὰ πάθους used in a manner of which there is no other example in Thuc. iii. 84, 1 n.
παῖς· ἀποδιδόντας τὼς παῖδας τοῖς Ὀρχομενίοις, v. 77, 1 n. ξυνθῆκαι— πρὸς βασιλέα Δαρεῖον καὶ τοὺς παῖδας τοὺς βασιλέως, viii. 37, 1 n.
παίω· στερίφοις καὶ παχέσι πρὸς κοῖλα καὶ ἀσθενῆ †παίοντες† τοῖς ἐμβόλοις. vii. 36, 3 n.
παιωνίζω and παιανίζω· both used; but παιὼν not παιών, i. 50, 6 n. iv. 96, 1.
παλαιός· εὐθὺς ἀπὸ παλαιοῦ, i. 2, 6 n.
πανδημεί· explained, n. ii. 10, 2.
πάντως· τὸ Ἄργος πάντως φίλιον ἔχειν, v. 41, 3 n.
πάνυ· κατὰ μὲν θάλασσαν καὶ πάνυ,— εἰκὸς δὲ καὶ, iii. 30, 2 n. Νικόστρατος δὲ—καὶ πάνυ ἐθορυβήθη, iv. 129, 4 n. τοῖς πάνυ τῶν στρατιωτῶν, viii. 1, 1 n. τῶν πάνυ στρατηγῶν, 89, 2.
παρά· I. with gen. c. ('ὸν αὐτὸν ἄνδρα παρ' ἡμῶν, ii. 41, 1 n. this use of it compared with ἐκ and *ab* see n. i. 64, 1. Λακεδαιμόνιοι—ἐκήρυξαν—εἴ τις βούλεται παρὰ σφῶν Ἀθηναίους λῄζεσθαι, v. 115, 2 n. II. with dat. γενομένῳ παρ' ἀμφοτέροις τοῖς πράγμασι, v. 26, 5 n. III. with acc. τῶν πάντων ἀπερίοπτοί εἰσι παρὰ τὸ νικᾶν, i. 41, 2 n. παρὰ δόξαν, iii. 37, 5 n. π. γνώμην, 42, 8; cf. n. 37, 5. ἐνίκησαν οἱ Κ. παρὰ πολύ, i. 29, 3. ἄξιον τοῦ παρὰ πολύ, ii. 89.

6 n. τῷ παρ' ἐλπίδα, iv. 62, 2 n. vii. 66, 3 n. unusual sense of in παρὰ τὴν ἑαυτοῦ ἀμέλειαν, i. 141, 9 n. Arnold compares παρὰ τὸ νικᾶν, i. 41, 2 n. διαπλεύσας δὲ καὶ ὁ Πεδάριτος παρ' αὐτόν, viii. 33, 4 n. τῷ παρ' ἐλπίδα μὴ χαλεπῶς σφαλλέσθω, iv. 62, 2 n. π. τοσοῦτον— κινδύνου, iii. 49, 5 n. vii. 2, 4 n. παρὰ τοσοῦτον γιγνώσκω, used parenthetically, vi. 37, 2 Sch. n. παρὰ νύκτυ ἐγένετο λαβεῖν· iv. 106, 3 n. ἀεὶ γὰρ παρ' ὀλίγον ἢ διέφευγον ἢ ἀπώλλυντο, vii. 71, 4 n. παρὰ τοσοῦτον ἐγένετο αὐτῷ μὴ περιπεσεῖν τοῖς Ἀθηναίοις. viii. 33, 3 n. unusual signification attached to παρὰ in ὅμως δὲ παρὰ πέντε ναῦς πλέον ἀνδρὶ ἑκάστῳ ἢ τρεῖς ὀβολοὶ ὡμολογήθησαν. viii. 29, 2 n. παρὰ in a condensed expression, παρὰ τοὺς ἄλλους—καταδῆσαι. iv. 57, 4 n. use of παρὰ in a condensed expression; παρὰ δ' αὐτοὺς οἱ ξ. ἦσαν, v. 67, 2 n. παρὰ used with the name of a god, ἐς with that of a temple, iv. 67, 1 n. †παρὰ† τὸ Λεωκόριον, vi. 57, 3 n, παρὰ suspected, cf. περὶ τὸ Λεωκόριον, i. 20, 3. παρὰ and περὶ often confounded in the MSS. vi. 57, 3 n. αἱ ὕσταται πλέουσαι καταλαμβάνονται †παρὰ† τὸν Ἐλαιοῦντα. viii. 102, 2 n. force of παρὰ in composition, exemplified in παραποιησάμενος σφραγῖδα, i. 132, 3 n.

παραβαίνω· σπονδάς — ἅς — ὁ θεὸς — νομίζει παραβεβάσθαι, i. 123, 2 n.

παραβάλλω· distinguished from παρανέω, ii. 77, 3 n. ὡς οὐδὲν πώποτε αὐτὸν ἐν ταῖς πρὸς βασιλέα διακονίαις παραβάλοιτο, i. 133, n. ἴδιον—τὸν κίνδυνον τῶν σωμάτων παραβαλλομένους, iii. 14, 1 n. παῖδας ἐκ τοῦ ὁμοίου παραβαλλόμενοι, ii. 44, 4. πλείω παραβαλλόμενοι, iii. 65, 3 n. Λακεδαιμονίοις—πλεῖστον δὴ παραβεβλημένοι, v. 113 Sch. n. οἱ δὲ λίθους καὶ ξύλα ξυμφοροῦντες παρέβαλλον, vi. 99, 1 n. παραβοηθέω· καὶ ὁ πεζὸς αὐτοῖς ἅμα †παρεβοήθει† ᾗπερ καὶ αἱ νῆες κατίσχοιεν. vii. 70, 1 n.

παράδειγμα· instance or example, i. 2, 6 n.

πάραλος· ii. 55, 1 n.

παραδοτέον, see Verbal Ahj.

παραδυναστεύω· ii. 97, 3 n.

παραίρημα· ἐκ τῶν ἱματίων παραιρήματα ποιοῦντες, iv. 48, 3 n.

παρακαταπήγνυμι· σταυροὺς παρακαταπηγνύντες, iv. 90, 2 n.

παρακελεύομαι· παρακελευόμενοι ἐν ἑαυτοῖς, iv. 25, 8 n. ἅπερ δεόμενοι ἂν ἐπεκαλεῖσθε, ταῦτα—νῦν παρακελευομένους—φαίνεσθαι. vi. 48, 4 n.

παράκλησις· ἐν τῇ τοῦ Χαλκιδικοῦ γένους παρακλήσει, iv. 61, 4 n.

παρακομίζομαι· παρέπλευσαν, πρῶτον μὲν ἐπὶ Συρακούσας· καὶ—παρεκομίζοντο αὖθις ἐπὶ Καμαρίνης, vi. 52, 1 n.

παραλαμβάνω· παραλαβόντες Ἀχαιούς, i. 111, 4 n. τῶν αὐτόθεν ξυμμάχων παραλαβών, v. 52, 2. οἱ Μεσσήνιοι —ἐς τὸν πόλεμον παρελήφθησαν. vii. 57, 8 n. with acc. of towns, ib. n. τὴν—Σκάνδειαν—παραλαβόντες, iv. 54, 4. τὴν Νίσαιαν παραλαβόντες, iv. 69, 4. τὴν Ἡράκλειαν—Βοιωτοὶ παρέλαβον, v. 52, 1. ἄρτι παρειληφότες τὴν ἀρχήν, vi. 96, 3 n. ἀξιόν τι λόγου παραλαβεῖν, vii. 38, 1 n.

παραλείπω· ἔπλεον πρὸς—τὸν †παραλειφθέντα†διέκπλουν, vii. 69, 4 Sch. nn.

παράλογος· καὶ τὸν παράλογον τοσοῦτον ποιῆσαι—ὅσον—ὥστε—, vii. 28, 3 n.

παραλύω· τὸν μὲν Νικίαν οὐ παρέλυσαν τῆς ἀρχῆς, vii. 16, 1 n.

παραμένω· παραμεῖναι πρὸς τὰ ὑπόλοιπα τοῦ βαρβάρου, i. 75, 1 n. παραμεινάντων—πρὸς τὰ ὑπόλοιπα τῶν ἔργων. iii. 10, 2 n.

παραμύθιον· ἐλπὶς—κινδύνῳ παραμύθιον οὖσα, v. 103, 1 Sch.

παρανίσχω—παρίστημι.

παρανίσχω· π. φρυκτούς, iii. 22, 9 n.
παρανομία· i. 132, 1 n. π. ἐς δίαιταν, vi. 15, 4. ἐς τὰ ἐπιτηδεύματα οὐ δημοτικὴν π. vi. 28, 2; cf. n. iv. 132, 3.
παράνομος· ἦν δέ τις τὸν εἰπόντα ἢ γράψηται παρανόμων, viii. 67, 2 n.
παρανόμως· τῶν ἡβώντων αὐτῶν παρανόμως ἄνδρας ἐξῆγον ἐκ Σπάρτης ὥστε τῶν πόλεων ἄρχοντας καθιστάναι, iv. 132, 3 Sch. n.
παράπαν· π. γιγνώσκω, vi. 18, 7 n.
παραπέμπω· τοὺς ἀπὸ τῶν ἑαυτοῦ νεῶν ὁπλίτας πεζῇ παραπέμπει ἐπὶ τὴν Ἄντισσαν, viii. 23. 4 n. v. l. Δερκυλίδας—στρατιὰν ἔχων—παρεπέμφθη πεζῇ ἐφ᾿ Ἑλλήσποντον, 61, 1.
παραπλήσιος· παραπ. εἶναι καὶ—, i. 84, 5 n. παραπλήσιον δὲ καὶ οὐ πολλῷ πλέον, vii. 19, 2 n; cf. n. v. 74, 1; see also τοιοῦτος. παραπλήσια — προφερόμενα, vii. 69, 2 n. παραπλήσιος followed by καὶ, see καί.
παραποιέομαι· π. σφραγῖδα, i. 132, 3 n.
παραρρήγνυμι· ὑπὸ τῶν Θηβαίων—παραρρηγνύντων, iv. 96, 5 n. παρερρήγνυντο ἤδη ἅμα καὶ ἐφ᾿ ἑκάτερα, v. 73, 1 n. παρερρήγνυντο ἤδη καὶ τὸ ἄλλο στράτευμα, vi. 70, 2 n.
παρασκευάζω· καὶ τἆλλα ἀξίως τῆς νίκης παρεσκευασάμην. vi. 16, 2 n. καὶ ἄνευ τούτων ἰέναι †παρεσκευάσθαι† ἐπὶ Κατάνην, vi. 65, 1 n.
παρασκευή· its meaning, n. i. 10, 2. ἀπὸ παρασκευῆς, i. 133 n. τοῦ χωρίου δι᾿ ὀλίγης παρασκευῆς κατειλημμένου, iv. 8, 8 n. διὰ τοιαύτης δὴ παρασκευῆς οἱ Ἀθ. ἀναγαγόμενοι, viii. 95, 5 n.
παρατάσσω· τῶν παρατεταγμένων, iv. 96, 3 n.
παρατείχισμα· μηχαναῖς—ἀποπειρᾶσαι τοῦ παρατειχίσματος, vii. 43, 1 n.
παραυτίκα· π. ἀναστάντας, ii. 49, 9 n. τὸ παραυτίκα που ἡμῖν ὠφέλιμον, n. iii. 56, 7, 8.
παραφέρω· ἡμερῶν ὀλίγων παρενεγκουσῶν ἢ ὥς — ἡ ἐσβολή, v. 20, 1 n. εὑρήσει τις τοσαῦτα ἔτη καὶ ἡμέρας οὐ πολλὰς παρενεγκούσας, 26, 3.
παραχρῆμα· καὶ π. i. 20, 3 n. βουλεύειν παραχρῆμα (v. l. πρὸς τὸ χρ.), iv. 15, 1 n.
παρείκω· ὅπῃ παρείκοι, iii. 1, 2 n. τὸ ἀεὶ παρεῖκον τοῦ κρημνώδους, iv. 36, 2 n.
πάρειμι, παρεῖναι· πρὸς τὰ παρόντα, v. 14, 2 n. ἐκ τῶν παρόντων κράτιστα, v. 40, 3 n. οἱ πάρεσμεν ἐπὶ τὸν αὐτὸν ἀγῶνα, vi. 68, 1 n. ἑκασταχόσε δεινὸς παρῆν. viii. 5, 3 n.
πάρειμι, -ιέναι· καὶ ὁ πεζὸς ἅμα—παρῄει, viii. 16, 2 n.
παρεξειρεσία· iv. 12, 1 Sch. ἀναρραγεῖσαι (sc. νῆες) τὰς παρεξειρεσίας, vii. 35, 5 Sch.
πάρεργον· ἐκ π. μελετᾶσθαι, i. 142, 7 n. ἐν π. vi. 69, 3. οὐκ ἐκ π. τὸν πόλεμον ἐποιεῖτο, vii. 27, 4.
παρέρχομαι· ἐπὶ τοὺς Σκ. ὡς οὐ παρῆλθον οἱ λόχοι, v. 72, 1 n.
παρέχω· φυλακὴν σφίσι καὶ ἐφόρμησιν παρασχεῖν, iii. 33, 5 n. θάρσος παρασχεῖν, vi. 68, 1 n. νῦν γὰρ ὅτε παρέσχεν ἀφιγμένοι, iv. 85, 1 Sch. difference between παρέχω and παρέχομαι· τἆλλα πιστὰ παρασχόμενοι, iii. 90, 5 n. τοῖς προφύλαξι πίστιν παρεχομένους, iii. 112, 4 n. ταῦτα πιστεύοντες ἐχυρὰ ὑμῖν παρέξεσθαι, i. 32, 2. τὰ ἔργα—δόκησιν ἀναγκαίαν παρέχεται, iv. 86, 4 n. ἡ μεγίστη ἐλπὶς μεγίστην καὶ τὴν προθυμίαν παρέχεται, vii. 67, 1. παρεχόμενοι —ἃ ἔχομεν δίκαια πρός τε τὰ Θηβαίων διάφορα καὶ ἐς ὑμᾶς, iii. 54, 1 n. πᾶν τὸ πρόθυμον παρεχόμενοι· iv. 85, 3 n. εἶναι δὲ αὐτῶν (sc. τῶν πεντακισχιλίων) ὁπόσοι καὶ ὅπλα παρέχονται· viii. 97, 1 n.
παρίστημι· difference between παραστήσασθαι and παραστῆναι, i. 29, 4 n. πείθεσθε—παραστῆναι παντὶ—, vi. 34, 9 n. Sch.

L

παριτητέα εἶναι—ἀπολογησομένους(= παριέναι δεῖν ἀπολ.) i. 72, 2 n.
παρόμοιος· παρόμοιος ἡμῶν ἡ ἀλκή, i. 80, 3 n.
παρουσία· πόλει δὲ μείζονι τῆς ἡμετέρας παρουσίας ἐποικοῦντες ὑμῖν, vi. 86, 3 n.
πᾶς· οἱ δ' ἐν τῇ ἠπείρῳ Πελοποννήσιοι καὶ ἀπὸ πάντων ἤδη βεβοηθηκότες, iv. 14, 7 n. πᾶσα ἡ ναυαρχία, viii. 20, 1 n. πᾶς with numerals, as, εἶλον τριήρεις—καὶ διέφθειραν τὰς πάσας ἐς τὰς διακοσίας. i. 100, 1 n. ἐς διακοσίους μέν τινας τοὺς πάντας τῶν δυνατῶν ἀπέκτεινε, viii. 21 n. Εὔβοια γὰρ αὐτοῖς—πάντα ἦν, viii. 95, 2 n.
πασσυδί· ἠπίστουν — μὴ οὕτω γε †ἀν† πασσυδὶ διεφθάρθαι· viii. 1, 1 n.
πάσχω· οὐ πάσχοντες εὖ ἀλλὰ δρῶντες, ii. 40, 6 n.
πατρικός· whether *fatherly* or *hereditary*, ἐπὶ ῥητοῖς γέρασι πατρικαὶ βασιλεῖαι, i. 13. 1 n. τὰς πατρικὰς ἀρετὰς, ὧν ἐπιφανεῖς ἦσαν οἱ πρόγονοι, μὴ ἀφανίζειν, vii. 69, 2. Ἐνδίῳ —πατρικὸς ἐς τὰ μάλιστα ξένος ὤν, viii. 6, 3 n.
πάτριος· ὀρθῶς καὶ δικαίως τοῖς πατρίοις νόμοις χρώμενοι πάντες. iv. 118, 2. distinguished from πατρῷος, ib. n. τοὺς πατρίους νόμους καταλύσαντας, viii. 76, 6 n.
πατρόθεν· π. ἐπονομάζων, vii. 69, 2 n.
πατρῷος· θεοὺς—τοὺς—π. ii. 71, 6 n.
παῦλα· οὐκ ἐν παύλῃ ἐφαίνετο, vi. 60, 2 n.
παύω· παύσαντες τὴν φλόγα καὶ τὸ μὴ προσελθεῖν ἐγγὺς τὴν ὀλκάδα, vii. 53, 4 n. παύεσθαι τῆς ἀρχῆς, iii. 40, 7 n.
πεζικός· πολλῇ στρατιᾷ—καὶ ναυτικῇ καὶ †πεζικῇ†. (πεζῇ the preferable reading,) vi. 33, 2 n.
πεζός· πεζοί preferred to Bekker's reading πεζῇ, ii. 94, 5 n; cf. πεζούς τε ἀντὶ ναυβατῶν πορευομένους, vii.

75, 7. ὁ ἀπὸ τῶν νεῶν πεζός, viii. 23, 5 n.
πείθω· ii. 44, 3 n. δεδιότα μέν—, βουλόμενον δὲ ὅμως, εἰ δύναιτό πως, πεισθῆναι, viii. 52, 1 n.
Πειραιεὺς and Πειραϊκὴ, probable origin of, n. to ii. 23, 3.
πειράω· with a gen. c. or a preposition and its case, πειράσαντες πρῶτον τοῦ χωρίου, i. 61, 2 n. προσβάλλοντες — κατὰ τὸν λιμένα ταῖς ναυσὶν ἐπείρων, ὁ δὲ πεζὸς πρὸς τὴν πόλιν. iv. 25, 11 n. ἤλπιζον γὰρ αὐτοὺς ἐπὶ τὴν Σολύγειαν κώμην πειράσειν. iv. 43, 5 n. βουλόμενος μὲν τῷ λόγῳ καὶ ἅμα, εἰ δύναιτο ἔργῳ τῆς Νισαίας πειρᾶσαι, iv. 70, 2. τῶν τειχῶν ἡμῶν πειρᾶν, vii. 12, 2 n.
πέλαγος· τὰ πρὸς τὸ π. iv. 22, 2 n. 26, 6. ἐς τὸ πέλαγος ἀφῆκαν· vii. 19, 4 n. ὑπῆγον ἐς τὸ πέλαγος, viii. 10, 2 n.
πελιτνός· ii. 49, 4 n.
Πελοποννήσιος· οἱ τὰ σαφέστατα Π. κ. τ. λ. dubious interpretation of, i. 9, 2 n.
πενία· οὐδ' αὖ κατὰ πενίαν—κεκώλυται, ii. 37, 2 n. πενίας ἐλπίδι, ὡς κἂν ἔτι διαφυγὼν αὐτὴν πλουτήσειεν, ii. 42, 5 n. ἡ μὲν πενία ἀνάγκῃ τὴν τόλμαν παρέχουσα, iii. 45, 4 n.
πεντακισχίλιοι· see *Five Thousand* in the Hist. Index.
πέντε· τῶν πέντε στρατηγῶν εἷς ὤν, v. 59, 5 n. προσπεσόντες τῶν—Ἀργείων τοῖς πρεσβυτέροις καὶ πέντε λόχοις ὠνομασμένοις, v. 72, 4 nn. παρὰ πέντε ναῦς πλέον ἀνδρὶ ἑκάστῳ ἢ τρεῖς ὀβολοὶ ὡμολογήθησαν. ἐς γὰρ πέντε ναῦς [καὶ πεντήκοντα] τρία τάλαντα ἐδίδου τοῦ μηνός· viii. 29, 2 nn.
περαιτέρω· περαιτέρω προνοοῦντας, iii. 43, 4 n.
πέραν· ἐκράτουν τῆς πέραν οἰκείας γῆς, iii. 85, 1 n.
πέρας· πέρας—τοῦ ἀπαλλαγῆναι, vii. 42, 2 n; cf. ii. 49, 6 n.

περί· I. with gen. c. ἰσχύος πέρι ἢ ἀσθενείας, ii. 51, 5 n. its case after verbs of fearing commonly a dative; sometimes a genitive, iii. 102, 3 n. viii. 93, 3. II. with dat. c. οὐ περὶ †τῇ Σικελίᾳ† πρότερον ἔσται ὁ ἀγὼν ἢ τοῦ —. vi. 34, 4 n. περί τε τοῖς δορατίοις καὶ σκεύεσιν οἱ μὲν εὐθὺς διεφθείροντο, οἱ δὲ ἐμπαλασσόμενοι κατέρρεον. vii. 84, 3 n. III. with acc. c. after σφάλλομαι and πταίω, see those verbs. its force in composition exemplified in περιαιρέω, i. 108, 2. iv. 51. 133, cf. iii. 11, 4 n, and in περιρρέω, iv. 12, 3 n. περὶ and παρά often confounded in the MSS. vi. 57, 3 n.

περιαιρέω· τεῖχος περιεῖλον, i. 108, 2. iv. 51. 133, 1. τοῦ ἄλλου περιῃρημένου, iii. 11 4 n.

περιαιρετός· ii. 13, 4 n.

περιβάλλω· βρόχους περιβάλλοντες, ii. 76, 4 n.

περίβολος· ἀλλὰ καὶ—μᾶλλον ὅσοις ξυνειστήκει ξυγκαθελεῖν μετὰ σφῶν τοὺς περιβόλους, i. 90, 2 n; cf. τοῦ— περιβόλου βραχέα εἱστήκει, 89, 3. τὸ δὲ τεῖχος—εἶχε μὲν δύο τοὺς περιβόλους, iii. 21, 2 n.

περιγίγνομαι· ἡ—Κέρκυρα οὕτω περιγίγνεται τῷ πολέμῳ, i. 55. 2 n. περιγίγνεται ἡμῖν double sense of, ii. 39, 5 n. περιγίγνεται δὲ ὑμῖν πλῆθός τε νεῶν καὶ —, ii. 87, 7 n. ὥστε ἀμαχεὶ ἂν περιγενέσθαι αὐτοῖς ὧν ἕνεκα ἦλθον. iv. 73, 3. ἀπὸ θεραπείας τοῦ τε κοινοῦ αὐτῶν καὶ τῶν ἀεὶ προεστώτων περιεγιγνόμεθα. iii. 11, 7 n. τῶν—ἀεὶ λεγομένων — περιγίγνεσθαι, iii. 37, 4 n. ἤρξαντο λεύειν· ὁ δὲ καταφυγών—περιγίγνεται· v. 60, 6 n. ἤν τι περιγίγνηται αὐτοῖς τοῦ πολέμου, vi. 8, 2 n.

περιδεῶς· καὶ τοῖς σώμασιν αὐτοῖς ἴσα τῇ δόξῃ περιδεῶς ξυναπονεύοντες, vii. 71, 4 n..

περίειμι, -εῖναι· πολλῷ τῷ περιόντι τοῦ ἀσφαλοῦς, vi. 55, 3 n. ἐν περιόντος ἀγωνιεῖσθαι, viii. 46, 5 n. περίειμι, -ιέναι· περιιόντι, Reiske's conjecture for περιόντι, i. 30, 3 n. περιείργω, or –έργω· ὄρυγμα μέγα περιείργον, i. 106, 1. περιέρξαντες αὐτοῦ τὸ μνημεῖον, v. 11, 1 n.

περιέχω· οὐχ ὡς τῷ ἀσφαλεῖ—περισχήσων, v. 7, 3 n. Sch. οἱ Πελοποννήσιοι—τῷ ἔργῳ πολὺ περισχόντες, viii. 105, 1.

περιΐστημι· in intransitive tenses, περιίστηκεν ἡ δοκοῦσα—πρότερον σωφροσύνη,—νῦν ἀβουλία καὶ ἀσθένεια φαινομένη. i. 32, 4. ἡμῖν δὲ καὶ ἐκ τοῦ ἐπιεικοῦς ἀδοξία—περιέστη. 76, 4 n. μηκυνόμενος (sc. ὁ πόλεμος) γὰρ φιλεῖ ἐς τύχας τὰ πολλὰ περιΐστασθαι, i. 78, 1 n. καλῶς δοκοῦντα βουλευθῆναι ἐς τοὐναντίον αἰσχρῶς περιέστη, 120, 7. φόβος περιέστη τὴν Σπάρτην, iii. 54, 5. ὁρμὴ ἐσέπεσε περιστᾶσιν, iv. 4, 1 n. ἐς τοῦτό τε περιέστη ἡ τύχη, iv. 12, 3 n. καὶ τοὐναντίον περιέστη αὐτῷ· vi. 24, 2. πανταχόθεν τε περιεστήκει ὑποψία ἐς τὸν Ἀλκιβιάδην. vi. 61, 3 n. καὶ τοῖς μὲν κυβερνήταις τῶν μὲν φυλακὴν τῶν δ' ἐπιβουλήν, μὴ καθ' ἓν ἕκαστον κατὰ πολλὰ δὲ πανταχόθεν, περιεστάναι, vii. 70, 6.

περικλύζω· ἐν ᾗ νῦν οὐκέτι περικλυζομένῃ ἡ πόλις ἡ ἐντός ἐστιν· vi. 3, 2 n.

περικτίονες· adj. περικτιόνων νησιωτῶν, iii. 104, 6 n.

περίνεως, i. 10, 6 n.

περίνοια· iii. 43, 3 n.

πέριξ· πέριξ τὴν Πελοπ. καταπολεμήσοντες, ii. 7, 3 n. τὴν Πελοπ. πέριξ πολιορκοῦντες, vi. 90, 3.

περιοπτέον· σφίσι δὲ περιοπτέον εἶναι τοῦτο μάλιστα, ὅπως μὴ στασιάσωσι· viii. 48, 3 n.

περιοράω· ἀμφοτέροις ἐδόκει ἡσυχάσασι τὸ μέλλον περιιδεῖν· iv. 71, 1 n. τῆς τε Μένδης περιορώμενος μή—τ. πάθῃ, iv. 124, 4 n. περιορώμενοι

περίορθρον—πλήρωμα.

ὑπὸ τῶν Λακ. v. 31, 6 n. μέλλοντες δ' ἔτι καὶ περιορώμενοι, vi. 93, 1 n.
ἦλθον δὲ καὶ τῶν Σικελῶν πολλοὶ ξύμμαχοι τοῖς Ἀθηναίοις οἱ πρότερον περιεωρῶντο, 103, 2.
περίορθρον· ἔτι νυκτὰ καὶ αὐτὸ τὸ περίορθρον, ii. 3, 4; see ὄρθρος.
περιορμέω· καὶ ἅπασαι (sc. αἱ νῆες) περιώρμουν, iv. 23, 2 n. ἄπορον—ἐγίγνετο περιορμεῖν, iv. 26, 7.
περιορμίζομαι· π. τὰ πρὸς νότον, iii. 6, 1 n; cf. n. iv. 23, 2.
περιουσία· τοὺς ἀπὸ περιουσίας χρωμένους αὐτῇ (sc. τῇ ἐλπίδι), v. 103, 1 n; cf. n. viii. 46, 5.
περιπλέω· περὶ ἣν—φθάσασα καὶ περιπλεύσασα, ii. 91, 4. καὶ περιπλεύσασα not superfluous, ib. n. ἡ τῶν Ἀθ. στρατιὰ ταῖς ναυσὶν ἐκ τοῦ Κωρύκου περιπλέουσα, viii. 34, n. Dobree's conjecture παραπλ. ib. n.
περιπόλιον, iii. 99 n; see *Peripoli*, and *Peripolium* in Hist. Index.
περίπολος· iv. 67, 1 Sch. n; see *Peripoli* in Hist. Index.
περιπίπτω, with dat. c. περιπεπτωκότες οἷς ἐν τῇ Λακεδαίμονι αὐτοὶ προείπομεν, i. 43, 1 n.
περιρρέω· ἡ ἀσπὶς περιερρύη ἐς τὴν θάλασσαν, iv. 12, 1 n.
περισσεύω· τοσοῦτον τῷ Περικλεῖ ἐπερίσσευσε, ii. 65, 14 n.
περισταυρόω· περιεσταύρωσεν αὐτοὺς τοῖς δένδρεσιν, ii. 75, 1 n.
περιφέρω· οἱ μὲν ἐνιαυτὸν, οἱ δὲ δύο,—ἐνόμιζον περιοίσειν αὑτούς, vii. 28, 3 n.
περιωπή· οὕτω πολλὴν περιωπὴν — ποιούμεθα· iv. 86, 4 n.
πιθανός· τῷ δήμῳ—πιθανώτατος, iii. 36, 5 n. πιθανώτατος τοῖς πολλοῖς, vi. 35 Sch.
πῖλος· οὔτε—οἱ πῖλοι ἔστεγον τὰ τοξεύματα, iv. 34, 3 n.
πιστεύω· εὖ τε καὶ χεῖρον εἰπόντι πιστευθῆναι, ii. 35, 2 n. τῷ τρόπῳ ὥσπερ—ἐπίστευσέ τι φρονεῖν· v. 7, 3 n. τῆς—δόξης, ἣν—πιστεύετε, v. 105, 3 n.

πίστις· τὰς ἐς σφᾶς αὐτοὺς πίστεις, iii. 82, 12 n. ποιησάμενοι — πρὸς Ἀθηναίους πίστεις, a condensed form of expression, iv. 51 n. παρασκευῆς πίστει, vii. 67, 4 nn.
πιστός· τῆς ἐλευθερίας τῷ πιστῷ, ii. 40, 8 n. τὸ δὲ ἀντίπαλον δέος μόνον πιστὸν ἐς ξυμμαχίαν, iii. 11, 2. ἀρνουμένων τῶν Χίων, τὸ πιστὸν ναῦς σφίσι ξυμπέμπειν ἐκέλευον ἐς τὸ ξυμμαχικόν· viii. 9, 2 n.
πίσυνος· τῇ δυνάμει τὸ πλέον πίσυνοι ἢ τῇ γνώμῃ, ii. 89, 7 n. τοῖς ἔξω πίσυνοι, v. 14, 2 n.
πλαίσιον· τὸ δὲ ἥμισυ (sc. τοῦ στρατεύματος) ἐπὶ ταῖς εὐναῖς ἐν πλαισίῳ, vi. 67, 1 n. τὸ δὲ ἐχώρει ἐν πλαισίῳ τεταγμένον, vii. 78, 2.
πλάσσω· ἀδήλως τῇ ὄψει πλασάμενος πρὸς τὴν ξυμφοράν, vi. 58, 1 n.
πλατύς· ξύλα πλατέα, vi. 101, 3 n.
πλεονεξία· ambition, iii. 45, 4 n. rapacity, iii. 82, 11 n.
πλέω· with acc. c. πλέοντες †τά τε† ἐπέκεινα τῆς Σικελίας, vi. 63, 2 n. πλεύσαντες preferred to διαπλ. vi. 51, 3 n.
πλῆθος· with plural verb, τὸ πλ. ἐψηφίσαντο, i. 125, 1 n. τὸ πλ. τῶν ξυμμάχων, v. 50, 1; cf. περιγίγνεται δὲ ὑμῖν πλῆθος—νεῶν, ii. 87, 7 n. τὸ πλῆθος τῶν νεῶν καὶ οὐκ ἀπὸ τοῦ ἴσου, ii. 89, 2 n. τῷ ἡμετέρῳ πλήθει, iv. 10, 4 n. πλήθει ὄψεως δεινοί, iv. 126, 5 nn. πλῆθος=δῆμος, v. 85, 1 Sch. πλῆθος=δημοκρατία, n. viii. 38, 3. ἐλεύθεροι ἦσαν τὸ πλῆθος οἱ ναῦται, viii. 84, 2 n. οἱ ἐναντίοι τῷ πλήθει, viii. 92, 9 n.
πλήθω· ἐν τῇ ἀγορᾷ πληθούσῃ, viii. 92, 2 n.
πλήν· πλήν γε πρὸς τὸ μάχιμον αὐτῶν τὸ ὁπλιτικόν, vi. 23, 1 n. πλὴν Ἀκραγαντίνων—οἱ δ' ἄλλοι—, vii. 33, 2. πλὴν τοὺς φεύγοντας οὐ κατῇον —τὰ δὲ ἄλλα—, viii. 70, 1 n.
πλήρωμα· ἀξυγκροτήτοις πληρώμασιν, viii. 95, 2 n.

πλόϊμος· ἤδη πλοϊμωτέρων ὄντων, i. 7 n.
πλοϊμώτερα ἐγένετο παρ' ἀλλήλους.
8, 3.
πλοῦς· πλῷ χρησάμενος, opp. to πεζῇ
—ἐλθών, iii. 3, 5 n. πλοῦς opp. to
ὁδός, vi. 97, 1.
πλοῦτος· πλούτῳ—ἔργου μᾶλλον καιρῷ
ἢ λόγου κόμπῳ χρώμεθα, ii. 40, 2 n.
πνεῦμα· πν. ἄτοπον καὶ δυσῶδες, ii.
49, 2 n. τό τε πνεῦμα κατῄει, ii. 84,
3 n.
πνοή· iv. 100, 4 n.
Πνύξ· inflexion of this word, ἐκκλησίαν ξυνέλεγον, μίαν μὲν εὐθὺς τότε πρῶτον ἐς τὴν Πύκνα καλουμένην, οὗπερ καὶ ἄλλοτε εἰώθεσαν, viii. 97, 1 n; cf. n. viii. 67, 2.
ποθεινός· ποθεινοτέραν αὐτῶν, ii. 42, 5 n.
πόθος· τῆς τε ἀπούσης πόθῳ ὄψεως καὶ θεωρίας, vi. 24, 3 Sch.
ποι· μεταστήσοντάς ποι ἄλλοσε, iv. 48, 1 n.
ποιέω· ἡ εὔνοια παρὰ πολὺ ἐποίει ἐς τοὺς Λ. ii. 8, 5 n. perf. pass. part. used as middle, ἐνέδραν πεποιημέναι, iii. 90, 3 n. used like the participles of deponent verbs in Latin, τεῖχος πεποιημένους, iv. 11, 4 n. οἱ μὲν ἐφ' ὅπλοις ποιούμενοι (sc. τὴν φυλακὴν from φυλάσσοντες preceding), vii. 28, 2 n. τὴν χώραν—λείαν ἐποιεῖτο, viii. 41, 2 n. σκεύη μὲν καὶ ἀνδράποδα ἁρπαγὴν ποιησάμενος, 62, 2.
ποιητής· τοῖς παλαιοῖς ποιηταῖς (= Ὁμήρῳ), i. 13, 5 n.
πολεμέω· iv. 59, 2 Sch. Ἀθηναίοις —πολεμήσειν· iv. 85, 1 Sch. distinguished from πολεμόω and πολεμόομαι, v. 98. Sch. n. τοσοίδε γὰρ ἑκάτεροι—ἐπὶ Συρακούσας ἐπολέμησαν (= ἐς πόλεμον, or μετὰ πολέμου ἦλθον), vii. 57, 1 n.
πολέμιος· πολεμία τοῦ προὔχοντος, iii. 84, 2 n.
πολεμόομαι· ὃ μετὰ μεγίστων καιρῶν οἰκεῖσθαί τε καὶ πολεμοῦται, be-
comes or is made an enemy, i. 36, 1 n. 57, 1, 2. πολεμουμένων δὲ καὶ ξυμμαχίας (= πολέμου δὲ ὑπάρχοντος καὶ ξυμμαχίας), iii. 82, 1 n. πολεμόομαι, and πολεμέω distinguished, v. 98, Sch. n. πῶς οὐ πολεμώσεσθε αὐτούς, ib.
πόλεμος· πολέμου ταχέος καὶ ἀπροφυλάκτου, iv. 55, 1 n. ὡς τοῦ ἰδίου πολέμου μείζονος (sc. πολέμου) ἀπὸ τῶν πολεμίων οὐχ ἑκάς, ἀλλὰ πρὸς τῷ λιμένι ὄντος· viii. 94, 3 n.
πολιορκέω· μένοντες πολιορκοῖντο ἄν, vi. 34, 5 n.
πόλις often used without the article; why, i. 10, 2 n. its dual with masculine form of article, ἀμφοῖν τοῖν πολέοιν, v. 29, 2. ἐκ τοῖν δυοῖν πολέοιν, viii. 44, 2 n. meaning of πόλις, i. 5, 1 n. πόλεσιν ἀτειχίστοις καὶ κατὰ κώμας οἰκουμέναις, ib. n; cf. i. 10, 2 n. ἡ Ἀττικὴ ἐς Θησέα ἀεὶ κατὰ πόλεις ᾠκεῖτο, ii. 15, 2 n. the acropolis of Athens denominated πόλις, ii. 15, 8 n. v. 18, 9 n. 23, 5. 47, 11. κατὰ πόλεις, city by city, one—after another, i. 3, 5 n. μόνην τε πύλιν— εὖ ποιῆσαι—ἀδύνατον, iii. 43, 3 n. τὴν ἐπὶ θαλάσσῃ πόλιν τῶν Κυθηρίων, iv. 54, 1 n. πόλιν ἔξοντες ἕκαστος ἐλευθέραν, iv. 63, 2 Sch. πόλιν οὐδὲν ἐλάσσω—τῆς Ἀθηναίων, vii. 28, 3 n.
πόλισμα· in Strabo as a proper name, n. viii. 14, 3.
πολιτεία· πολιτείας μετέλαβεν, iii. 55, 4 n. ῥᾳδίας ἔχουσι τῶν πολιτειῶν τὰς μεταβολὰς καὶ ἐπιδοχάς. vi. 17, 2 n. μὴ βουλομένων σφίσι πάλιν τὴν πολιτείαν ἀποδοῦναι, viii. 76, 5 n.
πολιτεύω· κακῶς ἐς σφᾶς αὐτοὺς ἐπολίτευσαν, ii. 65, 7 n. = οἰκέω, ib.
πολίτης· Λεοντῖνοι—πολίτας ἐπεγράψαντο πολλούς, v. 4, 2 n. Ἀριστογείτων,—μέσος πολίτης, vi. 54, 2 n.
πολιτικός· ἰσονομίας πολιτικῆς, iii. 82, 17 n.

πολίχνη— πράσσω.

πολίχνη· as a proper name, viii. 14, 3 n.
πολλοστός· πολλοστὸν μόριον αὐτῆς ἰδεῖν, vi. 86, 4 n.
πολυπραγμοσύνη· καθ' ὅσον δέ τι ὑμῖν τῆς ἡμετέρας πολυπραγμοσύνης καὶ τρόπου τὸ αὐτὸ ξυμφέρει, vi. 87, 3 nn.
πολύς· πολὺς ἐνέκειτο, iv. 22, 2 n. πολὺ δὲ τὸ Κρητικὸν πέλαγος, v. 110. μηδὲ ὁμοιωθῆναι τοῖς πολλοῖς, v. 103, 2 Sch. οὐ πολλῷ πλέον (= ὀλίγῳ πλέον), vii. 19, 2 n; cf. n. v. 74, 1. modified meaning of οἱ πολλοί, in πᾶς τις τῶν πολλῶν αὐτὸ τοῦτο ἐνόμιζεν εἶναι τὸ πάλαι λεγόμενον—, viii. 94, 1 n; cf. τὸ πᾶν πλῆθος τῶν ὁπλιτῶν, 93, 3. πλείων· τὰ πλείω αὐτοῖς προεκεχωρήκει, iv. 73, 4 n. ξυμβῆναι τὰ πλείω, 117, 1 n. ἕως ἄν τι περὶ τοῦ πλέονος ξυμβαθῇ, iv. 30, 4 n. σπονδὰς ποιήσασθαι καὶ ἐς τὸν πλείω χρόνον. iv. 117, 1 n, opp. to ἐκεχειρία, ib. n. προπυθόμενοι—ἐκ πλείονος, iv. 42, 3 n. εἰδὼς—ἐκ πλείονος, viii. 88. ταῦτ' οὖν ἐκ πλείονος—ὁ Θηραμένης διεθροεῖ, 91, 1. οἱ δὲ Λακ. οὐκ ἦλθον ἐκ πλείονος, v. 82, 3 Sch. πρὸς τὴν Κρήτην πλεύσαντες καὶ πλείω τὸν πλοῦν διὰ φυλακῆς ποιησάμενοι, viii. 39, 3 Sch. n. πλεῖστος· ἐκ τοῦ ἐπὶ πλεῖστον, = ἀνέκαθεν, treated as a substantive governed by ἐκ, compared with τὸ παρὰ πολύ (ii. 89, 6.) or ὡς ἐπὶ τὸ πολύ, i. 2, 5 n. ἐν τοῖς πλεῖσται, iii. 17, 1 nn. τοῦ θαρσεῖν τὸ πλεῖστον, iv. 34, 1 n. ἐν δὲ τῇ τροπῇ ταύτῃ—οἱ πλεῖστοι—αὐτῶν ἀπέθανον, iv. 44, 2 n. ἀποκτείνουσιν αὐτῶν ἐν τῇ ἐσβάσει τοὺς πλείστους, vii. 30, 2 n. πλεῖστον δὴ παραβεβλημένοι—πλεῖστον καὶ σφαλήσεσθε, v. 113 n.
πολυτελής· πολυτελέσι κατασκευαῖς, ii. 65, 2 n.
πολυψηφία· iii. 10, 5 n.
πονέω· πονουμένης μάλιστα τῷ πολέμῳ, iv. 59, 1 Sch.

πορεύω· στρατίαν μέλλων πεζῇ πορεύσειν ὡς Βρασίδαν· iv. 132, 2 nn.
πόριμος· ἀπὸ σφῶν τῶν πλεόνων καὶ ἐς πάντα ποριμωτέρων, viii. 76, 3 nn.
πόρος· ἐν πόρῳ κατῳκημένους, i. 120, 3 n. ἐν πόρῳ εἶναι, vi. 48.
ποττώς· ξυμβαλέσθαι ποττὼς Ἀργείως, v. 77, 1 n.
πού· πού δὴ (sc. ἐνδέχεσθαι), μὴ βιαζομένη γε, πρὸς αὐθαιρέτους κινδύνους ἰέναι; viii. 27, 3 n. πού· enclitic expressing doubt, τὸ παραυτίκα που ἡμῖν ὠφέλιμον. iii. 56, 8 n. αἰσθόμενος—ὅτι ἦν αὐτόθι †[που] τοὶ† βουλόμενον τοῖς Ἀθηναίοις γίγνεσθαι τὰ πράγματα, vii. 49, 1 nn. τὸ λεγόμενόν που ἥδιστον, vii. 68, 1 n. οὐδὲ—τέως που ἧκον, viii. 99, 1 n.
πούς· τὸν ἀριστερὸν πόδα μόνον ὑποδεδεμένοι, iii. 22, 3 n.
πράσσω· τῆς δοκήσεώς τι πράξειν. iv. 55, 1. ὧν ἕκαστός †τι† ᾠήθημεν πράξειν, iv. 63, 1 n; cf. iii. 45, 7. πολλὰ—πράσσειν, vi. 87, 2 n. technical sense of πράσσω with ὅπως and fut. indic. i. 56, 2 n. iii. 56, 6 n. its political signification, οἱ πράσσοντες, iv. 89, 2 n; cf. i. 57, 3. iv. 1, 1, 2. 83, 4. with πρὸς and acc. c. στρατιᾷ Λακ.—πρὸς Βοιωτούς τι πράσσοντες. vi. 61, 2 n; cf. iii. 28, 2. iv. 68, 4. 74, 2. 103, 3. 114, 3. τῶν πρασσόντων σφίσιν, iv. 123, 2 n. αἰ—ὀνόματι σπονδαὶ ἔσονται (οὕτω γὰρ ἐνθένδε τε ἄνδρες ἔπραξαν αὐτά, vi. 10, 2 n. ἔπραξαν αὐτὰ and ἔπραξαν αὐτὰς distinguished, ib. n. to exact, οἱ γὰρ Ἀθηναῖοι ἀκριβῶς ἔπρασσον (sc. τοὺς φόρους), i. 99, 1 n. χρήματα πράσσειν, viii. 5, 3. πράσσομαί (mid.) σε φόρους (cf. iv. 65, 3. vi. 54, 5.) and ὑπό σου πράσσομαι (pass.) φόρους, difference of, viii. 5, 5 n. Οἰταίων τε—τῆς λείας τὴν πολλὴν ἀπολαβὼν χρήματα ἐπράξατο, viii. 3, 1 n. οἱ—Ἀθηναῖοι—τὸν—Εὐρυμέδοντα χρήματα ἐπράξαντο, iv. 65, 3. Ἀθηναῖοις εἰκοστὴν μόνον

πρεσβύτερος—προθυμέομαι. 79

πρασσόμενοι τῶν γιγνομένων, vi. 54, 5. ὑπὸ βασιλέως γὰρ νεωστὶ ἐτύγχανε πεπραγμένος τοὺς ἐκ τῆς ἑαυτοῦ ἀρχῆς φόρους, οὓς δι' Ἀθηναίους ἀπὸ τῶν Ἑλληνίδων πόλεων οὐ δυνάμενος πράσσεσθαι ἐπωφείλησε. viii. 5, 5 n. πρεσβύτερος· τῶν τε Ἀργείων τοῖς πρεσβυτέροις καὶ πέντε λόχοις ὠνομασμένοις, v. 72, 4 nn.
πρίν· ἐκ τῆς ἄλλης Ἑλλάδος ἐπὶ πολὺ καὶ πρὶν τυραννευθείσης, i. 18, 1 n. οἱ πρὶν δουλεύοντες, iii. 13, 8 n. πρὶν ἐπ' αὐτὸ ἐλθεῖν, ii. 53, 4 n. πρὶν with the conjunctive mood only when there is a negative or prohibition in the former part of the sentence, as μηδὲν νεώτερον ποιεῖν—πρὶν ἄν—βουλεύσωσι—, ii. 6, 2 n. with subjunctive without ἄν· πρὶν διαγνῶσι, vi. 29, 2. πρὶν—ὦμεν, vi. 38, 2 n. πρὶν—διεορτάσωσιν, viii. 9, 1.
πρό· πρὸ αὐτῶν, reference of this phrase, i. 1, 3 n. ἑλέσθαι — Λακεδαιμονίους πρὸ (at the risk of) τῆς Ἀθηναίων ἔχθρας — Ἀργείους σφίσι φίλους—γενέσθαι. v. 36, 1 n. ὑμῖν μὲν πρὸ τοῦ τὰ δεινότατα παθεῖν ὑπακοῦσαι ἂν γένοιτο, v. 93 Sch. πᾶν πρὸ τοῦ δουλεῦσαι ἐπεξελθεῖν. v. 100 Sch. κατέπλευσεν ἐς Λέρον πρῶτον, τὴν πρὸ Μιλήτου νῆσον. viii. 26, 1 n. πρὸ πολλῶν, see τιμάομαι. πρὸ and πρὸς in composition occasionally written the one for the other, n. iv. 47, 3. 108, 1 n. vi. 97, 5 n.
προάγγελσις· τὴν—π. τῆς ἀναχωρήσεως, i. 137, 7 n.
προαγωνίζομαι· μαθεῖν—ἐξ ὧν τε προηγώνισθε τοῖς Μακ. iv. 126, 3 n.
προαιρέω· τὸν σῖτον—ἐξαιρεῖσθαι καὶ ἐντεῦθεν προαιροῦντας πωλεῖν. viii. 90, 5 n.
προαισθάνομαι· προαισθέσθαι — πρόθυμοι εἶναι, iii. 38, 4 n. τολμῆσαι ἂν — ἂν προαισθέσθαι, ii. 93, 2 n; this aorist preferable to Bekker's reading προαίσθεσθαι as present of προαίσθομαι, ib. n. καταφρονοῦντες κἂν προαισθέσθαι, iii. 83, 3 n.
προαναλίσκω· τὸ δὲ οὐ βέβαιον μὴ οὐ προαναλώσειν, i. 141, 5. καὶ ἅμα φειδώ τέ τις ἐγίγνετο ἐπ' εὐπραγίᾳ ἤδη σαφεῖ μὴ προαναλωθῆναί τῳ, vii. 82, 4 n.
προάστειον· ii. 34, 6 n. iv. 69, 2 n.
προβουλεύω· οἵ τινες περὶ τῶν παρόντων, ὡς ἂν καιρὸς ᾖ, προβουλεύσουσι. viii. 1, 3 n.
πρόβουλος· (at Athens) n. viii. 67, 1; cf. 1, 3 n. see προβουλεύω.
προγιγνώσκω· ἐς—τὸ μέλλον καλὸν προγνόντες, ii. 64, 8 n. αὐτὸς προέγνω, ii. 65, 14 n.
προδίδωμι· distinguished from ἐνδίδωμι, v. 62, 2 n. οἱ προδίδοντες τῶν Μ. iv. 67, 2 Sch. Ὑβλωνος—προδόντος τὴν χώραν, vi. 4, 1 n.
προειδόμενος—αὐτός, a correction of Reiske and Bekker, iv. 64, 1 n.
πρόειμι, -ιέναι· προϊόντας a reading preferable to προσιόντας, iv. 47, 3 n. ὁπότε †προϊοιεν†, vi. 97, 5 n.
προεξάγω· καὶ τὸν μὲν πεζὸν—τὸν ἐκ τῆς πόλεως Γύλιππος προεξαγαγών, vii. 37, 2; cf. n. 70, 1. τῷ σφετέρῳ αὐτῶν κέρᾳ προεξάξαντες, viii. 25, 3 n.
προεξανάγω· †προεξαναγόμενοι† δὲ οἱ Συρακ.—ναυσί—, vii. 70, 1 n.
προεπαινέω· iii. 38, 4 n.
προέχω· τὸ προέχον τῆς ἐμβολῆς, ii. 76, 4 n. προείχοντο to be taken twice over, iii. 68, 2 n; cf. viii. 27, 2 n.
προηγέομαι· and ὑφηγέομαι, difference between, i. 78, 4 n.
προθυμέομαι· ἐπισπάσασθαι αὐτοὺς ἡγεῖτο προθυμήσεσθαι, iv. 9, 2 n. προὐθυμήθησαν—οἱ Χαλκιδῆς, ἄνδρα —, iv. 81, 1 n. προὐθυμήθη τὴν ξύμβασιν. v. 17, 1 n. προθυμουμένων τὰ ἐς Βοιωτούς, 39, 3 n. τὴν ὁμολογίαν προὐθυμοῦντο, viii. 90, 1 n;

cf. τοῖς ξυμπροθυμηθεῖσι—τὸν ἔκπλουν, viii. 1, 1 n.
πρόθυρον· καὶ ἐν ἰδίοις προθύροις καὶ ἐν ἱεροῖς, vi. 27, 1 n.
προίημι· προείντο preferred by Bekker to πρόοιντο, i. 120, 3 n.
προΐσχω· ἐμοῦ ταῦτα προϊσχομένου, iv. 87, 1 Sch.
προκάθημαι· ἐν τῇ Σάμῳ προκαθημένους, viii. 76, 5 n.
προκαλέομαι· with acc. c. ἤν γε οὐ τὸν προὔχοντα καὶ ἐκ τοῦ ἀσφαλοῦς προκαλούμενον λέγειν τι δοκεῖν δεῖ, i. 39, 1 n. ἅπερ — προὐκαλεσάμεθα, ii. 72, 3. ἃ προκαλεῖται (sc. ὁ Ἀρχίδαμος), 72, 5. 73, 1. ἃ Λακεδαιμόνιοι προκαλοῦνται. 74, 1. προκαλεσάμενοι—πολλὰ καὶ εἰκότα, § 2.
προκάμνω· τοῖς—μέλλουσιν ἀλγεινοῖς μὴ προκάμνειν, ii. 39, 5 n.
προκαταλαμβάνω· τὴν ἐσβολὴν,—φθάσαντες προκατέλαβον, iv. 127, 2; cf. n. 128, 1.
προκαταλύω· iii. 84, 3 n.
προκατάρχομαι· οὔτε Κορινθίῳ ἀνδρὶ προκαταρχόμενοι τῶν ἱερῶν, i. 25, 4 n.
προκινδυνεύω· Μαραθῶνί τε μόνοι προκινδυνεῦσαι τῷ βαρβάρῳ, i. 73, 4 nn; cf. for construction with the dative, τοῖς Ἀθηναίοις—ἡσύχασαν, iv. 56, 1 n.
προκόπτω· τῆς ἀρχῆς—προκοπτόντων ἐκείνοις, iv. 60, 2 n. Sch. τοῦ ναυτικοῦ μέγα μέρος προκόψαντες, vii. 56, 3 n.
προλαμβάνω· προλαμβάνοντες ῥᾳδίως τῆς φυγῆς, iv. 33, 2 n. καὶ τὸ μὲν Νικίου στράτευμα — προὔλαβε πολλῷ, vii. 80, 3 n.
προμήθεια· προμηθείᾳ μᾶλλον ἐπ' ἀλλήλους ἐρχόμεθα. iv. 62, 3 Sch. μὴ ἐκείνην τὴν προμήθειαν δοκεῖν †τῳ† ἡμῖν μὲν ἴσην εἶναι, ὑμῖν δὲ ἀσφαλῆ, τὸ μηδετέροις δὴ—βοηθεῖν. vi. 80, 1 n.
προμηθής· τὸ προμηθές, iv. 92, 2 n.
προνοέω· προνοῆσαι βραδεῖς, iii. 38,
4 n. περαιτέρω προνοοῦντας, iii. 43 4 n.
πρόξενος and ἐθελοπρόξενος distinguished, ii. 29, 1 n. ii. 85, 7 n. iii. 70, 1, 4 n.
προοίμιον· προοιμίου Ἀπόλλωνος, iii. 104, 7 n.
προοράω· τὴν μὲν ὄψιν τοῦ σώματος προορᾷν, vii. 44, 3 n. προορωμένοις ἐς οἷα φέρονται, v. 111, 4 n. Sch.
προπάσχω· εἴπερ καὶ μὴ προφυλαξάμενός τις προπείσεται, vi. 38, 4 Sch.
προπέμπω· προπέμψαντες πρότερον, iii. 100, 1 n. προπέμπω confounded with προσπέμπω in the MSS. ; how the correct reading is to be ascertained in each passage, vii. 3, 1 n.
πρός· I. with gen. c. *towards*, why the preferable reading at πρὸς Ὀλύνθου, i. 62, 1; see n. ib. πρὸς Πλαταιῶν, iii. 21, 2. πρὸς τοῦ λιμένος, iv. 31, 1 n. τὸ πρὸς Σκιώνης, 130, 1. ἄδικον οὐδὲν οὔτε πρὸς θεῶν —οὔτε πρὸς ἀνθρώπων τῶν αἰσθανομένων· i. 71, 6. ξύγγνωμον—πρὸς τοῦ θεοῦ. iv. 98, 6 n. II. with dat. c. πρὸς ταύτῃ τῇ Νισαίᾳ†, iv. 72, 4 n. ἐς τὸ πρὸς τῇ Μουνυχίᾳ Διονυσιακὸν θέατρον ἐλθόντες, viii. 93, 1 n. III. with acc. c. οὐ γὰρ ξυνεστήκεσαν πρὸς τὰς μεγίστας πύλεις ὑπήκοοι, i. 15, 4 n. ἐχόντων ἔτι τῶν πάντων αὐτῶν τε ἰσχὺν καὶ πρὸς ὅ τι χρὴ στῆναι, iii. 11, 3. τοῦ ξύμπαντος λόγου τοῦ ἐν τῷδε τῷ πολέμῳ πρὸς τὴν Ἀθηναίων τε πόλιν καὶ Λακεδαιμονίων. vii. 56, 4 n. πρὸς τὴν ἑαυτοῦ δύναμιν τὴν ἐπιχείρησιν ποιεῖται, v. 9, 3 n. τοιαῦτα οἱ Συρακ. πρὸς τὴν ἑαυτῶν ἐπιστήμην τε καὶ δύναμιν ἐπινοήσαντες, vii. 37, 1 n. πρὸς (=σκοπῶν πρὸς) τὸ ἐπιεικές, iv. 19, 2 n. ὅσα πρὸς τοὺς θεούς, viii. 70, 1 n. πρὸς τὰ παρόντα, v. 14, 2 n. with πράσσειν πρὸς Βοιωτούς τι πράσσοντες, vi. 61, 2 n. implying comparison, πρὸς τὸ πλεῖον

προσάγω—προσλαμβάνω. 81

ἤδη εἶκον, iii. 11, 1 n. πρὸς τὸν φόβον, iv. 106, 1 n. πρὸς τὰ Θηβαίων διάφορα, against—, iii. 54, 1 n. τὴν πρὸς ἡμᾶς ἔχθραν, vi. 80, 5 n; see Condensed expression. τὸ πρὸς τὸν κρημνόν, vi. 101, 3 n. πρὸς τὸ ἐγκάρσιον, vii. 4, 1 n. πρὸς μέρος, see μέρος. compounds of πρὸς often used where compounds of πρὸ would seem more natural, iv. 47, 3 n. force of πρὸς in composition, προσηνάγκαζον, vii. 18, 4 n; cf. n. vi. 31, 5.
προσάγω· φόρος—ἐκ—τῶν—πόλεων, ὅσον προσῆξαν, ii. 97, 3 n. εἴ τι καὶ ἄκοντες προσήγεσθε ὑπ' 'Αθηναίων, iii. 63, 3. φοβηθεὶς τὴν 'Ιππάρχου δύναμιν μὴ βίᾳ προσαγάγηται αὐτόν, vi. 54, 3. τὰ ναυάγια προσαγαγόμενοι, viii. 106, 4 n; cf. also 107, 2.
προσαναγκάζω· ὡς ἂν τούς τε παρόντας ξυντάξῃ, καὶ τοὺς μὴ θέλοντας προσαναγκάσῃ, vi. 91, 4. αὐτοί τε ἐπόριζον καὶ τοὺς ἄλλους Πελοπ. προσηνάγκαζον. vii. 18, 4 n; cf. n. vi. 31, 5.
προσβαίνω· iii. 22, 4. κατὰ τὸ ἀεὶ παρεῖκον τοῦ κρημνώδους τῆς νήσου προσβαίνων, iv. 36, 2 n. 129, 4. vii. 43, 3.
προσβάλλω· ἐπειδὴ γὰρ προσβάλλοιεν ἀλλήλοις, i. 49, 3 n. τῷ—κατὰ γῆν στρατῷ προσέβαλλον τῷ τειχίσματι, iv. 11, 2. ἐκείνους δὲ ῥᾳδίως †τὸ στράτευμα† προσβαλόντας †τῷ σταυρώματι† αἱρήσειν· vi. 64, 3 n.
πρόσβασις· διενοοῦντο τὰς προσβάσεις αὐτῶν φυλάσσειν, vi. 96, 1 n.
προσβολή· προσβολὴν ἔχον—τῆς Σικελίας, iv. 1, 2 n. αἱ δὲ προσβολαὶ, ὡς τύχοι ναῦς νηὶ προσπεσοῦσα—, vii. 70, 4 n. distinguished from ἐμβολή, ib. n.
προσγίγνομαι· ῥώμην πόλεώς τε καὶ τῶν προσγεγενημένων, iv. 18, 3 n.
προσδέχομαι· προσδεχομένῳ μοι τὰ τῆς ὀργῆς ὑμῶν ἐς ἐμὲ γεγένηται, ii. 60, 1. τῷ μὲν Νικίᾳ προσδεχομένῳ

ἦν τὰ παρὰ τῶν 'Εγεσταίων, vi. 46, 2 n.
πρόσειμι, προσεῖναι· δ — καὶ ἡμῖν — προσείη, iv. 17, 5 n.
πρόσειμι, -ιέναι· future force of present tense, καὶ οἱ ἐνδοιάζοντες ἀδεέστερον προσίασι. vi. 91, 4 n.
προσείω· οὐκ ἄλλον τινὰ προσείοντες φόβον, vi. 86, 1 n.
προσελαύνω· as expressing the movements of cavalry, iv. 72, 4 n.
προσέρχομαι· οὐκ ἂν δύνασθαι προσελθεῖν· this reading preferable to προελθεῖν: these two words frequently confounded in the MSS. iv. 108, 1 n. distinction between them, ib.
προσελθόντες—λάθρα, iv. 110, 3 n. ἰδίᾳ δὲ ἐταινίουν τε καὶ προσήρχοντο ὥσπερ ἀθλητῇ. iv. 121, 1 n.
προσεταιριστός· διακομίσαντες ἔκ τε τῆς Κύμης προσεταιριστοὺς ὁπλίτας—, viii. 100, 3 n.
προσέχω· τῇ ἐπιτειχίσει—προσεῖχον ἤδη τὸν νοῦν—καὶ τοῖς ἐν τῇ Σικελίᾳ πέμπειν τινὰ τιμωρίαν. vi. 93, 2 n.
προσήκει· εἰ δὲ—οὐ προσῆκον ὅμως ἀξιοῦτε τοῦτο δρᾶν, iii. 40, 7 n. οὐ προσήκοντα, iii. 64, 6 n. οὐκ ἐκ προσηκόντων ἁμαρτάνουσι, iii. 67, 1 n. προσήκει μοὶ—ἄρχειν, vi. 16, 1 n. τὴν προσήκουσαν σωτηρίαν ἐκπορίζεσθαι. vi. 83, 2.
πρόσθεν· τὰ πρόσθεν, vii. 44, 4 n.
προσκαταλείπω· προσκαταλιπεῖν τὰ αὐτῶν, iv. 62, 2 Sch.
προσκατηγορέω· ἐπὶ χρήμασι προσκατηγοροῦντες ἐπίδειξίν τινα, iii. 42, 3 n.
πρόσκειμαι· ταῖς ναυσὶ μάλιστα προσέκειτο, i. 93, 9 n. καὶ ὁ 'Αλκ. προσκείμενος ἐδίδασκε—, vii. 18, 1. οἱ δὲ Σ. παριππεύοντές τε προσέκειντο, vii. 78, 3. καὶ ὁ μὲν 'Αλκ.—προθύμως τὸν Τισσαφέρνην θεραπεύων προσέκειτο. viii. 52, f. n.
προσλαμβάνω· τοὺς κινδύνους προσλαμβάνειν, iv. 61, 1 n. αἰσχύνην αἰσχίω—προσλαβεῖν. v. 111, 4 n.

M

προσμίγνυμι· πάλιν αὖ σφίσι προσμίξαι, v. 72, 1 n.
προσξυμβάλλομαι· προσξυνεβάλετο—τῆς ὁρμῆς αἱ Πελοπ. νῆες—, iii. 36, 1 n.
προσολοφύρομαι· προσολοφύρασθαί τινι ἀγανακτήσαντα, viii. 66, 4 n.
προσοφείλω· ὑπολιπόντες ἐς ὁμηρείαν τὸν προσοφειλόμενον μισθόν· viii. 45, 2 n. προσπέμπω confounded with προπέμπω, see προπ.
προσπίπτω· ἀτάκτως καὶ οὐδενὶ κόσμῳ προσπίπτοντες, iii. 108, 4 n.
προσπληρόω· ὕστερον ἄλλας (sc. ναῦς) προσπληρώσαντες, viii. 10, 3 n.
προσποιέω· ὅπως αὐτοῖς τὴν Κέρκυραν —προσποιήσειαν· i. 55, 1. iii. 70, 1. προσεποιοῦντο ὑπηκόους τὰς ἐλάσσους πόλεις. i. 8, 4. 'Επίδαμνον—κακουμένην μὲν οὐ προσεποιοῦντο, 38, 4. στρατεύσας πρῶτον καὶ προσποιησάμενος, iv. 77, 2 n.
προσποίησις· σφίσιν αὐτοῖς ἐκ τοῦ αὑτοῦ προσποιήσει, iii. 82, 1 n.
προσπολεμόω· significations of its active and middle voice distinguished, iii. 3, 1 n.
προσσταυρόω· τὰς τριήρεις—ἀνασπάσας —προσεσταύρωσε, iv. 9, 1 n.
προσταλαιπωρέω· προσταλαιπωρεῖν τῷ δόξαντι καλῷ, ii. 53, 4 n.
προστασία· περὶ τῆς τοῦ δήμου προστασίας, ii. 65, 12. ἡ προστασία—τοῦ πλήθους· vi. 89, 4 n. ἐπ' ἐτησίῳ προστασίᾳ, ii. 80, 6 n.
προστάσσω· ξυνέβη δὲ—ἔριν γενέσθαι, ᾧ τις ἕκαστος προσετάχθη, vi. 31, 4 n. πᾶς τέ τις ἐν ᾧ προσετάχθη αὐτὸς ἕκαστος ἠπείγετο πρῶτος φαίνεσθαι. vii. 70, 3.
προστάτης· τοῖς—τῶν δήμων προστάταις, iii. 82, 1 n. n. v. 18, 2.=patronus.
προσταυρόω· τὴν θάλασσαν προεσταύρωσαν πανταχῇ, ᾗ ἀποβάσεις ἦσαν, vi. 75, 1; cf. n. iv. 9, 1.
προστελέω· τῆς μὲν πόλεως, ὅσα τε ἤδη †προ[σ]ετετελέκειτ†, vi. 31, 5 n;

cf. προσαναγκάζω.
προστίθημι· τὸν προσθέντα τῷ νόμῳ τὸν λόγον τόνδε, ii. 35, 1 n. προστιθέναι τιμήν, iii. 42, 7 n. ἡ ἅμαξα—κώλυμα οὖσα προσθεῖναι· sc. τὰς πύλας, iv. 67, 3 n. προσέθηκέ τε, ὡς ἐλέγετο, ἐπὶ ἰδίοις κέρδεσι Τισσαφέρνει ἑαυτόν, viii. 50, 3 n.
προσφέρω· προσφέροντας ὠφελεῖν, ii. 51, 4 n. λόγους προσφέρουσι περὶ ξυμβάσεως τοῖς στρατηγοῖς τῶν 'Αθ. ii. 70, 1. προσφέρει λόγον περὶ σπονδῶν—Δημοσθένει, iii. 109, 1 n. ταῖς ξυμφοραῖς — εὐξυνετώτερον ἂν προσφέροιτο, iv. 18, 4 n. ταῖς δὲ κρείσσοσι καλῶς προσφέρονται, v. 111, 5 Sch.
πρόσφορος· οὗ τὰ πρόσφορα τοῖς οἰχομένοις ἐπιγιγνώσκοντες, ii. 65, 12 n. ἐν δὲ τῇ ἐνθάδε—πεζομαχίᾳ πρόσφορα ἔσται. vii. 62, 2 n.
πρόσω· κατέστησαν τὸν στρατὸν πρόσω ἐπὶ τὴν γέφυραν, iv. 103, 3 n.
προτείχισμα· τὸ—δεκάπλεθρον προτείχισμα, vi. 102, 2 n. πρὸς τὰ στρατόπεδα—τρία †ἐν προτειχίσμασιν,† vii. 43, 4 n.
προτεμένισμα· i. 134, 7 n.
πρότερον ἤ. πρότερον ἢ αἰσθέσθαι αὐτούς, vi. 58, 1. μὴ πρότερον ἀξιοῦν ἀπολύεσθαι ἢ—ἀπαράξητε. vii. 63, 1. οὐδ' αὐτὴν τὴν ἀπόστασιν—πρότερον ἐτόλμησαν ποιήσασθαι ἢ μετὰ πολλῶν —ἔμελλον κινδυνεύσειν, viii. 24, 5. ἐς 'Αθηναίους πρότερον ἢ ἀποστῆναι ἀνάλουν, 45, 5 n.
πρότερος· προτέρας restored, iii. 49, 3 n. distinction between πρότερος and προτεραῖος unfounded; τῇ δὲ προτέρᾳ (v. l. προτεραίᾳ) ἡμέρᾳ—τῆς μάχης ταύτης, v. 75, 4 n.
προτίθημι· αὖθις γνώμας προθεῖναι, iii. 36, 4 n. γνώμας προτίθει αὖθις 'Αθηναίοις, vi. 14 n. προθεῖναι ἐλπίδα, iii. 40, 1 n. difference between προθεῖναι and προσθεῖναι, ib. n. ξυμφέρον ἔσεσθαι—θάνατον ζημίαν προθεῖσι (=τὸ προθεῖναι), iii. 44, 5 n.

τὰς τιμωρίας—οὐ μέχρι δικαίου—προτιθέντες, iii. 82, 17 n. τὴν—ἀνδραγαθίαν προτίθεσθαι· ii. 42, 3 n. ὑπὲρ τῆς πατρίδος ἀνδραγαθίαν προτίθεσθαι· ii. 42, 4. ὡς χρήματά ποτε αἰτήσας αὐτὸν καὶ οὐ τυχὼν τὴν ἔχθραν οἱ προθεῖτο. viii. 85, 3 n.
προτιμάω· προτιμηθείη δ' ἐν ἴσῳ τοῖς πολλοῖς τῶν διακόνων ἀποθανεῖν, i. 133 n.
προτρέπω· προὐτρέψαντο τοὺς δυνατοὺς ὥστε πειρᾶσθαι μετὰ σφῶν ὀλιγαρχηθῆναι, viii. 63, 3 n.
πρότριτα· ii. 34, 2 n.
προὔργου· διδάσκοντάς τι τῶν προὔργου λόγοις τὸ δέον πράσσειν, iv. 17, 2 n. προὐργιαίτερον· τὸ ἑαυτῶν προὐργιαίτερον ἐποιήσαντο, iii. 109, 2.
προφανής· ἀπὸ τοῦ προφανοῦς, i. 35, 4. 66, 1. ii. 93, 2 n. iii. 82, 14 n.
πρόφασις· ἀπ' οὐδεμιᾶς πρ. ἀλλ' ἐξαίφνης, ii. 49, 2 n. οἱ Μαντινῆς—πρόφασιν ἐπὶ λαχανισμὸν—ἐξελθόντες, iii. 111, 1. καὶ ἀγῶνά τινα πρόφασιν —ποιήσας, v. 80, 3 n. οἱ μὲν ἐπ' αὐτομολίας προφάσει ἀπέρχονται, vii. 13, 2 n.
προφέρω, n. i. 93, 4. I. transitive, ἡμεῖς—προφερόμενοι ὅρκους οὓς οἱ πατέρες ὑμῶν ὤμοσαν, iii. 59, 2 n. μὴ προφέρετε τὴν τότε γενομένην ξυνωμοσίαν, 64, 3. ἅμα πολλὰς δικαιώσεις προενεγκόντων ἀλλήλοις, v. 17, 2. μέμνημαι,—προφερόμενον ὑπὸ πολλῶν ὅτι—, 26, 4. τὴν ξυνθήκην προφέροντες ἐν ᾗ εἴρητο—, 31, 5. ὑπὲρ ἁπάντων παραπλήσια ἅς τε γυναῖκας καὶ παῖδας καὶ θεοὺς πατρῴους προφερόμενα, vii. 69, 2 n. II. intransitive, with dat. c. εὐψυχίᾳ γε οὐδὲν προφέρουσι, ii. 89, 3. with gen. and dat. περὶ ὧν εἴ τίς τι ἕτερος ἑτέρου προφέρει ἢ ἐπιστήμῃ ἢ εὐψυχίᾳ, vii. 64, 2. οὐδενὸς ὑμῶν οὔτε ῥώμῃ προφέρων, 77, 2. to make progress, αὐτοὺς ναυτικοὺς γεγενημένους μέγα προφέρειν ἐς τὸ κτήσασθαι δύναμιν· i. 93, 4 n. εἰ ἄρα πλούτῳ

τε νῦν καὶ ἐξουσίᾳ ὀλίγον προφέρετε, i. 123, 1.
προφθάνω· τὰ στενόπορα τῶν χωρίων προφθάσαντας φυλάσσειν, vii. 73, 1 n. αὐτὸς προφθάσας—ἐξάγγελος γίγνεται, viii. 51, 1 n.
προφυλακή· ἀριστοποιεῖσθαι διὰ προφυλακῆς, iv. 30, 2 n.
προφυλάσσω· προφυλάξασθαί τε καὶ αἰσθόμενοι ἐπεξελθεῖν, vi. 38, 2 Sch. εἴπερ καὶ μὴ προφυλαξάμενός τις προπείσεται, vi. 38, 4 Sch.
προχωρέω· ὅπως στρατιὰ ἔτι περαιωθῇ, τρόπῳ ᾧ ἂν ἐν ὁλκάσιν ἢ πλοίοις, ἢ ἄλλως ὅπως ἂν προχωρῇ, vii. 7, 3 nn.
πρύμνη· πρύμναν ἐκρούοντο an elliptical expression = ἀνεκρούοντο, i. 50, 6 n.
πρυτανεῖον· ii. 15, 2 n.
πρυτανεύω· Ἀκάμαντις ἐπρυτάνευε, iv. 118, 7 nn.
πρῶτον—ἔπειτα, with other conjunctions interposed, i. 32, 1 n. πρῶτον ἐταράχθησαν, ii. 65, 12 n.
πρῶτος· ἐν τοῖς πρώτοις τῶν ἠπειρωτῶν, iv. 105, 1 n. οἱ Σπαρτιᾶται αὐτῶν πρῶτοί τε καὶ ὁμοίως σφίσι ξυγγενεῖς. v. 15, 1 n. ἀνδρὸς ἀρετὴν πρώτη τε μηνύουσα καὶ τελευταία βεβαιοῦσα, ii. 42, 3 n. παρασκευὴ γὰρ αὕτη πρώτη ἐκπλεύσασα μιᾶς πόλεως δυνάμει Ἑλληνικῇ,—, vi. 31, 1 n. τοσαύτη ἡ πρώτη παρασκευὴ πρὸς τὸν πόλεμον διέπλει. vi. 44, 1. ἐν τῇ †πρώτῃ† (αὐτῇ Poppo, Dindorf.) στήλῃ, vi. 55, 2 nn. ἐν τοῖς πρώτοις ὁρμήσαντες, vii. 19, 4 n. ἐν τοῖς πρώτοις, vii. 27, 3 n. οἱ μετέσχον μὲν ἐν πρώτοις τῶν πραγμάτων, viii. 89, 2 n. ἐν τοῖς—πρῶτος, see ἐν. τὸ ἀπὸ τῆς πρώτης παρατείχισμα, vii. 43, 5 n.
πταίω· κἂν περὶ σφίσιν αὐτοῖς—παίωσι, vi. 33, 5 n; cf. i. 69, 9 n. οὐκ ἐλάσσω πταίει, i. 122, 2 n.
πυκνός· ἐγίγνοντο δὲ καὶ ἄλλαι ὕστερον πυκναὶ ἐκκλησίαι, viii. 97, 2 n.

πύργος· ἐπ' αὐτὸν γὰρ τὸν ἐπὶ τῷ στόματι τοῦ λιμένος, στενοῦ ὄντος, τὸν ἕτερον πύργον ἐτελεύτα τὸ—τεῖχος, viii. 90, 4 n.
πύστις· τὰς πύστεις—ἐρωτῶντες, i. 5, 2 nn.

P.

Parenthesis formed by participles, ii. 102, 1 n. change of mood in parenthesis, iv. 18, 4 n. viii. 53, 3 n. parenthesis introduced by καί, see καί.
Participle, present, why used where a future might seem more appropriate: the effect of this usage; compared to the gerund in do; ἐβούλετο δὲ τοὺς ἀπὸ τοῦ λόφου βοηθοῦντας—καταβιβάσαι, v. 65, 4 nn; cf. ἡ μὲν ἔκπεμψις—γεγένηται—ἐπαληθεύουσα, iv. 85, 1. participle of an impersonal put absolutely, παρασχόν, i. 120, 5, ὑπάρχον, 124, 1, δεδογμένον, 125, 2 n. participles used, as in English, instead of the inf. mood, i. 36, 1 n. 142, 6. ii. 63, 1 n. iii. 36, 1 n. 43, 4 n. iv. 63, 1 n. v. 7, 2 n. participle for infinitive, διὰ τὸ ἡδονὴν ἔχον, iv. 108, 5 n. participle instead of infinitive; a questionable reading, τὸ μὴ ἤπειρος οὖσα (εἶναι Poppo and Dindorf), vi. 1, 2 n. ἐψηφίσαντο—πέμψαντες (πέμψαι Bekker, Poppo and Dindorf), vi. 6, 3 n. confused with infinitive, see διὰ τό—, and *Confused Construction*. participle to be repeated from a preceding clause; ἔχοντας, viii. 8, 2 n. made to answer to a finite verb in a subsequent clause, οὐκ ἂν ἐχόντων πρόφασιν—αἱ ἐπαγωγαὶ—ἐπορίζοντο, iii. 82, 1 n. masc. participles used as substantives, iii. 4, 4 n. 40, 8 n. neuter participle with def. article = to the verbal substantive e. gr. τὸ βουλόμενον = ἡ βούλησις, i. 90, 2 n. ἐν τῷ διαλλάσσοντι τῆς γνώμης, iii. 10, 1. τοῦ μένοντος, and τῷ ἀνειμένῳ αὐτῶν τῆς γνώμης, v. 9, 4 n. τὸ ἐπιθυμοῦν τοῦ πλοῦ, vi. 24, 2. τῆς γνώμης τὸ θυμούμενον, vii. 68, 1 n. τὸ ἡσυχάζον (= τὴν ἡσυχίαν), 83, 4 n. and n. to i. 36, 1. participles, in construction with νῆες, in the masc. gender, αἱ μέν τινες τῶν νεῶν — ἀξύμφορον δρῶντες — βουλόμενοι, ii. 91, 5 n. participle understood instead of verb, answering the finite verb καταφεύγουσι in the preceding clause, viii. 95, 6 n. parenthetic use of participle, vii. 61, 3 n. participle (ἐπαιρόμενοι) to be understood in the clause following its own clause, i. 25, 4 n. participles προσδεόμενοι, καταναγκάσαντες, and ξυγκατοικίσαντες, = to *quippe qui* with subjunctive mood, ii. 41, 4 n. participle in dat. c. after γίγνομαι; see γίγνομαι.
Perfect, indicating the immediate and necessary result of a contingency, ὅ τι δ' ἂν παραβαίνωσιν—τότε λελύσθαι τὰς σπονδάς, iv. 16, 2 n.
Pleonasm of national name after the reflexive pronoun; σφίσι τοῖς Λακ. i. 144, 2. σφῶν—τῶν Λακεδαιμονίων, iv. 114, 4 n. ἀπὸ μὲν σφῶν τῶν Ἑλλήνων, viii. 46, 3 n. — after οἱ δέ· οἱ δέ—οἱ Πελοποννήσιοι, viii. 44, 4. pleonasm of words denoting *priority*, see *Priority*.
Pluperfect, augment of, omitted or retained, iv. 24, 1 n. omitted in ἀναβεβήκεσαν, vii. 4, 2. ἀναβεβήκει, vii. 44, 4 n. force of pluperfect sometimes assumed by an aorist, see *Aorist*. pluperfect used to describe the first of two events as having prepared the way for the second, iv. 47, 1 n.
Plural, transition from, to singular, see *Transition*. plural gen. absolute (οὐκ ἐχόντων) after ἑκατέρῳ, iii. 82, 14 n. plural verb with neuter plural, ἀμφοτέροις ἁμαρτήματα ἐγένοντο. v. 26, 2 n. ἐγένοντο ἐξ αὐτῶν

Positive—Relatives.

εἴκοσι καὶ ἑκατὸν τάλαντα. vi. 62, 4 n; cf. n. i. 126, 5. plural verb, when allowable with a neuter plural, i. 125, 5 n; cf. ἁμαρτήματα ἐγένοντο, v. 26, 2 n. plural instead of singular pronoun of the first person; probable reason; τῶν δ' ἡμῶν προγόνων, vi. 89, 1 n.
Positive, instead of a comparative, with infinitive, ὀλίγαι ἀμύνειν, i. 50, 6 n. ταπεινὴ—ἐγκαρτερεῖν, ii. 61, 2 n.
Possessive pronoun with substantives expressing a feeling, i. 69, 9. 77, 7 n. iii. 63, 2 n. possessive pronoun used to indicate the object of a feeling; see *Object*.
Pregnant meaning, verbs used with, ἡγησάμενοι, ii. 42, 5 n. νομίζω, iv. 86, 2 n.
Prepositions omitted in the MSS. ἐς or ἐπὶ, iii. 6, 1 n. v. 2, 3 n. viii. 38, 2 v. 1. added where the genitive might have stood alone, iii. 37, 4 n. ἀπό, ii. 39, 2. vii. 70, 3 n. ἐξ, iii. 37, 4 n. παρά, ii. 41, 1. v. 115, 2. used with the names of gods or their temples, ἐς †τὸν Ἐνυάλιον,† iv. 67, 1 n. παρὰ τοῦ Νίσου ἐπὶ τὸ Ποσειδώνιον, ἀπὸ δὲ τοῦ Ποσειδωνίου—, iv. 118, 3 n. prepositions in condensed sentences, see ἀπό, ἐκ, ἐν, ἐς, παρά. μέν or δέ interposed between a prep. and its case, πρὸς μὲν τά, iii. 61, 2 n. ἐπὶ δὲ τῷ, iii. 82, 15. παρὰ δὲ τό, vi. 66, 1 n. prepositions interposed between ὅτι or ὡς and a superlative, i. 63, 1 n.
Present tense following perfect, εὕρηται δ' ἡμῖν ὅσα χρὴ ἀντιναυπηγῆσαι, vii. 62, 3 n. present used for future, see *Future*.
Priority, pleonasm of words denoting; πρό—πρότερον, i. 3, 1. πρὶν—πρῶτον, v. 84, 3. πρότερον—προτιμωρήσεσθαι, vi. 57, 3 n.
Pronoun, personal (αὐτός), omitted, φείσασθαι—οἴκτῳ—λαβόντας, iii. 59,

1 n. τὴν ὠφελίαν τῇ τάξει, ἐντὸς λίαν τῶν τειχῶν ποιήσας, ἀφελίσθαι· vii. 5, 3 n. Ἰώνων — κρατήσαντες ἐξελάσασθαι. ib. § 4.

P.

ῥᾴδιος· ῥᾷους ἄρχειν, vi. 42, 1; cf. n. vi. 22. and see *Infinitive after certain adjectives*.
ῥᾴδιος· ῥᾷον κέκληνται, iii. 82, 15 n. ῥᾳδίως used as predicate, μὴ *ῥᾳδίως* αὐτῷ πάλιν οὔσης τῆς ἀναχωρήσεως, iv. 10, 3 n. ῥᾷον, vii. 4, 4 n. οὐ ῥᾳδίως διετέθη· vi. 57, 4 Sch. n. εἰ—ῥᾷον αὐτοῖς ὑπακούσεται. vi. 69, 3 n.
ῥαχία· iv. 10, 4 n.
ῥοπή· ἐπὶ ῥοπῆς μιᾶς ὄντες, v. 103, 2 n.
ῥύαξ· ὁ ῥύαξ τοῦ πυρὸς ἐκ τῆς Αἴτνης, iii. 116, 1 n.
ῥυθμός· ὁμαλῶς—μετὰ ῥυθμοῦ βαίνοντες, v. 70 nn.

R.

Reflective pronouns used with middle (or reflective) verbs; compared with prepositions out of composition following verbs compounded with them, iii. 40, 5 n.
Reflexive pronoun in *oratione obliqua*; its accusative used instead of the more usual nominative; what this indicates with regard to the speaker, iv. 36, 1 n.
Reflexive pronoun, see οὗ.
Relatives with ἂν ὅπως στρατιὰ ἔτι περαιωθῇ τρόπῳ ᾧ ἂν ἐν ὁλκάσιν ἢ πλοίοις, ἢ ἄλλως ὅπως ἂν προχωρῇ, vii. 7, 3 n. relative ἦν, remarkable reference of, i. 10, 3 n. relative (οὓς) rather remote from its antecedent (τοιούτους), vi. 13 n. relative, at the beginning of a sentence, resolved into its English equivalent, iv. 26, 4 n. viii. 76, 6 n. without antecedent, to be resolved in English into the demonstrative and a conjunc-

tion, οἷς εἰ ξυγχωρήσετε, i. 140, 9 n. οὐς ᾤοντο—, iv. 26, 4 n. οἵ γε μήτε—, viii. 76, 6 n. referring to several antecedents, οἷς τὴν Πελοπόννησον πέριξ πολιορκοῦντες, vi. 90, 3 n. in the gen. c. by attraction of its antecedent instead of the acc. c. required, i. 1, 3 n. referring to the substantive antecedent implied in its derivative adjective, γυναικείας—ἀρετῆς, ὅσαι—, ii. 45, 3 n. relative neuter (οἷον or ὅπερ) explained by an infinitive, ὅπερ φιλεῖ μεγάλα στρατόπεδα ἀσαφῶς ἐκπλήγνυσθαι, iv. 125, 1 n. ὅπερ προσεδέχετο ποιήσειν αὐτὸν, ἐπὶ τὴν Ἀμφίπολιν— ἀναβήσεσθαι. v. 6, 3 n. οἷον φιλεῖ καὶ πᾶσι στρατοπέδοις—φόβοι καὶ δείματα ἐγγίγνεσθαι, vii. 80, 3 n. corrupt introduction of a relative, viii. 86, 9 n; see also the several Relatives.
Repetition of a verb required; of ὦμεν, vi. 38, 2 n. of ἀγωνίσασθαι, viii. 27, 2 n.

Σ.

Σ· Dorian and Megarian use of this letter instead of Τ, vi. 99, 2 n.
σατραπεία· τήν τε Δασκυλῖτιν σατραπείαν παραλαβεῖν, i. 129, 1 n.
σαφής· Τοῖς δὲ Σ.—ἀπὸ τῶν κατασκόπων σαφῆ ἠγγέλλετο ὅτι—, vi. 45, 1 n.
σαφῶς· καὶ τᾶλλα σαφῶς ἐγγράψας. viii. 50, 2 n.
σείω· ἔσεισε, iv. 52, 1 n.
σελήνη· ὡς ἐν σελήνῃ εἰκὸς τὴν μὲν ὄψιν τοῦ σώματος προορᾶν τὴν δὲ γνῶσιν τοῦ οἰκείου ἀπιστεῖσθαι. vii. 44, 3 n.
σεμνός· see *Euphemisms*.
σημαίνω· τῶν ὀνομάτων ἐς τὰ προγεγενημένα σημαινόντων, v. 20, 2 n.
σημεῖον· ἐπειδὴ τὰ σημεῖα ἑκατέροις ἤρθη, ἐναυμάχουν, i. 49, 1 n. ὡς ἡ μάχη ἐγίγνετο (by land) καὶ τὰ σημεῖα ἤρθη, 63, 2. ἀρθέντος αὐτοῖς τοῦ σημείου—ἐναυμάχουν, vii. 34, 4. σημεῖον δὲ αὐτοῖς ἐς τὸν Ὠρωπὸν ἐκ τῆς Ἐρετρίας, ὁπότε χρὴ ἀνάγεσθαι, ἤρθη. viii. 95, 4; see also in Hist. Index, under *Battle, Preliminaries to Battle.*=*figure-head*, in naval architecture, τῶν τριηράρχων—σημείοις καὶ κατασκευαῖς πολυτελέσι χρησαμένων, vi. 31, 3 n.
σιτοποιός· γυναῖκες—σιτοποιοί, ii. 78, 3 n.
σκεδάννυμι· τῷ μὴ σκεδάννυσθαι, ii. 102, 5 n.
ΣΚΕΠΤΟΜΑΙ· its present and imperfect do not exist in Attic Greek; see n. on προύσκεπτο, viii. 66, 1; see σκοπέω. καὶ δῆτα, ὃ πολλάκις ἐσκεψάμην, vi. 38, 5 Sch. ἐσκέψαντο Ἀλκιβιάδην μὲν—ἐᾶν. viii. 63, 4 n.
σκεῦος· its naval meaning in ἐβούλοντο πλεῦσαι ἐπὶ τὰ σκεύη ἃ ἐξείλοντο ἐς Τειχιοῦσσαν πάλιν. viii. 28, 1 n. λαβόντες δὲ τὰ ἐν τῇ Σύμῃ σκεύη τῶν νεῶν, 43, 1 n.
σκῆπτρον· ἐν τοῦ σκήπτρου ἅμα τῇ παραδόσει, i. 9, 5 n.
Σκιρῖται· etymology of, v. 67, 1 n.
σκοπέω· σκοποῦντας μὴ λόγῳ μόνῳ τὴν ὠφελίαν (opp. to ἔργῳ θεωμένους), ii. 43, 1 n. δι' ὀλίγου σκοπούντων, iii. 43, 4 n. σκοπείτω—κατὰ τοὺς χρόνους, v. 20, 2 n; see Σκέπτομαι.
σκοτεινός· ἀνὰ τὸ σκ. iii. 22, 2 n.
σκότος· dative σκότῳ, ii. 4, 2. gen. σκότους, iii. 23, 4.
σκυλεύω· τούς τε (sc. νεκροὺς) τῶν πολεμίων σκυλεύσαντες, iv. 97, 1 n.
σοφιστής· σοφιστῶν θεαταὶ ἐοικότες καθημένοις, iii. 38, 4 n.
σπάνιος· τίς εὐπραξία σπανιωτέρα—; i. 33, 2 n. κινδύνων οὗτοι σπανιώτατοι, vii. 68, 3.
σπάρτον· ἐκ κλινῶν τινῶν—τοῖς σπάρτοις,—ἀπαγχόμενοι, iv. 48, 3 n. Sch.
σπένδω· ἐκπώμασι χρυσοῖς τε καὶ ἀργυροῖς οἵ τε ἐπιβάται καὶ οἱ ἄρχοντες σπένδοντες, vi. 32, 1 n.

σπέρμα—σωφρονιστής.

σπέρμα· Διὸς υἱοῦ ἡμιθέου τὸ σπέρμα, v. 16, 2 Sch.
σπονδή· μὴ λύειν δὴ τὰς Ἰσθμιάδας σπονδάς, viii. 9, 1 n.
σπουδή· ἄκων καὶ κατὰ σπουδήν, ii. 90, 3 n. εὐθὺς ὑπὸ σπουδῆς καθίσταντο ἐς κόσμον, v. 66, 2 n.
στασιάζω· ἐπὶ πλεῖστον ὧν ἴσμεν χρόνον στασιάσασα, i. 18, 1 n. στασιάσαντες — ἐφθάρησαν, i. 24, 3 n.
στάσις· ἰδίᾳ ἄνδρες κατὰ στάσιν, iii. 2, 3 n. οὕτως ὠμὴ στάσις προὐχώρησε, omission of article scarcely allowable, iii. 81, 6 n. κατὰ στάσιν ἰδίᾳ ἐπαχθέντων, iii. 34, 1 n. ἡ τοῖς Συρακοσίοις στάσις ἐς φιλία ἐξεπεπτώκει· vii. 50, 1 n.
στασιωτικός· καί τινος — ἀντειπόντος κατὰ τὸ στασιωτικόν, iv. 130, 4 n.
στασιωτικῶν καιρῶν, vii. 57, 11 n.
στατήρ· iii. 70, 5 n; see Hist. Index.
σταυρός· σταυροὺς παρακαταπηγνύντες, iv. 90, 2 n.
σταύρωμα· τοὺς ἐν σταυρώματι ἀμελῶς φυλάσσοντας, vi. 100, 4 n. τὸ στ. τὸ παρὰ τὴν πυλίδα, ib. second n.
στενοχωρία· iv. 26, 2. στ. τῆς νήσου, 30, 2 n.
στερέω or στερίσκω· ὑμᾶς—στερηθῆναι ὧν νῦν προκαλούμεθα. iv. 20, 1 Sch.
στήλη· Ἀθηναῖοι — τῇ μὲν Λακωνικῇ στήλῃ ὑπέγραψαν ὅτι—, v. 56, 3 n.
στηρίζω· ὁπότε ἐς τὴν καρδίαν στηρίξαι, ii. 49, 2 nn.
στοά· ᾗπερ γὰρ ἦν στοὰ καταπεπτώκει, iv. 90, 2 n. διῳκοδόμησαν δὲ καὶ στοάν, viii. 91, 5 n.
στρατεύω· στρ. ἐς—, ii. 102, 1 n.
στρατηγός· στρατηγὸς — τῶν κάτω, viii. 5, 4 n. τῶν πέντε στρατηγῶν, v. 59, 9 n.
στρατιωτικός· τὸ στ. viii. 83, 3. στρατιωτικώτερον παρεσκευασμένοι, ii. 83, 3 n.
στρατόπεδον· στρ. ποιεῖσθαι, iii. 33, 5 n.

στρογγύλος· νηὶ στρογγύλῃ, ii. 97, 1 n.
στυράκιον· τις τὰς πύλας — ἔκλησε στυρακίῳ ἀκοντίου ἀντὶ βαλάνου χρησάμενος ἐς τὸν μοχλόν, ii. 4, 3 nn.
σφαγή· ὀϊστούς τε —ἐς τὰς σφαγὰς καθιέντες, iv. 48, 3 n. and Sch.
σφάζω and θύω related as ἐντέμνω and ἐναγίζω, n. v. 11, 1.
σφάλλομαι· αὐτὸν περὶ αὑτῷ σφαλέντα, i. 69, 9 n. ἥν τε δι' ἀπορίαν τῶν ἐπιτηδείων — σφαλῶσι, vi. 33, 5 n. ἐν σφίσι--ἐσφάλησαν, ii. 65, 13 n. πρὸς ὀργὴν—σφαλέντες, iii. 43, 5 n. ἢ τοὺς Ἀθηναίους, ἥν τι σφάλλωνται κακώσειν. viii. 32, 3 n.
σφέτερος· ὅπως τῷ κοινῷ φόβῳ τὸ σφέτερον ἐπηλυγάζωνται. vi. 36, 2 n.
σφέτερος, like its cognate σφεῖς, always refers to a plural, n. v. 71, 3. τοῖς ἐκ τῶν νεῶν τῶν σφετέρων ναύταις, vii. 1, 3. ἀναλαβὼν τῶν σφετέρων ναυτῶν τοὺς ὡπλισμένους, vii. 1, 5 n. ὁ δὲ—ἀπήγαγε τοὺς σφετέρους πάλιν. 4, 3 n. ὁ δὲ Νικίας—ὁρῶν—τὴν σφετέραν ἀπορίαν, 8, 1.
σφοδρός· τὸ σφοδρὸν μῖσος, i. 103, 5 n.
σφραγίς· παραποιησάμενος σφραγίδα, i. 132, 3 n.
σχεδόν· σχεδὸν δέ τι, iii. 68, 6 n. σχεδὸν γάρ τι, v. 66, 4 n. vii. 33, 2.
σῶμα· τοῖς μὲν σώμασιν ἀλλοτριωτάτοις ὑπὲρ τῆς πόλεως χρῶνται, i. 70, 6 n. = person, ἐπὶ πλεῖστ' ἂν εἴδη — τὸ σῶμα αὔταρκες παρέχεσθαι, ii. 41, 1 n. σῶμα opp. to γνώμῃ, iii. 65, 3 n; cf. i. 70, 6.
σῶς· σῶν καὶ ὑγιᾶ, iii. 34, 3 n.
σωφρονέω· ἐκεῖνοι μὲν—ἀλόγως σωφρονοῦσι, vi. 79, 2 n. ἄκων σωφρονεῖν, vi. 87, 4 n.
σωφρονίζω· τι ἐς εὐτέλειαν σωφρονίσαι, viii. 1, 3 n.
σωφρονιστής· σωφρονισταὶ ὄντες τῆς γνώμης, iii. 65, 3 n; cf. n. viii. 64, 5. μήθ' ὡς σωφρονισταί, — ἀποτρέπειν πειρᾶσθε, vi. 87, 3.

σωφροσύνη, i. 84, 5 n.
σωφροσύνη· political sense of this word and its cognates, σωφροσύνην γὰρ λαβοῦσαι αἱ πόλεις, viii. 64, 5 n.
σώφρων· σώφρονά τε ἀντὶ αἰσχρᾶς κομίσασθαι χάριν, iii. 58, 1 nn. ἄλλο τι τῶνδε σωφρονέστερον, v. 111, 3 Sch. ἀριστοκρατίας σώφρονος προτιμήσει. iii. 82, 17; cf. n. viii. 64, 5.

S.

Sense, construction according to, iv. 23, 2 n. v. 70 n; see *Construction κατὰ σύνεσιν*.
Singular followed by a plural, instead of a correspondent singular, ἄλλο τι—ἢ ἐν οἷς ζῶμεν, iii. 38, 4. ὅτι δὲ ἕκαστος—οἴεται—λαβὼν—ἄλλην γῆν—οἰκήσειν, ταῦτα ἑτοιμάζεται. vi. 17, 3 n.
Spuriousness of iii. 84. proofs of this, nn. to § 1.
Subject (οἱ γὰρ Μεγαρῆς—) after a long parenthesis stated more accurately (οἱ τῶν φευγόντων φίλοι Μεγαρῆς), and then after another short interval followed by its verb (ἀνοίγουσι), iv. 73, 4 n.
Subjunctive instead of optative, by mixture of *oratio recta* with *oratio obliqua*, οὐ μή ποτε—ἐσβάλωσιν, iv. 95, 2. οὐ μή ποτέ τις—ἔλθῃ, v. 69, 1 n. subjunctive mood expressing a consequence subjoined to a past tense, iii. 22, 9 n. aorist of subjunctive mood, with εἴτε—εἴτε—after imperfect of βουλεύομαι, ii. 4, 6 n. vii. 1, 1. subjunctive with ἤν, after optative with εἰ, ii. 5, 4 n. ἄν omitted with the subjunctive, τόν τε πόλεμον νομίσωσι, iv. 18, 4 n. subjunctive, see Conjunctive: subj. after ἵνα, see ἵνα.
Suppositions, in Greek the more likely, in English the least likely, put first; see ἤτοι. vi. 34, 2 n.

Suppression, where it should be repeated, of a verb occurring in the preceding context, οὐδὲν ἐκπρεπέστερον ὑπὸ ἡμῶν οὔτε ἐπάθετε, οὔτε ἐμέλλησατε, sc. πάσχειν, iii. 55, 3. οὐ μέντοι εὐθύς γε ἀπέστη τῶν Ἀθηναίων, ἀλλὰ διενοήθη (sc. ἀποστῆναι αὐτῶν,) ὅτι καὶ τοὺς Ἀργείους ἑώρα (sc. ἀποστάντας), v. 80, 2. τῇ δὲ αὐτῇ ἰδέᾳ ἐκεῖνά τε ἔσχον, καὶ τὰ ἐνθάδε νῦν πειρῶνται, sc. ἔχειν, vi. 76, 3. ἀντεπλήρουν τὰς ναῦς, ἐπειδὴ καὶ τοὺς Ἀθηναίους ᾐσθάνοντο, sc. πληροῦντας τὰς ναῦς εὐθύς, vii. 69, 1 n.

T.

τ· double τ not used by Thuc. in θάλασσα and other words, i. 128, 9 n. double τ, according to the ancient grammarians, never used by Thuc. in such comparatives as ἐλάσσων, iv. 72, 2 n.
τάλαντον· πλοίῳ, ἐς πεντακόσια τάλαντα ἄγοντι μέτρα. iv. 118, 4 n. τάλαντα ἀργυρίου τριακόσια. vi. 94, 4. εἴκοσι καὶ ἑκατὸν τάλαντα ἀργυρίου, vii. 16, 3 n; see also Hist. Index.
ταμίας· οὐ γὰρ οἷόν τε ἅμα τῆς τε ἐπιθυμίας καὶ τῆς τύχης τὸν αὐτὸν ὁμοίως ταμίαν γενέσθαι. vi. 78, 2 n. ταμίας above, compared with αὐτοκράτωρ in iv. 64, 1.
ταμιεῖον and ταμεῖον, difference between, i. 96, 4 n.
τάξις· τετρακοσίων γὰρ ὁπλιτῶν καὶ τετρακισχιλίων οὐκ ἐλάσσους ἀπέθανον ἐκ τῶν τάξεων (= ἐκ καταλόγου), iii. 87, 3 n.
ταράσσω· πρῶτον ἐταράχθησαν, ii. 65, 12 n. ἤδη γὰρ τὰ πρόσθεν ἐτετάρακτο πάντα, vii. 44, 4 n.
ταραχή· ἐν πολλῇ ταραχῇ—ἦν οὐδὲ πυθέσθαι ῥᾴδιον ἦν οὐδ᾽ ἀφ᾽ ἑτέρων, ὅτῳ τρόπῳ ἕκαστα ξυνηνέχθη. vii. 44, 1 n.
ταρσός· ἐν ταρσοῖς καλάμου, ii. 76, 1 n.

τάσσομαι—τειχισμός. 89

ἔς τε τοὺς ταρσοὺς ὑποπίπτοντες τῶν πολεμίων νεῶν, vii. 40, 4 n.
τάσσομαι· χρήματα ἐτάξαντο—φέρειν, i. 99, 3. χρήματα ταξάμενοι with φέρειν, 101, 4; with ἀποδίδωμι, 117, 4. iii. 70, 6 n. ἀργύριον—ταξάμενοι—φέρειν, iii. 50, 3.
ταύτῃ· ταύτῃ παραπλέοι, ii. 90, 2 n. ταύτῃ γὰρ οἱ ἡγεμόνες ἐκέλευον, vii. 80, 5 n.
ταυτί· see under οὗτος.
τάφος· τὸν τάφον ἐπισημότατον, ii. 43, 2 n.
τάχος· δύο τὰ ἐναντιώτατα εὐβουλίᾳ—τάχος τε καὶ ὀργήν, iii. 42, 1 n. διὰ τάχους ἀναγκαζόμενοι ἀμύνασθαι, vi. 69, 1 n.
τε· at once, iii. 11, 4 n. τε καί· οἱ—Λακ. ἡσύχασάν τε καὶ ἡ ἑορτὴ αὐτοῖς οὕτω διῆλθεν, v. 50, 4 n. τε—καί coupling a subjunctive and indicative after ἵνα, vi. 18, 4 n. πολλαχόθεν τε ἤδη καὶ ἀπὸ τῶν κατασκόπων σάφη ἠγγέλλετο ὅτι—, vi. 45, 1 n. ἐτύγχανέ τε—ἐν πόνῳ—ὤν, —καί—, vii. 81, 3 n. varied construction of clauses with τε—καί, vii. 47, 2; cf. n. viii. 78 n. irregular construction with τε—καί· Ἀλκαμένη τε ἁρμοστὴν διδοὺς,—καὶ δέκα μὲν Βοιωτοὶ ναῦ ὑπίσχοντο, δέκα δὲ Ἄγις. viii. 5, 2 n. τε in οἵ τε οὖν Συρακόσιοι requires καὶ οἱ ξύμμαχοι (although omitted by 22 MSS.) to follow it at vii. 59, 2 n. τε out of its place, iv. 10, 2 n. τε—τε· long interval between, iv. 10, 3 n. construction confused by the position of τε, iv. 28, 4 n. τε out of its place, iv. 95, 1 n. 109, 1 n. χωρήσαντες δρόμῳ ἐπί τε—, iv. 127, 2 n. vi. 6, 1 n. vi. 77, 1 n. vi. 87, 5 n. καὶ τοὺς στρατηγούς τε—ἔπαυσαν, vi. 103, 4 n. τε misplaced in φθάσαι τάς τε ναῦς—καὶ τοῖς Χ.—τὸ ἀγώνισμα προσθεῖναι, viii. 17, 2 n. τε omitted by Bekker, but retained by Arnold, vii. 87, 4 n. τε trans-

posed, i. 49, 6 n. iii. 56, 3 n. iv. 24, 4 n. irregularity of sentence after τε, v. 44, 3 n. τε used apparently as a mere copula, ii. 100, 2 n. τε used as a simple copulative conjunction, iii. 52, 3 n. τε often occurs in Thucyd. where it appears unnecessary, iv. 65, 4 n. τε appears perplexing or superfluous, τῶν τε ἐφ'. i. 133, n. iv. 85, 3 n. 95, 1 n. 109, 1 n. vi. 17, 6. vii. 20, 1 n. may be rendered also or moreover, i. 9, 3 n. 133 n. vii. 20, 1 n. in apodosis of a sentence = εἶτα, n. i. 133. iii. 31, 1 n. τε appears superfluous, τοῦ †τε†, vi. 41, 3 n. πρός [τε] τοὺς, vi. 44, 3 n. τε in three successive clauses, iv. 30, 3 n. τε—, τε—, τε—, marking the combination of three circumstances tending to one result, viii. 96, 2 n. τε—τε· τοῖς τε γὰρ ἔργοις—ἔξω τε τούτων, v. 26, 2 n. τε—τε marking the principal members, each followed by καί with a subordinate clause, iv. 33, 2 n. τε—†δέ†· justified by Haack and Göller; amended by Bekker to τε—τε, i. 11, 2 n. τε used as corresponding particle (instead of δέ) to μέν, only when distinction and not opposition is signified, as δρῶντες μὲν τῆς στρατιᾶς τὴν ταλαιπωρίαν—ἀναλωκυίας τε—τῆς πόλεως —, ii. 70, 2. ἄμεινον μὲν ἢ νῦν παρασκευάσασθαι, πολιορκίᾳ τε παρατενεῖσθαι ἐς τοὔσχατον, iii. 46, 2 n; cf. n. viii. 1, 1, on ἐπειδὴ δέ. the particle τε defensible at ἔμενέ [τε] μᾶλλον, on the ground of its clause corresponding with τόν τε Κλ. ἠμύνοντο, v. 10, 9 n.
τέγος (Attic = στέγος)· ἀναβάντες δὲ ἐπὶ τὸ τέγος τοῦ οἰκήματος, iv. 48, 2 n.
τειχίζω· ἐτείχισαν στρατόπεδα, iii. 6, 1 n. ἐτείχιζον—πρός τε τῇ πύλει—τεῖχος,—καὶ τὰ Μέγαρα φρούριον, vi. 75, 1 n.
τειχισμός· ἐς τὴν Λέσβον καθορμισά-

N

μένοι παρεσκευάζοντο ές τον τειχισμόν. viii. 34, fin.

τείχος· έπ' αυτόν—τον έτερον πύργον έτελεύτα τό τε παλαιόν το προς ήπειρον και το εντός το καινόν τείχος, τειχιζόμενον προς θάλασσαν. viii. 90, 4 n.

τεκμαίρομαι· followed by a genitive and accusative absolute, τεκμαιρόμενοι προκατηγορίας τε ημών ου προγεγενημένης—τό τε επερώτημα βραχύ ον, iii. 53, 2 n.

τεκμήριον· χαλεπά όντα παντί εξής τεκμηρίω πιστεύσαι. i. 20, 1 n; cf. εκ δε των ειρημένων τεκμηρίων, κ.τ.λ. 21, 1. τεκμήριον δέ· ii. 39, 3. 50, 2 n; cf. δήλον δέ· i. 11, 2.

τέκτων· εκ των Αθηνών αυτοίς ήλθον τέκτονες και λιθουργοί· v. 82, 6 n.

τέλειος· ομνύντων δέ—κατά ιερών τελείων. v. 47, 8 n.

τελευταίος· ανδρός αρετήν—τελευταία βεβαιούσα, ii. 42, 3 n. χαλεπώς οι τελευταίοι, iii. 23, 3 n.

τελευτάω· τελευτάν ές—, a condensed expression, i. 51, 3 n. —έως οψέ, iii. 108, 4 n. λόγου τελευτών, iii. 59, 4 n. use of the imperfect of τελευτάω with times and seasons, n. to v. 49, 1.

τελέω, τέλλω, τέλος, τέλη, ατέλης, τελείν ές αστούς, origin and various meanings of, i. 58, 1 n. ετέλεσε ές Φάρσαλον, halted at—, iv. 78, 5.

τέλος· = αρχή, in τα τέλη των Λακ. i. 58, 1 n. its military sense = τάγμα, ib. n. τους εν τέλει, iii. 36, 4 n. τα τέλη των Λακ. ομόσαντα—εξέπεμψαν, iv. 88, 1 n. οι δε ιόντες τέλος έχοντες ιόντων, iv. 118, 6 n. εν Ηλιδι—οι τα τέλη έχοντες, v. 47, 9 n. ενί ανδρί των εν τέλει ξυστρατευομένων, v. 60, 1 n.

τέμενος· as synonymous with, and as distinguished from ιερόν, n. i. 134, 2. tenure of, n. iii. 70, 5. meaning of, n. iv. 90, 2. τέμενος ανήκεν άπαν. iv. 116, 2 n.

τέμνω· οδούς—έτεμε, ii. 100, 2 n.
τεσσαρακοστή· see *Tesseracoste*, Hist. Index.

τετράγωνος· κατά δοκούς τετραγώνους, iv. 112, 2 n. ές τετράγωνον τάξιν, 125, 2. η τετράγωνος εργασία, vi. 27, 1 n.

τετράς· του—μηνός—τετράδι φθίνοντος, v. 54, 3 n.

τεττιξ· χρυσών τεττίγων ενέρσει, i. 6, 3 n.

Τεύτλουσσα· its etymology, viii. 42, 4 nn.

τέως· και αι Φοίνισσαι νήες ουδέ ο Τισσαφέρνης τέως που ήκον, viii. 99, 1 n.

τηρέω· τα—προς Ηιόνα τριήρεσι τηρουμένων, iv. 108, 1 n.

τήρησις· κατεβίβασαν ες τας λιθοτομίας, ασφαλεστάτην είναι νομίσαντες [την] τήρησιν, vii. 86, 2 n.

τίθημι, ίημι· and their compounds: Attic (so called) formation in -οιμην, with accent on antepenultima, of 2. a. m. (but προείντο, i. 120, 3 n.) ξυνεπίθοιντο, vi. 10, 4. επίθοιντο, 11, 4 n. επιθοίμεθ άν, 34, 5. ευπρεπώς θέσθαι, i. 82, 6. τίθεσθαι παρ' αυτούς τα όπλα, ii. 2, 5 n. ιέναι—μετά Αθηναίων θησόμενον τα όπλα, iv. 68, 3 n. έθεντο τα όπλα, iv. 44, 1 n; see also όπλον. ούτε θέντες τον νόμον, v. 105, 2 n. τεθήναι κρύφα Αθηναίων εν τη Αττική, i. 138, 9 n.

τιμάω· το —Ελληνικόν—τα μέγιστα τιμήσει. iv. 20, 5 n. ην υμείς άν προ πολλών χρημάτων και χάριτος ετιμήσασθε δύναμιν υμίν προσγενέσθαι, i. 33, 2 n. ους προ πολλών ων ετιμήσαντο ξυμμάχους γενέσθαι —, vi. 10, 4. future middle of τιμάω, used passively, οι δε αγαθοί τιμήσονται τοίς προσήκουσιν άθλοις της αρετής. ii. 87, 11 n. τιμώμενοι ες τα πρώτα, iii. 39, 2. 56, 7 n.

τιμή· and its derivatives; their meanings, and constructions, n. iii. 20, 1.

τῶν—ἀπὸ τιμῆς τινὸς τὴν ἀπαρίθμησιν τῶν ὀνομάτων—σημαινόντων, v. 20, 2 n; cf. ii. 2, 1.

τιμωρέω· origin, various senses and constructions of, iii. 20, 1 n. ἐβουλήθησαν—τοὺς μὲν τιμωρεῖσθαι, ii. 42, 5 n.

τιμωρητέον· see *Verbal Adj.*

τιμωρία· origin and various senses of, iii. 20, 1 n.

τις· καί τινας αὐτῶν τῶν στρατηγῶν—ἠκόντισέ τις, iii. 111, 3 n. ἕκαστόν τι compared with πᾶς τις, iv. 4, 2 n. probable reasons for the use of the neuter following λίθους, ib. n. repetition of τι justified at iii. 52, 6, εἴ τι—ἀγαθόν τι—, and its occurring only once in the parallel sentence, εἴ τι—ἀγαθὸν—, at 54, 2, accounted for; difference of the two formulæ, n. iii. 52, 6. ὅς τις = εἴ τις, iii. 59, 1; cf. n. iv. 14, 2. οὐκ ἤθελον—εἰ μή τις—ἀποδώσει· (τις = on in French), v. 14, 3 n. τις = every, or all; καθ' ἡσυχίαν τι αὐτῶν αἰσθέσθαι. v. 26, 5 n. ἃ ἔχοντες ἐς τὸν—πόλεμον καθίσταντό τινες, v. 31, 5 n. τις with numerals; ἑπτὰ δέ τινες. vii. 34, 5 n. ἐς διακοσίους μέν τινας, viii. 21 n. with ἐνιαυτός· ἐνιαυτὸν μέν τινα, iii. 68, 4; see n. viii. 21.

τίω· and its derivatives, n. iii. 20, 1.

τοιόσδε· τοιάδε, and not τάδε, commonly used with reference to speeches; αἵδε, τάδε, τάσδε, in treaties and with reference to them, v. 46, 5 n. vi. 3, 4 n. τοιόσδε with a prospective reference, τοιοίδε λόγοι, vi. 32, 4 n.

τοιοῦτος· τοιαῦτα,—χαλεπὰ ὄντα—πιστεῦσαι (= τοιαῦτα, περὶ ὧν χαλεπόν ἐστι π. or τοιαῦτα ὥστε χαλεπὸν εἶναι π.) i. 20, 1 n. Ἰταλιωτῶν—ἐν τοιαύταις ἀνάγκαις—κατειλημμένων, vii. 57, 11 n. τοιοῦτος followed by other expressions of similarity; τοιούτων καὶ παραπλησίων, i. 22, 4 n. τοιαῦτα καὶ παραπλήσια, i. 143, 3 n. with τε καί, vii. 78, 1. τοιαύτη καὶ ὅτι ἐγγύτατα τούτων, v. 74, 1 n. τοιαύτη ἢ ὅτι ἐγγύτατα τούτων αἰτίᾳ, vii. 86, 5. with article, τοὺς τοιούτους τῶν πολιτῶν, iii. 42, 6 n. its neuter with article after a preposition, πλήθει τε ἐλάσσους—καὶ ἐν τῷ τοιούτῳ· iv. 56, 1 n. —τὸν τειχισμόν τε παρεσκευάζοντο, καὶ ἐκ τοῦ τοιούτου — Σάμος θᾶσσον ἐτειχίσθη· viii. 51, 2 n. οἱ πολλοὶ αὐτῶν τῷ τοιούτῳ προσέκειντο, ἐν ᾧπερ καὶ μάλιστα ὀλιγαρχία ἐκ δημοκρατίας γενομένη ἀπόλλυται. viii. 89, 3 n. τὰ αὐτὰ preferred by Dobree to τοιαῦτα, i. 131, 1 n.

τομή· λίθοι ἐν τομῇ ἐγγώνιοι, i. 93, 6 n. δοκοὺς—ἀρτήσαντες ἀλύσεσι—ἀπὸ τῆς τομῆς ἑκατέρωθεν, ii. 76, 4 n.

τόξευμα· τῶν τε ἐν τοῖς πλοίοις—ὁρμισάντων ἔξω τοξεύματος τὰ πλοῖα, vii. 30, 2 n.

τοξότης· τοξότας γὰρ πάντας πεποίηκε τοὺς προσκώπους. i. 10, 5 n. τοξόται ἀστικοί, n. to ii. 13, 10; see *Archers*, in Hist. Index.

τόπος· ἐν †τρόπῳ† δέ τινι ἀφανεῖ—προπηλακιῶν αὐτόν. vi. 54, 4 n. τρόπῳ Poppo, Göller, Dindorf.

τοσοῦτος· τοσαύτη οὖσα—διείργεται τὸ μὴ ἤπειρος οὖσα· vi. 1, 2 n. τοσοῦτος followed by ὅσος and ὥστε, vii. 28, 3 n.

τότε· referring to a time before mentioned, i. 101, 3 n. ii. 23, 2 n. iii. 69, 1 n. iv. 46, 1 n. 123, 2 n. vii. 31, 3 n. 32, 1. 81, 2 n. viii. 20, 1. διὰ τὴν τότε ἀπειλήν, 40, 3 n. 62, 3 n. 73, 2 n. with a gen. c. τότε τοῦ χειμῶνος, vii. 31, 3. τῆς νυκτὸς τότε, 81, 2 n. τότε with a remote reference in οὓς τότε ἔπεμψαν, viii. 86, 1 n.

τρεῖς· τούτους τρεῖς, vi. 73 n.

τρίβω· ὕλη τριφθεῖσα ὑπ' ἀνέμων πρὸς αὐτήν, ii. 77, 4 n.

τριτημόριον· ii. 98, 5 n.
τρίτος· αὐτὸς τρίτος ἐφηρημένος ἄρχειν κατὰ νόμον, iv. 38, 1 n; cf. n. to iii. 100, 3.
τρόπος· τῆς ἀρχῆς—τῆς τῶν Ἀθηναίων, ἐν οἵῳ τρόπῳ κατέστη. i. 97, 3. ἐκ τρόπου τινὸς ἐπιτηδείου ἐτεθνήκει, viii. 66, 2 n; cf. n. vi. 54, 4. τῷ τρόπῳ ᾧπερ—ἐπίστευσέ τι φρονεῖν· v. 7, 3 n. τρόπος· vi. 54, 4 n; see τόπος.
τροπωτήρ· ii. 93, 2 n. and Append. III. to vol. I.
τροφή· ἐσπάνιζον—τῆς τροφῆς τοῖς πολλοῖς, iv. 6, 1. ἣν ἀπορῶσι πολλαῖς ναυσὶ τῆς τροφῆς, viii. 57, 1 n.
τυγχάνω· with a dative, the participle ὤν omitted after it, τετύχηκε δέ—ἡμῖν ἄλογον— (sc. ὄν), i. 32, 3. ἀβουλοτέρων τῶν ἐναντίων τυχόντων, 120, 7 n. τυχεῖν πράξαντες, i. 70, 7 n. τὸν μὴ τυχόντα γνώμης, iii. 42, 7 n. with a participle, κἂν τυχεῖν—μὴ βουληθέντας, iv. 73, 3 n.
τύραννος· ἐπετήδευσαν ἐπὶ πλεῖστον δὴ τύραννοι οὗτοι ἀρετὴν καὶ ξύνεσιν, vi. 54, 5 n.
τύχη· ἐς τύχας—καταστῆναι, i. 69, 9 n. ἐς τύχας περιίστασθαι, i. 78, 1 n. τύχης ἅμα ἀκμῇ, ii. 42, 5 n. τὰ ἀπὸ τῆς τύχης, ii. 87, 2 n. τὰ τῆς τύχης, iv. 55, 2. οὐκ ἂν ἐν τύχῃ γίγνεσθαι σφίσιν, iv. 73, 3 n.

Tense, variation of, perhaps to shew that the subject is changed, in χρήσασθαι—κολάζειν, iii. 52, 3 n. tense changed in the same clause repeated after a parenthesis, νομίζοντες—νομίσαντες, v. 22, 2 n.
Thucydides, room for correction of his text on conjecture in but few passages, ii. 96, 3 n.
Tmesis, ξὺν κακῶς ποιεῖν, iii. 13, 1 n.
Transition from a plurality of agents to a single chief agent; οἱ δὲ προεστῶτες — καὶ μάλιστα Θρασύβου-λος — ἔπεισε — κατῆγεν —, viii. 81, 1 n. transition from nominative case to accusative, οἱ Πλαταιῆς ἐβουλεύσαντο—ἀνέχεσθαι—, εἰ δεῖ, ὁρῶντας, ii. 74, 1 n. from nom. c. to acc. e. †σφᾶs†, and subsequent return to nom. c. αἰφνίδιοι—σφᾶς—πλεῖστοι, vi. 49, 2 n. from genitive to accusative, ἀναγκασθέντων—προσίσχοντας, iv. 30, 2. from dative to accusative, πᾶσι—πάσχοντας, ii. 11, 8 n. τούτοις — παραπλέοντας, iv. 2, 3. Κρησὶ—ξυγκτίσαντας, vii. 57, 9 n. from dative to accusative, ἡμῖν — ἀτολμοτέρους, ii. 39, 5 n. see also Dative. from Subjunctive, indicating an immediate, to Optative indicating a remote consequence of the principal action, παρανίσχον—φρυκτοὺς—ὅπως ἀσαφῆ τὰ σημεῖα—τοῖς πολεμίοις ᾖ καὶ μὴ βοηθοῖεν, iii. 22, 9 n. from the optative to the infinitive, καὶ γένοιντο, καὶ νῦν—ἅπτεσθαι χρῆναι—, v. 61, 2 n. transition from infinitive to indicative, ξυνέβη—ὥστε—ἅψασθαι—εἶχον, v. 14, 1 n. καὶ πρότερον—κρατεῖν—καὶ νῦν—καταστήσονται, viii. 76, 5 n. transition from infinitive to indic.: from infin. to subjunctive: from participle to infin.; see Varied construction.
Transposition of a clause, iii. 11, 1 n.

Υ.

ὕβρις· iii. 45, 4 n.
ὕδωρ· ὕδατος ἄνωθεν γενομένου, iv. 75, 2 n. ἀφικόμενος πρὸς τὴν Τεγεᾶτιν τὸ ὕδωρ ἐξέτρεπεν, v. 65, 4 n.
ὕλη· ὕλη τριφθεῖσα ὑπ᾽ ἀνέμων πρὸς αὑτήν, ii. 77, 4 n. κόπτοντες τὰ δένδρα καὶ ὕλην, iv. 69, 2 n.
ὑμέτερος· on your own side, πλείοσι ναυσὶ ταῖς ὑμετέραις ἀγωνίζεσθαι, i. 36, 3 n. τῷ ὑμετέρῳ (=ὃ ὑμεῖς προφέρετε) εὕρῳ, iv. 87, 1 n; cf. τὸ Κλέωνος (=ὃ προφέρει Κλέων), iii. 47, 5 n.

ὑπάγω—ὑπό. 93

ὑπάγω· ὁ Βρασίδας—ὑπῆγε τὸ στράτευμα, iv. 127, 1 n: cf. κόσμῳ καὶ τάξει αὖθις ὑπαγαγόντες, 126, 6. ἐπὶ τὸ εὐώνυμον κέρας—ὑπάγειν ἐπὶ τῆς Ἠιόνος. v. 10, 3 n; cf. ὑπαγωγή. ὅπως ὑπαγάγοιτο τὴν πόλιν, vii. 46 n. ὑπῆγον ἐς τὸ πέλαγος. viii. 10, 2 n. ὑπαγωγή· καὶ ἦν ἐπὶ πολὺ τοιαύτη ἡ μάχη, διώξεις τε καὶ ὑπαγωγαί, iii. 97, 4; cf. n. iv. 127, 1. ὑπακούω· εἴ τι ἄλλο ξυγκαταστρεψαμένοις ῥᾷον αὐτοῖς ὑπακούσεται· vi. 69, 3 n. Ἴωνες ὄντες Πελοποννησίοις — ἐσκεψάμεθα ὅτῳ τρόπῳ ἥκιστα αὐτῶν ὑπακουσόμεθα, vi. 82, 2 n.
ὑπάρχω· ὥσπερ ὑπῆρχε, iii. 109, 3 Sch. ὑπάρχον γε ὑμῖν used elliptically, iii. 63, 3 n. τοῖς—ἐς ἅπαν τὸ ὑπάρχον ἀναρριπτοῦσι, v. 103, 1 n. φιλίαν πολλὴν καὶ οἰκειότητα ἐς ἀλλήλους ὑπάρχειν, iv. 19, 1 n. τὴν ὑπάρχουσαν σφίσι πατρίδα, vi. 69, 3. τὴν ὑπάρχουσάν που οἰκείαν πόλιν, vii. 61, 1 n. ἐν παντὶ—χωρίῳ, καὶ ᾧ μὴ ὑπάρχομεν, vi. 87, 4 n. ὑπάρχειν distinguished from εἶναι and γίγνεσθαι, ib. n. τῆς ὑπαρχούσης φύσεως μὴ χείροσι γενέσθαι, ii. 45, 4 n. τῆς ὑπαρχούσης δόξης,—ἐλλείπειν, 61, 4 n. δικαιότεροι ἢ κατὰ τὴν ὑπάρχουσαν δύναμιν, i. 76, 3 n. τῆς—ὑπαρχούσης ἀκολασίας—μετριώτεροι, vi. 89, 5 n. γνώμῃ—ἀπὸ τῶν ὑπαρχόντων, ii. 62, 5 n. iv. 18, 2 n.
ὑπεκφεύγω· ὑπεκφεύγουσι τὸ κέρας τῶν Πελ. καὶ τὴν ἐπιστροφὴν ἐς τὴν εὐρυχωρίαν· ii. 90, 5 n; cf. ἐκπλέω.
ὑπεξαιρέω· ὑπεξελεῖν τῷ Περδίκκᾳ τὰ δεινά, iv. 83, 3 n. οἱ ἐδόκουν ἐπιτήδειοι εἶναι ὑπεξαιρεθῆναι, viii. 70, 2 n.
ὑπεξέρχομαι· ὑπεξελθόντες τούτους, iii. 34, 2; cf. n. ii. 88, 3.
ὑπέρ· καὶ ὑπὲρ ἁπάντων παραπλήσια, difference between ὑπὲρ ἁπάντων and περὶ ἁπάντων, vii. 69, 2 n.

nautical use of ὑπέρ, i. 112, 4 n. 137, 4. viii. 95, 5. its correspondence with μετέωρος and ἀνάγειν, i. 112, 4 n.
ὑπερβάλλω· τῷ—ὑπερβάλλοντι αὐτῶν φθονοῦντες, ii. 35, 5 n.
ὑπερβολή· στρατιᾶς, πρὸς οὓς ἐπῄεσαν, ὑπερβολῇ, vi. 31, 6 n. τὴν ὑπερβολὴν τοῦ καινοῦσθαι τὰς διανοίας, iii. 82, 4 n.
ὑπερφέρω· ὁλκοὺς παρεσκεύαζον τῶν νεῶν ἐν τῷ Ἰσθμῷ ὡς ὑπεροίσοντες ἐκ τῆς Κορίνθου ἐς τὴν πρὸς Ἀθήνας θάλασσαν, iii. 15, 2. ὑπερενεγκόντες τὸν Λευκαδίων ἰσθμὸν τὰς ναῦς, 81, 1. ναῦς—αἱ ὑπερενεχθεῖσαι τὸν Λευκαδίων ἰσθμόν, iv. 8, 2 n. ἀπὸ τῆς ἑτέρας θαλάσσης ὡς τάχιστα ἐπὶ τὴν πρὸς Ἀθήνας ὑπερενεγκόντες τὰς ναῦς τὸν ἰσθμόν, viii. 7 n.
ὑπέχω· οὐ τοιάνδε δίκην οἰόμενοι ὑφέξειν, iii. 53, 1. τῶν ἱκετῶν ὡς πεντήκοντα ἄνδρας δίκην ὑποσχεῖν ἔπεισαν, 81, 2. καὶ σφᾶς ἂν τὸ αὐτὸ ὁμοίως τοῖς ἐναντίοις ὑποσχεῖν, vii. 21, 3 n.
ὑπηρεσία· κυβερνήτας ἔχομεν πολίτας καὶ τὴν ἄλλην ὑπηρεσίαν, i. 143, 1. καὶ ὑπηρεσίας ταύταις τὰς κρατίστας, vi. 31, 3 nn. ἐπιφοράς τε πρὸς τῷ ἐκ δημοσίου μισθῷ διδόντων—ταῖς ὑπηρεσίαις, ib. nn. ὑπηρεσίας ταῖς ναυσὶν, viii. 1, 2 n.
ὑπηρέσιον· ii. 93, 2 n; and Append. III. to vol. I.
ὕπνος· περὶ πρῶτον ὕπνον, ii. 2, 1. distinguished from ἀπὸ πρώτου ὕπνου, vii. 43, 2 n.
ὑπό· ὑπὸ σπουδῆς, v. 66, 2 n. ὑπ' ἐκείνου πάντα ἄρχεται, § 3 n. ὑπὸ αὐλητῶν, v. 70 n. ταὐτό μοι ποιῆσαι †ὑφ'† (Dobree's correction ἀφ') ὑμῶν αὐτῶν, iv. 64, 2 n. ἀπὸ formerly wrongly read for ὑπὸ in οὐ γὰρ ἔτι ἀποχωρεῖν οἷόν τ' ἦν ὑπὸ τῶν ἱππέων. vii. 78 fin. v. l. ἡ δ' ἀφεστήκει ἤδη ὑπὸ Τισσαφέρνους. viii. 35, 1 n. v. l.

ὑπογράφω· Ἀθηναῖοι—τῇ μὲν Λακωνικῇ στήλῃ ὑπέγραψαν ὅτι—, v. 56, 3 n.
ὑποδείκνυμι· οἷα καὶ τότε—ὑπεδείξατε, i. 77, 7 n. ὁ μὴ ὑποδείξας ἀρετήν, iv. 86, 3 n.
ὑποδέομαι· τὸν ἀριστερὸν πόδα μόνον ὑποδεδεμένοι, iii. 22, 3 n.
ὑποζύγιον· τοὺς ἀνθρώπους ἐφόνευον— καὶ προσέτι καὶ ὑποζύγια, vii. 29, 4 n.
ὑποκαταβαίνω· ἐκ — τῶν ἄνω τειχῶν ὑποκατέβησαν, vii. 60, 3 n.
ὑποκρίνομαι· εἰ δ᾽ αὐτοὶ μὴ ὑποκρίνοιντο, διεφθείροντο, vii. 44, 5 n.
ὑπολαμβάνω, detach; secresy of action denoted by the preposition ὑπό, i. 68, 4 nn. Κέρκυραν—ὑπολαβόντες, ib. ὑπολαβεῖν—τοὺς ξένους αὐτῶν ναυβάτας, 121, 3. ὑπολαβεῖν τοὺς ξένους τῶν ναυτῶν, 143, 1. ὁ δὲ τοῖς ἐπικούροις φράσας τὰ ὅπλα ὑπολαβεῖν, vi. 58, 2. ὑπολαβόντες πεπλανημένας (sc. ναῦς), viii. 105, 3. πρὸς τὸ μὴ δοκοῦν ἐπιτηδείως λέγεσθαι εὐθὺς ὑπολαμβάνοντες κρίνετε. v. 85 n.
ὑπολείπω· μηδ᾽ ὑπολείπειν λόγον αὑτοῖς ὥς—, viii. 2, 2 n.
ὑπόλοιπος· ἔφερον δὲ αὐτοῖς τοῦ ὑπολοίπου χρόνου παντός (sc. μισθόν)· viii. 69, 4 n.
ὑπολύω· ὅσοις ἐνέτυχον—(ζεύγεσιν— βοεικοῖς, ὑπολύοντες κατέκοπτον, iv. 128, 4 n.
ὑπομίγνυμι· ὑπομίξαντες τῇ Χερσονήσῳ, παρέπλεον ἐπ᾽ Ἐλαιοῦντος, viii. 102, 1 n.
ὑπονοέω· genitive case with, explained, τῶν λεγόντων—ὑπενοεῖτε ὥς—, i. 68, 2 n. ὑπονοήσας ἔτι δεινότερος, iii. 82, 9 n.
ὑπόνοια, opp. to ἀλήθεια, ii. 41, 4 n.
ὑπονοστέω· ἡ θάλασσα—ὑπενόστησε, iii. 89, 2 n.
ὑποπτεύω· τὸν δὲ πόνον—οὐκ ὀρθῶς αὐτὸν ὑποπτευόμενον, ii. 62, 1 n.
ὑπόπτης· ὑπόπτης ἐς τοὺς περὶ τῶν μυστικῶν τὴν αἰτίαν λαβόντας, vi. 60, 1 n.
ὑπόπτως· πάντας ὑπόπτως ὑποδεχόμενοι, vi. 53, 2 n. πάντα ὑπόπτως ἐλάμβανε, § 3, and n. § 2.
ὑποτειχίζω· ὑποτειχίζειν — ᾗ ἐκεῖνοι ἔμελλον ἄξειν τὸ τεῖχος, vi. 99, 2 Sch. n.
ὑποτελής· ἔχοντας τὴν ὑμετέραν αὐτῶν ὑποτελεῖς (v. l. ὑποτελῇ), different force of the two readings, v. 111, 5 n.
ὑποτίθημι· παρὰ τὸ δίκαιον τὸ ξυμφέρον λέγειν ὑπέθεσθε, v. 90 n.
ὑποφαίνω· ὑπὸ τὰς πύλας — πόδες —ὡς ἐξιόντων ὑποφαίνονται, v. 10, 2 n.
ὑποχωρέω· μηδένα ὄχλον Ἀθηναῖοι ὄντες —ὑποχωρεῖν, ii. 88, 3 n. ὑποχωρήσασι δὲ καίπερ χαλεπὸν ὄν —, iv. 10, 3 n.
ὑποψία· ἐς τὴν πρὸς ἀλλήλους τῶν— ἐπιτηδευμάτων ὑποψίαν, ii. 37, 3 n.
ὑστερέω· τῆς Μυτιλήνης ὑστερήκει, iii. 31, 2. τοὺς—Θρᾷκας τοὺς τῷ Δημοσθένει ὑστερήσαντας, vii. 29, 1 n. προαφιγμένος δὲ αὐτόσε ἦν καὶ ὁ Θρασύβουλος—ὡς ἠγγέλθη αὐτοῖς ἡ— διάβασις· ὑστερήσας δέ—, viii. 100, 4 n.
ὑφηγέομαι and προηγέομαι, difference of, i. 78, 4 n.
ὑφίσταμαι = ὑπισχνοῦμαι· ἤγαγε τοὺς ἄνδρας, ὥσπερ ὑπέστη. iv. 39, 3 n. with dat. c. ξυμφοραῖς—ὑφίστασθαι, ii. 61, 4 n. ὑποστάντες τῷ ναυτικῷ, vii. 66, 2 n. with acc. c. ὑποστάντες Μήδους, i. 144, 5. τοὺς κινδύνους — ὑφίστασθαι, iv. 59, 2. ἐπικειμένους ὑφίστατο, iv. 127, 2.
ὑφορμίζομαι· νυκτὸς ὑφορμισάμενοι, ii. 83, 3 n.
ὕψος· ἀπομάχεσθαι ἐκ τοῦ ἀναγκαιοτάτου ὕψους, i. 90, 3 n.

V.

Varied Construction, —εἰ μὲν ἐρωτᾶτε—νομίζοντας δὲ φίλους, (=εἰ δὲ

VERB—φαῦλος. 95

φίλους νομίζετε,) iii. 54, 2 n. τῶν μὲν Λακ.,—οἱ δὲ Ἑλλ. iv. 87, 1 n. from nominative to dative; ἐν—ἔριδι ἦσαν, οἱ μὲν—, τοῖς δὲ, vi. 35 nn. from participle to infinitive, πείθεσθε —ταῦτα τολμήσαντες, εἰ δὲ μὴ—ἑτοιμάζειν, καὶ παραστῆναι παντί—, vi. 34, 9 n. from infin. to subjunctive, ὕποπτοι — μὴ — πέμψαι—μὴ οὐκέτι βούλωνται—, 75, 3. from infin. to indic. καὶ πρότερον αὐτοὺς κρατεῖν— καὶ νῦν ἐς τὸ τοιοῦτον καταστήσονται, viii. 76, 5 n. varied construction of clauses,—with ἤ—ἤ, in ᾖ ἐκ τοῦ λέγων πείθειν—ἢ στασιάζων, vi. 17, 3 Sch. n. ναῦς νηὶ προσπεσοῦσα ἢ διὰ τὸ φεύγειν ἢ ἄλλῃ ἐπιπλέουσα, vii. 70, 4 n. —with μὲν—δέ· τοῦ μὲν οὐκ ἐθέλοντος—· τὸν δ᾽ αὖ—, viii. 78 n. —with τε—καί· τῆς τε ὥρας— ταύτης οὔσης,—καὶ τὸ χωρίον—χαλεπὸν ἦν· vii. 47, 2; cf. n. viii. 78. varied construction see *Moods, Change, Transition.*
Verb at a long distance from its subject, οἱ Μεγαρῆς—ἀνοίγουσι, iv. 73, 4 n. verb to the nom. case of a sentence omitted, vi. 31, 3 n. repetition of a verb omitted in a fresh sentence after γάρ, i. 25, 4 n. vii. 28, 3 n. verb (οὐκ ἐμηδίσατε) to be repeated from its participle (οὐ μηδίσαντες) in the preceding clause, iii. 64, 1 n. verb after a participle omitted when easily implied from the preceding part of the sentence, ξυνίστασθαι, i. 1, 1 n. φαίνονται, 2, 1 n. πληροῦντας, vii. 69, 1 n. verb to be taken twice over; (e. gr. προείχοντο) governing the relative, to be supplied also with a corresponding demonstrative, iii. 68, 2 n; ἀγωνίσασθαι to be taken with ἔξεστιν as well as with ἔσται, viii. 27, 2 n. in both these instances the clause where the verb is omitted precedes the one where it stands. finite verb instead of participle, ἔπεισε for πείσας, viii. 81, 1 n. verb and participle requiring different cases; see *Participle and verb, requiring* &c. Verbal Substantives sometimes take after them the same case as their cognate verb or adjective; so ἐπιδρομὴν—τῷ τειχίσματι, iv. 23, 1. φιλίας τοῖς Ἀθηναίοις, v. 5, 1 n. κατὰ τὴν τῶν χωρίων ἀλλήλοις οὐκ ἀπόδοσιν, 35, 2. τὴν ξυμμαχίαν ἀνήσουσι Βοιωτοῖς, v. 46, 4 n. περὶ δὲ οἱ μὲν σφίσιν ἀλλὰ μὴ ἐκείνῳ καταδουλώσεως—, vi. 76, 4. ἡ ἐν Σάμῳ ἐπανάστασις τοῦ δήμου τοῖς δυνατοῖς μετὰ Ἀθηναίων, viii. 21, 1 n. Verbal Adj. with ἔστι, has the same construction as its verb with δεῖ· as παριτητέα—εἶναι—ἀπολογησομένους, i. 72, 2 n. διακριτέα—βλαπτομένους, i. 86, 3 n. ὡς οὔτε μισθοφορητέον εἴη ἄλλους. viii. 65, 3.

W.

Whole; an expression properly denoting this, when apparently opposed to a part, means *the mass, the greater part*, i. 53, 4 n. whole with parts subjoined in the same case, περιμένοντας τοὺς μὲν—, τοὺς δ᾽—, i. 124, 1 n. διώκοντες—αἱ μέν—αἱ δέ, ii. 91, 5 n. whole, followed by its parts in the nominative case, iii. 23, 1 n.

Φ.

φαίνομαι· φανεῖται καὶ ἃ τῶν ὑμετέρων—, i. 40, 6 n. ἐν καταλήψει ἐφαίνετο; of the subject to ἐφ., see n. iii. 33, 4. οὐκ ἐν παύλῃ ἐφαίνετο, vi. 60, 2 n.
φανερός· μερῶν τῶν ἐς χρῆσιν φανερῶν, ii. 62, 2 n. ψῆφον φανερὰν διενεγκεῖν, iv. 74, 2 n.
φανερῶς· ὁ—διδοὺς φανερῶς τι ἀγαθόν, iii. 43, 3 n. μὴ φανερῶς γε ἀξιῶν ψηφίζεσθαι, vii. 50, 3 n.
φαῦλος· οἱ φαυλότεροι γνώμην, iii. 83, 2 n.

φείδομαι· φείσασθαι—οἴκτῳ σώφρονι λαβόντας, iii. 59, 1 n.
φειδώ· φειδώ τέ τις ἐγίγνετο—μὴ προαναλωθῆναί τῳ, vii. 82, 4 n.
φέρω· φέρειν—τά τε δαιμόνια ἀναγκαίως τά τε ἀπὸ τῶν πολεμίων ἀνδρείως, ii. 64, 3 n. δίδιμεν—μὴ ἄλλοις χάριν φέροντες ἐπὶ κρίσιν καθιστώμεθα, n. to iii. 53, 4, 5. τόν τε πόλεμον διενοοῦντο προθύμως οἴσειν, iv. 121, 1. τά τε ἄλλα θυμῷ ἔφερον, v. 80, 2 n. ἔφερον δὲ αὐτοῖς τοῦ ὑπολοίπου χρόνου παντός (sc. μισθόν)· viii. 69, 4 n.
φεύγω· ξυνέβη μοι φεύγειν τὴν ἐμαυτοῦ ἔτη εἴκοσι, v. 26, 5 n.
φθάνω· φθῆναι τοὺς Λακ.—ἐξεργασάμενοι, iv. 4, 3 n. εὐθὺς ἐνδόντας καὶ ἔστιν οὓς καὶ καταπατηθέντας τοῦ μὴ φθῆναι τὴν ἐγκατάληψιν. v. 72, 4 n.
φθίνω· τοῦ—μηνὸς—τετράδι φθίνοντος, v. 54, 3 n.
φθορά· φθορὰ οὕτως ἀνθρώπων, ii. 47, 4 n. ἀνθρώπων φθορᾷ, vii. 27, 3 n.
φιλέταιρος· ἀνδρία φ. iii. 82, 6 n.
φιλία· περὶ φιλίας τοῖς Ἀθηναίοις, v. 5, 1 n.
φίλιος· φίλια βεβαίως, ii. 7, 3 n. καλῶς σφίσι φίλιον, v. 36, 1 n. τὸ Ἄργος πάντως φίλιον ἔχειν, v. 41, 3. ἡ τοῖς Συρακοσίοις στάσις ἐς φίλια ἐξεπεπτώκει· vii. 50, 1 n.
φιλοκαλέω· φιλοκαλοῦμεν μετ' εὐτελείας, ii. 40, 2 n.
φιλονεικία· φιλονεικίας ἕνεκα τῆς αὐτίκα, i. 41, 3 n.
φιλόπολις· τό τε φιλόπολι οὐκ ἐν ᾧ ἀδικοῦμαι ἔχω, vi. 92, 3 n. φιλόπολις οὗτος ὀρθῶς, κ. τ. λ. ib. n.
φιλοσοφέω· φιλοσοφοῦμεν ἄνευ μαλακίας, ii. 40, 2 n.
φοβέομαι· ἐφοβοῦντο — τοὺς Λακ., ὅτι—, iv. 27, 2 n.
φοβερός· timid, ἐν νυκτὶ φοβερώτεροι ὄντες, ii. 3, 4 nn.
φόβος· φόβος—τῶν—Εἱλώτων ἀποστάντων, iii. 54, 5 n. ὅπως τῷ κοινῷ φόβῳ τὸ σφέτερον ἐπηλυγάζωνται, vi. 36, 2 n.
φοιτάω· πολλάκις φοιτώντων, iv. 41, 4 n.
φονεύω· τοὺς ἀνθρώπους ἐφόνευον, vii. 29, 4 n.
φορμηδόν· ξύλα—φορμηδὸν—τιθέντες, ii. 75, 2 n. αὐτοὺς—φορμηδὸν ἐπὶ ἁμάξας ἐπιβαλόντες, iv. 48, 4 Sch.
φόρος· i. 96, 3 n. ξύνταξις a euphemism for it, ib. n. τὰς δὲ πόλεις φερούσας τὸν φόρον τὸν ἐπ' Ἀριστείδου αὐτονόμους εἶναι. v. 18, 5 n.
φράσσω· φραξάμενοι with no case following, iii. 3, 6 n.
φρέαρ· ὡς οἱ Πελ. φάρμακα ἐσβεβλήκοιεν ἐς τὰ φρέατα· ii. 48, 2 n. τοῦτο —ἔδρασαν ἐς φρέατα, 49, 5 n.
φρονέω· τοῦτο φρονεῖ ὑμῶν ἡ ἐς τοὺς ὀλίγους ἀγωγή· v. 85 Sch. οὕτω κακῶς φρονῆσαι, vi. 36, 1 Sch.
φρόνημα· ὕβρει—καὶ φρονήματι, iii. 45, 4 n. ἐν φρονήματι ὄντες τῆς Πελοποννήσου ἡγήσεσθαι, v. 40, 3 n.
φρουρά· τῆς ἴσης φρουρᾶς, vii. 27, 4 n.
φρουρικός· distinction between φρουρικὸν and φρούριον. v. 80, 3 nn.
φρούριον· ἐπίκλυσις—τοῦ—φρουρίου —παρεῖλε, iii. 89, 3 n. ἐτείχιζον— καὶ τὰ Μέγαρα φρούριον, vi. 75, 1 n. ἀντὶ τοῦ πόλις εἶναι φρούριον κατέστη, vii. 28, 1 n.
φρουρός· φρουροὶ distinguished from οἱ αὐτόθεν ξυμβοηθήσαντες, iii. 7, 4 n.
φρυκτός· ἐς δὲ τὰς Ἀθήνας φρυκτοί τε ᾔροντο πολέμιοι, ii. 94, 1, and n. to 93, 3. φρυκτοί τε ᾔροντο ἐς τὰς Θήβας πολέμιοι· παρανίσχον δὲ καὶ οἱ—Πλαταιῆς—φρυκτοὺς πολλούς, iii. 22, 9 n.
φρυκτωρέω· αὐτοῖς ἐφρυκτωρήθησαν ἑξήκοντα νῆες Ἀθηναίων, iii. 80, 3 n.
φυγάς· φυγὰς τῆς τῶν ἐξελασάντων πονηρίας, καὶ οὐ τῆς ὑμετέρας—ὠφελίας· vi. 92, 2 n. Sch.
φυγή· ἡ μέντοι φ. καὶ ἀποχώρησις οὐ

φυλακή—χράομαι. 97

βίαιος οὐδὲ μακρὰ ἦν· v. 73, 4 n.
φυγή (= φυγάδες) αὐτῶν ἔξω ἦν ὑπὸ τῶν Ἀθηναίων παρὰ τοῖς Πελοποννησίοις, viii. 64, 4 n.
φυλακή· ἐν φ. ἀδέσμῳ, iii. 34, 3 n. φ. ἀ. = custodia libera, ib. ἔργων φυλακῇ, iii. 82, 13 n. καὶ οἱ Ἀθ. ἄμεινον τὴν φυλακὴν τὸ ἔπειτα παρεσκευάζοντο. v. 115, 4 n. Sch. τὴν φυλακήν, to be supplied, after ποιούμενοι, from φυλάσσοντες preceding, vii. 28, 2 n. πλείω τὸν πλοῦν διὰ φυλακῆς ποιησάμενοι, viii. 39, 3 Sch. n. προειρημένης φυλακῆς (=προειρημένου φυλάσσειν), viii. 102, 2 n.
φύλαξ· ὁρμώμεθα μὲν ἐκ φιλίας χώρας φύλακες, vi. 34, 4 Sch.
φυλάσσω· τῶν τειχῶν—περὶ τὰ ἡμιτέλεστα φραξάμενοι ἐφύλασσον, iii. 3, 6 n. ἐκ δὲ τοῦ ἔργῳ φυλασσομένῃ μὴ ἐπιτρέπειν, vi. 40, 2 Sch. n. κατά τε τὸν ἔκπλουν μέρει αὐτῶν (sc. νεῶν) ἐφύλασσον καὶ κατὰ τὸν ἄλλον κύκλῳ λιμένα, vii. 70, 1 n.
φυλή· φυλὴ μία τῶν ὁπλιτῶν, vi. 98, 4 n. 100, 4 n. ἡ πρώτη †φυλή† τοῦ κέρως, 101, 4 n; see Hist. Index, art. Tribes. φυλὴ changed into φυλακή· viii. 92, 4 n. vi. 100, 1. v. l. 101, 4 n; see Tribe, in Hist. Index.
φυλοκρινέω· εἴ γε ἡσυχάζοιεν πάντες ἢ †φυλοκρινοῖεν† οἷς χρεὼν βοηθεῖν, vi. 18, 2 n.
φύσις· φύσεως μὲν δυνάμει — κράτιστος, i. 138, 6 n.

X.

χαλεπαίνω· ὁ μὲν χαλεπαίνων πιστὸς ἀεί, iii. 82, 8 n. ὁ δὲ Ἀρίσταρχος καὶ οἱ ἐναντίοι τῷ πλήθει ἐχαλέπαινον, viii. 92, 9 n.
χαλεπός· χαλεπὰ ὄντα παντὶ ἑξῆς τεκμηρίῳ πιστεῦσαι. i. 20, 1 n. χαλεπώτατοι — οἱ — προσκατηγοροῦντες, iii. 42, 3 n. χαλεπαὶ γὰρ αἱ ὑμέτεραι φύσεις ἄρξαι, vii. 14, 2 n.
χαλεπότης· χωρίων—χαλεπότητι, iv. 33, 2 n.

χαλεπῶς· μὴ χ. σφαλλέσθω, iv. 62, 2 n.
χαράδρα· κατὰ χαράδραν τινὰ—διαλαθὼν εἰσέρχεται ἐς τὴν Μ. iii. 25, 2 n.
χάραξ· τέμνειν χάρακας, iii. 70, 5 n.
χαρίζομαι· χαρίζησθε βλαπτόμενοι αὐτοί, iii. 37, 2 n.
χάρις· unusual sense of χάριν ἔχειν, in ὁ δὲ χάριν ἂν δήπου ἐν τούτῳ μείζω ἔτι ἔσχεν, viii. 87, 5 n. χαρὶν ὀφειλομένην δι' εὐνοίας ᾧ δέδωκε σώζειν, ii. 40, 7 n. ἔχειν χάριν, κατατίθεσθαι χάριν, σώζειν χάριν, ib. n. σώφρονά τε ἀντὶ αἰσχρᾶς κομίσασθαι χάριν, iii. 58, 2 n.
χειμέριος· νύκτα χειμέριον ὕδατι καὶ ἀνέμῳ, iii. 22, 1 n.
χειμών· χ.—νοτερός, iii. 21, 5 n. χ.— μείζων παρὰ τὴν καθεστηκυῖαν ὥραν, iv. 6, 1 n. κατὰ θέρος καὶ χειμῶνα, ii. 1 n.
χείρ· ἃ μὲν μετὰ χεῖρας ἔχοι, i. 138, 4 n. διὰ χειρὸς ἔχειν, ii. 13, 2 nn. 76, 4. οὐκέτι ὁμοίως ἐς χεῖρας ἰόντα, viii. 50, 3 n. χειρὶ σιδηρᾷ ἐπιβληθείσῃ, iv. 25, 4 n.
χειροτέχνης· ἰδιώτας, ὡς εἰπεῖν, χειροτέχναις, ἀνταγωνισαμένους. vi. 72, 2 n.
χείρων· καὶ αὐτὸς οὐδενὸς ἂν χεῖρον, vi. 89, 6 n. χεῖρον· τὰ οἰκεῖα χεῖρον τίθενται, i. 41, 3 n.
χέρνιψ· ὕδωρ—ἄψαυστον σφίσι πλὴν πρὸς τὰ ἱερὰ χέρνιβι χρῆσθαι, iv. 97, 2 n.
χηλή, i. 63, 1 n. vii. 53, 1 n. viii. 90, 4 n.
χιτών· χιτῶνάς τε λινοῦς ἐπαύσαντο φοροῦντες, i. 6, 3 n, 4 n.
*χλαῖνα· n. i. 6, 3.
χοῖνιξ· iv. 16, 1 n.
χορηγία· ὅσα αὖ ἐν τῇ πόλει χορηγίαις ἢ ἄλλῳ τῳ λαμπρύνομαι, vi. 16, 3 n.
χόω· ii. 75, 3 n.
χράομαι· πλῷ χρησάμενος opp. to πεζῇ—ἐλθών, iii. 3, 5 n. ἐχρήσατο τῷ τρόπῳ ᾧπερ καὶ ἐς τὴν Πύλον—, v. 7, 3 n.

O

χρεία, i. 32, 3 n. 33, 1 n. αὐτὸς μὲν ἐκείνῳ χρείας τινὸς — ἐναντιωθῆναι 136, 6.
χρέων ὑμεῖς ἂν οὐ χρέων ἄρχοιτε, iii. 40, 6 n.
χρῆμα its plural treated as virtually a singular noun, ἀλλὰ τοῖς χρήμασιν; ἀλλὰ πολλῷ ἔτι πλέον τούτου ἐλλείπομεν. i. 80, 4; cf. n. vii. 48, 6.
χρηματίζω ἐφ' ἅπερ ἦλθον χρηματίσαντες, i. 87, 5 n.
χρῆσις δύο μερῶν τῶν ἐς χρῆσιν φανερῶν, ii. 62, 2 n.
χρόνιος χρόνιοι ξυνιόντες, i. 141, 8 n.
χρόνος καὶ οὐχ ἥκιστα δὴ τὸν πρῶτον χρόνον ἐπί γε ἐμοῦ Ἀθηναῖοι φαίνονται εὖ πολιτεύσαντες. viii. 97, 2 n.
χρώς ἐν χρῷ ἀεὶ παραπλέοντες, ii. 84, 1 n.
χωρίον preferred to χῶρον in ii. 19, 2 n. χωρίον, compared with τόπος in its technical sense, τοῖς πρὸ ἐμοῦ ἅπασιν ἐκλιπὲς τοῦτο ἦν τὸ χωρίον, i. 97, 2 n.

Ψ.

ψεύδω ἐψευσμένοις—τῆς Ἀθ. δυνάμεως ἐπὶ τοσοῦτον ὅση ὕστερον διεφάνη — κρίνοντες, iv. 108, 4 n. ἔψευστο τὴν ξυμμαχίαν, v. 83, 4. μέγιστον δὴ αὐτοὺς ἐψευσμένη ἡ Ἑλλάς, vi. 17, 5 n.
ψηφίζομαι δίχα ἐψηφισμένων, εἰ χρή —, i. 40, 5 n. οὐκ ἐβούλετο—ἐμφανῶς σφᾶς ψηφιζομένους—τοῖς πολεμίοις καταγγέλτους γίγνεσθαι vii. 48, 1. μὴ φανερῶς γε ἀξιῶν ψηφίζεσθαι, vii. 50, 3 n.
ψῆφος ψῆφον φανερὰν διενεγκεῖν, iv. 74, 2 n.
ψιλός includes all foot-soldiers except ὁπλῖται, ii. 79, 7 n. ψιλοὶ ἐκ παρασκευῆς—ὡπλισμένοι, iv. 94, 1 n.

Ω.

ὠθισμός ὠθισμῷ ἀσπίδων, iv. 96, 2 n.
ὥρα ὥρᾳ ἔτους, ii. 52, 2 n. ἐξωσθῆναι ἂν τῇ ὥρᾳ ἐς χειμῶνα, vi. 34, 6 Sch. n.
ὡς subjoined to the nom. case, οἱ Ἀθ.—ὡς ἑώρων, iii. 4, 1 n. 5, 1. ὡς with acc. absolute, ὡς μετέχοντά τινα τῶν γιγνομένων, viii. 66, 5 n. ὡς with fut. participle, ὡς τὸ στρατόπεδον καταληψόμενοι, vi. 65, 2 n. ὡς omitted before a future participle expressing intention, as in διανοήθητε—μὴ εἴξοντες, i. 141, 1 n ὡς with a national adjective or name of a class, ἣν δὲ οὐδὲ ἀδύνατος, ὡς Λακεδαιμόνιος, εἰπεῖν, iv. 84, 2 n. ὡς with ἀπό ὡς ἀπὸ τῆς ὑπαρχούσης ἀξιώσεως, vi. 54, 3 Sch. ὡς τὰ τῶν Ἀθηναίων εὐτύχει, iv. 79, 2. ὡς ἔτι Βρασίδας εὐτύχει iv. 117, 2 n. ὡς ἂν καιρὸς ᾖ, viii. 1, 3 n. not = ἕως as the Sch. would have it. ib. n. ὡς with words of retrospective meaning; αἱ δὲ—νῆες—ὡς τότε φεύγουσαι—κατηνέχθησαν, iii. 69, 1. ὁ δὲ Κλέων ὡς—τότε περιέπλευσεν ἐπὶ τὴν Ἀμφίπολιν, v. 6, 1 n. ὁ μὲν Κλέων, ὡς τὸ πρῶτον οὐ διενοεῖτο μένειν, 10, 9. ὁ δ' Ἀστύοχος, ὡς τότε ἐν τῇ Χίῳ ἔτυχε—καταλεγόμενος, viii. 31, 1 n. ὡς—ἐδόκουν ἐμοί, i. 22, 1 n. opp. to οὐδ' ὡς ἐμοὶ ἐδόκει, § 2 n. ὡς ἕκαστος ὥργητο, ii. 21, 3 n. οὕτως ὡς ἕκαστος ὥρμητο. v. 1 n: cf. ὥσπερ, viii. 23, 1, 3. ὡς ἐς ἐλάχιστον, compared with ὅτι ἐν βραχυτάτῳ, i. 63, 1 n. iii. 46, 1 n. ὡς = ὥστε ναυμαχήσαντες δὲ ἀντίπαλα μὲν καὶ ὡς αὐτοὺς ἑκατέρους ἀξιοῦν νικᾶν, vii. 34, 6 n. ὡς ἐς— in this formula the MSS. frequently omit either ὡς or ἐς—ὡς ἐς ἐπίπλουν, i. 50, 6 n. v. l. ὡς ἐς ἐπιτειχισμόν, v. 17, 2 n. ὡς ἐς τὴν Εὔβοιαν, viii. 5, 1 v. l. ὡς οὐ καὶ = καὶ γάρ—, i. 120, 1 n. ὡς καὶ instead of καὶ ὡς, i. 37, 1 n. elliptic construction of ὡς in ἄλλοι δ' (sc. εἰκάζουσιν) ὡς (sc. παρῆλθεν ἐς τὴν Ἄσπενδον. cf. § 2.) καταβοῆς ἕνεκα τῆς ἐς Λακεδαίμονα,

viii. 87, 3 n. force of ὡς ἂν in ὡς ἂν—ξυντάξῃ, vi. 91, 4 n. ὡς ἂν καιρὸς ᾖ, viii. 1, 3 n. καὶ μὴ χρήμασιν, †ὥς† πολὺ κρείσσους εἰσὶ, νικηθέντας ἀπιέναι, vii. 48, 6 n. ὥς· καὶ ὥς, i. 44, 2 n. iii. 33, 2. vii. 81, 4. viii. 51, 2 n. 56, 3. καὶ γὰρ ὥς, 87, 3 n.

ὥστε· prefixed to an additional consideration whence the conclusion follows, while the conclusion is suppressed, iv. 85, 5 n. v. 14, 3 n. force of ὥστε after ἕτοιμος or ἐπαγγελλόμενοι, i. 28, 6 n. viii. 86, 8 n. after a verb or participle, viii. 45, 3 n. ξυνέβη— ὥστε—, iv. 80, 1. v. 14, 1 n. followed by anacoluthon of moods, v. 14, 1 n. ψηφισάμενοι—ὥστε—ἀμύνειν, vi. 88, 8 n. ἐδίδασκεν ὥστε— αὐτὸν πεῖσαι, viii. 45, 3 n. ἐπαγγελλόμενοι — ὥστε βοηθεῖν, 86, 8 n. δεηθέντες—ἑκάστων ἰδίᾳ ὥστε ψηφίσασθαι τὸν πόλεμον, i. 119, 2. ἐδίδασκεν ὥστε δόντα χρήματα αὐτὸν πεῖσαι, viii. 45, 3 n. δόξαν αὐτοῖς— ὥστε διαναυμαχεῖν, 79, 1. ἐπαγγελλόμενοι — ὥστε βοηθεῖν, 86, 8 n. ὥστε after τοσοῦτος, vii. 28, 3 n. ὥστε (= ἅτε or ὡς)· †ὥστε† γὰρ ταμιείῳ χρωμένων τῶν Ἀθηναίων τοῖς τείχεσι, vii. 24, 2 n.

ὠφελία· τῶν κειμένων νόμων ὠφελίας, iii. 82, 11 n. ὠφελία (= ξύμμαχοι)· ἀπὸ Πελοποννήσου παρεσομένης ὠφελίας, οἱ τῶνδε κρείσ ους εἰσί, vi. 80, 1 n.

HISTORICAL AND GEOGRAPHICAL

INDEX

TO

ARNOLD'S THUCYDIDES.

ABDERA, a city on the coast of Thrace (acc. to Herod. i. 168, a colony from Teos.) N.E. of Thasos. distance in a straight line from the Ister (or Danube) ii. 97, 1 nn. Nymphodorus an Abderite, Ath. proxenus, father-in-law of Sitalkes k. of Thrace, ii. 29, 1 n.

Abydus, a city in Asia, on the Hellespont, a colony from Miletus, viii. 61, 1 n. revolts from Athens, 61, 1. 62, 1. repulses Strombichides the Ath. 62, 2, 3. Strombichides called away, 69, 3 n. a Pelop. squadron there, eluded by the Ath. 102, 2 n, joins Mindarus' fleet against Elæus, and returns to Ab. 103, 1. the Pelop. fleet stands out from Ab. against the Ath., 104, 1, 2. defeated takes refuge at Ab. 106, 1. sails from Ab. to Elæus, 107, 3. heavy armed troops brought from Ab. to Antandrus, to expel a Persian garrison, 108, 4, 5.

Acamantis, an Ath. tribe (so called, acc. to Suid. and Steph. Byzant. from Acamas son of Theseus); the prytany held by that tribe, when the one year's truce was ratified, iv. 118, 7 n.

Acanthus, a Lac. swears to the fifty years' peace, v. 19, 2, and the fifty years' alliance, 24, 1.

Acanthus and Acanthians, in Chalcidice, N. side of the Isthmus of Athos, a colony from Andros, a subject ally of Athens, iv. 84, 1 n. Brasidas marches against it, nearly at the time of vintage, ib. they give him a hearing, § 2. 85-87. revolt from the Ath. 88, 1. the Toronæans and the Scionæans addressed in like manner, 114, 3. 120, 3. Acanthian troops on Brasidas' second expedition into Lyncus, 124, 1. its condition as settled by the fifty years' peace, v. 18, 5 n.

Acarnan, son of Alcmæon, name of Acarnania derived from, ii. 102, 9 n.

Acarnania, a country on the W. coast of N. Greece (opposite to Cephallenia ii. 30, 3), between the r. Achelous and the Ambracian gulf. Arms constantly worn by the Acarnanians, i. 5, 3, 4. the Ac. skilful slingers, ii. 81, 8, 9. Ath. envoys sent thither, ii. 7, 3. all allies of the Ath. (except Œniadæ, i. 111, 4. ii. 102, 3. iii. 94, 1), ii. 9, 5. Sollium city and territory taken by the Ath. and given to the Ac. of Palærus, ii. 30, 1. Astacus in Acarn. brought into the Ath. alliance, § 2. Euarchus, an Ac. tyrant of Astacus, restored by the Cor.; attempts on other Ac. towns fail, 33, 1, 2. the Amphilochians ejected by the Ambraciots seek protection of the Ac. both, aided by the Ath. under Phormio, take and occupy Amphilochian Argos, 68, 6, 7. first alliance between Acarnania and Athens, § 8. expedition of Ambraciots with barbarian allies and Pelop. into Acarnania, to Stratus, 80. nn. Acarn. of the coast, ii. 80, 1. 83, 1 n. measures adopted by the Ac. ii. 81, 1. the Ac. of Stratus defeat the barbarian forces, § 4–6. political expedition of Phormio into the interior of Acarn. ii. 102 nn. the Ac. request of the Ath. succours under a commander of the family of Phormio, iii. 7, 1. the whole force of Acarnania invades and wastes the territory, and Asopius approaches the city Œniadæ by the r. Achelous without effect, § 3, 4. the Ac. with the Ath. and allies devastate the territory of Leucas, and urge Demosthenes to besiege it, 94, 1, 2. the forces retire, to the great displeasure of the Ac. 95, 1. they refuse to join the expedition into Ætolia, § 2. at Demosthenes' request save Naupactus, reinforcing its garrison, iii. 102, 3–6. the Ambraciots persuade the Pelop. to join in an expedition against Acarn. and Amphilochian Argos, § 7. Olpæ the seat of the ancient national court of the Ac. occupied by the Ambraciot invaders, 105, 1 n. cf. n. to 107, 1. the Ac. muster at Amphil. Argos, and at Crenæ; and send for Demosthenes and an Ath. squadron, 105, 2 n. the Pelop. march through Acarn. elude the Ac. and reach Olpæ, 106, nn. the Ac. appoint Demosthenes commander of all their forces, 107, 3. the Ac. at battle of Olpæ attack in the rear and rout the Pelop. 108, 1. press upon the retreat of the Ambraciots, § 4. Ac. commanders with Demosth. conclude a secret agreement for the safe retreat of the Pelop. 109. send to cut off an Ambraciot reinforcement, 110. the Ac. scarcely prevailed on to spare the Pelop. pursue and cut off the Ambraciots, 111, 3–5 nn. under Demosthenes cut off the Ambraciot reinforcement at Idomene, 112. might have taken Ambracia, 113, 3. assigned a portion of the spoils to the Ath. and to Demosthenes, 114, 1, 2. treaty of defensive alliance between the Ac. and Ambraciots, 114, 5, 6. aided by the Ath. occupy Anactorium, iv. 49 n. the Ac. reduce Œniadæ to join the Ath. alliance; with Demosthenes reduce Salynthius and the Agræans also, 77, 2 n. go by sea under Demosth. against Siphæ, but fail, 89, 1. with him land on the coast of Sicyon, 101, 3, 4. Demosthenes on his way to Sicily, touches on the Ac. coast, vii. 31, 2. assembles slingers and darters, § 5. motives of the Ac. serving under the Ath. 57, 10. Ac. darters on board the Ath. fleet, in the last battle at Syracuse, 60, 4 n. 67, 2 n.

Acesines (acc. to Pliny Asines), a r. in the territory of Naxos, E. coast of Sicily, iv. 25, 8.

Achaia, a region on the N. coast of Pelop. consisting of twelve states (see Herod. i. 145, 2. Strabo ix.). Achaians used by Homer as a denomination of one only of the various races inhabiting the country afterwards called Hellas, i. 3, 3, 5 n. suffered in a storm on their return from Troy, iv. 120, 1. Achaians accompany Demosth. against Œniadæ, i. 111, 4. Achaia given up by the Ath. 115, 1 n. on amicable terms with both Pelop. and Ath. at the beginning of the war, ii. 9, 2 n. Zacynthus colonized by the Ach. 66, 1. Patræ in Achaia, 83, 3 n. Dyme in Achaia, 84, 3. Achaians excluded from the Lac. colony Heracleia, iii. 92, 7. Achaia demanded by the

Ath. iv. 21, 3. its political arrangements altered by the Lac., v. 82, 1. Pelop. fleet off its coast supported by the Ach. as allies, vii. 34, 1, 2 n.

Achaia, used for Achaia Phthiotis, iv. 78, 1 n. the Phthiot Achaians subject to the Thessalians, viii. 3, 1 n.

Acharnæ, N. by W. of Athens, a very important demus of Attica; furnishing 3000 heavy-armed men, more than one-tenth of the whole amount of the Ath. heavy-armed, ii. 19, 2. 20, 3. cf. 13, 6. the Pelop. encamp there and ravage it, 19, 5. continue there; their object, 20. effect on the Ath. and the Acharnians, 21. the Pelop. break up thence, ii. 23, 1.

Achelous, a r. of W. Greece. its course from m. Pindus through Dolopia, the Agræans and Amphilochians, along the plain of Acarnania to the sea at Œniadæ; a defence in winter to that city, ii. 102, 3 n. its alluvial deposit, and formation of islands, § 4–6. crossed by the Pelop. expedition against Amphilochian Argos, iii, 106, 1. the boundary between Ætolia and Acarnania, ib. n.

Acheron, a river of Thesprotis in W. Greece, and the Acherusian lake formed by it, discharges itself into the sea near Ephyre, i. 46, 5, 6.

Achilles, his followers from Phthiotis alone called Hellenes by Homer, i. 3, 3 n.

Acræ, a town in Sicily, a colony of Syracuse, W. of it, date of foundation, vi. 5, 2.

Acræum Lepas, a strong position of the Syracusans on the Ath. line of retreat, vii. 78, 5 n. the Ath. in vain attempt to force it, 79, 1–3.

Acragas, on S. coast of Sicily, between Gela and Selinus, vii. 58, 1. a colony from Gela, vi. 4, 4. Acragantines persuaded by Phæax join the Ath. alliance against Syracuse, v. 4, 5, 6. allowed no aids to Syrac.

to pass through their territory, vii. 32, 1. neutral in the Syrac. war, 33, 2. 58, 1. disturbed by a faction favourable to Syracuse, 46. it is expelled, 50, 1.

Acropolis of Athens, seized by Cylon, i. 126, 4, 5. the original city, ii. 15, 4, 8. called simply πόλις; the temples there, v. 18, 9 n. 23, 5. 47, 11. secured from occupation during the plague, ii. 17, 1. its Propylæa, ii. 13, 3. inscribed στήλη there recording the tyrants' injustice, vi. 55, 1, 2 nn. recording the fifty years' peace, v. 18, 9.

Acrothoï, one of the 6 small towns of the Acte of m. Athos, iv. 109, 3.

Actæan cities, on the coast of Asia, belonging to Mytilene, iv. 52, 3 n. cf. iii. 50, 4.

Acte, the peninsula of m. Athos, iv. 109, 1 n. contains six cities; elements of their population, § 3 n.

Actium, a town in the territory of Anactorium; a Corcyræan herald meets the Corinthian fleet there, i. 29, 2. Corinthian camp there, 30, 3.

Adeimantus, f. of Aristeus, a Cor. i. 60, 2.

Admetus, k. of the Molossians, i. 136, 3. receives Themistocles, § 7. protects and aids him in his flight, 137, 1.

Adramyttium, see Atramyttium.

Adriatic, name unknown to Thuc. S. part of it called by him Ionian Gulf, i. 24, 1 n.

Æantides, son of Hippoclus (Herod. iv. 138, 1.) tyrant of Lampsacus, and son-in-law of Hippias tyrant of Athens, vi. 59, 3, 4.

Ædolian lochus of the Lac. n. to iv. 8, 9.

Ægæan sea, i. 98, 2. iv. 109, 2.

Ægaleōn (in Herod. viii. 90, 6. Ægaleōs), a m. of Attica, ii. 19, 2 n.

Ægina, island, and Æginetans; fleet before Median war chiefly of fifty-oared vessels, half-decked; war with Æg. caused the building of the Ath. fleet, i.

B 2

14, 4 n. Æg. defeated by the Ath. 41, 2 n. defeated in a sea-fight, and besieged by the Ath. 105, 3. aided by the Pelop. § 4. submit to the Ath. 108, 3. complain to the Lac. of subjection to the Ath. 67, 2 n. their independence demanded by the Lac. 139, 1. 140, 6. expelled by the Ath. from Æg. which is occupied by Ath. settlers, ii. 27, 1, 2. most of the Æg. settled by the Lac. in Thyrea § 3–5 n. Ath. fleet touches at Æg. 31, 2. Corcyræan envoys confined there, iii. 72, 1. Thyrea, the new abode of the Æg. visited by an Ath. fleet, iv. 56, 2. 57, 1, 2. taken, pillaged and burnt; the survivors sent to Athens, and slain by decree, § 3, 4. shortest route of Ath. succours to Argos, from Æg. through Epidaurus, v. 53. Ath. settlers in Æg. called Æginetans, v. 74, 3 n; serve at the siege of Syracuse, vii. 57, 2 n; engaged in the oligarchical conspiracy at Athens, viii. 69. 3. their motive ib. n. Ath. expedition to Sicily tries its speed as far as Æg. vi. 32, 3 n. the second expedition proceeds to Æg. vii. 20, 2. leaves Æg. 26, 1. a Lac. fleet overruns Æg. viii. 92, 3. Æginetan Drachma and Obolus, see Drachma, and Obolus.

Ægitium, a town of Ætolia, defeat and loss of the Ath. there under Demosthenes, iii. 97, 2, 3 n.

Aeimnestus, a Platæan f. of Lacon, iii. 52, 7.

Æneas, a Cor. son of Ocytas or Ocytus, signs the one year's Truce, iv. 119, 2.

Ænesias, Ephor of Sparta at commencement of the Pelop. War, ii. 2, 1.

Ænianes, a people inhabiting the N. side of the valley of the r. Spercheius, v. 51, 1.

Ænus, an Æolic city on the coast of Thrace E. of the r. Hebrus, (Herod. iv. 90, 4. vii. 58, 5.) Targeteers thence at Athens, iv. 28, 4. the Ænians a colony from Bœotia, tributary allies of Athens; Ænians serving against Syracuse, vii. 57, 5.

Æoladas, a Theban, f. of Pagondas, iv. 91.

Æolis, afterwards called Calydon and Pleuron, iii. 102, 6 n. Æolians possessors of Corinth before the Dorians, iv. 42, 2 n. the Æolic or Æolian the most ancient of the Hellenian nations or races, notes to iii. 2, 3, and iv. 42, 2. Æolic towns on the Asiatic continent as opposed to those in Lesbos, iv. 52, 3 n. Cume or Cyme in Æolia, iii. 31,1. the Bœotians, Lesbians, Tenedians and Ænians (of Ænus, not Ænianes) are Æolians, iii. 2, 3 n. vii. 57, 5. viii. 100, 3 n., and the Antandrians, 108, 4. Æolians serving under the Ath. at Syracuse, vii. 57, 5.

Æolus, islands of, off the Sicel or N. coast of Sicily are arid; Lipara alone inhabited; colonized from Cnidus; in the Syrac. alliance; ravaged by the Ath. iii. 88, 1–6 nn. second Ath. expedition against, 115, 1. superstition respecting Hiera; it is volcanic, 83, 3, 4.

Æsimides, a Corcyræan naval commander, i. 47, 1.

Æson, an Argive ambassador to Lacedæmon, v. 40, 3.

Æthæans, Laconian Pericci or provincials, i. 101, 2 and n. their town, accord. to Steph. Byz., Αἰθαία, πόλις Λακωνικῆς μία τῶν ἑκατόν.

Æthiopia, above or inland of Egypt, the plague said to have begun there, ii. 48, 1; see Strabo, ii.

Ætna, a volcanic mountain of Sicily, iii. 116. three eruptions from, § 3.

Ætolia, and Ætolians: features of the country indicated, iii. 97, 3. 98, 1, 2. Ætolian unwalled towns or villages, 94, 4. Potidania, Crocyleium, Teichium, 96, 2, Ægitium, 97, 2. the people described, 94, 4, (comp. i.

5, 3, 4.) principal divisions of, 94, 5. subdivisions or tribes of the Ophionian division, 96, 3. Ath. expedition for conquest of, suggested to Demosthenes by Messenians of Naupactus, 94, 3-5. starts from Œneōn in Locris, 95, 3. its progress, 96, 1, 2. the Æt. assemble against it, 96, 3. attack it at Ægitium, 97, 4. drive it back with carnage to Œneōn, 98. Æt. embassy to Corinth and Lacedæmon solicits aid to reduce Naupactus, 100, 1, n. expedition with that object from Delphi through Locris, 101, 1—102, 1. Ætolians join it in the territory of Naupactus, 102, 2. it fails from Naupactus being reinforced, 102, 3, 6. Ætolians in the pay of Athens at Syracuse, vii. 57, 9.

Africa, see Libya.

Agamemnon's fleet, i. 9, 3-5. power its origin, 9, 1, 2. sceptre, 9, 5 n.

Agatharchidas, a Corinthian commander in the first sea-fight against Phormion, ii. 83, 4.

Agatharchus, commander of a Syracusan squadron sent out to intercept the Athenian convoys, vii. 25, 1. commanded one wing of the Syracusan fleet in the last engagement in the harbour, 70, 1.

Agesander, a Spartan, one of three envoys from Lacedæmon with the ultimate proposal to Athens, i. 139, 3.

Agesander, f. of Pasitelidas, a Lac. iv. 132, 3.

Agesandridas, son of Agesander, a Spartan, commander of the expedition from Las against Eubœa, viii. 91, 2. 94, 1, 2. 95, 3. defeats the Ath. off Eretria, and effects the revolt of Eubœa, 95, 4-7.

Agesippidas or Hegesippidas, Lac. commander of Heracleia in Trachis, v. 52, 1. sent to reinforce the garrison of Epidaurus, 56, 1.

Agis ("Άγις, or with Bekker and Poppo 'Άγις), son of Archidamus, k.

of the Lac.; in the sixth year of the war leads the expedition for the yearly invasion of Attica, prevented by earthquakes, iii. 89, 1. invades and lays it waste, iv. 2, 1. returns, 6, 1. swears to treaties, v. 19, 2. 24, 1 n. stopped on his march at Leuctra by the sacrifices proving unfavourable, 54, 1. begins his campaign against the Argives, 57, 1. meets and eludes the Argives and their allies at Methydrium in Arcadia, 58, 2. his dispositions for invading Argolis, 58, 4. interposing between the Argives and their city, places his allies in their rear, 59, 3. concludes a four months' truce, and leads off his forces, 60, 1. much blamed by them, § 2, 3. the Lacedæmonians deliberate on fining him and razing his house to the ground, 63, 1. appoint a council of ten Spartans to accompany him on expeditions, 63, 4. about to attack the Argives strongly posted, is rebuked, and forbears, 65, 2. turns the water from the Tegean into the Mantinic territory, 65, 4. hastily makes his dispositions for the battle of Mantineia, 66, 2—67, 1. orders a flank movement to extend his left wing, 71, 3 n. orders imperfectly executed, and his left driven back with loss, 72, 1-3. he is victorious in the centre and right. 72, 4—73, 1. marches to the relief of the left, 73, 2. heads the expedition of Lacedæmonians and allies which destroys the Long Walls of Argos, and slaughters all the free inhabitants of Hysiæ, 83, 1, 2. lays waste the plain country of Attica and fortifies Deceleia, vii. 19, 1, 2. continues there, making the conduct of the war his main object, 27, 3-5. levies contributions on the allies, takes most of the Œtæans' stock, who redeem it; in spite of the Thessalians' remonstrances, exacts from the Phthiot Achæans and their other subjects money and hostages, whom he deposits at Corinth, endeavouring to make them join the Lacedæmonian confederacy, viii. 3, 1. the Eubœans, 5, 1, and Lesbians seek his aid in revolting from Athens; he prefers aiding the Lesbians, 5, 2. acts without sanction of the Lac. government; extent of his power and obedience of allies to him at Deceleia, 5, 3. falls in with the Lacedæmonians' determination to aid Chios first, 8, 2. unable to overcome the Corinthians' scruples to embark before the expiration of the Isthmian Festival and Truce, 9, 1. sends Thermon, a Spartan, to the squadron blockaded by the Ath. at Peiræum on the Isthmus, 11, 2. at variance with Alcibiades, 12, 2. his enemy, 45, 1. the Four Hundred desire to treat with him, 70, 2. disregards their overtures, and marches to Athens, 71, 1. repulsed, 71, 2. receiving a second embassy from the Four Hundred advises their sending envoys to Sparta, 71, 3.

Agræans, Ἀγραῖοι (an Ætolian people), situate on the upper part of r. Achelous, ii. 102, 3. iii. 106, 2. their territory, Ἀγραΐς, 111, 5. their king Salynthius, friendly to the Peloponnesians and Ambraciots, to whom they afford refuge, ib. 113, 1. 114, 4. Demosthenes marches against and brings them into alliance with Athens, iv. 77, 2. Agræans take part in his landing on the coast of Sicyon, 101, 3.

Agrianes a Pæonic tribe, ii. 96, 3; see Herod. v. 16, 1.

Agrigentum, see Acragas.

Alcæus, archon at Athens at the signing of the fifty years' Peace, v. 19, 1, and the fifty years' Alliance, 25, 1; see Diod. Sicul. xii.

Alcamenes, a Lac. son of Sthenelaidas, destined by Agis, viii. 5, 1, and finally by the Lac. confederacy, to aid the Ath. allies in revolt, 8, 2. sets sail with a squadron, 10, 2. defeated and slain by the Athenians at Peiræum in the Corinthian territory, 10, 3, 4.

Alcibiades, a Laconian name, viii. 6, 3. Alcibiades, an Ath. son of Cleinias, of illustrious ancestry; slighted by the Lacedæmonians, v. 43, 2. instigates the Argives, Mantineans and Eleians to send an embassy to Athens to seek an alliance, 43, 3. deceives the Laced. envoys, involving them in inconsistency, and charges them with double-dealing, 45, 2–4. envoys of the Argives, Mantineans and Eleans, introduced to the assembly by Alcibiades, conclude a treaty of alliance with Athens, 46, 5. his expedition into Peloponnesus, v. 52, 2. his motives for wishing the Argives to possess Epidaurus, 53. comes to aid them, 55, 4. induces the Ath. to pronounce the Lac. perjured, and to reintroduce the Helots into Pylus, 56, 3. as envoy from Athens persuades the Argives to disown the truce made (59, 5.) with Agis, and recommence hostilities, 61, 2, 3. fails to prevent a peace between Argos and Lacedæmon, 76, 3. seizes 300 Argives as favouring the Lac. interest, v. 84, 1. appointed with Nicias and Lamachus to command the first great Ath. expedition to Sicily, vi. 8, 2. Nicias' insinuations against him, 12, 2. Alcibiades' motives for advocating the expedition, 15, 2. his expensive habits, § 3. suspected of aiming at tyranny, § 4. his speech, 16–18. unequalled magnificence and victories at Olympia, 16, 2. Argive confederacy the result of his diplomacy, § 6. accused of mutilation of images and mock celebration of the Mysteries as connected with a plot against the constitution, 28. desires immediate trial, 29, 1, 2. compelled to sail for Sicily, 29, 3. his plan of operations,

48. assented to by Lamachus, 50, 1. negotiates unsuccessfully with Messana, ib. during his speech to the Catanæans the soldiers enter the town, 51, 1. he and others recalled to Athens for trial, 53, 1. suspicion against him gains strength, 61, 1-4. why not arrested when recalled, § 5. escapes at Thurii, § 6. passes over into Peloponnesus; condemned for non-appearance at Athens, § 7. had betrayed the Athenians' design upon Messana, 74, 1. meets the Syrac. and Corinthian envoys at Sparta, and incites the Lacedæmonians to aid Syracuse,88,9,10. his speech, 89-92. obviates their prejudices against him, 89. states the ultimate object of Athens in attacking Sicily, 90. urges the necessity of promptly succouring it, 91, 1-4, of carrying on the war in Greece with vigour, § 5, of fortifying and occupying Deceleia in Attica, § 6, 7. they should not think worse of him for his present hostility to Athens, 92. 1-3, but fully avail themselves of his services, § 4. urgently exhorts the Lac. to fortify Deceleia and prosecute the war, vii. 18, 1. exerts his interest with the Lac. to obtain aid for the Chians and Tissaphernes against Athens, viii. 6, 3. hereditary friendship between the families of Alcibiades and of Endius a Lac. Ephor, ib. Alcibiades, by arguments addressed to the Ephors generally, 12, 1, and to Endius especially, § 2. persuades them to dispatch him with Chalcideus and five ships to Chios, §. 3. chased by the Ath. under Strombichides, (see 17, 1.) 15, 1. on arrival, 14, 1, they draw Chios, Erythræ, § 2, and Clazomenæ into revolt from Athens, § 3. Alcibiades and Chalcideus reinforced chase Strombichides from Teos, viii. 16, 3, 3. arm their Peloponnesian crews and leave them at Chios for land service, reman their fleet and sail to Miletus, 17, 1. Alcibiades desires to secure the credit of the Ionian revolt to himself, Chalcideus, and Endius, § 2. effect the revolt of Miletus, § 3. Alcibiades brings news of the battle of Miletus to the Pelop. and Sicilian fleet, urging them to relieve that city, 26, 3. suspected by the Pelop., and his execution ordered by the Lac., takes refuge with Tissaphernes, and prejudices him against them, 45, 1. persuades him to retrench their pay, § 2. and bribe their officers into acquiescence, § 3. endeavours to shame the Chians and other states out of demanding pay, § 4, 5. dissuades Tissaphernes from hastening the war to a conclusion, or giving either Pelop. or Ath. the command by both land and sea, 46, 1, 2. why the Ath. were the more, and the Lac. the less fit, of the two, to share dominion with the king, § 3. practical conclusion, § 4. Tissaphernes confides in and acts on his advice, § 5. views of Alcibiades in giving this advice, 47, 1. effect, on the Ath. armament at Samos, of his influence with Tissaphernes, § 2. he intrigues with the oligarchical party there for his own recall, and the subversion of the democracy, ib. holds out hopes of conciliating Tissaphernes and the king, 48, 1, 2. distrusted by Phrynichus, § 3, 6. the conspirators send a deputation to Athens to negotiate for Alcibiades' recall, 49. why Phrynichus sends information to Astyochus against Alc. 50, 1, 2. Alc. informs the commanders at Samos of Phrynichus' treason, § 4. informed by Astyochus of Phrynichus' proposal to betray Samos, § 5. writes word of it to Samos, 51, 1, through Phrynichus' address, is disbelieved, § 2. endeavours to win Tissaphernes over to the Ath. 52. Peisander, and the oligarchical deputation from Samos, at

Athens, advocate his recall, 53, 1. notwithstanding the protest of the Eumolpidæ and the Ceryces (or heralds), § 2, 3. the Ath. decree negotiations for his return, 54, 2. Phrynichus traduced because adverse to it, § 3. Alcibiades' extravagant demands on behalf of Tissaphernes lead the Ath. deputation to close the conference, 56. the Ath. at Samos resolve to act without him, 63, 4. Androcles, a personal enemy to Alcibiades, assassinated at Athens, 55, 2. Phrynichus, from fear of Alc., most zealous for oligarchy, 68, 3. on Alcibiades' account, the Four Hundred recall no exiles, 70, 1. the armament of Samos expect him to procure the king's alliance for them, 76, 7. recalled to Samos, 81, 1. by boasts and promises encourages the armament, § 2, 3. elected one of their commanders, 82, 1. forbids their sailing against Peirœeus, § 2. goes professedly to concert measures with Tissaphernes; awes him and the Ath. each by the other, § 3. his recall increases the Peloponnesians' distrust and dislike of Tissaphernes, 83, 1, 2. returns from Tissaphernes to Samos, 85, 4. again prevents the Ath. at Samos from sailing against their countrymen, 86, 4. answer and advice to the oligarchical deputation from Athens, § 6, 7. answers the Argives' offer of aid to the armament, § 8. professed, and probably real object in following Tissaphernes towards Aspendus, 88. his answer to the deputation from the Four Hundred reported at Athens; and its effects there, 89, 1-3. his strong position at Samos encourages the friends of democracy at Athens, § 4. his recall decreed at Athens, 97, 3. returns from Phaselis and Caunus, professing to have prevented the junction of the Phœnician and Pelop. fleets, and rendered Tissaphernes

more friendly to the Ath., 108, 1. mans a squadron, exacts contributions from Halicarnassus., fortifies Cos, appoints a governor to it, and returns to Samos, § 2.

Alcidas, a Lac. commander of the Pelop. fleet for the relief of Lesbos, iii. 16, 3. sails, 26, 1. rejects the advice of Teutiaplus and the Ionian exiles and the Lesbians, 30. 31, 1. resolves to return, § 2. butchers most of his prisoners, 32, 1. but on remonstrance of the Samian envoys, sets the survivors at liberty, § 2, 3. runs from Ephesus straight for Peloponnesus, 33, 1. Paches chases him, § 4. reinforced at Cyllene, and with Brasidas for his adviser (69, 1.), arrives off Corcyra, 76. defeats the Corcyræans, 77. 78. afraid to pursue his advantage, 79, 2, 3. on report of the approach of an Ath. fleet, 80, 3. gets clear off, 81, 1. commissioned, with Leōn and Damagōn, to found Heracleia in Trachinia, 92, 1, 8.

Alcinadas, or Alcinidas, a Lac. swears to the Treaty of Peace, v. 19, 2. and the Treaty of Alliance, for fifty years between Athens and Lacedæmon, 24.

Alcinous, his τέμενος, or consecrated ground, at Corcyra, iii. 70, 5 n.

Alciphron, an Argive, (πρόξενος, or public friend, of the Lac.,) unauthorized by the state, prevails upon Agis to conclude a four months' truce with Argos, v. 59, 5.

Alcisthenes, an Ath. f. of Demosthenes, iii. 91, 1. iv. 66, 3. vii. 16, 1.

Alcmæon, son of Amphiaraus, having murdered his mother, in consequence of an oracle, ii. 102, 78, settles near Œniadæ in Acarnania, § 9, 10.

Alcmæonidæ, an Ath. family, expel the Peisistratidæ from Athens, vi. 59, 4. for their history see Herod. vi. 125-131.

Aleuadæ, a family of Larisa in

Thessaly, according to Herod. kings of Thessaly, n. i. 111, 1.

Alexander, k. of Macedon, f. of Perdiccas, i. 57, 1. 137, 1. descended from Temenus of Argos, ii. 99, 3, and n.

Alexarchus, commander of the Corinthian division of the troops sent to the aid of Syracuse, vii. 19, 4.

Alexicles, an Ath. general of oligarchical sentiments, seized and placed in confinement, viii. 92, 4. let go, 93, 1. withdraws with Peisander to Deceleia, 98, 1.

Alexippidas, Ephor at Lacedæmon, viii. 58, 1.

Alicyæi, a Sicel people, vii. 32, 1.

Allies of Athens and Lacedæmon, ii. 9. of Athens and Syacuse, vii. 57. 58.

Almopes, a people expelled by the Macedonians from Almopia, an inland region of Macedonia, ii. 99, 4; see Ptolemy and Pliny.

Alope, a city on the N. coast of Opuntian Locris, ii. 26, 2; see Palmerii Græc. Antiq. p. 584.

Altar, (see also Sanctuary,) of the Eumenides or Furies, i. 126, 11. of Olympian Zeus, v. 50, 1. of Apollo Archegetes, vi. 3, 1. of Pythian Apollo at Athens, 54, 6, 7. of Athene in the acropolis at Athens, i. 126, 10. of the twelve gods in the Agora, vi. 54, 6. altars a refuge in the case of unintentional transgressions, iv. 98, 6 n; from danger in tumults, viii. 84, 3.

Alyzia, a city on the Acarnanian coast, opposite to Leucadia, vii. 31, 2 n.

Ambracia, 'Αμπρακία, a colony of Corinth, ii. 80, 3. Ambracian Gulf, i. 29, 2. 55, 1. Ambraciots sent by the Corinthians to garrison Epidamnus, i. 26, 1. furnish eight ships to the expedition for its relief, 27, 4. furnish to the Corinthian expedition against Corcyra twenty-seven ships, 46, 2. on the right wing in the sea-fight off Sybota, 48, 3. beaten and chased to their camp, 49, 5. belong to the Lac. Confederacy, ii. 9, 2. furnish ships, § 3. march against Argos Amphilochicum and Amphilochia, 68, 1. origin of their enmity against Argos Amphilochicum 68, 2–8. with Chaonians and other barbarian allies overrun the country; cannot take the city: return home and disband, 68, 9. with the Chaonians, and aid from the Pelop. plan the conquest of Acarnania; their designs against Zacynthus, Cephallenia and Naupactus, 80, 1. on assemblage of their land-forces, 80, 5–10, proceed and take Limnæa, § 11. march against Stratus, § 12. their barbarian allies defeated, ii. 81, 5–8. they hastily retreat and disband, 82, 1, 2. their ships reinforce the Pelop. fleet under Alcidas at Cyllene on its way to Corcyra, iii. 69, 1. concert with Eurylochus an attack upon Argos Amphilochicum and Acarnania, 102, 7, 8. take Olpæ, 105, 1. send home for reinforcements, 105, 3. joined by Eurylochus, 106, 1–3. post themselves at Metropolis, 107, 1. rout the Acarnanians and Amphilochians (see 107, 7.) opposed to them, 108, 3. but, from the defeat of Eurylochus and his troops, retreat with great loss to Olpæ, 108, 4. the whole disposable force of Ambracia marches to join them, 110, 1. of those at Olpæ (abandoned by the Pelop.) about 200 slain in flight into Agræa, 111, 2–5. the forces from Ambracia reach Idomene and occupy its smaller summit, 112, 1, 2. surprised by the Acarnanians under Demosthenes, 112, 4. most of them slain, 112, 5. but few get back to Ambracia, 112, 6–8. the Ambraciots who had fled from Olpæ (111, 5.) send a herald for leave to bury their dead, 113, 1. he learns the destruction of the troops from Ambracia, 113, 2–10. Ambracia is at the mercy of the Acarnanians and Amphilochians; their reason for sparing it, 113, 11–13. the fugitive Ambraciots are allowed to return home from Œniadæ, 114, 4. the Ambraciots conclude a defensive alliance with the Acarnanians and Amphilochians, 114, 5. Ambracia receives a garrison of Corinthians 114, 7, and iv. 42, 3. three Ambraciot ships sent to aid Syracuse, vi. 104, 1. arrive there, vii. 7, 1. Ambraciot envoys sent from Syracuse to the Sicilian states to announce the taking of Plemyrium, and urge them to send reinforcements, 25, 9, on their way back to Syracuse slain by the Sicels, 32, 2. Ambraciots among the Greeks who came to aid Syracuse, 58, 3. two Ambraciot ships taken by the Ath. in the sea-fight off Cynossema, viii. 106, 3.

Ameiniades, son of Philemon, an Ath. ambassador to Seuthes; concerned in the seizure of the Lac. and other ambassadors on their way to Persia, ii. 67, 2, 3.

Ameinias, a Lac., commissioned to ascertain the state of affairs in Thrace, iv. 132, 3.

Ameinocles, a Corinthian shipwright, builds four ships for the Samians, i. 13, 3.

Ammeas, son of Corœbus, the first Platæan who mounts the besiegers' wall, iii. 22, 4.

Amorges, illegitimate son of Pissuthnes, revolts from the k. of Persia, viii. 5, 5, reported to be approaching Anæa, 19, 1, 2. taken by the Pelop. at Iasus, and delivered up to Tissaphernes, 28, 2, 3. Phrynichus charged by Peisander with having betrayed him, 54, 3.

Ampelidas, a Lac. envoy sent to Argos for the renewal of the thirty years' truce, v. 22, 2; cf. 14, 3.

Amphiaraus, of Argos, father of Amphilochus, ii. 68, 3; and of Alcmæon, 102, 7.

Amphias, son of Eupaïdes, an Epidaurian, signs, on behalf of Epidaurus, the truce for a year between the Lac. and Ath. confederacies, iv. 119, 2.

Amphidorus, father of Menecrates, a Megarean, ibid.

Amphilochia, on the Ambracian Gulf, with Amphilochian Argos, colonized by Amphilochus, son of Amphiaraus, ii. 68, 3. (see Strabo x. and Palmerii Gr. Ant. p. 440.) the river Achelous flows through it, 102, 3. the Amphilochians regarded by the Ambraciots as barbarians, iii. 112, 7 n; compare ii. 68, 5. receive Ambraciots to dwell with them, and learn the Greek language from them, ii. 68, 5. are expelled by them, 68, 6. by aid of Acarnanians and Ath. recover their city and enslave the Ambraciots who had seized it, 68, 8. hence regarded with enmity and invaded by the Ambraciots, 68, 9 (see Ambracia). again invaded by the Ambraciots, iii. 105. are, all but a few, prevented by them from assembling in arms, 107, 3. those who were at the battle of Olpæ darters, 107, 7. beaten and pursued to Argos Amph. 108, 3. they cut off the Ambraciots who had escaped from the carnage at Idomene, 112, 6, 7. would not take Ambracia; their reason for this, 113, 13. make a defensive alliance with the Ambraciots, 114, 5. Amphilochian mountains, 112, 3, 5. Amphilochian territory, and people, called simply Argive, and Argos Amphilochicum simply Argos, 105, 1, 2. 106, 1. 107, 2, 3. 108, 3; see also Argos Amphilochicum and Argos.

Amphipolis, a city (an Ath. colony) on the N. E. bank of the r. Strymon, formerly called 'Εννέα όδοί, i. 100, 3. iv. 102, 1. (see Herod. vii. 114.) the various attempts to found it, ii. 102, 2, 3, and § 1 n. named from its situation in a bend of the r. Strymon (see Arnold's memoir on Amphipolis in vol. ii. p, 450), iv. 102, 4. its approaches, 103, 3, 4, n. its Thracian, or Thrace-ward gates, v. 10, 1 n. and Arnold's memoir on Amphipolis. its gates opening on the palisade, 10, 6. and Arnold's memoir, and § 7. temple of Athene there, v. 10, 2. Brasidas marches from Arnæ against it, iv. 102, 1. 103. the Athenian party there send for aid to Thucydides, to Thasos, 104, 3. moderate terms offered by Brasidas 105, 2. it surrenders, 106. Clearidas appointed governor, 132, 4. Cleon sails from Torone against Amphipolis, v. 3, 6. amount of forces under Brasidas and Clearidas at Amphipolis, 6, 4, 5. Cleon marches from Eïon, 7, 2. posts his army on a hill fronting Amph., and views its position, 7, 4. Brasidas enters Amph., 8, 1. his plan of attack, 8, 4. 9, 4. battle of Amphipolis, 10. Brasidas attacks Cleon's centre, 10, 6; Clearidas his right, 10, 7–9. the Ath. totally routed fly to Eïon, 10, 10. burial of Brasidas in Amph.; honours paid to him as to a hero and founder of the city; destruction of all memorials of Hagnon, 11, 1. disparity of the loss of men on each side, 11, 2. restoration of Amphipolis to the Ath. stipulated by the fifty years' truce, 18, 5. it is not restored, 21. 35, 3, 5. 46, 2. an Ath. expedition in preparation against it under Nicias frustrated by Perdiccas' failing to cooperate, 83, 4. Euetion, an Ath. general, blockades it with triremes, vii. 9.

Amphissians (Ἀμφισσῆς), a tribe or state of the Ozolian Locrians, iii. 101, 2. of Amphissa see Herodotus, viii. 32, 3. Strabo. ix. and Palmerii Gr. Ant. p. 546, &c.

Amyclæum, a temple of Apollo at Amyclæ near Sparta, v. 18, 9 n. 23, 5. see Meursii Miscell. Lacon. iv. 2.

Amyntas, son of Philip the brother of Perdiccas the k. of Macedon, ii. 95, 2, 3. 100, 3. see Herod. and Diod. Siculus.

Amyrtæus, king in the marshes of Egypt, i. 112, 3. see Herod., ii. 140, 3.

Anaceium (Ἀνάκειον), a temple of Castor and Polydeuces, or Pollux, at Athens, viii. 93, 1 n.

Anactorium, on the mouth of the Ambracian Gulf, a joint possession of the Corinthians and Corcyræans, 1. 55, 1. sends one ship to the Cor. expedition against Corcyra, i. 46, 2. belongs to the Pelop. confederacy, ii. 9, 2. aids the Ambraciot and Pelop. expedition, under Cnemus, against Acarnania, ii. 80, 4, 6. Anactorians in the right wing at the battle of Stratus, ii. 81, 3. Anactorium (see Palmerii Gr. Ant. p. 377.) taken by the Corinthians, i. 55, 1 n. regarded as hostile by the Acarnanians, who stipulate that it shall have no aid from Ambracia, iii. 114, 6. taken again by the Athenians and Acarnanians, and occupied solely by the latter, iv. 49. vii. 31, 2. its not being recovered alienates the Corinthians from Laced., v. 30, 2. Anactorian territory, i. 29, 2.

Anæa, τὰ Ἄναια, (in Paus. vii. 4, 3. Steph. Byz. and Eustath. on Dionys. Perieg. 828. ἡ Ἀναία.) on the Ionian coast opp. to Samos. Samian envoys from Anæa remonstrate with Alcidas on slaughtering his prisoners, iii. 32, 2 n. cf. iv. 75, 1 n. the Samian exiles settle there and aid the Pelop., iv. 75, 1. a Chian squadron sails thither for intelligence on its way to promote the Ionian revolt, viii. 19, 1. Lysicles an Ath., levying contributions from the allies in Asia, slain by the Anæitæ, iii. 19, 2 n. an Anæite ship reinforces the Chians, viii. 61, 2.

Anapus, a small r. in Arcanania,

tributary to the r. Achelous, ii. 82, 1. see Palmerii Gr. Ant. p. 385. 421.

Anapus, a r. of Sicily falling into the great harbour of Syracuse, bridge over it broken up by the Ath. on their first landing, vi. 66, 2. Syracusan forces reviewed in the adjacent meadow, 96, 3. country on its banks ravaged, vii. 42, 6. ford of the Anapus, 78, 3. see Cluverii Sic. p. 157.

Anaxander, a Theban, leads Methymnæan exiles against Methymna, and induces Eresus to revolt, viii. 100, 3 n.

Anaxilas, tyrant of Rhegium in Italy, founder of Messana, in Sicily, vi. 4, 5. see Herod., vi. 23. vii. 165, 2, 3. Pausan., iv. Strabo, vi. and Diod. Sic., xi.

Andocides (the celebrated orator, son of Leogoras), an Ath. with twenty ships reinforces the Corcyræan fleet after the action off Sybota, i. 51, 4; see Plutarch's Nicias, Nepos' Alcibiades.

Androcles, an Ath., a very prominent popular leader, and procurer of Alcibiades' banishment, assassinated by an oligarchical conspiracy at Athens, viii. 65, 2.

Androcrates, fane of, near Platæa, iii. 24, 1 n.; see Herod., ix. 25, 5.

Andromedes, one of three Lac. commissioned to receive Panactum and Ath. prisoners from the Bœot. and deliver them to the Ath., v. 42, 1.

Androsthenes, an Arcadian, victor at Olympia in the pancratium, when the Lac. were excluded, in Ol. xc. v. 49, 1 n.

Andros, an island due E. of S. Attica, ii. 55, 2; see Strabo, x. Andrian troops attend the Ath. expedition against the coast of Corinth, iv. 42, 1. the And. subject and tributary to Athens vii. 57, 4. And. employed by the Four Hundred at Athens for the violent dissolution of the Council of Five Hundred, viii. 69, 3. colonies of Andros, Acanthus, iv. 84, 1 n, Stageirus, 88, 2, Argilus, 103, 2. v. 18, 5, Sane, iv. 109, 3. Diomilus, an And. exile, commands six hundred Syracusans, vi. 96, 3.

Aneristus, a Lac. envoy to Persia, seized in Thrace and executed at Athens, ii. 67, 1. cf. Herod. vii. 137.

Antandros, one of the 'Ακταῖαι πόλεις, or cities of the coast, opposite to Lesbos, seized by Lesbian exiles for the purpose of fortifying it, iv. 52, 3. (see Strab. xiii.) reduced by the Ath. 75, 1. Antandrians, Æolian by descent, viii. 108, 4. they obtain troops from the Peloponnesians, and expel Arsaces' garrison from their citadel, in dread of his treachery, 108, 4, 5.

Anthemus, ὁ 'Ανθεμοῦς, a city, region, and r. of Macedonia, E. of the head of the Thermæan Gulf, ii. 99, 5. devastated by Sitalkes k. of the Odrysæ, 100, 5; see Strabo, xiv. Herod. v. 94, 1.

Anthene, a town in the Cynurian territory, E. coast of Pelop., v. 41, 2; see Pausanias, ii. 38, 6.

Anthesterion, 'Ανθεστηριών, eighth month of the Attic year, on the eleventh, twelfth, and thirteenth of which was celebrated the Anthesteria; according to Buttmann, Exc. I. ad Demosth. c. Mid., a festival distinct from the Lenæa, which was celebrated in the month Gamelion, called by the Ionians Lenæon, ii. 15, 5 n.

Anticles, an Ath. naval commander, reinforced Pericles at the siege of Samos, i. 117, 3.

Antigenes, father of Socrates, an Ath. ii. 23, 2.

Antimenidas, one of three Lac. commissioned to execute the fifth and seventh articles of the fifty years' peace, v. 42, 1.

Antimnestus, father of Hierophon, an Ath., iii. 105, 2.

Antiochus, k. of the Orestæ, barbarian allies of the Ambraciots in their expedition under Cnemus against Acarnania, ii. 80, 9.

Antiphemus, a Rhodian joint founder of Gela in Sicily, vi. 4, 3; see Cluver. Sic. i. 75.

Antiphon, the Ath. orator, of high eminence as a politician, viii. 68, 1, 2. contriver of the oligarchical revolution at Athens, ib. made the most able defence when put on trial, ib. one of the Four Hundred most opposed to popular government, 90, 1. on an embassy to Lacedæmon to negotiate a peace, 90, 2.

Antippus, a Lac., swore to the fifty years' truce with Athens, v. 19, 2. and the fifty years' alliance, 24, 1.

Antissa, a city of Lesbos, iii. 18, 1 n. secured and strengthened by the Mytilenæans, ib. repels an attack of the Methymnæans, § 2, (see Strabo, xiii.) iii. 18, 2. taken by the Athenians, 28, 3. an expedition of Lacedæmonians against it fails, viii. 23, 4.

Antisthenes, a Spartan, his expedition to the Hellespont in aid of Pharnabazus, viii. 39, 1, 2. 61, 2.

Antitanes, see Atintanes.

Aphrodisia, a town of Laconia on the E. side of the Sinus Bœaticus, iv. 56, 1.

Aphytis, a town on the N.E. coast of Pallene, i. 64, 3; see Herod., vii. 123, 1. Pausan., iii. Strabo Epit. in fine, vii.

Apidanus, r. of Thessaly, Brasidas encamps by, iv. 78, 5; Strabo, viii. ix.

Apodoti, Ἀπόδωτοι, a nation of Ætolia, iii. 94, 5; see Palmerii Gr. Ant. p. 437.

Apollo Archegetes, altar of, at Naxos in Sicily, vi. 3, 1 n. Ap. Temenites, statue of at Syracuse, vii. 75, 1 n. Ap. temple of, in Actium, mouth of the Ambracian Gulf, i. 29, 2. in Leucadia, iii. 94, 2. in Triopium, viii. 35, 2. at Naupactus, ii. 91, 2. Ap. Pythian, temple of, at Delphi, iv. 118, 1 n. v. 18, 2. at Athens, ii. 15, 5 n. altar there, dedicated by Peisistratus, vi. 54, 6, 7 n. Ap. Pythaeus, temple of, probably at Argos, v. 53 n. temple of Ap. at Amyclæ; copies of the fifty years' peace and fifty years' alliance deposited there, v. 18, 9 n. 23, 5. temple of, on Lac. coast, opposite to Cythera, vii. 26, 1. Ap. Maloëis, feast of, at Mytilene, iii. 3, 3. oracle of Ap. to Alcmæon, son of Amphiaraus, ii. 102, 7. Delium, a temple of Ap. on the Bœotian coast, iv. 90, 1. 97, 2. Rheneia consecrated to Delian Ap., i. 13, 7. iii. 104, 4. Homer's Prooem or Hymn to Ap., ib.

Apollodorus, f. of Charicles, an Ath., vii. 20, 1.

Apollonia, a Cor. colony S. of Epidamnus, near the r. Aous, i. 26, 2; see Palmerii Gr. Ant. p. 149, &c.

Arcadia, never changed its inhabitants, i. 2, 3. Arcadians supplied with ships by Agamemnon for the Trojan war, i. 9, 4. Arcadians in the service of Pissuthnes garrison at Notium, iii. 34, 2, 3. part of Arcadia subdued by the Mantineans during the Pelop. war, v. 29, 1. war between some Arc. and the Lepreatæ, v. 31, 2. Androsthenes, an Arc. victor in the Pancratium, v. 49, 1 n. Arc. allies of Lac. join in invasion of Argolis, 57, 2. at Methydrium in Arc. Agis eludes the Argives, 58, 2 n. Arc. allies march with the Lac. division, 58, 4. 60, 3. follow the Lac. to Tegea, 64, 3. with them invade and devastate the Mantinic territory, § 5. in centre and right wing at Battle of MANTINEIA, 67, 1, 2. Arc. hired by the Cor. serve at Syracuse, vii. 19, 4. 58, 3. Mantineans and other Arc. hired by the Ath. serve at Syracuse, 57, 9. Arc. required conjointly with the Sicyonians and Pellenians to furnish ten ships to the Lac. confederacy, viii. 3, 2; see also Mantineia, Tegea, Orchomenos, Mænalia, Heræans, Parrhasians.

Arcesilaus, f. of Lichas, a Lac., v. 50, 4 n. 76, 3. viii. 39, 2.

Archedice, dau. of Hippias, vi.59,3.

Archelaus, s. of Perdiccas, k. of Macedonia, general features of his reign, ii. 100, 2 n. b. Perdiccas his father still reigned, (see Thuc. vii. 9.) B.C. 414.

Archers,—at Athens, part Scythians, part citizens, ii. 13, 10 n. barbarian archers, viii. 98, 1. the ordinary attendants on magistrates, 69, 4 n. crews of ships serve on shore as archers, iii. 98, 1 nn. captain of, ib. horse-archers at Athens, ii. 13, 10 n. with archers on expedition against Melos, v. 84, 1. sent to Sicily, vi. 94, 4.

Archestratus, s. of Lycomedes, an Ath. joint-commander of the expedition to prevent the revolt of the Potidæans, Chalcidians and Bottiæans, i. 57, 4. f. of Chæreas the commander of the Paralus, viii. 74, 1, 3.

Archetimus, s. of Eurytimus, a Cor. joint commander of the land forces in the expedition to Epidamnus, against the Corcyræans, i. 29, 1.

Archias, of Camarina, designs to betray it to the Syracusans, iv. 25, 7.

Archias, a Cor. of the Heracleid family, founder of Syracuse, vi. 3, 2.

Archidamus, s. of Zeuxidamus, k. of the Lac., his character for intelligence and moderation, i. 79, 3. speech in favour of delaying the war, 80–85. commands the first expedition against Attica, ii. 10, 3. addresses the commanders of contingents of the confederate states, inculcating caution and discipline, ii. 11. sends an envoy to Athens, 12, 1. on whose return he marches into Attica, 12, 5. attached to Pericles by the ties of hospitality, 13, 1. blamed by his army for delay at the Isthmus and at Œnoë, 18, 4–6.

reason of his delay, § 7. invades Attica, 19, 1. reasons for lingering at Acharnæ, 20. heads a second expedition into Attica, 47, 2. and another against Platæa, 71, 1. answer to the Platæans, &c. 72, sq. third expedition into Attica, iii. 1, 1. succeeded by Agis, his son, 89, 1.

Archippus, f. of Aristeides, an Ath., iv. 50, 1.

Archonides, a k. of part of the Sicel population of Sicily near Gela, friendly to the Ath.. died shortly before Gylippus arrived in Sicily, vii. i. 4. mentioned by Diodor. Sic. xiv.

Archons, the nine, at Athens, their power, i. 126, 8 n. Themistocles archon, i. 93, 4. Pelop. war began when two months of Pythodorus' Archonship yet remained, ii. 2, 1. Alcæus Archon at the conclusion of the treaty of the fifty years' peace, v. 19, 1, and of the fifty years' alliance between Athens and Lacedæmon, v. 25, 1. Peisistratus, son of Hippias, and others of that family, archons of Athens, 54, 6.

Arcturus, heliacal rising of, ii.78,2n.

Argennusæ, a town on the main land of Asia Minor, opposite to Mytilene, viii. 101, 2 n; Strabo xiii.

Argilus, a city near Amphipolis, (see Herod. vii. 115, 1.) secured from injury by the fifty years' peace,v.18, 5. the Argilians, a colony from Andros, iv. 103, 2. revolt from Athens to Brasidas, ib. § 3. Cerdylium, a height in the Argilian territory, v. 6, 3. an Argilian informs against Pausanias, i. 132, 3.

Arginum, a mountain and headland of Erythræ, opposite to Chios, viii. 34. Argennum in Strabo, xiii.

Arginusæ; see Argennusæ.

Argos, in Peloponnesus (see Pausan. in ii. 19—24). Themistocles when ostracised resided there, i. 135, 3. money sent thence to him into Asia, 137, 5. the kings of Macedon

Temenids, originally from Argos, ii. 99, 3. Juno's temple at Argos (more properly in Argolis, see n.) burnt in the ninth year of the Pelop. war, iv. 133, 2, 3. *Argos*, in the sense of Argolis, vi. 105, 1, 3. Alliance with Argos, is said by the Scholiast to be hinted at by the Cor. at i. 71 5. the Cor. warned from Argos of the Athenians' intended invasion, iv. 42, 3. Argives used by Homer as a name for Greeks generally, i. 3 3. n. the Lac. enemies to the Arg.; the Ath. form an alliance with them, i. 102, 5. Argives aid the Ath. in intercepting the Lac. on their return from succouring the Dorians, i. 107, 7. compute time by the years of the priestesses of Juno, ii. 2, 1. neutral at the beginning of the Pelop. war, ii. 9, 2, the magistracy of Argos, v. 47, 9 n. the thirty years' truce between the Argives and Lac. near its expiration; the Argives require Cynuria as the price of its renewal, v. 14, 3. urged by the Cor. to form a defensive alliance against Athens and Lacedæmon, 27, 2. aim at the supremacy of the Peloponnesus, 28, 2. enter into alliance with the Mantineans, 29, 1, and the Eleians, 31, 1, 5, and the Cor. and Chalcidians, 31, 6. the Lac. seek alliance with them, 36, 1. the Arg. seek alliance with the Bœotians, 37, 2. but fail, 38, 4. in alarm send envoys to Sparta to negociate a treaty, 40, 3. 41, 1. proposed terms of it, 41, 2, 3. invited by Alcibiades send envoys to conclude an alliance with Athens, 43, 3—44, 2. Argos, Elis and Mantineia conclude an alliance with Athens, 47. their constitution democratic, 29, 1. 44, 1. aid the Eleians in excluding the Lac. from the Olympic festival, 50, 3. cooperate with Alcibiades in his political inspection and settlement of the affairs of the Argive confederacy, 52, 2. pretext and true reason for war against Epidaurus, 53. make war on the Epidaurians, 54, 3. 56, 4, 5. invaded by the combined forces of the Lac. confederacy, 57. 58. communications of the Arg. army with Argos cut off by the Lac. forces, 59, 3. a general and another Argive unauthorized conclude a four months' truce with Agis, 59, 5. 60, 1. the Arg. punish Thrasyllus the general, 60, 5, 6. an Ath. force, with Alcibiades as envoy, persuade the Arg. to disavow the truce, and join in attacking Orchomenos in Arcadia, 61, 1–3. they take it, and determine to attack Tegea. 62, 1. the Lac. recommence hostilities against them, marching into the Mantinic territory, 64. the Argives and allies occupy a strong position for battle which Agis declines, 65, 1–3. blame their generals for not pursuing, § 5. descend and encamp in the plain, § 6, the Lac. returning fall in with them ready for battle, 66, 1. order of the Arg. confederacy at the battle of MANTINEIA, 67, 2. chosen and trained Thousand of the Argives, ib. n. and 72, 4 n. their ancient supremacy over and possession of half Peloponnesus, 69, 1. manner of advance to battle, 70. chosen Thousand pass through an opening in the Lac. line and drive them to their baggage, 72, 3. the veterans and the Five Lochi of Argos put to flight, 72, 4 n. organization of the Argive army, 72, 4 n. their Five Generals, 59, 5 n. the Argive chosen Thousand take flight, 73, 3, 4. loss of the Argives, 74, 3. the Lac. offer peace to them, 76, 1. a party among the Arg. favourable to the Lac. desire to subvert the democratic government, § 2. persuade the Arg. to conclude a peace with the Lac. § 3. the treaty of peace, 77. the same party persuade the Arg. to break off their alliance with Mantinein, Elis and Athens, and become allies of Lacedæmon, 78. the treaty of alliance, 79. decrees and proceedings of the Argives in hostility to Athens, 80. oligarchical revolutions in Sicyon and Argos, 81, 2. Democracy in Argos restored, 82, 2. Alliance with Athens renewed, and long walls to the sea begun with aid from Athens, 82, 5, 6. Argolis invaded by the Lac. and the long walls thrown down, 83, 1, 2. the Arg. invade and devastate the Phliasian territory for harbouring their exiles, 83, 3. three hundred Arg. suspected of favouring the Lac. removed by Alcibiades to islands under the dominion of Athens, 84, 1, afterwards delivered up to Argos by the Ath. for execution, vi. 61, 3. the Arg. lose eighty men by an ambuscade of the Phliasians and Arg. exiles, v. 115, 1. an expedition of the Lac. commenced against Argos excites suspicion in the Arg. against some of their fellow-citizens, 116, 1. part of the Arg. territory ravaged, the Arg. exiles settled at Orneæ, and a truce made between them and Argos by the Lac., vi. 7, 1. the Arg. aided by the Ath. take and raze Orneæ, 7, 2. the Arg. joined the Ath. expedition to Sicily through Alcibiades' influence, 29, 3. 61, 5. their other motives, vii. 57, 9. in first battle at Syracuse, the Arg. on the right wing, vi. 67, 1, drive in the Syrac. left, 70, 2. some Arg. fall in the attack on the stockade covering the postern of the quarter of Apollo Temenites, 100, 2 n. Lamachus brings up the Arg. to succour Ath. right wing, 101, 5. Arg. pæans, in the night attack on Epipolæ, alarm and confuse the Ath., vii. 44, 7. meantime the Lac. invade Argolis and retire on account of an earthquake, vi. 95, 1. the Arg. invade the Thyreatis, and take much booty, § 2. the greater part of Argolis ("Ἀργος) laid waste by the Lac. 105, 1. the Arg. ravage part of Phliasia, 105, 3. Arg. troops embark in the squadron of Charicles the Ath. to ravage the Lac. coast, vii. 20, 1, 2. 26, 1. return home, § 2. one thousand five hundred Arg. troops in Ath. landing on the coast of Miletus, beaten with loss by the Milesians, viii. 25, 1, 3, 4. the Arg. send envoys to promise aid to the democratic party of the Ath. armament at Samos, 86, 8, 9. an Arg. accomplice in the assassination of Phrynichus, 92, 2. the Arg. separated from the Laconian territory by Thyrea, ii. 27, 4. iv. 56, 2.

Argos, Amphilochian, ii. 68, 1. (see Palmerii Gr. Ant. p. 380, &c.) so named by Amphiaraus its founder, from Argos, ii. 68, 3. greatness and power, § 4. Amphilochians expelled by the Ambraciots, § 6. recover their city by aid of the Ath. and Acarnanians, and inhabit it jointly with the Acarnanians, § 7. enmity of the Ambraciots against these Arg. ('Ἀργείους), ii. 68, 9. for further details, see Amphilochia.

Arianthides, son of Lysimachidas, a Theban Bœotarch at battle of Delium or Oropus, iv. 91.

Ariphron, f. of Hippocrates, an Ath. iv. 66, 3.

Aristagoras, the Milesian, endeavours to found a city at 'Ἐννέα ὁδοὶ, afterwards Amphipolis, iv. 102, 2, 3.

Aristarchus, an Ath., an extreme opponent of democracy, viii. 90, 1. 92, sq. on his flight from Athens betrays Œnoë to the Bœotians, viii. 98.

Aristeides, s. of Archippus, an Ath. commander in a squadron for levying contributions, intercepts Artaphernes at Eion on his way to Sparta, iv. 50, 1. recovers Antandrus from the Mytilenæan exiles, 75, 1.

Aristeides, s. of Lysimachus, an

Ath. informs Themistocles at Sparta that the walls of Athens are defensible, i. 91, 3.

Aristeus, s. of Pellichus, a Cor., joint commander of the Cor. naval expedition to Epidamnus against the Corcyræans, i. 29, 1.

Aristeus, s. of Adeimantus, a Cor., leader of the Cor. succours to Potidæa; his influence in the matter, i. 60, 2. commander of the infantry of the Potidæan confederacy, 62, 1. plan of operations, § 3. beats and pursues the forces opposed to himself and the Cor., § 6. makes good his retreat into Potidæa, 63, 1 n. escaping from Potidæa cooperates with the Chalcidians, occasions loss to the Sermylians, and solicits aid from Peloponnesus, i. 65, 1, 2. on his way to the k. of Persia with other envoys from Pelop. seized in Thrace, conveyed to Athens and executed, ii. 67, 1–4.

Aristeus, a Lac., one of three commissioners sent to look into affairs in Chalcidice, iv. 132, 3.

Aristocleides, f. of Hestiodorus, an Ath., ii. 70, 1.

Aristocles, brother of Pleistoanax, k. of the Lac., charged with tampering with the prophetess at Delphi, v. 16, 2. Aristocles, polemarch in the Laced. army at the battle of MANTINEIA, 71, 3. banished for disobeying orders, 72, 1.

Aristocœtes, see Aristocrates.

Aristocrates, an Ath., swore to the fifty years' Peace, v. 19, 2, and to the fifty years' Alliance with the Lac., 24, 1. sent to charge the Chians with their intending to revolt, viii. 9, 2.

Aristocrates, s. of Scellias, takes part in the outbreak for the suppression of the Four Hundred, viii. 89, 2. separates from the extreme oligarchical party, 92, 2, 4.

Aristogeiton, an Ath. citizen, assassinates Hipparchus, i. 20, 3. the history connected with the deed, vi. 54–59. a resident citizen of the middle class, τῶν ἀστῶν, μέσος πολίτης, vi. 54, 2 n.

Ariston, son of Pyrrichus, a Cor., the best man in the Syracusan fleet for working a ship, vii. 39.

Aristonous, of Larisa, a commander of Thessalian succours to Athens, ii. 22, 5.

Aristonous, of Gela, co-founder with Pystilus of Acragas, or Agrigentum, vi. 4, 4.

Aristonymus, an Ath. commissioned to announce the one year's Truce in the Thraceward parts, iv. 122, 1. discovers and reports to the Ath. that Scione had revolted after the conclusion of the Truce, § 2–4.

Aristonymus, f. of Euphamidas, a Cor., ii. 33, 1. iv. 119, 2.

Aristophon, an Ath., one of the envoys of the Four Hundred to Lacedæmon, delivered up to the Argives by the crew of the Paralus, viii. 86, 9.

Aristoteles, s. of Timocrates, an Ath. commander of a squadron, invited to aid the Acarnanians, iii. 105, 2.

Arms, why borne constantly in the earlier times of Greece, i. 6, 1. the Ath. first abandon the custom, i. 6. 3. still practised by the Ozolian Locrians, Ætolians, Acarnanians, and their neighbours, i. 5, 3.

Army, largest ever brought together by the Ath. for invading the Megarid, ii. 31, 3. finest Greek army ever assembled, that of the Lac. Alliance, invading Argolis, v. 60, 3. organization of the Lac. army, v. 66, 3, 4. 68, 3 nn.

Arnæ, in Chalcidice, Brasidas marches thence against Amphipolis, iv. 103, 1; see Strab. ix.

Arne, in Thessaly, the Bœotians expelled from it by the Thessalians, i. 12, 3.

Arnissa, a town of Macedonia, on

the inland border of Perdiccas' kingdom, towards the Lyncestæ, iv. 128, 3, n; see Palmerii Gr. Ant. p. 128, sq.

Arrhiana, a town of the Thracian Chersonesus, on the shore of the Hellespont, viii. 104, 2.

Arrhibæus, king of the Lyncestæ, Perdiccas wishes to subdue him, iv. 79, 2. son of Bromerus; wishes Brasidas to act as arbitrator of their quarrel, 83, 1–3. obtains an interview with Brasidas, 83, 5, 6. invaded again by Brasidas and Perdiccas, 124, 1–3. Perdiccas' Illyrian allies join Arrhibæus, 125, 1. they with Arrhibæus threaten to attack Brasidas on his retreat, 125, 2. the pass into Arrhibæus' country, 127, 2.

Arsaces, a Persian, lieutenant to Tissaphernes, treacherously massacres the Delians settled at Atramyttium, viii. 108, 4.

Artabazus, son of Pharnaces, put in communication with Pausanias by Xerxes, i. 129, 1. 132, 3; see also n. at viii. 5, 4. mentioned by Herod., vii. viii. ix.

Artaphernes, a Persian, intercepted by the Ath. on his way as envoy to Sparta, iv. 50.

Artas, a chief of the Messapian Iapygians, vii. 33, 3.

Artaxerxes, son of Xerxes, k. of the Persians, this reading preferable to Artoxerxes, 1. 104, 1 n. (see Herod. vi. 98. vii. 106, 1. 151, 3.) begins his reign, i. 137, 5. receives Themistocles in exile, 138, 1, 2. and treats him munificently, 138, 8. dies, iv. 50, 3. Dareius his son, viii. 4, 5.

Artemisium, the Platæans fought at, iii. 54, 4. (see Strabo, xiv.)

Artemisius, a month in the Spartan calendar nearly corresponding to the Attic Elaphebolion, v. 19, 1.

Artynæ, an Argive magistracy, v. 47, 9 n.

Asia, some barbarians of, wrestle and box with waist-cloths on, i. 6, 6 n. Pelops came to Peloponnesus from A., 9, 2. Megabazus returns to A. from Lac., 109, 3. no single nation of Europe or Asia a match for the Scythians if unanimous, ii. 97, 7 n. Bithynian Thracians in A., iv. 75, 3. Magnesia in A., monument of Themistocles there, i. 138, 8. Atramyttium in A., v. 1. Caunus in A., viii. 39, 3. territory of the king in A., viii. 58, 2.

Asine, a city of Laconia on the S.W. coast of the Messenian Gulf, iv. 13, 1 n. 54, 4. vi. 93, 3; see Strabo, viii. Pausan., iv. 34, 9–12.

Asopius, f. of Phormio, an Ath., i. 64, 3. Asopius, s. of Phormio, invited by the Acarn., on his voyage with thirty ships, ravages the maritime towns of Laconia; retaining only twelve ships, brings all the Acarnanians into the field, and attacks Œniadæ by sea and land, iii. 7, 1–3. slain in a landing at Nericus in Leucadia, § 4.

Asopolaus, f. of Astymachus, a Platæan, iii. 52, 7.

Asopus, a r. of Bœotia, between Thebes and Platæa, ii. 5, 2; see Strabo, ix.

Aspasia; n. to i. 67, 4; see Plutarch's Pericles.

Aspendus, a city in Pamphylia on the r. Eurymedon; a naval station for the Phœnician fleet, viii. 81, 3. Tissaphernes goes thither; not easy to say why the fleet was brought thither, 87, 1, 3, 6. the probable reasons, § 4, 5. Alcibiades sails thither with an Ath. squadron, professedly to prevent the Phœn. fleet from joining the Pelop., 88. Tissaphernes leaves Aspendus for Ionia, 108, 3; see Strabo, xiv.

Assemblies.—I. of the Athenians. The ξύλλογος distinct from an ἐκκλησία, ii. 22, 1 n. convoked by a general, ii. 59, 4. by whom each kind of assembly was summoned, iii. 36, 4 n. who presided at them, iv. 118,

7 n. ordinary assemblies held at the Pnyx, viii. 67, 2 n. 97, 1. the place enclosed, 67, 2 n. the four hundred deny that five thousand citizens ever attended an assembly, 72, 1. presence and sanction of six thousand citizens required for some decrees, 72, 1 n. assembly convoked at Colonus, viii. 67, 2 n. one tumultuously formed at the Dionysiac theatre in Peiræeus, adjacent to Munychia, 93, 1 nn.—II. of the Lacedæmonians, Their ordinary assembly, i. 67, 3 n. by whom the question was put, i. 87, 1. how they voted, § 2.

Assinarus, a r. of Sicily, where Nicias' division were overtaken and all slain or made prisoners, vii. 84, 2.

Assyrian characters, used by the Persians, iv. 50, 2 n.

Astacus, (see Palmerii Græc. Ant. p. 417, &c.) a city of Acarnania taken and its tyrant expelled by the Athenians, ii. 30, 1 n. Phormio lands there on an expedition into the interior of Acarnania, ii. 102, 1.

Astymachus, son of Asopolaus, one of the two Platæans chosen to plead before the Lac. commissioners, iii. 52, 7.

Astyochus, a Laced. high-admiral (ναύαρχος) of Sparta, viii. 20, 1 n. sails from Cenchreia to Chios, 23, 1. thence to Lesbos, § 2. supplies arms to Eresus, § 4. sails back to Chios, § 5. brought from Erythræ to Chios, confers with the authorities for the prevention of a plot to bring Chios over to the Athenians, 24, 6. cf. 31, 1. Theramenes, a Lac., commissioned to bring him a Peloponnesian and Sicilian fleet, 26, 1. 29, 2. endeavours to take Ptelium and Clazomenæ, and returns to Phocæa and Cuma, 31, 1, 2. his squadron on its way to Chios dispersed by a storm, 32, 1. urges Pedaritus and the Chians to go and effect the revolt of Lesbos, but they refuse, 32, 3. sails for Miletus to take the command of the Pelop. fleet and threatens to refuse aid to the Chians; reaches Corycus, 33, 1. narrowly escapes meeting the Ath. expedition against Chios, § 2. having visited Erythræ on false information of treason there, proceeds, § 3, 4. Astyochus receives the fleet from Theramenes, 38, 1. on his refusing to aid Chios, Pedaritus sends home a complaint against him, § 4. eleven commissioners sent off from Sparta to examine his conduct and, if advisable, supersede him, 39, 2. the Chians again apply to him for aid, 40, 1. he sets out thither, § 4. but hearing of the reinforcement and the commissioners from Sparta being at Caunus, sails thither, 41, 1. on his way sacks Cos, § 2. on advices received at Cnidus sails against Charminus, § 3, to Syme, where he encounters and defeats Charminus' squadron, 42, 1–4. is joined by the fleet from Caunus, and takes up his station at Cnidus, § 4. an order sent to him from Sparta to put Alcibiades to death, 45, 1. receives secret intelligence from Phrynichus against Alcibiades, 50, 2. goes to Alcibiades and Tissaphernes and informs them of it. Is thought to have sold himself to Tissaphernes, § 3. Phrynichus complains of his not having kept his secret, and offers to betray the Ath. armament at Samos to him. Astyochus again informs Alcibiades, 50, 5. Astyochus fetching a reinforcement from Chios sails against Samos; the Ath. decline a battle : he returns to Miletus, viii. 63, 2. the soldiery of the fleet complain of the ruin of their cause by him and Tissaphernes, 78. they blame Astyochus for their receiving neither full nor regular pay, and threaten desertion, 83, 3. his life endangered in a tumult, 84, 1–3. superseded by Mindarus, 85, 1. sails home, § 4.

Atalanta, a city of Macedonia, surrenders to Seuthes, ii. 100, 3 n.

Atalante, an island off the coast of Opuntian Locris, fortified by the Ath., ii. 32, 1. part of it submerged on occasion of an earthquake, iii. 89, 3 n. to be relinquished by the Ath., v. 18, 6.

ATHENS, the townships of Attica politically incorporated with it by Theseus; the festival ξυνοίκια commemorative of this, ii. 15, 3 nn. small extent of Athens previously, § 4-8. the causes of its growth, i. 2, 5, 6, nn. 95, 1, 2. how restored after the barbarians had been driven out of Greece, i. 89, 3-91. its treasures and revenue, ii. 13, 3-5. its forces, § 6, 7, 10. circuit and walls, § 8, 9. its crowded condition at the time of the Pelop. invasion, ii. 17. the PLAGUE in Athens, ii. 47, 4—54. 58, 2. iii. 87. praise of Athens, ii. 40. 41. principles of its internal polity, ii. 37, nn. its recreations and luxuries, 38, nn. its popular constitution changed to oligarchy; causes, manner, and agents of the change, viii. 47-54. 63, 3—66, &c. time of this change, viii. 63, 3. 68, 4. its happiest condition, after a reaction, under a constitution, which united the interests of the different classes, viii. 97, 2 n.

Athenians, the, Ionian by descent, vi. 82, 2. vii. 57, 2. *in early times* gave the freedom of their city to those who took refuge there, i. 2, 6. send out colonies, ibid. and 12, 4. the first to abandon the constant wearing of arms, and to adopt a luxurious life, 6, 3. purify Delos, 8, 2. iii. 104, 1-3. war against the Æginetans, i. 14, 4. when they became a naval power, 18, 3. abandon their city and take to their ships, ibid. and 73, 4—74, 2. beginning of the Ath. quarrel with and war against the Lac. 18, 6. mode of exercising authority over their allies, 19, 1. 75, 1—77, 3. 98, 4. 99. vi. 76. form a defensive alliance with the Corcyræans, and aid them, i, 44, 1. 45, 1, &c. attack the Corinthians, 49, 7. their proceedings with regard to POTIDÆA, i. 56. 57, 1, 4. 59, 1. 60, 2—64. war on PERDICCAS, 59, 2. afterwards make peace with him, 61, 2. fight the battle of Potidæa against the Corinth. and Potidæans, and gain the victory, 62. 63. besiege Potidæa, 64. 65. CHARACTER and MANNERS, 70. 102, 4. vii. 14, 2, 4. 48, 3, 4. the Ath. envoys answer the speech of the Corinthian, i. 73—78. *history of Athens from the Persian invasion to beginning of the Pelop. War*, 89—118. rebuilding of walls and city, 89, 3—93. under the command of Pausanias carry on war against the Persians, 94. the Greeks, Asiatic and insular, and those on the Thracian coast, lately freed from the dominion of the king, choose the Ath. as chiefs of their confederacy, 95, 1, 2. the Ath. fix the contributions in money and ships to be furnished by the allies, 96. 99, 3. defeat the Medes at the r. Eurymedon, 100, 1. war upon the Thasians, § 2. subdue them, 101, 4. resenting the suspicions of the Lac., form an alliance with Argos, 102, 4, 5. settle the Helots from Ithome at Naupactus, i. 103, 3. aid the revolt of Egypt from Persia, 104. are defeated in the territory of the Halians by the Corinthians and Epidaurians, 105, 1. off Cecryphaleia defeat the Pelop. § 2. off Ægina with their allies defeat the Æginetans and allies, § 3. fight a drawn battle against the Corinthians, § 6. decidedly defeat them, § 8. cut off a large part of their force, i. 106. build the LONG WALLS of Athens, 107, 1. intercept the Lac. succours to the Dorians on their return home, 107, 2-7.

their reasons, § 8. are defeated at TANAGRA, i. 108, 1. invade and conquer Bœotia, Phocis, and Locris, and finish their own LONG WALLS, § 2. reduce Ægina, § 3. burn the Dockyard of the Lac.; take Chalcis (in Ætolia), a colony of Corinth, and in a landing defeat the Sicyonians, 108, 4. in Egypt at first masters of the country, 109, 1. defeated, and for the most part destroyed, § 3. 110, 1 n. a second Ath. expedition to Egypt destroyed, § 4. unsuccessful invasion of Thessaly to restore Orestes k. of Thessaly, 111, 1 n, 2. in a landing defeat the Sicyonians, § 3. with aid from Achaia besiege Œniadæ, without success, § 4. five years' truce with the Pelop. 112, 1. expedition, under Cimon, against Cyprus, § 2, and Egypt, § 3. defeat Phœnician and Cilician forces, at Salamis in Cyprus, by sea and land; return home, § 4. take Chæroneia from the Bœot. exiles, 113, 1, 2. at Coroneia, their whole force destroyed or captured; evacuate Bœotia, § 3, 4. Eubœa revolts; their garrison at Megara destroyed, 114. 1. Attica invaded and devastated as far as Eleusis, by the Pelop. under Pleistoanax, § 4. subdue Eubœa, ejecting the Histiæans, § 5. make a thirty years' peace with the Lac. confederacy, restoring Nisæa, Pegæ, Trœzene, and Achaïa, 115. § 1 n. establish a democracy at Samos, and take hostages from the Samians, § 4. the Ath. garrison of Samos delivered by the Samians to Pissuthnes, § 5. revolt of Byzantium, § 6. defeat the Samians off the I. of Tragea, 116, § 1. defeat them on shore and besiege them, § 2. compel them and the Byzantines to capitulate, 117, 4, 5. desired by the Lac. to banish the accursed, 126, 2. desire the Lac. to banish from among themselves the curse of Tænarus, 128, 1, 2, and the curse of Minerva of the Brazen House, § 3. 135, 1. required by the Lac. to cease from besieging Potidæa, and rescind their decree against Megara, 139, 1. far from complying charge the Megareans with cultivating the consecrated and unenclosed land, and receiving runaway slaves, § 2. deliberate on the final proposition of the Lac. 139, 3—144. final answer to the Lac. 145, 1. on hearing of the attempt to surprise Platæa seize every Bœotian in Attica, ii. 6, 2. provision and reinforce the garrison of Platæa, 6, 5. prepare for war, 7, 1. hold inspections of their allies, and send embassies to countries around Pelop. § 3. ATHENIAN ALLIANCE at the beginning of the Pelop. War, 9, 5, 6. send back Archidamus' messenger without a hearing, 12, 1, 3. their income from tribute, and their treasures, 13, 3—5. their heavy-armed force, § 6–8. magnitude of the defences of the City, and the Long Walls, § 8—9. their cavalry, archers, and triremes, § 10. they bring into Athens their families and goods, and send their cattle to Eubœa, 14, 1. difficulty and inconvenience of accommodation for those who retreat into the city, 16. 17, 1–3. eagerness to meet the invaders, 21. a few fall in a cavalry engagement, 22, 2. their old alliance with the Thessalians, § 4. send a fleet against the coasts of Pelop. 23, 2. set aside a reserve of money and ships, 24. attack Methone in Laconia, 25, 1. take and abandon Pheia in Elis, 25, 4–6. on the coast of Opuntian Locris take Thronium, 26. expel the Æginetæ, 27, 1. occupy Ægina by Ath. settlers, § 2. make Nymphodorus of Abdera their Proxenus, 29, 1. through him obtain an alliance with Sitalces, k. of the Odrysæ, § 6–9. take Sollium and Astacus in Acarnania, and bring Cephallenia over to their Alliance, ii. 30. invade the Megarid, 31, 1, 2. the largest assemblage of Ath. land forces, 31, 3. fortify the I. of Atalanta off Opuntian Locris, 32, 1. give public burial to those slain at the beginning of the War, 33. visited with grievous pestilence, 47, 4—54. again restrained by Pericles from issuing out against the Pelop. invading army, 55, 3. their fleet ravage the E. coast of the Pelop. and take and sack Prasiæ in Laconia, 56, 1–6. their armament and the city suffer alike from the plague, 57, 1. their army carries the plague to the camp before Potidæa, 58, 1–3. blame Pericles for the War, and seek peace with the Lac., 59, 1, 2. both rich and poor displeased with Pericles, and fine him, 65, 1–3. restore him to his command, § 4. after Pericles' death made the tools to the ambition and cupidity of individuals, § 7. intercept and put to death without trial Aristeus the Corinthian, and other ambassadors from Pelop. to the k. of Persia, 67. send aid to the Amphilochians and Acarnanians; first occasion of alliance between them, 68, 7, 8. station Phormion with a squadron at Naupactus to blockade the Crisæan Gulf, and send Melesander towards Caria and Lycia to levy contributions and protect their Phoenician trade, 69, 1. reduce Potidæa, 70, 1–3. blame their generals for granting terms to the Potidæans, and repeople it with Athenian settlers, 70, 4. answer to the Platæans' inquiry with regard to Archidamus' demand, 73, 4. expedition against the Chalcidians defeated near Spartolus, 79. squadron under Phormion defeat Pelop. fleet sailing to aid the Ambraciots, 83. 84. send off a reinforcement to Phormion, to go round to Crete first, 85, 5, 6. prepare for another engagement, 86, 2, 5. 90, 1–3. at first worsted, § 4–6. recover the advantage and defeat the enemy, 91. 92, 1–4. their reinforcement arrives from Crete at Naupactus, 92, 8. greatly alarmed at fire-signals from Salamis, 94, 1, 2, sail thither § 3. take measures for better securing Peiræeus, § 6 n. bound to aid Sitalkes, k. of Thrace, against the Chalcidians, 95, 3, but send gifts and envoys instead, 101, 1. expedition from Naupactus into the interior of Acarnania, 102, 1, 2, returns to Athens, 103. unwilling to believe the warning of the revolt of Lesbos, iii. 3, 1. send a fleet against Mytilene, § 2, 3. seize the ships and imprison the men of the Mytil. contingent, § 4. after a battle blockade Mytilene, 5. 6. ineffectual attack on Œniadæ and Leucas, 7. grand display of their naval force on the coasts of Pelop. 16, 1. GREATEST NUMBER OF their SHIPS ever on service at one time, 17, 1, 2. their navy and the armament against Potidæa occasion their greatest expenses, 17, 3–5. reinforce their armament against Mytilene, and complete the blockade, 18, 3–5. measures for raising money 19, 1. expedition for levying contributions on the allies defeated in Caria, 19, 2. take Mytilene, iii. 27. 28. take Notium from the aristocratical party of the Colophonians and resettle it, 34. reduce Pyrrha and Eresus, 35, 2. execute Salæthus, and decree the massacre of the entire male grown population of Mytilene, and enslavement of the women and children, 36, 1, 2. on reconsideration relent, and hold a second assembly, 36, 3—48. determine to spare the Mytilenæans, 49. execute all who were most forward in the revolt, raze the walls, and seize the ships of Mytilene, 50, 1, 2. give the property of the soil of Lesbos (except

ATHENIANS.   23

Methymna) to Ath. citizens, § 3. seize the continental towns of the Lesbians, § 4. occupy I. of Minoa, off Megara, 51 n., and Paper on the position of Minoa subjoined to vol. i. arrest and lodge in Ægina the Corcyræan ambassadors, 52, 1. aid the democracy of CORCYRA against the Pelop. fleet, 77, 1. 78. 80, 3. first EXPEDITION of twenty ships TO SICILY, 86, 1. persuaded to send it by the allies of the Leontines, § 4 n. their real object in it and their pretext for it, § 5. carry on the war from Rhegium, § 6. suffer by a second attack of the PLAGUE and by earthquakes, 87. expedition with the Rhegini against the islands of Æolus, 88, 1, 6. go against and take Mylæ, belonging to Messana, 90, 2-4. reduce Messana to join their confederacy, § 5. unsuccessful attempt upon Melos, and landing in Bœotia, 91, 1-3. the whole disposable force at Athens joins them at Tanagra; ravage its territory, and defeat the Thebans and Tanagræans, § 4-6. their fleet ravages the coast of Locris, § 7. their alarm at the founding of Heracleia in Trachinia, 93, 1. their squadron on the Western station cuts off some garrison troops at Ellomenum in Leucadia; proceed with their western allies against Leucas, 94, 1. on suggestion of the Messenians of Naupactus invade Ætolia, 96, 1. taking Ægitium are attacked and harassed in their retreat by the Ætol. § 2-4. routed with great loss, 98. land in Epizephyrian Locris, 99. attack Inessa in Sicily, 103, 1. make descents on Epizephyrian Locris, 103, 3. purify Delos, 104, 1-4. restore its quinquennial festival, § 5, and add to it horse-racing, § 9. aid the Acarnanians against the Pelop. and Ambraciots, 107, 2, 7. land on the coast of Himera, and sail against the islands of Æolus, 115, 1. their Sicilian allies persuade them to send them a reinforcement, 115, 3-6. send off forty ships to call at Corcyra on their way to Sicily, iv. 2, 3. commission Demosthenes to act on his own discretion on the coast of Pelop. § 4. occupy Pylus, 3-5. take Eion, and lose it again, 7 n. attacked at Pylus by the Lac. 9-12. the armament for Sicily comes back to aid them, 13, 2-4. defeat the Lac. fleet, 14. grant an armistice to the Lac. for sending an embassy to Athens, on condition of the temporary surrender of their whole fleet, 15. 16. through the Ath. insisting upon hard terms, the negociation is broken off, 21. 22. refuse to restore the Lac. fleet, and strictly blockade Sphacteria, 23. defeat the Syracusans in the straits of Messana, 25, 2. in two attacks beaten off by the Syrac. fleet, § 4, 5. sail to save Camarina, § 7. land at Messana, and drive the Messanians into the city, § 12. cease to cooperate with the Greeks in Sicily, § 13. hardships attendant on their blockade of Sphacteria, 26, 2-4. uneasiness felt at Athens regarding the blockade, 27, 1, 2. compel Cleon to attempt, as he had boasted, the speedy reduction of Sphacteria, 28, 3-5. land upon Sphacteria, 31, 1. surprise the outermost post in the island, 32, 1. complete their landing and dispositions for the attack, § 2-5. their light troops check, harass, and baffle the Lac. 33. 34, and compel their retreat to the extremity of the island, 35, 1-3. gain a position on their rear, and obtain command of the approaches, 36. summon them to surrender, 37. distribute the prisoners among the ships, 38, 4. the Ath. resolve to imprison them, but, in case of an invasion of Attica, to put them to death, 41, 1. take measures for the security of Pylus, § 2. disregard embassies sent by the Lac. for recovering Pylus and the Spartans taken at Sphacteria, iv. 41, 3, 4. expedition against the coast of Corinth, 42—45, 1. obstinate battle against the Cor. near Solygeia, 43. 44, 1-3. ravage the Cor. coast near Crommyon, 45, 1. seize and fortify the peninsula of Methone or Methana, § 2. their fleet destined for Sicily aids the Corcyræans in taking Istone, where the exiles surrender to the Ath. 46, 1, 2. on infraction of the capitulation give them up to the Corcyræans, 47, 1, 2. proceed to Sicily, 48, 6. from Naupactus aid the Acarnanians in expelling the Corinthians from Anactorium, 49. at Eion intercept a Persian ambassador to Lac., read his despatches, and send him back with an embassy to Persia, iv. 50. compel the Chians to demolish their new fortifications, 51. in possession of the Actæan (or coast) cities opposite to Mytilene, 52, 3. expedition against Cythera, 53, 1. 54, 1, 2. grant favourable terms to the Cytherians, § 3. occupy Scandeia, § 4. ravage the Laconian coast with only one instance of opposition, 56, 1. take and burn Thyrea, carry to Athens the Æginetans found there, and put them to death, 57, 3, 4. the Ath. commanders in Sicily become parties to a peace between the Sicilian Greeks, and return home, 65, 1, 2. the Ath. punish them, § 3. state of the popular feeling caused by their general success, § 4. INVADE the territory of MEGARA TWICE A YEAR, 66, 1 n. communications from the popular leaders at Megara, 66, 3, 4. expedition against Megara, 67, 1. Long Walls of Megara betrayed to them, 67, 2—68, 3. invest and reduce Nisæa, and separate the Long Walls from Megara, 69. the Bœotian cavalry drive back their light troops, 72, 2. Ath. cavalry charge and kill the commander of the Bœotian cavalry, § 3, 4. the Ath. do not venture to attack Brasidas, but retire to Nisæa, 73, 4. their Megarean friends fly to Athens, 74, 1. the Ath. recover Antandrus from the Lesbian exiles, 75, 1. plot for betraying to them Siphæ and Chæroneia, while they should seize Delium, 76, 1-4. the enterprise fails through information given to the Bœotians, 89. Acanthus and Stageirus revolt from the Ath., 88. the whole disposable force of Athens marches to and fortifies Delium, 90, 1-3. they set out homewards, § 4. their dispositions for BATTLE OF DELIUM or OROPUS, 93, 2. 94, 1. the battle, 96, 1, 2. their right defeats the Bœotian left, § 3. their left gives way to the Bœot. right, § 4. their right threatened in the rear is broken; the whole army takes flight, § 5-8. charged by the Bœot. (who refuse to deliver the Ath. slain) with transgressing the usages of Greece by profaning Delium, 97. their reply, 98. the Bœot. still refuse them their dead, 99. garrison at Delium taken by assault, 100, 4, 5. their dead given up by the Bœot., 101, 1. their loss, § 2. beaten off in attempt to land on coast of Sicyon, § 3, 4. alarm at the loss of Amphipolis, 108, 1. their power under-estimated by their subjects, § 4-5. send garrisons round to the Thraceward cities, § 6. lose the Long Walls of Megara, 109, 1. lose the cities of Acte, 109, 3. loss of Torone, 110—113; and of Lecythus, 115. 116. their reasons for making a year's truce with the Lac., 117, 1. terms of the truce, 118, 1-6. ratification by the Ath. §. 7. names of those who signed it, 119, 1. Scione revolts from them, 120, 1. the Ath. exclude Scione from the benefits of the treaty, iv. 122, 1-4. in wrath decree, by persuasion of Cleon, its reduction and the death of the male inhabitants (cf. v. 32, 1.), 122, 5, 6. Mende revolts, 123, 1. prepare to attack Mende and Scione, § 3. 129, 1-3. repulsed on attacking a strong position of the Mendæans, § 4, 5. ravage the territory of Mende and Scione, 130, 1, 2. enter and sack Mende, § 6. treat the Mendæans with clemency, § 7. attack and force a strong position before Scione, 131, 1, 2. Perdiccas makes peace with them, 132, 1. completely invest Scione, 133, 4. cease from hostilities with the Lac. for the winter, 134, 1. expel the Delians from Delos, v. 1. Cleon's expedition against the Thrace-ward towns, lands at Colophonians' Harbour, 2, 1, 2. marches against, § 3, and carries Torone by assault, § 4—3, 2. enslave the women and children, and send prisoners to Athens the men afterwards freed by an exchange, 3, 4. the Ath. lose Panactum, § 5. embassy of Phæax to Italy and Sicily, 4, 1. its occasion, § 2—4. its object, § 5. frustrated as to Sicily, § 6. agreement for a convention with, made by the Epizephyrian Locrians, 5, 2, 3. Cleon's expedition, attacks Stageirus, and takes Galepsus, 6, 1. waits at Eion for reinforcements from Perdiccas and Polles, 6, 2. 7, 1. prepares to retreat from before Amphipolis, 10, 3, 4. attacked and utterly routed flies to Eïon, § 5-10. their loss, 11, 2. the Ath. disposed to make peace, 14, 1. a treaty agreed upon between the Ath. and the Lac. confederacy, except the Bœotians, Corinthians, Eleians, and Megareans, 17, 2. the Treaty of Fifty Years' Peace, 18. its ratification, 19. its date, ten years after the first invasion of Attica, 20, 1 n. Treaty of Alliance for fifty years between Athens and Lacedæmon, 23. its ratification, 24, 1. the Ath. restore the prisoners taken at Sphacteria, § 2. take Scione, kill all the adult males, and enslave the women and children, 32, 1. replace the Delians in Delos, ib. refuse to make ten days' (δεχημέρος) truces with the Corinthians, 32, 6. suspension of hostilities between the Ath. and Corinthians, § 7. they have intercourse with the Peloponnesus, 35, 2. growing suspicions between the Ath. and Lac.; reasons of them, 35, 2-4. requested by the Lac. withdraw the Messenian and Helot garrison from Pylus, and settle them in Cranii in Cephallenia, 35, 7. their ambassadors attend a congress at Sparta, 36, 1. lose Mecyberna, 39, 1. conferences between them and the Lac. 39, 2. receive from Lac. commissioners Ath. prisoners given up by the Bœotians, 42, 1. highly displeased at the demolition of Panactum, § 2. certain Ath. desire to abrogate the treaty with Sparta, 43, 1, 2. send an embassy to Sparta to demand the restoration of Panactum and Amphipolis, and the renunciation of their exclusive alliance with Bœotia, 46, 2. in displeasure at the Lac. on their refusal; make an alliance with Argos, Elis, and Mantineia, 46, 5. the treaty, 47. Ath. cavalry aid the Argives and Mantineans in guarding the Olympic festival from intrusion of the Lac. 50, 2, 3. a small Ath. force attends Alcibiades in Peloponnesus, 52, 2. the Ath. summon a congress at Mantineia, 55, 1. send 1000 heavy armed to aid the Argives, 55, 4. prevailed on by the Argives to replace the Helots in Pylus, 56, 1-3. record on the treaty-pillar the non-adherence of the Lac. to their oaths, § 3 n. induce the

Arg. to disavow their four months' truce with the Lac., v. 61, 1, 2. compel Orchomenus to join the Arg. alliance, § 3–5. Ath. contingent occupy left wing of Arg. army at Battle of MANTINEIA, 67, 2. exhortation addressed to them, 69, 1. outflanked by the Lac. and Tegeans, 71, 2. part put to flight, 72, 4. surrounded, 73, 1. finally extricated, § 3. their loss, 74, 3. the Ath. send a reinforcement to cooperate against Epidaurus, 75, 5. fortify the Heræum there, § 6. Ath. alliance renounced by the Arg. 78. required by the Arg. to evacuate the fort at Epidaurus; restore it to the Epid. and renew their treaty with them, 80, 3. the Dians in Athos revolt from the Ath., 82, 1. the commonalty of Argos renew their alliance with Athens, 82, 5. Ath. carpenters and masons aid in constructing the Long Walls of Argos, § 6 n. Ath. blockade the coast of Macedonia, 83, 4. arrest and deport 300 disaffected Argives, 84, 1. expedition against Melos, ib. conference between the Ath. and Melian commissioners, 85–111. form the blockade of Melos, 114. Ath. issuing from Pylus plunder the Lac., and the Lac. authorize reprisals, 115, 2. the Ath. force suffers by a sally of the Melians, § 4. part of their lines taken by the Melians, 116, 2. reinforcing the besieging army they take Melos, kill all the adult males, enslave the women and children, and send a colony thither, 116, 3, 4. meditate the conquest of Sicily, vi. 1, 1. their real object in its invasion, and their pretext, 6, 1, 2. occasion given by request of Egestans for aid against Selinus and Syracuse, § 2. send envoys to ascertain and report the state of affairs in Sicily, § 3. aid the Arg. in the destruction of Orneæ, vi. 7, 2. ravage Perdiccas' territory from Methone, on its borders, with a force of Ath. cavalry and Macedonian exiles, 7, 3. return of Ath. ambassadors from Sicily, 8, 1. decree an expedition to Sicily of sixty ships, to aid Egesta, reestablish the Leontines, and promote the Ath. interests in Sicily, 8, 2. a second assembly for providing and expediting the outfit, 8, 3—26, 1. speech of Nicias against the expedition, 9–14. speech of Alcibiades for it, 16–18. the Ath. still more eager for it, 19, 1. second speech of Nicias sets before them the greatness and resources of the Sicilian states, 20; the consequently large amount of forces and supplies needful for the expedition, 21–22; and failure, as after all to be apprehended, 23. the extreme enthusiasm of the generality overawes the opponents of the expedition, 24. they require Nicias to specify the amount of forces and supplies requisite, 25. give the generals full discretionary powers, 26, 1. commence the equipment of the expedition, § 2. anxious to discover the mutilators of the Hermæ, 27. some metics and attendants give information of former mutilations of images and mock celebration of the Mysteries, 28, 1. Alcibiades inculpated: his adversaries assert these outrages to have been committed preparatory to subversion of the democracy, § 2. the Ath. persuaded to decree his immediate departure on the expedition, 29, 3. (see also art. Alcibiades.) rendezvous of the whole armament at Corcyra, 30, 1. embarkation of the Ath. portion of it at Peiræeus, in view of the whole population of Athens, § 2. description and comparison with former Ath. armaments, 31. religious solemnities observed at its sailing, 32. it assembles at Corcyra, is reviewed and organised by the generals in three divisions, one to each, vi. 42, 1. send on three ships to ascertain what cities of Italy and Sicily would receive them, § 2. the expedition sails from Corcyra; details of its force, 43. its transports and store-ships, 44, 1. arrival on the coast of Italy, and cold reception there, § 2-4. awaits the three ships' return from Egesta, § 5. the generals discover the Egestæans' imposition regarding their wealth, 46. plans of operations—of Nicias, 47, of Alcibiades, 48, of Lamachus, 49, who finally supports Alcibiades; whose plan is immediately acted upon, 50, 1. they negotiate to no effect with Messana and return to Rhegium, 50, 1. proceed to Naxus and are received, but not at Catana, § 2, 3. the Ath. summon for trial Alcibiades and others, charged with profanation of the Mysteries and mutilation of the Hermæ, vi. 53, 1. excitement at Athens and eager desire to discover the guilty; the reason of this, § 2, 3. they suspect the accused of conspiracy for an oligarchy or tyranny, 60, 1. summarily proceed on information given by one of the prisoners, § 2-5. strong prejudice against Alcibiades, 61, 1. suspicions aggravated by the advance of a Lac. force to the Isthmus, § 2. precautions, § 3. send the Salaminia to recall Alcibiades, § 4, 5. judgment given against him by default, § 6, 7. fresh division of the Ath. forces in Sicily between Nicias and Lamachus, and expedition along N. coast of Sicily, 62, 1. not received at Himera, § 2. take Hyccara, enslave the inhabitants, deliver it to the Egestæans, and return to Catana, § 3. Nicias obtains thirty talents from Egesta, and the sale of the captives brings in 120 talents, § 4. they call on their Sicel allies for reinforcements, and attack without success Hybla Geleatis, § 5. prepare for an advance against Syrac., 63, 1. plan for drawing the Syrac. forces to Catana, 64. takes effect on the Syrac., 65, 1. the Ath. land their whole force at Syrac., § 2, and take up an advantageous position which they strengthen, 66, 1, 2. prepare for battle; depth of their line, 67, 1. the Ath. according to their purpose (67, 3) make the attack, 69, 1. manner of its commencement, § 2. circumstances and feelings of the combatants respectively, § 3. the conflict obstinate, 70, 1. the Ath. though victorious cannot pursue far, checked by the Syrac. cavalry, § 2, 3. loss of the Ath.; they return to Catana, 71, 1, on account of the season and want of cavalry and supplies, § 2. sail against Messana without success, their design having been betrayed by Alcibiades, 74, 1. retire to winter quarters at Naxus, and send to Athens for supplies and cavalry, § 2. embassy to Camarina, 75, 3, 4. their ambassador's speech, 81-87. the result is, the Camarinæans resolve on neutrality, 88, 1, 2. the Ath. at Naxus negotiate with the Sicels with various success, § 3, 4. use compulsion to those who decline their alliance, and remove to Catana, § 5. solicit the alliance of Carthage and Tuscany, demand cavalry of the Egestæans, and make preparations for the circumvallation of Syrac., § 6. their objects in the Sicilian expedition as stated by Alcibiades, 90. what they most feared and would injure them most, 91, 6, 7. the Ath. resolve to send the supplies and cavalry demanded by the Sicilian expedition, 93, 4. the Ath. armament's operations against Sicilian Megara, and or the r. Terias, 94, 1, 2. reduce Centoripa and burn the corn of Inessa and Hybla, § 3. a reinforcement and supplies arrive from Athens, § 4. the Ath. armament sails from Catana, lands opposite to Leon, vi. 97, 1. the fleet secures itself in Thapsus, while the army occupies Epipolæ, § 2. rout the Syrac., § 4. build a fort at Labdalum, § 5. reinforced by cavalry from Egesta, and the Sicels and Naxians, 98, 1. fortify a central position at Syce (or Tycha?), § 2. rout the Syrac. cavalry, § 4. extend their circumvallation northward towards Trogilus, 99. get provisions by land from Thapsus, § 4. break up Syracusans' aqueducts, and attack the guard of the counterwork, 100, 1. penetrate into Temenites; driven out with loss, § 2. demolish Syrac. counterwork, § 3. carry on lines of circumvallation towards the Great Harbour, 101, 1. attack and carry a second counterwork of the Syrac. in the marsh adjoining Great Harbour, § 3. right wing thrown into confusion, occasions the death of Lamachus, § 4, 5. loss of their outwork on Epipolæ, vi. 102, 1. the lines saved by Nicias firing the timber employed in the building, § 2, 3. on the Ath. fleet appearing in the Great Harbour the Syrac. forces retire into the city, § 3, 4. the Ath. obtain by exchange the corpses of Lamachus and others, and wall in the Syrac. by a double wall from the cliffs of Epipolæ to the Great Harbour, 103, 1. obtain supplies from Italy, many Sicel allies, and three Tyrrhenian fifty-oared gallies, § 2. find the Syrac. willing to treat with Nicias, then sole commander, § 3. [the ATH. violate their treaty with Lacedæmon by landing on and devastating its territory, 105, 1, 2.] Ath. squadron sent by Nicias to Rhegium too late to intercept Gylippus, vii. 1, 2. death of Archonides, a Sicel king, injurious to the Ath. influence with the Sicels, § 4. state of Ath. works when Gylippus, with Siceliote and Sicel forces added to his own, reaches Syracuse, vii. 2, 3, 4. the Ath. alarmed draw themselves up for battle, 3, 1. hear in contemptuous silence Gylippus' demand that they should quit Sicily, 3, 1, 2. not led into action, § 3. next day lose Labdalum and its garrison, and a trireme, § 4, 5. foil Gylippus' advance by night against their wall on Epipolæ, raise it higher, and man the whole of their lines, vii. 4, 2, 3. their ships and a part of the forces removed to Plemyrium on the S. side of the Great Harbour; construct there three forts, § 4, 5. the station there detrimental to their naval forces, from want of water and attacks of the Syrac. cavalry, § 6. send a squadron to intercept the enemy's reinforcements, § 7. repulse the Syrac. in an action between the works, vii. 5, 2. in another action beaten, 6, 1–3. completion of their lines precluded, § 4. the Ath., aided by Perdiccas, fail to recover AMPHIPOLIS, but blockade it by a squadron, vii. 9. the ATHENIANS receive a despatch from Nicias with a full account of the disastrous position of affairs before Syracuse, vii. 10–14, and urging either recall or prompt and large reinforcements, 15. appoint two of his officers to act as colleagues, till Demosthenes and Eurymedon should come out, 16, 1. send Eurymedon with ten ships and money immediately, § 2. troops demanded from the allies; and supplies, ships, and heavy armed men provided at Athens by Demosthenes, vii. 17, 1. send Charicles with thirty ships on an expedition round Peloponnesus, to be accompanied and cooperated with by Demosthenes on his way to Sicily with a fleet of sixty-five ships, 20, 1. Ath. at Syracuse during a naval combat, (22). lose the three forts on Plemyrium, vii. 23, 1, 2, but defeat the Syrac. fleet, § 3, 4. loss of men and stores at Plemyrium considerable, 24, 2. blockaded in the Great Harbour, § 3. vessels with supplies intercepted on the coast of Italy by Syrac. squadron, 25, 1, 2. the Ath. destroy the stockade in front of Syrac. docks, § 5, 6, 7. Demosthenes sails with Charicles, ravages the Laconian coast, and occupies a peninsula opposite to Cythera, 26. 1. Charicles fortifies and garrisons the peninsula (Onugnathus?), and returns home, § 2. the ATH. at home resolve to send back Thracian mercenaries, too late for the Sicilian expedition, 27, 1, 2. continued occupation of Deceleia by the Pelop., causes to the Ath. destruction of property and loss of population, and disables their cavalry horses by hard service, § 3–5. all provisions imported, Athens a garrison, 28, 1, 2. various causes of the exhaustion of the Ath. resources, § 3. impose on their subjects a duty of five per cent (εἰκοστήν) on sea borne goods, § 4. send back the Dian Thracians, vii. 29. 30. the expedition under Demosthenes destroys a transport at Pheia, 31, 1. embarkd troops at Zacynthus and Cephallenia, and touches at Alyzia and Anactorium, § 2. learns from Eurymedon the loss of Plemyrium, § 3. reinforces with ten ships the Naupactus squadron, § 4, 5. reinforced by fifteen ships, and a heavy armed force from Corcyra, and light troops from Acarnania, § 5. Ath. at Syracuse induce the Sicels to attack reinforcements on their march to Syrac., 32. the result deters the Syrac. from attacking Nicias for the present, 33, 3. the fleet from Athens reaches Iapygia and there obtains dartmen, and at Metapontum with two triremes, § 3, 4. reaches Thuria (see note) and stays there, § 5. Ath. fleet at Naupactus engages the Corinthian with much damage, vii. 34, 3–8. in Italy they obtain aid from the Thurians, 35, 1. reach Petra, § 2. at Syrac. are attacked on all sides, by land and sea, 37–38, 1. next day spent in preparations against a renewal of the attack, 38, 2, 3. on the following day Ath. fleet defeated with great loss, 39–41. the second armament from Athens arrives; number of ships and men, 42, 1. effect on the contending parties, § 2. by this Demosthenes resolves to profit at once, § 3, and attempt to recover Epipolæ and capture the Syrac. counterwork; but failing of this to raise the siege and return home, § 4, 5. they overrun and ravage the valley of the Anapus, § 6. attack the Syrac. counterwork and are repulsed, 43, 1. grand night-attack on Epipolæ, § 2, at first succeeds, § 3–6. but the Ath. first resisted and put to flight by the Bœotians, § 7. consequent perplexity and confusion, 44, 1–4. they bewray their watchword, § 5. the pæans of their Doric allies, resembling those of the enemy, add to their alarm and occasion conflicts with them, § 6, 7. a large part of the army driven over the cliffs perish, § 8. consultation of the Ath. commanders on the state of affairs, 47, 1, 2. opinion of Demosthenes, § 3, 4; of Nicias, and the real as well as avowed grounds of it, 48–49, 1. Demosthenes and Eurymedon propose removal to Thapsus or Catana, 49, 2, 3, but give way to Nicias, § 4. the Ath. generals, on the Syrac. being largely reinforced and preparing to attack them, determine to raise the siege, vii. 50, 3. on a lunar eclipse, the superstitious fears of Nicias and the majority detain the army in its position, § 4. the Ath. lose some horses and men, vii. 51, 2. naval engagement; death of Eurymedon and complete defeat of the Ath. fleet, 52. the Tyrrhenians and Ath. by land defeat Gylippus, 53, 2, 3. the Ath. bring most of their ships safe to the camp, and keep off and extinguish a Syrac. fire-ship, § 3, 4. utter despondency of the Ath., 55. enumeration of the SUBJECT AND ALLIED STATES whose troops served under the Ath. at Syrac., 57. the Ath. commanders, seeing the Syrac. engaged in closing up the Great Harbour, hold a council, 60, 1. resolve to abandon the upper part of their lines, form a small garrisoned camp for their stores and sick, and man their fleet for a final effort to escape to Catana, or failing of this to retreat by land, § 2. they man their fleet, § 3, 4. the soldiers dispirited yet eager for a decisive engagement, § 5. exhorted by Nicias, 61–64. trierarchs specially addressed by him, vii. 69, 2. land-forces arranged along the shore, § 3. the fleet stand out to break the bar of the harbour, § 4. overpower the Syrac. ships stationed there; the whole Syrac. fleet bears down upon them, 70, 2. description of the engagement, § 3–8. effects of the sight on the land-forces, 71, 1–5. total defeat of the Ath. fleet, § 5, 6, their case a parallel to that of the Lac. at Pylus, § 7. wish to retreat at once by night, 72, 2. another attempt to retreat by sea proposed by Demosthenes, § 3; refused by the seamen. all determine on retreat by land, § 4. in consequence of false information, vii. 73, 3, 4, delay their retreat till third day, 74, 1. the relics of their fleet carried off by the Syrac., 74, 2. their retreat commences, 75, 1. afflictive and depressing circumstances, § 2–5. greatness of the reverse in their condition, § 6, 7. encouraged and consoled by Nicias, 76. 77. order of retreat, 78, 1, 2. rout a body of Syrac. and ford the r. Anapus; harassed in their progress by the Syrac. horse and light troops, § 3. marches and halting places on the first and second days of their retreat, § 4. on the third day, impeded and annoyed, return to their position of the previous night, § 6. on the fourth day again attempt to force the Syrac. position at Acræum Lepas, 79, 1. repulsed, § 2. a thunder-storm increases their despondency, § 3. defeat an attempt to obstruct their egress from the defile, § 4. return into the plain. on fifth day's march incessantly assailed by the Syrac., § 5. make little progress, § 6. in the night direct their flight towards the coast, 80, 1, 2. a false alarm separates Nicias' division from Demosthenes' division, which fell behind in great disorder, § 3. reach the shore and make for r. Cacyparis, § 4. pass it, § 5. Demosthenes' division, overtaken by the Syrac. and attacked, 81, surrenders, 82, 1–3. Nicias' division reaches the r. Erineus, § 4. overtaken by the Syrac., 83, 1. overtures to capitulate rejected by the Syrac., who attack and harass them all day, § 2, 3. their want of food, § 4. three hundred by night break through the Syrac. guards, § 5. retreat continued, vii. 84, 1, 2. reach the r. Assinarus; confusion and carnage consequent on attempt to cross it, § 3–5. surrender of Nicias and capture of remainder of the Ath. army, 85, 1, 2. small amount of prisoners to the Syrac. commonwealth, and large number dispersed in private possession, § 4. refuge at Catana for all who escape, § 4. the Syrac. place their prisoners in the Quarries, and slaughter Nicias and Demosthenes, vii. 86, 2. their reasons for putting Nicias to death, § 4. sufferings and scanty rations of the prisoners in the Quarries, 87, 1. after seventy days all sold except the Ath. Siceliot, and Italiot prisoners, § 2. total amount of prisoners, § 3. at Athens the destruction of their armament at first disbelieved. Popular displeasure against its promoters, viii. 1, 1. distress and consternation, and grounds for them, § 2. resolve to fit out a new fleet, secure their command over their allies, especially Eubœa; retrench the expences of the home department, and elect a board of elderly citizens to frame and propose measures, § 3. general disposition throughout Greece to combine against Athens, 2, 1. Allies of Athens eager to revolt, § 2. the Ath. collect ship-building timber, fortify Sunium, evacuate their fort in Laconia, and reduce all useless expences, 4. of the Ath. allies, the Eubœans, 5, 1. the Lesbians § 2, the Chians and Erythræans, ask for aid from Sparta in revolting from Athens, § 4, 5. the weakness of Athens emboldens the Pelop. to send aid to the revolting states by the Saronic gulf, 8, 3. the Ath. get knowledge of it, and demand ships from the Chians, 9, 2. at the Isthmian Games they obtain clearer proof of the intrigue between the Chians and Pelop., 10, 1. watch the enemy's squadron at the Isthmus, § 2. pursue it and drive it on shore at Peirærus in the Corinth. territory, § 3. disable most of the ships and kill Alcamenes, § 4. blockade them, 11, 1. the Ath. fleet off Leucas meets and damages the Pelop. squadron returning from Syracuse, 13. Chios, Erythræ, and Clazomenæ revolt, 14, 2, 3. news at Athens of the Chian revolt. The Ath. resolve to use the reserved thousand talents and fit out a large fleet. Send Strombichides with eight, and Thrasycles with twelve ships against Chios, 15, 1. imprison the freemen and liberate the slaves who manned the Chian contingent, and renew their blockade of the Pelop. squadron, § 2. on the flight of Strombichides from Teos, Teos admits the Peloponnesians, 16. Strombichides and Thrasycles, too late to secure Miletus, anchor at Lade, 17, 3. Diomedon's squadron of sixteen ships takes four out of a Chian squadron of ten, § 2, 3. Lebedus and Eræ revolt, § 4. the Ath. lose four ships of the squadron blockading the Corinthian Peirærus, 20, 1. Diomedon makes a treaty with the Teians for admitting the Ath. but fails of recovering Eræ, § 2. the Ath. after the popular revolution in Samos decree the independence (αὐτονομίαν) of Samos, 21. Methymna and Mytilene revolt from Athens, 22, 2. the Ath. under Diomedon reinforced by Leon, 23, 1, recover Mytilene, 23, 2, 3. Eresus revolts, § 4. the Ath. reestablish their authority in Lesbos; take Polichna and replace the Clazomenians in Clazomenæ, § 6. the Ath. under Strombichides and Thrasycles blockade Miletus at Lade, land at Panormus and kill Chalcideus the Lac. commander, 24, 1. Ath. under Leon and Diomedon carry on hostilities against Chios, § 2. defeat the Chians thrice and ravage their territory, § 3. a party in Chios endeavour to bring the city over to the Ath. interest, § 6. a large armament from Athens lands and defeats the Milesians, 25, 1-4. prepares to invest Miletus, 25, 6. informed of the arrival of a Pelop. and Sicilian fleet of fifty-five vessels, 26, 1. by advice of Phrynichus retire to Samos, 27. the Argive portion of their armament return home, § 6. reinforced from Athens by thirty-five ships. Divide their forces (for the number of ships see note), sending thirty ships and a heavy armed force against Chios, and with seventy-four ships prepare to sail against Miletus, viii. 30. disaffection of the Lesbians, 32, 1, 3. the expedition against Chios chasing three Chian vessels lose by shipwreck three of their own; at Lesbos provide tools for fortification, 34. the fleet at Samos sail and capture a squadron of six Pelop. vessels cruising off Triopium, attack Cnidus twice, and return to Samos, 35. their armament against the Chians overruns the island and fortifies Delphinium, 38, 2. the fleet at Samos sails and repeatedly offers battle to the Pelop. fleet at Miletus, § 5. the slaves of the Chians desert to the Ath. at Delphinium, 40, 2. Charminus detached from Samos against a Pelop. squadron at Caunus, 41, 4, falls in with the fleet of Astyochus, sinks and damages some vessels, and escapes with loss, 42, 2-4. the Ath. fleet at Samos, on news of this, sails to Syme, takes on board Charminus' tackling, touches at Loryma, and returns to Samos, 43, 1. Rhodes revolts, 44, 1, 2. the Ath. carry on hostilities against it from Chalce, Cos and Samos, § 3. the Ath. more eligible allies to the Persian king than the Lac. could be, 46, 3. Alcibiades' messages to the Ath. at Samos suggest a change of government, viii. 47, 2. conspiracy for this purpose, 48, 1. conflicting feelings and consequent inaction of the mass of the soldiery, § 2. plan of the conspirators opposed by Phrynichus, § 3-5. conspirators send Peisander and others to Athens to negotiate for Alcibiades' recall and subversion of democracy; with a view to amicable relations with Tissaphernes, 49. Phrynichus betrays their counsel to Astyochus, 50, 1, 2. who informs Alcibiades and Tissaphernes of Phrynichus' communication, § 3. Ath. commanders at Samos warned by Alc. of Phrynichus' treachery, § 4. artifice by which he regains the confidence of the armament and throws discredit on Alc. accusation; Samos fortified, § 5-51. Alc. endeavours to bring Tissaphernes over to the Ath. interests, 52. at ATHENS the oligarchical deputation from Samos represents the recall of Alcibiades and abolition of democracy as means for obtaining aid from the king, 53, 1. the advocates of democracy and the enemies of Alcib. cannot deny that the circumstances of Ath. are desperate without alliance with the king, § 2. Peisander states as indispensable a temperate policy, office being more in the hands of partizans of oligarchy, and the recall of Alcibiades, § 3. the people give to Peisander and ten others discretionary powers for negotiation with Tissaphernes, and recall of Alcib., 54, 1, 2. at the instigation of Peisander they supersede Phrynichus and Scironides, and replace them by Diomedon and Leon, § 3. the POLITICAL UNIONS or CLUBS incited by Peisander to overthrow the democracy, § 4. Ath. fleet under Leon and Diomedon makes a landing at Rhodes, and takes up its station at Chalce, 55, 1. Ath. at Chios, attacked by the Chians, defeat them and kill Pedaritus, § 3. the Ath. deputies come to Tissaphernes, 56, 1. they break off the conference through Alcibiades' unreasonable demands on Tissaphernes' behalf, § 2-4. Oropus taken from the Ath. by the Bœot., 60, 1. disaffection of the Eretrians, § 1, 2. the Ath. fleet returns from Chalce to Samos, § 3. sally and obstinate engagement by sea of the Chians against the Ath., 61, 2, 3. Abydus and Lampsacus revolt from the Ath., 62, 1. the Ath. under Strombichides recover Lampsacus, 62, 2. fail in attack on Abydus, and make Sestus their station, § 3. the Ath. fleet at Samos from mutual distrust decline battle when offered by Astyochus, 63, 2. SUBVERSION OF DEMOCRACY at Athens § 3. how effected, 63, § 3-70. the conspirators at Samos resolve to depend on their own resources and efforts without Alcibiades, 63, 4. dispatch Peisander and five of his colleagues to Athens to establish oligarchy there, and in the subject states on their voyage; the other five sent with the same object to other cities, 64, 1. Diotrephes sent from Chios, abolishes democracy at Thasos, 64, 2. revolt of Thasos and other subject states thus facilitated, § 3-5. Peisander and his colleagues arrive at Athens, 65, 1. assassinations by the clubs, § 2. propositions respecting pay and the administration of affairs, § 3. assembly of the people and council of 500 controlled by the conspirators, 66, 1. opponents made away with, § 2. general alarm and distrust among the friends of the constitution, § 2-5. appointment of a COMMISSION OF TEN (ξυγγραφεῖς) for drawing up a constitution, 67, 1. assembly at Colonus abrogates all penalties attaching to unconstitutional propositions, § 2, abolishes all offices held and pay dispensed under the constitution; and provides for the organization of a council of 400, who should at their discretion convoke an assembly of 5000 (cf. 65, 3), 67, 3. heads of the oligarchical movement, 68. Peisander and Antiphon, § 1, 2. Phrynichus and his motives, § 3. Theramenes, § 4. They violently dissolve the council of 500, 69. the 400 choose by lot prytanes; are installed with prayer and sacrifice; recall no exiles, 70, 1. endeavour to negotiate with Agis, § 2. their overtures slighted by him, 71, 1.

the Ath. attack Agis and occasion him some loss on his approach to Athens, § 2. the 400 renew their proposals to Agis, and send ambassadors to Sparta, § 3. they send a deputation with news of the revolution to appease and conciliate the armament, 72. previous attempt at an oligarchical movement in Samos, 73, 1-3, repressed by the Ath. and Samian popular parties, § 4-6. treatment at Athens of crew of the Paralus sent to report the oligarchists' defeat at Samos, 74, 1, 2. escape from Athens to Samos of Chaereas, and his exaggerated report of the tyranny of the oligarchy, § 3. consequent excitement at Samos, 75, 1. oath administered to all, both Ath. and Samians, by Thrasybulus and Thrasylus, § 2. community of interests between Ath. and Samians, § 3. the armament chooses new officers, 76, 1, 2. their estimate of their own position contrasted with that of the government at Athens, § 3-6. their expectations of Alcibiades, § 7. deputies from the 400 do not venture nearer Samos than Delos, 77. the Ath. with eighty-two ships decline engaging Astyochus and the allies with 112 ships, 79, 1, 2. reinforced by Strombichides, they, with 108 ships, offer battle to the Pelop. at Miletus, § 6. the Ath. send a squadron from Samos into the Hellespont, 80, 4. Ath. armament at Samos persuaded by Thrasybulus recall Alcibiades, 81, 1. encouraged by him to expect aid from Tissaphernes, § 2, 3. appoint him general, desire to sail to Peiraeeus, 82, 1. dissuaded by him, § 2. the envoys of the 400, on Alcibiades' arrival at Samos, come thither from Delos, 86, 1. they defend the changes made at Athens, § 2, 3. the armament, eager to sail against Athens, dissuaded by Alcibiades, § 4, 5. the envoys are sent back by Alc. with

F

a demand for the removal of the 400, and restoration of the 500, and an exhortation to perseverance against the enemy, § 6, 7. offer of aid from Argos acknowledged with commendation by Alc., § 8. crew of the Paralus deliver to the Arg. the envoys to Sparta of the 400, and sail to Samos with envoys from Argos, § 9. a squadron of thirteen ships sails from Samos under Alc. who promises to prevent a junction of the Phœnician with the Pelop. fleet, 88. effect of the report given at Athens of the language of Alcibiades, 89, 1. combination against the oligarchy by Theramenes and Aristocrates; their professed and their real motives, § 2-4. Phrynichus, Aristarchus, Peisander, Antiphon and the other leaders of the 400 having sent to Sparta desiring peace, and begun a fort at the mouth of Peiræeus, and learning the change at Samos (90, 1), send Antiphon and Phrynichus and others to Sparta for a peace on any terms, 90, 2. construction of the fort on Eetionia hastened; its object, § 3, and position, § 4. they warehouse there all the corn at Athens, § 5. the envoys of the 400 return from Lacedæmon without success. The fort asserted by Theramenes to be dangerous to the city, 91, 1. a Pelop. fleet destined for Eubœa gives credibility to his assertions, § 2; for which there was good ground, § 3. strenuous effort to complete the fort, 92, 1. suspicions of its treasonable object privately circulated; Phrynichus assassinated, § 2. the Pelop. fleet leaving the straight course to Eubœa overrun Ægina, and thus strengthen the popular suspicion, § 3. Aristocrates, and Hermon, and the heavy-armed troops building the fort, mutiny and confine Alexicles, § 4, 5. Theramenes, threatened by the 400, goes to Peiræeus professedly, and

Aristarchus and some young knights really, to rescue Alexicles, § 6. serious agitation in the city, and in Peiræeus, § 7. Thucydides of Pharsalus dissuades the Ath. from attacking each other, § 8. Theramenes acquiesces in the mutineers' determination with regard to the fort; its demolition begun, § 10. all called to engage in it who prefer the 5000 to the 400, § 11. next day the mutineers let Alexicles go; the fort is demolished; they assemble at the theatre of Bacchus, near Munychia, and march to the city and post themselves at the Anaceium (v. n.), 93, 1. pacified by a deputation from the 400, § 2. an assembly to be held in the theatre of Bacchus for effecting unanimity, § 3. on the day of assembly the enemy's fleet sails by Salamis, and all believe its destination to be the fort in Peiræeus, 94, 1. probable reasons for its stay in the neighbourhood, § 2. the Ath. hastily man their ships and the defences of the harbour, 94, 3. they sail under Thymochares after the enemy to Eretria, 95, 2. obliged to fight unprepared; treachery of the Eretrians, § 3-6. lose twenty-two ships. All EUBŒA REVOLTS except Oreus, § 7. consequent consternation at Athens, 96, 1. condition of the city, § 2. consequences which would have resulted from the Pelop. attacking or blockading Peiræeus, § 3, 4. the Ath. found the Lac. from their opposite character, the most convenient, as likewise the Syrac. from their similar character, the most formidable opponents, § 5. the Ath. man twenty ships, depose the 400, commit the supreme power to 5000, and abolish all pay to holders of office, 97, 1. appoint νομοθέται, and pass decrees relating to the constitution. Blending of the hitherto opposed elements of the constituency, § 2. they recall Alcibiades and exhort the armament at Samos to carry on the war with vigour, § 3. Peisander and Alexicles, and other extreme oligarchists, withdraw to Deceleia, 98, 1. Aristarchus betrays Œnoë to the Bœotians, § 2-4. Thrasylus with the Ath. fleet sails from Samos for the Hellespont, 100, 1. orders provisions at Methymna, § 2. sails against Eresus; is reinforced by Thrasybulus, § 3-5. Ath. squadron at Sestus, escaping out of the Hellespont, meets the Pelop. fleet and loses four ships, 102. Ath. fleet sails from Eresus to Elæus on the Hellespont; take two Pelop. ships, and are joined by their own squadron on that station, 103, 2. the Ath. sailing towards Sestus with seventy-six ships met by the Pelop. with eighty-six, extending from Abydus to Dardanus, 104, 1, 2. order of battle, § 3. they engage off the Promontory CYNOSSEMA, § 4, 5. advantage at first gained by the Pelop., 105, 1. the Ath. defeat them, § 2, 3. taking but few ships, 106, 1. they recover by this victory their self-reliance and contempt of the enemy, § 2. take twenty-one ships losing fifteen, § 3. on the news reaching the city the Ath. persuaded of the possibility of retrieving their fortunes, § 4, 5. Ath. fleet captures a squadron of eight Pelop. ships, 107, 1. recovers Cyzicus, § 2. the ships taken at Cynossema retaken at Elæus by the Pelop. in the Athenians' absence, § 3. Alcibiades returns from Phaselis and Caunus to Samos; boasts of having prevented a junction of the Phœnician with the Pelop. fleet, and conciliated Tissaphernes, 108, 1. lays Halicarnassus under contribution, fortifies Cos, and returns to Samos, § 2.

Athenæus, s. of Pericleides, a Lac. commissioner for concluding and announcing the one year's truce, iv. 119, 2. 122, 1.

Athenagoras, a Syracusan popular orator, δήμου προστάτης, opp. to Hermocrates, vi. 35, 2 n.

Athenagoras, f. of Timagoras of Cyzicus, viii. 6, 1.

Athletes in the Olympic games wore drawers, till shortly before Thucydides' time, i. 6, 5; in foreign nations, especially the Asiatics, still wore them in boxing and wrestling, § 6. honours usually paid to, iv. 121, 1 n.

Athos, m. and its towns, ὁ *Ἄθως, iv. 109, 2. acc. τὸν *Ἄθων, v. 3, 6. dat. τῇ *Ἄθῳ, v. 35, 1. *Ἄθῳ, 82, 1. Haack conjectures that by ὁ *Ἄθ. the promontory is denoted, by ἡ *Ἄθ. the region, otherwise called Ἀκτή, iv. 109; see Herod., viii. 22, 3-6.

Atintanes, or Antitanes, a people of Epeirus, subject to the Molossians, ii. 80, 8 n; see Appian and Livy, xxvii. 30. xxix. 12. xlv. 30. Palmerii Græc. Ant. p. 247, &c.

Atramyttium in Asia granted to the exiled Delians, v. 1. (see Strabo, xiii.) and viii. 108, 4. on coins, ἀδραμύτιον; see v. l. v. 1.

Atreus, s. of Pelops, succeeds Eurystheus as k. of Mycenæ, i. 9, 2.

Attica, anciently free from seditions; soil poor, v. n.; permanently occupied by the same race, v. n., i. 2, 5. causes and evidence of the growth of its population, v. n., 2, 6. colonized Ionia, ib. Eurystheus slain there, 9, 2. how its population were anciently distributed, v. n., ii. 15, 1, 2. invasions of,—by Pleistoanax, i. 114, 4. (and n.) ii. 21, 1. (and n.) by Archidamus, in the first year of the war; preparation for, 10, 12. course of—Œnoë, 18, Eleusis, Thriasian Plain, Rheiti, Mt. Ægaleon, Cropeia, Acharnæ, 19, 2. stay at Acharnæ, 20. engagement of cavalry, 22, 2. townships between Mts. Parnes and Brilessus laid waste, 23, 1. return of Archid. by Oropus, 23, 3. invasion under Archid. in second year, 47, 2, 3. course of—the Plain, Paralus or Maritime Region, Laurium, 55, 1, 2. return of Arch., 56, 8. 57, 1. most protracted of all during the war, § 2. no invasion of Attica in third year, 71, 1. invasion in fourth year under Archidamus, iii. 1. in fifth year under Cleomenes, the most devastating, 26. in sixth year under Agis, averted by an earthquake, 89, 1. in seventh year under Agis, iv. 2, 1. shortest during the war, iv. 6. in nineteenth year under Agis; Deceleia fortified and occupied, vii. 19, 1, 2.

Aulon, the outlet of the Lake Bolbe, iv. 103, 1. and § 3 n.; see Palmerii Græc. Ant. p. 163, &c.

Autocharidas, a Lac., sets out to reinforce Brasidas, v. 12, 1.

Autocles, s. of Tolmæus, an Ath., commands the expedition which takes Cythera, iv. 53, 1. commissioner for concluding the one year's Truce, 119, 2.

Axius, r. of Pæonia and Macedonia, runs into the Thermaic gulf, ii. 99, 3; see Herod., vii. 123. 124. and Strabo, Epit. vii.

B.

Bacchus, or Dionysus, temple of, at Athens, in the Marshes, ii. 15, 5, and n. more ancient festival of, called also Anthesteria, ib. and Buttmann's Excursus I. "De Dionysiis," ad Demosth. in Midiam. temple of, at Corcyra, iii. 81, 5. theatre of, at Athens, in Peiræeus, adjacent to Munychia, viii. 93, 1 n.; see also Dionysia.

Barbarians, neither this nor the appellation Greeks used by Homer collectively in opposition, i. 3, 4 and n. in Thucydides' time constantly carried arms, 6, 1. particular nations so termed—the Amphilochians, ii. 68, 5, the Chaonians and other Epcirot tribes, 80, 6. 81, 4, 6, the Macedonians and Illyrians, iv. 126, 3. and n. Xerxes, denominated simply as "the B.," i. 18, 2.

Bars and bolts of city gates, ii. 4, 3 n, 4.

Battles. [N. B. italics indicate defeat.] I. by sea; earliest known, of the Corcyræans against Corinthians, i. 13, 4 n. Corcyr. ag. *Cor.* in the war for Epidamnus, i. 29. Corcyr. ag. Cor. off Sybota; the most considerable of Greeks against Greeks down to that time, 48–50, 2 nn. Ath. ag. *Persians* at r. Eurymedon, 100, 1 nn. Ath. ag. *Thasians*, 100, 3. Ath. ag. Pelop. off Cecryphaleia, 105, 2. Ath. ag. *Æginetans*, 105, 3. *Ath.* ag. Phœnicians on the Nile, 110, 4. Ath. ag. *Phœn. and Cilicians* off Salamis in Cyprus, 112, 4 n. Ath. ag. *Samians* off Tragia, 116, 1. *Ath.* ag. Samians, 117, 1. Ath. ag. *Samians*, § 4. Ath. ag. *Pelop.* outside the Cor. Gulf, ii. 83, 3—84, 4. Ath. ag. *Pelop.* inside the Cor. Gulf, ii. 90, nn—92. Corcyr. and Ath. ag. Pelop. off Corcyra, iii. 77, 78. Ath. ag. *Lac.* in the harbour of Pylus, iv. 14, nn. Ath. and Rhegians ag. *Syrac. and allies*, 25, 1, 2 n. Ath. and Rheg. ag. Syrac., §, 4, 5 nn. Ath. ag. Syrac. in Syrac. Harbour, vii. 22. 23. Ath. ag. Cor. off Erineus in the gulf of Corinth, vii. 34. Ath. ag. Syrac. in Syrac. Harbour, 37, 3. 38, 1 n. *Ath.* ag. Syrac. in Syrac. Harbour, 39—41 nn. *Ath.* ag. Syrac. in Syrac. Harbour, 52, n. *Ath.* ag. Syrac. in Syrac. Harbour, 70. 71. Ath. ag. *Pelop.* off Peiræus on the Cor. coast, viii. 10. *Ath.* ag. Pelop. at the same place, 20, 1. *Ath.* ag. Pelop. off Syme, 42. Ath. ag. Chians, 61. Ath. ag. Pelop., eight ships ag. eight, off Byzantium, 80, 4 n. *Ath.* ag. Pelop. off Eretria, 95, nn. Ath. ag. *Pelop.* off Cynossema, 104—106. II. By land. of Sicels. ag. *Sicanians;* date of, vi. 2, 4. of Ath. ag. *Potidæans*, i. 62. Ath. ag. Cor. and Epidaurians, 105, 1. Ath. ag. *Cor.* in the Megarid, § 6. Ath. ag. *Cor.* in the Meg., § 8. 106. *Ath. and allies* ag. Lac. and allies at Tanagra, 108, 1. Ath. ag. *Bœot.* at Œnophyta, § 2. Ath. ag. *Sicyonians*, 111, 3. *Ath.* ag. Bœot. at Coroneia, 113, 3, *Ath.* ag. Chalcidians, near Spartolus, ii. 79, 4–11. Acarnanians ag. *Barbarian allies of Ambraciots* near Stratus, ii. 81, 5–9. Ath. ag. Mytilenæans, iii. 5, 2. in Corcyra of the aristocratic ag. *the democratic party*, iii. 72, 2. of the democratic ag. *the aristocratic party*, 74, nn. Ath. ag. *Tanagræans and Thebans*, near Tanagra, iii. 91, 6. Ætol. ag. *Ath.* on retreat from Ægitium to Œneon, 97, 4. 98 nn. Ath. ag. *Epizephyrian Locrians*, 103, 3. Ath. and Acarn. ag. *Pelop. and Ambraciots*, near Olpæ, 107. 108. Naxians (Siceliot), ag. the *Messanians*, iv. 25, 4. Messanians ag. *Leontines*, and *Mess.* ag. Ath., § 12. Ath. ag. *Lac.* in Sphacteria, 32—36 nn. Ath. ag. *Cor.* at Solygeia, 43—44, 3. Milesians under the Ath. ag. *Cytherians*, 54, 2. Ath. cavalry ag. Bœot. before Megara, 72, 2–4 nn. Ath. ag. *Lesbian exiles*, at Antandrus, 75, 1. *Ath.* ag. Bœot. near Oropus, 93. 94. 96 nn. Perdiccas with Chalcidians and Pelop. ag. Lyncestian Macedonians, 124, 3. Mantineans and allies ag. Tegeans and allies, 134 nn. Lac. Chalcidians and Thracians under Brasidas, ag. *Ath.* under Cleon, v. 10. *Heracleots in Trachis* ag. neighbouring tribes, v. 51. Lac. confederacy ag. the *Argive*, near MANTINEIA, 70—74 nn. Ath. and allies on first landing, ag. *Syrac. and allies*, near the Olympieium, (cf. vi. 64, 1.) vi. 67. 69. 70 nn. Ath. on second landing, ag. *Syrac.* on Epipolæ, 97, 4. *Ath.* ag. Syrac. by night on Epipolæ, vii. 43, 3—44 nn. Ath. ag. Syrac. on the shore of the Great Harbour, 53. Ath. ag. *Chians* at Cardamyle, Bolissus, Phanæ and Leuconium, viii. 24, 3. Ath. Argives, and allies ag. *Milesians, Pelop. and mercenaries* of Tissaphernes, 25. Ath. ag. *Rhodians*, in Rhodes, 55, 1. Ath. ag. *Chians* under Pedaritus, 55, 3. Ath. ag. *Lampsacenes*, at Lampsacus, 62, 2. *Methymnæan exiles* ag. Ath. garrison of Methymna, viii. 100, 3.

Order of battle. I. by sea; in single line, ii. 84, 1. 90, 4 n. viii. 104, 1. in four lines, ii. 90, 2. in a round or circle; its use for a purpose analogous to that of the square by land; less effectual for its object, ii. 83, 5. 84. II. by land; and depth of line, at Delium, of the Bœot., iv. 93, 4 n.; of the Ath., iv. 94, 1. and n., 93, 4. at the first battle of Syracuse, of the Ath., vi. 67, 1 n. of the Syrac., § 2. of the Ath. by tribes, vi. 98, 3 n.; see Tribe. In square, see Square. Preliminaries to battle: signals hoisted, i. 49, 1 n. 63, 2. vii. 34, 4. Pæans, i. 50, 6. skirmishes of light troops, vi. 69, 2. sacrifice, v. 10, 2. vi. 69, 2. sound of trumpets, ib. Lac. at Mantineia advance to the sound of flutes, v. 70, n.

Battus, a Corinthian general at battle of Solygeia, iv. 43, 1.

Beans, the Ath. Senate chosen by lot with, viii. 66, 1 n.

Bell, passed on, by night, round the walls of Potidæa, from one sentinel to another, iv. 135 n.

Berœa, or Berrhœa, i. 61, 2; see Strabo, xvi. and Antonini Itiner.

Bisaltia, a region of Macedonia N. W. of Amphipolis, ii. 99, 5. population of the Acte or territory of Athos partly Bisaltic, iv. 109, 3; see Herod. vii. 115, 1.

Bithynian Thracians, in Asia on the E. coast of the Bosporus and Propontis, iv. 75, 3; see Herod. vii. 75, 2. and Strab. xii. p. 541.

Bœotarchs, chief magistrates of the Bœotians, ii. 2, 1 n. to iii. 61, 3. in all eleven (qy? see note), two of the number belonged to Thebes, iv. 91. entertain a proposal of alliance with the Corinthians, Megareans, and the Thraceward cities; which is rejected by the Four Councils of Bœotia, v. 37, 4—38 n.

Bœotia, fertile, i. 2, 3. borders upon Phocis, iii. 95, 1. earthquakes in, 87, 4.

Bœotians, the, driven out of Arne in Thessaly, take possession of Cadmeis, afterwards called Bœotia, i. 12, 3 n. iii. 61, 3 n. conquered by the Ath. after battle of ŒNOPHYTA, i. 108, 2. led by the Ath. against Pharsalus in Thessaly, 111, 1. recover their liberty by Battle of CORONEIA, 113, 4, 5. all B. in Attica arrested after the Thebans' attempt on Platæa, ii. 6, 2. furnish cavalry to the Pelop. 9, 3, n. 12, 6. engaged against the Ath. and Thess. cavalry at Phrygia in Attica, 22, 2. furnish half the force besieging Platæa, 78, 2. invaded by the Ath. iii. 91, 3–6. neighbours to the Phocians, 95, 1. engagement with Ath. cavalry before Megara, iv. 72. PLAN FOR POPULAR REVOLUTION in B. 76, 1, 2, by simultaneous invasion on the side of Phocis, §. 3, and from Attica, § 4. results expected, § 5. invading force under Demosthenes organized in the neighbourhood of Naupactus, 77. Bœotians forewarned secure Siphæ and Chæroneia, and baffle Demosthenes, 89. invaded, and Delium fortified, by the whole force of Attica, 90, 1–3. the B. assembled at Tanagra, seek the enemy and prepare for action, 91—93, 1. disposition of the B. forces and depth of Theban line, 93, 3, 4. BATTLE of DELIUM or OROPUS. The attack and nature of the ground, 96, 1, 2. defeat and flight of B. left, § 3. victory of Thebans on the right, § 4. B. cavalry throw Ath. right into confusion, completing their defeat, § 5. B. and Locrian cavalry pursue till nightfall, § 7. refuse to give up the Ath. slain, till the Ath. evacuate Delium; charge them with profaning it, 97. on the Ath. refusing this and again demanding their dead, the B. virtually refuse, 98. 99. with reinforcements from the Malian Gulf, Corinth and Megara, attack and take Delium, 100. restore the slain, 101, 1. loss on both sides, § 2. effect on the Ath. allies on the coast of Thrace, 108, 5. the Lac. promise to invite the B. to accede to the Truce for one year, 118, 1. Panactum, a border fortress of Attica, betrayed to the B. v. 3, 5. they refuse to accede to the fifty years' Peace, 17, 2. Ten days' Truces between B. and Ath. 26, 2. the B. will not join the Argive Confederacy; their reason, 31, 6. solicited to do so by the Corinthians refuse, 32, 5, 6. endeavour without success to obtain ten days' truces with Athens for the Cor. § 6, 7. the Lac. promise the Ath. to endeavour to bring the B. into The fifty years' Alliance, to recover Panactum and all Ath. prisoners in Bœotia, 35, 5. the Lac. Ephors propose to the B. ambassadors that the B. should join the Argive alliance, and deliver Panactum to the Lac. 36. the same ambassadors sounded by two Argives high in office with reference to the B. joining the Argive Alliance, 37, 2, 3. Bœotarchs pleased with the ambassadors' report, § 4, receive an embassy from Argos, and promise to negotiate an alliance, § 5. the Four Councils of Bœotia, fearful of offending the Lac., reject the Bœotarchs' proposal of a Confederacy with Corinth, Megara, the cities in Thrace and the Argives, 38. the B. refuse to deliver Panactum and the Ath. prisoners to the Lac.

unless they would form a separate alliance with them; they obtain it and demolish Panactum, 39. this alliance alarms the Argives, 40. and irritates the Ath. against the Lac. 42. 46, 2, 4. the B. seize Heracleia, and send away the Lac. governor, 52, 1. a large B. force with the Lac. invades Argolis, 57, 2. 58, 4. 59, 2, 3. 60, 3. B. force summoned by the Lac. to invade Mantineia, 64, 4. a Lac. force at the Isthmus, for cooperation with the B. increases the Ath. suspicions against Alcibiades, vi. 61, 2. send aid to Syracuse, vii. 19, 3. 58, 3. surprise of Mycalessus in B. and massacre of its inhabitants, vii. 29. the B. troops first withstand Ath. night attack on Epipolæ, 43, 7. 45, 1. B. engaged against B., 57, 5. required to furnish twenty-five ships to the Lac. Confederacy, viii. 3, 2. induce Agis to join in aiding the Lesbian revolt from Ath., and promise ten ships, 5, 2. former subjection of the B. to k. of Persia, 43, 3. Oropus and its Ath. garrison betrayed to the B., 60, 1. Œnoe betrayed to the B. 98. two B. ships taken by the Ath. at Cynossema, 106, 3.

Bœum, a town of Doris the mother country of the Lac., i. 107, 2.

Bolbe, a lake in Mygdonia in Macedonia, i. 58, 2. iv. 103, 1.

Bolissus, a town on the W. coast of Chios, viii. 24, 3. Herod. in life of Homer, c. 23 sq.

Bolt, see Bars.

Bomienses, Βωμιῆς, a subdivision or tribe of the Ophionians, a division of the Ætolians, near the Malian Gulf, n. iii. 96, 3; see Palmerii Gr. Ant. p. 502.

Boriades, an Eurytanian Ætolian, envoy to Corinth and Lacedæmon, iii. 100, 1.

Bottia, ii. 99, 3, or Bottiæa, ii. 100, 5 (in Herod. vii. 123, 4. 127, 1, Βοτ-τιαιίς), a maritime province of Macedonia, the former abode of the Bottiæans; whence they were expelled by the Macedonians, i. 65, 3 n. ii. 99, 3. Bottiæa not reached by Sitalkes' invasion, ii. 100, 5. cf. n. i. 65, 3.

Bottica, or Bottice, country inhabited by the Bottiæans E. of the Thermaic gulf, adjoining Chalcidice, i. 65, 3 n. the Bottiæans, solicited by Perdiccas, i. 57, 3. revolt, with the Chalcidians and Potidæa, from Ath., 58, 1. Bottice wasted by Phormio, i. 65, 3 n. Ath. expedition against B., ii. 79, 1, 2, defeated by the Bott., 79, 7, 11. Bottice invaded and ravaged by Sitalkes, ii. 101, 1, 5 n. cf. i. 65, 3 n. the Bott. with Chalcidians expel the Ath. from Eion, iv. 7.

Brasidas, son of Tellis, a Spartan, secures Methone; commended at Sparta, ii. 25, 2, 3. commissioned as adviser to Cnemus, 85, 1. harangues the fleet before action, 86, 6. concerts an attack on Peiræeus, 93, 1, 2. plunders Salamis, § 3, 4. with a squadron joins Alcidas as adviser, bound for Corcyra, iii. 69. reaches Sybota, and sails against the Ath. and Corcyræans, 76. defeats the Corcyræans, 77, 1, 2. cannot persuade Alcidas to sail against Corcyra, 79, 3. greatly distinguishes himself in attack on Ath. at Pylus, iv. 11, 3, 4. nearly slain, 12, 1. near Corinth assembles a force to secure Megara, 70, 1. asks to be received into Megara, § 2. is refused, 71, 2. moves towards Megara, offers battle to the Ath., and is received into Megara, 73. march into N. Greece, 78. 79. halts at Heraclea in Trachis; obtains at Melitia in Achaia Phthiotis escort through Thessaly, 78, 1, 2. remonstrated with by the party opposed to his friends, § 3, 4. hurries on to Pharsalus, thence to Phacium, thence into Peræbia, § 5, finally to Dium in

Macedonia, § 6. composition of his force, 80, 2-4. cf. 78, 1. his readiness to serve, 80, 5. immediate, subsequent and later effects of his character and conduct, 81. accompanies Perdiccas against Arrhibæus, k. of Lyncus in Macedonia, 83, 1. listening to Arrhibæus' proposals, § 2-4, withdraws from the expedition and offends Perdiccas, § 5, 6. marches to Acanthus, 84. his speech there, 85—87. persuades them to revolt from Ath. 88, 1. with the allies of the Thracian border marches against Amphipolis, 102, 1. route from Arnæ; by Aulon and Bromiscus, Argilus, r. Strymon, 103, 1-3. forces the passage of the bridge, § 4. it is supposed might have taken Amphipolis, 104, 2. apprehending succour from Thasos, offers favourable terms, 105. is received, 106. repulsed on attacking Eion, 107, 1, 2. Myrcinus, Galepsus, and Œsyme come over to him, § 3. by his conduct and statements alarms the Ath. and disposes their allies to revolt, 108, 1-5. sends home for reinforcements, § 6. why these were not sent, § 7. marches against the Acte or peninsula of Athos, 109, 1, 2. all the towns of Athos except Sane and Dium come over to him, § 3. Torone betrayed to him, 110—113, 1. proclamation to Toronæans and Ath. in Lecythus, and truce with them, 114, 1, 2. conciliatory exhortation to Toronæans, 114, 3-5. attacks Lecythus, 115. takes it and puts all within it to the sword, 116, 1. razes Lecythus to the ground and dedicates the site to Athene, § 2, 3. the position into which he had brought affairs leads both Ath. and Lac. to conclude a Truce for one year, 117. Scione revolts to him, 120, 1. he visits and highly commends them, § 2, 3. they pay him the highest honours as the Liberator of Greece, 121, 1. brings forces over to Scione for an attempt on Mende and Potidæa, § 2. the one year's Truce announced to him, 122, 1, 2. he insists on the Truce being extended to the Scionæans, and the Lacedæmonians support his demand, § 3, 4. openly receives Mende on its revolt, on the plea that the Ath. had transgressed the Truce, 123, 1, 2. removes women and children from Mende and Scione to Olynthus, and garrisons both, § 4. second expedition with Perdiccas against Arrhibæus, 124, 1, 2. after a victory wished to return for the protection of Mende, § 3, 4. Brasidas and his troops deserted by the Macedonians and barbarian allies in consequence of a panic, 125, 1. his dispositions for retreat on the appearance of Arrhibæus and the Illyrians, § 2, 3. speech to his soldiers about to engage with the barbarians, 126. retreats in good order, 127. dislodges the enemy who had occupied the pass, and escapes to Arnissa in Lower Macedonia, 128, 1-3. Brasidas' soldiers destroy or appropriate the cattle and property abandoned by Perdiccas' army; thus alienating Perdiccas from Brasidas and the Pelop. cause, § 4, 5. returns to Torone; finds Mende taken by the Ath. 129, 1. hatred of Brasidas leads Perdiccas to a peace with the Ath. and to stop the passage of reinforcements sent to Brasidas, 132, 1, 2. commissioners sent to Brasidas from Sparta appoint governors in Amphipolis and Torone, § 3. Brasidas attempts to surprise Potidæa, 135, n. in his absence Torone, the suburb of which he had enclosed, attacked by the Ath. under Cleon, v. 2, 3. marching to relieve it hears of its capture, 3, 3. takes post at Cerdylium to protect Amphipolis, 6, 3. amount and distribution of his forces, § 4, 5.

throws himself into Amphipolis, and prepares for a sudden attack on Cleon, 8. encourages his soldiers and explains his plan of attack, 9. orders, and leads the attack, puts the Ath. centre to flight, 10, 5, 6. proceeding against their right falls wounded, § 8. hears of the victory of his troops; dies in Amphipolis, § 11. buried within the city: honours paid to him by the Amphipolitans as to a hero and a founder, 11, 1. his Helot soldiers enfranchised and settled at Lepreum, 34, 1. their position at battle of Mantineia, 67, 1. 71, 3. 72, 3.

Brauro kills Pittacus, k. of the Edones, iv. 107, 3.

Bricinniæ, a fortress in Sicily, in the Leontine territory, v. 4, 4, 6.

Bridge over the Strymon, iv. 103, 3. 4 n. over the Anapus broken down by the Ath. vi. 66, 2.

Brilessus, a m. of Attica N. E. of Athens, ii. 23, 1; see Strabo ix.

Bromerus, f. of Arrhibæus, k. of the Lyncestian Macedonians, iv. 83, 1.

Bromiscus, a town near the outlet of L. Bolbe, iv. 103, 1, and n. §.3.

Brumal or winter Solstice, vii. 16, 2.

Bucolion, a place in Arcadia, whither the Mantineans retreated after the battle of Laodicium, iv. 134, 2. named possibly from Bucolion k. of Arcadia, see Pausan. viii. 5, 7.

Budŏrum, a fort on a promontory of Salamis facing Megara, ii. 94, 4. (see 93, 3.) iii. 51, 2.

Buphras, near Pylus or Coryphasium, one of the limits assigned by the one year's truce to the Ath. garrison of Pylus, iv. 118, 3.

Burial, of Carians, mode of, i. 8, 2. of traitors in the Ath. territory prohibited, 138, 9 n. public, at Athens, of citizens fallen in battle, ii. 34 nn. of Brasidas at Amphipolis, within the city, v. 11, 1. ordinary burial-places outside the walls, ib. n. disregard of the usages of burial during the pestilence at Athens, ii. 52, 4, 5 n. truce for delivery or burial of the slain, i. 63, 3. iv. 99 n. vi. 71, 1.

Burning and gathering the bones of the slain, vi. 71, 1 n.

Byzantium, taken by the Greek fleet under Pausanias, i. 94, 2 n. committed, with Median prisoners of importance, to the charge of Gongylus, 128, 5, 6. treasonable correspondence with Xerxes by Pausanias residing there, 128, 7—129. his subsequent behaviour there, 130. besieged, and Pausanias driven out by the Ath. 131, 1. Byz. joins the Samians in revolt from Ath. 115, 6. submits again to Ath. 117, 5. offers to revolt from Ath. viii. 80, 2. on the arrival of a Pelop. squadron revolts, § 3. engagement of squadrons off Byz., § 4. the Pelop. squadron leaves Byz., viii. 107, 1.

C.

Cacyparis, a r. of Sicily S. of Syracuse, vii. 80, 4; see Cluv. Sic. p. 183.

Cadmeïs, the country afterwards named Bœotia, i. 12, 3.

Caduceus, or herald's staff, κηρύκειον, i. 53, 1.

Cæadas or Ceadas, a chasm in Laconia into which malefactors were cast, i. 134, 6 n.

Cæcinus, or Caïcinus, a r. of Locris in Italy, iii. 103, 3.

Calex, a r. of Heracleotis on the Pontus, iv. 75, 2 n.

Calliades, an Ath. f. of Callias, i. 61, 1, and n. on ii. 79, 1.

Callias, I. f. of Callicrates a Cor. admiral, i. 29, 1. II. an Ath. f. of Hipponicus, iii. 91, 4 n. III. an Ath. s. of Calliades, commander on the expedition against Potidæa, i. 61, 1. his arrangements for battle, 62, 4. slain, 63, 3. IV. s. of Hyperechides, and father-in-law to Hippias the tyrant, vi. 55, 1.

Callicrates, s. of Callias, a commander of the Cor. expedition against Corcyra, i. 29, 1.

Callienses, Καλλιῆς, a subdivision or tribe of the Ophionian Ætolians, iii. 96, 3; see Palmerii Gr. Ant. p. 502.

Calligeitus, s. of Laophon, a Megarean exile, envoy from Pharnabazus to Lacedæmon, viii. 6, 1. declines joining the Lac. expedition to Chios; entrusted with treasure by Pharnabazus, 8, 1 n. obtains a fleet from Lac. to aid Pharnabazus, 39, 1.

Callimachus, f. of Learchus, an Ath., ii. 67, 2.

Callimachus, f. of Phanomachus, an Ath., ii. 70, 1.

Callirrhoë, ancient name of the fountain at Athens afterwards called Enneacrunus, and uses of its water, ii. 15, 7 n.

Calydon and Pleuron, the names given to the region anciently Æolis, iii. 102, 6 n.

Camarina, a Dorian state on the S. coast of Sicily, in alliance with the Leontines and the Chalcidian States against Syracuse, iii. 86, 3. bordered upon Syracuse, vii. 58, 1. 78, 4. its form of government indicated as popular—ξυλλόγου γενομένου, vi. 75, 4. originally a colony from Syracuse; the Camarinæans twice expelled and twice reinstated, vi. 5, 3. design of Archias to betray C. to the Syrac. iv. 25, 7. truce between the Camarinæans and Geloans, iv. 58, 1. Morgantine ceded to the Cam. on payment to the Syrac. for it, iv. 65, 1 n. the Camarinæans refuse to receive the Ath. on their expedition against Syracuse, vi. 52, 1. send a small force in aid of Syrac. 67, 2. the Athenians after their victory send an embassy to C.; as do the Syrac., doubting their steadfastness as allies, 75, 3, 4. arguments addressed to them by Hermocrates for Syrac. 76—80. arguments of Euphemus the Ath. envoy, 81—87. The C. resolve to give but scanty aid to the Syrac.; and profess a perfect neutrality, 88 n. on the Syracusans' victory send a large reinforcement, vii. 33, 1. enumerated among the allies of Syracuse, 58, 1. direction of the Ath. flight changed towards Cam. 80, 2.

Cambyses, in the time of, and of Cyrus, his f. k, of Persia, the Ionian fleet had command of the sea on their own coast, i. 13, 6; see Herod.

Camirus, or Cameirus, an unfortified city on the W. coast of Rhodes, where the Pelop. fleet put in and effect the revolt of Rhodes from Athens, viii. 44, 2; see Herod. i. 144, 4. Strabo xiv.

Camps, two or more before besieged cities, i. 116, 2. iii. 6, 1 n. naval encampments, and their defences, i. 117, 1 n. iv. 9, 1 n. vii. 25, 5. 38, 2, 3. 53, 1.

Canastræum, a prom. of Pallene opposite to Torone, iv. 110, 3.

Capaton, f. of Proxenus, an Epizephyrian Locrian, iii. 103, 3.

Captains, ταξίαρχοι, summoned to council, vii. 60, 1. Demosthenes communicates his views on Pylus to them, iv. 4, 1. nature of their command in the Ath. army, ib. n.

Carcinus, s. of Xenotimus, an Ath. commander of the fleet sent against the coasts of Pelop. ii. 23, 2 n. Καρκῖνος Arn. and Arcadius de accentu; Καρκίνος Bekk. and Poppo, supported by Aristoph. Wasps. The latter is preferable.

Cardamyle, a city on the N. coast of Chios, viii. 24, 3; see Strab. viii.

Caria, the Ath. look out on its coasts for the Phœnician fleet coming to the relief of Samos, i. 116, 1, 3 n. maritime Caria in alliance with Athens, ii. 9, 5. infested by Pelop.

privateers, a squadron sent thither from Athens to protect its Phœnician trade, ii. 69, 1. the Carians anciently occupied the islands and exercised piracy, i. 8, 2. the proof of this, ib. expelled from the islands by Minos, § 3, and i. 4, n. cut off Lysicles, an Ath. commander of a squadron, iii. 19, 2 n; cf. ii. 69, 2. Amorges in Caria revolts from the k. viii. 5, 5. Gaulites, a Carian, speaks two languages, 85, 2 and n. Caric sea, see Sea.

Carneius, a Lac. month, corresponding with the Ath. Metageitnion, v. 54, 2, 3 nn. Carneia, a Lac. festival, v. 75, 2, 5. 76, 1. and nn. to 54.

Carteria, a place in the territory of Phocæa, opposite Smyrna, viii. 101, 2 n.

Carthaginians, defeated in sea-fight by Phocæan founders of Massilia, i. 13, 8 n. main support of Phœnician settlements in Sicily and Western Europe, n. vi. 2, 5. Carthage, shortest run from, to Motye in Sicily, vi. 2, 5. conquest of, contemplated by Alcibiades, vi. 15, 2. Carthaginians' apprehensions of an Ath. invasion. Hermocrates advises Syracusans to send an embassy to Carthage, 34, 2. Ath. generals in Sicily send an embassy to C., 88, 6. the Ath. according to Alcibiades meditated the conquest of C. and its subject states, 90, 2 n. Neapolis, in Africa, a Carthaginian trading port opposite to Sicily, vii. 50, 2.

Caryæ, a town in the N. of Laconia, v. 55, 3 n.

Carystians in Eubœa capitulate to the Ath. i. 98, 3. by origin Dryopes, vii. 57, 4.

Casmenæ, a colony from Syracuse S. W. of it in Sicily; when founded, vi. 5, 2; see Cluv. Sic. p. 358.

Castor and Pollux, called Dioscori at Corcyra, iii. 75, 4 n. temple of, denominated at Athens Anaceium, viii. 93, 1 n.; near Torone Dioscureium, iv. 110, 2.

Catana, one of the Chalcidic states of Sicily, when and by whom founded, vi. 3, 3. (see Cluverii Sic. p. 116, &c.) territory adjacent to M. Ætna, and injured by a stream of lava, iii. 116, 1 n. a sister colony to Leontini from Naxos in Sicily, vi. 3, 3. 20, 3. at first refuse to admit the Ath. vi. 50, 3. on second visit Ath. forces enter; alliance made with Athens, 50, 5. 51, 1, 2. becomes the station of the Ath. armament, 51, 3. 52, 2. 62, 3. Syracusans eager to attack the Ath there, 63. Syrac. army drawn by false intelligence to Catana; the Ath. leave it and land near Syracuse, 64. 65. the Ath. return to C. to winter there, 71, 1. 72, 1. leave C. on expedition against Messana and winter at Naxos, 74. Ath. encampment at C. burnt, and the country wasted by the Syrac. 75, 2. the Ath. return thither, 88, 5. proceed thence on expeditions and return, 94, 1, 3, 4. finally leave C. for Syracuse, 97, 1. the Catanæans furnish horses to the Ath. 98, 1. C. a weak ally, vii. 14, 2. Demosthenes' opinion of the effect of the wintering at C., 42, 3. he advises the Ath. to retreat to C., 49, 2. Catanæans among the allied forces of Ath. against Syracuse, 57, 11. provisions brought by sea from C. for Ath. at siege of Syracuse, 60, 2. the Ath. purpose forcing a passage out of the harbour of Syracuse, and retreating by sea to C. ib. the Ath. retreat in the opposite direction to that of the road to C., 80, 2. C. a refuge for those Ath. who escaped from captivity in Sicily, vii. 85, 4.

Cauloniatis (territory of Caulonia), in Italy, near Locris (see Paus. vi. 3, 12, 13. ed. Dind., colonized by Achæans), furnishing ship-building timber to the Ath. armament in Sicily, vii. 25, 2.

Caunus, a city and port of maritime Caria, but not, as some others (Thuc. ii. 9, 5.) there appear to have been, a tributary ally of Athens; since it was an ordinary station of the king's Phœnician fleet.—Pericles sails towards it, i. 116, 3. sought for safety by a Pelop. fleet and Lac. commissioners on their way to the Hellespont, viii. 39, 3, 4. Astyochus the Lac. sails for C., 41, 1. Charminus the Ath., cruizing between Rhodes and Lycia, hears that the Pelop. fleet is at C., 41, 4. Astyochus' fleet mistaken by the Ath. for the Pelop. fleet from C., 42, 2. the fleet from C. joins Astyochus at Cnidus, 42, 5. Tissaphernes' purpose in going to C., 57, 1. C. mentioned with Phaselis, the natural order of the names inverted, 88, n. and 108, 1. called C. in Asia, 39, 3, Steph. Byzant. mentions another in Crete.

Causes of the Pelop. war; the real cause the Lacedæmonians' jealousy of the power of Athens, i. 23, 7 n. the avowed causes, disputes arising out of the affairs of Epidamnus and Potidæa, 24-66.

Cavalry, which of the Grecian states possessed, in the Lac. confederacy, ii. 9, 3. why, see n. the Corinthians had none, iv. 44, 1; nor the Argives, v. 59, 3. the Lac. first organize cavalry, iv. 55, 1. their cavalry on the wings at Mantineia, v. 67, 1. the 300 Spartan ἱππῆς not cavalry, but infantry, the king's body-guard, v. 72, 4 n.—Athenian knights or cavalry, their amount, ii. 13, 10. their description and qualification, iii. 16, 1 n.

Cecalus, f. of Nicasus, a Megar. iv. 119, 2.

Cecropia, in the text †Cropeia† (Arn. judges Cecropia to be the true reading), a district round Athens, ii. 19, 2 n.

Cecrops, k. of Athens: in his time, and till Theseus, the population of Attica formed into communities politically independent, and occasionally at war, ii. 15, 2 n.

Cecryphaleia, an island between Epidaurus and Ægina, sea fight off it, i. 105, 2.

Ceians, natives of the island Ceos, tributary allies of the Ath. vii. 57, 4. Ceos lies S. E. of Attica.

Cenæum, the most westerly promontory of Eubœa, iii. 93, 1; see Palmerii Gr. Ant. p. 578. Soph. Trach. 743.

Cenchreia, sing. ἐν Κεγχρειᾷ, iv. 42, 4. 44, 4. viii. 23, 5. Cenchreiæ, plur. ἐκ τῶν Κεγχρειῶν, viii. 10, 1. 23, 1. ἐς Κεγχρειάς, 20, 1. a port of the Cor. territory on the Saronic Gulf E. by S. from Corinth.—Half the Cor. forces remain there to protect Crommyon, iv. 42, 4. battle of Solygeia not visible to the Cor. troops at Cenchreia, iv. 44, 4. the Ath. determine to watch the Pelop. fleet at Cenchreiæ destined for Chios, viii. 10, 1. it puts to sea, § 2. returns to Cenchreiæ to prepare for sailing to Chios, 20, 1. Astyochus sails thence to Chios, 23, 1.

Centoripa, neut. pl., a town of the Sicels, submits to the Ath. vi. 94, 3. situation, and people (Centoripes), vii. 32, 1 nn; see Cluverii Sic. p. 308.

Cephallenes, inhabitants of Cephallenia; part (the Palians) aid the Cor. against Epidamnus and Corcyra, i. 27, 3.

Cephallenia isl. (see Palm. Gr. Ant. p. 519, &c.), orthography of, ii. 80, 1 n. situation S. of Leucas, S. W. of Acarnania; number of cities, ii. 30, 3. Ath. embassy sent thither, ii. 7, 3. compelled to join the Ath. alliance ii. 30, 2. independent allies of Athens, vii. 57, 7. Cor. landing are driven off, ii. 33, 3. Ambraciot and Pelop. expedition against Acarnania destined ultimately against C.; its importance to the Ath., ii. 80, 1. Cephallenians go on Demosthenes' expedition in Ætolia, iii. 94, 1. 95, 2. Messenians and fugitive Helots, withdrawn by the Ath. from Pylus, settled at Cranii in C., v. 35, 7. removed thence again, 56, 3. Demosthenes ships Cephallenian heavy armed troops for expedition against Syracuse, vii. 31, 2.

Cephisus, a r. of Attica, its head or source, vii. 19, 2 n.

Cerameicus, a suburb W. and N. W. of Athens, vi. 57, 1, and ii. 34, 6 n.

Cercine, a m. chain between Sintica and Mygdonia, ii. 98, 2 n.

Cerdylium, a height in the territory of Argilus, W. of Amphipolis, v. 6, 3, 5. 8, 1. 10, 2.

Ceryces, or heralds of Athens, viii. 53, 2 n.

Cestrine, a district of Epeirus between Chaonia and Thesprotia, i. 46, 6 n.; see Palmerii Gr. Ant. p. 273.

Chæreas, son of Archestratus, an Ath., escapes and exaggerates the tyranny of the 400 at Athens to the armament at Samos, viii. 74. his statement denied, 86, 3.

Chæroneia, a city of Bœotia on the Phocian frontier taken and garrisoned by Tolmides an Ath., i. 113, 1, 2. plot for betraying it to Ath. : its position, iv. 76, 3. a dependency of Orchomenus, ib. n. secured from betrayal, iv. 89. (see Strab. ix. and Pausanias in Phocicis.)

Chalæi, a tribe of Ozolian Locrians, iii. 101, 2 n.

Chalce, an island W. of Rhodes, viii. 41, 4. 44, 3 n. 55, 1. 60, 3 ; see Strab. x.

Chalcedon, a colony of Megara, in Asia at the mouth of the Pontus, iv. 75, 3. its true name Calchedon, ib. n.; see Strab. xii.

Chalcideus supersedes Melancridas, a Lac. admiral (ναύαρχος), in consequence of an earthquake, viii. 6, 5 n. commands the exp. to Chios, 8, 2. Alcibiades, (an exile from Ath.) goes with him, 11, 3. 12, 3. seize all the ships which meet them on the voyage, and by garbled statements induce first the Chians, and then other allies of Ath. to revolt, 14. had been ineffectually chased on the voyage by Strombichides, 15, 1. his course from Chios to Teos, 16, 1 n. chases Strombichides, 16, 2. effects the revolt of Miletus, 17, 1-3, and an alliance with the king, 17, 4. 18. its terms occasion dissatisfaction, 36, 2. 43, 3. slain at Panormus, coast of Miletus, opposing a landing of the Ath. 24, 1. his soldiers, 25, 2. sailors equipped with heavy armour and left by him at Chios, viii. 17, 1. 32, 2 n.

Chalcidians of Eubœa (see Herod. v. 74. 77. 79.) war in ancient times against the Eretrians, i. 15, 5 n. found Naxos in Sicily, and afterwards Leontini and Catana, vi. 3, 1 n., 3. Cuma a Chalcidian colony in Opicia in Italy; Zancle peopled thence by Cumans and Chalcidians, vi. 4, 5 nn.; and Himera from Zancle, vi. 5, 1. subject and tributary to the Ath. 76, 2. of Ionic race, vii. 57, 4.

Chalcidians on the coast of Thrace tempted by Perdiccas to revolt from the Ath. i. 57, 3 n. through his persuasion revolt; demolish their cities on the coast, and migrate to Olynthus, 58. Chalcidian forces in Olynthus, 62, 3. Chalcidice ravaged by the Ath. 65, 3. the Potidæans having capitulated, disperse themselves in Ch. ii. 70, 4. Ath. expedition against Ch. 79, 1. Chalcidian heavy armed beaten by the Ath. while the Chalc.

horse and light troops beat the Ath. ii. 79, 5. totally defeat the Ath. § 9. Sitalkes marches against them, 95, 1. ravages Chalcidice, 101, 1, 5. Chalc. retake Eion from the Ath. iv. 7. Brasidas arrives, on invitation, in Chalcidice, 79. 81, 1. Chalcidic envoys' advice to Brasidas regarding Perdiccas, 83, 3. agents of the Ch. in Amphipolis, 103, 2. Brasidas claims Lecythus for them, 114, 4. Ch. targeteers in the garrisons of Mende and Scione, 123, 4. Ch. troops accompany Brasidas' second expedition against Arrhibœus, 124, 1. Ch. taken at Torone sent to Athens, released by exchange, v. 3, 4 n. Ch. targeteers with Brasidas at Amphipolis, 6, 4. with the cavalry complete the rout of the Ath. at Amphipolis, 10, 9, 10. how affected by the Treaty for fifty years' peace, 18, 5, 8. Clearidas to please the Ch. does not surrender Amphipolis to the Ath. 21, 2. the Ch. join the Argive Alliance, 31, 6. alliance with Lacedæmon renewed, 80, 2. the Dians in Athos join the Ch. against the Ath. 82, 1. the Ch. observe ten days' truces with the Ath. vi. 7, 4.

Chalcidic cities of Sicily; for their names and number, see Chalcidians of Eubœa.—in alliance with Leontini, call the Ath. to their aid, iii. 86, 3. iv. 61, 4. of kindred race (i. e. Ionian) with the Ath. iv. 61, 2. Chalcidic dialect and institutions, vi. 5, 1.

Chalciœca Minerva, temple of, at Lacedæmon, i. 134, 2. compared to Treasury of Atreus at Mycenæ, ib. n.

Chalcis in Eubœa, vii. 29, 2. remnant of the Ath. fleet retreat thither after battle of Eretria, viii. 95, 6.

Chalcis, in Ætolia, a dependency of Corinth, taken by the Ath. i. 108, 4. used by the Ath. as a port on the r. Euenus, ii. 83, 3 n.

Chaones, a barbarous people of Epeirus, ii. 68, 9. 81, 3. accompany Cnemus and the Ambraciots against Amphilochian Argos; how commanded; their geographical position, 80, 6 n. their self-reliance and reputation in war, 81, 4. put to flight with great carnage by the Stratians, 81, 5, 6.

Charadrus, a winter torrent near Argos, in the dry bed of which courts martial were held, vi. 60, 6 n.

Charicles, son of Apollodorus, an Ath., calls upon the Argives for heavy armed troops; is destined to act against the Lac. coast, vii. 20, 1. ravages Epidaurus Limera, 26, 1. occupies and fortifies a peninsula on the Lac. coast, § 1, 2.

Charioteer, of the victorious chariot at Olympia, crowned by its owner on the course, v. 50, 4 n.

Charminus, an Ath. naval commander, reinforces the armament at Samos, viii. 30, 1. defeated off Syme with loss, by the Pelop., 41, 3—42, 4. acts with the oligarchical party in Samos, 73, 3.

Charœades, son of Euphiletus, an Ath., commands with Laches the first expedition to Sicily, iii. 86, 1. slain in battle against the Syracusans, iii. 90, 2.

Charybdis, nature and position of, in the straits of Messana, iv. 24, 5; see Cluverii Sic. p. 62, &c.

Cheimerium in Thesprotis, i. 30, 3. a harbour, 46, 3, 4. a point or promontory, § 6 n.; see Palmerii Gr. p. 279, &c.

Chersonesus, Thracian; Greeks at the siege of Troy cultivated it, i. 11, 2. part of, overrun by Pelop. forces, viii. 99, 2. an Ath. squadron keeps close in with the shore of Ch. endeavouring to escape into the Ægean Sea, 102, 1 n. the grand Ath. fleet forms in line of battle along the coast of the Ch. for battle of Cynossema, 104, 1, 2.

Chersonesus on the Corinthian coast, iv. 42, 2; see memoir and sketch, p. 443. vol. ii. right wing of Ath. army at battle of Solygeia, attacked near it, iv. 43, 2.

Chersonesus of Methone or Methana, between Epidaurus and Trœzene; the Ath. fortify and garrison it, iv. 45, 2 n.

Chionis, a Lac. commissioner; swore to the Alliance for fifty years, v. 24, 1.

Chios and Chians. Ch. and Lesbians alone of the Ath. allies allowed to possess a navy, i. 19, 1. these with the Corcyræans alone furnish a naval force, ii. 9, 6. with the Lesbians furnish fifty ships for siege of Potidæa, ii. 56, 2. vi. 31, 2. policy of Athens in leaving the Ch. and Lesbians independent, iii. 10, 4—c. 11, and nn. Ch. prisoners let go by Alcidas the Lac. iii. 32, 3. Homer dwelt in Chios, 104, 8. four Ch. ships at battle of Pylus, iv. 13, 2. Chians' new fortifications demolished at the bidding of the Ath., iv. 51. ten Ch. ships on Ath. expedition against Mende and Scione, 129, 2. six Ch. ships in Ath. expedition against Melos, v. 84, 1. Ch. ships in Ath. armament against Syracuse, vi. 43. with the Methymnæans (or Lesbians) independent allies of Athens, furnishing ships, 85, 2. five Ch. ships in second Ath. expedition against Syracuse, vii. 20, 1. the Ch. Ionians, not tributary to Ath., but independent, furnishing ships, vii. 57, 4. the Ch. oligarchy (see viii. 9, 3.) send emissaries to Sparta for aid in a revolt from Ath. viii. 5, 4. favoured by the Lac. and Alcibiades, 6, 3. obtain alliance with Sparta, 6, 4. why, when suspected, they send ships as demanded by the Ath., 9, 2, 3. their revolt contrived and effected by oligarchical party, 14, 1, 2. Ch. most powerful of the allies of Athens: effect produced there by news of their revolt, 15. Chios garrisoned by sailors of Pelop. fleet; and this manned by Chians; why, viii. 17, 1, 2. they effect revolt of Miletus, 17, 3. Ch. squadron defeated by an Ath., 19, 1–3. effect revolt of Lebedus and Eræ, § 4. — of Methymna and Mytilene, 22. Ch. squadron taken at Mytilene by the Ath., 23, 3. Ch. defeated and territory devastated by the Ath., 24, 2, 3. character of the Ch. for prudence vindicated, § 4, 5. design of betraying Chios to the Ath. § 6 n., and 31, 1. Ch. ships in Pelop. expedition against Iasus, 28, 1, 2. Ath. expedition from Samos against Chios, 30, 2. Ch. refuse to send their fleet with Astyochus to effect revolt of Lesbos, 32, 3. three Ch. ships chased by the Ath. fleet into Chios' harbour, 34. Ch. distressed by previous defeats and mutual distrust, 38, 2, 3. their applications for aid disregarded by Astyochus, 38, 4. 40, 1, 3. 41, 1. mass of their large slave population desert to the Ath., 40, 2 n. send to Pelop. fleet at Rhodes for aid, 55, 2. disastrous sally, 55, 3. more straitly besieged, 56, 1. cannot be relieved by the Pelop. without a sea-fight, 60, 2, 3. reinforced, fight a drawn battle, 61. part of the Ath. besieging force drawn off, 62, 2. the Ch. more in command of the sea, 63, 1. the Pelop. fleet arrives, 99, 2. the Ath. fleet meditate a fresh attack on Chios, 100, 1, 2. Pelop. fleet leaves Chios after obtaining supplies, 101, 1. Chian Tesseracoste, ib. n. eight Chian ships taken by the Ath. at Cynossema, 106, 3.

Chœnix, an Attic measure, iv. 16, 1. = 2 pints; relative capacity to the medimnus, the modius, and the cotyle; one ch. of barley the daily allowance to a slave, ib. n. cf. n. to vii. 87, 1.

Chœrades, islands off Tarentum, inhabited by Messapian Iapygians, allies of the Ath., vii. 33, 3 n.

Choregia, and Choregi, at Athens, vi. 16, 3 n.

Chromon, a Messenian, guide to Demosthenes on his expedition against Ætolia, slain, iii. 98, 1.

Chrysippus (son of Pelops, see n.), slain by Atreus, i. 9, 2.

Chrysis, priestess of Here, or Juno, at Argos, ii. 2, 1. temple of Here (or Juno) at Argos (more properly in Argolis, see n.) burnt down through her carelessness, iv. 133, 2. escapes to Phlius, in the middle of the ninth year of the Pelop War, § 3.

Chrysis, f. of Eumachus a Cor. general, ii. 33, 1.

Cicadæ, golden, formerly worn by the Athenians in their hair, i. 6, 3 n.

Cilicians with the Phœnicians defeated by the Ath. in a sea and land-fight near Salamis in Cyprus, i. 112, 4.

Cimon, son of Miltiades, takes Eïon upon the Strymon, i. 98, 1 n. defeats the Persians on and by the r. Eurymedon, 100, 1 n. commands the Ath. aids to the Lac. besieging the Helots in Ithome, 102, 1. dies in command of Ath. expedition against Cyprus at siege of Citium, 112, 2-4. f. of Lacedæmonius an Ath. commander, 45, 1.

Circumvallation, a single line of, round Mytilene, iii. 18, 4 n. double round Platæa, ii. 78, 1. iii. 21. and n. to § 2.

Cithæron, m. in Bœotia, furnishes timber for siege of Platæa, ii. 75, 2. route of the Platæans over it, on their escape to Athens, iii. 24, 1, 2 n, and Gell's map and the note on it at p. 539. vol. 1; see Herod. ix. 39, 2. Strab. ix.

Cities of Greece in the earliest times unfortified and small, i. 2, 2, and in inland positions, 7. the later founded on the shore, on peninsular sites, and fortified, ib. cities of Ionia without walls, iii. 33, 2. the acropolis of Athens termed the city (πόλις), ii. 15, 4 n. v. 18, 9 n.

Citium, a city of Cyprus, besieged by the Ath. under Cimon, i. 112, 3, 4; see Meursii Cyprum.

Claros, a place on the coast of Ionia, near Colophon, famous for a grove sacred to Apollo, iii. 33, 1, 3.

Classes of the Ath. citizens, n. to iii. 16, 1. vi. 43, 1 n. the money value of their qualification, n. iii. 16, 1.

Clazomenæ, its insular position; revolts from the Ath.; the Clazomenians fortify Polichna, viii. 14, 3. their land-forces cooperate with the Erythræans and the Pelop. fleet under Chalcideus, 16, 1. the Pelop. forces proceed towards Clazomenæ, 22, 1. they are reduced by the Ath. and replaced in their island city, 23, 6; see Herod. i. 142, 5. Strab. xiii. xiv.

Cleænetus, see Cleon.

Cleandridas, f. of Gylippus, a Lac., vi. 93, 2. his exile; becomes a citizen of Thurii, 104, 2 n.

Clearchus, son of Rhamphias, a Lac. appointed to command a squadron destined for the Hellespont (in aid of Pharnabazus, viii. 6, 1.), viii. 8, 2. sails, 39, 2, 3. sent towards the Hellespont with forty ships; ten reach the Hellespont; he returns with the others to Miletus, and goes to his destination by land, 80, 1-3.

Clearidas, a Lac. son of Cleonymus, governor of Amphipolis, iv. 132, 3. v. 6, 5. receives from Brasidas the command of the main body previous to battle of Amphipolis, v. 8, 4. Brasidas instructs and exhorts him, 9, 4-7. posted at the Thracian gates (see memoir, p. 452), 10, 1 n. sallies out, and rushes upon the Ath. forces, § 7. repulsed twice or thrice by the Ath. heavy armed, § 9. gains a complete victory, § 10-12. arranges the affairs of Amphipolis, 11, 2. has orders from Sparta to deliver Amphipolis to the Ath., 21, 1. professes himself unable to do so, § 2. brings home Brasidas' soldiers, v. 34, 1 n. the gen. case both Κλεαρίδα and Κλεαρίδου.

Cleinias, f. of Alcibiades, an Ath., v. 43, 2.

Cleïppides, s. of Deinias, an Ath., sent to surprise Mytilene, finds it guarded, iii. 3. 4, 1.

Cleobulus, a Lac. Ephor, adverse to the peace with Athens, his intrigues with the Bœot. and Corinthians, v. 36, 1. 37, 1. 38, 3.

Cleombrotus, a Lac., f. of Pausanias, i. 94, 1, and Nicomedes, 107, 2.

Cleomedes, s. of Lycomedes, an Ath. commands the expedition against Melos, v. 84, 3.

Cleomenes, a Laced. expels from Athens the accursed, i. 126, 12, 13 n. brother of Pleistoanax, and uncle of Pausanias the second k. of Sparta of that name, iii. 26, 2.

Cleon, s. of Cleænetus, an Ath. demagogue; carried the decree for exterminating the Mytilenæans, iii. 36, 5 n. speaks against its repeal, 37-40. effects at Athens the *execution* of more than 1000 Mytilenæans, iii. 50, 1. defeats the efforts of the Lac. to negotiate a peace, by insisting on hard terms, iv. 21, 3. imputes to them ill intentions on proposing the appointment of plenipotentiaries, 22, 1, 2. denies the truth of the reports sent from Pylus, and is himself chosen to examine and report, 27, 3. urges the Ath. to send additional forces thither, § 4, 5. a personal enemy to Nicias, ib. compelled against his will to command the expedition against Sphacteria, 28. takes Demosthenes for his colleague, 29, 1. arrives at Pylus and demands the surrender of the troops in Sphacteria, 30, 4. lands on Sphacteria, 31, 1. by the able dispositions and conduct of his colleague the Lac. garrison are defeated, 32-36, and reduced to surrender, 37-38. and Cleon's promise to the Ath. is fulfilled (see 28, 4), 39, 3. proposes and carries a decree for the reduction and execution of the Scionæans (this effected, v. 32, 1.), iv. 122, 6. commands an expedition against the revolted towns of the Thracian border, v. 2, 1, in the absence of Brasidas, takes Torone, 2, 3 —3, 4. sails thence for Amphipolis, 3, 6. proceeds from Eion, attempts Stageirus, takes Galepsus, 6, 1. waits at Eion for reinforcements from Perdiccas and Polles (k. of the Odomanti), 6, 2. watched by Brasidas, § 3. urged by his soldiers' murmurs marches to the hill above Amphipolis, v. 7 n. informed of Brasidas' preparations for attack, 10, 2. orders a retreat, § 3 n. his forces attacked, 10, 6-8; and himself slain, § 10. why always adverse to a peace, v. 16, 1.

Cleonæ, a city in the peninsula of Athos on the Singitic Gulf, iv. 109, 3; see Herod. vii. 22, 6.

Cleonæ, a city in the N. of Argolis, in alliance with Argos, v. 67, 2 n. the Cleonæans take flight at Mantineia, 72, 4. their loss, 74, 3. the Lac. invading Argolis turn back at Cleonæ in consequence of an earthquake, vi. 95, 1; see Strabo viii. Pausan. in Corinth.

Cleonymus, f. of Clearidas, a Lac., iv. 132, 3.

Cleopompus, son of Cleinias, an Ath., his expedition against Opuntian Locris, ii. 26. colleague of Hagnon in his disastrous expedition to Potidæa, 58, 1.

Cleruchi, Ath. citizens, to whom the forfeited lands of the Lesbians were allotted, iii. 50, 3.

Clinias, see Cleinias.

Clubs, political, at Athens, their objects and working, viii. 48, 1, 2. 54. 4 n. 81, 2 n. iii. 82, 11, 12 nn.

Cnemus, a Spartan, Admiral of Sparta, commands the Lac. expedition against Zacynthus, ii. 66. retains his office a second year, 80, 2. his disastrous expedition against Acarnania with barbarian allies, 80. his allies defeated at Stratus, 81, 2–7. compelled to retreat to Œniadæ, 81, 8–82. joins the Pelop. fleet at Cyllene, 84, 5. three commissioners sent to assist him as a council, 85, 1–4. with the Pelop. commanders addresses his men before the sea fight, 85, 6–87. after defeat concerts with his colleagues an attack on the Ath. Peiræeus, 93, 1, 2. they embark at Megara and sail to Salamis and plunder it, § 3, 4. return to Nisæa and thence to Corinth, § 5, 6.

Cnidis, a Lac., f. of Xenares, v. 51, 2 n.

Cnidus, a Doric city and peninsula at the S.W. extremity of Asia Minor, (a colony from Lacedæmon, Herod. i. 174, 2, 3.) Lipara colonized from Cnidus, iii. 88, 2. a Thurian and Pelop. squadron puts in at Cnidus after its revolt from the Ath., viii. 35, 1. Triopium a prom. of the Cnidian peninsula, § 2. Ath. fleet from Samos attack Cnidus and waste its territory, § 3, 4. the Cnidians persuade Astyochus to go against the Ath. squadron under Charminus, viii. 41, 3. the whole Pelop. fleet meet at Cnidus, 42, 5. there they refit; and the eleven Lac. commissioners dissent from the treaties and quarrel with Tissaphernes, 43, 2–4. 52. the fleet leaves Cnidus for Rhodes, 44, 2. Tissaphernes' garrison expelled from Cnidus, viii. 109.

Coins, Drachma, Obolus, Stater, Tesseracoste Chian, see those articles. Chians expressed the value of, by their names, n. viii. 101, 1. ἵκται Φωκαΐδες, ib.

Colonæ in the Troad, Pausanias recalled thence to Sparta, i. 131, 1.

Colonies, ancient customs attendant on sending out, i. 24, 2 n. reciprocal duties of colony and parent state, i. 25, 4 nn. 34, 1. 38 n. shares in, obtained by a deposit without immediately going out, i. 27, 1, 2. colonists going out ἐπὶ τῇ ἴσῃ καὶ ὁμοίᾳ, i. 27, 1 n. how called ἄποικοι, and how ἔποικοι, ii. 27, 1 n. receive laws from parent state, iii. 34, 5. vi. 4, 3. 5, 1. honours given to founders, v. 11, 1 n. Ionians, Achæans, &c. excluded from a Lac. colony, iii. 92, 7.

Colonus, a hill and temple of Poseidon in Attica, where Peisander carries in an assembly the repeal of the democracy, viii. 67, 2 n.

Colophon, the bulk of its population driven thence to Notium, iii. 34, 1 n. Colophonian popular party expelled from Notium, § 2 n. reinstated by Paches, § 3–5.

Colophonians' harbour, near Torone in Sithonia, v. 2, 2.

Commissioners sent from Sparta to direct and control their commanders, ii. 85, 1. iii. 76, 1. v. 63, 4. viii. 39, 2.

Conference between Ath. envoys and the oligarchy of Melos, v. 85—113.

Conon, an Ath. commander at Naupactus, vii. 31, 4, 5 n.

Copæans, inhabitants of Copæ, adjoining Lake Copais in Bœotia, iv. 93, 4; see Strabo ix. and Pausan. in Bœot.

Corcyra, a colony from Corinth, and parent state to Epidamnus, i. 24, 1, 2. anciently occupied by the Phæacians, 1. 25, 4. its situation, i. 36, 2. 44, 3. 46, 3. 68, 3. independent by its situation, i. 37, 3 n. the earliest known sea-fight between the Corcyræans and Corinthians, 13, 4 n. un-

CORCYRA.

dutiful conduct towards Corinth their parent state, i. 25, 4. 38, 4. fearful of the hostility of Lacedæmon and Athens, would not harbour Themistocles, 136, 1, 2. navy one of the three largest in Greece, 36, 3. numbers 120 ships, 25, 5. 29, 3. allied to no other state before Pelop. War, 31, 2. 32, 4 n. sinister motives for this alleged by the Corinthians, 37, 2-5. disregard application of the Epidamnian Commons seeking through them reconciliation with their own exiled nobles, 24, 5-7. espouse the cause of the banished nobles of Epidamnus, against Epidamnus and Corinth, 26, 3. besiege Epidamnus, 26, 4-6. propose to the Corinthians recourse to arbitration, or reference to the oracle at Delphi, 28. defeat Corinthian fleet going to raise the siege of Epidamnus, 29, 2, 3. take Epidamnus, 29, 4. after sea-fight butcher all except Corinthian prisoners, 30, 1. devastate Leucas and burn Cyllene, 30, 2, 3. encamp on the promontory Leucimme, § 4. alarmed at the Corinthians' preparation against them seek aid from Athens, 31, 2. speech of their ambassadors, 32—36. obtain a defensive alliance with Athens, 44, 1. station their fleet at one of the Sybota islands; their land forces on Leucimine, 47, 1, 2. prepare for action, 48, 1, 2. engage, 49, 1-4. rout and pursue to land Corinthian allies (see 48, 3) on right wing, and burn and plunder their camp, 49, 5. their right defeated by the Corinthians' left wing, § 6. are aided by the Ath. ships, § 7. prepare to renew the conflict, 50, 5, 6. it is broken off; both parties alarmed by the approach of a squadron from Athens, 50, 6—51. the Corcyræans reinforced by the Ath. offer battle to the Corinthians, 52, 1. clamourously demand the seizure and death of Corinthian messengers, 53, 4. reasons for raising a trophy as victors, 54, 2 -5. lose Anactorium; Corcyræan prisoners of note tampered with by the Corinthians, 55, 1. receive an embassy from Athens, ii. 7, 3 n. allies of Athens furnishing a naval contingent, 9, 5, 6. with fifty ships join the Ath. fleet in landings on the Pelop. coasts, 25, 1. Pelop. design on Corcyra suffering under party strife, iii. 69, 2. Corcyræan prisoners (i. 55, 1) won over to Corinthian interest, iii. 70, 1, 2. declare for the former merely defensive alliance with Athens, and amity with Peloponnesus, § 3, n. impeach Peithias, voluntary proxenus to the Ath. and leader of the popular party, § 4 n. his counter-impeachment of chiefs of the opposite party, § 5, 6 nn. Peithias and sixty of his party assassinated, others escape to an Ath. trireme there, § 7, 8. decree passed to admit only a single ship of war of either Ath. or Pelop., 71, 1, 2 n. ambassadors sent to Athens (§ 3) arrested, 72, 1. aristocratical party attack and defeat the commons, § 2. positions taken by the two parties, § 3. both offering freedom invite the slaves, who mostly join the commons; the others obtain auxiliaries from the main land, 73. the commons victorious, 74, 1. the other party set fire to the houses round their own position, § 2. the Corinthian vessel and the auxiliaries withdraw, § 3. Nicostratus with an Ath. squadron mediates between the parties, 75, 1. popular leaders propose that he shall leave five Ath. ships and take five of theirs manned from the opposite party, who take refuge at the temple of the Dioscori, § 2-4 n. popular party disarm the others, of whom 400 take sanctuary in the Heræum, but are removed to a small adjacent island, § 6-8. Corcyræan fleet in disorder sails out with Ath.

squadron against the Pelop. fleet, 77. are driven back, 78. suppliants replaced in the Heræum, and the city guarded, 79, 1. loss in the sea-fight, § 2. territory ravaged by the Pelop., § 3. conferences between the parties; some of the aristocracy consent to man the ships, 80, 1, 2. popular party, on departure of Pelop. and approach of Ath. fleet, commence a massacre of their opponents, lasting seven days, 81, nn. atrocities afterwards occurring throughout Greece in conflicts between aristocracy and democracy (82—83 nn.) first exemplified at Corcyra, 84. the refugees occupy fortresses on the main land, 85, 1. cross over to Corcyra and occupy Mount Istone, § 2, aided by a Pelop. fleet, iv. 2, 3, which leaves them, 8, 2. Corcyræans in the city, aided by the Ath., attack Istone, 46, 1. it is taken and the refugees surrender to the Ath., 46, 2, 3. deceived by the popular leaders, some break the capitulation, and all are delivered up to the Corcyræan democracy, 46, 4—47, 2. death, by massacre or suicide, of all, 47, 3—48, 5. Corcyra the rendezvous for the Ath. armament against Sicily, vi. 30, 1. 32, 3. 34, 6. it assembles there, 42, 1. departs, 43, 1—44, 1. Corcyra the rendezvous for the second Ath. armament against Syracuse, vii. 26, 2. 31, 1. furnishes ships and heavy-armed troops, 31, 5. the armament leaves Corcyra, 33, 3. the Corcyræan pæans alarm the Ath., 44, 6. the Corcyræans' allies of Athens against Corinth their parent, and Syracuse (see vi. 3, 2) their sister state, vii. 57, 7.

Corinth. Its earlier inhabitants Æolians, iv. 42, 2 n. its colonies—Corcyra, i. 25, 4, n. Apollonia, 26, 2 n. Leucas, 30, 2. Potidæa, 56, 1. Syracuse, vi. 3, 2 n. Ambracia, ii. 80, 3. Molycrium, iii. 102, 2. Chalcis and Sollium belonging to Corinth, *see those articles*. The Bacchiadæ the ruling family at Cor. before the tyranny of Cypselus, n. to ii. 80, 6. Triremes first built there, i. 13, 2 n. a Cor. ship-builder employed by the Samians, § 3 n. earliest known sea-fight between Cor. and Corcyræans, § 4 n. Cor. advantageously situate for commerce by land and sea; rich; puts down piracy, § 5. fleet one of the three largest in Greece, 36, 3, n. compare 46, 1. former good offices of Corinth towards Athens, 40, 5. 41, 2. origin of hatred towards Athens, 103, 4, 5 n. Cor. with Epidaurians defeat the Ath. in the Haliensian territory (or Haliad, ii. 56, 5), i. 105, 1. aid Æginetans against Ath. and with allies invade the Megarid, 105, 4. aid Megara in revolt from Athens, 114, 2. the commons of Epidamnus by advice of Delphic oracle surrender their city to the Cor. as its founders, for aid and protection, 25, 1-3. causes of the Corinthians' enmity against the Corcyræans, § 4, 5. send settlers and a garrison to Epidamnus, 26, 1, 2. prepare an armament against the Corcyræans besieging Epidamnus, 27. permit settlers to defer going out on payment of fifty drachmæ, 27, 1 n. composition and magnitude of the armament, 27, 3-6. reject the Corcyræans' proposals, 28 nn. proclaim war and sail for Epidamnus, 29, 1. defeated at Actium, § 3. their garrison at Epidamnus taken, § 4. their armament returns home, 30, 2. form a camp and naval station at Actium till winter, § 3 n, 4. their anger and vigorous preparations for war, 31, 1. embassy to Athens to prevent an alliance between it and Corcyra, § 3. alleged injustice of Corinth towards Corcyra, 34, 1, 2 n. Cor. ambassadors' speech at Athens, 37—43. Cor.

CORINTH.

and allies sail against Corcyra, i. 46, 1, 2. station themselves at Cheimerium, § 3–6. barbarians on that coast always friendly to them, 47, 3. the Cor. stand out for action, 48, 1. order of battle, § 3. the battle more like a land engagement than a seafight, 49, 1–4. right wing beaten, § 5. left victorious, § 6. brought into conflict with the Ath. vessels, § 7. among the crews of disabled ships kill some of their own fleet, 50, 1, 2. convey to Sybota their wrecks and dead, § 3. prepare to renew the conflict, § 4. checked by arrival of a fresh squadron from Athens, § 6—51, 1. next day prepare for action, but will not commence. Their reasons, 52, 1, 2. fearful that the Ath. would oppose their return home, § 3. sound their intentions, 53. erect a trophy, 54, 1; reasons, § 4. on the voyage home take Anactorium and 250 Corcyræans of note prisoners, 55, 1. Athenians' share in the action off Sybota the first cause of war between Corinth and Athens, § 3. Cor. intrigues against Athens render the fidelity of Potidæa suspected. Cor. Epidemiurgi there, 56. Corinthians' alliance courted by Perdiccas, 57, 3. with the Potidæan envoys obtain a promise from Lacedæmon of invading Attica, 58, 1. send succours under Aristeus to Potidæa, 60. their own troops victorious but their allies defeated before Potidæa, 62, 8. make good their way into Potidæa, 63, 1 n. the Cor. still more exasperated against the Ath., 66, call a congress at Sparta and complain of the Ath., 67, 1. speech before the ordinary assembly (67, 3) of Sparta, 68—71, nn. furnish a naval contingent to the Lac. confederacy, ii. 9, 3. lose Sollium (in Acarnania, ii. 93, 1), ii. 30, 1. restore Euarchus at Astacus in Acarnania, ii. 33, 1, 2. attempts on other towns of Acarnania fail, § 2. land in Cephallenia and are beaten off, § 3. lose Potidæa, 70, prepare to join Pelop. armament against Acarnania, ii. 80, 3, 4. too late, § 11. intercepted at sea by Phormio, 83, nn. completely defeated, 84, 1—4 nn. the armament (again defeated, 90—92, 5) returns to Corinth, 92, 7. its seamen marching from Corinth embark at Megara to surprise the Peiræeus of Athens, 93, 1, 2 n. take the fort and three ships at Budorus and overrun Salamis, § 3, 4. return to Megara, and thence by land to Corinth, § 4, 5. the Cor. persuade their Corcyræan prisoners (i. 55, 1' when released to win over Corcyra to the Corinthian interests, iii. 70, 1, 2. embassy to Corcyra to detach it from the Ath. alliance, § 3. their ship and embassy leave Corcyra, iii. 74, 3. disregard the Corcyræan exiles' envoys, 85, 2. send a garrison out to secure Ambracia, 114, 7. Ath. expedition against Corinth, iv. 42, 1. the Cor., warned from Argos, prepare, § 3, 4. battle of Solygeia, 43. retreat to hill above Solygeia, 44, 1, 2. succours arrive from Cenchreia and Corinth, § 4. loss in the battle, § 6. territory round Crommyon ravaged, 45, 1. Anactorium occupied by the Acarnanians, 49. Brasidas at Corinth, 70, 1. 74, 1. the Cor. parties to the one years' truce with Athens, iv. 119, 2. refuse to join in the fifty years' peace, v. 17, 2. intrigue against it, v. 25, 1. plan a new confederacy with Argos, 27. remonstrated with by the Lac., v. 30, 1. reasons for seceding from the Lac. alliance, § 2–4. with the Eleians join Argive alliance, § 5. 31, 1, 6. failing to detach Tegea from Lac. alliance are discouraged, v. 32, 3, 4. fail to gain the Bœot. over to the Argive confederacy, § 5, 6. suspension of hostilities between Corinth and Athens, § 7. embassy at Sparta instructed by Lac. Ephors that Corinth, uniting with Bœotia, should bring Argos into alliance with Sparta, 36. engagement approved by the Cor., the Bœotarchs, the Megarians, and Chalcidic (ἀπὸ Θρᾴκης) ambassadors, preliminary to Bœotia and Megara joining the Argive confederacy, 38, 1. their apparent division from the Lac. deters the Bœot. Councils from joining them, 38, 2, 3. the Cor. refuse to join in the alliance of Argos, Elis, and Mantineia, with Athens; and revert to the original (27, 2. 29, 1) defensive alliance, v. 48, 2. incline to join the Lac., § 3. again pressed to join the Argive and Ath. alliance, 50, 5. prevent construction of long walls at Patræ and a fortress at Rhium Achaicum, v. 52, 2. a check upon Corinth devised by the Argives, 53. Corinthian protests against hostilities during negotiations at Mantineia, 55, 1. send 2000 heavy armed to the rendezvous at Phlius of the Lac. allies against Argos, 57, 2. their road up hill, 58, 4. inflict loss on the Argives, 59, 1. in position above the Argives, § 3. summoned to march against Mantineia but are impeded, 64, 4. on their way ordered by the Lac. to return home, 75, 2. do not join the Lac. expedition against Argolis, 83, 1. hostilities between Corinth and Athens, v. 115, 3. do not join Lac. expedition against Argive territory, vi. 7, 1. embassy from Syracuse to Corinth for aid and alliance suggested, vi. 34, 3. sent, 73. arrives at Corinth, demands and obtains aid, 88, 7, 8. embassy from Corinth sent to Lac. for aid to Syracuse, § 8, 9, to be consulted by Gylippus, vi. 93, 2. ordered to send two ships to Asine for his voyage to Syracuse, § 3. they reach Leucas and cross to Tarentum, vi. 104, 1. second detachment of Cor. ships sails from Leucas, vii. 2, 1. arrive at Syracuse, 7, 1. envoys sent from Syracuse to Corinth and Lacedæmon for reinforcements, § 3. the Cor. prepare to send merchant vessels with troops to Syracuse, 17, 3. prepare a squadron to keep in check the Ath. squadron at Naupactus, § 4. their troops sail for Syracuse, 19, 4, their squadron keeps the Ath. squadron at Naupactus in check, vii. 19, 5 n. Cor. envoys sent from Syracuse to the [Sicilian 32, 1] states for aid in finishing the war, vii. 25, 9. a Cor. transport destroyed, the men escape, 31, 1. Cor. squadron checks and threatens the Ath. squadron at Naupactus, § 4. their squadron off Erineum supported by land forces, 34, 1, 2. attacked, fight a drawn battle, § 3–6. peculiar construction of their ships, § 5 n. (adopted by the Syracusans, 36, 2.) the Corinthians' idea of victory different from that of the Ath., § 7. a Cor. master or pilot the best in the Syracusans' fleet, his successful stratagem, 39 n. went to Syracuse with ships and land forces, and hired Arcadian troops, 58, 3. occupy the centre in the last battle in the harbour of Syracuse, 70, 1. the Cor. at Syracuse prevail to have Nicias put to death, vii. 86, 4. hostages from Thessaly deposited at Corinth by Agis, viii. 3, 1. fifteen ships demanded from the Cor. as their contingent to the allied fleet, § 2. orders from the Lac. sent to Corinth to bring their ships across the Isthmus (n.) into the Saronic gulf and sail for Chios, 7. congress of the allies at Corinth, 8, 2. defer sending to the relief of Chios till after the Isthmian Games, 9, 1, 2. their squadron for Chios chased into Peiræus on the Cor. coast, 10, 3 n. the Cor. come to the defence of their ships, 11, 2 n. their squadron returns from Syracuse, 13. their ships break out of Peiræus, defeat the Ath. squadron, and sail to Cenchreia, 20, 1. backward to aid the Lesbians in a second revolt, 32, 1. five Cor. ships under Astyochus, 33, 1 n. Cor., losing men on return from Deceleia by attack from the garrison of Œnoë, besiege it, 98, 2 n. five Cor. vessels taken by the Ath. at Cynossema, 106, 3.

Corœbus, f. of Ammeas, iii. 22, 4.

Coronæans in the centre at battle of Delium, iv. 93, 4.

Coroneia, in Bœotia, battle of, recovers the independence of Bœotia, and detaches Locris and Phocis from Athens, i. 113, 3 n. iii. 62, 6 n. 67, 2. 92, 6. iv. 92, 6; see Strabo ix.

Coronta pl., a town of Acarnania, ii. 102, 2 n; see Palmerii Gr. Ant., p. 419.

Cortyta; see Cotyrta.

Corycus, the most southern town and port of Erythræ, viii. 14, 1. 33, 1. 34; see Strabo xiii.

Coryphasium, Pylus so called by the Lacedæmonians, iv. 3, 2 n. 118, 3 n. v. 18, 6; see Pausanias in Messeniacis, iv. 36, 1.

Cos Meropis, ruined by an earthquake and plundered by Astyochus, viii. 41, 2 n. a station of the Ath. in their operations against Rhodes, 44, 3 n. 55, 1 n.; see Herod. i. 144, 4. Strabo x.

Cotyle, a measure both liquid and dry; a quarter of the chœnix. Two cotylæ of wine the daily allowance of the Lac. in Sphacteria, iv. 16, 1 n. one of water and two of wheat allowed to the Ath. prisoners at Syracuse, vii. 87, 1 n.

Cotyrta, a town in Laconia on the E. side of the Gulf of Bϙæ, iv. 56, 1.

Council-hall, or senate-house, of Athens, ii. 15, 3. viii. 69, 1, 4. 70, 1.

Councillors, $\xi\acute{\upsilon}\mu\beta o \upsilon\lambda o\iota$, appointed by the Lac. to control commanders, ii. 85, 1. iii. 69, 1. 76, 1. v. 63, 4. viii. 39, 2 n.

Courts at Athens, profit arising to the Ath. from proceedings in, vi. 91, 7, n.

Courts-martial, where held at Argos, v. 60, 6 n.

Cranii, one of the four states forming the Tetrapolis Cephallenia, ii. 30, 3 n. the Corinthians' loss in a landing there, 33, 3. Messenians and Helots settled there by the Ath., v. 35, 7. removed to Pylus, 56, 3; see Strabo x. and Palmerii Gr. Ant. p. 530.

Cranonii, the people of Cranon, a city of Pelasgiotis in Thessaly, aid the Ath., ii. 22, 4; see Strabo ix. and Herod. vi. 127, 5.

Crasis—τἄλλα when preferable to τὰ ἄλλα, or κἀγαθοὶ to καὶ ἀγαθοὶ, iii. 90, 5 n.

Cratæmenes, of Chalcis in Eubœa, founder of Zancle in Sicily, vi. 4, 5.

Crateria; see Carteria.

Cratesicles, f. of Thrasymelidas, a Lac. admiral, iv. 11, 2.

Crenæ, in Amphilochia, near Argos Amphilochicum, iii. 105, 2 n. and n. to 106, 1. 106. 3.

Crestonic, one of the elements of the mixed population of the towns of the Acte or peninsula of Athos (see Herod. vii. 124, 3. 127, 3), iv. 109, 3. cf. ii. 99, 5 n.; see Grestonia.

Crete, island of, apparently not among the subject allies of Athens, ii. 9, 5. Ath. expedition to, 85, 6–8. Pelop. fleet dispersed by a storm off C., iii. 69, 1. Pelop. fleet for Asia goes round by C., viii. 39, 3. Cretans, jointly with Rhodians, found Gela, vi. 4, 3. vii. 57, 9. serving the Ath. for pay at Syracuse, engaged against their own colonists the Geloans, vii. 57, 9. Cretan archers, vi. 25, 2. in the Ath. armament against Syracuse, vi. 43. Cretan sea, iv. 53, 3 n. v. 110 n.

Crisæan gulf commanded by an Ath. squadron, i. 107, 3. commanded from Naupactus, ii. 69, 1. 83, 1. its mouth between Rhium Molycricum and Rhium Achaicum, ii. 86, 3 n. Siphæ on the Cr. Gulf, iv. 76, 3 n.; see Palmerii Gr. Ant., p. 608.

Crocylium, a town of Ætolia, iii. 96, 2; see Palmerii Gr. Ant., pp. 466. 506. 517.

Crœsus, overthrown by Cyrus, i. 16.

Crommyon, in the territory of Corinth, iv. 42, 4. 44, 4. its position, 45, 1. its accentuation, ib. n.; see Strabo viii. and Pausan. in Corinthiacis, ii. 1, 3.

Cropeia, in Attica, ii. 19, 2 n.; see Cecropia.

Cross, Inarus crucified, i. 110, 3.

Crotoniatis, or Crotonian territory, E. coast of Italy, vii. 35, 1. Crotoniatæ, or Crotonians, forbid the march of the Ath. armament through their territory, § 2.

Crown of gold presented to Brasidas at Scione, iv. 121, 1.

Cruelties committed by the Ath. people, ii. 67, 4. iii. 50, 1. iv. 57, 4. v. 32, 1. 116, 4. by the Lac., ii. 67, 5. iv. 80, 2, 3. by Alcidas the Lac., iii. 32, 1. by the Corcyræan populace against their oligarchy, 81, 2-6. 84. iv. 46, 4-48. general afterwards between parties in Greece, iii. 82, 1-4, 13, 17. 83.

Crusis, a region of Mygdonia, ii. 79, 6 n. (Crossæa in Herod. vii. 123, 2, 3.)

Cuma, in Æolis, Lesbian exiles advise Alcidas to seize it, iii. 31, 1. Chian forces march towards, viii. 22, 1. visited by Astyochus, 31, 2. Methymnæan exiles obtain aid there, 100, 3 nn. between Carteria and Argennusæ, 101, 2.

Cuma, in Opicia in Italy, a colony from Chalcis in Eubœa, parent city of Zancle, vi. 4, 5 n.

Cyclades, islands occupied by Carians, conquered and colonized by Minos, i. 4, n. colonized more lately by Athenians, i. 12, 4. all subject allies of Athens except Melos and Thera, ii. 9, 5 n.

Cyclopes, among the earliest inhabitants of Sicily, vi. 2, 1. Cyclopian architecture, iv. 4, 2 n.

Cydonia, a city of Crete, Ath. expedition against, ii. 85, 7, 8 n. (see Meursii Cretam.) Cydoniatæ, ib.

Cyllene, the naval arsenal of Elis, burnt by the Corcyræans, i. 30, 2. (see Strabo viii. and Pausan. in Eliacis, vi. 26, 4.) the Pelop. fleet after their defeat by Phormio return thither, ii. 84, 5. reinforced leave it, 86, 1. under Alcidas the Pelop. expedition to Lesbos returns thither, iii. 69, 1. sails thence for Corcyra, 76. Alcibiades lands there, vi. 88, 9.

Cylon's attempt to seize the Acropolis of Athens, i. 126, 3-6, fails but he escapes, § 7-10. sacrilege committed in the slaughter of his adherents, § 10-13.

Cynes, s. of Theolytus, an Acarn., ii. 102, 2. reestablished by Phormio in Coronta, ib.

Cynossema, a prom. on the Thracian shore of the Bosporus, off which the Ath. gained a signal victory over the grand Pelop. fleet, viii. 104, 4, 5. 105, 2; see Strabo xiii.

Cynurian territory, between Argolis and Laconia, iv. 56, 2. (see Pausan. iii. 2. 2. Herod. viii. 73, 4.) its possession disputed by them; an obstacle to a peace, v. 14, 3 nn. 41, 2, 3; see Herod. i. 82.

Cypress, chests, or coffins of, in the public obsequies of the Athenians, ii. 34, 3.

Cyprus, the greatest portion of it conquered by the Greek fleet under Pausanias, i. 94, 2. his departure from it, 128, 5. large armament of the Ath. alliance against it, 104, 2 n. second Ath. armament under Cimon besieges Citium, i. 112, 2, 3. leaving Citium and Cyprus, gain a victory by land and sea off Salamis, § 4.

Cypsela, the site of a fortress in the Parrhasian territory, constructed by the Mantineans, v. 33, 1. their efforts to save it, § 2. razed to the ground by the Lac., § 3.

Cyrene, a refuge for the survivors of the Ath. armament against Egypt, i. 110, 1. Cyrenæans give two triremes and pilots to the Pelop. expedition to Sicily, vii. 50, 2.

Cyrrhus, a city of Macedonia, ii. 100, 4; see Pliny iv.

Cyrus, k. of Persia, f. of Cambyses, conquers Crœsus and reduces Asia Minor to subjection, i. 16.

Cyrus (s. of Dareius Nothus, or Dareius II the k. of Persia), furnishes subsidies to the Pelop. against Athens, ii. 65, 13 n.

Cythera (neut. pl.), island of, Ath. expedition against; its position, its inhabitants, and relations with, and importance to, the Lac., iv. 53 nn. (see Strabo viii. Pausan. in Lacon. and Herod. i. 82, 2.) the Ath. reduce and garrison it, iv. 54, 1, 2 n. the Cytherians not removed from their island; why, § 3 n. tributary to the Ath., 57, 4. retained by the Ath. during the one year's truce, 118, 3 n. Laconia plundered from it, v. 14, 2. to be restored to the Lac. by the fifty years' peace, v. 18, 6. in fact not restored; since the Cytherians serve under the Ath. against Syracuse, vii. 57, 6. a peninsula in Laconia opposite to it is occupied by the Ath., vii. 26, 1.

Cytherodices, the governor of Cythera, annually sent from Sparta, iv. 53, 2 n.

Cytinium, one of the towns of Doris, i. 107, 2 n. on the line of Demosthenes' intended expedition against Phocis and Bœotia, iii. 95, 1. hostages of the Ozolian Locrians lodged there by Eurylochus, iii. 102, 1; see Strabo ix. x.

Cyzicus, had revolted from Athens; recovered and laid under contribution, viii. 107, 1, 2. a Cyzicene exile (Timagoras) envoy from Pharnabazus to Sparta, 6, 1; see Strabo xii.

D.

Daïmachus, f. of Eupompidas, iii. 20, 1.

Daïthus, a Laced., v. 19, 2. 24. and Damagetus, a Laced., ib., commissioners for concluding the fifty years' peace and fifty years' alliance.

Damagon, a Laced., one of the Lac. leaders of the colony at Heracleia in Trachinia, iii. 92, 8.

Damotimus, s. of Naucrates, of Sicyon, commissioner for concluding the one years' truce, iv. 119, 2.

Danaans, or Danai, an appellation given to Greeks by Homer, i. 3. 3.

Daphnus, the instigators of the Clazomenian revolt from Athens retire thither, viii. 23, 6. the favourers of Athens at Clazomenæ, commanded by Astyochus to remove thither, refuse, 31. 1 n.; see Palmerii Gr. Ant. p. 569.

Dardanus, a town on the Asiatic shore of the Hellespont, viii. 104, 2.

Dareius, k. of Persia after Cambyses, i. 14, 3. by means of the Phœnician fleet reduces the islands to subjection, 16. the flight of Aristagoras from him, iv. 102, 2. the Lampsacene tyrants have much influence with him, vi. 59, 3. Hippias takes refuge with him, § 4.

Dareius II., s. of Artaxerxes, viii. 5, 4. his first treaty with the Lac. confederacy, 18. his second treaty and his sons, 37, n. his third treaty in his thirteenth year, 58 nn.

Daric stater, viii. 28, 4 n.

Dascon, a Syracusan, founder of Camarina, vi. 5, 3.

Dascon, a village near the head of the great harbour of Syracuse, forming part of the Ath. position on their first landing, vi. 66, 2; see Cluverii Sicil. p. 180.

Dascylitis, satrapy of, i. 129, 1. and n. to viii. 5, 4.

Dates indicated by the Archon at Athens, the Ephor at Sparta, the priestess of Here at Argos, ii. 2, 1 n.

Daulia, in Phocis, regarded by some commentators as a city. Pausanias however names the city (x. 4, 7) Daulis, and the region (x, 4, 10) Daulia, ii. 29, 3; see Strabo ix., Pausan. in Phocicis, x. 4, 7-10., and Palmerii Gr. Ant., vi. 12. Daulian bird, the nightingale, ib.

Deceleia in Attica, Alcibiades advises the Lac. to occupy and fortify it, vi. 91, 6, 7. the Lac. determine to do so, 93, 1, 2. again urged prepare for it, vii. 18, 1 n, 4. fortify it, 19, 1. midway between Athens and Bœotia, § 2 n. consequent losses and distress of the Ath., vii. 27, 3—28 nn. Agis there acts independently of the Lac. government, viii. 5, 3 n. during its occupation the whole force of Athens on duty, 69, 1 n. the 400 send to Deceleia to negotiate with Agis, 70, 2. Agis marches thence up to the walls of Athens, 71, 1 n. returns thither, § 2, 3. the 400 send an embassy thither again, § 3.

Decemvirs, or ten commissioners appointed at Athens for framing a constitution, viii. 67, 1 n. their organic propositions carried, § 2, 3 nn.

Decree of the Ath. excluding the Megarians from harbours and market, i. 67, 4 n. 139, 1, 2 nn. 140, 6, 7 n. iv. 66, 1 n.

Deiniadas, a Lac. periœcus, commands a Chian squadron, viii. 22, 1.

Deinias, f. of Cleïppides, an Ath., iii. 3, 2.

Deities, see Gods.

Delium, a temple of Apollo, in the territory of Tanagra, Athenians design to fortify it, iv. 76, 4. (see Herod. vi. 118., Pausan. in Bœot. and Strabo ix.) fortified by them, iv. 90. 300 Ath. horse left near Delium as a corps of observation, 93, 2. battle of Delium or Oropus, 96, 1-7. an Ath. garrison left there, 96, 8. the Ath. charged with profanation in occupying it, 97, 2, 3. the Bœot. attack and take it, 100. the loss in the battle of both parties, 101, 2 nn. the defeat inclines the Ath. to seek a peace, v. 14, 1. 15, 2.

Delos, purification of by the Ath., i. 8, 2. iii. 104, 1-3 nn. former purification by Peisistratus, iii. 104, 1 n. was the treasury of the confederacy under Athens against Persia, i. 96, 2-4 n. visited by an earthquake before the Pelop. War., ii. 8, 3. Pelop. ships make Delos on their way to Asia, iii. 29, 1. viii. 80, 3. quinquennial festival instituted there by the Ath., iii. 104, 5 n. festival anciently celebrated and assemblage of the Ionians there, 104, 6-9 nn. the Delians expelled by the Ath., v. 1, 1. settle at Atramyttium, § 2 n. treacherously massacred by Pharnaces, viii. 108, 4. reinstated at Delos by the Ath., v. 32, 1. envoys of the 400 at Athens stop at Delos on their way to Samos, viii. 77, 86, 1 n.

Delphi, the temple there, in the Sacred War, committed by the Lac. to the Delphians; by the Ath. to the Phocians, i. 112, 5. the Pelop. advised to obtain a loan from the treasures there, i. 121, 3. spoils sent to Delphi, iv. 134, 1. its prophetess suspected of being bribed, v. 16, 2 n. its temple one of the common temples of Greece, 18, 1 n. by the fifty years' peace the Delphians to be a sovereign and independent state, 18, 2, n. Delphian oracles, see Oracles.

Delphinium, a promontory in the island, on the E. coast, N. of the city of Chios, fortified by the Ath., viii. 38, 2. 40, 3; see Strabo ix.

Demaratus, one of the Ath. commanders who, by landings on the coasts of Laconia, occasion the renewal of the war, vi. 105, 2.

Demarchus, a Syrac. sent with others to supersede Hermocrates, viii. 85, 3.

Demeas, f. of Philocrates, an Ath., v. 116, 3.

Demiurgi, a magistracy of Mantineia and Elis, v. 47, 9 n.; see i. 56, 2 n.

Democracy, character of at Athens, ii. 37-40 nn. subversion of suggested by Alcibiades to the leaders of the Ath. armament at Samos, viii. 47. its overthrow, 63, 3-70. at Argos, v. 81, 2. overthrown at Megara, iv. 74. restored at Argos, v. 82, 2. its restoration at Athens, viii. 86. 89—93. 97. attempt to subvert, at Samos, 73, 1-3. it is maintained, § 4-6.

Demodocus, a commander of the Ath. squadrons for levying contributions, recovers Antandros from the Lesbian exiles, iv. 75, 1 n.

Demosthenes, s. of Alcisthenes, an Ath. sent round the Pelop. with thirty ships, iii. 91, 1. with western allies of Athens devastates Leucadia and is urged to reduce the city, 94, 1, 2. induced by the Messenians of Naupactus to attempt the conquest of Ætolia, § 3-5. hopes to penetrate into Bœotia and Phocis, 95, 1. left by the Acarnanians and Corcyrœans, § 2. marches from Œneon in Ozolian Locris, § 3, 4. progress of his invasion, 96, 1, 2. presses on to Ægitium, 97, 1-3. attacked by the Ætolians, § 4. pursued with great slaughter to Œneon, 98, 1-5. remains near Naupactus in fear of the Ath., § 6. by a reinforcement from the Acarnanians saves Naupactus, iii. 102, 2-6. invited to command the Acarnanians against the Pelop. and Ambraciots, 105, 2. joins them with a small Ath. and Messenian force, and is chosen commander, 107, 2, 3. preparations for battle of Olpæ, 107, 4-7. his victory, 108. with his Acarnanian colleagues permits the Pelop. to return home in safety, 109, 2. prepares to cut off a strong force marching from Ambracia, 110. meets and destroys it at Idomene, 112. returns to Athens with his spoils, 114, 1, 2. empowered to employ on the coasts of Pelop. an Ath. fleet on its way to Sicily, iv. 2, 4. urges the policy of occupying and fortifying PYLUS, 3, 1, 2. ridiculed, § 3; but his object effected, 4. is left with five ships in charge of it, 5. sends for succour to Ath. fleet at Zacynthus, 8, 3. prepares for defence, 9. exhorts his men on the sea shore, 10. resists the Lac. forces for two days, 11—13, 1. Ath. fleet from Zacynthus reinforced relieves him, 13, 2. secured from attack by an armistice, 16, 1. associated with Cleon in command for an attack on SPHACTERIA, 29, 1. had previously meditated that enterprise, 29, 2—30, 3. with Cleon invites the Lac. to order the garrison of Sphacteria to surrender, 30, 4. dispositions for attack, 32, 3-5. success, 33—36. summons the garrison to surrender, 37. conference with the commander, 38, 1, 2. democratic party at MEGARA plan with him and Ariphron the delivery of their Long Walls and city to the Ath., 66, 3, 4. takes the Long Walls, 67, 1—68, 4. takes Nisæa by capitulation, 69. goes to Naupactus preparatory to an attempt to revolutionize Bœotia, 76, 1. 77, 1. compels Œniadæ and Salynthius, k. of the Agræans, to join the Ath. alliance, 77, 2 n. attempt on Bœotia frustrated, 89 n. lands in the territory of Sicyon and is beaten off, iv. 101, 3 n., 4. one of the Ath. commissioners for concluding the fifty years' peace, v. 19, 2, and the treaty of alliance with Lac., 24. sent to withdraw the Ath. part of the garrison of Heræum (75, 6 n.). near Epidaurus, gains complete possession of it, 80, 3 n. appointed colleague to Nicias, vii. 16, 1. prepares for second expedition against Syracuse, 17, 1. sails as far as Ægina with the second expedition for Sicily, 20. sailing from Ægina cooperates with the squadron acting against the Pelop. and makes for Corcyra, 26. destroys a transport at Pheia in Elis, 31, 1. ships heavy-armed men from Zacynthus, Cephallenia, Naupactus, and Acarnania, 31, 2. reinforces Conon at Naupactus with ten ships, and collects slingers and darters from Acarnania, § 5. crosses with the expedition to the Iapygian promontory, takes on board darters and arrives at Metapontium, 33, 3. arrives at Thuria, § 4, 5. obtains a large reinforcement there, 35, 1. reaches Petra on the coast of Rhegium, § 2. arrives at Syracuse, 42, 1. resolves to attack without delay the Syracusans' counter-work, 42, 3 n. in attempts on the counter-work his machines burnt and troops repulsed, 43, 1. concerts and executes a grand night-attack on Epipolæ, 43, 1 n.; at first with success, § 2-6 nn.; followed by total rout, 43, 7—44, 8. urges immediate retreat from Sicily, 47, 3, 4, or removal to Thapsus or Catana, 49, 2, 3. most of the Acarnanian troops joined the expedition from attachment to him, 57, 10. with Menander and Euthydemus commands the fleet in the last action in Syracuse harbour, 69, 4. proposal to attempt retreat by sea rejected by the seamen, 72, 3, 4. his division on the retreat in the rear, 78, 2. it falls behind and is in disorder, vii. 80, 3. overtaken and surrounded, 81, 2, 3. attacked all day at length surrenders, 81, 4—82, 3. Demosthenes with Nicias judicially murdered by the Syracusans, 86, 2. their preservation desired by Gylippus and the Lac., § 2, 3.

Demoteles, a commander of the garrison of Messana, iv. 25, 12.

Depth of order of Battle, iv. 93, 4. 94, 1. reasons for, ib. n. vi. 67, 1 n, 2.

Dercylidas, a Spartan, sent to effect the revolt of Abydus and Lampsacus, viii. 61, 1. succeeds, 62, 1.

Derdas, (according to Schol. on i. 57, 2, son of Aridæus,) joins Philip against Perdiccas II., king of Macedonia, Philip's brother, and obtains an alliance with the Ath. i. 57, 1, 2. aided by thirty Ath. ships, 59. gen. case of, ib. n. Therme taken by them, 61, 1.

Dersæi, a Thracian people N. of the Strymon, ii. 101, 3 n; see Herod. vii. 110, 1.

Derus, var. lect. of Lerus, viii. 27, 1; see Lerus.

Deucalion, f. of Hellen, i. 3, 2.

Diacritus, f. of Melesippus, a Spart. ii. 12, 1.

Diac race of Thracians, see Dian.

Diagoras, f. of Dorieus, commander of a Thurian squadron, viii. 35, 1.

Dian (Δῖοι) Thracians, (μαχαιροφόροι) inhabit the highlands of Rhodope, follow Sitalkes, ii. 96, 2. Diac race (Θρᾶκες μαχαιροφόροι, probably identical with the preceding), a body of them hired by the Ath. vii. 27, 1. plunder Mycalessus and massacre its inhabitants, 29.

Diana, Ephesian, Tissaphernes sacrifices to, viii. 109. her festival, iii. 104, 6.

Diane (Διῆς, with v. l. Δικτιδιῆς), inhabitants of Dium in m. Athos (v.

DIASIA—DIPLOMATIC.

82, 1), take Thyssus, 35, 1 nn. revolt from Athens and join the Chalcidians, 82, 1.

Diasia, the greatest festival of Zeus Meilichius at Athens; mode of its celebration, i. 126, 6 nn.

Didyme, one of the islands of Æolus, or Liparæan islands, cultivated but not inhabited, iii. 88, 3; see Strabo vi. and Cluverii Sic., pp. 396. 414.

Diemporus, s. of Onetoridas, a Theban Bœotarch, leads in the attempt to surprise Platæa, ii. 2, 1.

Diitrephes, v. l. Diotrephes, f. of Nicostratus, an Ath., iii. 75, 1. iv. 53, 1. 119, 2.

Diitrephes, v. l. Diotrephes, an Ath., takes charge of the Dian Thracians on their way home,vii. 29,1. appointed to the command of the coasts of Thrace; abolishes democracy at Thasus, viii. 64, 2.

Diniadas, a Lac., see Deiniadas.

Dinias, see Deinias.

Diodotus, s. of Eucrates, an Ath., opposes the proposition for the massacre of the Mytilenæans, iii. 41. his reply to Cleon's speech, 42—48.

Diomedon, an Ath., captures four Chian ships, viii. 19, 2, 3 n. prevails on the Teians to admit his forces, 20, 2. with Leon captures Mytilene, 23, 1, 3. with Leon carries on the war against the Chians, defeats them, and lays waste the island, 24, 2, 3. sent with Leon to supersede Phrynichus and Scironides, 54, 3. in a landing defeats the Rhodians, 55, 1. aids the popular party at Samos, 73, 4, 5.

Diomilus, an Andrian exile, commands 600 chosen Syracusan troops, vi. 96, 3. with half his force slain on the surprise of Epipolæ by the Ath., vi. 97, 4.

Dion, see Dium.

Dionysia, the more ancient, a festival of Bacchus at Athens, celebrated on the twelfth of Anthestherion at the Temple in the Marshes, ii. 15, 5 nn. the D. Astica (or great D., celebrated about the twelfth of Elaphebolion), the fifty years' peace concluded shortly after (cf. v. 19, 1), v. 20, 1 n. the Lac. to visit Athens yearly at the Dionysia to renew the fifty years' alliance, 23, 5. Dionysiac theatre in the Peiræeus of Athens, adjoining Munychia, viii. 93, 1.

Dioscori, temple of, at Corcyra, and orthography of the word, iii. 75, 4 n. Dioscureium at Torone, iv. 110, 2.

Dios Hieron, on the Ionian coast, between Lebedus and Claros, viii. 19, 2, n.

Diotimus, son of Strombichus, an Ath., one of the commanders of the first aid sent to Corcyra from Athens, i. 45, 1. father of Strombichides, viii. 15, 1.

Diotrephes, see Diitrephes.

Diphilus, an Ath., engages with the Cor. fleet off Erineum, vii. 34, 3.

Diplomatic Transactions. Confederacy between the Ath., Sitalkes, k. of the Odrysæ, and Perdiccas, k. of the Macedonians, ii. 29, 1, 6-9. peace, for five years, between Ath. and Pelop., i. 112, 1. of thirty years, 115, 1. its conditions alluded to, 67, 2 n. its actual duration, ii. 2, 1 n. manifestly broken, 7, 1. the breach of it the commencement of the Pelop. War, i. 23, 5. peace and alliance for 100 years between the Acarnanians and Amphilochians, and the Ambraciots, iii. 114, 5. peace for fifty years between the Ath. and Lac., v. 17, 2. the treaty, 18—19. treaty of fifty years' alliance between Athens and Lacedæmon, v. 23. 24 n. broken, 25 n. Argive confederacy, occasion and rise of, 28, 3. 29, 1. between the Argives, Eleians, and Corinthians and the Chalcidians of the Thracian border, 31, 1, 6. alliance between the Lac. and Bœot. 39, 2, 3. terms of treaty between Argos and Lac. debated, v. 41 n. of alliance between Athens, Argos, Elis, and Mantineia, 47 nn. treaty of peace between Argos and Lac. 76 nn. treaty of alliance between them, 79 nn. first treaty between k. of Persia and the Lac., viii. 17, 4. 18. second treaty, 36, 2. 37 n. third treaty between Tissaphernes and the Lac. 58 nn.—treaties sanctioned by oath; by whom sworn to, v. 47, 8, 9 nn. renewal of, § 10. inscribed on stone and brazen pillars, § 11.

Discord, see Sedition.

Disfranchisement, or Disability, civil and political (ἀτιμία), inflicted at Lacedæmon upon the prisoners from Sphacteria after their release, v. 34, 2. explained, ib. n.

Distance measured by a day's journey, or a day's sail, ii. 97, 1, 2 nn.

Dium, in Macedonia, iv. 78, 6.

Dium, in the peninsula of m. Athos, iv. 109, 3. its mixed population, ib. n.

Divers, convey supplies into Sphacteria, iv. 26, 8 n. used by the Ath. to saw through the stockade which fenced the Syrac. fleet, vii. 25, 6, 7.

Doberus, a town of Pæonia, ii. 98, 4, and n. on § 2. Sitalkes invading Macedonia assembles his forces there, 99, 1. he marches thence, 100, 3; see Palmerii Gr. Ant. p. 211.

Docks, and Dockyards. ἐπίνειον of the Eleians at Cyllene, burnt, i. 30, 2. νεώριον of the Lac. burnt, 108, 4. at Corcyra, iii. 74, 2. at Thermopylæ, 92, 10 n. at Syracuse, in the Small Harbour, vii. 22, 1, 2. νεώσοικοι ship-sheds or covered docks, at Syracuse, 25, 5 n.; where see also the distinction between νεώσοικος, νεώριον, and ἐπίνειον.

Dolopia, traversed by the r. Achelous, ii. 102, 3. (see Strabo ix. x.) Dolopian inhabitants of Scyros enslaved by the Ath., i. 98, 2. Dolopians defeat the colonists of Heracleia in Trachis, v. 51.

Dolphins, acc. to Hesych, heavy masses suspended from the yard arms, to be let fall into an enemy's ship, see vii. 42, 1 n.

Dorcis, a Laced., sent out to succeed Pausanias, in command of the Confederacy against Persia; the allies refuse this; he returns to Sparta, i.95,6.

Dorians, their conquest of Peloponnesus, i. 12, 3 n. their settlement in Lacedæmon, 18, 1 n. Dorian towns, the mother country of Lacedæmon, invaded by the Phocians, and succoured by the Lac., i. 107, 2 n. preyed on by the Œtæans, apply to Lacedæmon, iii. 92, 3. Doris in Asia adjacent to Caria, belongs to the Ath. Confederacy, ii. 9, 5. Dorian states in Sicily, except Camarina, allies of Syracuse, iii. 86, 3. Dorians in Sicily, iv. 61, 2. and n. on § 3. and 64, 3. vi. 6, 2. 77, 1. 80, 3. Dorians consider themselves superior to Ionians, v. 9, 1. vii. 5, 2, 4. viii. 25, 3. their sacred season the month Carneius, v. 54, 2 n. Doric institutions established in Gela, vi. 4, 3. hostility between Dorians and Ionians, i. 124, 1. vi. 80, 3. vii. 5, 4. 57, 2, 4 n. Ath. explanation of the fact, vi.82,2. Dorian allies of the Ath. by their pæans alarm the Ath. forces, vii. 44, 6. Dorians opposed to Dorians in the Ath. and Syracusan ranks, vii. 57, 6–9. Dorian states of Sicily in alliance with Syracuse, vii. 58, 1–3. Dorians on both sides beaten in battle between Ath. and Milesians, viii. 25, 3, 4. Dorian Dialect (γλῶσσα), of the Messenians, iii. 112, 4. —φωνή, blended with the Chalcidian at Himera, vi. 5, 1.

Dorieus, s. of Diagoras, a Rhodian (see Xen. Hell. i, 1, 2. 5, 19.), second time victor at Olympia, iii. 8, 1. in command of ten Thurian ships, viii. 35, 1. tumult excited at Miletus by Astyochus lifting up his staff against him, 84, 1-3.

Dorus, a Thessalian, aids the passage of Brasidas through Thessaly, iv. 78, 1.

Drabescus, a place in the Edonian territory in Thrace; the first Ath. colonists of Amphipolis there cut off by the Thracians, i. 100, 2 n. iv. 102, 2.

Drachma, Corinthian, value of, i. 27, 1 n. equal to the Æginetan, ib. drachma of Ægina, — the daily pay of a horse-soldier; value of, v. 47, 6 n. Attic drachma, — a seaman's daily pay, viii. 29, 1.

Droï, a Thracian tribe not mentioned by any other author, ii. 101, 3 n.

Droughts, in the course of the Pelop. War, i. 23, 4.

Drymussa, a small island off Erythræ and Clazomenæ, viii. 31, 2; see Livy xxxviii. 39.

Dryopes, Carystus in Eubœa settled by, vii. 57, 4; see Palmerii Græc. Ant. p. 313.

Dryoscephalæ, the Oak Heads, a point on the road over Cithæron from Thebes to Athens, iii. 24, 1 n.; see Herod. ix. 39, 1. and Gell's Map of the Passes between Attica and Bœotia, and the accompanying note subjoined to Arnold's ed. vol. i. p. 539.

Dyme, a town of Achaia, where the Pelop. fleet take refuge after defeat by the Ath., ii. 84, 3, 5; see Strabo viii. and Pausan. in Achaicis.

E.

Earthquake, in Sparta, i. 101, 2. 128, 2. earthquakes extensive and violent during the Pelop. War. 28, 4. numerous in Athens, Eubœa, and Bœotia, iii. 87, 4 n. occasion inroads and recession of the sea, 89, 2-5 nn. earthquake following a solar eclipse, iv. 52, 1 n. an expedition of the Lac., stopped by, iii. 89, 1. vi. 95, 1. public assemblies interrupted by, v. 45, 4. 50, 5. viii. 6, 5. commanders superseded on account of, viii. 6, 5 nn. Cos Meropis overthrown by, 41, 2.

Eccritus, a Spartan, commands the first important succours sent from Lacedæmon to Syracuse, vii. 19, 3.

Echecratidas, k. or Tagus (see n.) of Thessaly, f. of Orestes, i. 111, 1.

Echetimides, f. of Taurus, a Lac., iv. 119, 2.

Echinades islands, formed by the alluvium of the r. Achelous, off Œniadæ, ii. 102, 4, and n. on § 3.

Eclipses. I. of the sun, more frequent during the War than ever before recorded, i. 23, 4 n. can happen only at the new moon, ii. 28 n. iv. 52, 1. a partial, ii. 28. another, iv. 52, 1. II. of the moon, occurs at full moon; prevents the Ath. retreat by sea from Syracuse, vii. 50, 4 n.

Edones, or Edoni, a Thracian tribe, expelled from Mygdonia by the Macedonians, ii. 99, 3. originally possessed Nine Ways, the site of Amphipolis, i. 100, 3. drove out Aristagoras the Milesian; and afterwards cut off the Ath. attempting to settle there, iv. 102, 2. driven thence by the Ath., § 3. Myrcinus, an Edonian city; Pittacus, k. of the Edonians, slain, 107, 3. Edonians part of the mixed population of Athos, 109, 3. their whole force, targeteers and horse, called out by Brasidas, v. 6, 4.

Eetionia, or —eia, a point forming the N. side of the entrance of the Peiræeus; building of the fort on it hastened by the oligarchy, viii. 90, 1. with what purpose, § 3. its commanding position, § 4 nn. intended to secure an entrance for the foreign enemy, 91. 92, 1. a tumult breaks out there, 92, 4, 5. the fort is pulled down, § 10, 11.

Egesta, a city of the Elymi, in the N.W. of Sicily, vi. 2, 3. (see Cluverii Sic. p. 255, &c. causes of war between Selinus and Egesta; aid requested from Athens, 6, 2. the Ath. send ambassadors to Egesta to ascertain its resources, and the state of the war, § 3. the Egestæans send ambassadors to Athens with pay for a fleet, 8, 1. the Ath. determine to aid them, 8, 2. 19, 1. three ships sent from Athens, to inspect the treasures of the Egestæans, 44, 5. their poverty discovered, 46, 1. deceit practised by them on the first Ath. ambassadors, 46, 3, 4. their cavalry cooperate with the Ath. in the capture of Hyccara, 62, 3. they furnish thirty talents to Nicias, § 4. the Ath. armament at Catana sends to Egesta for horses, 88, 6. three hundred cavalry sent from Egesta to the Ath. camp before Syracuse, and horses beside, 98, 1. reckoned among the barbarian allies of the Ath. vii. 57, 11.

Egypt, and Egyptians, Egyptian body-guards of Pausanias, i. 130, 1. Egypt revolts from Artaxerxes, 104, 1 nn., aided by the Ath. fleet, § 2 nn.; at first successfully, 109, 1, 2. Eg. defeated and Ath. force destroyed, § 3. 110, 1 n. Egypt, all but the fencountry, reconquered by the Persians, 110, 1-3 nn. a second fleet from the Ath. confederacy destroyed there, § 4, 5 nn. a third Ath. fleet sails thither and returns, i. 112, 3 n, 4. Egyptians of the fen-country most warlike, 110, 2. Egypt visited by the Plague, ii. 48, 1. merchant ships from Eg. put in at Cythera, iv. 53, 3; —at Triopium, viii. 35, 2 n.

Eïdomene, in the valley of the r. Axius in Macedonia; taken by Sitalkes, ii. 100, 3.

Eighty, The, council of, at Argos, v. 47, 9 n.

Eïon, on the Strymon, taken from the Persians, by Cimon, i. 98, 1 n. Artaphernes, a Persian, envoy to the Lac., seized there by the Ath., iv. 50, 1. the Ath. proceed thence to the conquest of Nine Ways, afterwards Amphipolis, 102, 3, 4. secured by Thucydides (the historian) against Brasidas, 104, 4. 106, 3. 107, 1. repels Brasidas, § 2. important as a station for triremes, 108, 1. Cleon proceeds thence against Stageirus and Galepsus, and waits there for reinforcements, v. 6, 1, 2. goes thence towards Amphipolis, v. 7, 1. the remnant of his troops fly thither, v. 10, 10.

Eïon (another of that name), on the Thracian coast, a colony from Mende, betrayed to the Ath., retaken by the Chalcidians and Bottiæans, iv. 7 n.

Elæatis in Thesprotia, i. 46, 4 n.

Elæus, in the S. extremity of the Thracian Chersonesus; the Ath. squadron flies thither, four overtaken off Elæus, viii. 102. and n. § 3. resists the grand Pelop. fleet, 103, 1. the Ath. fleet assembles there, § 2. the Pelop. ships captured by the Ath. at Cynossema left there, viii. 107, 3 n.; see Palmerii Græc. Ant. p. 225. 475.

Elaphebolion, the fourteenth of that month, the commencement of the year's Truce between Athens and Lacedæmon, iv. 118, 7 n. the twenty-fifth day the commencement of the fifty years' peace, v. 19, 1.

Eleans or Eleians, see Elis.

Eleus, see Lerus, viii. 26, 1. 27, 1.

Eleusis, a town of Attica opposite the N. coast of Salamis, the furthest point in the invasion of Attica by Pleistoanax, i. 114, 4. (see Strab. viii. and Pausan. in Atticis.) war of the Eleusinians against Erectheus, ii. 15, 2 n. Eleusis laid waste, ii. 19, 2.

sacred way to, ib. n. left unprotected by the Ath., 20, 2. 21, 1 n. Ath. forces march thence for the surprise of Megara, iv. 68, 5.

Eleusinium, a temple at Athens, ii. 17, 1.

Elimeiotæ, a people of Macedonia, ii. 99, 2; see Livy xlii. 53.

Elis, ii. 25, 4. 66, 1. (see Strabo viii. and Pausan. in fine Eliacorum.) the Eleians contribute seven ships without men, and money to the Corinthian armament for Epidamnus, i. 27, 5. their naval arsenal at Cyllene burnt by the Corcyræans, 30, 2. sail with the Corinthian fleet against Corcyra, 46, 2. their contingent furnished in ships to the Lac. Confederacy, ii. 9, 3. operations of the Ath. fleet against their territory, 25. the Pelop. fleet, defeated by Phormio, reassembles there at Cyllene, 84, 5. leaves it, 86, 1. refuse to be parties to the fifty years' peace, v. 17, 2. join the Corinthian and Argive Alliance, 31, 1. their reasons, § 2. n.–5; see also Lepreum. the Eleians at variance with the Lac. v. 34, 1. by invitation from Alcibiades seek alliance with Athens, 43, 3. 44, 2. alliance between Athens and Elis with Argos and Mantineia, 47. the El. exclude the Lac. from sacrifice or competition at the Olympic festival, 49, 1—50, 2. the Eleians' precautions, 50, 3. aid Argos, 58, 1. displeased with their allies return home, 62, 2. aid the Mantineians, and march against Epidaurus, 75, 5. the Argives break off the alliance with them, 78. Teutiaplus an Eleian, his speech, iii. 30.

Ellomenon in Leucadia, iii. 94, 1.

Elymi, a remnant of the Trojans, founded Eryx and Egesta, in the N. W. of Sicily, vi. 2, 3; see Cluverii Sicil. p. 34.

Embatum, in Asia Minor, in the territory of Erythræ, iii. 29, 2. 32, 1.

Empedias, a Laced. commissioner for concluding the fifty years' peace, v. 19, 2, and the fifty years' alliance between Athens and Lac. v. 24.

Endius, a Spartan envoy to Athens, friendly to the Ath. v. 44, 3. a hereditary friend of Alcibiades, viii. 6, 3 n. with the other Ephors prevailed upon by Alcibiades to send him with aid to Chios to effect the Ionian revolt, 12. 17, 2. variance with Agis, 12.

Engines, battering, used against Platæa by the Pelop.: methods of defeating their effect, ii. 76, 4 nn. for setting fire to a wooden wall, used by the Bœotians against the Ath. in Delium, iv. 100, 1–4 nn.; by Brasidas against Lecythus, 115, 2.

Enipeus, a r. of Thessaly, iv. 78, 3; see Herod. vii. 129, 3. Strabo viii.

Enneacrunos, a fountain at Athens formerly called Callirrhoë, S. of the Acropolis, near the r. Ilissus, ii. 15, 7.

Enneahodi, see Nine Ways, and Amphipolis.

Entimus, a Cretan, founder of Gela, vi. 4, 3.

Envy assails the living, ii. 45, 2.

Enyalius, or Enyalium, the god Ares, or his temple? iv. 67, 1 n.

Eordia, a region of Macedonia, ii. 99, 4. Eordi, the, expelled thence by the Macedonians, inhabit Physca, ibid.; see Strabo vii.

Epeirus, nations or tribes of, notes on ii. 80, 6–9. Epeirotæ, or inhabitants of the Continent, in the vicinity of Chaonia, 81, 4. Epeirotic (ἠπειρωτικόν), application of the term in Thucydides' time, iii. 94, 3 n. Epeirote, or rather continental, allies, 95, 1. πᾶν τὸ ἠπειρωτικόν, all the continental people, 102, 7.

Ephesian festival, solemnized by the Ionians, iii. 104, 6 n.

Ephesus, Themistocles lands there in his flight from Greece, i. 137, 4.

Alcidas there rebuked for killing the Ath. allies his prisoners, iii. 32, 2. he leaves Eph. 33, 1. the Ath. envoys sent to Artaxerxes return thence, iv. 50, 3. a Chian ship takes refuge there, viii. 19, 3. Tissaphernes sacrifices there to Artemis, 109.

Ephors, a Spartan magistracy. For character and history of the office, see vol. i. Append. II. p. 527. Sthenelaidas, an Ephor, urges the Lac. to declare war against the Ath., i. 85, 6—87, 3. the Ephors recall and imprison Pausanias, i. 131, 1, 3. convict him of treason, 133. prepare to arrest him, 134, 1. one bewrays their intention to him, § 2. they starve him to death in sanctuary, § 4, 5. Ænesias Ephor in Sparta (marking a year), ii. 2, 1. Pleistolas, v. 19, 1 n. Cleobulus and Xenares, new Ephors, adverse to peace with Athens; time of entering on that office, v. 36, 1 n. Ephors distinct from οἱ ἐν τέλει, vi. 88. Endius, friend of Alcibiades, viii. 6, 3. Endius and the rest of the Ephors, viii. 12, 1, authorize a squadron to sail with Alcibiades for Chios and Ionia, § 3. Alexippides Ephor, 58, 1.

Ephyra, a city of Thesprotis, inland of Cheimerium, i. 46, 4; see Palmerii Gr. Ant. p. 284. 432.

Epibatæ, or naval soldiery, number of, to each trireme, iii. 95, 2 n. commonly, but not always, taken from the class of Thetes, 98, 3 n. vi. 43 n. viii. 24, 2.

Epicles, f. of Proteas, an Ath. i. 45, 1. ii. 23, 2.

Epicles, a Pelop. viii. 107, 3.

Epicurus, f. of Paches, an Ath. iii. 18, 3.

Epicydidas, a Laced. with Rhamphias and Autocharidas, leading a reinforcement for Brasidas, sets in order the affairs of Heraclcia in Trachis, v. 12, 1.

Epidamnus, a city situate on the Ionian Gulf (see n.), i. 24, 1. (see Palmerii Gr. Ant. p. 118, &c.) by whom founded, § 2. weakened by dissensions arising from war with neighbours, § 3 n. the nobles, banished by the commons, in concert with the barbarians harass the city, § 4. the Epidamnians apply for aid to Corcyra, their parent state, in vain, § 5–7. in obedience to an oracle commit themselves to the Corinthians, as the parent state of Corcyra, 25. resist the Corcyræans' demand, that they should recall their exiles, and send away the Corinthian garrison and settlers, 26, 3. are besieged, § 4–6. the Corinthians prepare to raise the siege, 27. ineffectual attempts by the Corcyræans and Corinthians to settle the affair by negotiation, 28. the Corinthian armament for relief of Epidamnus defeated, i. 29, 1, 3. Epidamnus capitulates, § 4. the dispute arising out of these events one of the avowed causes of the Pelop. War, 23, 7. 146. Corcyræan prisoners taken by the Corinthians in the war about Epidamnus, revolutionize Corcyra, iii. 70.

Epidaurus, a city of Peloponnesus, in Argolis. The Epidaurians aid the Corinthians with five ships for the relief of Epidamnus, i. 27, 4. the Epid. with the Corinthians defeat the Ath. in Halieis (see n.) in Argolis, 105, 1. with Corinthians and Sicyonians aid Megara in revolting from Athens, 114, 2. the Ath. fleet ravages their territory and attacks their city, ii. 56, 4. landing there by the Ath. its territory plundered by their garrison in Methone, iv. 45, 2. Epidaurian War, v. 26, 2, between Epid. and Argos; the Argives' professed, and their real reason for it, v. 53 nn. territory of Epid. invaded and ravaged by the Argives, 54, 3, 4. allies of the Epid. backward to aid them, § 4. Argives, withdrawn from Epid. territory by a congress at Mantineia, again invade and waste it, 55. desultory warfare, and attempt to surprise Epid., 56, 4, 5 n. distress of the Epid. determines the Lac. to invade Argos, v. 57, 1. Epid. with Lac. and Arcadians, invade the plain of Argos, 58, 4. with Lac. and Arcadians cut off the Argives from Argos, 59, 3. with all their force invade Argolis, 75, 4 n. Epidaurus invaded, the city blockaded, and the Heræum fortified and garrisoned by the Argive Alliance, 75, 5, 6 n. the Heræum by treaty to be evacuated and its fortifications demolished, 77, 1 n, 2. the sacrifice in dispute between Epidaurus and Argos (see v. 53), to be determined by oath of the Epidaurians, 77, 4 n. the Ath. obtain sole possession of the fort at Epidaurus, and on renewing their treaty with Epidaurus surrender it, 80, 3. Pericles' expedition (ii. 56, 4.) against Epidaurus, compared with the Ath. armament against Sicily, vi. 31, 2. Epid. called on to furnish ships to the Pelop. navy, viii. 3, 2. Epid. territory borders on the Corinthian, 10, 3. Pelop. fleet lies at Epidaurus, 92, 3. 94, 2.

Epidaurus Limera, a town on the E. coast of Laconia; its territory wasted by the Ath., iv. 56, 2. vi. 105, 2. vii. 18, 3. 26, 1; see Pausan. in Lacon.

Epidemiurgi, magistrates sent yearly to Potidæa by the Corinthians. The Ath. demand that they be sent away, i. 56, 2 n.

Epipolæ, a table land adjacent to the city of Syracuse, described in vol. iii. part i. Memoir on Map of Syracuse, II. II. p. 268. and at vi. 96, 1 n, 2. The Syrac. build a new wall fronting Epipolæ, vi. 75, 1 n. they determine to guard the approaches to. 96, 1. why so named, 96, 2. troops destined for its protection, 96, 3. surprise of Epipolæ by the Ath., 97, 2. the Syrac. defeated there by the Ath., 97, 4. the Ath. build a fort at Labdalum on Epipolæ, § 5. the cliff of Epipolæ towards the Great Harbour, 101, 1. the Ath. descend from Epipolæ, § 3. the Syrac. attempt on the Ath. lines there, 102, 1-3. approach to Syracuse still open to Gylippus by Epipolæ, vii. 1, 1. Gylippus ascends Epipolæ, 2, 3. state of Ath. lines on Epip., § 4. Syrac. counter-work on Epipolæ, 4, 1 n. the Syrac. defeated on Epipolæ, vii. 5, 2, 3. second action there; the Ath. defeated, 6, 2, 3. the Syrac. counter-work carried beyond the Ath. lines, § 4. counter-work and camp of the Syrac. on Epip., Demosthenes' design on, 42, 4. first attack with engines, repulsed, 43, 1 n. Demosthenes' grand night attack on Epipolæ, at first successful, 43, 2-6. fails, § 7-45.

Epirus, see Epeirus.

Epistle, from Pausanias to Xerxes, i. 128, 7-9. Xerxes to Pausanias, 129, 2, 3. Themistocles to Artaxerxes, 137, 6-8. k. of Persia to the Laced., iv. 50. Nicias to the Ath. vii. 11-15.

Epitadas, son of Molobrus, a Spartan, commander of the troops in Sphacteria, iv. 8, 9. his main-guard, 31, 2. are attacked, 33, 1. he is slain, 38, 1.

Epitelidas, v. l. for Pasitelidas, which see.

Eræ, a city in the territory of Teos, revolts from the Ath., viii. 19, 4. attacked by the Ath. but not taken, 20, 2. (see Strabo xiii.)

Erasinides, a Cor. commands Corinthian succours to Syracuse, vii. 7, 1.

Erasistratus, f. of Phæax, an Ath., v. 4, 1.

Eratocleides, f. of Phalius, a Cor., i. 24, 2.

Erechtheus, k. of Athens, his war with Eleusis, ii. 15, 2 n.

Eresus, (v. l. Eressus,) a city of Lesbos, secured by the revolted Lesbians, iii. 18, 1. (see Strabo xiii.) recovered by Paches the Ath. 35, 1. visited by Astyochus, viii. 23, 2. revolts, and is supplied with arms by him, § 4. third revolt of, 100, 3. Grand Ath. fleet sails against, § 4. lands troops for assaulting it, § 5. sails thence, 103, 2.

Eretria and Eretrians. War in old time between Eretrians and Chalcidians, i. 15, 5 n. the Eret. subject and tributary to the Ath. vii. 57, 4. Eret. aid the Bœotians in taking Oropus, viii. 60, 1. seek aid from the Pelop. fleet at Rhodes, § 2. fleet from Athens follows the Pelop. at Oropus to Eret. viii. 95, 2. distance between Eret. and Oropus, § 3. the Eret. obstruct the victualling of the Ath. crews, and make signal to the Pelop. § 4. the Ath. defeated are butchered by the Eret. § 5, 6. Mende a colony from Eretria, iv. 123, 1.

Erineus, one of the Dorian towns, forming the parent state of Lacedæmon, i. 107, 2 n; see Strabo ix.

Erineus, Achaïc, in the territory of Rhypæ, in the gulf of Corinth, vii. 34, 1, 8; see Pausan. in Achaïcis.

Erineus, a r. of Sicily, the Ath. retreat towards, vii. 80, 5. Nicias and his division ford it, 82, 4; see Cluverii Sic. p. 183.

Erinnyes, a name of the Furies, see n. on i. 126, 11.

Eruptions, from Ætna, iii. 116, 1, 2 n; see Aristot. de Mundo 4, 6. — from Hiera, one of the isles of Æolus, iii. 88, 3, 4.

Erythræ, in Bœotia, iii. 24, 1 n, 2; see Gell's map and memoir on the Passes of Attica and Bœotia subjoined to vol. i.

Erythræ, in Ionia; its territory (Erythræa), iii. 29, 2. 33, 2. (see Herod. i. 142, 6, 7. and Strabo xiii.) Erythræans seek aid from the Lac. for revolt from Athens, viii. 5, 4. taken into alliance with the Lac., 6, 4. revolt, 14, 4. their forces march upon Teos, 16, 2 n. fortresses in the Erythræan territory held by the Ath. 24, 2. Pedaritus sent to Erythræ by the Pelop., 28, 5. Erythræ left by him for Chios, 32, 2. Corycus in its territory; Astyochus' narrow escape from the Ath. there, 33, 1–3 n. false report of betrayal of Erythræ, § 3, 4.

Eryx, a city of the Elymi, in the N.W. of Sicily, vi. 2, 3. temple of Venus there, 46, 3; see Cluv. Sic. p. 238.

Eryxidaïdas, f. of Philocharidas, a Lac. iv. 119, 2.

Eteonicus, a Lac. (?), commands the forces landed at Lesbos, viii. 23, 4.

Etrusci, see Tyrrheni.

Eualas, a Spartan, commanding Pelop. and Asiatic allied land-forces, marches upon Clazomenæ and Cuma, viii. 22, 1.

Euarchus, an Acarnanian tyrant of Astacus in Acarnania expelled by the Athenians, ii. 30, 1. restored by the Corinthians, 33, 1, 2. another, founder of Catana, vi. 3, 3.

Eubœa, reduced by the Ath., i. 23, 5. thirty years' peace after the war of, 87, 6. quiet in the Ath. war against Carystus, 98, 3. revolts from Athens, 114, 1. reduced by Pericles, § 5 nn. Ath. live stock sent thither before Pelop. invasion of Attica, ii. 14, 1. Ath. squadron protects, 26, 1. Locrian privateers infest, 32, 1. intelligence carried across, of the Ath. designs against Mytilene, iii. 3, 5 n. Ath. navy protects, 17, 2. earthquakes in, 87, 4 n. retreat and inroad of the sea at Orobiæ in Eub. 89, 2 n. Lac. designs against, 92, 5, perceived by the Ath. 93. Ath. treatment of, iv. 92, 4. Chalcidians of Eub. found Naxos in

Sicily, vi. 3, 1, and afterwards Leontini, § 3. Ath. conduct toward Euboean and Leontine Chalcidians contrasted, 76, 2. Ath. answer to this, 84, 2. Athens provisioned from Euboea, vii. 28, 1. later inhabitants of Hestiaea in Eub. Ath. settlers, 57, 2. Ath. care to secure Eub., viii. 1, 3. Euboeans seek aid from Agis for revolt, 5, 1. apply to Pelop. fleet at Rhodes, 60, 2. fleet from Pelop. sails thither, 91, 2. 95, 1. all except Oreus (Hestiaea) revolts, 95, 7. effect of its loss on the Ath. 96, 1, 2 n. Pelop. fleet called away from, 107, 3.

Eubulus commands the remnant of the Chian fleet, viii. 23, 4.

Eucleides, one of the founders of Himera, vi. 5, 1.

Eucles, sent from Athens to defend Amphipolis, iv. 104, 3.

Eucles, one of three generals appointed by the Syrac. vi. 103, 4.

Eucrates, f. of Diodotus, an Ath. iii. 41, 2.

Euctemon, commander in the Ath. reinforcement sent to Samos, viii. 30.

Euenus, a r. of Ætolia, ii. 83, 3; see Strabo x.

Euesperitæ, a Greek city in the W. of Cyrenaice, aided against the Libyans by the Pelop. troops destined for Syracuse, vii. 50, 2.

Euetion, an Ath. general, with Perdiccas, attacks Amphipolis, vii. 9.

Eumachus, s. of Chrysis, a Corinthian, commands in the expedition against Acarnania, ii. 33, 1.

Eumenides, the Furies, so called by the Sicyonians, i. 126, 11 n.

Eumolpidæ, the priests of Ceres or Demeter at Athens, protest against Alcibiades' return from banishment, viii. 53, 2 n.

Eumolpus, with the Eleusinians, waged war against Erechtheus, ii. 15, 2.

Eupaïdas, f. of Amphias, an Epidaurian, iv. 119, 2.

Eupalium, a city of the Ozolian Locrians; Demosthenes sends the plunder of Ætolia thither, iii. 96, 2. taken by the Pelop. iii. 102, 1 n; see Palmerii Gr. Ant. p. 540.

Euphamidas, s. of Aristonymus, a Corinth. commands expedition against Acarnania and Cephallenia, ii. 33, 1. commissioner for ratifying the year's truce between the Pelop. and Ath. iv. 119, 2. obtains suspension of hostilities in Epidaurus, during negotiations at Mantineia, v. 55, 1 n, 2.

Euphemus, an Ath. on the embassy to Camarina, vi. 75, 4. his speech to the Camarinæans in reply to Hermocrates of Syracuse, vi. 82—87.

Euphiletus, f. of Charœades, an Ath. iii. 86, 1.

Eupompidas, s. of Daïmachus. commander in Platæa, iii. 20, 1.

Euripides, f. of Xenophon, an Ath. ii. 70, 1. 79, 1.

Euripus, the strait between Euboea and the mainland, vii. 29, 1, 2. no bridge over it in the time of Thuc. 30, 1 n.

Europus in Macedonia besieged by Sitalkes, ii. 100, 3.

Eurybatus, a Corcyræan, a commander of their fleet, against the Corinthians, i. 47, 1.

Euryelus or Euryalus, the highest and extreme inland point of Epipolæ, adjoining the ascent to Epipolæ. The Ath. ascend there, to attack Syracuse, vi. 97, 2. Gylippus ascends by it to the relief of Syracuse, vii. 2, 3 n., and Memoir on Map of Syracuse, in vol. iii. pp. 268-9. 270. 273-4. 276-7. the Ath. in their Night Attack, take the Syrac. fortified post there, 43, 3 n.

Eurylochus, a Spartan, commands an expedition against Naupactus, iii. 100, 3 n. obtains hostages and aid from the Ozolian Locrians, 101. takes Œneon and Eupalium, 102, 1. takes the suburb of Naupactus and Molycrium, § 2. retires into Æolis, § 6. concerts with the Ambraciots an expedition against Amphilochian Argos, and Acarnania, § 7, 8. sets out and joins the Ambraciots at Olpæ, 106 nn. himself on the left wing at battle of Olpæ, opposed to Demosthenes, 107, 7. outflanks and doubles upon the enemy's right, attacked in the rear from an ambuscade and routed with great carnage, 108, 1. is slain, iii. 109, 1.

Eurymachus, s. of Leontiades, a Theban, with whom the Platæan traitors concerted the surprise of Platæa, ii. 2, 3. slain by the Platæans, 5, 9.

Eurymedon, a r. of Pamphylia; victory there over the Persians, by land and sea, of the Greek Confederacy under Cimon, i. 100, 1 nn.; see Strabo xiv.

Eurymedon, s. of Theucles, an Ath. sent to aid the popular party in Corcyra, iii. 80, 3. his stay there marked by atrocities committed by the populace on the opposite party, 81, 4. leaves Corcyra, 85, 1. with Hipponicus, and the whole force of Athens, marches into Bœotia as far as Tanagra, 91, 4–6. appointed, iii. 115, 6, and sails to reinforce the Ath. fleet in Sicily, with orders to look to Corcyra, iv. 2, 2, 3. discountenances Demosthenes' plan for fortifying Pylus, iii. 3. recalled by Demosthenes to his aid, 8, 3, 4. assists the Corcyræans to reduce Istone, the garrison of which surrenders to the Ath. 46, 1, 2. with his colleague from base motives gives up the prisoners to massacre, 47, 1, n, 2. fined as having been bribed to abandon the conquest of Sicily, 65, 3. sent with supplies to Nicias at Syracuse, vii. 16, 2. returning joins Demosthenes off Acarnania, 31, 3. acting as his colleague sends a reinforcement to Naupactus, and obtains ships and heavy-armed men at Corcyra, § 5 n. crosses the Ionian Gulf and arrives at Thurium, 33, 3–5. advances to Petra on the Rhegian coast, 35. arrives at Syracuse, 42, 1. joins in the Grand Attack on Epipolæ, 43, 2. adverse to staying at Syracuse, 49, 3, 4. slain in a naval engagement, 52, 2.

Eurystheus, k. of Mycenæ, slain in Attica by the Heracleidæ, i. 9, 2.

Eurytanes, (Εὐρυτὰν, -ᾶνος, iii. 100, 1.) one of the Ætolian nations, eaters of raw flesh, iii. 94, 5; see Palmerii Gr. Ant. p. 436.

Eurytimus, f. of Archetimus, a Cor. i. 29, 1.

Eustrophus, an Argive, ambassador to Lacedæmon, v. 40, 3.

Euthycles, f. of Xenocleides, a Cor. i. 46, 2. iii. 114, 7.

Euthydemus, an Ath. commissioner for ratifying the fifty years' peace between Athens and Lacedæmon, v. 19, 2, and the fifty years' alliance, 24. joined with Nicias in command at Syracuse, vii. 16, 1. has a share of the command in the last action in Syracuse harbour, 69, 4.

Euxine Pontus, one of the boundaries of the empire of the Odrysæ under Sitalkes, ii. 96, 1. 97, 1, 6.

Excestus, f. of Sicanus, a Syrac. vi. 73.

Expedition against Troy, its character and magnitude, i. 8, 5. 9–11. earlier expeditions inferior to it, 9, 6. 10, 3. 11, 5. expeditions by sea, 15, 2. Ath. under Pericles against the coasts of Pelop. ii. 56. returning is sent under Hagnon against Chalcidice and Potidæa, ii. 58, 1. vi. 31, 2. exp. against Sicily, vi. 31. 43.

F.

Famine, surrender through, of

FEAR—GARMENTS. 71

Potidæa, ii. 70, 1; of Platæa, iii. 52, 1–4. famines consequent on droughts, i. 23, 4.

Fear, banishes recollection, or presence of mind, ii. 87, 4, 5.

Festival, the greatest, of Jupiter, i. 126, 6 nn. over scrupulous observance of festivals by the Lac. iv. 5, 1. v. 82, 2–4. what is regarded as a festival by the Ath. i. 70, 9. their festival ξυνοίκια, ii. 15, 3 n. of Apollo Maloeis at Mytilene, iii. 3, 3; see other festivals under their names.

Fine, imposed on Pericles, ii. 65, 3. on Corcyræans for cutting poles from sacred ground, iii. 70, 5 n. on the Lac. by the Eleians, v. 49, 1 n. on Agis by the Lac. v. 63, 2 n, remitted, § 4 n.

Fire, used against besieged places; at Platæa, ii. 77, 2–5 n. at Lecythus, iv. 115, 2. stream or flood of, from Ætna; how often it had occurred in Thucydides' time, iii. 116, 1, 2. signals made by fire (φρυκτοί) from Salamis to Athens, ii. 94, 1. made from besieging camp at Platæa to Thebes; frustrated by the Platæans, iii. 22, 9. indicate the number of an enemy's fleet, and the direction of its approach, 80, 3 n. used in the betraying of Torone, iv. 111, 1, 2. indicate enemy's approach, viii. 102, 1.

Five commissioners from Lacedæmon to act as doomsmen against the Platæans, iii. 52, 5, 6. 68, 2.

Five Hundred, Council of, or Senate of Athens, viii. 86, 6; see Senate, and Bean.

Five Thousand, Council of, at Athens, its existence pretended by the oligarchists, viii. 67, 3. 72, 1 n. 86, 3 n. becomes a rallying cry to the friends of popular government, 86, 6. 92, 11 n. publication of the persons composing it promised, 93, 2. supreme power decreed to it, and the qualification for it stated, 97, 1 nn.

Fleet, Greek at Troy, amount and description of, i. 10, 3–7 nn. Greek, at Salamis against Xerxes, of vessels not decked throughout, i. 14, 4 n. number of the whole, and of the Ath. portion, i. 74, 1 n. magnitude of Ath. on the first expedition against Syracuse, vi. 43, 1. on the second expedition, vii. 42, 1 n. of Phœnician at Aspendus, viii. 87, 3; see also *Navy*, *Ships*.

Flute-players, the Lac. army at Mantineia marched to their playing, v. 70. a caste at Sparta, ib. n. Tuscan flute-players at Rome, ib. n.

Fortifications, see Walls.

Fosse, the Persian kings', across the isthmus of Athos, iv. 109, 2.

Founders of Colonies, see Colonies.

Fountain at Athens, Ἐννεάκρουνος, formerly Callirrhoë, ii. 15, 7 n.

Fountains, or Wells (Κρῆναι), place so called in Amphilochia, iii. 105, 2 n. 106, 3.

Four Hundred, oligarchical council of, at Athens; its creation proposed, viii. 67, 3. its dissolution, 97, 1; *for intermediate details, see art.* Athenians.

Funeral oration of Pericles, ii. 35 —46.

Funeral, public, at Athens, of the citizens slain in the first summer of the War, ii. 34. at Amphipolis, of Brasidas, v. 11, 1.

Furies, called at Athens σεμναὶ θεαί, by the Sicyonians εὐμένιδες, i. 126, 11 n.

G.

Galepsus, or Gapselus, a colony of Thasos, E. of the r. Strymon, revolts from the Ath. to Brasidas, iv. 107, 3 n. stormed by Cleon, v. 6, 1.

Garments, the Potidæans surrendering their city depart, the males with one, the females with two, ii. 70, 3. offered at the tombs of the dead, iii. 58, 4 n.

Gates, Thracian, of Amphipolis, v. 10, 1. feet of men and horses seen under, § 2 n. probable situation of, § 1 n, and memoir, p. 452. Clearidas sallies from, v. 10, 7. postern gate at Syracuse covered by a palisade or stockade, vi. 100, 1 n. postern walled up at Catana, reopened, 51, 1 n. at Torone, iv. 110, 3.

Gaulites, an envoy of Tissaphernes, a Carian speaking two languages, viii. 85, 2 n.

Gela, a r. on the S. coast of Sicily, vi. 4, 3. from which was named (see Cluverii Sic. p. 197.) Gela, situate on it, a colony from Rhodes and Crete, at first called Lindii, ib.

Gelo, tyrant of Syracuse, expels the inhabitants of Hyblæan Megara, vi. 4, 1 n.

Geloi, people of Gela, found Acragas, vi. 4, 4. (see Cluverii Sic. p. 202.) aid the Syracusans against the Ath. vii. 33, 1. border on the Camarinæan territory, 58, 1.

Generals, Ath. number of, i. 57, 4 n. Pericles one of ten, ii. 13, 1. Pericles, as general, calls a meeting (ξύλλογον), 59, 4. Pericles made general-in-chief, 65, 4 n. generals conducting affairs jointly, or with departments assigned to them severally, ib. n. power of, to call assemblies of the people, iii. 36, 4. iv. 118, 7 n. Generals at Syracuse at first fifteen, vi. 72, 3. at Hermocrates' suggestion reduced to three, with absolute command, 72, 4—73 nn. In Asia Minor, general or commander of the sea-coast, (τῶν κάτω), viii, 5, 4 nn.

Geræstus, the S. promontory of Eubœa, iii. 3. 5; see Strabo x.

Gerastius, a Laced. month, corresponding with the Attic Elaphebolion, iv. 119 1 n.

Geraneia, or Gerania, a m. in the Megarid difficult of passage, i. 105, 4. 107, 3, 4. 108, 2. iv. 70, 1; see Pausan. in Atticis.

Getæ, a people N. of Hæmus, neighbours to the Scythians, of like manners and equipment, ii. 96, 1 n.

Gigonus, a town on the W. part of the coast of Chalcidice, i. 61, 3 n.; see Herod. vii. 123, 2, 3.

Glauce, in the territory of Mycale, viii. 79, 2.

Glaucon, s. of Leager, an Ath. i. 51, 4. Leager, s. of Glaucon, mentioned by Herodot. ix. 75, 2.

Goaxis, sons of, kill Pittacus k. of the Edonians, iv. 107, 3.

Gods, the (τὸ θεῖον), influence fortune, v. 104. their jealousy or displeasure, vii. 77, 3, 4. land assigned to the gods, iii. 50, 3 n. gods in relation to races θεοὶ πατρῷοι, in relation to localities ἐγχώριοι, ii. 71, 6 n. 74, 2 n. iv. 87, 1 n. gods worshipped conjointly ὁμοβώμιοι, and gods common to all Greece, iii. 59, 2. twelve gods, altar of, at Athens, vi. 54, 6.

Gold, mines of, belonging to the Thasians, i. 100, 2 n. worked by Thucydides, iv. 105, 1.

Gongylus, an Eretrian, an emissary of Pausanias, i. 128, 6. another Gongylus, a Corinth. general sent to Syracuse, vii. 2, 1 n.; see Plutarch's Nicias.

Gortynia, a city of Macedonia, surrenders to Sitalkes and Amyntas, ii. 100, 3 n.

Gortys, a city of Crete, see Meursii Creta.

Græi, a Pæonian tribe, ii. 96, 3 n.

Grapnel, or grappling-iron (χεὶρ σιδηρᾶ), iv. 25, 4 n. vii. 62, 3. ships covered with hides to prevent their being grappled, vii. 65, 3 n.

Greece, its inhabitants in ancient times frequently compelled to migrate, i. 2, 1, 2 nn. its condition before the Trojan War, i. 3–11 nn; and after, i. 12-17. why and at what time it began to be called Hellas, i. 3, 1-5 nn. when more settled sends out colonies, i. 12, 4, 5 nn. cause of the rise of Tyrannies in the states of Greece, i. 13, 1 nn. and App. I. to vol. i. Greece generally, and its states severally, impeded in their progress by tyrants, i. 17 nn. in what situations its cities were built in earlier times; and in later, i. 7 nn. universal prevalence in early times of robbery and piracy, 7. arms in early times carried by all Greeks, 6, 1. how the expedition against Troy was set on foot, organized, and conducted, 9–11 nn. Greece unsettled and unimproving long after the Trojan War, 12 nn. early naval efforts of the Greeks, specially of the Corinthians, Ionians and Samians, 13 nn. piracy put down, § 5. no large combinations in early times for war, 15, 3, 4. the earliest was in the war between Chalcis and Eretria, § 5. the Lac. the leaders of the Greeks in the war against Persia, 18, 3. the Greeks form two distinct confederacies under Athens and Lacedæmon, 18, 4–6. character of the two confederacies, 19 n. Greeks of Asia, the islands and cities on the Thracian coast, withdraw from the Lac. and put themselves under Athens, 95, 1, 2, 6. 96.

Grestonia, or Crestonia, in Macedonia, adjacent to Mygdonia, ii. 99, 5 n. 100, 5; see Herod. vii. 124, 3.

Guardian, see Regent.

Gulf, Ambracian, between Epeirus and Acarnania, i. 55, 1. ii. 68, 3. iii. 107, 2. Crisæan, a name given to the inner or E. portion of the Gulf of Corinth., i. 107, 3. ii. 69, 1. 92, 7. G. of Iasus, between Ionia and Caria, viii. 26, 2 n. Ionian G., extent of the application of this name, i. 24, 1 n. ii. 97, 6. vi. 13. 30, 1. 34, 4. 44, 1. vii. 57, 11. Maliac or Malian G., opposite to the N.W. of Eubœa, Μηλιακός, iii. 96, 3 n. Μηλιεύς, iv. 100, 1. viii. 3, 1. Terinæan G. or G. of Terina on W. coast of Italy, vi. 104, 2 n. Tyrrhene G. the sea opposite the N. coast of Sicily, vi. 62, 2. [The Πιερικὸς κόλπος, ii. 99, 3, is not a gulf, but a tract of land along shore under the range of m. Pangæus.]

Gylippus, s. of Cleandridas, sent by the Lac. to command the Syracusans, vi. 93, 2. off Leucas hears of the circumvallation of Syracuse, 104, 1. reaches Tarentum, fails of drawing Thuria into alliance; is blown out to sea, 104, 1–3 nn. sails to Himera, vii. 1, 2. marches for Syrac. with a large Siceliot and Sicel force, § 3–5. mounts Epipolæ, 2, 3. summons the Ath. to evacuate Sicily, 3, 1. offers battle, § 2, 3. takes Labdalum, § 4. defeated by the Ath. 5, 2, 3; afterwards defeats them, 6, 2, 3. seeks reinforcements both of naval and land forces from Sicily, 7, 2. 12, 1. returns with large reinforcements and urges the Syrac. to attack the Ath. by sea, 21 nn. takes Plemyrium, 23, 1. leads the land forces up to the Ath. works facing the city, 37, 2. retires without an action, 38, 1. gives way before the Ath. night-attack on Epipolæ, 43, 6. his visitation of Sicily for reinforcements, 46. returns with a large force, 50, 1. intercepting the Ath. crews landing, is attacked and driven back by Tyrrhenians or Etruscans, 53, 1, 2 n. exhortation to the Syrac. before the last action in the harbour, 66—68 nn. prepares to impede the Ath. retreat, 74, 2. invites the insular allies of the Ath. to come over to the Syrac. 83, 1. refuses the terms on which Nicias offers to capitulate, 83, 2, 3. Nicias surrenders to him; he gives orders to take prisoners, 85, 1, 2. Nicias and Demosthenes put to death against his will, 86, 2. returning with the Pelop. fleet from Syrac. harassed by an Ath. squadron, viii. 13 n.

Gymnastic exercises, the Lac. first completely stripped for, i. 6, 5 n. the Greeks in early times and some barbarians still engaged in them with waist-cloths on, § 5, 6 n.

Gymnopædiæ, a Laced. festival; the Lac. defer aiding the Argives during it, v. 82, 2 n. 3.

Gyrtonians, people of Gyrton in Thessaly, send, with other states of Thessaly, cavalry to aid the Ath. ii. 22, 4 n.

H.

Habronichus, s. of Lysicles, an Ath. sent with Themistocles to the Lac. to lull their suspicions while the Long Walls of Athens were building, i. 91, 3. mentioned by Herod. viii. 21.

Hæmus, a mountain range of Thrace, now the Balkan, ii. 96 1 n.

Hagnon, an Ath. commands with Pericles against Samos, i. 117, 3. son of Nicias, colleague of Pericles, reinforces the army besieging Potidæa, ii. 58, 1. his troops carry the plague thither, § 2. returns, § 4. accompanies Sitalkes on his invasion of Macedonia and Chalcidice, ii. 95, 3. founder of Amphipolis, iv. 102, 3. names it, § 4. all memorials of him destroyed by the Amphipolitans, v. 11, 1. commissioner for the fifty years' peace, 19, 2. for the fifty years' alliance, 24. Hagnon, f. of Theramenes, viii. 68, 4. 89, 2.

Halex, a r. on the S. border of the Locri Epizephyrii, iii. 99.

Haliartii, people of Haliartus, a city of Bœotia between Thebes and Coroneia; in the centre at battle of Delium, iv. 93, 4; see Strabo ix. and Pausan. in Bœoticis.

Halicarnassus, an Ath. fleet takes refuge there, viii. 42, 4. (see Herod. 1. 144, Strabo xiv.) Alcibiades levies a contribution on them, viii. 108, 2.

Haliensians, i. 105, 1 n. (see Strab. viii. and Pausan. in Corinthiacis.) Haliensian territory or Haliad, S. of the territory of Hermione, the Ath. defeated there, ii. 56, 5. ravaged by the Ath., iv. 45, 2.

Halys, r. the regions within (i. e. westward of it), i. 16; see Herod. i. and vii.

Hamaxitus, a place in the S. of the W. coast of the Troad, viii. 101, 3. § 2 n.; see Strabo xiii.

Harbours, of the Greeks, description of, iii. 51, n 3. viii. 90, n 4. closing of, ii. 94, 6 n. obstruction of, iv. 8, 7 n. vii. 59, 3 n. 69, 4 n.

Harmatus, viii. 101, 3. § 2 n.

Harmodius beloved by Aristogeiton, vi. 54, 2 n. solicited by Hipparchus, § 3, 4. is insulted by him, 56, 1 n. kills Hipparchus and is slain on the spot, 57, nn. i. 20, 3, nn.

Harmostes, the appellation given to a Laced. governor of an allied city, viii. 5, 2 n.; see Meursii Misc. Lacon. ii. 4.

Harpagium, on the coast of the Propontis, S. of Proconnesus, viii. 107, 1; see Strabo xiii.

Heavy-armed troops, see Soldiers.

Hebrus, a r. of Thrace, falling into the Thracian Sea opposite to Samothrace, ii. 96, 5.

Hegesander, f. of Pasitelidas (or Epitelidas) a Lac., iv. 132, 3; see Agesander.

Hegesander, a Thespian sent with Bœot. troops to Sicily, vii. 19, 3.

Hegesandridas, s. of Hegesander, a Spartan, commands the Pelop. fleet against Eubœa, viii. 91, 2. alarms Athens on his way, 94, 1, 2; see Ages.

Hegesippidas, a Laced. governor of Heracleia in Trachis, sent thence by the Bœot., v. 52, 1; see Agesip.

Helen and her suitors, i. 9, 1.

Helixus, a Megarean, commands a squadron of the Pelop. fleet, effects revolt of Byzantium, viii. 80, 3 n.

Hellanicus, his Attic history, i. 97, 2 n.

Hellas, this name not applied to the whole of Greece anciently, i. 3, 2. did not exist prior to Hellen son of Deucalion, ib. nn. used as an adjective, vi. 62, 2 n.

Hellen, s. of Deucalion, i. 3, 2 nn. powerful in Phthiotis, ib. n.

Hellenotamiæ, quæstors or treasurers of Greece; an office established by the Ath. i. 96, 2.

Hellespontus, allies there, with Ath. and Ionians take Sestus, i. 89, 2. Pausanias' command there, 128, 4. Hellespontus among the tributary allies of Athens, ii. 9, 5, 6. envoys from Sparta to the k. of Persia take that route, 67, 1. a boundary of the Odrysian empire, 96, 1. collecting-squadrons of the Ath. there, iv. 75, 1. the Lac. solicited to send a fleet to, viii. 6, 1, 2. the Pelop. consent to send a fleet thither after Chios and Lesbos, 8, 2. 22. land forces intended for, 23, 5 n. Pelop. fleet destined for, sails, 39, 1, 2. Dercylidas sent from Sparta by land thither, 61, 1. his operations there, 62, 1. Sestus a post of the Ath. for its defence, 62, 3. Ath. fleet leaves it, 79, 5. Pelop. squadron sent thither against Byzantium; Ath. squadron sent from Samos, 80, 3, 4. must have been lost by the Ath. if their fleet at Samos had sailed to Athens, 86, 4 n. 96, 4 n. grand Pelop. fleet at Miletus sails for, 99, 1; arrives, 100, 3. grand Ath. fleet sails from Eresus for, 103, 2. sea-fight off Cynossema in, 104. 105. the Hellespont narrow, 106, 1. effects of the Pelop. movement into, 108, 3, 4. 109.

Helorine road, or road to Helorus, running S. from Syrac., the Syrac. cavalry halt behind it, vi. 66, 3. memoir on map of Syracuse, pp. 266–7. the Syracusans broken, rally upon it, 70, 4, and memoir. The Ath., changing the direction of their retreat, take this road, vii. 80, 4. memoir, p. 280.

Helos, a city at the head of the Laconian gulf; its vicinity ravaged by the Ath. iv. 54, 4; see Meursii Misc. Lacon. iv. 6.

Helots, Pausanias offers them freedom, i. 132, 2. evidence of, not admitted against a Spartan, § 2. revolt with Periœci and occupy Ithome, i. 101, 2 nn. ii. 27, 3. iii. 54, 5 n. iv. 56, 2. called Messenians from their origin, i. 101, 3 n. Ath. called in against them, 102, 1. capitulate, 103, 1 n. 2. received by the Ath. and settled at Naupactus, § 3. suppliant Helots removed from sanctuary at Tænarus and slain, 128 2 n. Helots attending on Spartans, iv. 8, 9. compare, 16, 1 n. induced by the promise of liberty to carry supplies into Sphacteria, iv. 26, 5, 6. Helots desert to the Messenian garrison in Pylus, 41, 2, 3. institutions of Sparta precautionary against, 80, 2 n. two thousand secretly murdered, § 3. seven hundred sent to Thrace with Brasidas, § 4. fears entertained of the Helots by the Lac. v. 14, 2 nn. those who had served under Brasidas emancipated and settled with the Neodamodes at Lepreum, 34, 1 nn. probable distinction between the enfranchised Helots and the Neodamodes, ib. n. the Ath. persuaded to withdraw the Helots and Messenians from Pylus, settle them at Cranii, 35, 6 n. 7. they are replaced in Pylus, 56, 2, 3 n. the Lac. with their Helots invade Argolis, 57, 1. the best of the Helots and Neodamodes selected for service in Sicily, vii. 19, 3. 58, 3. a peninsula in Laconia occupied by Demosthenes to facilitate their desertion, vii. 26, 1. the Helots accompany the Lac. on expeditions, iv. 8, 9. v. 57, 1. 64, 2.

Hephæstus, or Vulcan, see Hiera.

Heracleia, in the Trachinian territory or Trachis, founded by the Lac. on what occasion and with what objects, iii. 92, 1–6 nn. Ionians and Achaians excluded from it, § 7. its position; its docks, § 9, 10 n. alarms the Ath. for Euboea, 92, 5. 93, 1. its failure, § 2, 3 n, caused by the tyranny of the Lac. governors, § 4. troops from it join the Pelop. expedition against Naupactus, 100, 3. passed by Brasidas on his march to Thrace, iv. 78, 1. visited and its affairs arranged by Rhamphias and two other Lac. v. 12, 1. the Heracleots defeated and their governor slain by the neighbouring tribes, 51, nn. Heracleia taken under the protection of the Boeot. and the Lac. governor dismissed, 52, 1.

Heracleidæ, Eurystheus slain by, in Attica, i. 9, 2. recover Peloponnesus by help of the Dorians, 12, 3 n. their previous expulsion from it and refuge among the Dorians, ib. n. Phalius, the Corinth. founder of Epidamnus, descended from, i. 24, 2. Archias, the Corinth. founder of Syracuse, descended from, vi. 3, 2. the Heracleid kings of Sparta, v. 16, 2 n.

Heracleides, s. of Lysimachus, one of the three Syrac. generals, vi. 73 n. with the others dismissed for ill success, 103, 4.

Heracleotis, on the Pontus, Lamachus loses his ships there, iv. 75, 2 n.

Heracles, descendants of, see Heracleidæ. Heracles the demigod, s. of Zeus, v. 16, 2 n. temple of, in the Mantinic territory, the Lac. encamp near, 64, 5. 66, 1. sacrifice to, at Syracuse, vii. 73. 2.

Heræans, the people of Heræa, a city in the W. of Arcadia, on the r. Alpheus; ranged next to the Lac. at battle of Mantineia, v. 67, 1; see Polyb. iv. and Pausan. in Arcad.

Heræum, a promont. and temple near Epidaurus, fortified by the Ath. and garrisoned by the Argive confederacy, v. 75, 6 n.

Herald's proclamation, in the night-attack on Platæa, ii. 2, 5 n. on the Long Walls at Megara, iv. 68, 3 n. on the Ath. arrival at Syracuse, vi. 50, 4. on Gylippus' arrival at Syracuse, vii. 3, 1. to the Ath. allies on their retreat, 82, 1.

Hercules, see Heracles.

Here, or Juno, see Temples.

Hermæ, at Athens, the shape of; their mutilation, vi. 27, 1 nn. large rewards offered for discovery of the perpetrators of it, § 2. a conspiracy against the constitution inferred from the act, § 3. both charged against Alcibiades, 28 2 n. Alcibiades summoned from Catana on these charges, 53, 1. excitement arising from the occurrence at Athens, § 2, n. 3. information given; many persons inculpated; all apprehended are executed, the rest outlawed, 60, nn. their guilt uncertain, § 5; but the people persuaded of it, 61, 1.

Hermæondas, a Theban, urges the Mytilenæans to send a second embassy to Pelop. iii. 5, 2. compare 4, 5.

Hermæum, or temple of Hermes, near Mycalessus in Bœotia, the Thracians bivouac there, vii. 29, 3.

Hermione (see Strabo viii. and Pausan in Corinth), a city in the S. of the Argolic peninsula, furnishes one trireme to Cor. expedition to Epidamnus, i. 27, 4. Pausanias takes one to the Hellespont, 128, 4. 131, 1. the Hermionid, or territory of Herm. ravaged by the Ath. ii. 56, 5. its quota of ships to the Pelop. navy, viii. 3, 2. one accompanies Astyochus, 33, 1.

Hermocrates, a Syrac. s. of Hermon, in the congress at Gela, urges the Siceliots, by their danger from the Ath. to peace with each other, iv. 58, 2–64 nn. prevails, 65, 1.

urges the Syrac. to prepare for and to meet Ath. invasion, vi. 32, 4—34, nn. his character, 72, 2. encourages the Syrac. under their first defeat, ib. points out their deficiencies and suggests remedies, § 3, 4 n. appointed with two others to unlimited command, 73. seeks to prejudice the Camarinæans against the Ath., 75, 4—80, n. he and his colleagues assume the command, 96, 3 n. dissuades the Syrac. from a general engagement, and advises them to raise a counterwork, 99, 2 n. with his colleagues dismissed, 103, 4. with Gylippus urges and encourages the Syrac. to attack the Ath. by sea, vii. 21, 3—5 nn. his stratagem to delay the Ath. retreat, 73, nn. succeeds, 74, 1 n. induces the Sicellots to send a fleet to cooperate with the Pelop. against the Ath. on the coast of Asia, viii. 26, 1. objects to Tissaphernes' diminution of the fleet's pay, 29, 2; alone uncorrupted by Tissaphernes, still opposes it, 45, 3. goes with envoys from Miletus to Lacedæmon to expose the duplicity of Tissaphernes, 85, 2. enmity and false charges of Tissaphernes against, when afterwards an exile, § 3.

Hermon, an Ath. commander of the περίπολοι, at Munychia, aids the movement against the 400, viii. 92, 5.

Hermon, f. of Hermocrates, a Syrac., iv. 58, 2. vi. 32, 4.

Herodotus, connection of his history with that of Thucydides, n. i. 89, 2.

Heroum, or hero-temple of Androcrates, near Plataea, iii. 24, 1 n. hero-worship paid to Brasidas after his death at Amphipolis; that of Hagnon, the Ath. founder of Amphipolis, abolished, v. 11, 1 nn.

Hesiod, the poet, said to have been slain in the precincts of Zeus Nemeius, iii. 96, 1 nn.

Hessii, a tribe of Ozolian Locrians, join the Pelop. and Ætol. expedition against Naupactus, iii. 101, 2 n.

Hestiæa (see Strabo ix.), or Oreus, viii 95, 7, a city in the N. of Eubœa. The Hestiæans ejected, and their territory appropriated by the Ath. i. 114, 5 n. inhabited by a colony of Ath. who serve against Syracuse, vii. 57, 2.

Hestiodorus, s. of Aristocleides, an Ath. commander at the taking of Potidæa, ii. 70, 1.

Hetæriæ, political unions, see Clubs.

Hetruscans, see Tyrrhenians.

Hiera, one of the Liparæan islands, or islands of Æolus: the forge of Hephæstus or Vulcan believed to be there, iii. 88, 3, 4; see Cluverii Sic. p. 396, &c.

Hieramenes, or Hieramene, joined with Tissaphernes in his second treaty with the Lac. viii. 58, 1 n.

Hierenses, Ἰερῆς, one of the three tribes of the Malians or Melians, iii. 92, 2 n.

Hierophon, s. of Antimnestus, an Ath. commander of a squadron, called to aid the Acarn. against the Pelop. and Ambraciots, iii. 105, 2.

High-admiral of Sparta, his regular term of command, his power and dignity, ii. 80, 2 n.

Himera, a city on the N. coast of Sicily: a landing by the Ath. on its territory, and invasion by the Sicels, iii. 115, 1 n. a colony of Chalcidians from Zancle or Messana; its institutions, vi. 5, 1. the only Greek city of Sicily on the coast fronting the Tyrrhenian gulf, vi. 62, 2 n. will not receive the Ath. ib. Gylippus lands there; the Himeræans furnish men and arms against the Ath. vii. 1, 3. the amount of their aid, § 5. enumerated among the Syrac. allies, vii. 58, 2.

Himeræum, on the r. Strymon, near Amphipolis, vii. 9.

Hippagretæ, commanders of the Spartan ἱππεῖς, iv. 38, 1 n.

Hippagretes, a Laced. successor

to Epitadas in the command at Sphacteria, iv. 38, 1 n.; see Meursii Misc. Lac. ii. 4.

Hipparchus, brother of Hippias and Thessalus, son of Peisistratus, i. 20, 3. solicits Harmodius, vi. 54, 3, 4. irritates him by an insult offered to his sister, 56, 1 n. slain by Harmodius and Aristogeiton, i. 20, 3 nn. vi. 57, 1-3. had no sons, 55, 1.

Hippias, eldest son and successor of Peisistratus, i. 20, 3. vi. 54, 2. brother of Hipparchus and Thessalus, 55, 1. succeeds to the tyranny, 54, 2. 55, 1. had five sons by Myrrhine, 55, 1. one of them a Peisistratus, 54, 2. hearing of Hipparchus' assassination, by a stratagem disarms the heavy-armed part of the Panathenaic procession, 58 n. exercises his power more harshly, and provides a refuge, 59, 2. marries his daughter Archedice to Æantides, s. of Hippoclus, tyrant of Lampsacus, § 3 n. deposed retires to Asia; accompanies the Persian expedition to Marathon, § 4 n.

Hippias, a commander of Arcadian troops at Notium, treacherously seized and slain by Paches an Ath. general, iii. 34, 3 n.

Hippocles, s. of Menippus, an Ath. naval commander, meets and harasses the Pelop. fleet returning from Syracuse, viii. 13 n.

Hippoclus (see Herod. iv. 138, 1.), tyrant of Lampsacus, vi. 59, 3.

Hippocrates, s. of Ariphron, an Ath. general, negotiates with the popular leaders at Megara for the delivery to the Ath. of that city, iv. 66, 3, 4. commands the heavy-armed troops, in the surprise of the Long Walls of Megara, 69, 1. takes Nisæa, 69, 3, 4. H. and Demosthenes concert with Ptœodorus, a Theban exile, a popular revolution in Bœotia, iv. 76 nn. owing to mistake too late to cooperate with Demosthenes, 89, 1 n. with the whole force of Athens, marches to, and fortifies Delium, 90, 1-8 nn. informed of the Bœot. army's approach, prepares for battle, 93, 2 n. his exhortation to his men, 95. slain, 101, 2.

Hippocrates, tyrant of Gela, refounds Camarina, vi. 5, 3.

Hippocrates, a Spartan, part of his squadron taken by the Ath. off Triopium, viii. 35, 1. informs Mindarus of the duplicity of Tissaphernes, and urges him to aid Pharnabazus, 99, 1. sent, after the defeat at Cynossema, to bring up the Pelop. ships from Eubœa, viii. 107, 3.

Hippolochidas, a Thess. facilitates the passage of Brasidas through Thessaly, iv. 78, 1.

Hipponicus, s. of Callias, and father-in-law to Alcibiades, an Ath. commander in the inroad into Bœotia, iii. 91, 4 n.

Hipponoïdas, a Lac. polemarch, ordered by Agis, at battle of Mantineia, to execute a flank movement to fill a space in the line, v. 71, 3. disobeys; is subsequently banished, 72, 1 n.

History of Thucydides, how written, i. 1, 1 n. 21. 22 nn. Attic of Hellanicus, i. 97, 2.

Homer gives no general name to the Greeks, nor uses the term barbarian comprehensively, i. 3, 3, 4 nn. evidences the expedition against Troy to be inferior to the armaments of the Pelop. War, i. 10, 3-5. his hymn to Apollo cited, iii. 104, 7, 8. his catalogue of the ships, i. 10, 3-5.

Hope, pernicious effects of, iii. 45, 1, 5. v. 103 nn.

Horse-archers, see Archers.

Horse-transports (ἱππαγωγαὶ νῆες), see Ship.

Hyacinthia, a yearly festival of the Lacedæ. v. 23, 5. 41, 3.

Hyæi, a tribe of the Ozolian Locrians, iii. 101, 4; see Palmerii Græc. Ant. p. 544.

Hybla Geleatis, a city of Sicily, resists an attack of the Ath. vi. 62, 5. 63, 2. Hyblæans, their crops burnt by the Ath. vi. 94, 3. (see Cluverii Sic. p. 333.)

Hyblæan Megara, see Megara.

Hyblon, a Sicel king, induces Greek settlers to occupy Hyblæan Megara, vi. 4, 1 n.

Hyccara, a Sicanian town, on N. coast of Sicily, hostile to Egesta, taken and enslaved by the Ath. vi. 62, 3. (see Cluverii Sic. p. 272.) Hyccaric slaves admitted as substitutes for Ath. seamen, vii. 13, 2.

Hylias, a r. of Italy in the territory of Thurii, vii. 35, 2.

Hyllaic harbour of Corcyra, occupied by the popular party, iii. 72, 3. the ships ordered round thither, for the massacre of the aristocratic party, 81, 2 n.

Hyperbolus, an Ath. slain in exile at Samos, viii. 73, 3 n.

Hyperechidas, f. of Callias, an Ath. vi. 55, 1 n.

Hysiæ, in Bœotia, near the Attic border, iii. 24, 2 n. another, in Argolis, near the Tegean border, v. 83, 2 n; see Herod. ix. 15, 5. 25, 5. and Pausan. in Corinthiacis.

Hystaspes, f. of Pissuthnes, i. 115, 5.

I.

Ialysus, on N.W. coast of Rhodes, one of its three states, viii. 44, 2 n.

Iapygian prom. or S. point of Iapygia, the destination of the Ath. armament in crossing the Ionian Gulf, vi. 30, 1. 44, 2. vii. 33, 3. Iapyges or Iapygians, served as mercenaries with the Ath. in Sicily, vii. 33, 3. 57, 11.

Iasus, a city of Ionia, held by Amorges, surprised by the Pelop. fleet, viii. 28, 2–4. (see Strabo xiv. and Polyb. xvi.) a place anciently wealthy, § 3. put into a defensible state by Tissaphernes, 29, 1. Phrynichus charged with betraying it, viii. 54, 3. gulf of, or Iasic gulf, viii. 26, 2.

Iberia, its extent in ancient times not clearly ascertained, vi. 2, 2 n. Iberians, the parent stock of the Sicanians, vi. 2, 2. had written records, ib. n. the earliest colonizers of Sicily, ib. n. very warlike, 90, 3 n.

Icarus, an island W. of Samos, iii. 29, 1. viii. 99, 2; see Strabo x. and xiv.

Ichthys, a prom. on the coast of Elis, S. of Pheia, ii. 25, 5; see Strabo xiii.

Ida, m. in the Troad, abounds in timber for ship-building, iv. 52, 3. viii. 108, 4; see Herod. i. 151. vii. 42. Strabo xii.

Idacus, on coast of Thracian Chersonese, position of, viii. 104, 2.

Idomenæ, in Amphilochia, iii. 113, 3. apparently identical with

Idomene, two lofty hills in Amphilochia, iii. 112, 2 n.

Idomene, in Macedonia, see Eidomene.

Ielysus, see Ialysus.

Ietæ, Iegæ, or Geta, a fort of the Sicels, taken by Gylippus, vii. 2, 3 n.

Ilium, return of the Greeks from, its political results, i. 12, 2. the taking of, vi. 2, 3.

Illyrians, the Taulantians, a tribe of, infest Epidamnus, i. 24, 1, 4. join the Corcyræans in besieging it, i. 26, 4. disappoint Perdiccas with whom they were to serve, iv. 124, 4. join Arrhibæus, 125, 1. advance against Brasidas, § 2.

Imbros, island, S. E. of Samothrace; Ath. ships take refuge at, viii. 102, 2, 3. join the grand Ath. fleet there, 103, 2.—Imbrians aid the Ath. against the Lesbians, iii. 5, 1. Imbrian troops at Athens, iv. 28, 4. the flower of the Imbrians under Cleon at Amphipolis, v. 8, 2. of like dialect (φωνή) and institutions with the Ath. of whom they were allies, vii. 57, 2, and probably a colony, ib. n.

Inarus, s. of Psammetichus, a Libyan king of the Libyans bordering on Egypt, heads the revolt of Egypt from Artaxerxes; obtains aid from the Ath. i. 104, 1. betrayed and crucified, i. 110, 3.

Inessa, a Sicel town, its citadel held by the Syrac. attacked by the Ath. and allies, iii. 103, 1 n. Inessæans, their crops burnt by the Ath. vi. 94, 3.

Inquiry by the Ath. into the mutilation of the Hermes-busts, and the profanation of the Mysteries, vi. 53, 2 n. 60. 61, 1 nn.

Inscription by Pausanias on the tripod dedicated at Delphi after the victory over the Persians at Platæa, i. 132, 1 n. on the altar of the twelve gods, and of Apollo Pythius, at Athens, vi. 54, 6, 7 n. on the tomb of Archedice at Lampsacus, 59, 3 n.

Intercourse between the ancient Greeks, i. 2, 2. 13, 1, 5. between the Ath. and Pelop. just before the Pelop. War, i. 146.

Invasions of Attica, see Lacedæmonians.

Iolaus commands Perdiccas' acvalry, i. 62, 2.

Iolcius, an Ath. commissioner for concluding the fifty years' Peace, v. 19, 2.

Ion, f. of Tydeus, a Chian, whether the same as Ion the Chian Poet, viii. 38, 3 n.

Ionians, colonists from Athens, i. 2, 6. 12, 4. and kinsmen to the Ath. 95, 1 n. ii. 15, 5. iii. 86, 4. Chalcidic race in Sicily Ionian, iv. 61, 2. Ionians, the older, wear the Ath. costume, i. 6, 3 nn. observe the same festivals, ii. 15, 5. hostile to Dorians, vi. 82, 2. despised by the Dor. v. 9, 1. vii. 5, 4. defeat Dor. viii. 25, 3, 4. had a large fleet and the command of the sea in Cyrus' time, i. 13, 6. he subdues their states on the main-land; Dareius their fleet and the islands, i. 16. Ionians and Samians fly from their country to Sicily, vi. 4, 5. their revolt from the Persian k. i. 89, 2. 95, 1. withdraw from the Lac. and choose the Ath. as leaders, i. 95, 1, 2 nn. become subject to them, i. 98, 4. 99. vi. 76, 3. Ionian exiles propose to the Pelop. fleet a descent on Ionia, iii. 31, 1. Ionians excluded from the Lac. colony of Heracleia in Trachis, iii. 92, 7. a Pelop. fleet unexpected on the Ionian coast, 32, 3. 36, 1. the cities of Ionia, without walls, iii. 33, 2. assembly and festival of the Ionians in Delos, iii. 104, 6-9. the Lac. urged to send an armament to Ionia, viii. 6, 2. revolt of Ionian cities from Athens, 14—17, 9. 22. Tissaphernes demands all Ionia from the Ath. viii. 56, 4 n. Tamos lieutenant of Ionia, viii. 31, 1. Ionic War, 11, 3. Tissaphernes sets out for, 108, 3.

Ionian Gulf includes the S. portion of the Adriatic, i. 24, 1 n. ii. 97, 6. vi. 13. 30, 1. 34, 4. 44, 1. 104, 1. vii. 33, 3. 57, 11.

Ipneans, a tribe of Ozolian Locrians, iii. 101, 1 n.

Iron, used in building a fortification, iv. 69, 2. vi. 88, 6. vii. 18, 4. tools for masons, iv. 4, 2. cramps of, used in building the Walls of the Ath. Peiræeus, i. 93, 6 n.

Irruptions of the sea, accompanying earthquakes, iii. 89, 2-4 n.

Isarchidas, son of Isarchus, a Corinth. commander of land-forces in Corinth. expedition for relief of Epidamnus, i. 29, 1.

Isarchus, see preceding article.

Ischagoras, a Laced. prevented from bringing reinforcements to Brasidas; sent to ascertain the state of Chalcidice, and appoint governors, iv. 132, 3 nn. commissioner for concluding the fifty years' Peace, v. 19, 2; for executing its provisions in the Thracian Border, v. 21, 1; for concluding the fifty years' Alliance with Athens, v. 24.

Islands joined to the main-land by alluvial deposits, ii. 102, 4. used as depots for prisoners and hostages by the Ath. i. 115, 4. iii. 72, 1. iv. 57, 4. v. 84, 1.

Isocrates, one of the Corinth. commanders in their first defeat by Phormio, ii. 83, 4.

Isolochus, f. of Pythodorus, an Ath. iii. 115, 2.

Ister, r. *the Danube*, a boundary of the Odrysian empire, ii. 96, 1. 97, 1.

Isthmia, Isthmian festival, or games, viii. 9, 1 n. truce during (αἱ Ἰσθμιάδες σπονδαί), ib. announcement or publication of, 10, 1; compare Olympic.

Isthmionicus, an Ath. commissioner for the fifty years' Peace, v. 19, 2, and the fifty years' Alliance, v. 24.

Isthmus, of Corinth (commonly called simply the Isthmus), its advantage for commerce by land or sea, i. 13, 5. the Pelop. army assemble there to invade Attica, ii. 10, 2 n. 13, 1. 18, 4. ships hauled across it, iii. 15. viii. 7. 8, 2, 3. an earthquake stops there the army for invading Attica, iii. 89, 1. position of the Isthmus, iv. 42, 2. the Cor. outside the Isthmus, § 3. pillars to be set up at the Isthmus, v. 18, 9. the allies outside the Isthmus, v. 75, 2. march of a Lac. force as far as, strengthens the Athenians' suspicions of a conspiracy against their constitution, vi. 61, 2 n.

Isthmus of Leucadia, or Leucas, Pelop. ships conveyed across it, iii. 81, 1. iv. 8, 2 n. cut through by the Corinthians, iii. 94, 2 n.; see also the map subjoined to vol. i.

Isthmus of Pallene, its towns, i. 56, 2 n. battle there between Ath. and Potidæans, 62, 1, 3, 5. wall of Potidæa facing it, 64, 1 n.

Istone, a mountain in Corcyra, the Corc. exiles fortify it, iii. 85, 2. taken by the Ath. and Corcyræans, iv. 46, 1, 2.

Italus, a king of the Sicels in Italy, from whom that country was so named, vi. 2, 4.

Italy, application of the name in the age of Thuc. i. 12, 4 n. origin of the name, vi. 2, 4. mostly colonized from Peloponnesus, i. 12, 4. course of along-shore voyage to, 36, 2 nn. 44, 3. allies of Lac. in, ii. 7, 2 n. allies there of Syrac. or Leontini, iii. 86, 3, 4 n, 6. iv. 24, 2, 4. Ath. embassy of Phæax to, v. 4, 1; he negotiates with some Italian cities, v. 5, 1, 2. Sicel migration thence into Sicily, vi. 2, 4 n. Sicels still in Italy, vi. 2, 4. Syrac. urged to seek allies there, vi, 34, 1. Ath. expedition against Sicily sails along its coast, vi. 42, 2. 44, 2. alliance or neutrality of Rhegium awaits the determination of the other Italiot states, 44, 4. Italiot states warned against Athens by the Syrac. 88, 7. conquest of, contemplated by Athens, according to Alcibiades, 90, 2. its resources, § 3 n, 4. supplies from it to the Ath. armament, vi. 103, 2. vii. 14, 3. Gylippus wishes to secure it against the Ath. vi. 104, 1. he coasts along it, § 2. Athenians' supplies intercepted on its coast, vii. 25, 1. second Ath. expedition to Syrac. on its coasts, 33, 4, 5. Italiot allies of Athens, vii. 57,

M

11. Italiot, like Ath. and Siceliot prisoners, detained longest by the Syrac. 87, 2. Italiot ships in Pelop. expedition against Eubœa, viii. 91, 2; see also, Epizephyrian Locrians, Opicia, Tyrrhenia, Rhegium, Thurii.

Itamanes, a commander of Persians, takes Colophon, iii. 34, 1 n.

Ithome, a mountain and fortress of Messenia; revolt and secession thither of Helots and Periœci, i. 101, 2. its siege protracted, 102, 1, 2. capitulates, 103, 1–3.

Ithometes, a name of Jupiter, as a deity of Ithome, i. 103, 2.

Itoneans, a colony of the Epizeph. Locrians; at war with them, v. 5, 3 n.

Itys, locality of the legend of, ii. 29, 3 n.

Judicial proceedings, profits of, lost to the Athenians, vi. 91, 7 n.

Juno or Here, see Here, temples of, see Temple.

Jupiter, or Zeus, see Zeus.

Jurisdiction of Ath. courts in suits between the Ath. and allies, i. 77, 1 n.

K.

Kings. — of the Lac. error of historians in regard to their voting, i. 20, 4 n. may be imprisoned by the Ephors, 130, 3. of the family of the Heracleids, v. 16, 2 n. had power to lead out an army without divulging its destination, v. 54, 1. this prerogative, in the case of Agis, limited, 63, 4. their riches, n. 63, 2. they issue every order in the field, 66, 3 n. the other proceeds to the support of the first who had marched out, 75, 1. in their minority relations acted as regents for them, i. 107, 2. 132, 1.

Kings, in Greece, anciently succeeded by inheritance, and had limited prerogatives, i. 13, 1 n. — of the Persians, see Persians.

Knights, or Horsemen (ἱππῆς), the second class of Ath. citizens, their qualification, n. iii. 16, 1. the title given to the kings' body-guard at Sparta, v. 72, 4 n.

L.

Labdalum, a strong fortified post on Epipolæ at Syracuse, occupied by the Ath. as a magazine, vi. 97, 5. 98, 2. taken by Gylippus, vii. 3, 4; see Cluverii Sic. p. 147, and the memoir on Syracuse, vol. iii. pp. 269–70–73.

Lacedæmon more like a group of villages than a city, i. 10, 2 n. possesses two-fifths of Pelop. and has supremacy over the whole, ib. nn. a settlement of the Dorians, distracted by factions, enjoyed good laws, was free from tyrants, form of government unchanged for 400 years, i. 18, 1 nn. numerous slave population of the Lacedæmonians, viii. 40, 2. their fear of and precautions against them, iv. 80, 2 n.; see also vol. i. Appendix II. The Lac. occupy two-fifths of the Peloponnesus, and command the whole, i. 10, 2 n. their apparel and mode of living simple, 6, 4 n. 5 n. were the first who stripped and smeared themselves with fat for their exercises, i. 6, 5 n. deposed the tyrants of Athens and of other parts of Greece, 18, 1 n. leaders of the Greek Confederacy against the Persians, § 3. at war with the Ath. § 6. how they maintained their ascendancy over their allies, 19, 1 n. 76, 1 n. 144, 2. their real and their avowed reasons for war against Athens, i. 23, 7. 33, 3. 55, 3. 66. 88, n. call a congress of their allies at Sparta, to hear complaints against Athens, 67, 3. decide against the Ath. and determine upon war, 79. 87, 1–4. 118, 4. the votes in their ordinary assembly (ξύλλογος ὁ εἰωθώς, i. 67, 4 n.) given orally or by division, 87, 2, 3. their kings have not a double vote, 20, 4 n. send an embassy to Athens to request that its

LACEDÆMON. 83

walls might not be rebuilt, 90, 1, 2. are baffled by Themistocles, 90, 3—91. dissemble their chagrin, 92, nn. recall Pausanias for an enquiry into his conduct in Asia, 95, 3. 128, 4. the Greek Confederacy refuse to commit the supreme command to Spartans, 95, 6. the Lac. leave the conclusion of the Persian war to the Ath. § 7. send to Athens implicating Themistocles in the treason of Pausanias, 135, 2. send with the Ath. in pursuit of him, § 3. apply to Admetus k. of the Molossians to deliver him up, 137, 1. about to invade Attica at the Thasians' request, are stopped by an earthquake, and the revolt of the Helots and part of the Periœci, 101, 1, 2 n. obtain aid in their attacks on Ithome from the Ath. 102, 1, 2 n. first open variance between the Lac. and Ath. from the Lac. sending the Ath. troops home from jealousy of them, § 3-5 n. expedition against the Phocians in aid of the Dorians, 107, 2 n. their return home opposed by the Ath. by sea and land, § 3, 4. they wait in Bœotia and intrigue against the Ath. democracy, § 5, 6. attacked at Tanagra they defeat the Ath. 107, 7—108, 1. their naval arsenal burnt by the Ath. 108, 4. a five years' truce between the Lac. (as Pelop.) and the Ath. 112, 1. their Sacred War and delivery of the temple at Delphi to the Delphians, 112, 5 n. head an invasion of Attica by the Pelop. 114, 1, 4 nn. with their allies conclude a thirty years' peace with the Ath. 115, 1. the object sought by the Lac. in the conditions of peace, ib. n. why so late in opposing the extension of the Ath. dominion, 118, 3. obtain from the Delphic oracle a promise of aid and assurance of victory, § 4. call a congress of their allies to propose the question of immediate war, 119, 1.

were ready for invading Attica in less than a year, § 3. call upon the Ath. to banish the "accursed," 126, 1, 2 n. their real object in making this demand, 127, nn. open to a double retort of the same kind from the Ath. 128—135, 1 nn. demand that the Ath. shall desist from besieging Potidæa, leave Ægina independent, and rescind their decree against the Megareans, 139, 1. their last demand that the Ath. shall restore the Greeks to independence, § 3. the Lac. demands rejected by the Ath. 145. prepare for war and seek for aid from Persia, Italy, and Sicily, ii. 7. 1, 2 n. the Lac. cause generally popular, 8, 5-8. states composing the Lac. confederacy, 9, 2-4 nn. the contingents of the confederacy assemble for the invasion of Attica, 10, nn. invade Attica and besiege Œnoë, 18, 1-4 nn. time of this invasion, 19, 1 n. laying the country waste proceed to Acharnæ, and encamp there, 19. march thence and lay waste the country between Parnes and m. Brilessus, 23, 1. returning devastate the Peiraïce belonging to Oropus, § 3 n, 4. settle at Thyrea part of the Æginetans expelled from Ægina by the Ath. 27, 3-5 n. with their allies invade Attica again in the second year of the war, 47, 2 n, 3. penetrate into the Paralus or Paralian district (55, 1 n. 56, 3.) to Laurium, and ravage the country, 55, 1, 2. this, the longest invasion, involving the devastation of the whole territory of Attica, lasted forty days, 57. reject the Ath. overtures for peace, 59, 1, 2. their fruitless expedition against Zacynthus, 66. their ambassadors on their way to the k. of Persia seized in Thrace and put to death at Athens, 67, 1, 2 n,-4. at the beginning of the war slaughtered all whom they captured at sea, § 4, 5 n. march against Platæa instead of in-

M 2

vading Attica, 71, 1. remonstrated with by the Platæans, § 2–6 nn. call on the Plat. to observe a strict neutrality, 72, 1–4. propose to the Platæans, that migrating they should leave their city and territory to be rented by the Lac. and restored at the conclusion of the war, § 6–8. till the Platæans, having consulted the Ath. reject the proposal, the Lac. forbear to injure their territory, 73. 74, 1. commence and carry on the siege of Platæa, 75. 76. 77. turn their siege into a mere blockade [for details, see Platæa], 78. their first expedition against Acarnania, 80, 1–5. their Grecian and barbarian auxiliaries on this expedition, § 6–10. take Limnæa, § 11 n. march against Stratus, § 12. their order of march, 81, 2, 3 nn, 4. brought to a stand by the defeat of their barbarian allies, and annoyance by the Stratian slingers, § 8, 9 nn. retreat to Œniadæ, whence the expedition returns to Peloponnesus, 82, 1, 2. their Pelop. allies intercepted and defeated by Phormio outside the Corinthian Gulf, 83—84, 4. Cnemus with the ships of the allies assembled at Cyllene, § 5 nn. the Lac. send three commissioners to assist Cnemus in refitting the fleet and obtaining reinforcements, 85, 1–4. observed by Phormio, sail to the Achaic Rhium, near Panormus, 86, 1 n,–3 n, 4. after waiting some days determine to bring on an action, § 5, 6. their address to their fleet, 87, nn. they draw the Ath. on to enter the gulf; their order of sailing and battle, 90, 2, 3 nn. attack and at first worst the Ath., § 4 n, 5 n, 6, but are ultimately defeated, 91—92, 4. set up a trophy for the advantage at first gained, § 6. retreat to Corinth, § 7. resolve to march their crews to Megara and embark there, in order to surprise Peiræeus, 93, 1, 2 nn. their courage quailing they sail to and plunder Salamis, and attack a fort and capture three blockade ships of the Ath. § 3 n, 4. retreat with speed to Megara, and thence march to Corinth, 94, 4, 5. with their allies invade and devastate Attica, iii. 1, 2. retire, 1, 3. had declined encouraging Lesbos to revolt before the war, 2, 1. envoys from Mytilene to Lacedæmon seeking aid, 4, 5, 6. the Lac. direct them to repair to Olympia to implore succour from the allies, 8. take the Lesbians into alliance, and prepare to convey ships across the Isthmus for an invasion of Attica by sea as well as by land, 15, 2. their endeavours not seconded by their allies, § 3. relinquish their purposed invasion, 16, 2. determine to send a fleet to Lesbos, § 3. send Salæthus to encourage the Mytilenæans, 25, 1, 2. send a fleet to Lesbos, invade Attica, and lay it waste with unusual severity, 26, 1–4 n. retire, § 5. their fleet under Alcidas too late for the relief of Lesbos, 29, 1, 2. see for the sequel, *Alcidas*. Platæa surrenders to the Lac. 52, 1–4 n. the Lac. send five commissioners to try the Platæans, § 5. their question to the Plat., § 6 n. put to death all the Plat. and Ath. taken with them, 68, 2, 3. influenced in their treatment of the Platæans by the importance of the Theban alliance, § 6 n. their fleet from Lesbos, having been reinforced at Cyllene, prepares to sail against Corcyra, 69. ambassadors from the Lac. to Corcyra; effect of their arrival, 72, 2. their fleet under Alcidas and Brasidas sails for Corcyra, 76. defeat the Corc. fleet and drive it into Corcyra, 77. 78 nn. dare not pursue their advantage, but land and lay waste the territory of Corcyra, 79, 2, 3. warned of the approach of an Ath. fleet, 80, 3 n. hasten home over the Leucadian isthmus, 81, 1. embassy to Lac. from the Corcyræan exiles, 85, 2. their invasion of Attica prevented by an earthquake, 89, 1 n. solicited by the Trachinians and Dorians, found Heracleia in Trachinia, 92, 1–3 n. their motives, § 4–6. consult the Delphic oracle and found the colony, excluding Ionians and Achaians, § 7, 8. sites of Heracleia and its port, § 9 n, 10 n. decline of Heracleia through the harshness of its Lac. governors, 93, 4. receive an embassy from the Ætolians for aid in an expedition against Naupactus, 100, 1. they send aid, § 2, 3. its commanders take hostages of most of the Ozolian Locrians, 101, nn. reduce those Locrians who resisted, 102, 1 n. waste the territory, and take the suburb of Naupactus, and Molycrium, § 2. retire from Naupactus, § 6. concert with the Ambraciots an attack upon Amphilochia and Acarnania, § 7, 8. the Acarnanians await them at Crenæ, 105, 2 n. the Pelop. march through Acarnania, eluding the Acarnanians at Crenæ, and join the Ambraciots at Olpæ, 106, nn. their order of battle, 107, 7. with the Ambraciots defeated at Olpæ, 108. make a secret agreement with Demosthenes and the Acarnanian commanders for their own safe return, 109. abandoning the Ambraciots escape to Agræa, 111. invade and waste Attica, iv. 2, 1. celebrating a festival, and having their army in Attica, give the Ath. time to fortify Pylus, 5, 1. for this and other reasons hastily retreat from Attica, making this their shortest invasion, 6 n. the Spartans and nearest Periœci march to recover Pylus, 8, 1. summon their allies in Pelop. and fleet from Corcyra to their aid, § 2. prepare to assault Pylus by land and sea, § 4. purpose to obstruct the entrances to the harbour; occupy Sphacteria, § 5–7, 9. attack Pylus by land and sea without success, 11—13, 1 nn. send to Asine for timber for machines, 13, 1. purpose to engage the Ath. fleet on its entering the harbour of Pylus, 13, 4. their fleet defeated by the Ath. and communication with Sphacteria cut off, 14. conclude an armistice at Pylus and surrender all their fleet, to be restored on the return of ambassadors sent to Athens for recovery of their men in Sphacteria, 15. 16. have liberty to send rations to their men in Sphacteria, 16, 1 n. speech of their ambassadors at Athens, 17—20. expect to obtain peace easily, 21, 1. are met by a demand to restore all which had been resigned by the Ath. at the thirty years' peace (i. 115, 1 n.) 21, 3. request that commissioners may negotiate with them, 22, 1. not choosing to discuss the conditions of peace publicly, return home, 22, 3. their fleet retained by the Ath. 23, 1. hostilities recommence, § 2. their men in Sphacteria strictly blockaded, 26. means taken to throw supplies into Sphacteria, 26, 5–9. amount of their force there becomes better known to the Ath. 30, 3. the Lac. summoned to bid their men surrender, § 4. reject the demand, 31, 1. position of the garrison in Sphacteria, 31, 2. advanced guard surprised and slain 32, 1 n. main-guard advancing is harassed, but unable to close with the Ath. 33. distressed and disabled, 34. retreat to the extremity of the island, 35. surprised by archers and light troops in their rear, give way, 36, 2, 3. summoned to surrender, 37. obtaining communication with the Lac. government, surrender, 38, 1–3. the Lac. obtain the slain, § 4. total number of their garrison, and number of survivors, § 5. length of the blockade: their means of sustenance, 39,

1, 2. opinion generally entertained in Greece of the Lac. confuted by their surrender, 40. the Ath. resolve to put the prisoners to death on any invasion of Attica, iv. 41, 1. the Lac. annoyed and injured by the Messenians in Pylus, endeavour to negotiate with the Ath. 41, 2–4. an ambassador to them from Artaxerxes intercepted, 50, 2, 3. Cythera taken by the Ath. 53—54, 3. vicinity of Asine and Helos devastated by the Ath. § 4. consternation of the Lac.: they organize a body of horse and archers, 55, 1. their despondency, § 2, 3. generally passive witnesses of the Ath. landings on their coast, 56, 1. one of their district guards retreats from the Ath. at Thyrea, 57, 2. the Lac. in garrison of Nisæa become prisoners at discretion to the Ath. 69, 3. Lac. commanders of garrisons of their allies, ib. n. send a force into Chalcidice; their motives, 80, 1. apprehensions of mischief from the Helots, precautions against them, and secret murder of 2000, § 2, 3 nn. send 700 of them with Brasidas into Thrace, § 4, 5. advantage accruing to the Lac. from this expedition, 81. Lac. government pledged to the independence of all allies whom Brasidas should gain, 85, 6 n. take Amphipolis, 106, 3. Myrcinus, Galepsus, and Œsyme come over to them, 107, 3. motives for disregarding Brasidas' request for a reinforcement, 108, 6, 7. most of the cities of Athos come over to them, 109. Torone betrayed to them and conciliated by Brasidas, 110—114. reasons for concluding a year's truce with the Ath. 117, nn. terms of the truce, 118, nn. Laced. date of the ratification, 119, 1 n. dispute with the Ath. who refuse to include Scione in the truce, 122, 2–6. Perdiccas alienated from them, 128, 5 n. Perdiccas stops the passage of reinforcements for Brasidas, iv. 132, 2 n. Spartan commissioners, inconsistently with Lac. institutions, bring out to Chalcidice young Spartans for governorships, § 3. cessation of hostilities between Lac. and Ath. 134, 1. Brasidas' attempt on Potidæa, 135 n. alliance with the Lac. courted by the Amphipolitans, v. 11, 1. a Lac. reinforcement for Brasidas reaches Heracleia, 12, 1 n.; reaches Pierium in Thessaly; turns homeward, and why, 13 n. Lac. inclined to peace; why, 14, 2, 3 nn. quality of Lac. prisoners taken by the Ath. at Sphacteria, 15, 1 nn. their repeated endeavours to treat, § 2 n. commanded by the Delphic oracle to bring back Pleistoanax from exile, 16, 2, 3 nn. pretended preparations for building a fort in Attica; basis of their treaty with the Ath. 17, 2 n. treaty of peace for fifty years with the Ath. 18, nn. impeded in the execution of the treaty, 21, nn. difficulties with their allies, 22, 1 nn. reasons for an alliance with the Ath. § 2, 3 n. treaty of alliance for fifty years, 23, n. Lac. who swore to it, 24, 1 n. the prisoners from Sphacteria restored by the Ath. § 2. date of the treaty, 25, 1. agitation against the Lac. ib. become suspected by the Ath. § 2. reference to their destruction of the Ath. empire, and taking the Peiræeus and Long Walls, 26, 1. the congress of allies breaks up from Lacedæmon, 27, 1. intrigues of the Corinthians at Argos against the Lac. § 2. Lacedæmon in ill-repute and contempt, 28, 2. the Mantinean confederacy separates from the Lac. 29, 1. alarm and displeasure of the Pelop. against the Lac. 29, 2–4. the Lac. remonstrate with the Cor. 30, 1. the Cor. reply, § 2. n. 3. Eleians, displeased with the Lac. for their decision regarding Lepreum, 31, 1–5 n, separate from the Lac. § 5. the Tegeans solicited by the Cor. refuse to desert the Lac. v. 32, 3, 4. Lac. expedition against the Parrhasians; destroys the fort in Cypsela, 33. give liberty to the Helot soldiery of Brasidas, 34, 1 n. disfranchise the prisoners from Sphacteria, § 2 n. the Lacedæmonians' failure in fulfilling the provisions of the treaty excites the suspicions of the Ath. 35, 2–4 n. exculpate themselves, § 5. prevail on the Ath. to remove the Messenians and Helots from Pylus, § 6, n, 7. new Ephors at Lac.; some of them, adverse to the peace with Athens, try to make common cause with Corinth and Bœotia to bring Argos into alliance with themselves, 36, 1. request the Bœot. to deliver Panactum to them, § 2. the councils of Bœotia fear to offend the Lac. by becoming confederate with Corinth, 38, 1–3. the Lac. to obtain Panactum make a separate alliance with Bœotia, violating their treaty with Athens, 39, 2, 3. the Argives send an embassy to Lac. to make a treaty with the Lac. 40, 3 n. the Lac. consent, and fix the time for solemnly concluding the treaty, 41, nn. Lac. commissioners deliver to the Ath. the Ath. prisoners given up by the Bœot. and announce the destruction of Panactum, 42, 1 nn. the Ath. offended with the Lac. for this and their separate alliance with Bœotia, § 2. the Lac. had offended Alcibiades, 43, 2. he persuades the Ath. that the Lac. are not to be trusted, § 3. the Lac. send ambassadors to Ath. to ask for Pylus and excuse their alliance with Bœotia, 44, 3. persuaded by Alcib. to contradict before the people their declaration made before the senate, 45. the Lac. will not reject their alliance with Bœotia at the demand of the Ath. but renew their oaths to the Ath. 46, 2–4 n. the Lac. and Ath. had not renounced alliance. The Corinth. incline to renew their connexion with Lac. v. 48. the Lac. excluded by the Eleians from the Olympic Games, for refusal to pay fine for violation of the Olympic Truce, 49, 1 nn, complain of the decision, § 2–4. reject the Eleians' proposals for a compromise, § 5—50, 2. Lichas a Lac. scourged at Olympia for crowning his charioteer when under disability to compete, 50, 4. Lac. ambassadors at Corinth, § 5. Lac. governor of Heracleia in Trachis slain, 51, 2. Lac. governor of Heracleia sent away and Heracleia taken under protection of Bœotia, 52, 1. the Lac. prevented by Carneian festival from aiding Epidaurus, 54, 1, 2. send a garrison and governor by sea to Epidaurus, 56, 1. the Lac. departure from their engagements noted by the Ath. upon the pillar containing the Lac. treaty, 56, 3 n. the Lac. confederacy invade Argos, 57. 58. place themselves between the Argive army and Argos, 59, 3. Agis, with one of the polemarchs (see n.), at the request of two unauthorized Argives, grants a four months' truce, 59, 5 n. 60, 1 n. the Lac. retreat, blaming Agis greatly, § 2–4. the Argives hardly persuaded by the Ath. and their allies to recommence hostilities, 61, 1–3. the Arcadian hostages, kept by the Lac. at Orchomenus, liberated by the Argive confederacy, § 4, 5. the Lac. in displeasure appoint a council of ten to control Agis, 63. hastily march with all their forces to secure Tegea, 64, 1–2. send back for home service one-sixth of their force, including the youngest and oldest, § 3. summon the Corinth., Phocians, and Bœot. to invade Mantineia, § 4. invade and devastate its territory, § 5. the Lac. under Agis decline battle against the Argives strongly posted, 65, 1–3. turn the water from the Tegean upon the Mantinean territory, to draw the Argives into the plain, § 4, 5 nn. meet them in the plain, 66, 1. form in haste to meet them, § 2. the Lac. king issues every order on a field of battle (n.), by what means these reach the men, § 3 n. large proportion of officers in the Lac. army, § 4. the Sciritæ (see n.) always occupy the Lac. left. Order of the Lac. and their allies; their cavalry (iv. 55, 1) on each wing, 67, 1. the amount of the Lac. force in the field unknown, but computed from the lochi engaged, 68. for the number contained in each of the various divisions enomotia, pentecostys, lochus, see note. Individual exhortations and war-songs of the Lac. 69, 2 n. the Lac. advance slowly to the sound of flutes, 70, nn. the Sciritæ on the Lac. left out-flanked by the Mantineans, 71, 2. a flank movement being ordered, they leave a gap in their line, § 3 n. unable to reclose it, 72, 1. their left wing beaten and driven back to the baggage wagons, § 3. the three hundred horsemen (so called) of the Spartans, § 4 n. the Lac. (with the exception of their left) victorious, § 4. the Lac. and Tegeans out-flank and double upon the Ath. 73, 1. but are called off to aid their own left, § 2, 3. they fight long and obstinately, but make brief pursuit, § 4. their loss, 74, 3. dismiss their allies and return home to celebrate the Carneia, 75, 1 2. the victory restores their former reputation, § 3. while the Lac. observe the Carneia, the Argive confederacy invade Epidaurus, § 4–6. the Lac. offer peace to the Argives to facilitate an oligarchic revolution at Argos, 76, 1, 2 n. the treaty of peace, 77, nn. their army returns home. The Argives forsake their allies and ally themselves with Lac. 78. treaty of alliance, 79, nn. with the Argives try to persuade Perdiccas to join them, v. 80, 2 n. the Mantineans join them, relinquishing the command of their subject states, 81, 1 n. with the 1000 Argives (see 67, 2 n.) they effect oligarchical revolutions in Sicyon and Argos, § 2 n. settle the affairs of Achaïa, 82, 1. celebrating the Gymnopœdiæ are too late to aid their friends at Argos, 82, 2, 3 n. determine on war against Argos, § 4. invade Argolis, destroy the Long Walls of Argos, take Hysiæ and slaughter its people, 83, 1, 2. their confederacy with Perdiccas draws upon him the hostility of Athens, § 4. the Argive friends of Lac. removed and the Lac. colony of Melos invaded by the Ath. 84. reprisals between the Lac. and Ath. 115, 2 n. prevented by the sacrifices from crossing their border, 116, 1. devastate part of Argolis, carry off grain, establish Arg. exiles at Orneæ, and return, vi. 7, 1. ineffectually prompt the Chalcidians of the Thracian Border to join Perdiccas against the Ath. § 4. their being quiet prevents hostilities against the Ath. from others, vi. 10, 3 n. single states more open to their influence against Athens than a ruling state with subject allies would be, 11, 3. battle of Mantineia unavoidable by them through Alcibiades' diplomacy in Pelop. 16, 6. tyranny of Peisistratus' family put down by the Lac. 53, 3. Hippias deposed by them, 59, 4 n. a Lac. force at the Isthmus (during the agitation about the Hermæ at Athens), engaged in some enterprise with the Bœot. vi. 61, 2 n. their active alliance sought by the Syrac. 73. Corinthian ambassadors sent with the Syrac. to Laced. 88, 7, 8. Alcibiades, now an exile, at Lac. § 9. urged by all these to send aid to the Syrac. § 10. speech of Alcibiades to the Lac. 89–92. resolve to fortify

Deceleia and to send aid to Syrac. appoint Gylippus to command the Syrac. and confederate forces, vi. 93, 1, 2. expedition against Argolis stopped at Cleonæ by an earthquake, 95, 1. their loss by a plundering incursion of the Argives into the Thyrean territory, § 2. two Lac. with two Corinth. ships, and Gylippus, reach Tarentum, vi. 104, 1. are blown out to sea, and return to Tarentum, § 2. the Lac. invade and waste Argolis; AID TO ARGOS against them from Athens VIOLATES THE TREATY, 105, 1. the Ath. fleet ravages the coast of Laconia, § 2. Lac. succours for Syrac. reach and land at Himera, vii. 1, 1, 2. with reinforcements from Himera, Selinus, Gela, and the Sicels, march overland to Syracuse, § 3–5. met by the Syracusans, 2, 2. march against the Ath. § 3; see Memoir on Map of Syracuse, end of vol. III. for their subsequent proceedings at Syracuse, see Syracuse. prepare to send troops to Syracuse in merchant-vessels, 17, 3. as a diversion in favour of Syracuse, prepare to invade Attica, vii. 18, 1. grounds of their increased confidence of success against the Ath. § 2, 3. preparations for fortifying Deceleia, § 4. invade and devastate the plain, and fortify Deceleia, 19, 1. its position, § 2 n. send off to Syracuse Neodamodes and Helots, under Eccritus, § 3. embassy sent to Lac. from Syracuse, 25, 9. Laconian coast landed on and wasted, and a peninsula opposite to Cythera fortified, by the Ath. expedition on its way to Syracuse, 26, 1. occupying Deceleia greatly impoverish and annoy the Ath. 27, 3–5. 28. shared command at Syracuse with the Corinthians and Syrac. 56, 3. send only one Spartan (Gylippus) to Syracuse with a force of Neodamodes and Helots, vii. 58, 3. their case at Pylus and Sphacteria compared to that of the Ath. at Syracuse, when their naval armament was destroyed, vii. 71, 7. Nicias surrenders to the disposal of the Lac. 85, 1. Gylippus desires to bring the Ath. generals prisoners to Lac. 86, 2. the Lac. friendly to Nicias for his good offices to them, § 3. the allies of the Lac. viii. 2, 1, and the Lac. themselves, in high hope resolve on vigorous exertions to finish the War, § 3, 4 n. by Agis the Lac. levy contributions for their navy, oblige the Œtæans to ransom their cattle, and the Phthiot Achæans to give hostages and money, 3, 1 nn. requisition to their allies for 100 ships, § 2. peninsular fort on the coast of Laconia relinquished by the Ath. viii. 4 n. governors sent for by Agis from Lacedæmon for Eubœa meditating revolt from Athens, 5, 1. he sends one of them to Lesbos, which also had sought aid for revolt, § 2. Agis acts independently of the Lac. government, which meets with less deference from the allies, § 3. receive applications for aid against the Ath. from Chios, Erythræ, and Tissaphernes satrap of Lower Asia, § 4, 5, and from the cities of the Hellespont, and Pharnabazus, viii. 6, 1. struggle at Sparta for preference to each application, § 2. prefer the Chians and Erythræans, through Alcibiades' influence, § 3. ascertain by an agent the condition of Chios and its navy, and resolve to aid it, § 4. an earthquake leads them to reduce the amount of aid, § 5 n. send three Spartan commissioners to Corinth, to hasten the transportation over the Isthmus (see n.) and the sailing of the allied fleet for Chios, viii. 7. three destinations and three commanders chosen for their expeditions to Asia, 8, 2. their contemptuous persuasion of the Ath. weakness, § 3 n. their expedition to Chios delayed by the Corinthians' celebration of the Isthmian Festival, viii. 9, 1 n, 2. the squadron under Alcamenes, chased back by the Ath. to the Cor. Peiræus, disabled, and Alcamenes slain, 10, 3, 4 n. hence the Spartan government hesitates, 11, 3. persuaded by Alcibiades to send their own squadron of five ships with him and Chalcideus, 12 n. the squadron reaches Chios, and induces it, Erythræ, and Clazomenæ to revolt, 14, and Teos, 16. their seamen armed and left at Chios, and their ships manned by Chians, 17, 1, induce Miletus to revolt, § 2, 3. their first treaty of alliance with the k. of Persia, 17, 4. 18. Astyochus high admiral (ναύαρχος) of Sparta; they defeat the Ath. blockading squadron, and sail for Ionia, 20, 1 n. their design against Lesbos executed, as regards Methymna and Mytilene, by the Chian and Pelop. forces under Deiniadas and Eualas, Lac. commanders, 22. Astyochus arrives at Chios, 23, 1. hears of the capture of Mytilene by the Ath. § 2, 3. leads Eresus into revolt, and attempts to extend the revolt of the Lesbian cities, § 4, but fails, and returns to Chios, § 5. Chalcideus the Lac. commander slain in a landing by the Ath. at Panormus in the territory of Miletus, 24, 1. the Chians compared to the Lac. in political prudence, § 4. Theramenes the Lac. commander in charge of a combined Pelop. and Siceliot fleet, informed at Teichiussa of the battle of Miletus by Alcibiades, and persuaded to relieve Miletus, 26 n. they reach it, 28, 1. cooperate with Tissaphernes in the capture of Iasus, § 2, 3. brigade the mercenary troops of Amorges with their own forces, receive ransom for the inhabitants of Iasus, § 4. appoint Pedaritus and Philippus severally governors of Chios and Miletus, § 5 n. Tissaphernes seeks to depart from the subsidy agreed upon at Lacedæmon, viii. 29, 1. but compromises the point, § 2 n. Astyochus takes hostages from Chios to repress a conspiracy for betraying it to the Ath. (cf. 24, 6 n.); is repulsed at Pteleum and Clazomenæ, viii. 31, 1, 2. his fleet plunders the islands off Clazomenæ, and follows him to Phocæa and Cuma, § 3. persuaded by the Lesbians to aid a second revolt, is hindered by the reluctance of the allies; sails to Chios, 32, 1 n. proposes to Pedaritus and the Chians to sail to Lesbos and effect its revolt, § 3. displeased at their refusal sails for Miletus, 33, 1. on his way unconsciously escapes from the Ath. fleet, by being called back to Erythræ, § 2, 3. Hippocrates a Lac. with a squadron of one Lac. one Syracusan, and ten Thurian ships, ordered to guard Cnidus and cruize off Triopium for the Ath. merchant ships from Egypt, 35, 1, 2 n. six of the squadron taken by the Ath. § 3. prosperous condition of their affairs at Miletus, viii. 36, 1. disapprove of their first treaty with the k. of Persia, § 2. terms of the second treaty, 37. Pedaritus executed, for attachment to the Ath. cause, Tydeus a Chian and his associates, 38, 3. the Chians, with Pedaritus their Lac. governor, refused aid by Astyochus, send complaint to Lacedæmon, § 4. fleet sent from Pelop. under Antisthenes by the Lac.; its ultimate destination the Hellespont in aid of Pharnabazus, 39, 1 n. eleven Spartan commissioners on board (see n.), to inquire at Miletus into the conduct of Astyochus, and take the general superintendence of affairs, § 2 n. sails from Malea, at Melos take and burn three

Ath. vessels, and go round by Crete to Caunus, § 3 n. send for convoy to the fleet at Miletus, § 4. Astyochus urged by the Chians, about to aid them, viii. 40 nn, sails for Caunus to join the fleet and Lac. commissioners there, 41, 1. landing on Cos sacks the city and plunders the country, § 2. urged at Cnidus to sail immediately in quest of Charminus' Ath. squadron, § 3. on his way to Syme his ships dispersed in a mist, 42, 1 n. attacked and at first suffered by the Ath. whom he at last defeats, § 2, 3. returns to Cnidus; joined there by the fleet from Caunus, § 5. refit at Cnidus: the commissioners confer with Tissaphernes on past transactions of which they disapproved, and on the future management of the war, 43, 2. Lichas disapproving of both the treaties, for the king's claims to dominion involved in them, § 3, would not accept subsidies on these terms. Tissaphernes leaves them in anger, § 4. hoping to maintain their fleet without aid from Tissaphernes, sail to Rhodes, and induce it to revolt, 44, 1, 2 n. collect a contribution of thirty-two talents from the Rhodians, § 4. the Lac. suspecting Alcibiades send orders to Astyochus for his execution, 45, 1. their cause injured in consequence by his suggestions to Tissaphernes, 45, 2—46. Astyochus, informed by Phrynichus of the injury done to the Lac. interests by Alcibiades, 50, 1, 2, reports his information to Alcibiades and to Tissaphernes, to whom he is said to have sold himself, § 3. informs Alcib. of Phrynichus' offer to betray Samos, § 5. feared by Tissaphernes on account of their having the larger navy; Lichas' language verifies Alcibiades' assertion about them, viii. 52. the Pelop. (under the Lac.) have a fleet at sea equal to the Ath.; a larger number of allied states; and subsidies from the k. and Tissaphernes, viii. 53, 2. fleet of the Pelop. hauled on shore at Rhodes, 44, 4. 55, 1. Xenophantidas a Lac. informs them of the danger of Chios, they purpose to relieve it, § 2. Pedaritus the Lac. governor slain at Chios in a sortie, § 3. Tissaphernes endeavours to renew his connection with them; his motives, 57, 1. sends for them, gives them pay, and makes a third treaty with them, § 2. its terms, 58 nn. their fleet at Rhodes invited by the Eretrians to aid the revolt of Euboea, 60, 1, 2. return to Miletus, § 3. Dercylidas sent overland from Miletus, 62, 1, to the Hellespont to effect the revolt of Abydus, viii. 61, 1 n. Leon a Spartan succeeds Pedaritus as governor of Chios, § 2. Dercylidas effects the revolt of Abydus and Lampsacus, 62, 1. Pelop. fleet, under Astyochus, reinforced by the Chian ships, offers battle to the Ath. fleet at Samos; and returns to Miletus, 63, 2. communications respecting a peace made to Agis by the 400, 70, 2. he slights their overtures, doubting their stability, and approaches Athens, 71, 1 n. repulsed, listens to their proposals; and they send by his advice an embassy to Lacedaemon, § 2, 3. discontent of Peloponnesian armament at Miletus against Astyochus for inaction, and against Tissaphernes for failing in his engagements, 78. they move towards Mycale against the Ath. fleet, which retires to Samos, 79, 1, 2. they retreat again to Miletus on the Ath. being reinforced, § 5. decline battle when offered by the Ath. § 6. detach a division of their fleet from Miletus for the Hellespont, 80, 1, 2. ten of their ships reach the Hellespont and effect the revolt of Byzantium, the rest return to Miletus,

§ 3 n. hear of Alcibiades' reception by the Ath. armament at Samos; their displeasure against Tissaphernes and Astyochus, viii. 83 n. Astyochus endangered in a tumult, 84, 1-3 n. Lichas the Lac. displeases the Milesians by insisting on the submission of the Asiatic Greeks to the k. of Persia, § 5. Mindarus sent from Lac. supersedes Astyochus as high-admiral, 85, 1. an envoy of Tissaphernes accompanies Astyochus, to complain of the ejection of his garrison from Miletus, and to defend him from the charges brought by the Milesians and Hermocrates, § 2. three ambassadors from the 400 at Athens, on their voyage for Lac. seized and delivered to the Argives, 86, 8. Lichas invited by Tissaphernes to come with him to Aspendus for the Phœnician fleet, 87, 1. the Pelop. fleet worse paid in his absence, § 3. Philippus a Lac. sent to Aspendus for the fleet, § 6. Alcibiades endeavours to prejudice the Pelop. against Tissaphernes, 88 n. Ath. embassy of the 400, destined (see 86, 8.) for Lac. motives for sending, 89, 2. twelve ambassadors sent to Lac. from Athens, by the violent aristocrats, to make peace on any terms, 90, 1, 2. no treaty for the people concluded by them, 91, 1. a fleet of Italiot allies, at Las in Laconia preparing to act against Eubœa, § 2. on their way ravage Ægina lying at Epidaurus, § 3. passing Megara and Salamis, alarm Athens, 94, 1. probable motives for this circuit on their voyage to Eubœa, § 2. double Sunium, and reach Oropus, 95, 1. stand out towards the Ath. fleet at Eretria, § 3. a signal given to them from Eretria, § 4. defeat and chase to land the Ath. fleet, § 5. effect the revolt of all Eubœa, § 7. their unenterprising disposition prevents their following up their success. Important results which must have been obtained by doing this, 96, 4. most convenient adversaries for the Ath. § 5. the grand Pelop. fleet, of 73 ships, disgusted by Tissaphernes' duplicity, leaves Miletus for the Hellespont, 99, 1. sixteen ships previously dispatched thither, § 2 n. the fleet arrives at Chios, ib. obtains provisions and money from the Chians, and sails, 101, 1 n. coasts along to Rhœteium on the Hellespont, § 2, 3 nn. take three ships and burn one of the Ath. squadron on its flight from Sestos, 102, 2, 3 n. after one day's unsuccessful siege of Elæus, sail to Abydus, 103, 1. two of their ships taken by the Ath. grand fleet, § 2. their position for the battle off CYNOSSEMA, 104, 2, 3. preliminary movements, § 4, 5. they attack and drive on shore the Ath. centre, 105, 1. get into disorder, § 2. their left and centre routed by the Ath. right; their right retreats from the Ath. left, § 3. they take refuge at Abydus, 106, 1 n. their loss, § 3. their squadron from Byzantium captured by the Ath. at Harpagium, 107, 1. bring off from Elæus the ships taken from them, and send for their squadron at Eubœa, § 3. their sailing for the Hellespont brings Tissaphernes from Aspendus, 108, 3. the Pelop. implicated in the expulsion of Tissaphernes' garrisons from Antandrus, § 4, 5, and from Miletus and Cnidus, 109.

Character and Institutions of the Lac. Delay and supineness imputed to them, i. 69, 1-7. instances of, § 9. i. 118, 2. viii. 96, 4, 5 n. contrasts between their character and that of the Ath. i. 70. their manners and institutions contrasted with those of the Ath. ii. 37. severity of their military discipline contrasted with the

Ath. 39. their expulsion of aliens, i. 144, 2 n. ii. 39, 2 n. their cruelty, 67, 5. iv. 82, 3. advantageous points in their national character, i. 84, 1-6 nn. inexperience in maritime warfare, ii. 85, 1, 2. Laconian brevity alluded to, iv. 17, 2 n. they appoint three in order of succession to command on any detached service, iv. 38, 1 n. secresy observed by their government, v. 68, 1. the king issues every order in battle, v. 66, 2, 3 n. they fight obstinately; make brief pursuit, v. 73, 4 n. forbear hostilities during the Carneia and the month Carneius, v. 54, 2, 3 n. 75, 2, 5. 76, 1. also during their Gymnopædiæ, v. 82, 2, 3. time and manner of celebration of these, ib. n. desist from an undertaking on occurrence of an earthquake, i. 101, 2. iii. 89, 1. v. 50, 5. vi. 95, 1.

Lacedæmonius, s. of Cimon, an Ath. commander of the first aid sent to Corcyra, i. 45, 1.

Laches, s. of Melanopus, an Ath. commander of the first Ath. expedition to Sicily, iii. 86, 1. by death of Charœades sole commander, reduces Mylæ, and compels Messana to give hostages, iii. 90, 2-5. takes a fort in Locris (cf. 115, 7), 99. landings and victory in Epizephyrian Locris, 103, 3. superseded by Pythodorus, 115, 2. his expedition to Sicily alluded to, vi. 1, 1. 6, 2. 75, 3 n. *The following* passages also probably refer to the same person. Laches, an Ath. moves the ratification of the one year's truce, iv. 118, 7, n. commissioner for concluding fifty years' peace, v. 19, 2. and the fifty years' alliance between the Ath. and Lac. 24. 43, 2 n. commands the succour sent to Argos, 61, 1. slain at Mantineia, 74, 3.

Lacon, s. of Aeimnestus, a Plat. speaks in defence of the Platæans, iii. 52. 7.

Lade, an island off Miletus, an Ath. squadron lies there observing Miletus, viii. 17, 3 n. 24, 1; see Herod. vi. 7, 3. and Pausan. i. 35, 6.

Lææans, a tribe of the Pæonians, on the r. Strymon, ii. 96, 3 n. 97, 2.

Læspodias, commander of an Ath. fleet, violates the treaty between Ath. and Lac. vi. 105, 2. sent as envoy from the 400, seized and delivered to the Argives, viii. 86, 9 n.

Læstrygones, according to legends the most ancient inhabitants of part of Sicily, vi. 2, 1; see Cluv. Sic. p. 15.

Lakes, see Acheron, Bolbe, Lysimeleia.

Lamachus, s. of Xenophanes, an Ath. sails into the Pontus, iv. 75, 1. his ships swept away by a torrent in the r. Calex, § 2 nn. marches overland to Chalcedon, § 3. swore to the fifty years' peace, v. 19, 2. to the fifty years' alliance, 24, 1. one of the three commanders of the Ath. expedition to Sicily, vi. 8, 2. his plan of operations, 49, nn. gives way to Alcibiades, 50, 1. cut off and slain by the Syrac. 101, 5, 6. his body recovered by the Ath. 103, 1.

Lamis, a Megarean, founds Trotilus and Thapsus, in Sicily, vi. 4, 1.

Lamphilus, see Laphilus.

Lampon, an Ath. swore to the fifty years' peace, v. 19, 2, to the fifty years' alliance, 24, 1.

Lampsacus, given by Artaxerxes to Themistocles to furnish him with wine; very productive of it, i. 138, 8 n. the refuge of Hippias on his banishment, vi. 59, 4. its tyrant Hippoclus (Herod. iv. 138), 59, 3. drawn into revolt from the Ath. by Dercylidas and Pharnabazus, viii. 62, 1. recovered by the Ath. under Strombichides, § 2. for its site see Strabo xiii.

Land submerged at Orobiæ, iii. 89, 2 n.

Laodicium in Oresthis, in the S. of

Arcadia, scene of a battle between the Tegeans and Mantineans, iv. 134, 1 n.

Laophon, f. of Calligeitus, a Megarean, viii. 6, 1.

Laphilus, a Lac. swore to the fifty years' peace, v. 19, 2, and the fifty years' alliance, 24, 1.

Larisa, on the coast of Asia, between Lectum and Sigeium, viii. 101, 2 n.; see Strabo xiii.

Larisa, in Thessaly, aid sent thence to Athens, ii. 22, 4. the factions at Larisa, § 5 n. Niconidas of L. aids the passage of Brasidas through Thessaly, iv. 78, 2. orthography of Larisa, ib. n.

Las, a sea-port town of Laconia; expedition against Eubœa fitted out there, viii. 91, 2 n. 92, 3.

Latmos, a corrupt reading at iii. 33, 4; see Patmos.

Latomiæ, or Lithotomiæ, of Syracuse, vii. 86, 2; see Syracuse and Quarries.

Laurium, a m. ridge in Attica, between Sunium and Thoricus, rich in silver, ii. 55, 1. revenues from the mines in, vi. 91, 7; see Pausan. in Atticis, i. 1, 1. and Meursius de Pop. Att. p. 69.

Laws, unwritten, at Athens, ii. 37, 4 n. iii. 37, 3 n. permanent laws preferable to mutable, iii. 37, 3 n.

Lead used with iron cramps in fortification, i. 93, 6 n.

Leæi, see Laæi.

Leager, f. of Glaucon, an Ath. i. 51, 4.

Learchus, s. of Callimachus, an Ath. envoy to Sitalkes, instrumental to the seizure in Thrace of Lac. ambassadors to Persia, ii. 67, 2, 3.

Lebedus, a city on the coast of Ionia, between Teos and Colophon (see Herod. i. Strab. xiv.), led into revolt from the Ath. by the Chians, viii. 19, 4.

Lectum, a cape forming the SW. point of the Troad, viii. 101, 3.

Lecythus, a peninsular part of Torone occupied as a port by the Ath. iv. 113, 2 n. Brasidas summons it to surrender, 114, 1. attacked, 115. taken, 116, 1. dismantled, cleared and consecrated, § 2 n.

Left foot alone shod, for firm footing, iii. 22, 3 n.

Legend of Alcmæon, ii. 102, 7—10 nn.

Legislative committee, or council, at Athens; (ξυγγραφεῖς) appointed by the aristocratic party, viii. 67, 1 n, 2; (νομοθέται) by the moderate and mixed government, 97, 2 n.

Lemnos, an island between Athos and the Hellespont. Samian hostages placed there by the Ath. and recovered by the Samian exiles, i. 115, 4, 5 n. the pestilence appears there prior to its outbreak in Athens, ii. 47, 4. the Lemnians aid the Ath. against Lesbos, iii. 5, 1. Lemnian troops at Athens selected to go against Sphacteria, iv. 28, 4. Tyrrheno-Pelasgians the former possessors of Lemnos, 109, 3 n. the flower of the Lemnian troops under Cleon at the battle of Amphipolis, v. 8, 2. the Lemnians a colony from Athens; among the allied troops at Syracuse, vii. 57, 2 n. dialect and institutions identical with those of the Ath. ib. the Ath. squadron at Sestos takes flight thither, viii. 102, 2.

Leocorium, temple of daughters of Leos, in the inner Cerameicus, at Athens; Hipparchus slain near it, i. 20, 3 n. vi. 57, 3 nn.

Leocrates, s. of Stræbus, an Ath. defeats the fleet and besieges the city of Ægina, i. 105, 3.

Leogoras, f. of Andocides, an Ath. i. 51, 4.

Leon, a Lac. one of the founders of Heracleia in Trachis, iii. 92, 8.

Leon, a Lac. ambassador to Athens, v. 44, 3. Leon, f. of Pedaritus, a Lac. viii. 28, 5. Leon, a Spartan, succeeds

Pedaritus, as Spartan governor of Chios, 61, 2.

Leon, an Ath. who swore to the fifty years' peace, v. 19, 2. and the fifty years' alliance, 24, 1. an Ath. commander sent against Lesbos, viii. 23, 1. proceeds to attack Chios, 24, 2, 3. sent with Diomedon to supersede Phrynichus and Scironides, 54, 3. sails against Rhodes, lands and defeats the Rhodians, 55, 1. at Samos submits unwillingly to the oligarchy, 73, 4.

Leon, a place in the Syracusan territory opposite to which the Ath. landed, vi. 97, 1; see Cluverii Sic. pp. 147. 171.

Leonidas, f. of Pleistarchus k. of Sparta, i. 132, 1.

Leontiades, f. of Eurymachus, a Theban, ii. 2, 3.

Leontini, or the Leontines, name both of a city and people (see n. vi. 4, 3.) in Sicily; founded by Euboean Chalcidians, vi. 3, 3. its territory between Syracuse and Catana, 65, 1. at war with Syracuse, iii. 86, 2. their allies, § 3 n. persuade the Ath. to aid them, § 4. allies of Naxos in Sicily, iv. 25, 9. attack Messana, defeated with loss, § 11, 12. revolution caused by proposal to redivide land; democracy expelled; other party migrates to Syracuse, v. 4, 2 n, 3. portions of both parties return to Phoceæ (or Phocœæ,) in Leontini, and Bricinniæ, and war against Syracuse, § 4. embassy from Ath. of Phæax on their behalf, § 5, 6. reestablishment of the L. a professed object of the Ath. expedition to Sicily, vi. 8, 2 n. 19, 1. 33, 2. 47. 48. 63, 3. 76, 2. 77, 1. 84, 2. the L. as Chalcidians, akin to the Rhegians, who refuse aid, vi. 44, 3. 46, 2. 79, 2. L. in Syracuse, called on by the Ath. to join them, vi. 50, 4 n.

Leotychides, k. of the Lac. commanded at battle of Mycale; returns home after it, i. 89, 2.

Lepas Acræum, a strong position in the valley of the r. Anapus, where the Ath. were repulsed by the Syrac. vii. 78, 5 n.

Lepreum, a city in the southern part of Triphylia, a cause of variance between the Eleians and Lac. v. 31, 2. subject to payment of rent to the Eleians, ib. n. refuse payment and refer the matter to the Lac. § 3. the Lac. declare the Lepreatæ independent of Elis, § 4. emancipated Helots and Neodamodes settled there by the Lac. v. 34, 1. the Lac. by introducing troops into Lepreum violate the *Olympic Truce*, 49, 1 n. Lepreum demanded by the Eleians, § 5. the Lepreatæ absent from the Olympic festival, 50, 2. the Eleians displeased at their allies not marching against Lepreum, v. 62.

Lerus (with v. l. Derus, and Eleus), an island off Miletus. The combined Sicilian and Pelop. fleet arrive there, viii. 26, 1 n. 27, 1.

Lesbos, an island off the coast of Æolis. The Lesbians, a colony from Bœotia, n. to iii. 2, 3. of Æolic race, ib. and vii. 57, 5. viii. 103, 3 n. the Lesbians, with the Chians, the only allies of Athens who retained a fleet, i. 19, 1. summoned to aid the Ath. expedition against Samos, 116, 1. send ships, § 2. 117, 3. in Ath. confederacy furnish ships, ii. 9, 5, 6. on an Ath. expedition against the coasts of Pelop. 56, 2. vi. 31, 2. Lesbos, all but Methymna, revolts from Athens imperfectly prepared, iii. 2, 1, 2. information given against them to Athens, § 3 nn. scheme for collecting the population into Mytilene, ib. n. revolt of Lesbos disbelieved by the Ath. 3, 1; see Mytilene. The Lesbians admitted into the Lac. confederacy, 15, 2. the affairs of Lesbos set in order by Paches the Ath. commander, iii. 35, 2. the whole soil of Lesbos, excepting Methymna, forfeited and appropriated, one-tenth to the gods, the rest to the Ath. citizens, 50, 3 n. the Lesbians become mere tenants, ib. n. Lesbian exiles take Rhœteium and give it up for a ransom, iv. 52, 2. they take Antandrus; their designs upon Lesbos and the Æolic continental cities, § 3. the Lesbians, supported by the Bœotians, apply to Agis for aid to revolt from Athens, and are favourably received, viii. 5. 2, 4. 7. the Pelop. determine to aid Lesbos, 8, 2. a Chian squadron sails to Lesbos and induces Methymna and Mytilene to revolt, viii. 22. the Ath. sail against Lesbos, 23, 1. Astyochus sails too late to succour it, § 2. the Ath. had taken Mytilene, § 4. Astyochus finds the Lesbians disinclined to persevere in revolt, § 5. order restored in Lesbos by the Ath. § 6. the Ath. squadron carries on the war against Chios from Lesbos, 24, 2. Lesbian emissaries apply to Astyochus for aid to revolt again, 32, 1. Pedaritus and the Chians refuse to employ the Chian force on that service, § 3. the Ath. armament from Samos against Chios provide at Lesbos the requisites for fortification, 34. leave Lesbos for Chios, 38, 2. the Ath. fleet at Lesbos watching for the Pelop. fleet on its way to the Hellespont, 100, 2. the Ath. preparations against Eresus in Lesbos, § 3-5. Lesbos passed by the Pelop. fleet sailing for the Hellespont, 101.

Letter, see Epistle.

Letters, or Characters, see Assyrian.

Leucas, a peninsula (in later times an island) on the coast of Acarnania N. of Cephallenia, ii. 30, 3. iii. 81, 1. 94, 2 n. a Corinthian colony, i. 30, 2. the Leuc. invited to colonize Epidamnus, 26, 2. the Leucadians send ten ships with the Cor. armament for the relief of Epidamnus, i. 27, 4. Leucas ravaged by the Corcyræans, 30, 2. a Corinthian encampment at Cheimerium for its protection, § 4. ten Leuc. ships in the Corinthian fleet against Corcyra, which touches at Leucas, 46, 2, 3. allies of the Lac. confederacy, ii. 9, 2. L. the rendezvous for the Pelop. expedition against Acarnania, ii. 80, 2, 4. Leuc. troops in the march against Stratus, 81, 3. the ships at Leucas sail to Cyllene, 84, 5 n. a Leuc. ship in pursuit of an Ath. sunk at Naupactus, 91, 2, 3. 92, 4. the Leucadian ships separate from the Pelop. fleet, 92, 7. the Leucadians kill Asopius, an Ath. commander, in his attack on Nericus, iii. 7, 4, 5. with Brasidas at Cyllene reinforce the Pelop. fleet under Alcidas, 69, 2. fire signals from Leucas to the Pelop. fleet at Corcyra, 80, 3. Pelop. fleet dragged across the Isthmus of Leucas, 81, 1. descent of the Ath. and Acarnanians upon the territory of Leucas, 94, 1, 2. attack upon Leucas abandoned, the Acarnanians displeased, 95, 1, 2. 102, 3. Corinthian garrison-troops in Leucadia, iv. 42, 3. Gylippus at Leucas on his voyage to Sicily: two Leucadian ships furnished, vi. 104, 1. the Corinthian ships sail thence, vii. 2, 1. the Leuc. ships arrive at Syracuse, 7, 1. the Leuc. aid Syracuse as of kindred (Corinthian) origin, 58, 3. the Pelop. ships returning from Syracuse attacked off Leucas by an Ath. squadron, viii. 13. one Leuc. ship taken by the Ath. at Cynossema, 106, 3.

Leucimme, a promontory on S.E. coast of Corcyra; a trophy erected there by the Corc. i. 30, 1 n. a station for the Corc. land and seaforces, § 4. their land-forces there during battle of Sybota, 47, 2. the Ath. second reinforcement arrives there, 51, 4. the Pelop. land there and devastate the Corc. territory, iii. 79, 3; see Strabo vii.

Leuconium, in Chios, the Chians defeated there by the Ath. viii. 24, 3.

Leucon Teichos, or White Castle, in Memphis, holds out against Inaros and the Ath. i. 104, 2.

Leuctra, on the borders of Laconia, the march of Agis arrested there by unpropitious sacrifices, v. 54, 1 n, 2 n; see Strabo ix.

Libations poured at the sailing of an expedition, vi. 32, 1 n, 2.

Light troops, see Soldiers.

Libya and Libyans. Inaros, k. of the Libyans, bordering on Egypt, i. 104, 1. 110, 3. the Ath. escape from Egypt across Libya to Cyrene, 110, 1. the pestilence visits L. ii. 48, 1. ships from L. to Laconia, iv. 53, 3. Phocians returning from Troy driven to Libya, vi. 2, 3. Pelop. aids for Syracuse driven to the coast of Libya, vii. 50, 1, 2. the Libyans besiege the Euesperitæ, ib. n. coast of Sicily facing Libya, 58, 2.

Lichas, son of Arcesilaus, a Lac. victorious at Olympia, scourged by the Eleian lictors, v. 50, 4. refuses to renew the truce with Argos, 22, 2. (see 14, 3.) offers the Argives peace; is proxenus to the Argives, 76, 3. on the commission to examine the conduct of Astyochus, viii. 39, 2. dissatisfied with the two first treaties with the k. of Persia, 43, 3. rejects them and demands a fresh one, § 4. verifies Alcibiades' insinuation against the Lac. 52 n. displeased at the Milesians' ejecting Tissaphernes' garrison, incurs their enmity; they will not allow him when dead to be buried in the place desired by the Lac. 84, 5. invited by Tissaphernes to go with him to Aspendus, 87, 1.

Ligyes, or Ligurians, the Sicanians driven by them out of Iberia, vi. 2, 2 n.

Limera, Epidaurus, see Epidaurus.

Limnæ, or the Marshes, the site of a temple of Dionysus at Athens, ii. 15, 5; see Meursii Athen. Att. iii. 4.

Limnæa, a village in the territory of Argos Amphilochicum, ii. 80, 11 n. iii. 106, 2.

Lindii, earliest name of Gela in Sicily, founded chiefly by Lindians, vi. 4, 3 n.

Lindus, one of the three states of Rhodes, viii. 44, 2 n.

Line, see Battle and Circumvallation.

Linen, tunics of, formerly worn by the Ath. i. 6, 3 n.

Linseed, sent in as food for the garrison of Sphacteria, iv. 26, 8.

Lipara, one of the islands of Æolus, N. of Sicily, iii. 88, 3. (see Cluverii Sic. p. 401.) the Liparæans a colony from Cnidus, § 2.

Lists, κατάλογοι, at Athens, of persons liable to military service, vi. 31, 3 n. cf. v. 8, 2 n.

Lithotomiæ, or Quarries of Syracuse used as a prison for the Ath. vii. 86, 2. 87, 1.

Loans, consecrated treasures available as, i. 121, 3. 143, 1. ii. 13, 3–5 nn.

Lochus, a military division. The Lochi of the Lac. iv. 8, 9. five, ib. n. organization and amount of men in, v. 68, 3 n. no lochus named Pitanates, i. 20, 4 n.—Lochi, the five of the Argives, regarded by Arnold as different from, but by Poppo as identical with, "the older troops" "τοῖς πρεσβυτέροις καὶ πέντε λόχοις." v. 72, 4, n. Lochi of the Corinthians at battle of Solygeia, iv. 43, 1, 4.

Locrians; *without specification* = Opuntian, at battle of Coroneia, i. 113, 3 n. furnish cavalry to the Lac. Confederacy, ii. 9, 2, 3 n. descent on their coast by the Ath. ii. 26, 2. = *E*-*pizephyrian*, allies of Syracuse, iii. 86, 3. = *Ozolian*, allies of the Ath. iii. 97, 2. = *Opuntian and Epicnemidian*, pursue the Ath. after the

battle of Delium, iv. 96, 7. — *Ozolian,* at war with the Phocians, v. 32, 2. — *Opuntian,* allies of Lac. v. 64, 4. have to provide ships, viii. 3, 2. the Persians' former possession of their territory, viii. 43, 3.
Opuntian L. give hostages to the Ath. i. 108, 2 n. island Atalante off their coast: their privateers, ii. 32, 1 n. inroad of the sea there, iii. 89, 3 n.
Ozolian, L. constantly carried weapons, i. 5, 3, 4. Naupactus taken from them by the Ath. i. 103, 3. on the route from Naupactus to Doris, iii. 95, 1. Œneon in their territory the starting point and refuge of Demosthenes, 95, 3. 98, 2. allies of the Ath. neighbours to the Ætolians, and similarly armed, 95, 4. Eupalium in Locris, 96, 2. the Oz. L. light-armed darters, 97, 2. give hostages to the Pelop. expedition against Naupactus, iii. 101. their several tribes, iii. 101, 2–4 n. Œneon and Eupalium resisting are taken by the Pelop. 102, 1 n.
Epizephyrian L. The Ath. land, defeat them, and take a guard fort, iii. 99 n. defeated again by the Ath. 103, 3. repulse the Ath. 115, 7. aid the Syrac. in seizing Messana, iv. 1, 2. invade and devastate the Rhegian territory, § 3, 4. iv. 24, 2. with the Syrac. defeated by the Ath. 25, 2 n. retreat from the Rhegian territory, § 3. Locrian settlers expelled from Messana, v. 5, 1. the last to make peace with the Ath. § 3. give no reception or succour to the Ath. armament, vi. 44, 2. Gylippus touches on their coast, vii. 1, 1, 2. an Ath. squadron on their coast, vii. 4, 7. a Syrac. squadron there, 25, 3. Demosthenes' expedition for Syracuse does not put in at their ports, 35, 2. their ships on the Lac. expedition against Eubœa, viii. 91, 2.

Locris, Opuntian, ii. 32, 1. its coast ravaged by the Ath. iii. 91, 7. Ozolian, iii. 95, 3. 96, 2. 101, 2.
Long Walls, of Athens, built through the supineness of the Lac. i. 69, 1. began to be built, i. 107, 1. completed, 108, 2. extent of, ii. 13, 8, 9 n. afford quarters to the country people who sought refuge in Athens, ii. 17, 3. of Megara, built and garrisoned by Ath. i. 103, 4. extended from Megara to Nisæa, their length, ib. iv. 66, 4. taken by the Ath. 68, 4. the Megareans raze them to the ground, iv. 109, 1 n. at Argos, built by the popular party, v. 82, 5, 6. taken and destroyed by Agis, v. 83, 2. construction of, at Patræ and Achaïc Rhium, suggested by Alcibiades, 52, 2.
Loryma, on the coast of Caria, opposite Syme and Rhodes; attacked by the Ath. viii. 43, 1; see Strabo xiv. and Livy xlv. 10.
Lot, priority in the execution of a treaty decided by, v. 21, 1. commands assigned by, viii. 30, 1, 2.
Lycæum, a m. in Arcadia near the frontier of Laconia, opposite Leuctra, v. 16, 3 n. 54. 1; see Pausan. in Arcadicis.
Lycia, an Ath. squadron cruises off the coast of Lycia; Melesander, its commander, slain there, ii. 69. Charminus cruises there to meet a Pelop. fleet, viii. 41, 4.
Lycomedes, f. of Archestratus, an Ath. i. 57, 4. f. of Cleomedes, v. 84, 3.
Lycophron, a Lac. one of the three Lac. councillors sent to Cnemus, ii. 85, 1.
Lycophron, one of the two Corinth. generals at the battle of Solygeia, iv. 43, 1, 5. slain by the Ath. iv. 44, 2.
Lycus, f. of Thrasybulus, an Ath. viii. 75, 2.

Lyncestian Macedonians, occupying the northernmost part of Upper Macedonia, ii. 99, 2. Lyncus (or Lyncestis) the kingdom of Arrhibæus; Perdiccas marches against it; the pass into it, iv. 83, 1 n, 2 n. invaded by Perdiccas and Brasidas, 124, 1, 2. Lyncestian M. beaten by Perdiccas and Brasidas, § 3. flight of Perdiccas out of Lyncus, 125, 1. retreat of Brasidas through it, 125, 2—128. events contemporaneous with this invasion and flight, 129, 2.

Lysicles, f. of Habronichus, an Ath. with four colleagues sent from Athens to levy contributions on the allies, iii. 19, 1. slain in Caria, § 2 n.

Lysimachidas, a Theban, f. of Arianthidas, iv. 91.

Lysimachus, f. of Aristeides, an Ath. i. 91, 3.

Lysimachus, f. of Heracleides, a Syrac. vi. 73.

Lysimeleia, lake or marsh of, at Syracuse, Syracusans driven into it by the Etrurians, vii. 53, 2 n; see Cluverii Sic. p. 173.

Lysistratus, an Olynthian, heads a party of seven for the surprise of Torone, iv. 110, 3.

M.

Macarius, a Spartan, accompanies Eurylochus' expedition against Naupactus, iii. 100, 3 n. slain at battle of Olpæ, 109, 1.

Macedonia and Macedonians. Perdiccas k. of, i. 57, 1. kings of M. of Greek descent, the people barbarian, ib. n. Ath. armament against, i. 57, 4. 58, 1. aids Philip and Derdas, 59, 2 n. Ath. fleet on its coast, 60, 1, reinforced from Athens; Therme taken and Pydna besieged, 61, 1 n. the Ath. make peace with Perdiccas, treacherously attempt Beroea; have with them Macedonian cavalry of Philip and Pausanias, i. 61, 2. Macedonian troops sent by Perdiccas to the Pelop. and Ambraciot expedition against Acarnania, ii. 80, 10. Thracian expedition of Sitalkes against Macedonia, to place Philip on the throne, ii. 95. 98, 2. 100, 3. Lower Macedonia the kingdom of Perdiccas, 99, 1. the tribes of Upper Macedonia; Elimeiotæ, Lyncestæ, &c. § 2. rise and formation of the Macedonian kingdom, § 3 nn. geography of, ib. n. its kings descendants of Temenus, § 4 n. the M. retreat from Sitalkes into strong positions and fortresses, 100, 1. Archelaus, son of Perdiccas, improves its military organization, § 2. succession of the kings of M. ib. n. Philip's former dominions first invaded by the Thracians, § 3 n. Brasidas at Dium in Perdiccas' kingdom, iv. 78, 6, invited to aid him against Arrhibæus k. of the Lyncestian M. § 2; see *Lyncestian M.* Perdiccas' kingdom blockaded by the Ath. v. 83, 4 n? Methone on the borders of Macedonia garrisoned by the Ath. annoys the territory of Perdiccas, vi. 7, 3.

Machærophori, see Sworded Thracians.

Machaon, a Corinth. commander in the action outside the Corinthian gulf, ii. 83, 4.

Machines, see *Engines*.

Mæander, plain of, iii. 19, 2. the third treaty between the Lac. and Tissaphernes made there, viii. 58, 1; see Herodot. i. and ii.

Mædi, a Thracian tribe on the W. side of the r. Strymon, ii. 98, 3; see Polyb. x.

Mænalia, a region of Arcadia on the Laconian border, v. 64, 3 n. Mænalian allies of the Lac. at battle of Mantineia, 67, 1. their hostages to be liberated, 77, 1 n; see Pausan. in Arcadicis.

Magnesia, Asian, given to Themistocles by Artaxerxes for bread, i. 138, 8 n. Astyochus visits Alcibiades and Tissaphernes there, viii. 50, 3.

Magnetes, a people occupying the coast E. of Thessaly, ii. 101, 2.

Malea, a S. E. (?) promontory of Lesbos, the station of the Ath. blockading force, iii. 4, 5 n. 6, 2 n.

Malea, a prom. of Laconia, N. E. of Cythera, iv. 53, 2. 54, 1. Pelop. fleet sails thence for Caunus, viii. 39, 3; see Strabo viii. xiii.

Malian Gulf, opposite N.W. point of Euboea, some Ætolian tribes near it, iii. 96, 3 n. darters and slingers from, in Bœot. service, iv. 100, 1. Agis' incursion thither against the Œtæans, viii. 3, 1. Malians, inhabiting its coasts, three divisions of, iii. 92, 2 n. defeat the Heracleots of Trachis, v. 51, 1, 2.

Maloeis, Apollo, so named from Malea in Lesbos; his festival there, iii. 3, 3. the Ath. design to surprise Mytilene during that festival, § 3–6.

Manœuvres, movements, operations and tactics;—of Aristeus against Callias before Potidæa, i. 62, 3. 63, 2 nn. defensive of the Platæans against the Pelop. ii. 75, 4—76, 3. offensive of the Pelop. against the Platæans, 76, 4. 77 nn. of the Stratians against the Chaonians, ii. 81, 3–6. defensive, of the Pelop. fleet, 83, 5. (cf. iii. 78, 2.) of Phormio against them, ii. 84, 1–3 nn. of the Pelop. to intercept Phormio, 90 nn. of the Pelop. to surprise the Peiræeus of Athens, 93 nn. of Demosthenes and the Acarnanians against the Pelop. and Ambraciots, iii. 107. 108. of Demosth. to surprise the Ambraciot succours, 112 n. in attack upon the Lac. in Sphacteria, iv. 32 nn. of Brasidas before Megara, iv. 73, 1–3. at Amphipolis against Cleon, v. 6—10. of the Bœotians against Delium, iv. 100.

Mantineia and Mantineans. M. troops kept together at battle of Olpæ, iii. 107, 7. make the most orderly retreat, 108, 4. escape by a secret engagement with Demosthenes, 109, 2. 111. 113, 1. war against the Tegeans, iv. 134, 1. disputed victory, § 2. Mantinic War proves the 50 years' Treaty ineffectual, v. 26, 2 n. the M. with their subject allies join the Argive alliance, v. 29, 1, 2. 37, 2. the Parrhasians their subjects; Cypselus held by them, 33, 1. they abandon the Parrhasian territory, § 2. urged by Alcibiades, 43, 3. send an embassy to conclude an alliance with Athens, 44, 2. Alcibiades' efforts to effect it, 45, 3. with Argos and Elis, conclude an alliance with Athens, 47. Demiurgi, council and magistrates to swear to the treaty; the oaths to be administered by the Theori and Polemarchs, § 9 n. to inscribe the treaty on a stone pillar in the temple of Zeus in the forum, § 11. one thousand M. troops attend the Olympic festival as a guard, v. 50, 3. congress summoned at M. 55, 1. with their subject allies aid Argolis invaded by the Lac. 58, 1. obtain, at Argos, for the Ath. a hearing against the truce with the Lac. 61, 1, 2. take hostages from Orchomenos, 61, 5. direct the allies against Tegea, 62. invaded by the Lac. 64, 4, 5. the water (the cause of war between M. and Tegea) turned upon the M. territory by Agis, v. 65, 4. plain of M. ib. n. Mantineans on the right wing at battle of Mantineia, 67, 2. their supremacy or subjection depended on the issue, 69, 1. outflank Lac. left wing, 71, 2, 3. with the thousand Argives defeat it, 72, 3. 73, 2. on defeat of the rest of their army, themselves take flight, with loss, 73, 3, 4. 74, 3. with the Argive Alliance invade Epidaurus, 75, 5. all hostages detained at M. to be delivered to the Lac. 77, 1, cf. 61, 5. the Argives renounce alliance with the M. 78. the M. join the Lac. Alliance and resign their sovereignty over their subject allies, 81, 1. the Lac. risked all at the battle of M. vi. 16, 6 n. M. join the Ath. armament against Syracuse through Alcibiades, vi. 29, 3. 43. 61, 5. on the right wing in first battle of Syracuse, 67, 1. honourably noticed by Nicias, 68, 2. Alcibiades, for having brought about the battle of M. fears the Lac. 88, 9. he justifies it, 89, 3. the M. aided by the Ath. 105, 2. like other Arcadians serve for hire against any, vii. 57, 9 n.

Marathon, battle of, tyrants in Greece deposed not long before, i. 18, 1. the Ath. fought unaided there, 73, 4 n. the Ath. who fell there buried on the field, ii. 34, 6. Hippias with the Persians at Marathon, vi. 59, 4.

Marathussa, an island off Clazomenæ, viii. 31, 2.

March, order of, in retreat, see *Square*.

Mareia, a city of Libya, inland of Pharos, i. 104, 1.

Maritime powers, early; the Corinthians, i. 13, 5. the Ionians, § 6. Polycrates of Samos, § 7. Phocæan founders of Massilia, § 8.

Marriage, rites of, regarded as a religious solemnity by Thucyd. ii. 15, 7 n. disputes concerning, occasion of war between Egesta and Selinus, vi. 6, 2. between the popular and aristocratic parties in Samos, forbidden, viii. 21.

Massilia, founded by Phocæans, i. 13, 8 n.

Measures of length: of a day and night's sail, ii. 96, 1 n. of a day's journey, ib. of the circuit of Sicily, vi. 1, 2 n. in stades, of the circuit of the walls of Athens, with the Long Walls, Peiræeus, and Munychia, ii 13, 8, 9 nn. in plethra, of the Ath. outwork at Syracuse, vi. 102, 2 n. of capacity, chœnix and cotyle, iv. 16, 1 n. vii. 87, 1 n. of ships' burthen reckoned by talents, vii. 25, 6 n.

Mecyberna and the Mecybernæans. the M. secured in their possessions by the fifty years' Peace, v. 18, 5 n. surprised and taken by the Olynthians, v. 39, 1; see Herodot. vii. 122, 2. Pliny iv. Strab. Epit. vii.

Mede, the designation generally used by Thuc. for Mede or Persian indifferently: the Mede, i. 69, 9. 74, 5. 77, 6. 92, 1. 102, 5. iii. 54, 3. vi. 17, 7. 33, 6. 76, 3, 4. 82, 3. 83, 1. the Medes, i. 86, 1. 89, 2 *bis*. 94, 2. 144, 5. vii. 21, 3. Medes against Ath. at Marathon, i. 18, 1. Hippias with them there, vi. 59, 4. retreat of, i. 93, 10. lose Eïon on the Strymon, 98, 1 n. double victory over them at r. Eurymedon, i. 100, 1. lose Byzantium, 128, 5. first fruits at Delphi from their spoils, 132, 1. Sestus held by them, viii. 62, 3 n.—*Persians and Medes*, at the White Castle in Memphis, i. 104, 2.—the Median War (τὰ Μηδικὰ), i. 14, 3. 18, 7. (τὸ Μ. 23, 1.) 41, 2. 69, 1. 73, 2. 97, 2. 142, 6. vi. 82, 2. viii. 24, 3.—ὁ Μ. πόλεμος, i. 90, 1. 95, 7. 97, 1.—Medism charged upon Pausanias, i. 96, 6. Median apparel worn by him, i. 130, 1. Medes and Egyptians his bodyguard, ib.—a Median Lord, vi. 77, 1. Median Dominion, viii. 43, 3; compare the Art. *Persian*.

Medeon, in Acarnania, passed by the Pelop. expedition against Amphilochian Argos, iii. 106, 2; see Livy xxxvi. 11. and Palmerii Gr. Ant. p. 676.

Megabates, a Persian satrap of Dascyleium, superseded by Artabazus, i. 129, 1 n.

Megabazus, a Persian, ambassador to Lac. to bring about a Pelop. invasion of Attica, i. 109, 2, 3.

Megabyzus, a Persian, son of Zopyrus, subdues Egypt after its revolt, i. 109, 3 n. 110, 1.

Megacles, f. of Onasimus, a Sicyonian, iv. 119, 2.

Megara, and the Megareans, I. in Greece, adjoining Attica. Theagenes tyrant of, father-in-law to Cylon the Ath. aids him, i. 126, 3 n, 5. the M. forsake the Lac. alliance for the Ath.: at war for frontier with the Cor. Long Walls built, and with M. and Pegæ garrisoned by Ath. 103, 4. Megarid invaded by the Cor. 105, 4. succoured by the Ath. § 5. the Cor. retire, § 6. Ath. occupying M. and Pegæ command the passes of Geraneia, 107, 3. the Lac. returning from Bœotia destroy the trees of the Megarid, 108, 2. M. revolts from Athens; the Ath. garrison destroyed, 114, 1 nn, 2. aid the Cor. expedition to Epidamnus, i. 27, 3. Ath. conduct towards M. excites the Corinthians' apprehensions (cf. i. 103, 4, 5), 42, 2. the M. aid the Cor. against Corcyra, 46, 2. on right wing of Cor. fleet at Sybota, 48, 3. complain of exclusion from all the Ath. ports, and from commerce with Athens, 67, 4 n. the Lac. demand the repeal of the Ath. decree against M. 139, 1. M. charged by the Ath. with cultivating sacred ground and harbouring fugitive slaves, § 2 nn. some Ath. recommend the decree against Megara to be repealed, § 4. its repeal opposed by Pericles, 140, 6 n, 7. 144, 2. the M. furnish ships as allies to the Lac. ii. 9, 2, 3. the Megarid invaded and laid waste by the whole force of Athens, 31, 1-4. invaded yearly till Nisæa was taken by the Ath. § 5. the M. suggest to the Pelop. an attempt on the Peiræeus, 93, 1, 2 nn. the Pelop. embark at M. and attack an Ath. post of observation against M. on Salamis, § 3 n, 4. they return and land at M. ii. 94, 4, 5. the island Minoa, off M. occupied by the Ath. iii. 51 nn. Megarean refugees occupy Platæa, 68, 4. the Megarid ravaged by the Ath. (in accordance with a second decree, see n) twice a year, and by refugees at Pegæ; the recall of these contemplated, iv. 66, 1 nn, 2. the popular leaders offer to betray M. to the Ath. § 3, 4. plan for seizing the Long Walls, 67, 1, 2. the Long Walls taken by the Ath. § 3, 4 n. 68, 1-3 n. betrayal of Megara prevented, § 4-6 nn. Nisæa invested, 69, 1, 2 n, capitulates, § 3. connection between Long Walls and M. broken off, § 4. Tripodiscus in the Megarid, Brasidas' rendezvous for relief of M. and Nisæa, 70, 1. the M. refuse to admit Brasidas into their city, § 2. 71. Bœotian cavalry the first succour ever given to M. during an Ath. invasion, 72, 2 n. Brasidas offers the Ath. battle; on their declining it the M. admit him into M. 73 nn. those M. who had communicated with the Ath. withdraw from M. the others recall the exiles from Pegæ, 74, 1. these seize and put to death 100 of the opposite party, and establish an oligarchical government, § 2 nn. long duration of this, § 3. aid the Bœot. after the battle of Delium, 100, 1. the M. raze to the ground their Long Walls, 109, 1 n. Megarean commissioners for swearing to the one year's Truce, 119, 2. the Megareans dissent from the terms of the fifty years' Peace, by which the Ath. retain Nisæa, v. 17, 2. the M. with the Bœot. decline the Argive alliance, v. 31, 6 n, and act in concert, 38, 1. invade Argolis with the Lac. Confederacy, 58, 4. 59, 2. menace the Argives from the side of Nemea, 59, 3. their contingent consisted of picked men, v. 60, 3. M. exiles serve as light troops in the Ath. armament against Sicily, vi. 43. there fought against the Selinuntines their colonists, vii. 57, 8. the M. ordered to furnish ships to the navy of the Lac. Confederacy, viii. 3, 2. a M. ship in Astyochus' squadron, 33, 1. Helixus the M. commander with ten Pelop. ships effects the revolt of Byzantium, 80, 3. the Pelop. expedition for Euboea sails from M. 94, 1.—Megarean Colonies. Chalcedon, iv. 75, 3 n. in Sicily, Trotilus, Thapsus, Hyblæan Megara, vi. 4, 1. Selinus, § 2 n.

II. Megara in Sicily, vi. 4, 1. Lamachus recommends it as the naval station of the Ath. armament, 49, 4 n. fortified by the Syrac. for a garrison, 75, 1 n. the adjacent country ravaged by the Ath. 94, 1, 2. Ath. guard-fort on Labdalum looking towards Megara, 97, 5. the Ath. look out off Megara for a Syrac. squadron, vii. 25, 4.

Meidius, a r. on the Asiatic coast of the Hellespont, a refuge for the Pelop. on their defeat at Cynossema, viii. 106, 1 n.

Meilichius. Zeus M. his festival the greatest of Zeus at Athens; mode of its celebration, i. 126, 6 nn.

Melæi, a people of Italy, colonists, neighbours of, and at war with the Epizephyrian Locrians, v. 5, 3 n.

Melancridas, admiral of the Lac. superseded in consequence of an earthquake, viii. 6, 5 n.

Melanopus, f. of Laches, an Ath. iii. 86, 1.

Melanthus, a Laced. summoned by Agis to assume a governorship in Euboea, viii. 5, 1.

Meleas, a Lac. sent to encourage the Mytilenæans in their revolt, iii. 5, 2.

Melesander, an Ath. sent to the coast of Lycia and Caria, to levy contributions and protect the Phœnician trade of Athens, defeated and slain, ii. 69.

Melesias, an Ath. envoy from the 400 to Lac. delivered to the Arg. viii. 86, 9.

Melesippus, an envoy from the Lac. with their ultimatum, to Athens, i. 139, 3. son of Diacritus, a Spartan sent by Archidamus on his march to invade Attica, to negotiate with the Ath. ii. 12, 1. sent back without a hearing, § 2-5.

Melians and Melian gulf or bay, see *Malian*.

Melitia (in other authors Meliteia or Melitæa), a town of Achaia Phthiotis, iv. 78, 1, 5; see Strabo ix.

Melos, island of, E. of Laconia, one of the Cyclades, see Strabo x. a Lac. colony, ii. 9, 5 n. v. 84, 2. unsuccessful attempt of the Ath. to reduce it, iii. 91, 1-3. second Ath. expedition against it, v. 84, 1, 2. conference between Ath. negotiators and the Melian authorities, 84, 3—111 nn. the Melians' answer and the Ath. reply, 112. 113. Melos blockaded, 114. its vigorous defence, 115, 4. 116, 2. surrenders at discretion, § 3. adult males slaughtered, women and children enslaved, Melos an Ath. colony, § 4. a Pelop. fleet touching there disperses an Ath. squadron, viii. 39, 3. tidings of this carried to Samos, 41, 4.

Memory, loss of, on recovery from the plague at Athens, ii. 49, 9 n.

Memphis in Egypt, on the Nile, two portions of, commanded by the Ath. i. 104, 2 n. the Greeks driven out of Memphis, 109, 3.

Menander, an Ath. at Syracuse chosen with Euthydemus to share Nicias' command, vii. 16, 1 n. with Demosthenes in the night attack on Epipolæ, 43, 2. shares the command in the last naval engagement in Syrac. harbour, 69, 4.

Menas, a Laced. swore to the fifty years' Peace, v. 19, 2, and to the fifty years' Alliance, 24, 1.

Mende, on the W. coast of Pallene, a colony from Eretria, IV. 123, 1. (see Herod. VII. 123, 1, and Strab. Epit. vii.) Brasidas encouraged by Mendæans meditates an attempt on it, iv. 121, 2. Mendæans revolt, Brasidas receives them, 123, 1, 2. in expectation of attack from the Ath. the women and children conveyed to Olynthus, and M. garrisoned by Pelop. and Chalcidians, § 3, 4. solicitude about M. brings Brasidas back from his expedition against Arrhibæus, 124, 4. Mende meanwhile taken by the Ath. 129, 1. account of the Ath. expedition, siege and capture of the city, 129, 2—130, 6. its citadel besieged, § 7. the garrison escapes to Scione, 131, 3. Eion on the coast of Thrace a colony from Mende, iv. 7 n.

Mendesian, branch of the Nile, second Ath. expedition destroyed there, I. 110, 4 n; see Herod. ii. 17, 6. and Strabo xvii.

Menecolus, a Syrac. founder of Camarina, vi. 5, 3.

Menecrates, s. of Amphidorus, a Meg. swears to the one year's Truce, iv. 119, 2.

Menedæus, or Menedatus, a Spartan, accompanies Eurylochus on his expedition against Naupactus, iii. 100, 3 n. in the expedition against Acarnania succeeds to the command, and obtains permission from Demosthenes to retreat unmolested, 109, 1, 2.

Menippus, f. of Hippocles, an Ath. viii. 13.

Menon, a Pharsalian leader of Thessalian succours to Athens, ii. 22, 5.

Mercenary troops, Pelop. under the Cor. at Potidæa, i. 60, 1. with Methymnæan exiles, iv. 52, 2. with Orchomenian exiles, iv. 76, 3. Arcadians under the Cor. at Syracuse, vii. 58, 3. mercenaries maintained by the Syrac. vii. 48, 5. mercenaries on the Pelop. expedition against Acarnania, iii. 109, 2. at Iasus with Amorges, viii. 28, 4. under Tissaphernes, 25, 2. ξενικὸν and ἐπικουρικὸν, difference of these synonymes, ib. n.

Mercenary troops under the Ath. at Syracuse, Cretan, Arcadian and Ætolian, vii. 57, 9. Iapygian, § 11. Thracian, iv. 129, 2. v. 6, 4. vii. 27, 1. Mercenary seamen of the Ath. i. 121, 3. 143, 1. vii. 13, 2.

Mercury, see Hermæ.

Meropian Cos, see Cos.

Messana, or Messene, a city of Sicily, first named Zancle, a colony from Cuma in Italy and Chalcis in Eubœa, next seized by Samians, lastly by Anaxilas, and called by him Messene or Messana, vi. 4, 5 nn. its territory faces the Liparæan islands, iii. 88, 5. Mylæ in the M. territory, and M. itself, reduced to join the Ath. confederacy, 90, 2-5. revolt of M. effected by the Syrac. and Epiz. Locrians, iv. 1, 1. Syrac. and Locrian fleet stationed at M. § 4. the war against Rhegium carried on thence, 24, 1. possession of M. and Rhegium gives command of the strait, § 4, 5. the Syrac. defeated in the strait retire to M. 25, 2 n. land and sea forces of the Syrac. alliance at Peloris in the M. territory, § 3. the fleet towed thence into the harbour of M. § 5, 6. the M. invading Chalcidic Naxos, in Sicily, defeated by the Naxians, and most of them cut off by the Sicels, § 7-9. M. attacked by the Ath. and Leontines, § 11, 12 n. in possession of the Locrians for a time, v. 5, 1 n. Alcibiades advises that M. should be gained over to the Ath. interest, vi. 48. his negotiation with M. unsuccessful, 50, 1. Ath. attempt on it frustrated by information from Alcibiades, 74. Gylippus touches at M. vii. 1, 2; see Cluv. Sic. p. 181, &c.

Messapians, a tribe of the Ozolian Locrians, iii. 101, 2 n. Iapygian darters of the Messapian race, vii. 33, 3.

Messenia, W. part of the Lac. territory. Most of the Helots descendants of the enslaved Messenians; thence all called Messenians, i. 101, 3 n. M. on surrender of Ithome settled by the Ath. in Naupactus, 103, 2. M. in Naupactus allies of the Ath. ii. 9, 5. on board Ath. fleet round Pelop. take Pheia in Elis, 25, 5. land forces near Naupactus, aid Phormio's fleet, 90, 3. recover some ships from the enemy, § 6. join Ath. expedition into Acarnania, 102, 1. four hundred with Nicostratus at Corcyra, iii. 75, 1. brought into the city to strengthen the popular party, 81, 2. M. of Naupactus induce Demosthenes to invade Ætolia, 94, 3. 95, 1. accompany him, § 2. their advice, 97, 1. Chromon the M. guide slain, 98, 1. two hundred with Demosthenes at Olpæ, 107, 2. on the right wing, § 7. distinguish themselves, 108, 2. by their Doric dialect deceive the Ambraciot outposts, 112, 4. Pylus in Messenia, iv. 3, 2. Demosthenes designs to settle M. there, using the same dialect as the Lac. § 3, n. crew of a M. privateer reinforce Demosthenes at Pylus, 9, 1. join in landing on Sphacteria, 32, 2. M. garrison Pylus and distress the Lac. 41, 2. withdrawn by the Ath. at the request of the Lac. v. 35, 6 n, 7. brought back, 56, 2, 3. pressed into the Ath. service against Syracuse, from Naupactus and Pylus, vii. 31, 2. 57, 8 n.

Metagenes, a Lac. swears to the fifty years' Peace, v. 19, 2, and the fifty years' Alliance, 24, 1.

Metapontium, an Italiot city N. of Thuria, vii. 33, 3, 4. Metapontines contribute ships and men to the Ath. 33, 4. 57, 11.

Methana, or Methone, a city and peninsula between Epidaurus and Trœzene, fortified by the Ath. iv. 45, 2 n. by the fifty years' Peace to be given up, v. 18, 6 n.

Methone, in the Laconian territory, W. coast, attacked by the Ath. ii. 25, 1. saved by Brasidas, here first mentioned, § 2, 3 n.

Methone, a city on the Macedonian border, in alliance with Athens. Ath. cavalry and Maced. exiles there annoy Perdiccas, vi. 7, 3. Methonæan light troops with Nicias attack the Scionæans, iv. 129, 4.

Methydrium, in Arcadia, Agis eludes the Argives there, v. 58, 2 n; see Pausan. viii. 12, 2.

Methymna, a city on N. coast of Lesbos, faithful to the Ath. iii. 2, 1. 5, 1. attacked by the Mytilenæans, 18, 1. repulsed with great loss from Antissa, 18, 2. lived under their own laws, and furnished ships to the Ath. vi. 85, 2. of Æolian race, paid no tribute to the Ath. vii. 57, 5. led into revolt from Athens by the Chians, viii. 22, 2. the Chian ships left M. when Mytilene was taken by the Ath. Astyochus sends troops to M. which will not continue in revolt, 23, 4. Thrasylus orders them to furnish provisions for the Ath. fleet, 100, 2 n. M. exiles attack M. are repulsed and effect the revolt of Eresus; the M. of kindred race with the Bœotians, § 3 n. the M. join the Ath. in attacking Eresus, § 5. Methymna opposite to Harmatus on the Asiatic coast, 101, 3.

Metics, or Metœci, at Athens some of them serve among the heavy-armed, ii. 13, 7 n. iv. 90, 1. serve as seamen, i. 143, 1. vii. 63, 3 nn.

Metropolis, in or near Olpæ in the Acarnanian territory. The Pelop. and Ambraciots posted there, iii.

107, 1 n; see Palmerii Gr. Ant. p. 397.

Miciades, a Corcyr. naval commander at Sybota, i. 47, 1.

Midius, r. see Meidius.

Migrations anciently frequent in Greece, i. 2, 1-4. 12.

Miletus and Milesians. Mil. S. of and opposite to Priene. Its situation peninsular, viii. 25, 5. war against the Samians for Priene; are defeated, i. 115, 2. the Samians prepare to go against M. § 5. the Samians returning from M. defeated by the Ath. 116, 1. M. on Ath. expedition against the Coast of Corinth, iv. 42, 1; against Cythera, 53, 1. 54, 1. Ionians and tributary allies of Athens, vii. 57, 4. Alcibiades with the Pelop. sails against M. viii. 17, 1. authorities at M. friends of Alcibiades, § 2. M. revolts from Athens; Ath. squadron at Lade watches M. § 3, 4. Ath. landing on the M. coast; the M. remove the Ath. trophy, 24, 1. Ath. expedition against M. 25, 1. M. defeated, § 2-4. Ath. prepare to besiege M. § 5. island Lerus opposite M. 26, 1 n. Alcibiades urges Pelop. and Sicilian fleet to relieve M. 26, 3. the Ath. retire from M. 27, 6. grand Pelop. fleet, after taking Iasus, arrives at M. 28, 4. Philippus Lac. governor of M. § 5. Tissaphernes comes to M. 29, 1. M. watched by the Ath. 30. Pedaritus leaves M. 32, 2. Astyochus goes there to command the Pelop. fleet, 33, 1, 4. Pelop. fleet at M. 35, 2. abundant supplies there; zeal of the M. in the service, 36, 1. Spartan commissioners bound for M. send from Caunus for convoy thither, 39, 2-4. the fleet sails from M. 41, 1. since the battle of M. the Pelop. distrust Alcibiades, 45, 1. Astyochus still at M. 50, 2. Tissaphernes invites the Pelop. back to M. 57. they arrive there, 60, 3. expedition from M. effects the revolt of

Abydus, a colony of M. 61, 1. 62, 1. Leon, a Spartan, goes from M. to the command of Chios, 61, 2. success in Chios emboldens the fleet at M. to offer battle to the Ath. at Samos, 63, 1, 2. the Ath. at Samos expect destruction from defeat by the Pelop. fleet at M. 75, 3. discontent in the fleet at M. 78. it sails from M. towards Mycale; M. land forces march thither, 79, 1. encamp there, § 4. return to M. § 5. decline an engagement there with the Ath. § 6. forty ships despatched from M. for the Hellespont, 80, 1. most of them driven back by a storm, § 3. increased discontent there against Tissaphernes and Astyochus, 83. danger to Astyochus in a tumult, 84, 1-3 nn. the M. surprise and expel Tissaphernes' garrison, § 4. vehemently displeased with Lichas for advocating submission to Tissaphernes, § 5. Astyochus, superseded by Mindarus, leaves M. for Lac. 85, 1. complaints to Lac. by Tissaphernes against the M. and by them against him, § 2-4. the Pelop. fleet sails from M. for the Hellespont, 99, 1. its departure learnt by the Ath. at Samos, 100, 1. and by Tissaphernes at Aspendus, 108, 3.

Milichius, see Meilichius.

Military discipline of the Lac. v. 66, 2-4 nn. their military music, 70, nn. military service at Athens, lists of persons liable to, vi. 31, 3 n. cf. v. 8, 2 n.

Mills at Athens, a certain proportion of bakers from, to be impressed for the Syrac. expedition, vi. 22 n.

Miltiades, f. of Cimon, an Ath. i. 100, 1.

Mimas, a m. in the northern part of the peninsula of Erythræ, viii. 34; see Strabo xiv.

Mindarus, supersedes Astyochus as Lac. high-admiral, viii. 85, 1. in consequence of Tissaphernes' duplicity quits Miletus and sails for the Hellespont, viii. 99, 1. reaches Chios, § 2. obtains supplies there and proceeds to Rhœteium, 101 nn. surprises the Ath. squadron at Sestus, 102, 2, 3 nn. on the left wing at battle of Cynossema, 104, 3. endeavours to hem in the Ath. § 4. is beaten by their right wing, and a general defeat follows, 105, 3, n.

Mine, used by besieged against the mound of the besiegers, ii. 76, 2 n.

Mines, see Gold, Silver, Laurium, Thasos.

Minerva or Athene, see Pallas.

Minoa, an island off Megara, occupied by the Ath. iii. 5 nn. and map, sketch, and paper subjoined to vol. I. Ath. landed there, iv. 67, 1, 2. the Ath. in Minoa watch the harbour of Megara, 67, 2. retained by the Ath. during the year's truce, 118, 3 n.

Minos, k. of Crete, the earliest possessor of a navy, commands the sea; colonized and ruled the Cyclades, cleared the sea of pirates, i. 4. the greater security enjoyed by sea and on the coasts due to him, 8, 3.

Minyeian. Bœotian Orchomenus formerly called M. Orchomenus, iv. 76, 3.

Moles of harbours, i. 63, 1 n. iii. 51, 3 n. viii. 90, 4 nn.

Molobrus, f. of Epitadas, a Lac. iv. 8, 9.

Molossians, Admetus, k. of, Themistocles suppliant to him, i. 136, 3-7 n. the M. with Sabylinthus, regent for Tharypas, a minor, join the Pelop. expedition against Acarnania, ii. 80, 8 n; see Palmerii Græc. Ant. p. 322.

Molycreium (on coast of Ozolian Locris), a Cor. colony subject to the Ath. ii. 84, 4. iii. 102, 2. taken by the Pelop. ib. Molycric Rhium, ii. 84, 4. 86, 2; see Palmerii Gr. Ant. p. 484, &c.

Months, lunar, variation between natural and civil at Athens, ii. 28, n. Spartan months compared with Attic, iv. 119, 1 n. cf. v. 19, 1. Spartan months, v. 54, 2, 3. four winter m. vi. 21, 2.

Monuments of illustrious men, what, ii. 43, 3. m. enclosed, v. 11, 1 n.

Moon, new, solar eclipse possible only at, ii. 28. eclipse of moon delays the Ath. retreat from Syracuse, vii. 50, 4. acc. to Schol. on i. 67, 3, the *ordinary* assemblies of the Lac. were on the full moon.

Mora, a division of the Lac. army, n. to v. 68, 3.

Morgantine, ceded to the Camarinæans on payment to the Syracusans; probably not the well known city of that name, iv. 65, 1 n; see Cluverii Sic. p. 335.

Mother-country or parent-state, see Colony.

Motye, a Phœnician settlement on W. coast of Sicily, vi. 2, 5 n; see Cluverii Siciliam, p. 249. 254.

Mulct, see Fine.

Munychia, a haven and suburb of Athens adjacent to Peiræeus; the circuit of the two together, ii. 13, 9. peripoli stationed there, viii. 92, 5. the Dionysiac or Bacchic theatre close to M. 93, 1 n; see Meursius de Pop. Att.

Music, military, of the Lac. v. 70 nn.

Mycale, a m. on the coast of Ionia, opposite Samos; the Greeks' naval victory there, i. 89, 2. the Pelop. fleet and Milesian land-forces march towards M. and encamp there, viii. 79, 1, 2, 4. of Mycale, see Herod. i. 148, 1. and Strabo xiv.

Mycalessus, a city of Bœotia near the Euripus, surprised, and its inhabitants massacred, by Dian Thracians, vii. 29. 30 nn; see Pausan. i. 23, 3.

Mycenæ, N. of Argos, its small remains, i. 10, 1 n. (see Strabo viii. and Pausan. ii. 15, 4.) Mycenæ the seat of the government of Eurystheus, of Atreus and Agamemnon, i. 9, 2.

Myconus, an island, one of the Cyclades adjacent to Delos on the E. The fall of Mytilene learnt there by the Pelop. fleet, iii. 29, 1.

Mygdonia, a region of Macedonia, N. of Therme; a part of it granted to Chalcidian refugees for a time by Perdiccas, i. 58, 2. formerly inhabited by Edonian Thracians, ii. 99, 3. devastated in Sitalkes' invasion, 100, 5.

Mylæ, a city and peninsula in the territory of Messana in Sicily, iii. 90, 2, 3. its people defeated by the Ath. surrender, iii. 90, 2-4.

Mylctidæ, Syrac. exiles, with Chalcidians from Zancle, joint-founders of Himera, vi. 5, 1.

Myonensians, or Myoneans, a tribe of Ozolian Locrians, their situation, iii. 101, 2 n; see Palmerii Gr. Ant. p. 542.

Myonnesus, a city and promontory on the S. boundary of the Teian coast. Alcidas butchers all his prisoners there, iii. 32, 1; see Strabo xiv.

Myrcinus, an Edonian city to the N. of the r. Strymon. It comes over to Brasidas, iv. 107, 3. Myrcinian targeteers part of Brasidas' force at Amphipolis, v. 6, 4. Myrcinian cavalry, v. 10, 9. Cleon slain by a Myrcinian targeteer, ib.: see Herod. v. 11, 23.

Myronides, an Ath. general, marches from Athens to repel a Cor. invasion of the Megarid, and fights an indecisive engagement, i. 105, 5, 6. defeats the Bœot. at Œnophyta, and conquers Bœotia and Phocis, 108, 2. alluded to by Hippocrates before battle of Delium, iv. 95, 3.

Myrrhina, daughter of Callias and wife of Hippias, vi. 55, 1 n.

Myrtilus, an Ath. swore to the fifty years' Peace, v. 19, 2. and to the fifty years' Alliance, 24, 1.

Myscon, a Syrac. one of three generals sent to take the command of the fleet on the banishment of Hermocrates, viii. 85, 3.

Mysteries at Athens, profanation of, Alcibiades charged with it, vi. 28, nn, and some others in the armament in Sicily, 53, 1. public excitement and ready credence given to informers; political aspect of the offence, 53, n. 60, 1. large number imprisoned on suspicion; one is persuaded to confess and give information; the persons inculpated are executed, or if not seized outlawed, § 2-5 nn. circumstances strengthening the popular suspicion of the treasonable purposes connected with this profanation, 61, 1-3 nn; see also Alcibiades.

Mytilene, on the E. coast of Lesbos, information of its design to revolt, and to make M. the seat of government, carried to Athens, iii. 2, 3 nn; see Strabo xiii. the M. regard not the Ath. remonstrances, 3, 1. the Ath. purpose to surprise the M. at the festival of Apollo Maloeis, § 3. M. naval contingent seized by the Ath. and the crews imprisoned, § 4. the M. are warned, § 5, 6 nn. the M. refuse to comply with the Ath. demands, iii. 3, 3. 4, 1. defeated by sea, obtain an armistice, 4, 2, 3. send an embassy to Athens, § 4, and one secretly to Lac. for aid, § 5, 6. Malea, to the N. of M. ib. n. their embassy to Athens fails; hostilities are renewed, 5, 1. indecisive action; they wait for succour from Lac. § 2. two camps formed against M.; both its harbours blockaded, 6. the M. ambassadors, directed by the Lac. repair to Olympia, 8, and implore aid from the assembled allies, 9-14. received into alliance with the Lac. 15, 1. go without success against Methymna, and strengthen Antissa, Pyrrha and Eresus, 18, 1 nn. the Ath. reinforced surround M. with lines of circumvallation, § 3-5. Salæthus arrives from Lac. and encourages the M. by tidings of the coming aid, 25, 1-3. Proedri or Presidents of the M. 25, 2. a Pelop. fleet sails for M. 26, 1. the M. commons armed by Salæthus threaten to surrender to the Ath. 27. the M. authorities submit the fate of the M. to the Ath. people, 28, 1. M. suppliants removed from the altars, § 2 n. fall of M. learnt by Pelop. fleet, 29. Teutiaplus, of Elis, advises a sudden attempt to recover M. 30, nn. the most culpable of the M. (suppliants included, cf. 28, 2) sent with Salæthus to Athens, 35, 2. affairs of M. and Lesbos generally settled by Paches, § 2. massacre of the whole adult male population of M. and enslavement of its women and children decreed at Athens, 36, 1. orders to this effect sent off, § 2. the Ath. authorities prevailed upon to allow the subject to be reconsidered, § 3, 4. Cleon speaks against the repeal of the decree, 36, 5-40 nn. Diodotus argues for the repeal of the decree, 41—48 nn, and carries it, 49, 1, 2 n. a second ship despatched to M. just prevents the execution of the first decree, § 3-5. all the M. prisoners (cf. 35, 2) sent to Athens slain, 50, 1. the fortifications of the M. demolished and their fleet appropriated by the Ath. § 2. the towns of the M. on the continent taken possession of by the Ath. § 4. M. exiles surprise Rhœteium and Antandrus; their design, iv. 52, nn. Antandrus retaken by the Ath. 75, 1 n. M. revolts again from Athens, viii. 22, 2. M. taken by surprise by the Ath. 23, 2, 3. Ath. garrison in M. 100, 3.

Myus, an Ionian city in Caria on S. bank of the Mæander, given to Themistocles by the k. of Persia, i. 138, 8 n. Lysicles marches thence inland, iii. 19, 2.

N.

Naked, who were the first to practise gymnastic exercises naked, i. 6, 5 nn.

Names, family names; grandfather's, given to the eldest son, vii. 69, 2 n; cf. vi. 54, 6.

Nauarchs or high-admirals of Sparta, Cnemus, ii. 66, 2. Alcidas, iii. 16, 3. Thrasymelidas, iv. 11, 2. Melancridas, viii. 6, 5. Astyochus, 20, 1. Mindarus, 85. 1. term during which this command was held, ii. 80, 2 n. it was supreme, viii. 20, 1 n.

Naucleides, a Platæan, opens the gates of Platæa to the Thebans, ii. 2, 2 n.

Naucrates, f. of Damotimus, a Sicyonian, iv. 119, 2.

Naupactus, inside the Cor. gulf; taken from the Ozolian Locrians; the Messenians from Ithome settled there by the Ath. i. 103, 3. in alliance with the Ath. ii. 9, 5 n. occupied by an Ath. squadron for the blockade of Corinth and the Crisæan gulf, 69, 1. the Pelop. design on it, 80, 1. the Ath. after their victory return thither, 84, 4. the Pelop. threaten N. 90, 2. Phormio sails towards N. § 3. takes refuge there and prepares to repulse them, 91, 2. action and victory of the Ath. off N. § 3—92, 5. a reinforcement of twenty ships for Phormio arrives at N. 92, 8. Phormio goes from N. to Astacus, 102, 1. returns, 103, 1. Asopius arrives from Athens at N. iii. 7, 3. Nicostratus goes from N. to Corcyra, 75, 1. the Pelop. in Corcyra harbour dread a repetition of the Ath. manœuvre practised (ii. 84, 1) at N. iii. 78, 3.

the Ætolians hostile to N. 94, 3. Demosthenes intends to return to N. 96, 2. Demosthenes, after defeat in Ætolia, stays at N. 98, 6. the Ætolians urge the Pelop. to an expedition against N. 100, 1 n. the route from Delphi to N. 101, 1. the Pelop. expedition enters the Naupactian territory, 102, 2. Demosthenes prevails on the Acarnanians to reinforce the garrison of N. 102, 3–5. N. is saved, § 6. the Ath. squadron returns to N. 114, 3. Ath. guard-ships from N. at Pylus, iv. 13, 2. Messenians from N. garrison Pylus, 41, 2. the Ath. at N. take Anactorium, 49. Demosthenes with forty ships arrives at N. 76, 1. 77, 1. the Cor. man a squadron against the Ath. squadron at N. vii. 17, 4, stationed opposite to them, 19, 5 n. 34, 1. Messenians summoned thence on the Sicilian expedition, 31, 2. 57, 8 n. Conon at N. with eighteen Ath. ships, 31, 4. usual force on the N. station, ib. n. the N. squadron reinforced, § 5. the Ath. sail thence against the Pelop. fleet, 34, 3. return after an indecisive engagement, § 7.

Nautical life of the Ath. n. i. 143, 1.

Navies,—of Minos the earliest, i. 4 n. 8, 3. of Agamemnon, 9, 3 n–5. of Greece, i. 13, 1. of Corinth, 13, 5. of Ionia, § 6. of Polycrates of Samos, § 7 n. of what description of vessels they consisted, 14, 2. of the Sicilian tyrants and of the Corcyræans, 14, 3 n. commencement of the Ath. 14, 4 n. 18, 3. Ath. at beginning of Pelop. war, ii. 13, 10 n. greatest amount of, on actual service at once, iii. 17, 1 n, 2, 5. navy of Lac. confederacy, amount prescribed by the Lac. ii. 7, 2 n. prescribed increase of, viii. 3, 2.

Naxus, one of the eastern Cyclades. The Naxians first of the Ath. allies revolt, and are reduced by siege to subjection, i. 98, 4. Themistocles' escape from the Ath. fleet there, 137, 2–4.

Naxus, a Chalcidic settlement, on E. coast of Sicily; the first Greek settlement there, vi. 3, 1. The Naxians invaded by the people of Messana, defeat them with great loss, iv. 25, 7–9. Naxus likely to join the Ath. 20, 3. the Ath. armament arrives and is admitted there, 50, 2, 3. the Ath. winter there, 72, 1. 74, 2. 75, 2. 88, 3. they quit Naxus, § 5. N. cavalry with the Ath. 98, 1. allies of the Ath. vii. 57, 11; see Cluverii Sicil. p. 90, &c.

Neapolis, in Africa, a trading port of the Carthaginians opposite to Sicily, vii. 50, 2.

Neighbouring states enemies, iv. 92, 4. vi. 88, 1 n.

Nemea, and temple of Zeus Nemeius, in Ozolian Locris; Hesiod slain there, iii. 96, 1 n.

Nemea in N. of Argolis, road thither, v. 58, 3. movements from and towards Nemea, by the Argives and the Lac. allies, 59, 1, 2. the Argives hemmed in on the side towards Nemea, § 3. all the Lac. allies assembled at N. 60, 3 n.

Neodamodes, settled with emancipated Helots at Lepreum by the Lac. v. 34, 1 n. N. stand next to emancipated Helots at battle of Mantineia, 67, 1 n. the Lac. aid to Syracuse consisted of Helots and N. vii. 19, 3. 58, 3.

Neptune, see Poseidon.

Nericus, in Leucas; Asopius, s. of Phormio slain in a landing there, iii. 7, 4; see Strabo x.

Nessa, see Inessa.

Nestus, a r. of Thrace falling into the Ægæan, W. of Abdera, rising in the same mountain chain as the rivers Oscius and Hebrus, ii. 96, 5 n; see Herodot. vii. 109, 3. 126. and Strabo Epit. vii.

Neutral states admit only single ships of war of belligerents into their harbours, ii. 7, 2 n. iii. 71, 1 n. vi. 52, 1 n.

New-moon, see Moon.

Nicanor, one of the two yearly chieftains of the Chaonians, in Cnemus' expedition against Acarnania, ii. 80, 6 nn.

Nicasus, s. of Cecalus, a Megarean, signs the year's Truce, iv. 119, 2.

Niceratus, f. of Nicias, an Ath. iii. 51, 1. 91, 1. iv. 27, 5. 42, 1. 53, 1. 119, 2. 129, 2. v. 16, 1. 83, 4. vi. 8, 2.

Niciades, an Ath. president (ἐπιστάτης) when the year's Truce was ratified, iv. 118, 7 nn.

Nicias, an Ath. f. of Hagnon, ii. 58, 1. iv. 102, 3.

Nicias, s. of Niceratus, an Ath. takes Minoa, iii. 51. on expedition against Melos, Tanagra, and Opuntian Locris, 91. Cleon makes insinuations against him, iv. 27, 5 n. N. offers the command against Sphacteria to Cleon, 28, 1. again presses Cleon and renounces the command, § 2. on the expedition to the coast of Corinth victorious, iv. 42–44. ravages the coast near Crommyon, lands on that of Epidaurus, fortifies and garrisons Methone (see n.) and returns, 45. expedition against Cythera; takes it; ravages the coast of Laconia, 53. 54. swears to the year's Truce, 119, 2. sails from Potidæa to recover Mende and Scione, and takes Mende, 129—131. surrounds Scione with lines, and returns, 131, 3. 133, 4. his wishes for peace, v. 16, 1. swears to the fifty years' Peace, 19, 2, and to the fifty years' Alliance, 24, 1. the above treaties negotiated by him and Laches, 43, 2. Alcibiades wishes to detach the Lac. ambassadors at Athens from Nicias, 45, 3. N. recommends alliance with the Lac. rather than the Argives, 46, 1. persuades the Ath. to send him on an embassy to Lac. with their demands, § 2, 3. obtains only the renewal of their oaths from the Lac.; is blamed by the Ath. § 4. his intended expedition against the Chalcidians of the Thracian Border frustrated by Perdiccas, v. 83, 4. appointed against his inclination on the intended expedition to Sicily; thinks it injudicious, vi. 8, 2, 4. speaks against it, 9–14. finding his arguments ineffectual, represents the magnitude of the force required, 19–23. his object, 24, 1. on the demand of the Ath. he gives details, 25, 1, 2. he had expected the representations of the Egestæans would prove unfounded, 46, 2. his plan of operations, 47. N. coasts along from Hyccara to Egesta, obtains thirty talents, returns to the army, 62, 4. exhorts his forces before the first battle at Syracuse, 67, 3–68. leads his men on, 69, 1. N. prevents the Syrac. from taking the Ath. lines, 102, 2 n. the Syrac. with a view to a peace hold communications with N. now by the death of Lamachus sole commander, 103, 3. N. contemns the small force of Gylippus, and neglects to intercept it, 104, 3. sends four ships to look out for it, vii. 1, 2 n. does not advance against the Syrac. 3, 3. resolves to fortify Plemyrium, 4, 4. sends twenty ships to intercept the remainder of the Cor. aids to Syracuse, 4, 7 n. the progress of the Syrac. counter-work compels him to fight, 6, 1. is defeated and the circumvallation of Syracuse rendered impossible, § 3, 4. perceives his need of a considerable reinforcement, 8, 1. writes to Athens, confines himself to precautionary measures, § 2, 3. his despatch arrives at Athens and is read, 10—15. the Ath. appoint Menander and Euthydemus to share his command, 16, 1 nn. sends to his

Sicel allies to obstruct the march of aids to Syracuse, 32, 1 nn. after an indecisive naval action, provides for its renewal, and for increased protection to his fleet, 38, 2, 3. had not availed himself of the impression produced on his first arrival in Sicily, 42, 3. consents to Demosthenes' night attack on Epipolæ, 43, 1, left to defend the camp, § 2. after defeat opposes Demosthenes' proposal for an immediate retreat, urging the displeasure of the Ath. and the distressed condition of the Syrac. 48. 49, 1 nn, 4. in prospect of immediate attack from the Syrac. consents to retreat by sea, 50. on a lunar eclipse resolves to defer retreat for twenty-seven days, § 4 nn. his speech to the armament on their resolving to force their way out to sea, 60, 5—64 nn. orders their embarkation, 65, 1. after defeat agrees to Demosthenes' proposal to renew the attempt; on the seamen's refusal agrees to retreat by land, 72, 3, 4. Hermocrates sends false intelligence to him and delays the Ath. retreat, 73, 3—74, 1. considers preparation for retreat complete, 75, 1. his particular and general exhortations, 76. 77. looks to and keeps good order on the march, 78. his division precedes that of Demosthenes, § 2. with Demosthenes decides on altering the direction of their retreat towards Camarina, 80, 1, 2. his division keeps together and makes progress, § 3. 81, 3. fights no more than he is compelled, ib. crosses the r. Erineus and halts in a strong position, 82, 3. overtaken by the Syrac. learns the surrender of Demosthenes' division; offers to capitulate, 83, 1, 2. is attacked and harassed all day; disappointed of effecting escape by night, § 3—5. continues his retreat next day for the r. Assinarus, 84, 1, 2. on the destruction of his army surrenders to Gylippus and the Lac. 85, 1. with Demosthenes butchered by decree of the Syrac. in spite of Gylippus' wish to save them, 86, 1, 2. his merits towards the Lac. induced him to surrender to Gylippus, § 3. motives of Syracusans and Cor. for wishing his death, § 4. his high character, § 5. his superstitious disposition, vii. 50, 4.

Nicolaus, one of three Lac. ambassadors to the k. of Persia, ii. 67, 1. delivered up by Sadocus to the Ath. and put to death, § 2—4.

Nicomachus, a Phocian, of Phanoteus, informs the Lac. of the Ath. design upon Bœotia, iv. 89, 1.

Nicon, a Theban commander of the Bœotian aid for Syracuse, vii. 19, 3.

Niconidas, a Thess. of Larisa, a friend of Perdiccas, aids the passage of Brasidas through Thessaly, iv. 78, 2.

Nicostratus, s. of Diitrephes, an Ath. commander, arrives from Naupactus at Corcyra, and mediates between the factions, iii. 75, 1. consents to leave five Ath. ships at Corcyra and take five manned by the aristocratic party, § 2, 3. cannot prevail on these to comply, prevents their murder by the popular party, § 4—6. commander in the expedition against Cythera and landings on the Lac. coast, iv. 53. 54. signed the year's Truce, 119, 2. recovers Mende, 129. 130. besieges Scione, 131. with Laches commands the Ath. succour to Argos, v. 61, 1. slain at Mantineia, 74, 3.

Night, attempt on Platæa by, ii. 2, 1. betrayal and surprise of Torone by, iv. 110, 2. grand night attack by the Ath. and their defeat on Epipolæ, vii. 43, 3—44. panic and flight by night of Perdiccas' army, iv. 125, 1 n; of Ath. on retreat from Syracuse, vii. 80, 3.

Nightingale, called the Daulian bird, ii. 29, 3.

Nile, r. Ath. fleet obtains command of, i. 104, 2. their second expedition puts in at the Mendesian branch of, 110, 4 n.

Nine Ways (Ἐννέα Ὁδοί), older name of Amphipolis, i. 100, 3. iv. 102, 3.

Nine Springs (ἐννεάκρουνος), the later name of the fountain Callirrhoë, at Athens, ii. 15, 7 n.

Nisæa, Long Walls from Megara to, i. 103, 4. Ath. garrison escape into, 114, 1. given up by the Ath. at the thirty years' Peace, 115, 1. inroads of the Ath. till the taking of, ii. 31, 5. ships launched at Nisæa, the Megarean naval arsenal, for intended attack on the Ath. Peiræeus, ii. 93, 2, 3. their return to N. 94, 4. two towers on the side of, iii. 51, 3 n. Cleon persuades the Ath. to demand it from the Lac. iv. 21, 3. the port of the Megareans, eight stades from Megara, garrisoned by Pelop. alone, 66, 4. the Pelop. garrison of the Long Walls escape thither, 68, 3. it is surrounded by the Ath. with a wall, 69, 1, 2. its garrison capitulates, § 3. occupied by the Ath. § 4. anxiety for its garrison felt by Brasidas, in ignorance of its capture, 70, 1. Ath. heavy-armed posted near it, 72, 2. Bœotian general of cavalry slain there; the Ath. return thither, § 4 n, 73, 4. action near N. untrue report of by Brasidas, 85, 5. 108, 5. the late garrison of N. joins the Bœotians in attacking Delium, 100, 1. bounds set by the year's Truce to its Ath. garrison, 118, 3 n. retained by the Ath. at the fifty year's Peace, v. 17, 2.

Nisus, temple or statue of (?) near Megara, iv. 118, 3 n.

Nomothetæ, a legislative committee at Athens, viii. 97, 2 n.

Notium, a town on the coast of Ionia, near Colophon, occupied by Colophonians on the loss of Colophon, iii. 34, 1 nn. exiles from Notium obtain aid from the Ath. under Paches, § 2. N. won by a dishonourable artifice of Paches, § 3. N. delivered to the Colophonians, § 4. afterwards settled by the Ath. § 5. Nuptial rites, the water of Callirrhoë used by the Ath. in, ii. 15, 7 n; see also Marriage.

Nymphodorus, s. of Pythes, an Abderite, brother-in-law of Sitalkes, made proxenus and invited to Athens, ii. 29, 1 n. concludes an alliance between the Ath. and Sitalkes, and obtains the Ath. franchise for Sadocus, Sitalkes' son, ii. 29, 7 n.

O.

Oak Heads, see Dryoscephalæ.

Oar, accompaniments of, ii. 93, 2 n. and Append. iii. vol. 1.

Oath, the most binding, in each country, v. 18, 9 nn. form and renewal of, ib. nn. another form, v. 47, 8 n. by whom sworn, § 9 n. renewal of, § 10 n. sworn over or upon victims, v. 47, 8 n.

Oboli, 4 Attic the pay of the Parali, viii. 73, 5 n. Æginetan, 3 = 5 Attic one day's pay for heavy-armed, light-armed or archer, v. 47, 6. Attic oboli, 10 = 1 Æginetan drachma, ib. n.

Ocytus, f. of Æneas, a Cor. v. 119, 2.

Odomanti, a Thracian tribe occupying a plain country N. of the r. Strymon, ii. 101, 3 n. Polles, k. of, engages to furnish troops to Cleon, v. 6, 2; see Herod. v. 16, 1. vii. 112, 2.

Odrysæ, a Thracian nation. Teres, f. of Sitalkes, first established the great kingdom of the Odrysæ, ii. 29, 2 n, 5, 6. Sitalkes their k. ally of the Ath. § 9. he marches against Perdiccas, 95, 1. 96, 1. the tribes subject to the Odrysian kingdom, 96 nn. its boundaries, 97, 1, 2 nn. its revenue, § 3 n. their custom with regard to gifts, § 4 n. greater than any other kingdom between the Ionian Gulf and the Euxine; inferior in military strength to the Scythians, § 5, 6 n.

Œantheans, a tribe of Ozolian Locrians, iii. 101, 2 n; see Palmerii Gr. Ant. p. 539, &c.

Œneon, a city of Ozolian Locris, whence Demosthenes marched to invade Ætolia, iii. 95, 3. return of the survivors thither, 98, 2. taken by the Pelop. under Eurylochus, 102, 1 n; see Palmerii Gr. Ant. p. 504.

Œniadæ, a city in Acarnania besieged but not taken by Pericles, i. 111, 4. Cnemus and the Pelop. are aided in their retreat to that city by its people, ii. 82, 1. always hostile to the Ath. its site precludes attack during winter, 102, 3 n. Echinades islands, opposite to it at the mouth of the r. Achelous, § 4. Alcmæon settled near, § 9. attempt upon by Asopius, iii. 7, 3, 4 n. alone of all Acarnania not on the Ath. expedition against Leucas, 94, 1. Ambraciots and Pelop. take refuge there after battle of Olpæ, 114, 4 n. compelled by the Acarnanians, join the Ath. alliance, iv. 77, 2 n. (see Palmerii Gr. Ant. p. 398, &c.)

Œnoë, a fortress on the confines of Attica and Bœotia, the first object of attack on the Pelop. invasion, ii. 18 nn. (see Herod. v. 74, 2.) distinguished from another near Marathon, 18, 1 n. resists all the attacks of the Pelop. ii. 19, 1. occasions loss of men to the Cor.: is besieged by them and the Bœot. viii. 98, 2. surrendered by its garrison, deceived by the treasonable conduct of Aristarchus, 98.

Œnophyta, in Bœotia, E. of Tanagra, battle fought there effects the Ath. conquest of Bœotia and Phocis, i. 108, 2. alluded to by Hippocrates before battle of Delium, iv. 95, 3.

Œnussæ, islands between the N. part of Chios and m. Mimas; an Ath. station in their attacks upon Chios, viii. 24, 2; see Herod. i. 165, 1, 6.

Œsyme, a Thasian colony on the coast of Thrace W. of Thasos, iv. 107, 3.

Œtæans, a Thessalian people, inflict loss upon the inhabitants of Trachinia and Doris, iii. 92, 2, 3. obliged by Agis to ransom their cattle, viii. 3, 1 n; see Strabo ix.

Offences, not prevented by severe punishments, iii. 45 nn.

Officers, I. by sea. Generals στρατηγοί, ii. 69, 1. among the Lac. the Nauarch or high-admiral (see those articles), if present, was supreme, viii. 20, 1 n. trierarchs, vi. 31, 3 n. sailing-masters or pilots κυβερνῆται, petty officers ὑπηρεσίαι, ib. n. κελευσταί, ii. 84, 3 n.

II. by land; among the Lac. one of the kings, if in the field, was supreme, v. 66, 2 n. polemarchs, lochagi penteconteres, enomotarchs, ib. § 3. the bodies commanded by them, v. 68, 3 n. among the Ath. Generals and Taxiarchs, see those articles.

Oligarchy promoted among the Lac. allies, i. 19, 1 n. 76, 1. 144, 2. Lac. government of that character, iv. 126, 2 n. democracy overthrown and ol. established in Samos, i. 115, 5. in Argos by the Thousand Argives and the Lac. v. 81, 2 n. ol. overthrown and democracy established in Argos, v. 82, 2. in Samos, viii. 21 n. democracy overthrown and ol. set up in Athens and its subject states, viii. 63, 3—70 nn; *for details see article Athenians.* oligarchical conspiracy at Samos fails, 73. full of ol. at Athens (for details see *Athenians*), viii. 89—97. two forms of, contrasted, iii. 62,

OLOPHYXUS—OLYNTHUS. 115

4 n. oligarchical party at Syracuse, charged by Athenagoras with inventing the report of the Ath. plan of invasion, vi. 38, 1. their presumed object, and former effects of their conduct, § 2, 3. its illegality and injustice, § 5. oligarchy exclusive, 39, 1. selfish, § 2. cruel, viii. 48, 5.

Olophyxus, on N. E. coast of the Acte of Athos, iv. 109; see Herod. vii. 22, 6.

Olorus, an Ath. f. of Thucydides the historian, iv. 104, 3.

Olpæ, in Acarnania, occupied by the Ambraciots, iii. 105, 1 n. they send home for aid, § 3. news of their being at Olpæ reaches Eurylochus, 106, 1 n. his forces join them there, § 3. blockaded by an Ath. squadron, 107, 3. Demosthenes and the Acarnanians encamp near Olpæ, § 4. Ambraciots and Pelop. defeated, retreat into Olpæ, 108, 4. Ambraciots, ignorant of the defeat, on their march for Olpæ, 110, 1. the Pelop. by secret treaty escape from Olpæ, 111, 1. the Ambraciots who escaped from Olpæ learn the destruction of those who had marched to join them, 113, 1. *Olpe sing.* iii. 107, 4. 111, 1. 113, 1. *Olpæ plur.* 105, 1, 3. 106, 1, 3. 107, 3. 108, 4. 110, 1 *bis.* probable reason of the variation, 107, 1 n.

Olympia, treasures at, might be borrowed, i. 121, 3. 143, 1. cf. ii. 13, 3-5 n. Mytilenæan ambassadors meet the Lac. allies there, iii. 8. fifty years' Peace to be inscribed on a pillar (στήλη) there, v. 18, 9.—Olympian Zeus, the Lepreatæ pay him yearly a talent, v. 31, 2 n. altar of, 50, 1.—'Ολυμπιάδων ἀναγραφὴ of Scaliger mistaken by Duker and Göller for an ancient work, iii. 8, 2 n.—Olympic Festival and Games, in Pelop. i. 126, 5 n. alliance between Athens, Argos, Elis and Mantineia to be sworn to before each

Ol. Festival, v. 47, 10 n. the treaty to be inscribed on a bronze pillar at Olympia, § 11. the Lac. excluded from the Festival for violating the Olympic Truce and refusing to pay a fine according to the Olympic law, ib. n.—Victors there, Cylon an Ath. i. 126, 3, 5. Dorieus a Rhodian, second time, iii. 8, 1 n. Androsthenes an Arcadian, first time, v. 49, 1 n. Lichas a Lac. in spite of prohibition; punished, 50, 4.—Athletes at, anciently wore girdles about their loins, i. 6, 5 n.

Olympieium, a temple of Zeus, near Syracuse. The Ath. army takes up a strong position close to it, vi. 64, 1. 65, 2 n. the Syrac. send a guard to protect the treasure there, 70, 4 n. not visited by the Ath. 71, 1. the Syrac. fortify it for a garrison, 75, 1. a third part of the Syrac. cavalry there, to keep in check the Ath. foragers, vii. 4, 6. the Syrac. troops there move up to threaten the Ath. lines, vii. 37, 2, 3. thence they check the devastation of the country by the Ath. 42, 6; see Cluverii Sicil. p. 178, &c.

Olympus, m. on the confines of Macedonia and Thessaly, iv. 78, 6; see Herod. vii. 128, 1. 129, 2. and Pausan. vi. 5, 5.

Olynthus, a city of Chalcidice, iv. 123, 4. sixty stades from Potidæa, i. 63, 2. the population of the cities of the sea-coast migrate thither by Perdiccas' advice, i. 58, 2. plan for falling from Ol. on the Ath. rear provided against and frustrated, 62, 3, 4. 63, 2. reinforcements from Ol. enable the Chalcidic forces to defeat the Ath. ii. 79, 4, 6, 7. women and children from Scione and Mende conveyed thither, iv. 123, 4. Pelop. prisoners taken at Torone exchanged with Ath. prisoners by the Olynthians, v. 3, 4 n. Ol. by fifty years'

Peace to be unmolested by the Ath. and independent, on payment of Aristeides' assessment of the Tribute, v. 18, 5 n. the Ol. surprise Mecyberna. v. 39, 1; see Herod. viii. 127. Strab. Epit. vii.

Onasimus, son of Megacles, a Sicyonian, swears to the one year's Truce, iv. 119, 2.

Onchestus, a sovereign state of Bœotia, n. iv. 76, 3.

Oneium, a mount in the Cor. territory, intercepts the view of Solygeia from Cenchreia, iv. 44, 4.

Onetoridas, f. of Diemporus, a Theb. ii. 2, 1.

Onomacles, an Ath. commands an expedition against Miletus, viii. 25, 1. sails against Chios, 30, 2.

Ophioneans, Ὀφιονῆς, a nation of Ætolians, iii. 94, 5. 96, 2. in the sing. n. Ὀφιονεύς, iii. 100, 1; see Palmerii Gr. Ant. p. 434.

Opicans, drive the Sicels out of Italy, vi. 2, 4. Opicans, another name for the Osci, or Ausones, n. vi. 4, 5. Opicia the coast of the Tyrrhene sea from the Tiber to Œnotria, ib. Cuma in Opicia, vi. 4, 5; see Strabo v.

Opuntian, see Locrians.

Opus, in Locris, ii. 32, 1; see Strabo ix.

Oracle, Delphic, to the Epidamnians, i. 25, 1, 2. the Corcyræans offer to submit to the Or. their claims to Epidamnus, 28, 3. Or. to the Lac. on Zeus Ithometes, 103, 2. victory and aid promised to the Lac. by, 118, 4. 123. ii. 54, 5, 6. Or. to Cylon the Ath. i. 126, 4. to the Lac. on removal of Pausanias' corpse, i. 134, 7 n. on the Pelasgicum at Athens, ii. 17, 1, 2 n. to Alcmæon, ii. 102, 7. to Hesiod the Poet, iii. 96, 1 n. free access to it secured by the one year's Truce, iv. 118, 1 n. directs the restoration of Delos to the Delians, v. 32, 1. oracle-mongers in the cities of Greece before the War, ii. 8, 2. in Athens, 21, 3.

Oration, see Speech.

Orchomenus, Bœotian, in possession of Bœotian exiles, i. 113, 1, 3, who defeat the Ath. and liberate Bœotia, § 3, 4. frequent earthquakes there, iii. 87, 4 n. formerly called Minyeian; Chæroneia subject to it; Orchomenian exiles plan with the Ath. a popular revolution in Bœotia, iv. 76, 3 n. (see Strabo ix. and Pausan. in Bœot. ix. 34, 6—38.)

Orchomenus, Arcadic, besieged by the Argive alliance surrenders, v. 61, 3–5 n. (see Pausan. in Arcadicis.)

Order of Battle, see Battle.

Orestæ, a people of Epeirus, accompany Cnemus' expedition against Acarnania, ii. 80, 9. their situation, § 8 n; see Strabo vii. and Steph. Byzant.

Orestes, son of Echecratidas, last k. or Tagus of Thessaly; ineffectual attempt of the Ath. to restore him, i. 111, 1 n.

Orestheium in Mænalia, v. 64, 3 n.

Oresthis, a district in Arcadia; indecisive battle there between Tegeans and Mantineans, iv. 134, 1 n.

Oreus (Ὠρεός), another name of Hestiæa in Eubœa, occupied by Ath. cleruchi or settlers; alone faithful to Athens, viii. 95, 7; see Strabo ix. and Livy xxviii. and xxxi.

Orneæ, a town in the N. of Argolis, its situation and population, v. 67, 2 n. the Orneatæ allies of Argos at battle of Mantineia, v. 67, 2. 72, 4. their loss there, 74, 3. Argive exiles established in it by the Lac. vi. 7, 1. besieged for one day by the Arg. and Ath., evacuated in the night: razed by the Arg. § 2; see Pausan. in Corinthiacis.

Orobiæ, in Eubœa, opposite to Opus in Locris; overflow of the sea there, iii. 89, 2 n; see Strabo ix.

Orœdus, k. of the Paraueans, joins Cnemus' expedition against Acarnania, ii. 80, 8 n.

Oropia, or territory of Oropus, iv. 91. subject to the Ath. 99.

Oropus, passed by the Pelop. retiring from Attica, ii. 23, 3. landing there from the Ath. fleet for invasion of Bœotia, iii. 91, 3 n. Ath. troops take refuge there after the battle of Delium, iv. 96, 6. return thence by sea to Athens, § 8. overland conveyance of provisions to Athens from, vii. 28, 1 n. betrayed to the Bœotians; opposite Eretria, viii. 60, 1 n. the Pelop. expedition against Eubœa puts in there, 95, 1. stands out from Oropus; distance of Or. from Eretria, § 3. signal made from Eretria to Oropus, § 4.

Orphans of the slain in battle brought up by the state at Athens, ii. 46, 1.

Oscius, a r. of Thrace, falling into the Danube, ii. 96, 4 n.

Ostracism at Athens, i. 135, 3 n. of Themistocles, ib. of Hyperbolus, viii. 73, 3.

Overflow of the sea accompanying an earthquake, at Orobiæ and Atalanta, iii. 89, 2, 3 nn.

Ozolian Locrians, see *Locrians*.

P.

Paches, son of Epicurus, an Ath. general, sent against Mytilene, iii. 18, 3. Mytilene surrenders to him, 28, 1. removes suppliants from the altars, § 2. takes Antissa, § 3. hears of Alcidas and the Pelop. fleet, from Erythræa, 33, 1, 2, 3 n. he chases them, § 4, 5. his perfidious and bloody conduct at the taking of Notium, 34, 2, 3 n. commits Notium to the Colophonians, § 4. reduces Pyrrha and Eresus, sends Salæthus and the Mytilenæans most concerned in the revolt to Athens, 35, 1. settles Lesbos, § 2. a trireme despatched from Athens with orders to him to put to death all the adult males of Mytilene, 36, 1, 2. he had read the decree, when a second vessel brings a reversal of the first decree, 49, 5. full one thousand Mytilenæan prisoners, sent by him to Athens, executed, 50, 1.

Pæan, a war-song or hymn, (see Schol. on i. 50, 6.) sung for the onset, i. 50, 6 n. iv. 43, 3. 96, 1. vii. 44, 6. on the victory, ii. 91, 3. the Ath. alarmed by the Doric Pæans of their allies, vii. 44, 6. with prayers and libations precedes the sailing of the Ath. expedition to Syrac. vi. 32, 1, 2 n.

Pædaritus, see Pedaritus.

Pæonians and Pæonic nations, some included in the Odrysian Empire, some independent, ii. 96, 3 n. of the same race as the Teucrians, ib. n. their situation, 98, 2 n, 3. Pæonic Doberus, § 4; see Palmerii Gr. Ant. p. 72.

Pagæ, see Pegæ.

Pagondas, son of Æoladas, a Bœotarch of Thebes, iv. 91. his exhortation to the Bœot. before battle of Delium, 92. pursues the Ath. and forms his army in order of battle, 93, 1. exhorts his troops again, 96, 1. by a stratagem stops the advance of the Ath. right, § 5.

Palæreans, in Acarnania, Sollium with its territory given to them by the Ath. ii. 30, 1; see Palmerii Gr. Ant. p. 415.

Palensians (people of Pale in Cephallenia), join the Corinthian fleet to relieve Epidamnus, i. 27, 3. are one of the four confederate states of Cephallenia, 30, 3 n.

Palisade used in fortifying Delium, iv. 90, 2 n. as a fence for the Ath. fleet at Syracuse, vi. 66, 2. 97, 2. for their camp at Naxus in Sicily, vi. 74, 2; see also Stockade.

Pallas, or Athene = Minerva, called Chalciœcus at Lac. her temple, i. 134, 2. its structure, ib. nn. Pausanias starved to death there, § 2–5 n. the curse incurred, 128, 3. 134, 7. the atonement made, § 7, 8. temple and statue of Athene in the acropolis at Athens, ii. 13, 4 nn. temple of, in Lecythus at Torone, iv. 116, 2, 3 nn. in Amphipolis Brasidas sacrifices at, v. 10, 2.

Pallene, the western peninsula of Chalcidice; Potidæa occupies its isthmus, i. 56, 2. its ancient name Phlegra; its towns, ib. n. side of Potidæa towards Pallene not blockaded by the Ath. 64, 2. Ath. land in and devastate Pallene and invest Potidæa on the side of Pallene, § 3. Ath. garrison of Lecythus in Torone escapes to Pallene, iv. 116, 2. Scione in Pallene, 120, 1. Mende in Pallene, 123, 1. Brasidas unable to cross over into Pallene from Torone 129, 1. (see Herod. vii. 123, 1, 2.)

Pamillus, a Megarean, founder of Selinus in Sicily, vi, 4, 2 n.

Pamphylia, a region on the S. coast of Asia Minor, between Lycia and Cilicia; the r. Eurymedon in it, i. 100, 1.

Panactum, a fortress on the borders of Attica, betrayed to the Bœot. v. 3, 5. to be restored to the Ath. by the Treaty of Peace for fifty years, 18, 5. the Lac. promise their endeavours to recover Panactum for the Ath. 35, 5. the Lac. entreat the Bœot. to deliver Panactum to them, that they might exchange it for Pylus, 36, 2 n. 39, 2. demolished by the Bœot. 39, 3. their pretext for this; demolition announced, 42, 1. consequent indignation of the Ath. § 2. Lac. embassy to Ath. to ask for Pylus in return for Panactum, 44, 3. Ath. demand of the Lac. to restore P. perfect, 46, 2.

Panæi, an independent Thracian people N. of the r. Strymon alarmed by Sitalkes' invasion of Macedonia, ii. 101, 3.

Panærus, (a Thess.?) cooperates in aiding Brasidas' march through Thessaly, iv. 78, 1.

Panathenæa the greater (a festival of Athene, celebrated every fourth year at Athens), oaths to the Alliance, to be renewed ten days before this festival at Athens by the Argives, Eleians and Mantineans, v. 47, 10 n. Ath. citizens attended the procession at it in arms, vi. 56, 2 n. outbreak of Harmodius and Aristogeiton fixed for that season, ib. Hipparchus slain while marshalling the Panathenaïc procession, i. 20, 3; see Meursius' Panathenæa and Dict. Ant.

Pancratium, an Olympiad marked by the name of the conqueror in the P. v. 49, 1 n.

Pandion, k. of Athens, f. of Procne, ii. 29, 3, 4 nn.

Pangæum, a m. of Thrace N. of the Strymon, ii. 99, 3; see Herod. v. 16, 1. vii. 112, 2.

Panormus, Achaïc, adjoining Achaïc Rhium, at the mouth of the Corinthian gulf; land forces of the Pelop. there to support their fleet, ii. 86, 1 n, 4. it retires thither on its defeat, 92, 2; see Strabo ix. and Polyb. iv.

Panormus, on the N. coast of Sicily, one of the three chief settlements there of the Phœnicians of Tyre, n. vi. 2, 5; see Cluverii Sic. p. 273, &c.

Panormus, in the Milesian territory, landing of the Ath. there, viii. 24, 1.

Pantacyas or Pantacyes, a r. near Hyblæan Megara, E. coast of Sicily, vi. 4, 1.

Paralii, one of the three divisions of the Malians or Maliensians, iii. 92, 2 n.

Paralian region of Attica (ἡ Πάραλος γῆ), ii. 55, 1 n. ἡ παραλία γῆ, 56, 1.

Paralus, (one of the two sacred or state ships, of Athens,) informs Paches of Alcidas being on the coast of Asia, iii. 33, 1 nn, 3. with the Salaminia, in the Ath. squadron at Corcyra, 77, 3 nn. Parali, the crew of the Paralus, viii. 73, 5, 6. their pay, 73, 5 n. steady opponents of oligarchy, ib. shifted by the 400 into a troop ship, and ordered to the coast of Euboea, viii. 74, 2. deliver up to the Argives the envoys from the 400 on their way to Sparta, and proceed with envoys from Argos to the Ath. armament at Samos, 86, 9.

Παρανόμων γραφή, this criminal process forbidden by the oligarchical commission of ten (ξυγγραφῆς), viii. 67, 2. description of it, ib. n.

Parasii, a people of Thessaly, unknown; among the Thess. aid to Athens, ii. 22, 4 n.

Parauaeans, a people of Epeirus situate on the r. Auos, join Cnemus' expedition against Acarnania, ii. 80, 8; see Palmerii Graec. Ant. p. 334, &c.

Parent State, duties of towards Colonies; see Colonies.

Parians, Thasos a colony of, iv. 104, 3.

Parnassus, a m. of Phocis, on the right of Demosthenes' intended route into Boeotia, iii. 95, 1.

Parnes, a m. of Attica N. of Athens, ii. 23, 1. Ath. fly thither on defeat at Oropus, iv. 96, 6.

Parrhasians, a people on the S. frontier of Arcadia, subject to Mantineia, invaded by the Lac. and restored by them to independence, v. 33.

Parties, opposite, at Megara, await the turn of events, iv. 71, 1 n; see Seditions.

Parturition, on approach of, removal of women from Delos to Rheneia decreed by the Ath. iii. 104, 3.

Pasitelidas, s. of Hegesander, a Laced. commander of Torone, iv. 132, 3. defending it, v. 3, 1. is taken, § 2.

Patmos, an island between Icaria and Leros, iii. 33, 4.

Patrae, on the coast of Achaia, S.W. of Dyme (its history and site, distinguished from Patrae in Thessaly, see n.), the Pelop. fleet endeavours to cross from it to Acarnania, flies thither on defeat, 84, 3, sails thence to Cyllene, § 5. the Patreans or Patrensians, persuaded by Alcibiades to carry down their walls to the sea, prevented by the Cor. and Sicyonians, v. 52, 2.

Patrocles, f. of Tantalus, a Lac. iv. 57, 3.

Pausanias, a Lac. son of Cleombrotus, leader of the Greek Confederacy against Persia, i. 94, 1. cousin to Pleistarchus and regent for him, 132, 1. f. of Pleistoanax k. of Lac. 1. 107, 2. 114, 4. ii. 21, 1. after victory at Plataea admitted Plataea as a free and independent member of the Greek Confederacy, ii. 71, 4 n. aid given to him by the Plataeans, iii. 54, 4. buried his slain in their territory, 58, 6. his covenant with them, 68, 2 n. sent with a Lac. squadron, and the Confederate fleet, reduces Cyprus and Byzantium, i. 94. laid Xerxes under an obligation, after the taking of Byzantium, i. 128, 5. made Gongylus governor of Byzantium, § 6. opens by his means a correspondence with Xerxes, § 7–9. which Xerxes carries on through Artabazus, 129, 1. Xerxes' letter to him, § 2, 3. his consequent elation and arrogance drive the Asiatic Greeks to place themselves under Ath. supremacy, 130. 95, 1 n, 2, 4. is recalled, heavy charges brought against him, § 3. is acquitted of the most serious; but called to account for private wrongs, § 5. goes to the Hellespont professedly to serve as a volunteer, really for correspondence with the k. with a view to the sovereignty of Greece, 128, 4. besieged by the Ath. quits Byzantium for Colonæ in the Troad: on information of his treason recalled by the Ephors, 131, 1, 2 n. imprisoned, set at liberty, presents himself for trial, § 3. no sufficiently direct evidence to warrant his punishment; but strong grounds of suspicion against him, 132, 1 n. his tampering with the Helots, § 2. Helot evidence against him rejected; an Argilian brings forward letters from P. to the k. § 3. the Ephors in concealment overhear P. admitting all the facts, and entreating the man to set out at once on his errand, 133 nn. on their preparing to arrest him, takes sanctuary in the temple of Minerva of the Brazen House, 134, 1-3 nn. starved, on removal he dies, § 5. the Lac. commanded by the Delphic oracle to change his place of burial, and instructed how to expiate their offence, § 6-8. place of his burial, § 7 n.

Pausanias, k. of Lacedæmon, a minor, son of Pleistoanax (who was then in exile, cf. ii. 21, 1. v. 16.) and nephew of Cleomenes, iii. 26, 2 n.

Pausanias, a Maced. (supposed to be either son or brother of Derdas, see Schol.), acts with the Ath. against Perdiccas, i. 61, 2.

Pay (by the treaty of Alliance between Athens and the Argive Confederacy), of cavalry double that of the infantry; of which heavy-armed, light, and archers receive alike, v. 47, 6 n. at siege of Potidæa, Ath. heavy-armed, their servants, and the ships' crews receive equal pay, iii. 17. 4 n. the same amount (a drachma per day,

double of the usual rate) paid to the Ath. crews by the Egestæans, vi. 8, 1 n. and by the Ath. to their crews on the Sicilian expedition; and addition made to this by the trierarchs, vi. 31, 3 nn. the same pay given to their Thracian auxiliaries, vii. 27, 2. rates at which Tissaphernes paid the Pelop. fleet, viii. 29, 1, 2 n. Alcibiades instigates Tissaphernes to reduce their pay and issue it irregularly, viii. 45, 2. pay for civil service abolished at Athens by the oligarchical party, 65, 3 nn. 67, 3. its abolition confirmed on the counter-revolution, 97, 1. the senate or council of 500 received pay, 69, 4 n; see also drachma, obolus, talent.

Peace, its advantages, iv. 62, 1; see Diplomatic Transactions.

Pedaritus, son of Leon, a Lac. appointed governor of Chios, goes from Miletus to Erythræ by land, viii. 28, 5. crosses with his troops over to Chios, 32, 2. refuses to aid in effecting the revolt of Lesbos, § 3. gives unconsciously false intelligence to Astyochus of a plot to betray Erythræ, 33, 3. discovers it to have been feigned in order to the escape of Erythræan prisoners from the Ath. at Samos, § 4. puts to death some Chians for being in the interest of Athens, 38, 3 n. complains to Lac. of Astyochus neglecting to aid Chios, § 4. excites suspicion against him at Lac. 39, 2. again asks aid of Astyochus, 40, 1. sends word to the Pelop. fleet at Rhodes, of the desperate situation of Chios, 55, 2. slain in a sally, § 3.

Pegæ, in the Megarean territory, on the Cor. gulf, held by the Ath. i. 103, 4. gives the command of the passes of Gerancia, 107, 3. Ath. expedition thence, against Sicyon and Œniadæ, 111, 3, 4. given up by the Ath. at the thirty years' Peace, 115, 1.

Cleon persuades the Ath. to demand it, iv. 21, 3. Megarean exiles there distress and annoy Megara, 66, 1. the M. exiles recalled from Pegæ, 74, 1.

Peiræeus (Πειραιεύς, gen. Πειραιῶς), the port of Athens, and maritime town adjoining; contained three natural harbours. Fortification of begun in the archonship of Themistocles, i. 93, 4—8 nn. recommended by him to the Ath. as their final refuge, § 9. Long Wall from Athens to, begun, 107, 1. its length, ii. 13, 9 n. circuit of P. with Munychia, ib. influx of people in the Pelop. invasion partly accommodated there, ii. 17, 1. pestilence broke out there first, ii. 48, 2. tanks then existing there, but no fountains, ib. n. Pelop. design against; its unguarded and insecure state, 93, 1, 2. the Pelop. design relinquished, § 3. the Ath. in the city and in P. alarmed, 94, 1, 2. march thither, launch their fleet, and guard P. § 3. it is henceforth better secured, § 6 n. the Ath. expect the enemy's fleet from Sicily there, viii. 1, 2 n. its freedom from blockade owing to the Ath. armament at Samos, viii. 76, 5 n. the armament at Samos eager to sail against P. 82, 1, 2. 86, 4. Eetionia constructed to command it, 90, 3, 4 n. a Portico adjacent to Eetionia in P. § 5. Alexicles seized in P. 92, 4. Theramenes hastens thither, § 6. great tumult and alarm there, § 7. Theramenes arrives; Eetionia demolished, § 9—11 nn. heavy-armed troops in P. march to the city, 93. 1 n. on appearance of a Pelop. fleet off Salamis, the Ath. all hasten down to P. and man its defences and their fleet, 94. after defeat at Eretria and revolt of Eubœa, an attack upon P. dreaded, 06, 1–3. capture at a later period by the Pelop. v. 26, 1.

Peiræus (Πειραιός), a port on the Cor. coast, near the Epidaurian border; the Ath. drive on shore, disable and blockade a Pelop. fleet there, viii. 10, 3, 4 n. 11, 1. this concealed from the Chians, 14, 4. eight ships of the blockading fleet first sent off against Chios, then twelve more, and seven Chian ships withdrawn by the Ath. 15. the twenty Pelop. ships at P. break the blockade, defeat the Ath. and go to Cenchreiæ, 20, 1.

Peiraïce, part of the coast opposite to Eubœa occupied by the Oropians, ii. 23, 3 n. = ἡ πέραν γῆ, iii. 85, 1. 91, 3.

Peisander, an Ath. sent with others from Samos to Athens, to effect Alcibiades' recall and an oligarchical revolution, viii. 49. convinces his opposers there of the hopeless condition of Athens, and its need of the king's help, 53, 1, 2, and declares the establishment of oligarchy to be the only means of obtaining it, § 3. it is conceded to him, 54, 1. with colleagues empowered to negotiate with Tissaphernes and recall Alcibiades, § 2. on his false charges Phrynichus is deprived of command, § 3. urges oligarchical clubs to union and promptitude; sails to negotiate with Tissaphernes, § 4 n. foiled by extravagant demands of Alcibiades on Tissaphernes' part, returns to Samos, 56. he and his colleagues strengthen their cause in the army, and urge the Samians to adopt oligarchy, 63, 3. sent to Athens, on their voyage to establish oligarchy in the subject states, 64, 1. arrive with auxiliaries obtained on the voyage (cf. 69, 3), 65, 1. find most of their objects effected by the clubs, § 2, 3. effect appointment of ten commissioners, ξυγγραφῆς, to frame a constitution, 67, 1 n. he proposes prohibition of the γραφαὶ παρανόμων, § 2 n, suppression of all the existing magistracies, and salaries paid to civil officers; and organization of an executive council of 400, § 3. 68, 1. by his persuasion an oligarchical conspiracy is organized at Samos, 73, 2. he is among the most determined opponents of popular government, 90, 1. on the overthrow of the oligarchy flies to Deceleia, 98, 1.

Peisistratus, tyrant of Athens, f. of Hippias, Hipparchus, and Thessalus, i. 20, 3. vi. 54, 2 n. 55, 1 n. Delos partially purified by him, iii. 104, 2. died old, vi. 54, 2. levied a tenth upon the Ath. § 5 n. character of his government and that of his sons, 53, 3. 54, 5, 6. overthrown by the Lac. 53, 3. the time of this, 59, 4 n. Peisistratus, grandson of the first by his son Hippias, vi. 54, 6. when Archon dedicated the altar of the twelve gods, and that of the Pythian Apollo, ib. n.

Peithias, a Corcyræan senator, voluntary proxenus to the Ath. and a popular leader, tried as a traitor to the liberties of his country, iii. 70, 4 n. is acquitted, and charges his opponents with sacrilege; they are fined, and assassinate him, § 5-7 nn.

Pelasgians, the name most widely prevailing in the population of Greece in early times, i. 3, 2 nn. Pelasgian quarter at Athens, its site; oracular warning against its being inhabited, ii. 17, 1 n, 2. on its name and history, ib. n. Tyrrheno-Pelasgians former inhabitants of Lemnos and in Athens, and the chief element in the mixed population of Athos, iv. 109, 3 n.

Pele, an island off Clazomenæ, viii. 31, 2.

Pella, a city of Macedonia W. of the r. Axius, ii. 99, 3. 100, 4.

Pellenians, inhabitants of Pellene, easternmost state in Achaia, the only one at first engaged in the War, allies of the Lac. ii. 9, 2 n. furnish ships, § 3. invade Argolis with the Lac. Confederacy, v. 58, 3. 60, 3. in position above the Argives, 59, 3. together with the Arcadians and Sicyonians required to furnish ten ships to the Lac. Confederacy, viii. 3, 2. lose one ship at Cynossema, 106, 3.

Pellichus, f. of Aristæus, a Cor. i. 29, 1.

Pelops coming from Asia obtained power by riches, and gave name to Peloponnesus; the Pelopid family becomes superior to the Perseid, i. 9, 2 n.

Peloponnesus, tradition of the origin of the name, i. 9, 2. in early times its inhabitants often changed, i. 2, 3. its five divisions, 10, 2 n. conquest of it by the Dorians and Heracleids, 12, 3. division of it among the conquerors; condition of the old inhabitants; its conquest occasions the prevalence of the Hellenic name throughout Greece, ib. n. most of Italy and Sicily colonised from Pelop. since the Trojan War, 12, 4, 5. Ægina near it, ii. 27, 1. alliance of the states around it sought by the Ath. 7, 3 n. the insular states round Pelop. free allies of the Ath. vi. 85, 3. the youth of Pelop. numerous and ready for War, ii. 8, 1. all its states except Argos and Achaia (which were neutral) in the Lac. Confederacy, 9, 2 n. scarcely touched by the plague, 54, 7 n. all its states free by the treaty between Lac. and Argos, v. 77, 5. 79, 1. Pelop. independent, vi. 77, 1. troops hired from Peloponnesus, by Mytilenæan exiles, iv. 52, 2, by exiles from Bœot. Orchomenos, 76, 3, by Amorges; on his capture take service in the Pelop. ranks, viii. 28, 4.—The Peloponnesians as opponents, as described by Pericles, i. 141, 142. Dorians, constant enemies of Ionians; outnumbering the Ath.

vi. 82, 2. for their history under the leading of the Lac. see article Laced. For other temporary combinations see articles Argos and Corinth.

Peloris, a N. E. prom. of Sicily in the territory of Messana; naval camp of the Syrac. and Epizephyrian Locrians there, iv. 25, 3; see Cluv. Sic. p. 88.

Pelta, a small shield, ἀσπὶς τετράγωνος Schol. on ii. 29, 6. Thracian Peltastæ, ib. vii. 27, 1. and others, iv. 129, 2. Edonian, Myrcinian, and Chalcidian P. v. 6, 4. P. from Crusis and Olynthus, ii. 79, 6. Bœotian P. iv. 93, 3.

Penalties, why gradually made more severe, iii. 45, 2, 3. still ineffectual, § 4. why, § 5–7.

Penestæ of Thessaly, their origin, n. iv. 78, 6.

Pentacosiomedimni, the highest class of Ath. citizens; the money value of their qualification, iii, 16, 1 n.

Pentecontêr, in the Lac. army, a commander of a Pentecostys or body of fifty men, v. 66, 3. 68, 3 n.

Peparethus, an island off the S. part of Magnesia, recession of the sea there occasioned by an earthquake, iii. 89, 4 n. (see Strabo ix.)

Perœbia and Perœbi, a region and people subject to and N. of Thessaly, iv. 78, 5, 6 n; see Palmerii Gr. Ant. p. 325.

Perdiccas, k. of Lower or Maritime Macedonia, son of Alexander, and brother of Philip, i. 57, 1, 2. ii. 29, 8 n, 9. 99, 1, 3 nn. f. of Archelaus, 100, 2 n. his predecessors, ib. n. suspected by the Ath. i. 56, 2. of a friend and ally became hostile to the Ath. through their alliance with Philip and Derdas, 57, 1, 2. endeavours at a confederacy of the Cor. Chalcidians, and Bottiæans, § 3. the maritime Chalcidians at his persuasion migrate into Olynthus, 58, 2, 3. Ath. expedition with Philip and Derdas acts against his dominions, 59, 2. reinforced make terms of alliance with him and retire, after a treacherous attempt on Berœa, 61, 1, 2 n. he breaks with the Ath. and is chosen commander of the cavalry of the Chalcidian allies, 62, 2. two hundred of his cavalry at Olynthus, prevented from acting at battle of Potidæa, § 3, 4. 63, 2. the Ath. wish his opposition removed, ii. 29, 6. is reconciled to them, they restore Therme to him, he aids them, § 8, 9. secretly sends aid to Cnemus' Pelop. expedition against Acarnania, 80, 10. Sitalkes' expedition against him to extort fulfilment of some promise, 95, 1, 2. Philip's son Amyntas brought forward by Sitalkes as k. of the Maced. § 3. Perdiccas communicates with Sitalkes, 101, 1. gains over to his interests, by promising his sister with a dower, Seuthes who prevails on Sitalkes to retire, § 5–7. Niconidas of Larisa in Thessaly, a friend of Perdiccas, aids the march of Brasidas, iv. 78, 2. Perdiccas invited the expedition of Brasidas; his motives, 79. is considered an enemy by the Ath. 82. marches with Brasidas against Arrhibæus, 83, 1. offended with Brasidas' proposal to seek alliance with Arrhibæus, reduces his subsidy, § 2–6 nn. employs his influence for the surrender of Amphipolis to Brasidas, 103, 2. cooperates with Brasidas, 107, 3. second expedition with Brasidas against Arrhibæus, 124, 1. defeats the Lyncestians, 124, 3 n. Illyrians hired by him fail to join him; wishes to advance, is opposed by Brasidas, § 4. betrayed by the Illyrians, is hurried off by his flying troops without communicating with Brasidas, 125, 1 nn. Brasidas' troops, in revenge for their desertion, on arriving in his dominions plunder and destroy the property of his subjects, 128, 3, 4 nn. his consequent alienation from the Pelop. § 5 n. makes peace with the Ath. 132, 1. his influence with Thessalian chiefs prevents passage of reinforcements for Brasidas, § 2. Cleon at Eion sends to him for aid, v. 6, 2. the Lac. and Argives persuade him to join their alliance, v. 80, 2. influenced by his Argive descent, ib. the Ath. ravage part of his dominions, or blockade him in them (according to various readings), v. 83, 4 n. their reasons, ib. his territory ravaged by them, vi. 7, 3. the Chalcidians refuse to join him, § 4. he marches with Euction, an Ath. general, against Amphipolis, vii. 9.

Pericleides, f. of Athenæus, a Lac. iv. 119, 2.

Pericles, s. of Xanthippus, an Ath. general, commands the expedition from Pegæ against Sicyon and Œniadæ, i. 111, 3. reduces Eubœa after its revolt, 114, nn. in the sea-fight off Tragia defeats the Samians, 116, 1. sails from Samos for Caunus and Caria to meet the Phœnician fleet, § 3. on his return completes the blockade of Samos, 117, 2. is aimed at by the Lac. in their demand that the Ath. should banish the accursed of the goddess, 127, 1 n. his maternal ancestry, ib. n. the Lac. wish to excite odium against him, because their most formidable opponent, § 2, 3 n. his speech to encourage the Ath. firmly to resist the Lac. demands, 140—144 nn. his advice followed by the Ath. 145, 1. his opinion, against receiving either herald or embassy while the Lac. were in the field, followed, ii. 12, 2. is one of the ten generals, 13, 1. gives his lands and houses to the state; for what reasons, ib. nn. advises the Ath. to remove their families and effects from the country into Athens, avoid a battle, and keep a firm hold on their allies, § 2 n. details their tribute from allies, other revenue, and amount of treasure in the Parthenon, in other temples, and on the statue of Athene, § 3—5 nn. the amount of heavy-armed troops, § 6, 7. of cavalry, mounted archers and archers, and triremes, § 10, 11 nn. leads them to expect victory in the war, § 12. popular feeling turns against him when Attica is ravaged by the Pelop. ii. 21, 5. confident that his decision against a battle was correct calls no assembly, 22, 1. sends out cavalry to check the enemy's stragglers, § 2. heads the invasion of the Megarid, 31, 1 n. chosen to pronounce a funeral oration over the first Ath. slain in this war, 34, 9, 10. his funeral oration, 35—46. adheres to his opinion against the Ath. meeting the enemy in the field, 56, 1. sails out with the Ath. fleet against the coasts of Peloponnesus, 56, 1. vi. 31, 2. after the Pelop. second invasion of Attica and the plague, is regarded by the Ath. as the cause of their calamities, ii. 59. delivers a speech calculated to soothe and encourage them, 60—64. partly succeeds, 65, 1, 2 n. but is fined, § 3. chosen general and the whole direction of affairs committed to him, § 4. general character of his administration, § 5, 10. his death; his foresight, § 6. the Ath. depart from the course he had marked out, § 7. his singular influence over them, § 8—10. abundant means of the Ath. in his judgment for triumphing over the Pelop. § 14.

Perieres, of Cuma, founder of Zancle, vi. 4, 5.

Periœci, Laconian, some of them join in the revolt of the Helots, i. 101, 2. who they were, ib. n. and Appendix II. to vol. i. the nearest P. march against Pylus occupied by the Ath. iv. 8, 1. inhabitants of Cythera P. 53, 2. Phrynis a P. sent to examine the condition and resources of Chios, viii. 6, 4. Deiniadas a P. commands a Chian squadron of thirteen ships.——Periœci, Eleian, near Pheia, ii. 25, 4 n. Periœci (οἱ μετὰ τούτων) of the Leucadians and Anactorians, 81, 3 n.

Peripoli, περίπολοι, at Athens, iv. 67, 1. a moveable defensive force; their age, length and nature of their service; equipment; stations, barracks, or forts περιπόλια; their commanders περιπόλαρχοι, ib. n. occasionally employed beyond the frontiers (?); iv. 67, 1 n. one of them assassinates Phrynichus, viii. 92, 2. the peripolarch remotely implicated, ib.

Peripolium, περιπόλιον, or guardfort of the Epizephyrian Locrians, taken by the Ath. iii. 99 n. Peripolia of the Syrac. vi. 45, 2. their outlay on them, vii. 48, 5 n.

Perrhæbia, see Peræbia.

Persians, the, kings of,—Cyrus, i. 13, 6. invaded Asia W. of the r. Halys, conquered Crœsus, enslaved Greek continental states, 16. Cambyses, 13, 6. Dareius, 14, 3, with the Phœnician navy conquers the islands, 16. Xerxes, 14, 3. 129, 1, 2. Artaxerxes, 104, 1 n, son of Xerxes, 137, 5. dies, iv. 50, 3. Dareius, son of Artaxerxes, viii. 5, 4. Pelop. treaties with him, 18. 37. 58. Persian nobles, houses at Athens where they had been quartered, i. 89, 3. a Persian table laid for Pausanias, 130, 1. a P. travels with Themistocles up to the k. 137, 5. P. language learnt by Themistocles, 138, 1 n. custom of P. kingdom concerning gifts, ii. 97, 4 n. Persians use the Assyrian character, iv. 50, 2 n. Persians with Medes, see *Medes*.

Perseidæ inferior to the Pelopidæ, i. 9, 2.

Pestilence at Athens, the, destroyed a considerable part of the population, i. 23, 4 n. broke out in the second year of the war; whence it came, its virulence; all means used against it ineffectual, ii. 47, 4—48, 1 nn. first appearance in Peiræeus, report of the tanks being poisoned, 48, 2. the city itself attacked by it, § 3. its general symptoms and course, 48, 4 —49 nn. remarks on carnivorous animals as affected by it, 50, nn. all other diseases merged in it, 51, 2. no treatment, no specific availed, no constitution bore up against it, § 3–5 nn. moral character elicited by means of it, § 6–7 nn. seldom fatal on a second attack, § 8, 9 n. aggravated by the crowded state of the city, 52, 1, 2. disregard of the obligations of religion, the rites of burial, morality and law, from the apparent nearness of death, 52, 3—53 nn. various reading of a prophecy suited to the event, 54, 2–4. seemed to verify the oracle to the Lac. § 5, 6. hardly affected the Pelop. § 7 n. reinforcements carry it to the camp before Potidæa; consequent great loss of men, 58, 2–4. second attack, iii. 87, 1. duration of each visitation and large amount of its victims, § 2, 3. contemporaneous with numerous earthquakes, § 4 n.

Petra, in the Rhegian territory, vii. 35, 2; see Cluverii Sic. p. 367.

Phacium, in Thessaly, near Peræbia, iv. 78, 5.

Phæacians, former inhabitants of Corcyra; their naval fame, i. 25, 4 n.

Phæax, s. of Erasistratus, an Ath. his embassy to Sicily to organize a confederacy against Syracuse, v. 4, 1, 5. prevails upon Camarina and Acragas, § 6. other negotiations and return, 5.

Phædimus, a Lac. commissioner for receiving from the Bœot. and delivering to the Ath. Panactum and Ath. prisoners, v. 42, 1.

Phaeinis, an Argive priestess of Here, succeeds Chrysis, iv. 133, 3.

Phænippus, an Ath. scribe or registrar, at the ratification of the one year's Truce, iv. 118, 7 n.

Phagres, a town of the Pieres in Thrace, E. of the r. Strymon, ii. 99, 3; see Herod. vii. 112, 1.

Phalerum, the eastern harbour of Athens. Connected with the city by a long wall, i. 107, 1. (see Meursius De Pop. Att. p. 136, and De Piræeo, c. 102.) Phaleric wall, length of, ii. 13, 8 n.

Phalius, s. of Eratocleides, a descendant of Hercules, a Corinthian, founder of Epidamnus, i. 24, 2.

Phanæ, a promontory of Chios, the Chians defeated there by the Ath. viii. 24, 3; see Livy xiv. and Strabo xiv.

Phanomachus, s. of Callimachus, an Ath. general to whom Potidæa surrenders, ii. 70, 1.

Phanotis, a district in Phocis, on the Bœot. border, iv. 76, 3 n. Nicomachus, of Phanotis, divulges the Ath. design upon Bœotia, 89, 1; see Strabo ix. and Pausan. in Phocicis, and Palmerii Græc. Ant. p. 673.

Pharax, f. of Styphon, a Lac. iv. 38, 1, 2.

Pharnabazus, f. of Pharnaces, ii. 67, 1. another, s. of Pharnaces, satrap of the Hellespontine cities (or of Dascylium, n. on viii. 5, 4.) viii. 6, 1. sends to the Lac. for aid to effect the revolt of the Hellespontine cities from Athens, ib. his agents entrusted by him with a subsidy for an expedition, 8, 1 nn. a fleet sent out to aid him, 39, 1, 2. Pharnabazus and his brothers, sons of Pharnaces, n. on viii. 58, 1. Abydus and Lampsacus revolt to him, 62, 1. of forty ships despatched to him from Miletus only ten arrive, 80, 1, 3. induces the Grand Pelop. fleet to sail from Miletus for the Hellespont, 99, 1. sixteen ships had come to him before, § 2 n. Tissaphernes mortified at this, 109.

Pharnaces, f. of Artabazus, i. 129, 1. another, s. of Pharnabazus; Lac. ambassadors on their way to him, ii. 67, 1. grants the Delians expelled by the Ath. a settlement at Atramyttium, v. 1. father of another Pharnabazus, viii. 6, 1 n; see also n. on 5, 4. the sons of Pharnaces, viii. 58, 1 n.

Pharos, in Egypt, i. 104, 1.

Pharsalus, in Thessaly, the Ath. attack it without success, i. 111, 1, 2. Menon of Ph. with Pharsalian cavalry comes to aid Athens, ii. 22, 4, 5. Brasidas sends thither to his Thessalian friends, iv. 78, 1. halts there, § 5. Thucydides of Ph. mitigates the animosity of the contending parties at Athens, vii. 92, 8 n.

Phaselis, a city on the coast of Lycia, near Pamphylia, Ath. trading vessels thence, ii. 69, 1. mentioned in order reverse of the local, viii. 88 n. Hippocrates a Spartan learns at Phaselis the duplicity of Tissaphernes, 99, 1. Alcibiades returns thence, 108, 1.

Pheia, a city of Elis on the coast between the rivers Peneius and Alpheius; its territory wasted and itself taken by the Ath. who then reembark, ii. 25, 4–6. its neighbourhood inhabited by Periœci, ib. n. Demosthenes destroys there a transport destined for Sicily, vii. 31, 1.

Pheræans, people of Pheræ in Thessaly, send cavalry to aid Athens, ii. 22, 4 n.

Philemon, f. of Ameiniades, an Ath. ii. 67, 2.

Philippus, a Maced. brother of Perdiccas and son of Alexander; in alliance with the Ath. against Perdiccas, i. 57, 1 n, 2. with them wars against Perdiccas, 59, 2. six hundred of his cavalry aid the Ath. against Potidæa,

i. 61, 2. Philippus' son Amyntas, supported by Sitalkes, ii. 95, 2, 3. 100, 3. part of Macedonia formerly his kingdom, 100, 3.

Philippus, a Laced. appointed governor of Miletus, viii. 28, 5 n. sent to bring up the Phœnician fleet from Aspendus, 87, 6. reports the duplicity of Tissaphernes, 99, 1.

Philocharidas, a Lac. s. of Eryxidaïdas, signs the one year's Truce, iv. 119, 2, and the fifty years' Peace, v. 19, 2. one of the three commissioners for executing it, 21, 1. swears to the Alliance with Athens, 24, 1. on the embassy to Athens; friendly to the Ath. 44, 3.

Philocrates, s. of Demeas, an Ath. reinforces the force besieging Melos, v. 116, 3.

Philoctetes, his ships the smallest on the expedition against Troy, i. 10, 4. his crews at once rowers and archers, § 5.

Phlius, an inland state of Pelop. N. of Argolis; the Phliasians requested to subsidize the Cor. expedition to Epidamnus, i. 27, 4. four hundred among Brasidas' forces at Tripodiscus, iv. 70, 1. Chrysis flies thither from Argos, 133, 3. Lac. confederacy assembles at Phlius to invade Argolis; the whole Phliasian army attends, v. 57, 2. Agis and the Lac. arrive, 58, 2. the Phl. march with the Pellenians and Cor. 58, 4. encounter the Argives with loss, 59, 1. in position above the Argives, § 3. assembled with the Lac. confederacy at Nemea, 60, 3 n. Phliasian territory invaded and wasted by the Argives for harbouring their exiles, 83, 3. on a second invasion the Phl. entrap the Arg. in ambuscade, 115, 1. Phl. a third time invaded by the Arg. vi. 105, 3,

Phocæa, the most northern city of Ionia. Astyochus takes refuge there in a storm, viii. 31, 2. Carteria in Phocaïs, or the Phocæan territory, viii. 101, 2. naval victory of the Phocæan founders of Massilia over the Carthaginians, i. 13, 8; see Herod. i. 142, 5. 163—197. and Strabo xiv.

Phoceæ, or Phocææ, a quarter of the city of the Leontines in Sicily, v. 4, 4.

Phocis, a region on the Cor. gulf W. of Bœotia. The Phocians war upon the Dorians, but the Lac. compel them to restore their conquests, i. 107, 2. Phocis gained by the Ath. 108, 2. with the Bœot. attend the Ath. expedition against Thessaly, 111, 1. the Ath. deliver the temple at Delphi to the Ph. 112, 5. allies of the Lac. confederacy; furnish cavalry, ii. 9, 2, 3 n. Daulia in Ph. 29, 3. Demosthenes hopes for the conquest or alliance of the Ph. iii. 95, 1. enmity and fear of the Locrians of Amphissa towards them, 101, 2. Phanotis in Phocis; some Phocians privy to the Ath. design upon Bœotia, iv. 76, 3. Nicomachus, of Phanotis in Phocis, betrays the Ath. design to the Lac. 89. 1. war between the Ph. and Locrians, v. 32, 2. the Ph. summoned by the Lac. to aid their invasion of Mantineia, 64, 4. requisition from the Lac. to the Ph. and Locrians to furnish fifteen ships, viii. 3, 2. some Phocians, returning from Troy, driven by a storm to Libya, finally settle with Trojans in Sicily, vi. 2, 3.

Phœnice, and Phœnicians. The Ph. anciently exercised piracy and occupied the islands, i. 8, 1. occupied the headlands of Sicily and islands adjacent for commerce; more lately concentrated at Motye, Soloeis and Panormus, vi. 2, 5 n. Ph. of Tyre and Ph. of Carthage, ib. n. Ph. fleet gives Dareius the conquest of the islands; triremes of, taken and destroyed at the r. Eurymedon, i. 100, 1. Ph. fleet defeated off Salamis in Cyprus by the Ath. 112, 4 n. Ath. squadron detached from Samos to look out for Ph. fleet, 116, 1. Pericles with sixty vessels follows, § 3. Melesander with a squadron sent to protect the Ath. traders homeward bound from Phœnice, ii. 69, 1. Ph. cities in Sicily near Egesta, vi. 46, 3. Ph. vessels in course of fitting out by Tissaphernes, viii. 46, 1. the Pelop. fleet induced by him to wait for them, § 5 n. mentioned as ships of the k. in the Treaty, 58, 5, 6 n, 7. Tissaphernes makes a show of getting the Ph. fleet ready, 59. indignation of the Pelop. fleet at waiting for the Ph. fleet, 78, 1. Alcibiades represents Tissaphernes as willing to bring the Ph. fleet from Aspendus to aid the Ath. if he could trust them, 81, 3. Tissaphernes goes to Aspendus but does not bring the Ph. fleet, 87, 1, 2. conjectures why Tissaphernes brought it to Aspendus, § 3 nn. Tissaphernes visits the Ph. fleet; the Pelop. send to it, § 6. Alcibiades professes to prevent their joining the Pelop. 88. 108, 1. they do not come to Miletus, 99, 1 n. Tissaphernes' wish to excuse their non-appearance, 109.

Phœnicus, a port in the territory of Erythræ, viii. 34, n.

Phœtia, Dindorf's reading in place of Phytia, see *Phytia*.

Phormio, s. of Asopius, an Ath. general sent to complete the blockade of Potidæa, i. 64, 3 n. lays waste Chalcidice and Bottice, 65, 3 n. brings a reinforcement against Samos, 117, 3. marches with Perdiccas against the Chalcidians, ii. 29, 3. had left Chalcidice, 58, 3. recovers Amphilochian Argos for the Amphilochians and Acarnanians, 68, 7. stationed at Naupactus to blockade the Crisæan Gulf, 69, 1. is eluded by Cnemus, 80, 5. the Acarnanians ask aid; he cannot leave Naupactus, ii. 81, 1. he attacks the Pelop. fleet on its way to join Cnemus and completely defeats it, 83. 84, 4. sends to Athens for reinforcements, 85, 5. sails to Molycric Rhium, 86, 2. prepares for action, § 5. perceives his men dismayed by the enemy's numbers, 88, 2-4. his speech to them, 89. alarmed for Naupactus by a feint of the Pelop. fleet, is at first worsted, 90, 2—91, 3 nn, but recovers and defeats them, 91, 4—92, 5. lands at Astacus in Acarnania; marches inland and expels suspected persons from Astacus and Coronta, 102, 1, 2. returns to Naupactus, and thence to Athens, with prizes and prisoners, 103, 1. Asopius his son, iii. 7, 1. see *Asopius*.

Photyus, an annual chief of the Chaonians, among the barbarian allies of the Ambraciots, ii. 80, 6 n.

Phrygia, a place in Attica, between Acharnæ and Athens, ii. 22, 2.

Phrynichus, an Ath. general, lands, defeats the Milesians and prepares to besiege them, viii. 25. learning the approach of the Pelop. and Sicilian fleet persuades his colleagues to avoid an action, and concentrate their forces at Samos, 27 nn. expresses distrust of the principles and representations of Alcibiades, 48, 3-6 nn. in fear of Alcibiades' recall, betrays to Astyochus Alcibiades' design of reconciling Tissaphernes with the Ath. 50, 1, 2 nn. his communications divulged by Astyochus to Tissaph. and Alcib. § 3 n. Alcib. sends information against him to Samos and demands his execution, § 4. Phryn. offers to Astyochus to facilitate the destruction of the Ath. armament at Samos, § 5. finding Astyochus false to him, anticipates the letter of Alcibiades detailing his treason, and warns the Ath. against an attack of which he professes to have information, 51, 1 n. Alcibiades' letter against him disbelieved, § 2. is deprived by the Ath. of his command at the instigation of Peisander, because unfriendly to negotiation with Alcibiades, 54, 3. at Athens joins the oligarchical conspiracy in dread of the recall of Alcibiades, 68, 3 nn. joins in the measures of the most violent aristocrats, 90, 1 n. on an embassy for peace to Lac. § 2. on return to Athens assassinated by one of the peripoli, 92, 2 nn.

Phrynis, a Lac. Periœcus, sent to ascertain the condition of Chios, viii. 6, 4.

Phthiotis, its inhabitants first called Hellenes, i. 3, 3. simply called Achaia, iv. 78, 1 n. subject to Thessaly, ib. n. Achaians of Phth. compelled by Agis to give hostages and money, viii. 3, 1 n; see Strabo ix.

Phyleides, f. of Pythangelus, a Theb. ii. 2, 1.

Phyrcus, a fortress of the Eleians, menaced by the Lac. v. 49, 1 n.

Physca, a city of Eordia in Upper Macedonia, inhabited by the remains of the Eordians, ii. 99, 4.

Phytia, or, according to Dindorf, Phœtia, a city of Acarnania between Stratus and Medeon, iii. 106, 2; see Palmerii Græc. Ant. p. 391, &c.

Pieria, a region of Macedonia on the W. coast of the Thermaic gulf. The Pierians driven thence settle beyond the r. Strymon, in the country called the Pierian Gulf, ii. 99, 3. Pieria not reached by Sitalkes' invasion of Macedonia, 100, 5; see Strabo ix. and Herod. vii.

Pierium, in Thessaly, not far from Metropolis, the farthest point reached by Rhamphias, v. 13, n.

Pillar, inscribed, in the Acropolis of Athens, recording the usurpation of the tyrants, vi. 55, 1, 2 n. treaties inscribed on pillars, v. 56, 3 n.

Pindus, a m. range of Thessaly, the Achelous rises in it, ii. 102. 3; see Herod. vii. 129, 2. and Strabo ix. and Palmerii Gr. Ant. p. 337. 341.

Piracy, practised anciently by both Greeks and Barbarians, i. 5 n. 7. 8. the seas cleared of pirates by Minos, i. 4. 8, 3, and the Corinthians, 13, 5.

Piræeus, see Peir.

Piraice, see Peir.

Pisander, see Peis.

Pisistratus, see Peis.

Pissuthnes, a Persian, s. of Hystaspes, commander of the sea coast of Asia, under k. Artaxerxes, viii. 5, 1 n. the Samians deliver up to him their Ath. garrison and its commanders, i. 115, 5. hopes of his aid to Ionian exiles and the Pelop. iii. 31, 1.

Pitanates, no lochus so named among the Lacedæmonians, i. 20, 4 n.

Pithias, see Peithias.

Pittacus, k. of the Edonian Thracians, his violent death, iv. 107, 3.

Platæa, or Platææ, a city of Bœotia, a settlement from Thebes; origin of enmity between them, iii. 61, 3 n. government popular, ii. 72, 5. 73, 1. Platæans served at sea-fight at Artemisium, and at battle of Platæa under Pausanias, i. 130, 1. iii. 54, 4 n. paid public honours to the tombs of the Greeks slain there, iii. 58, 4–6 nn. Pausanias guaranteed their independence, ii. 71, 4–6. aided the Lac. against Ithome, iii. 54, 5. allies of the Ath. ii. 9, 5. origin of that alliance, iii. 55, 2 n. aided Ath. at Coroneia, iii. 62, 6. 67, 2. Thebans' attempt on Pl. begins the Pelop. War, ii. 1. 2, 1. 7, 1. details of attempt, 2, 2–5 nn. Pl. recover from their surprise, and attacking defeat, destroy or capture, all the invaders, ii. 3. 4 nn. distance of Pl. from Thebes, 5, 2. Thebans' design to seize people and property of the

Pl. 5, 4 n. the Platæans' threat, and promise to deliver up their prisoners on the Thebans' retiring, § 5-7. they kill all their prisoners, § 8, 9 n. send a second message to Athens; Ath. mandate to them, 6, 1-4 nn. Ath. provision and garrison Pl. and remove the ineffective population, § 5. Bœotians ravage the Pl. territory, ii. 12, 6. Pelop. invade Attica eighty days after attempt on Pl. 19, 1 n. Pl. territory ravaged by Pelop., the Pl. remonstrate, ii. 71, nn. Archidamus' proposals to them, 72, 1-4. their answer, § 5. his reply and fresh proposals, § 6-8. consulting the Ath. are assured of support, 73, n. reject Archidamus' proposals, 74, 1. he appeals to the gods and heroes of the Pl. territory, § 2, 3 nn. Pl. enclosed with a palisade; mound raised against it, 75, 1-3 nn. means of defence against the mound, § 4-7 nn, frustrated and others adopted, 76, 1-3 nn. they parry or break the battering engines, § 4 nn. the Pelop. attempt to set fire to Pl. 77 nn. lines of circumvallation drawn round it, and the siege turned into a blockade, 78, 1, 2. number of besieged, § 3, 5. contemplate forcing their way through the besiegers' lines; half only resolve to risk it, iii. 20, 1 n. calculate height of besiegers' wall, § 2, 4 nn. description of it, 21 n. two hundred and twelve Pl. escape over the lines, 22. 23 nn. baffle pursuit; reach Athens, 24, 1, 2 nn. the Pl. in the city suppose all slain, § 3. the Pelop. forbear taking Pl. by assault; their reasons, 52, 1-3. Pl. surrender to be tried by Lac. judges, § 4, 5 nn. interrogated; obtain leave to be heard in defence, § 6-8 n. defence and vindication, 53—59 nn. Thebans' speech against, 61—67. execution of Pl. and Ath. who had surrendered; Lac. pretext for it; the women enslaved, 68, 2, 3 nn. Platæa at first granted by the Thebans to their Platæan partizans and Megarean exiles, afterwards razed to the ground; use made of its materials, § 4 nn. its territory confiscated and let to Thebans, § 5. motives of the Lac. in their treatment of the Pl. § 6. Platæa destroyed ninety-three years after its alliance with Athens, § 7. light-armed Pl. on Ath. expedition against Megara, iv. 67, 1. win the entrance to the Long Walls, § 4. Bœot. forces assembled at Platæa, iv. 72, 1. restoration of it, demanded by the Ath. refused; as it had not been taken (cf. iii. 52, 3) but ceded by the Pl. v. 17, 2. Ath. give territory of Scione to surviving Pl. v. 32, 1 nn. the Lac. consider the Thebans' attempt, in time of peace, on Platæa, as having injured their cause, vii. 18, 2. Pl. as allies of Ath. although Bœot. opposed to Bœot. at siege of Syracuse, 57, 5.

Pleistarchus, k. of Sparta, a minor, s. of Leonidas, first cousin to Pausanias, who was his guardian and regent for him, i. 132, 1.

Pleistoanax, k. of Sparta, s. of Pausanias, a minor; Nicomedes his uncle regent, i. 107, 2. invades and ravages Attica, as far as Eleusis and the Thriasian plain; then retires, i. 114, 4 nn. suspected of having been bribed is banished, ii. 21, 1 n. v. 16, 3 nn. spoken of by his enemies as the cause of the reverses of Sparta, through the illegal means adopted for his recall, v. 16. why desirous of peace, 16, 1. 17, 1. his place of abode in exile, 16, 3 n. signs [the fifty years' Peace, 19, 2 v.l. and] the fifty years' Alliance with Athens, 24, 1 n. his expedition against Cypsela in the Parrhasian territory, 33, nn. on his march to reinforce Agis, at news of the victory at Mantineia returns home, 75, 1. is father of k. Pausanias and brother of Cleomenes, iii. 26, 2.

Pleistolas, an ephor of Sparta, swears to the fifty years' Peace, v. 19, 1 n, 2. n. to 24, 1, and the fifty years' Alliance, 24, 1. 25, 1.

Plemyrium, or Plemmyrium, a headland opposite to Syracuse, narrowing the entrance of the great harbour, occupied by Nicias, and three forts built on it, vii. 4, 4-6. Gylippus attacks and takes the three forts, 22, 1 n. 23, 1. a small island off Pl. 23, 4 n. one of the forts on Pl. demolished, the other two garrisoned by the Syrac. 24, 1. loss of the Ath. in men and stores, § 2. the Syrac. occupation of Pl. seriously injurious to the Ath. § 3 n. 36, 6. Eurymedon reports its loss to Demosthenes, 31, 3.

Pleuron, a city in the SW. of Ætolia, its territory with that of Calydon formed a district called Æolis, iii. 102, 6 n.

Pliny, Bamberg MS. of, n. iii. 37, 2.

Plistarchus, Plistoanax, Plistolas, see Pleist.

Ploas, name of a Lac. lochus, according to the Schol. on iv. 8, 9. see n.

Plural names of places, (examples, Lindii, Leontini, &c.) origin of, ii. 30, 3 n. vi. 4, 3 n. plural and singular names of the same places, probable reason of, iii. 107, 1 n.

Pnyx, the place for the ordinary assemblies of the Ath. n. to viii. 67, 2. 97, 1. two-fold formation of the word, n. 97, 1.

Poets, their indulgence in ornament and exaggeration, i. 10, 3. 21, 1.

Polemarchs in the Lac. army, v. 66, 3. two of them, each in charge of a lochus, ib. P. of Mantineia with the Theori swear the magistrates to the treaty of Alliance, v. 47, 9.

Polichna, a city opposite the island Clazomenæ, fortified by the Clazom. viii. 14, 3 n. originally an appellative, ib. n. taken by the Ath. 23, 6. (see Strabo xiii.) Polichnitæ, inhabitants of Polichna in Crete, act with the Ath. against Cydonia, ii. 85, 7, 8; see Herod. vii. 170, 2.

Polis, a village of the Hyæan Ozolian Locrians, iii. 101, 4.

Political expedition of Phormio into Acarnania, ii. 102, 1 n, 2. of Alcibiades in Pelop. v. 52, 2 n.

Polles, k. of the Odomanti, engaged to furnish troops in aid of Cleon against Brasidas, v. 6, 2 n.

Pollis, an Argive, seized in Thrace and put to death at Athens, ii. 67, 1-4.

Pollux and Castor, Διόσκοροι, fane of at Corcyra, aristocratical party take sanctuary there, iii. 75, 4.

Polyanthes, a Corinthian, commands in the sea-fight off Erineus in the territory of Rhype, vii. 34, 1, 2.

Polycrates, tyrant of Samos, conquers some of the islands, dedicates Rheneia to Delian Apollo, i. 13, 7 nn. iii. 104, 4. connects it with Delos by a chain, ib.

Polydamidas, a Lac. sent by Brasidas to command the garrisons of Mende and Scione, iv. 123, 4. with the Mendæans repulses Nicias, 129, 3–5. on occasion of a tumult retires into the citadel, 130, 3–6 nn.

Polymedes, a Larisæan general sent with aid to Athens, ii. 22, 5.

Pontus, archers and corn from, needed by the Lesbians, iii. 2, 2. Lamachus sails into the P. iv. 75, 2. Chalcedon at the entrance of the P. § 3.

Poppy-seed with honey, sent for sustenance to the garrison of Sphacteria, iv. 26, 8 nn.

Popular government, see Democracy. popular fickleness, ii. 65, 3, 4. iii. 36. 37. popular leaders, iii. 70, 4. vi. 35, 2 n. viii. 89, 4.

Portico, or cloister, at Delium, iv. 90, 2 n. in the Peiræeus adjoining Eetiônia; all the corn in Athens warehoused there by the 400, viii. 90, n. 4, 5; see also Temple.

Poseidon = Neptune, his temple at Tænarus, its sanctuary violated by the Lac. i. 128, 3. the Ath. dedicate a ship to him at Molycric Rhium after a naval victory, ii. 84, 4. the Pelop. dedicate to him at Achaic Rhium the single Ath. ship taken by them, 92, 6 n.

Poseidonium, or temple of Poseidon, near Mende, on W. coast of Pallene, iv. 129, 3 n.

Postern, see Gate.

Potamis, a Syrac. sent to Miletus to supersede Hermocrates, viii. 85, 3.

Potidæa and the Potidæans, position on isthmus of Pallene, i. 56, 2 n. 63, 1 n. 64, 1 n. iv. 120, 3 n. distance from Olynthus, i. 63, 2. its Demiurgi, 56, 2 n. a Corinth. colony, therefore Dorian, 124, 1. tributary to Athens; conduct of the Ath. towards it one avowed cause of Pelop. War, 56, 2. 66. 118, 1. refusing the demands of the Ath. they revolt, 58, 1. 59. Aristeus sent from Cor. with succours to P. 60. Ath. forces sent against P. 57, 4. 61, 1. on their march, § 2. the P. and allies await the Ath. 62, 1. Perdiccas allied with P. § 2. the Ath. approach P. § 4. battle of P. § 5, 6. Aristeus escapes into P. 63, 1. sea-wall and breakwater of P. ib. n. loss of the P. § 3. P. invested on the side next the Isthmus, 64, 1 n. invested on the side next Pallene by Phormio and blockaded by sea, § 3 n, 4. Aristeus escapes out of it, 65, 1. siege of P. complained of to their allies by the Cor. as an infraction of the Peace, 67, 1. 68, 4. entreat them to succour the P. 71, 5. Archidamus advises sending an embassy to the Ath. regarding P. 85, 3. fears of the Cor. for P. 119, 2. they urge the need of immediate aid to P. 124, 1. the Lac. demand of the Ath. to abandon the siege of P. 139, 1. 140, 6. Ath. expenditure on the siege of P. ii. 13, 3. 58, n. 1. 70, 2. iii. 17, 3-5. 3000 Ath. heavy-armed at P. ii. 31, 3 n. Ath. reinforcements bring the plague to the besieging army, 58, 2, 3. the reinforcements return from P. § 4. Aristeus endeavours to persuade Sitalkes to march to relieve P. 67, 1. he had contrived the revolt of P. § 4. the P. capitulate and depart unhurt, 70, 1–3. P. occupied by an Ath. colony, § 4. Ath. defeated by the Chalcidians take refuge in P. 79, 10. Ath. occupation of P. renders Pallene virtually insular, iv. 120, 3 n. Brasidas meditates an attempt on P. 121, 2. Ath. expedition from P. against Mende, 129, 3. gates of Mende on the road to P. 130, 2. Brasidas' attempt to surprise P. fails, 135. Hagnon's expedition against P. (ii. 58, 1.) not inferior to Ath. expedition against Sicily, vi. 31, 2 n.

Potidania, a city of Ætolia, taken by Demosthenes, iii. 96, 2 n; see Palmerii Gr. Ant. p. 466. 504.

Prasiæ, a maritime town on E. coast of Laconia; taken and sacked by the Ath. ii. 56, 6. (see Strabo viii. ix. and Pausan. in Laconicis.) its territory ravaged by the Ath. ii. 56, 6. vi. 105, 2. vii. 18, 3 n.

Prasiæ, on the S. part of the E. coast of Attica, viii. 95, 1.

Pratodemus, see Strat.

Presents, custom of giving and receiving, among the Odrysæ and Thracians generally, contrasted with the Persian custom, ii. 97, 3, 4.

President ($\epsilon\pi\iota\sigma\tau\acute{a}\tau\eta s$), chief of the proedri at Athens, iv. 118, 1 n.

Pretexts for the Pelop. War, i. 23, 7—55, 3. 56—66.

Priapus, a city on S. coast of Propontis due W. of Cyzicus, viii. 107, 1; see Strabo xiii.

Priene, in Ionia, cause of war between the Samians and Milesians, i. 115, 2: see Herod. i. 142, 4. and Strabo xiv.

Priestesses of Here in Argos, time noted by the years of their priesthood, ii. 2, 1 n. iv. 133, 3.

Priestly offices to be performed in a colony by a native of the parent state, i. 25, 4 n.

Πρόβουλοι, at Athens, a committee of public safety, without whose sanction no measure could be submitted to the people, viii. 1, 3 n.

Processions. The Panathenaic procession the only one at Athens usually joined by the citizens in arms, vi. 56, 2 n.

Procles, son of Theodorus, an Ath. in joint command with Demosthenes of thirty ships acting against the coast of Pelop. iii. 91, 1. slain on Demosthenes' retreat from Ætolia, 98, 4. Procles, another Ath. swears to the fifty years' Peace, v. 19, 2, and the fifty years' Alliance, 24, 1.

Procne, daughter of Pandion k. of Athens, and wife of Tereus k. of the Thracians, inhabiting the Daulian territory in Phocis, ii. 29, 3.

Proedri, or presidents, apparently the chief magistrates in Mytilene, iii. 25, 2. proedri in Athens, iv. 118, 1 n.

Pronæi, one of the four states of Cephallenia, ii. 30, 3; see Strabo x.

Prophets, and Prophecies, just before the Pelop. War, ii. 8, 2. credence given to, 21, 3 nn. present no relief from the plague at Ath. ii. 47, 5 n. attendant on armies, vi. 69, 2. indignation against, at Athens, on the destruction of the Sicilian expedition, viii. 1, 1 n. Theænetus, a prophet, plans the escape from Platæa, iii. 20, 1.

Propylæa, of the Acropolis of Athens, ii. 13, 3.

Proschion, a town in the W. of Ætolia. Eurylochus waits there till his expedition against Amphilochian Argos, iii. 102, 6. 106, 1 n; see Palmerii Gr. Ant. p. 453, &c.

Prosopitis, an island forming part of the Delta of the Nile; the Greeks blockaded there, i. 109, 3.

Προστάται δήμου, see Popular.

Prote, an island off the W. coast of Laconia, near Pylus, iv. 13, 3.

Proteas, son of Epicles, an Ath. joint commander of the first aid sent to the Corcyræans, i. 45, 1. and of the fleet first sent against the coast of Pelop. ii. 23, 2.

Protesilaus, fane of, at Elæus on the Hellespont, viii. 102, 3.

Proverbs, v. 65, 2. vii. 87, 4 n.

Providence, divine; Nicias' view of it, vii. 77, 2-4.

Provisions, of the Lac. soldiery, and of the Spartans at their public tables, iv. 16, 1 n. of the rowers in the galley sent off to Mytilene to prevent the execution of the Mityl. iii. 49, 4. of the Ath. heavy-armed and cavalry usually carried by their attendants, vii. 75, 5. provision markets, temporary, for the supply of troops, i. 62, 1 n, and seamen, iii. 6, 2 n. of the Ath. at siege of Melos, v. 115, 4 n. provided outside Messana for the Ath. vi. 50, 1. decisive advantage from to the Syrac., and disadvantage to the Ath. from the want of, vii. 39 nn.—40, 2. result of the want of by the Ath. at Eretria, viii. 95, 4.

Prows of ships, and the parts adjacent strengthened, vii. 34, 5 n. 36, 2 n.

Proxenus, son of Capaton, an Epizephyrian Locrian leader defeated by the Ath. iii. 103, 3.

Proxenus, similarity of the office to that of the modern consul, ii. 29, 1 n. description of, and distinction between proxenus and etheloproxenus, ib. iii. 70, 4 n. prisoners of war set free on their proxeni giving security for their ransom, iii. 70, 1 n.

Prytaneium, the mark of a distinct state; a social or national home, ii. 15, 2. of each Attic township abolished by Theseus, § 3 n. Pr. of Athens afterwards common to them all, ib.

Prytanes, Athenian, nature and duration of the office, iv. 118, 7 n. administer the oaths (on the ratification of the fifty years' Alliance) to the senate and home magistrates, v. 47, 9 n. their chief president or epistates (see iv. 118, 7 n.), addressed as prytanis, put questions to the vote in assemblies of the people, iii. 36, 4 n. vi. 14 n. prytanes chosen by the oligarchical 400 by lot from their own number, viii. 70, 1. prytanes of the Naucrari, n. to i. 126, 8.

Psammetichus, f. of Inarôs, a Lybian, i. 104, 1.

Pteleon, a place (situation unknown) to be restored to the Lac. by the Ath. according to the fifty years' Peace, v. 18, 6. another, a fortress in the territory of Erythræ in Ionia, occupied by the Ath. viii. 24, 2. attacked, not taken, by Astyochus, 31, 1; see Strabo viii.

Ptœodorus, a Theban exile, his plan for revolutionizing Bœotia, iv. 76, 2-5.

Ptychia, a small island N. of Corcyra, used as a temporary depot for the oligarchical garrison of Istone when prisoners, iv. 46, 3. supposed by some to be the same as the island similarly used, iii. 75, 8.

Purification, see Delos.

Pydius or Meidius, a river near Abydus on the Hellespont, viii. 106, 1.

Pydna, in Macedonia, near the W. coast of the Thermaic gulf, belonged to Perdiccas; besieged, not taken, by the Ath. i. 61, 1, 2 n. in the reign of Alexander Themistocles leaves it to embark for Asia, 137, 1, 2. see Strabo x.

Pylus, on W. coast of Laconia, in Messenia; uninhabited; distance from Sparta, iv. 3, 2. 41, 2. Lac. name Coryphasium, 118, 3. v. 18, 6. Ath. fortify it, at Demosthenes' suggestion, iv. 3—5. this recalls the Lac. army from invading Attica, iv. 6. the Spartans march, call upon their allies for aid, and summon the Pelop. fleet from Corcyra to P. 8, 1, 2. Demosth. summons Ath. fleet from Zacynthus, § 3, 4. the Lac. resolve to attack P. § 4, and to obstruct the entrances to the harbour, § 5-7 n. occupy the island Sphacteria, § 7-9 n. Demosth. prepares against attack, iv. 9 nn. addresses his men, 10 nn. the attack, 11 n, is repelled, 12 nn. the Lac. send to Asine for engines, 13, 1 n. Ath. fleet arrives, 13, 2-4 nn. attacks and drives back the Lac. fleet, 14, 1 n. the Lac. struggle to save their ships, § 2-4 n. communication between Sphacteria and the mainland cut off, § 5. armistice at Pylus (involving temporary surrender of all Lac. ships of war) while an embassy goes to Athens and returns, 15. 16. armistice ceases. Lac. fleet retained by the Ath. for alleged infraction of truce, 23, 1. Ath. strictly blockade Sphacteria; Lac. attack P. § 2. hardships endured there by Ath. forces, 26, 1-4 nn. means used by the Lac. for throwing supplies into Sphacteria, § 5-9 nn. *For subsequent details see Sphacteria.* Pylus garrisoned chiefly by Messenians from Naupactus, (cf. i. 103, 3.) iv. 41, 2. the Lac. negotiate for its recovery, § 3, 4. its occupation occasions to the Lac. fears respecting the Helots, iv. 80, 2. Cleon's success at P. confirms his self-confidence, v. 7, 3 n. the Ath. regret their neglecting to make peace after success at P. v. 14, 1. its loss inclines the Lac. to peace, § 2. Ath. refuse to restore it,

35, 4. but withdraw the Messenians and Helots, § 6, 7 n. the Lac. wish to exchange Panactum for P. 36, 2. 39, 2. Lac. embassy to Athens to negotiate exchange, 44, 3. Alcibiades' false promise to obtain it, 45, 2. the Helots replaced in P. by the Ath. 56, 3 n. Alcibiades alleges to the Lac. his good offices concerning it, vi. 89, 2. Ath. at P. plunder the Lac. v. 115, 2. vi. 105, 1. vii. 18, 3. 26, 1. the Lac. regard their disaster at P. as a visitation for disregard of treaties in beginning the War, vii. 18, 2 n. Messenians from P. on Ath. expedition to Syracuse, 57, 8 n. cases of the Ath. at Syracuse and Lac. at P. compared, 71, 8 nn. Nicias and Demosthenes very differently regarded by the Lac. in connection with the events at Pylus, 86, 3.

Pyrasians, people of Pyrasus, a town of Thessaly, send aid to Athens, ii. 22, 4 n.

Pyrrha or Pyra, a city of Lesbos situate on a deep bay; its defences strengthened by the Mytilenæans, iii. 18, 1. Salæthus the Lac. lands there, 25, 2. reduced by Paches the Ath. 35, 1. Astyochus the Lac. visits it, viii. 23, 2; see Strabo xiii.

Pyrrhichus, f. of Aristo, a Cor. vii. 39.

Pystilus, of Gela, co-founder of Acragas, vi. 4, 4.

Pythaëus, an epithet of Apollo, to whose temple at Argos sacrifice was due from the Epidaurians, v. 53 n.

Pythangelus, son of Phileidas, a Theban Bœotarch, a leader in the surprise of Platæa, ii. 2, 1.

Pythen, a Cor. commander of the two Cor. ships which accompanied Gylippus to Sicily, vi. 104, 1. vii. 1, 1. commands the Cor. vessels in the centre, in the last engagement in Syrac. harbour, 70, 1.

Pythes, f. of Nymphodorus, an Abderite, ii. 29, 1.

Pythia, the Pythian festival and games, date of, v. 1 n. and Appendix to vol. ii. Pythia, or Pythoness (πρόμαντις), alleged to be unduly influenced by Pleistoanax, v. 16, 2, 3. bribed by the Alcmæonidæ, ib. n. Pythian oracle to the Lac. i. 103, 2. on the Pelasgicum at Athens, ii. 17, 1 n. Pythium or temple of Pythian Apollo at Athens, ii. 15, 5 n. altar there, dedicated by Peisistratus son of Hippias, vi. 54, 6. inscription on it, § 7 n.

Pythii, at Sparta, mode of appointment and duties, n. v. 16, 2.

Pytho, ancient name of Delphi; a pillar, inscribed with the treaty for fifty years' Peace, to be set up there (Πυθοῖ), v. 18, 9.

Pythodorus, an Ath. the Pelop. War begun in his archonship, ii. 2, 1 n. comes out to Rhegium to supersede Laches, iii. 115, 2, 6. defeated by the Locrians, § 7. colleagues and a reinforcement sent off to him, iv. 2, 2. on his return from Sicily banished on suspicion of being bribed, 65, 3. swore to the fifty years' Peace, v. 19, 2. and to the fifty years' Alliance, v. 24, 1. manifest infraction of the treaties by his landings in Laconia, vi. 105, 1, 2.

Q.

Quarries of Syracuse, the captive Ath. and their allies imprisoned there, vii. 86, 2. 87, 1.

Quarter. It was against the custom of the Greeks to kill persons once admitted to quarter, iii. 58, 3 n. 66, 2. 67, 5, 6.

R.

Ransom, ordinary, of a Pelop. heavy-armed soldier, iii. 70, 1 n. of the Corcyræans, prisoners at Corinth. ib. the garrison of Nisæa surrenders subject to a fixed ransom, iv. 69, 3. terms of ransom for himself and army proposed by Nicias, vii. 83, 2.

Rations for troops, of barley flour, meat and wine, quantity of, iv. 16, 1 n; cf. iii. 49, 4. of the Ath. prisoners at Syrac. vii. 87, 1 n.

Razing dwelling house, with fine, decreed against Agis, v. 63, 2.

Reeds, use of in earth-works by besiegers, ii. 76, 1 n.

Religion, of the ancient world, local; the results of this, ii. 16 n. 71, 6 n; cf. iii. 58, 6. 69, 4 nn. disregard of its obligations during the pestilence at Athens, ii. 53 nn.

Regents, in Sparta, Nicomedes, for Pleistoanax his nephew, i. 107, 2. Pausanias, for Pleistarchus his cousin, 132. among the Molossians and Atintanes, Sabylinthus for Tharypas, ii. 80, 8.

Reply, shrewd, of a Spartan to a sarcastic question, iv. 40, 2.

Reservoirs, see Tanks.

Revenue of the Ath. by tribute from their subject-allies, ii. 13, 2, 3 n. from mines,—of silver in m. Laurium, ii. 55, 1. vi. 91, 7. of gold, at Thasos and in its vicinity, i. 100, 2 n. iv. 105, 1. from land and courts of judicature, vi. 91, 7 nn. revenue of Seuthes, ii. 97, 3-6 nn.

Review, of troops, made use of for effecting an oligarchical revolution at Megara, iv. 74, 2 n. reviews or inspections at Syracuse, vi. 45, 2. 96, 3. of the Ath. 97, 1 n.

Revolts—before Pelop. War—from the Ath.—their causes, i. 99 nn. of Naxos, 98, 4. of Thasos, 100, 2 n. of Euboea and Megara, i. 114, 1 n. of Samos and Byzantium, 115, 5 n. of Potidaea, the Chalcidians, and Bottiaeans, i. 58, 1. —during the Pelop. War, of all Lesbos except Methymna, iii. 2, 1. Acanthus and Stageirus, iv. 88. Argilus, 103, 3. Amphipolis, iv. 106, 2, 3. Myrcinus, Galepsus, and Oesyme, 107, 3. most of the towns of Athos, 109, 3. Scione, 120, 1.

Mende, 123, 1.—After the destruction of the Ath. armament at Syracuse,—Chios, Erythrae, and Clazomenae, viii. 14, 2, 3. Teos, 16, 3. Miletus, 17, 3. Lebedus and Erae, 19, 4. Methymna and Mytilene, 22, 2. Rhodes, 44, 2. Abydus and Lampsacus, 62, 1. Thasos, 64, 3-5. Byzantium, 80, 3. all Euboea except Oreus, 95, 7. Eresus, 100, 2 n. Cyzicus, 107, 1.

Rhamphias, one of the ambassadors to Ath. with the Lac. final demands, i. 139, 3. on his way to Brasidas reaches Heracleia, v. 12, 1, and Pierium, and returns, 13 n. father of Clearchus, viii. 8, 2. 39, 2. 80, 1.

Rhegium and Rhegians. Rhegium the point of Italy nearest to Messana in Sicily, iv. 24, 4. the straits between Rh. and Messana, § 5. Anaxilas, tyrant of Rh. dispossessed the Samians of Zancle and named it Messana, vi. 4, 5 nn. Rhegians, kindred and allies of the Leontines, iii. 86, 3. treaty between Athens and Rhegium, 86, 4 n. an Ath. fleet there, 86, 1, 6. their joint expedition against the Æolian or Liparæan isles, 88, 1. the Ath. return to Rh. 88, 7. Ath. fleet there reinforced, 115, 2. Locrians' enmity against the Rh. iv. 1, 2. 24, 2. distracted state of Rh. iv. 1, 3. the Locrians invade the Rh. territory, ib. 24, 2. their designs against it, 24, 4. a Rh. squadron with the Ath. defeat the Locrians, 25, 1, 2. Ath. camp at Rh. § 2 n. Locrians retire from Rh. § 3. the Rh. and Ath. attack the Syrac. fleet, § 4. the Ath. return to Rh. 25, 13. Ath. armament arrives at Rh. vi. 44, 2. the Rh. will not receive nor join it, § 3. 4. 79, 2. their refusal disheartens the Ath. soldiery, 46, 2 n. part of the Ath. armament stays at Rh. the rest proceeds to Sicily, 50, 2. they return to Rh. and all proceed to Catana, 51, 3. from the absence of an Ath. squadron, Gylippus puts in at Rh. and passes the Straits, vii. 1, 2 nn. Ath. ships ordered to Rh. on the look-out for the Cor. fleet, 4, 7 n. Petra = Leucopetra in the Rh. territory, 35, 2.

Rheiti, or Rhiti, in Attica, near Eleusis, ii. 19, 2 n. and n. to iv. 42, 2; see Pausan. in Atticis et Corinthiacis.

Rheitus, on the Cor. coast, iv. 42, 2 n.

Rheneia, an island adjacent to Delos, taken by Polycrates and dedicated to Delian Apollo, i. 13, 7 n. iii. 104, 4. edict of the Ath. regarding, 104, 3.

Rhium, the name of two promontories at the mouth of the Cor. gulf. Molycric Rh. a trophy erected and a ship dedicated there by the Ath. ii. 84, 4. Phormio anchors outside it; it is friendly to the Ath. 86, 2, 3. its distance from Rh. in the Pelop. § 3. Achaïc Rh. the Pelop. fleet there, § 4. a ship dedicated and a trophy set up there by the Pelop. ii. 92, 6 n. Alcibiades' design to build a fortress there, v. 52, 2.

Rhodes, an island S. of Caria (the city so named was built later, viii. 44, 2 n.), colonized from Argos, vii. 57, 6. the people therefore Doric, ib. strong in seamen and landforces, viii. 44, 1. Gela colonized from Lindus in Rh. vi. 4, 3 n. vii. 57, 6. two Rhodian fifty-oared vessels in Ath. armament against Syracuse, vi. 43. Charminus the Ath. cruises off Rh. viii. 41, 4. Pelop. fleet invited to Rh. 44, 1. persuades the Rh. to revolt from Athens, § 2. the states of Rh. ib. n. maritime warfare of the Ath. against Rh. § 3. contribution levied on the Rh. by the Pelop. § 4. the Pelop. at Rh. 52, n. descent of the Ath. and defeat of the Rh. 55, 1. message from Chios to the Pelop. fleet at Rh. § 2. it leaves Rh. 60, 2, 3.

Rhodope, a mountain range in Thrace, ii. 96, 1, 2 n. 98, 7.

Rhœteium, in the Troad, seized by Lesbian exiles, and given up for a ransom, iv. 52, 2. the Pelop. fleet touch there, viii. 101, 3.

Rhypæ in Achaia; territory of, named Rhypic, vii. 34, 1.

Right wing, and extreme right posts of honour, v. 67, 1 n. tendency of, to outflank the enemy's left, 71, 1, 2 nn.

Rowers, one to each oar, ii. 93, 2 n. victualling of, on voyage to Mytilene, iii. 49, 4. in the expedition to Troy all fighting men, i. 10, 5 n. rowers armed by Demosthenes, iv. 9, 1 n. ranks of rowers, 32, 2 n. pay of, viii. 29, 1, 2 n. equipments of, ii. 93, 2 n. and Append. III. to vol. i.

Row-ports or port-holes for the oars; Ath. wounded through them, vii. 40, 4 n.

Rupture between the Lac. and Ath., first occasion of, i. 102, 3–5.

S.

Sabylinthus, guardian and regent for Tharypas k. of the Molossians, ii. 80, 8.

Sacon, a Zanclæan, joint founder of Himera in Sicily, vi. 5, 1.

Sacred ground (τέμενος), at Corcyra, iii. 70, 5 n. iv. 116, 2 n.

Sacred War, by the Lac. takes from the Phocians and gives to the Delphians the temple at Delphi, i. 112, 5 n.

Sacred Way from Athens to Eleusis, course of, ii. 19, 2 n.

Sacrifices, before a battle, v. 10, 2. vi. 69, 2. of the Lac. before crossing their frontier, διαβατήρια, v. 54, 2 n. 55, 3. 116, 1. offered at Athens before entering upon office, viii. 70, 1 n. usages of colonies with regard to sacrifices, i. 25, 4 nn. substitute for victims at the festival of Meilichian

Zeus at Athens, i. 126, 6 n. biennial sacrifices at Athens, ii. 38, 2. distinct words to express sacrificing to the gods, or to heroes, v. 11, 1 nn.

Sacrilege to be inquired into, by the one year's Truce, iv. 118, 2, n § 1.

Sadocus, son of Sitalkes, k. of the Odrysian Thracians, enrolled as an Ath. citizen, ii. 29, 7 n. seizes and delivers up to the Ath. Aristeus of Corinth and other ambassadors, 67, 2 n.

Sailing or merchant-vessel, distance measured by a day and night's sail of, ii. 97, 1 nn.

Salæthus, a Laced. sent to Mytilene encourages the M. with promises of aid, iii. 25, 1, 2. arms the M. commons, 27, 2. concealed in Mytilene is discovered and sent prisoner to Athens, 35, 1. put to death, 36, 1.

Salaminian ship of the Ath. with Paralus, get sight of Alcidas and his fleet, iii. 33, 1 n. inform Paches, § 3. are in the Ath. squadron at Corcyra, 77, 3 n. the S. ship carries to Catana the summons for Alcibiades and others to return to Athens for trial, vi. 53, 1. 61, 4.

Salamis, a city on the E. coast of Cyprus. sea and land-fight, and victory near it of the Ath. over the Phœnicians and Cilicians, i. 112, 4.

Salamis, an island in the Saronic Gulf adjacent to Attica. Service done to Peloponnesus by the Ath. in the sea-fight off Salamis, i. 73, 4 n. Themistocles' communications to Xerxes before and after the battle of Salamis, i. 137, 7 n. Salamis ravaged by Brasidas and Cnemus, ii. 93, 3, 4. approach of the Ath. to its succour, 94, 4, 5. prisoners and booty carried off by the Pelop. § 5. ships at the beginning of the War employed to protect S. iii. 17, 1 n, 2. Budorus in S. a station for the blockade of Megara, 51, 2. a Pelop. fleet passing S. alarms the Ath. viii. 94, 1.

Sallying-parties form a hollow square, used on a retreat, iv. 125, 2, 3. 127, 2 n.

Salynthius, k. of the Agræans, receives the Ambraciots and Pelop. escaping from their defeat at Olpæ, iii. 111, 5. 114, 4 n. compelled to join the Ath. confederacy, iv. 77, 2.

Samæi, or Samæans, one of the four states of Cephallenia, ii. 30, 3 n.

Saminthus, a town of Argolis N.W. of Argos, v. 58, 4 n.

Samos and Samians. Ameinocles a Cor. builds four ships for the S. i. 13, 3 n. Polycrates tyrant of S. § 7 n. iii. 104, 4. the S. in a struggle for Priene defeat the Milesians, who complain to the Ath. i. 115, 1. democracy established and supported in S. by an Ath. garrison; hostages taken by the Ath. § 3, 4. counter-revolution, recovery of the S. hostages, and delivery of the Ath. garrison to Pissuthnes, § 5 n. S. defeated by the Ath. off Tragia, 116, 1. defeated on shore and besieged, § 2. rumoured approach of the Phœn. fleet draws off sixty Ath. ships from S. § 5. the S. get command of the sea, 117, 1 n. closely besieged, § 2. capitulate, § 4. the Cor. prevented the Pelop. from aiding the S. revolt, i. 40, 5. 41, 2. the S. of Anæa remonstrate on Alcidas slaughtering his Greek prisoners, iii. 32, 2 n. Samians expel the Chalcidian inhabitants of Zancle; are dispossessed by Anaxilas tyrant of Rhegium, vi. 4, 5 n. S. regarded as belonging to Ionia; S. serve on Ath. armament against Syracuse, vii. 57, 4. Ath. squadron arrives at S.; with one S. ship sails thence, and flies back to S. from Chian and Pelop. fleet, viii. 16, 1, 2. 17, 1. Ath. squadron reinforced,

19, 2, 4. popular revolution at S. secures it to the Ath. alliance, viii. 21. γεωμόροι the S. landed-proprietors, ib. n. Ath. fleet puts in; sails against Miletus, 25, 1. it retreats and assembles at S. 27, 4, 6. the Argives leave S. for Argos, § 6. amount and employment of Ath. forces at S. 30 n. part sail from S. against Chios, 30, 1. 33, 2. Erythræan prisoners at S. recover their liberty by false pretences, 33, 3, 4. Ath. fleet sails from S. against Cnidus; returns to S. 35, 3, 4. offers battle to the Pelop. fleet at Miletus; returns to S. 38, 5. approach of a fleet from Pelop. reported at S. 39, 3. a division of the Ath. fleet from S. sent to intercept it, 41, 3, 4. the whole Ath. fleet sails from S. too late to secure Rhodes, and returns; cruising thence against Rhodes, 44, 3. sentiments of Ath. armament at S. towards Alcibiades, and disaffection of principal officers to the democratic constitution, 47, 2 n. origin of the oligarchical conspiracy in the armament at Samos, 48. olig. mission from S. to Athens, 49 (see also art. Alcibiades and Phrynichus) —51. 53. returns to S. 56, 4. Ath. fleet returns from Chalce to S. 60, 3. declines battle offered by Pelop. fleet, 63, 2. tampering of the oligarchical agents with the Ath. armament at S. and the Samians, 63, 3, 4 n. deputation from the oligarchy at Ath. to S. 72 nn. course and failure of oligarch. conspiracy at S. 73 nn. the S. and Ath. armament send word of this to Athens, 74, 1. they hear of the tyranny of the oligarchy at Ath. § 2, 3. they make common cause against oligarchy and the Pelop. 75. the armament chooses new officers, 76, 1, 2. is confident in the support of S. § 3–6 nn. olig. deputation from Ath. will not venture themselves at S. 77. Ath. fleet retreats to S. from Glauce, viii. 79, 2–4. reinforced move against Miletus; return to S. § 5, 6. Ath. succour sent from S. to the Hellespont, 80, 4. Ath. armament at S. recall Alcibiades, 81, 1. substance of his speech at S. § 2, 3. is there elected one of their generals, 82, 1. goes thence to Tissaphernes, § 2, 3. returns to S. 85, 4. deputation from the 400 at Athens to the armament at S. 86, 1–3. the armament at S. dissuaded from sailing against Athens, § 4, 5. Argive embassy proffering aid to the armament, § 8, was brought to S. by the Parali, § 9. Alcibiades sails from S. for Caunus and Phaselis, 88 n. effect of the report brought from S. to Athens by the deputation, 89 nn. 90. 96, 2. on the overthrow of the 400 at Athens the armament urged to carry on the war with vigour, 97, 3. Mindarus endeavours to elude the Ath. fleet at S. 99, 1. Ath. fleet follows from S. 100, 1. Thrasylus sails thence against Methymna, § 4. Alcibiades returns to S. 108, 1, 2.

Sanæans, see *Sane*.

Sanctuary, i. 133. 134, 2–4. viii. 84, 3. violated in the case of Cylon's partizans, i. 126, 2, 10, 11. of some Helots, 128, 1, 2. of Pausanias, 128, 2. 134, 2–7.

Sandius, a hill in Caria, iii. 19, 2 n.

Sane, a colony from Andros, on the S. side of the isthmus of Athos, iv. 109, 3; see Herod. vii. 22, 5. the Sanæans secured in the enjoyment of their own laws and possession of their city by the fifty years' Peace, v. 18, 5.

Sardes, metropolis of Lydia, the residence of Pissuthnes, i. 115, 5; see Strabo xiii.

Sargeus, a Sicyonian commander of the Sicyonian troops sent to aid Syracuse, vii. 19, 4.

Satraps, and Satrapies of Lower or Western Asia, viii. 5, 4 n.

Scandeia, the lower town of Cythera, taken and occupied by the Ath. iv. 54, 1 n; see Pausan. in Lacon.

Scellias an Ath. father of Aristocrates, viii. 89, 2 n.

Sceptres of the ancient kings, i. 9, 5 n.

School, slaughter of children in, at Mycalessus, vii. 20, 5.

Scione and Scionæans. Sc. founded in Pallene by Pellenians returning from Troy; revolts from Athens, iv. 120, 1. visited and encouraged by Brasidas, § 2, 3. the Sc. pay him public honours, 121, 1. Sc. garrisoned by him, § 2. dispute between the Lac. and Ath. concerning the revolt of the Sc. 122, 3-5. Ath. decree for the reduction and massacre of the Sc. § 6. Sc. women and children removed to Olynthus, 123, 4. Ath. expedition against Sc. 129, 2. the Sc. aid Mende, § 3. the Sc. troops return home, 130, 1. the garrison of the citadel of Mende escapes to Sc. 131, 3. circumvallation of Sc. 132, 1. 133, 4. fifty years' Peace, secures the Lac. and allies in the garrison of Scione, leaving the Sc. at the mercy of the Ath. v. 18, 6, 8. surrender and slaughter of the Sc. with enslavement of women and children, v. 32, 1.

Sciritæ, inhabitants of Sciritis, a frontier district of Laconia, adjoining Parrhasia, v. 33, 1. 67, 1 n. the Sciritæ, their place in the Lac. line of battle, 67, 1. their extraction, ib. n. number of Sc. at battle of Mantineia, 68, 3. outflanked, ordered to make a flank movement, 71, 2, 3 n. separated from the Lac. line and repulsed, 72, 1 n, 3.

Scironides, an Ath. general defeats the Milesians and Pelop. in a landing, viii. 25. deprived of his command, 54, 3.

Scirphondas, a Theban Bœotarch, slain in pursuit of the Thracians, vii. 30, 3.

Scolus, a town of the Thracian Border, near Olynthus, secured in enjoyment of its own laws, v. 18, 5.

Scombrus, a m. of Northern Thrace, ii. 96, 4; see Aristot. Meteor. i. 13. 21. and Strabo ix.

Scomius, a m. of Thrace whence the r. Strymon flows, ii. 96, 3.

Scribe or Secretary, at Athens, iv. 118, 7 n. read Nicias' despatches to the Assembly, vii. 10 n. three sorts of, ib. n.

Scyllæum, E. point of Trœzene, v. 53; see Strabo viii.

Scyros, an island in the Ægæan, E. of Eubœa, i. 98, 2; see Strabo ix. and Pliny iv.

Scytale, a herald sent with, to recall Pausanias, i. 131, 1.

Scythians, on the confines of the Getæ, similarly equipped, all mounted archers, ii. 96, 1. superior in military strength, if united, to any nation in Europe or Asia, ii. 97, 6, 7 nn.

Sea, Hellenic or Grecian, acc. to the Scholiast, formerly the Caric, i. 4. Ægæan, 98, 2. iv. 109, 2. Cretan, iv. 53, 3 n. v. 110. Sicilian, iv. 24, 5. 53, 3 n. vi. 13. Tyrrhene, iv. 24, 5. vii. 58, 2.—Command of the sea, by Minos, i. 4. 8, 3. —by the Cor. 13, 5. —by the Ionians, 13, 6. —by Polycrates, 13, 7 n. —by the Ath. 93, 4. 143, 5.

Sea-fight, the most ancient on record, i. 13, 4. the most considerable previous to the Pelop. War, i. 50, 2; see Battles.

Seal of Xerxes, i. 129, 1. of Pausanias, counterfeited, 132, 3 n.

Seamen, brawling of, ii. 84, 2. in the Syrac. and Thurian ships mostly freemen, viii. 84, 2; in the Pelop. mostly slaves, ib. n. Ath. seamen adverse to oligarchy, 72, 2. seamen

armed serve by land, iv. 9, 1 n. vii.
1, 3, 5 n. viii. 17, 1.
  Secretary, see Scribe.
  Seditions and factions, at Lacedæmon, i. 18, 1 n. at Epidamnus, 24, 3—6 nn. at Corcyra, iii. 69, 2—81. 85. throughout Greece, iii. 82. 83 nn. at Megara, iv. 74 n. at Colophon, iii. 34 n. at Rhegium, iv. 1, 3. in Thuria, vii. 33, 5 n, and Metapontium, 57, 11 n. at Acragas, 46. at Samos, viii. 21. 73, 1–3.
  Selinus and the Selinuntians. Selinus on S.W. coast of Sicily, a colony from Hyblæan Megara, vi. 4, 2 n. aided by Syracuse against Egesta, 6, 2. the Ath. aid Egesta against S. 8, 2. war of Egesta against S. 13. powers and resources of S. 20, 3, 4. Nicias proposes to attack S. first, 47; Alcibiades, after negotiation with other Sicilian states, 48. Ath. armament sails towards S. 62, 1. S. aids Syracuse, 65, 1. 67, 2. sends light troops and horse to Gylippus, vii. 1, 3. Pelop. succours for Syracuse arrive at S. 50, 1, 2. Selinuntians of Megarean extraction arrayed against Megarean exiles, 57, 8. S. situate W. of Acragas, 58, 1. two S. ships in Pelop. fleet on coast of Asia Minor, viii. 26, 1.
  Senates of the townships of Attica incorporated with the senate of Athens by Theseus, ii. 15, 2, 3. senate, or Council of 500 at Athens, chosen by lot, controlled by the oligarchical conspiracy, viii. 66, 1. ejected from the council hall, 69, 4. Lac. ambassadors come first before the Ath. senate, then before the people, v. 45. four senates or councils of the Bœotians possessed the supreme power, v. 38, 2. Corcyræan senate, iii. 70, 7. the senates at Athens, Argos, and Mantineia are to swear to a treaty of alliance, v. 47, 9 n. senate of the Chians, viii. 14, 2.

  Sepulture, see Burial.
  Sermylians, inhabitants of Sermyle (Herod. vii. 122, 2.) on N.W. coast of Sithonia, i. 65, 2. committed to the disposal of the Ath. by the fifty years' Peace, v. 18, 8.
  Servants of the Ath. heavy-armed men, iii. 17, 4 n. vi. 102, 2. vii. 13, 2. of the Lac. iv. 16, 1 n. allowance to, ib. n.
  Sestus, a city on the Hellespont, on E. coast of Thracian Chersonesus, taken by the Ath. confederacy from the Medes, i. 89, 2 (Herod. ix. 114 —120). made by the Ath. a naval station for protection of the Hellespont, viii. 62, 3. Ath. squadron escapes thence, 102, 1. Ath. fleet sails from Elæus towards S. 104, 1. sails from S. against Cyzicus, 107, 1.
  Seuthes, k. of the Odrysian Thracians, successor to Sitalkes, amount of his revenue, ii. 97, 3 n. son of Spardacus, and nephew to Sitalkes; whom he persuades to return from invading Macedonia, ii. 101, 5. is promised and obtains Stratonice (sister of Perdiccas) with a dowry, § 6, 7. succeeds Sitalkes, iv. 101, 5.
  Shields, of a scaling-party carried up after them at Platæa, iii. 22, 5. of wicker, belonging to Messenian privateers' men, iv. 9, 1. shield of Brasidas set up in the Ath. trophy at Pylus, 12, 1. pushing of shields, 96, 2 n.
  Ships. Ships and pirate vessels of early times described, i. 10, 4–6 nn. 14, 2. form of for war first changed, and triremes built, at Corinth, i. 13, 2 n. Ameinocles a Cor. builds ships for the Samians, 13, 3 n. ships' prows and epotides, or cat-heads, made more solid by the Cor. vii. 34, 5 n.—by the Syrac. vii. 36, 2 n. ships caught by grapples, iv. 25, 4 n. vii. 62, 3. covered with hides to prevent the grapples' catching hold, 65,

3. disabled ships usually towed off by the victors, i. 50, 1 n. ships dragged across an isthmus, see *Isthmus*. ship dedicated to Poseidon after a victory, ii. 84, 4. 92, 6 n. single ships only, of a state at war, admitted into the harbours of a neutral state, ii. 7, 2 n. iii. 71, 1 n. vi. 13 n. 52, 1 n. denominations and descriptions of, I. ships of war, triremes, i. 13, 2 n. long ships, 14, 2. penteconters or fifty-oared vessels, 14, 2, 4. vi. 43. 103, 2. triaconters or thirty-oared, iv. 9, 1. flag-ships, ii. 84, 3. troop-ships (στρατιώτιδες), vi. 43 n. heavy-armed transports, ὁπλιταγωγοί, 25, 2. cavalry-transports, ἱππαγωγοί, first occur, ii. 56, 2; iv. 42, 1. vi. 43, n. the state-ships of the Ath. the Salaminian and Paralus, iii. 33, 1 n, 3. 77, 3 n. vi. 53, 1. 61, 4, 6, 7. II. merchant-ships, ὁλκάδες, ii. 69, 1. called στρογγύλαι from their shape, 97, 1 n. distances estimated by their rate of sailing, 97, 1 n. vi. 1, 2 n. modes of estimating their burden or capacity, iv. 118, 4 nn. vii. 25, 6 nn. merchant-ships used in war,— as fire-ships, vii. 53, 3 n. as corn-transports, vi. 22. as troop-ships, vii. 17. 3. 19, 3. by heavy weights suspended at their yard-arms defend the entrances to a fenced station for ships, vii. 38, 2, 3. 41, 2 n, 3. ships of various sorts used to block up the mouths of harbours, iv. 8, 7 n. vii. 59, 3. ship-sheds at Syracuse, vii. 25, 5 n. fenced by piles, ib. attack and defence of, 25, 5–7 nn.

Sicania, Sicily anciently so denominated from the Sicanians, its earliest inhabitants acknowledged by history, who came from the r. Sicanus in Iberia, vi. 2, 2 nn. they still occupied its W. parts, ib. Hyccara a Sicanian city, 62, 3 n; see Cluverii Sic. i. 2.

Sicanus, a r. of Iberia, vi. 2, 2 nn.

Sicanus, s. of Execestus, a Syrac. joined in command with Hermocrates, vi. 73. sails with a squadron to bring over Acragas to the Syracusan interest, vii. 46 n. fails, 50, 1 n. commands one wing in the final victory of the Syrac. fleet, 70, 1.

Sicels migrate from Italy into Sicily, to which they give its finally received name, vi. 2, 4 n. Sicels still in Italy. Italy named from Italus, a Sicel king, ib. Sicels occupy the central and northern parts of Sicily, ib. trade of the Tyrian Phœnicians (see n.) with them, § 5. Sicel fortresses garrisoned by the Syracusans, iii. 103, 1 n. vi. 88, 5. Sicels revolt from the Syrac. to the Ath. and attack Inessa, iii. 103, 1 n. slaughter of the Messanians by the Sicels, iv. 25, 9. Phræax passes through their country to Catana, v. 4, 6. the Syrac. advised to send embassies to them, vi. 34, 1. the Syrac. send embassies and garrisons to the S. 45, 2. Alcibiades would bring the S. over from the Syrac. to the Ath. alliance, 48. Ath. land-forces march from Hyccara through the Sicels' country to Catana, 62, 3. Ath. fleet calls upon the S. allies for troops, § 3. S. embark with the Ath. from Catana against Syracuse, 65, 2. Ath. overtures variously received by the S. tribes, 88, 3. 4 nn. the Ath. send for horses to the S. § 6. Centoripa a S. town brought over to the Ath. 94, 3. S. cavalry reinforce the Ath. 98, 1. more of the S. join the Ath. 103, 2. death of Archonidas a S. king, vii. 1, 4. S. reinforcements promised and sent to Gylippus, § 4, 5. he takes Ietæ a S. fortress, vii. 2, 3 n. S. instigated by Nicias, attack Siceliote reinforcements on the way to Syracuse, 32, n. most of the S. allies to the Ath. 57, 11. some S. allies to Syracuse, 58, 3. the S. allies of the Ath. faithful: Nicias wishes to reach their country, 77, 6. they fail to meet the Ath. at the r. Cacyparis, 80, 4, 5.

Sicily, its magnitude and nearness to Italy, vi. 1 nn. Sicilian sea, the sea E. of Sicily, iv. 24, 5, W. of Laconia, 53, 3 n, and S. of the Ionian Gulf, vi. 13. point of Sicily nearest to Italy, iv. 24, 5. legend of its earliest inhabitants, 2, 1. Settlers in Sicily,—the Sicanians, § 2 n, the Elymi, § 3, the Sicels, § 4. Phœnician (*from Tyre* n.) commercial settlements, § 5 n. Greek settlements, vi. 4–5. most of the Greek settlers from Pelop. i. 12, 4. Sicilian tyrants, their fleets, 14, 3 n. their great power, 17, 1 n. not put down by the Lac. 18, 1 n. limits imposed by neutrality on the ships of war of S. and Athens respectively, vi. 13, n. 52, 1 n. Sicilian allies of the Lac. directed to build ships, provide contributions, and remain neutral, ii. 7, 2 n. iii. 86, 3 n. Ath. first interfere in Sicilian affairs as allies of Leontini, 86, n. for Ath. proceedings in Sicily on this expedition, see Art. *Laches, Athenians, Pythodorus.* Sicilian allies ask further aid from the Ath. iii. 115, 3. third flow of lava from Ætna, since the Greeks' settling in S. 116. Messana in S. revolts from the Ath. it commands the approach to and passage by S. iv. 1, 1, 2 n. vi. 48. second fleet sent from Athens for S. iv. 2, 2. 5, 2. see proceedings in art. *Athenians, Camarina, Messana, Rhegium Syracuse.* War in Sicily carried on by land without the Ath. iv. 25, 13. Ath. reinforcements arrive, 48, 6. armistice between Camarina and Gela; congress of Siceliotes at Gela for pacification of Sicily, 58. Peace in Sicily and cession of Morgantine by the Syrac. to Camarina, 65, 1, n, 2. the Ath. commanders, acceding to the convention, are punished by the Ath. § 2, 3. embassy of Phæax from Athens to S. its occasion, v. 4, 1–4. his endeavour to organize an Ath. interest against Syracuse, § 5, 6. Ath. desire to invade Sicily, vi. 6, 1. pretext afforded by Egestæans' request of aid against Selinus and Syracuse, see art. *Egesta.* Great Ath. armament against Sicily: Ath. part of it sails from Athens, 30 —32 nn. the whole assembles at Corcyra, 42. (cf. i. 36, 2 n. 44, 3.) sails for Sicily, 43. for its proceedings in Sicily, see *Athenians.* Objects of the Ath. expedition to Sicily as stated by Alcibiades, 90, 2–4. danger to S. through it, 91, 1–3. Gylippus a Lac. lands in S. at Himera; joined by Sicilian forces, marches for Syracuse, vii. 1, 11, 2; see also *Gylippus.* he summons the Ath. to quit Sicily, 12, 1. all Sicily combined against the Ath. 15, 1. endeavours of the Pelop. to expedite, and of the Ath. to intercept, succours for Sicily, 17, nn. 18, 4. Pelop. succours dispatched to S. 19, 3, 4. voyage of second expedition from Athens to Sicily, 20. 26. 31. 33, 3–5. embassy from Syrac. to the Sicilian States, vii. 25, 9. waste of the Ath. resources by the Sicilian war, 28, 3. Siceliote States, all except Acragas, aid Syracuse, 32 —33, 2. they give further aid to Gylippus after his victory at Epipolæ, 46. 50, 1. the Syrac. anxious to prevent the removal of the Ath. to any other part of Sicily, 51, 1. 73, 1. list of the States in Sicily and elsewhere who took part in the contest, 57—59, 1. Ath. retreat towards the S. of Sicily, 80, 2. most of the Ath. prisoners dispersed over Sicily, 85, 3. the Ath. apprehend invasion from the Siceliotes, viii. 1. 2. the Lac. expect aid from Sicily, 2, 3. S. ships arrive at Corinth, 13. ships from Sicily reinforce the Pelop. fleet on the coast of Miletus, 26, 1. Sicilian and Italian ships at Las, preparing with the Lac. to sail against Eubœa, 91, 2. effects of their disaster in Sicily on the minds of the Ath. 96, 1. 106, 2.

Sicyon, on S. coast of Corinth. gulf, between territory of Corinth and Achaia. Sicyonians accompany the Corcyræans to Corinth to negotiate about Epidamnus, i. 28, 1. defeated by Ath. landing on their coast, 108, 4. 111, 3. aid revolt of Megara from Athens, 114, 2. in Lac. Alliance; furnish a naval contingent, ii. 9, 3. prepare ships for Pelop. expedition against Acarnania, 80, 4. S. heavy-armed join Brasidas at Tripodiscus for march upon Megara, iv. 70. S. defeat Ath. landing on their coast, 101, 3, 4. S. commissioners sign the one year's Truce, 119, 2. S. hinder the building of a fort at Achaic Rhium, v. 52, 2. invading Argolis with Lac. confederacy are posted on the road to Nemea, 58, 4. 59, 2, 3. are with the rest at Nemea, 60, 3, n. Lac. and Argives effect an oligarchical revolution at S. 81, 2 n. S. send to Sicily 200 heavy-armed (pressed men, vii. 58, 3 n.) vii. 19, 4. S. contingent to Pelop. fleet, viii. 3, 2.

Sidussa, on W. coast of the N. part of territory of Erythræ in Asia Minor, a naval station for the Ath. in their war upon Chios, viii. 24, 2.

Sieges, of Troy, Byzantium, Ithome, Epidamnus, Potidæa, Platæa, Ægina, Œniadæ, Citium, Samos, Œnoë, Mytilene, Nisæa, Delium, Lecythus, Scione, Melos, Orneæ, Syracuse, Chios, Eresus; see Troy, &c.

Sigeium, a city of the Troad, just outside the Hellespont, viii. 101, 3 n.

Sign and counter-sign, see Watchword.

Signals, made from Potidæa to Olynthus, i. 63, 2. see also Battle, and Fire.

Silver, mines of, see Laurium.

Simonides, an Ath. general, seizes Eïon, a Mendæan colony, but is ejected, iv. 7, n.

Simonides, the poet, author of the inscription on Archedice's tomb, vi. 59, 3 n.

Simus, one of the founders of Himera, vi. 5, 1.

Sines, one of the five lochi of the Lac. n. to iv. 8, 9.

Singæans, inhabitants of Singus (Herod. vii. 122, 1), a city of Sithonia, secured in possession of it by the fifty years' Peace, v. 18, 5.

Sinti, or Sintians, inhabitants of Sintice, between the r. Strymon and m. Cercine, ii. 98, 2 n; see Livy, xlv. 29.

Siphæ, a sea-port town, belonging to Thespiæ in Bœotia, on the Cor. Gulf, iv. 76, 3 n. plot for betraying it to the Ath. ib. 77, frustrated, 89, 1 n. 101, 3.

Sitalkes, s. of Teres, k. of the Odrysian Thracians, son-in-law to Nymphodorus an Abderite, ii. 29, 1. gained by the Ath. as an ally, § 6, 7, 9. solicited by Pelop. ambassadors to abandon and act against the Ath. ii. 67, 1. Sadocus his son, see *Sadocus*. Invades Perdiccas k. of Macedonia, and the Chalcidians; his motives, 95, 1 n, 2. favours Amyntas' pretensions to Macedonia, § 3. 100, 3. different tribes who followed him, 96, nn. extent of his dominions, 97, 1, 2 nn. amount and nature of his revenue, § 3, 4 nn. comparative strength of his kingdom, § 5-8 nn. direction of his march, 98. course of his invasion and operations in Macedonia, 100, 3-7 nn. negotiates with Perdiceas, 101, 1. invades Chalcidice and Bottice, § 1, 5 n. occasions great alarm to all the neighbouring nations, § 2-4 nn. want, inclement weather, and Seuthes' persuasions induce him to retreat, § 5 n. defeated and slain by the Triballi; Seuthes succeeds him, iv. 101, 5.

Six Hundred, or Great Council at Elis, v. 47, 9 n.

Slaves, of the Ath. more than 20,000 lost by desertion, a considerable proportion artizans, vii. 27, 5. of the Chians, called by Thuc. οἰκέται, by the Ch. θεράποντες, viii. 40, 2 n. their great number, severe treatment, and desertion to the Ath. ib. n. of the Lac. see *Helots*.

Snow, with ice, occurs on the escape from Platæa, iii. 23, 4 n. without it on Brasidas' approach to Amphipolis, iv. 103, 2.

Socrates, s. of Antigenes, an Ath a commander in the first Ath. fleet sent against the Pelop. coasts, ii. 23, 2.

Sofas, of bronze and of iron, dedicated to Here, iii. 68, 4 n.

Solar eclipse, see Eclipse.

Soldiery. Heavy-armed citizens and metics of Athens, number of, ii. 13, 6, 7 nn. 31, 3 n. serving afloat, ἐπιβάται; ordinarily ten to each trireme, iii. 95, 2 n. seven to each trireme, vi. 43 n. from what class the ἐπιβάται were usually drawn, ib. n. viii. 24, 2 n. chosen thousand of the Argives, v. 67, 2 n. 72, 4 n.

Light-armed; no regular light-armed Ath. troops, iv. 94, 1 n. darters used by the Ath.; Ozolian Locrian, iii. 97, 2; Acarnanian, vii. 31, 5; Iapygian, 33, 3, 4; Thurian, 35, 1; with slingers, obtained by the Bœot. from the Malian Gulf, iv. 100, 1. slingers; Acarnanians skilful, ii. 81, 8; Rhodian, vi. 43; Acarnanian, vii. 31, 5; with stone-throwers, vi. 69, 2; see also Archers, Cavalry, Peltastæ, Peripoli, Lists, Pay, Provisions, Ransom, Rations.

Sollium, or Solium, a Corinth. city in Acarnania, iii. 95, 1. v. 30, 2. taken by the Ath. and delivered to the Palærian Acarnanians, ii. 30, 1 n. Demosthenes puts in there on his expedition against Ætolia, iii. 95, 1. the Corinthians displeased with the Lac. not recovering it for them, v. 30, 2 n.

Soloeis, or Solūs, a Phœnician settlement on the N. coast of the W. of Sicily, vi. 2, 5 n; see Cluverii Sic. p. 278.

Solstice, brumal; about that season Eurymedon sent to Sicily, vii. 16, 2. a Pelop. fleet sails for Asia, vii. 39, 1.

Solygeia, v.l. Solygia, a village on the Corinthian coast, guarded by Cor. on the Ath. landing, iv. 42, 2. 43, 1, 5 n.

Solygius, v. l. Solygeius, the hill on which the village Solygeia stood; a post occupied by the old Dorians in their operations against the Æolians in Corinth. iv. 42, 2 n.

Soothsayers, μάντεις, in attendance on armies, vi. 69, 2; see Prophets.

Sophocles, s. of Sostratides, an Ath. appointed to command a reinforcement to the fleet in Sicily, iii. 115, 6. sails; instructed to aid the popular party at Corcyra, iv. 2, 2, 3. with Eurymedon opposes Demosthenes about Pylus, 3, n. aids the Corcyræan government in reducing Istone, 46, 1, 2. on the capitulation being broken gives up the Corcyræan prisoners to be massacred, 46, 3— 47, 2 nn. assents to the peace in Sicily, and is, on return to Athens, banished, 65.

Sostratides, see Sophocles.

Spardacus, or Sparadocus, a Thracian, f. of Seuthes, ii. 101, 5. iv. 101, 5.

Sparta, see Lacedæmon.

Spartiates (Σπαρτιᾶται), or Spartans, i. 131, 1. 132, 1. iv. 38, 5. vi. 91, 4. vii. 19, 3. viii. 39, 1, 2. with article prefixed, iii. 100, 3 n. iv. 8, 1. οἱ Σπ. αὐτῶν πρῶτοί τε καὶ ὁμοίως σφίσι ξυγγενεῖς, v. 15, 1 n.

Spartolus, a city of Bottice; a party intrigue to bring it into the power of the Ath. ii. 79, 3. indecisive engagement before S. § 4, 5. disastrous defeat of the Ath. there, § 6—11. by the fifty years' Peace to be subject to the Ath. tribute, with option of neutrality or alliance with the Ath. v. 18, 5.

Speeches.—as reported by Thuc. genuine as to their substance, i. 22, 1 nn. Speech—of Corcyræans at Athens, i. 32—36. of Corinthians in reply, 37—43. of Corinthians at Sparta, complaining of the aggressions of Athens and the supineness of Lacedæmon, 68—71. of Ath. embassy in reply, 73—78. of k. Archidamus for delaying the war, 80—85. of Sthenelaidas, an ephor, for instant declaration of war, 86. of the Corintnians urging immediate war, 120 —124. of Pericles to the Ath. against the Pelop. demands, 140—144. of Archidamus to the commanders of the forces destined to invade Attica, ii. 11. Pericles' funeral oration, 35 —46. speech of Pericles to soothe and encourage the Ath. 60—64. of Platæans remonstrating with Archidamus and the Pelop. 71. Archidamus' reply, 72, 1-4. in substance (ἔλεξαν τοιάδε, 86, 6.) of Pelop. commanders before sea-fight against the Ath. 87. Phormio's to the Ath. 89. of Mytilenæans to the Pelop. for aid in revolt from Athens, iii. 9—14. of Teutiaplus of Elis urging upon the Pelop. commanders the recovery of Mytilene by surprise, 30. of Cleon against repealing the decree for the massacre of the Mytilenæans, 37—40. of Diodotus in reply, 42—48. of the Platæans before the Spartan commissioners, 53—59. of the Thebans in reply, 61—67. of Demosthenes to his men at Pylus, when ready to receive the attack of the Lac. iv. 10. of Lac. ambassadors at Athens inviting the Ath. to conclude a peace on moderate terms, 17—20. of Hermocrates the Syrac. at Gela, for a general peace in Sicily, 59—64. of Brasidas at Acanthus, 85—87. of Pagondas to the Bœot. forces, before the battle of Delium or Oropus, 92. of Hippocrates to the Ath. forces, 95. of Brasidas to his soldiers, expecting an attack from the Illyrians, 126. of Brasidas at Amphipolis previous to attacking the Ath. v. 9. of Nicias at Athens against an expedition to Sicily, vi. 9—14. of Alcibiades in reply, 16—18. of Nicias stating the magnitude of the force required, 20—23. of Hermocrates at Syracuse on the report of the Ath. armament, 33—34. of Athenagoras asserting the report to be false, 36—40. of Nicias before the first battle against the Syrac. 68. of Hermocrates dissuading the Camarinæans from joining the Ath. 76— 80. of Euphemus, Ath. ambassador, in reply, 82—87. of Alcibiades at Sparta, urging the Lac. to aid Syracuse and renew the war in Greece, 89—92. of Nicias before the final naval engagement in Syracuse Harbour, vii. 61—64. substance of the speeches of Gylippus and the Syrac. commanders, 66—68. of Nicias before the retreat from Syracuse, 77.

Sphacteria, island, at the mouth of Pylus' harbour, described, iv. 8, 6 n. and maps of Pylus and memoir in vol. II. Forces conveyed into it by the Lac. § 7—9. communication with main land cut off by the Ath. 14, 2, 5. during armistice rations for Lac. troops daily brought there by the Lac.

under inspection of the Ath. 16, 1. strictly blockaded by the Ath. 23, 2 nn. 26, 1. means used by the Lac. to throw in supplies, 26, 5–9 nn. Demosthenes meditates landing; from casual burning of the wood, 29, 2—30, 4 nn. landing by Cleon and Demosthenes, 31, 1. positions of the Lac. § 2. outermost Lac. guard surprised, 32, 1. general landing of the Ath. and dispositions for attack, § 2–5. the Lac. harassed and driven to the extremity of the island, 33—35. their rear threatened, 36. summoned they surrender, 37—38, 3. original number and survivors of the garrison, § 5. time of the blockade, 39, 1. the calamity to Sparta unparalleled, v. 14, 2. the Lac. taken prisoners there, on their release suspected and disfranchised; but ultimately restored, v. 34, 2.

Spoils of the Medes, in the Acropolis at Athens, ii. 13, 3, 4 n. sp. dedicated to the gods, iii. 57, 1. 114, 2. distribution of Ambracian sp. by the Acarnanians, 114, 1, 2. Lac. mode of taking the sp. after victory at Mantineia, v. 74, 2.

Spring, see Year.

Square, τετράγωνος τάξις, or πλαίσιον, of heavy-armed troops, formed hollow for protection of light-armed troops and non-combatants;—by Brasidas on retreat from Lyncus, iv. 125, 2, 3. by Ath. reserve in first battle at Syracuse, vi. 67, 1 n. by Nicias on retreat from Syracuse, vii. 78, 2.

Stadium, estimate of, vi. 1, 2 n. Herodotus' estimate in stadia of a day's voyage, a night's voyage, and a day's journey, ii. 97, 1 nn. distance in stadia between Olynthus and Potidæa, i. 63, 2; Pylus and Sparta, iv. 3, 2; Megara and Nisæa, iv. 66, 4; Sicily and Italy, vi. 1, 2 n; Oropus and Eretria, viii. 95, 3. extent in stadia at Athens of the circuit of the city, of the Phaleric Wall, of the Long Walls, and of the circuit of Peiræeus with Munychia, ii. 13, 8, 9 n; of the Ath. lines at Syracuse, vii. 2, 4. first and second days' march in stadia of the Ath. retreating from Syracuse, vii. 78, 4. Nicias' division ahead of Demosthenes fifty stadia, vii. 81, 3 n.

Staff, leading-staff, or truncheon of commanders, viii. 84, 2 n.

Stageirus (see Herod. vii. 115.), N.E. of Chalcidice, a colony from Andros, revolts from Athens, iv. 88, 2. repels Cleon's attack, v. 6, 1. stipulations in its favour in the fifty years' Peace, 18, 5.

Stages (v.l. Tages or Otages), a lieutenant of Tissaphernes; his forces aid in demolishing the wall of Teos to landward, viii. 16, 3.

Stars, time marked by heliacal rising of, ii. 78, 2 n.

Stater, of silver or gold, the value of severally, iii. 70, 5 n. Phocaïc st. (Φωκαΐτης) of gold, iv. 52, 2 n. Daric st. also of gold; its value; inhabitants of Iasus each ransomed at, viii. 28, 4 n.

Stesagoras, a Samian commander, sailed to obtain the aid of the Phœnician fleet against the Ath. i. 116, 3 n.

Sthenelaïdas, a Lac. ephor, urges the Lac. to declare war, i. 85, 6—87, 2. possibly identical with the father of Alcamenes, viii. 5, 1.

Stockade, used as an outwork, v. 10, 6. vi. 99, 1 n. to cover postern gates, ib. n. to defend the ship-sheds at Syracuse, vii. 25, 5–7. to serve as a barred harbour, vii. 38, 2. 53, 1.

Stone fence, αἱμασιά, at battle of Solygeia, iv. 43, 3 n. τειχίον, on the Ath. retreat from Syracuse, vii. 81, 3.

Stoning, death by, narrowly escaped, by Thrasyllus an Argive general, v. 60, 6 n, by the oligarchical leaders at Samos, viii. 75, 1, by Astyochus, 84, 3.

Strait of Messana, or Sicilian Strait, iv. 24, 5.

Stratagem, of Demosthenes, for getting entire instead of joint possession of a fort at Epidaurus, v. 80, 3. of the traitors at Megara to betray the Long Walls to the Ath. iv. 66, 3 —67, 4; to betray Megara and be distinguished by each other and by the Ath. iv. 68, 4, 5 n. of Brasidas before Megara to gain without a battle the advantages belonging to a victory, iv. 73, 1–3. of the Ath. to secure a landing at Syracuse without opposition, vi. 64—66. of Nicias to prevent the Syracusans from assaulting the Ath. works, vi. 102, 2. of Hermocrates to delay the retreat of the Ath. vii. 72. of Aristarchus to betray Œnoë, viii. 98.

Stratodemus (v. l. Pratod.) a Lac. ambassador, seized in Thrace on his way to Asia, and put to death at Athens, ii. 67, 1–4.

Stratonice, sister of Perdiccas, k. of Macedon, given in marriage to Seuthes, ii. 101, 7.

Stratus, a considerable inland city of Acarnania, eighty stades from the r. Anapus (ii. 82, 1), near the r. Achelous, first object of attack in Cnemus' expedition, ii. 80, 12. 81, 2. the Stratians defeat the Chaonians and other barbarian allies of the Pelop. and Ambraciots, § 5, 6. and harass their whole force with slings, § 8, 9 n. erect a trophy, 82, 3. the Ath. expel from it disaffected persons, 102, 2. the Stratian territory traversed by a Pelop. force, iii. 106, 1 n, 2; see Palmerii Gr. Ant. p. 385, &c.

Strœbus, an Ath. f. of Leocrates, i. 105, 3.

Strombichides, s. of Diotimus, an Ath. commands the first detachment of ships sent against Chios, viii. 15, 1.

touches at Samos and Teos, 16, 1. chased thence to Samos, § 2. 17, 1. too late to secure Miletus, puts in at Lade, § 3. goes from Samos against Chios, 30. recovers Lampsacus and occupies Sestus, 62, 2, 3. returns to to Samos, 79, 3, 5.

Strombichus, f. of Diotimus, an Ath. i. 45, 1.

Strongyle, one of the isles of Æolus, iii. 88, 3; see Cluverii Sic. p. 396, &c.

Strophacus, a Thessalian, aids Brasidas in his march through Thessaly, iv. 78, 1.

Strymon, a r. of Thrace, rising in m. Scomius, ii. 96, 3 n. is a boundary of the Odrysæ, ib. and ii. 97, 2 n. the Pieres E. of the Str.; the Str. a boundary of Macedonia, ii. 99, 3. colony sent from Athens to the Str. i. 100, 3. Eion on the Str. i. 98, 1. Ath. intercept there a Persian ambassador to the Lac. iv. 50, 1. Amphipolis on the Str. so named as nearly surrounded by it, iv. 102, 1, 4 n. the marshes of the Str. v. 7, 4. Ath. triremes on the Str. blockade Amphipolis, vii. 9.

Styphon, s. of Pharax a Lac. commander at Sphacteria, parleys with the Ath. iv. 38, 1, 2.

Styreans, inhabitants of Styra, in Eubœa, tributary subjects of the Ath. vii. 57, 4; see Strabo x.

Subterraneous outlets for water from the Mantinice, v. 65, 4 n.

Suburb, does not exactly express the meaning of the Greek προάστιον, which rather answers to our word park, iv. 69, 2 n. the finest at Athens was the Cerameicus without the walls, the place appropriated to public funerals, ii. 34, 6 n.

Success, by what conduct generally secured, v. 111, 5 nn.

Succession to commands provided for by the Spartan government, n. on

iii. 100, 3. compare 109, 1. iv. 38, 1 n.

Suffrages, see Vote.

Summer, see Year.

Sun, eclipses of, see Eclipse.

Sunium (see Strabo ix. x.), southernmost promontory of Attica; supplies brought to Athens by sea round Sunium, vii. 28, 1. S. fortified for the protection of the corn-ships, viii. 4. the Pelop. fleet pass it on their way to Euboea, viii. 95, 1.

Suovetaurilia, compare v. 47, 8 n.

Superstition, effects of. The Lac. relinquish an expedition in consequence of unpropitious sacrifices, v. 54, 2 n. 55, 3. 116, 1; —of earthquakes, iii. 89, 1. vi. 95, 1; lose Pylus from delay during a festival, iv. 5, 1. during month Carneius abstain from all military operations; and thus lose part of the advantage gained by victory at Mantineia, v. 75, 2, 5.—The Cor. succour to Chios delayed by the Isthmian festival, viii. 9. in consequence of earthquake assemblies of the people at Athens adjourned, v. 45, 4 n; a congress at Corinth broken up, 50, 5; the Lac. change the commander and send out fewer ships, viii. 6, 5 n. eclipse of the moon prevents the timely retreat of Nicias, vii. 50, 4 nn. the Argives profit by the superstition of the Lac. vi. 95, 2.

Supplicants, not the custom of the Greeks to kill, iii. 58, 3 n. 66, 3. 67, 5.

Supplication, most solemn and powerful mode of, among the Molossians, 1. 136, 7 n.

Suspension of hostilities for burial of the slain, i. 63, 3.

Sworded (μαχαιροφόροι), or Dian Thracians, dwelling in Rhodope, called out by Sitalkes, ii. 96, 2 n. the best foot-soldiers in his army, 98, 7. hired by the Ath.: too late for the Sicilian expedition, vii. 27, 1, n. 2. on their way home land in Boeotia, surprise and sack Mycalessus, and massacre its population, 29. pursued by the Thebans retreat with loss, 30.

Sybaris, r. in the territory of Thurii, S. Italy, E. coast; the Ath. reinforcement to the Syrac. expedition reviewed there, vii. 35, 1.

Sybota, I. islands off the coast of Thesprotia, opposite to the S. extremity of Corcyra; the Corcyraeans' naval encampment on one of them, i. 47, 1. they raise a trophy there, 54, 1. II. a port in Thesprotia; the Corinthians' wrecks and slain brought in there, i. 50, 3. the Corcyraeans and Ath. offer battle there to the Cor. 52, 1. the Cor. erect a trophy there, 54, 1. the Pelop. fleet puts in there on the way to Corcyra, iii. 76, 2.

Syca, or Tycha, (Συκῆ, or Τύχη,) designates a place at or near Syracuse; its meaning controverted, vi. 98, 2 n.

Symaethus, a r. of Sicily in the Leontine territory; the Syracusans encamp there when marching against Catana, vi. 65, 1; see Cluverii Sic. p. 124.

Syme, an island N. of Rhodes: Charminus looks out near it for the Pelop. reinforcements, viii. 41, 4. he hardly escapes there with loss from the Pelop. fleet, 42, 1-4. Astyochus raises a trophy there, § 5. Ath. fleet sails thither from Samos to recover Charminus' sails and masts, 43, 1 n; see Strabo xiv.

Synoecia, a state festival at Athens, commemorating the concentration there of the executive and administrative authority, and incorporation of the townships of Attica, ii. 15, 3 nn; see Meursii Graec. feriat.

Syracuse (for the orthograpny see iii. 86, 2 v. l.), a city on E. coast of Sicily, founded by Archias, a Cor. its site previously occupied by Sicels, vi. 3, 2. as large as Athens, vii. 28, 3. its position peninsular, vi. 99, 1. the Syrac. under Gelo (Herod. vii. 156, 3) remove the Megareans from Hyblæan Megara, vi. 4, 1 n. 94, 1. Syracusan political exiles (the Myletidæ) jointly with Chalcidians from Zancle found Himera, 5, 1. the S. found Acræ, Casmenæ, and Camarina, § 2, 3. expel the Camarinæans and cede their territory to Hippocrates tyrant of Gela, § 3. (see Herod. vii. 154, 5.) war with the Leontines, iii. 86, 2. Dorian states of Sicily (except Camarina), and in Italy the Locrians, their allies, iii. 88, 5. Sicel subject allies revolt; the Syrac. frequently occupied the citadels of Sicel towns, 103, 1 n. (compare vi. 88, 5.) Syrac. sallying from Inessa inflict loss on the Ath. 103, 2. overrun the territory of allies of the Ath. in Sicily, 115, 4. seize Messana, iv. 1, 1. their motives, § 2. station their navy there, 24, 1. beaten in an action in the strait, 25, 1, 2. repulse the Ath. attacks at Pelorus, and on their passage to Messana, § 3-6 nn. Hermocrates, a Syrac. advocates general pacification of Sicily, iv. 58, 2-64. the Syrac. cede Morgantine to Camarina, 65, 1 n. called in by the Leontine aristocracy, expel the popular party and incorporate the others with themselves, v. 4, 3. some of these deserting raise war against the Syrac. § 4 n. the Ath. hence impute to the S. a desire to extend their dominion, § 5. the Siceliots, if governed by Syracuse, less formidable to the Ath. vi. 11, 2 n. the Ath. reckon on the alliance of barbarian inhabitants of Sicily against Syracuse, 17, 6. damage to Syracuse the Ath. motive for invading Sicily, 18, 4. resources of Syrac. 20, 3, 4 nn. they disbelieve the rumour of the Ath. expedition, 32, 4. 35, 1. Hermocrates urges preparation against it, 33. 34. Athenagoras imputes the report to the disaffection of the Syrac. aristocracy to their popular constitution, 36—40. a Syr. general deprecates recriminations and advises careful preparation, 41. they learn the arrival at Rhegium of the Ath. armament, and prepare in earnest, 45. Alcibiades' plan first to detach the Sicels and Messanians from the Syrac. and then attack Syracuse, 48. the Ath. invite all Leontines in Syracuse to join them; they also reconnoitre the city, harbours, and vicinity, 50, 4 nn. the party favourable to Syracuse fly from Catana, 51, 2. a false report of the Syrac. manning a navy draws the Ath. thither, 52, 1. the Syrac. horse inflict loss on the Ath. landing in their territory, § 2. the Syr. emboldened by the Ath. inactivity, taunt them, 63. the Syrac. forces drawn away to Catana by false intelligence, 64. 65, 1. the Ath. and allies embark at Catana, reach Syracuse and land; the Syrac. on learning the truth turn back, 65, 2. the Ath. secure themselves from the Syrac. horse, 66, 1, 2. the Syrac. offer battle to the Ath. § 3. next day prepare for battle; drawn up sixteen deep, 67, 1 n, 2. (compare iv. 93, 4 n). did not expect the Ath. to attack, 69, 1 n. preliminary skirmishing, § 2. the closing and feelings of the combatants, § 3. the conflict obstinate; a storm during it, 70, 1 n. the S. defeated, § 2. their cavalry cover their retreat, § 3. they secure Olympieium and return into the city, § 4. their loss, 71, 1. encouraged and advised by Hermocrates, 72 nn, reduce the number of their generals to three; send embassies for aid to Corinth. and Lac. 73 n. the Syrac. party secure Messana against the Ath. 74, 1. the S. at Syracuse enclose the quarter Temenites, fortify Megara and Olympieium, and secure the landing-places by stockades, 75, 1 nn. ravage the territory of Catana, and burn the Ath. encampment, § 2. (compare 88, 5.) send an embassy to counteract the Ath. embassy to Camarina, § 3, 4. Hermocrates' speech at Camarina, 76—80 nn. the S. feared by the Camarinæans, 88, 1. prepare for war, § 3. Sicels of the plains subject to them, § 4. they send garrisons and succours to the Sicels, § 5. proceedings of S. embassy on the way to Corinth. and Lac. § 7–9. Alcibiades cooperates with it, § 10. inability of Syracuse if unaided to hold out, 91, 2. the Lac. appoint Gylippus to command the Syrac. 93, 2. a Syrac. fortress in the Megarean territory repulses the Ath. 94, 1 n. some Syrac. slain near the r. Terias, § 2. their measures to secure Epipolæ, 96, 1 n. why they call it Epipolæ, § 2. new generals in office; grand inspection near r. Anapus; select 600 troops for defence of Epipolæ, and for other emergencies, § 3 n. Leon, opposite the place of the Ath. landing, and Thapsus, the site of their naval encampment, near Syracuse, 97, 1, 2 nn. Syrac. army defeated, § 3, 4. Syracuse approached by the Ath. § 5. the S. alarmed at the progress of the Ath. work at Syca (v. l. Tyca), 98, 2 n. Syrac. cavalry routed, § 3, 4. the S. henceforth avoid a general engagement, and raise a counterwork, 99, 2, 3. the Syrac. aqueducts broken up, and their counterwork taken and destroyed, 100 nn. the S. carry on a counterwork (ditch and palisade) through the marsh, vi. 101, 1, 2. this Syrac. counterwork attacked by the Ath.; the Great Harbour entered by the Ath. fleet; the Syrac. army defeated, § 2, 3. gain a partial advantage, § 4. kill Lamachus and carry off his body, § 5, 6. attack on the Ath. works on Epipolæ defeated, 102, 1–3 nn. the S. retreat into the city, § 4 n. are shut in by a double wall extending from Epipolæ to the Great Harbour, 103, 1. in despair treat for peace with Nicias, § 3. suspicious of each other appoint new generals, § 4. false report, of the complete circumvallation of Syracuse, reaches Gylippus at Leucas, 104, 1. he learns that Syracuse is still accessible, vii. 1, 1. Gongylus, a Cor. general, brings news of Gylippus' approach to S. 2, 1 n. the S. go forth to meet him, § 2. he arrives at Epipolæ and marches with the S. towards the Ath. works, § 3. they find the Ath. ready to receive, but not to make an attack; draw off to the citadel of Temenites, 3, 1–3 n. under Gylippus threaten the Ath. lines, and take Labdalum, § 4. take an Ath. trireme, § 5. begin another counterwork, running up the slope of Epipolæ (see memoir and map, vol. iii. part 1), 4, 1 n. advancing for a night-attack on the Ath. works, retire, on finding the Ath. ready to receive them, § 2, 3 n. Plemyrium commands the Great Harbour of Syracuse, § 4. Syrac. horse posted at Olympieium, cut off Ath. watering-parties and wood-cutters from Plemyrium, § 6 n. Syrac. worsted in an action on Epipolæ, 5, 1–3. are encouraged by Gylippus, § 3 n, 4. by help of their cavalry, drive the Ath. back upon their lines, 6, 1–3 nn. carry their counterwork beyond the Ath. lines, § 4. reinforced from the Pelop. send urgent request for further aid, 7, 1–3. begin to man and exercise a fleet, § 4. their ships outnumber the Ath. 12, 4. their embassy induces the Lac. to invade Attica, 18, 1. Gylippus brings reinforcements, from some Sicilian states, to Syrac. 21, 1. with Hermocrates urges the Syr. to attack the Ath. by sea, § 2–4. they man their fleet, § 5. sea-fight off the entrance of the Great

Harbour, 22 nn. by land they surprise the Ath. forts on Plemyrium, 23, 1. by sea, at first have the advantage, are finally defeated, § 2–4. demolish one, and garrison the two other forts on Plemyrium, 24, 1. station ships there to obstruct the entrance of provisions for the Ath. by sea, § 3 n. send an embassy to the Pelop. and a squadron of ships to the coast of Italy to intercept the Ath. supplies, 25, 1. its proceedings, § 2, 3. returning met by an Ath. squadron which takes one ship, § 4. stockade in front of their covered docks attacked by the Ath. § 5–7. by embassies urge the Sicilian states to further exertions against the Ath. § 9 n. news of their taking Plemyrium conveyed by Eurymedon to Demosthenes at Anactorium, 31, 3. of the aids marching to Syracuse 800 men cut off by the Sicel. allies of the Ath. 32 nn. succours from Camarina, and Gela, and all the Greek states of Sicily except Acragas, 33, 1, 2. they defer attacking the Ath. § 3 n. improvements in the construction of their ships, 36, 1, 2 n; advantages arising from them, § 3–6 nn. advance against the Ath. by land and sea, 37 n. first day's action without any important result, 38, 1 n. pass the earlier part of the day after the following in manœuvring without results, 39. by advice of Ariston dining expeditiously, and returning, hurry the Ath. into action unrefreshed and in disorder, 39, 40, 1, 2 nn. havoc made of the Ath. fleet by the Syrac. § 3, 4 nn. gain the victory, 41, 1. lose two ships in following the Ath. too far, § 2, 3 nn. extent of the victory and assured hope of final success, § 4. their consternation at the arrival of the forces under Demosthenes and Eurymedon, 42, 2 nn. all their advantages resulted from the irresolution and delays of Nicias, § 3. their counterwork on Epipolæ the first object of attack, § 4. their lands near the Anapus ravaged; the Syrac. refrain from action by land or sea, § 6. burn Demosthenes' engines and repulse his attacks on the counterwork, 43, 1 n. in Demosthenes' night-attack on Epipolæ their fort near Euryelus surprised, § 3 n. the guards escape and give the alarm, § 4 n. their 600 select troops put to flight, part of the counterwork taken and its demolition begun, § 5 nn. the S. and their allies on meeting the Ath. give way, § 6. the S. and allies gain the advantage and withstand all attacks, 44, 5. after the total rout and flight to their camp of the Ath. forces, the Syrac. cavalry cut off some stragglers, § 8. set up two trophies on Epipolæ, 45, 1. exultation of the Syrac.: they send a squadron against Acragas; and Gylippus to collect more forces from their allies, 46. Demosthenes regards their subjugation as scarcely possible, 47, 4 n. a party among them in communication with Nicias, 48, 2 nn. their condition considered by Nicias to be worse than that of the Ath. § 5. details of their expences; failure of their means would involve the loss of their auxiliaries, ib. nn. their condition accurately known to Nicias, 49, 1 n. the party favourable to S. at Acragas expelled, Gylippus returns to S. with Pelop. and Sicilian reinforcements, 50, 1 nn. the S. prepare to attack the Ath. by sea and land, § 3. confirmed in their purpose by the Ath. determination to retreat, 51, 1. on the day before the general attack, assault the Ath. lines, and, on occasion of a sally, intercept seventy horses and some heavy-armed men, § 2 n. next make a general attack by sea and land, 52, 1. defeat the Ath.

fleet, § 2 nn. in the action by land are defeated; their fire-ship sent against the Ath. fleet extinguished and kept off, § 3, 4 nn. effect of the S. naval victory on the Ath. 55 nn. in complete command of the harbour, purpose to close up its mouth, 56, 1. ulterior expectations from the contemplated capture or destruction of the whole Ath. force, § 2, 3 nn. list of the states engaged against Syr. 57 nn. list of its allies, 58 nn. means used in closing the harbour; prepare against any effort of the Ath. 59, 2, 3 nn. perceive the Ath. preparing for a naval conflict, take precautions against their grappling-irons, 65, 2, 3 n. purport of the speeches made by their commanders, 66—68. they embark, 69, 1 n. make their dispositions afloat and on shore, 70, 1 nn. assail the Ath. fleet on all sides, § 2 n. incitements used by the S. commanders, § 7, 8. after an obstinate conflict totally defeat the Ath. fleet, 71, 5. possess themselves of wrecks and dead, return to the city and erect a trophy, 72, 1. S. authorities urged by Hermocrates to take measures for obstructing the Ath. retreat by land, 73, 1 nn. the S. engaged in festivities, unlikely to make the requisite exertion, § 2. false intelligence that the Syrac. had occupied all the roads, prevents the immediate retreat of the Ath. § 3, 74, 1. obstruct the roads, guard the fords, and carry off the remaining ships of the Ath. 74, 2. fear of the Syr. secures the fidelity of the Sicel allies of the Ath. 77, 6. a body of Syr. oppose the Ath. at the ford of the r. Anapus, and afterwards harass them on their march, 78, 3. fortify the pass of Acræum Lepas, and maintain it against the Ath. § 5 n—79, 2. send a detachment to wall up the pass in the rear of the Ath. 79, 4. continue to harass the Ath. retreat, § 5, 6. the Ath. elude them by a night-march, 80, 1. a guard of Syrac. fortifying the ford of the r. Cacyparis is forced by the Ath. § 5. the S. pursue, overtake and surround Demosthenes' division, 81, 1, 2. drive them into an enclosure and assail them with missiles, § 3. avoid close combat; why, § 4 n. invite the insular allies of the Ath. to join them, 82, 1. compel the whole division to surrender, and march it back to the city, § 2-4. overtake Nicias, refuse the terms of surrender proposed by him, and attack and harass him all day, 83, 1-3. prevent the Ath. from decamping by night, § 4, 5 n. continue their attacks next day, 84, 1, 2. after great slaughter at the ford of the r. Assinarus, capture the mass of the survivors, 84, 3—85. decree the execution of Nicias and Demosthenes, and confine the rest in the Quarries of Syr. 86. confine all there for seventy days, then sell all except Ath. Siceliot and Italiot prisoners, 87, 1, 2. aid the Pelop. with a naval force for the relief of Miletus, viii. 26, 1. distinguish themselves at the taking of Iasus, 28, 2. one Syr. ship with Hippocrates a Lac. at Cnidus, 35, 1. the Syrac. officers not corruptible by Tissaphernes, 45, 3. four Syrac. ships in the squadron which goes to the aid of Chios, 61, 2. urge Astyochus to fight the Ath. fleet, without delay, 78. the seamen in their ships mostly free-men; demand of Astyochus their pay; threatened by him break out into a tumult, 84, 2 n, 3. banish Hermocrates; supersede the commanders of their fleet. 85, 3. as most similar to the Ath. in character, contended against them with the best success, 96, 5 n. occupied the right wing in sea-fight off Cynossema, 104, 3. keep the Ath.

x

left in check, 105, 2. give way and take flight, § 3. lose one ship, 106, 3. for the topography of Syracuse, see the memoir and maps appended to vol. II.; see also Anapus, Dascon, Epipolæ, Euryelus, Labdalum, Leon, Lysimeleia, Olympieium, Plemyrium, Syca, Tyca or Tycha, Temenites, Thapsus, Trotilus.

T.

Tænarus or Tænarum, the S.W. promontory of Laconia: violation of sanctuary there committed, i. 128, 1, 2 n. sanctuary taken there by the emissary of Pausanias, who furnishes evidence against himself in his interview with him, i. 133. Lac. and Bœot. succours sail thence for Syracuse, vii. 19, 4.

Tages, see Stages.

Tagi, or kings, of Thessaly, n. i. 111, 1.

Talents, amount in t. of the annual tribute from the subject allies of Athens, ii. 13, 3 n. of the treasure at Athens, ib. of the Ath. reserved fund, ii. 24 nn. when this was used, viii. 15, 1. annual tribute in t. received by Seuthes, ii. 97, 3 n. expense in talents of siege of Potidæa, ii. 70, 2, and n. to 58, 1. one t. the monthly pay of each ship's crew to Potidæa, as afterwards to Sicily; this double the common rate, vi. 8, 1 n. amount in t. of the first contribution by Ath. citizens, on occasion of the siege of Mytilene, iii. 19, 1. ransom in t. of the Corcyræan prisoners at Corinth, iii. 70, 1 n. payment, of one t. yearly, to Olympian Jupiter, imposed on the Lepreatæ by the Eleians, v. 31, 2 n. expenses in t. of the Syrac. defence, vii. 48, 5. burthen of ships estimated by, iv. 118, 4 n. vii. 25, 6 n.

Tamos (an Egyptian, Xen. Anab. 1. 4, 2), a lieutenant to Tissaphernes in Ionia; with Astyochus ineffectually endeavours to compel the Clazomenians to migrate to Daphnus, viii. 31, 1. appointed by Tissaphernes to pay the Pelop. fleet, 87, 1, 3.

Tanagra, a city in the S.E. of Bœotia; victory there over the Ath. by the Lac. and allies, i. 108, 1. its walls razed by the Ath. § 2. its territory doubly invaded and ravaged by the Ath. iii. 91, 3–6. Delium in its territory, iv. 76, 4. the Bœotian forces assembled at Tanagra, iv. 91, 1. Tanagræans on the left at the battle of Oropus, 93, 4. the Bœot. return to T. after their victory, 97, 1. Diitrephes, an Ath. with Thracian troops, lands and plunders their territory, vii. 29, 1.

Tanks, or Reservoirs, at Athens, ii. 48, 2 n. 49, 5 n.

Tantalus, a Lac. son of Patrocles, commands the Æginetan refugees at Thyrea; wounded, made prisoner, and taken to Athens, iv. 57, 3, 4.

Taras = Tarentum, a city of Italy on the W. coast of Iapygia, Hermocrates advises the Syrac. to meet the Ath. armament there, vi. 34, 4, 5 n. refuses to receive the Ath. armament, 44, 2 n. the part of the coast of Italy first reached by the Ath. vi. 44, 2, and by the Lac. expeditions, 104, 1, 2. Gylippus refits his ships there, vii. 1, 1. ships from T. preparing at Las for an expedition against Eubœa, viii. 91, 2.

Taulantii, an Illyrian tribe, annoy Epidamnus, i. 24, 1; see Palmerii Gr. Ant. p. 110, &c.

Taurus, son of Echetimidas, a Lac. swears to the year's Truce, iv. 119, 2.

Taxiarchs in the Ath. army (of rank equivalent to the lochagi of the Lac.) distinguished from the taxiarchs-general, iv. 4, 1 n. attend a council of war, vii. 60, 2 n.

Tegea and Tegeatæ. The T. fight

a battle against the Mantineans, at Laodicium, iv. 134 n. the T. refuse to abandon the Lac. alliance, v. 32, 3, 4. effect of this on the Argives, 40, 3. with the Lac. invade Argolis, 57, 2. design upon T. by the Argive alliance favoured by a party in T. 62 n. the Lac. march to its succour, and secure it, 64, 1–3. water turned by Agis from the Tegeatis into the Mantinice; this water a frequent cause of war between the two states, 65, 4 nn. the Tegeatæ on the right wing in the battle of Mantineia, 67, 1 n. they outflank the Ath. 71, 2, and surround them, 73, 1. the Lac. bury their slain at Tegea, 74, 2. Pleistoanax and the Lac. reserve (see 64, 3) march as far as Tegea and return thence, 75, 1. the Lac. march to Tegea and offer peace to the Argives, 76, 1. return home from T. 78. the Lac. on their march to aid their friends in Argos, turn back at T. on learning their defeat, 82, 3.

Teichium, a town or village of Ætolia taken by Demosthenes, iii. 96, 2.

Teichiussa, a city in the territory of Miletus, on the N. coast of the bay of Iasus. Alcibiades there urges the Pelop. fleet to relieve Miletus, viii. 26, 3. the Pelop. arrive at Miletus from T. and return to T. 28, 1 n.

Τέλη· οἱ τὰ τ. ἔχοντες, at Elis, according to Arnold not the magistrates, v. 47, 9 n.

Tellias, one of the second set of three Syracusan generals, vi. 103, 4.

Tellis, a Lac. father of Brasidas, ii. 25, 2. iii. 69, 1. iv. 70, 1. swears to the fifty years' Peace, v. 19, 2. and the fifty years' Alliance, 24, 1.

Temenidæ, an Argive family; the kings of Maritime Macedonia descended from them, ii. 99, 3 n. the formation and extent of their kingdom, ii. 99, 3–6 nn.

Temenites, a quarter of Syracuse (so named from an epithet of Apollo), taken in newly by the Syrac. vi. 75, 1. 99, 3 n. the Ath. penetrate into it, but are again expelled, 100, 1 n, 2. the height in it called Temenitis, vii. 3, 3; see also maps and memoir on Syracuse annexed to vol. iii, part 1.

Temenos, at Syracuse, probably the sacred ground of Apollo Temenites (cf. vi. 75, 1), vi. 99, 3 n.

Temple:—of Aphrodite, at Eryx, vi. 46, 3. of Apollo, at Actium, i. 29, 2, at Naupactus, ii. 95, 2, at Leucas, iii. 94, 2, on the Lac. coast opp. to Cythera, vii. 26, 1: of Amyclæan Ap. at Lacedæmon, v. 18, 9 n. 23, 5: of Ap. Pythaëus, at Argos, v. 53, n: of Pythian Ap. at Athens, ii. 15, 5 n. vi. 54, 6 n, 7, at Delphi, iv. 118, 1 n. of Ares, see Enyalius below. of Artemis, at Rhegium; Ath. camp and market in its sacred enclosure, vi. 44, 2, 3. of Athene, in Lecythus at Torone, iv. 116, 2, in Amphipolis, v. 10, 2; of Athene of the Brazen House, at Lac. i. 134, 2 n. of Bacchus, see below Dionysus. Of Castor and Polydeuces, at Athens, called Anaceium; its situation, viii. 93, 1 n. of Demeter and Persephone, Eleusinium, at Athens, ii. 17, 1; its sanctity secured it from intrusion, ib. of Dionysus, in the marshes, at Athens, 15, 5, at Corcyra; persons died walled up in it, iii. 81, 5. of the Dioscuri, at Corcyra, iii. 75, 4 n, near Torone, iv. 110, 2. of Earth, at Athens, ii. 15, 5. of Enyalius (Ares), near Megara; temple or statue (cf. iii. 3, 3, 6), iv. 67, 1 n. of Heracles, in the Mantinic territory, v. 64, 5. 66, 1. of Here, in Corcyra, i. 24, 6 n, at Platæa, iii. 68, 4 nn. 75, 7. 79, 1. 81, 2, at Corinth, burnt, iv. 133, 2 n, at Epidaurus, v. 75, 6 n. of Hermes, near Mycalessus, vii. 29, 3. Leocorium (of the daughters of Leos), at Athens, i. 20, 3 n. vi. 57, 3 nn. of Pallas, see above of *Athene*. Of Poseidon, at Tænarus, i. 128, 2; near Nisæa, iv. 118, 3; near Mende, iv. 129, 3 n, at Colonus, viii. 67, 2. of Protesilaus, near Elæus (cf. Herod. ix. 116), viii. 102, 3. of Theseus, at Athens, vi. 61, 3 n. of Olympian Zeus, at Athens, ii. 15, 5 nn, at Elis, v. 49, 1. 50, 1, 2; of Lycæan Z. in Arcadia, sanctuary of, v. 16, 3 n; of Nemeian Z. in Ozolian Locris, iii. 96, 1 n; of Z. in Mantineia, v. 47, 11.——Profanation of temples, i. 126, 9-13 nn. ii. 52, 3 n. iv. 97, 2, 3 nn. possession of temples by right of conquest, iv. 98, 1-4 nn. temples on promontories, iv. 116, 2. (cf. 113, 2.) v. 75, 6 n. viii. 35, 2. spoils dedicated in temples, iii. 114, 3. treasures in temples borrowed, i. 121, 3. ii. 13, 3-5 nn. a dwelling partly within the precinct of, v. 16, 3 n. parts or adjuncts of temples, τέμενος, ἱερὸν, ναός, n. i. 134, 2. iv. 90, 2 n. v. 18, 2. προτεμένισμα, 1. 134, 7 n. portico or cloister, στοά, iv. 90, 2 n. νεώς, probably an additional chapel, iii. 69, 4 n. καταγώγιον, an inn, ib. n. garlands in a temple, iv. 133, 2.

Ten commissioners appointed at Athens for framing a constitution, viii. 67, 1 n. their organic propositions carried, § 2, 3 nn.

Tenedos and the Tenedians. The T. inform the Ath. of the Lesbians' disaffection, iii. 2, 3. the Mytilenæans most implicated in their revolt from Athens deposited there, 28, 2, are removed thence, 35, 1. the T. tributary allies of Athens, vii. 57, 5.

Tenians (from Tenos one of the Cyclades), tributary allies of the Ath. vii. 57, 4. Tenians brought to aid in the subversion of democracy at Athens, viii. 69, 3.

Teos and Teians, a city of Ionia S. of the isthmus of Erythræ; Myonnesus in their territory, iii. 32. revolts from Athens; demolition of its landward wall begun, viii. 16. Chian ships take refuge there, 19, 3. its landward wall completely razed; it receives an Ath. squadron, 20, 2.

Teres, f. of Sitalkes, ii. 29, 1, 5, 9. 67, 1. 95, 1, founder of the Odrysian empire, § 2, 5 n. not to be confounded with Tereus, § 3, 4.

Tereus, king of a Thracian tribe, at Daulia in Phocis, ii. 29, 3 n, married Procne d. of Pandion, § 3, 4 n.

Terias, a r. on E. coast of Sicily, between Catana and Hyblæan Megara, vi. 50, 3 n. 94, 2 n; see Cluverii Sic. p. 125, &c.

Terinæan Gulf, on W. coast of S. Italy, perplexing mention of, vi. 104, 2 n; see Cluverii Italia.

Terror, advantages of skill lost by, ii. 87, 4.

Tessaracoste, a Chian coin, a fortieth part (of the stater?); viii. 101, 1 n.

Teutiaplus, an Eleian, urges Alcidas and the Pelop. by a sudden attack to recover Miletus, iii. 29, 3. 30.

Teutlussa, v.l. Teuglussa, a small island off the N.W. coast of Rhodes, Charminus' squadron flies thither, viii. 42, 4 n.

Thalamii, the lowest rank of rowers; remain on board at the landing on Sphacteria, iv. 32, 2 n; see also Thranitæ and Zugitæ.

Thapsus, a peninsula, the site of a city on the E. coast of Sicily N. of Syracuse, founded by Lamis a Megarean, vi. 4, 1. the Ath. army lands and their naval camp is formed there, vi. 97, 1. n, 2. provisions brought thence to the Ath. army before Syracuse, 99, 4. Ath. fleet ordered round thence into the Great Harbour of Syracuse, 101, 3. they leave Thapsus, 102, 3. Demosthenes urges removal to Thapsus, vii. 49, 2; see Cluverii Sic. pp. 137, 138.

Tharypas, k. of the Molossians, a minor, his regent is Sabylinthus, ii. 80, 8. for this name, cf. Xen. Anab. ii. 6, 28.

Thasos, an island off the coast of Thrace, S.W. of Abdera, a colony from Paros, half a day's sail from Amphipolis, iv. 104, 3. it revolts from Athens in consequence of a dispute about the mines and trading towns on the opposite coast, i. 100, 2 n. the Thasians defeated by sea, § 3, and by land, and besieged; seek aid from Lac. in vain, 101, 1, 2. they capitulate, § 4. Thucydides (the historian), son of Olorus, summoned from Thasos with his squadron to Amphipolis, iv. 104, 3. Brasidas' fear of the arrival of the squadron and Thucydides from Thasos, 105, 1. Galepsus and Œsume, colonies from Thasos, come over to Brasidas, 107, 3 n. Galepsus, a Thasian colony, taken by Cleon, v. 6, 1. Diotrephes, an Ath. emissary of Peisander's party, puts down democracy in Thasos, viii. 64, 2. the Th. rebuild their city wall and negotiate through their exiles with the the Lac. § 3–5 nn.

Theœnetus, s. of Tolmidas, a Platæran, a diviner, proposes a plan of escape to the besieged Platæans, iii. 20, 1.

Theagenes, a Megarean, tyrant of Megara, and father-in-law to Cylon, i. 126, 3 n. furnishes Cylon with troops, § 4.

Theagenes, an Ath. see Theogenes.

Theatre, Dionysiac, or of Bacchus or Dionysus, in Peirœeus, adjacent to Munychia at Athens, viii. 93, 1 n. Dionysium, or theatre of Dionysus or Bacchus, adjacent to the Acropolis at Athens, 93, 3 n.

Thebes and Thebans, the presiding state of Bœotia; elected two Bœotarchs, iv. 76, 3. 91, 1 n. its ξύμμοροι, the people of its dependent states, 76, 3 n. 93, 4 n. its distance from Platæa, ii. 5, 2. occupied as a military station by the barbarians in their invasion of Greece (cf. Herod. ix. 13, 4), i. 90, 2. the Th. aid with money the Cor. expedition to relieve Epidamnus, i. 27, 4. Th. introduced into Platæa by night by the aristocratical party; endeavour to seize it, ii. 2, 1–4 nn. invite the Platæans to join their alliance, § 5 nn. discovered to be few are attacked, 3 nn. defeated, 4, 1, 2 nn. some throw themselves from the walls, § 3. a few cut open a gate and escape, § 4. the rest surrender at discretion, § 5–7. reinforcements arrive too late, 5, 1–3, deterred from seizing persons or property by the threats and promises of the Platæans, § 4–7 nn. they retreat and the Platæans kill their prisoners, § 8, 9. the Th. the worst enemies of the Platæans, ii. 71, 5. iii. 59, 6. the Platæans' fears, if neutral, from the cupidity of the Th. 72, 5 n. fire signals made to Thebes from the camp before Platæa, iii. 22, 9 nn. road towards Thebes taken for some distance by the fugitive Platæans, 24, 1. the Platæans' defence against their accusations, 54, 1 n. 55. 56. 57, 2 n, 3. 58, 1 n. the Thebans' former treason against Greece, 58, 6. 59, 2. their answer to the Platæans, 60—67 nn. leave Platæa standing for a year; and build near Here's temple another and a hostelry, 68, 4 nn. lease out the land for ten years to Thebans, § 5. subservience of the Lac. to them, § 6 n. Th. aiding Tanagra defeated by the Ath. 91, 6. a Th. exile, Ptœodorus, projects a democratic revolution in Bœotia, iv. 76, 2. Pagondas a Th. Bœotarch persuades the Bœotians to pursue and fight the Ath. iv. 91. 92. leads and marshals the Bœot. 93, 1–3 n. the Th. on the right wing twenty-five deep, § 4 n, make the Ath. give ground, 96, 4, and break their line, § 5 n. raze the walls of Thespiæ as favouring Athens, 133, 1. suppress a democratic insurrection in Thespiæ, vi. 95, 3 n. ill success of the foregoing part of the Pelop. War ascribed to the Th. infraction of treaty by attempt on Platæa, vii. 18, 2. their succours sail with the earliest for Syracuse, 19, 3, 4 nn. pursue and attack the Thracians after the massacre at Mycalessus, 30 nn. the adj. Θηβαΐς, iii. 58, 6.

Themistocles persuaded the Ath. at war with the Æginetans, and expecting the Persian invasion, to build their fleet, i. 14, 4 nn. a most able and energetic commander; brought on the naval action against the barbarians in the straits of Salamis; honoured for this by the Lac. 74, 1 nn. by his advice the Ath. evade answering the Lac. request that their walls might not be rebuilt, and send him ambassador to Lac. to gain time, 90, 3, 4. his artifices to quiet the Lac. § 5—91, 2. persuades them to send trusty persons to Athens; directs the Ath. to detain them as hostages for the safety of himself and colleagues, § 3. announces and justifies to the Lac. the fortification of Athens, § 4–7. persuades the Ath. to complete Peiræeus, begun in his archonship, with a view to naval power, 93, 4—8 nn. his reasons for this, § 9 n. under a sentence of ostracism, resided at Argos, 1. 135, 3 n. charged by the Lac. as an accomplice in Pausanias' treason; the Ath. send persons to pursue him, i. 135. flies to Corcyra, 136, 1, 2; thence to Admetus, k. of the Molossians, § 3, 4 n; presents himself before him as a suppliant, § 5–7 nn. protected from his pursuers and sent to Pydna, 137, 1. embarking is driven by a storm close to the Ath. fleet besieging Naxos, § 2. threatens to involve the master of the ship in his own danger if discovered, § 3. arrives at Ephesus, § 4. rewards the ship-master, travels into the interior; sends a letter to Artaxerxes, § 5–8 nn. the k. assents to his requests, 138, 1. gains some acquaintance with the Persian language and customs, and is in favour with the k. § 2 nn. his character, § 3–6 nn. his death, § 7. his tomb in the agora in Magnesia (cf. v. 11, 1 n), § 8. cities allotted to furnish him with provisions, ib. nn. report of the secret burial of his bones in Attica, § 9 nn. he and Pausanias, the most illustrious of the Greeks of their time, § 10.

Theocles, see Theucles.

Theodorus, f. of Procles, an Ath. iii. 91, 1.

Theogenes, an Ath. elected with Cleon to examine and report on the blockade of Sphacteria, iv. 27, 3 n. swore to the fifty years' Peace, v. 19, 2. and the fifty years' Alliance, 24, 1.

Theolytus, f. of Cynes despot of Coronta in Acarnania, ii. 102, 2.

Theori, a deputation from the state to consult oracles, and attend the public games of Greece, vi. 3, 2. n, iii. 104, 6. v. 47, 9 n. viii. 10, 1 n. their duties discharged at Sparta by the Pythii, n. v. 16, 2. Th. at Mantineia, v. 47, 9 n. Alcibiades' magnificent display in the discharge of this office at the Olympic games, vi. 16, 2 nn.

Thera, one of the Cyclades, not in alliance with Athens, ii. 9, 5. a Lac. colony, ib. n.

Theramenes or Therimenes, a Lac. brings out to Astyochus the Pelop. and Siceliot fleet, viii. 26, 1. remiss in exacting the fleet's pay from Tissaphernes, 29, 2. Astyochus hears of his arrival, 31, 1. in his presence a second treaty concluded with the k.

of Persia, 36, 2. disappears on his voyage home, 38, 1 n. the treaty concluded by him objected to by Lichas, 43, 3. this excites the fears of Tissaphernes, 52, 1.

Theramenes, an Ath. son of Hagnon, conspires against the Ath. democracy, viii. 68, 4. is a leader of the moderate aristocrats, 89, 2. imputes treasonable designs to the oligarchy in their fortifying Eetionia, 90, 2. 91, 1. asserts the Pelop. fleet to have been invited by them, 91, 2. 92, 2, 3. threatened by the oligarchy goes professedly to rescue Alexicles, § 6, 9. his opinion asked; encourages the people in destroying Eetionia, § 10. the near approach of the Pelop. fleet countenances his assertions, 94, 1.

Therma, or Therme (later Thessalonica), a city of Macedonia at the head of the Thermaic gulf; taken by the Ath. i. 61, 1 n. restored to Perdiccas, ii. 29, 8 n.

Thermon, a Spartan sent by Agis to the Cor. Peiræus, viii. 11, 2.

Thermopylæ, all the Greeks N. of, alarmed by Sitalkes' invasion of Macedonia, ii. 101, 2. Heracleia in Trachis forty stades distant from it, iii. 92, 9. change in the coast near it, ib. n. termination of the conflicts at Thermop. and Sphacteria compared, iv. 36, 3; see Herod. vii. and Strabo ix.

Theseus, founder of the Ath. commonwealth, ii. 15, 3 nn. his temple, an Ath. force sleep there with arms piled, vi. 61, 2 n.

Θεσμοφύλακες, magistrates in Elis, administer the oaths sworn at the ratification of a treaty, v. 47, 9.

Thespiæ, W. by S. of Thebes, a sovereign state of Bœotia; its subject states, its territory ἡ Θεσπικὴ γῆ, iv. 76, 3 n. Thespians on the left at the battle of Oropus, 93, 4, surrounded and cut down, 96, 3 n. walls of Thespiæ, 50, 3, razed by the Thebans, 133, 1. democratic insurrection there suppressed by the Thebans, vi. 95, 3 n. Thespian heavy-armed sent to Sicily, vii. 19, 3. arrive there, 25, 2, 3.

Thesprotis or Thesprotia, coast of Epeirus S. of Chaonia, ii. 80, 7 n. cape Cheimerium in Th. i. 30, 3. 46, 3. Elæatis, and Ephyre in Th. 46, 4 n. r. Acheron and the Acherusian Lake in Th. § 5. r. Thyamis, its N. boundary, § 6 n. Sybota a haven in Th. 50, 3. Thesprotians not under a king, ii. 80, 7 n. (see Palmerii Gr. Ant. p. 259, &c.)

Thessaly (S. of Macedonia, E. of Epeirus), its soil among the best in Greece; thence often changed its occupants, i. 2, 3 n. the Thessalians drove the Bœotians out of Arne in Th. 12, 3 n. allied with the Ath. and Argives, 102, 5. their cavalry desert to the Lac. at the battle of Tanagra, 107, 9. Ath. ineffectually endeavour to restore Orestes k. or Tagus of Th.: that dignity ceases with him, 111, 1 n, 2 n. the Th. send aid to the Ath. in cavalry, ii. 22, 2, 4. with the Ath. defeated by the Bœot. § 2. states of Thessaly, § 4 n. generals, § 5 n. the Th. alarmed at Sitalkes' invasion of Macedonia, ii. 101, 2. jealousy and enmity of the Th. against Heracleia in Trachis, iii. 93, 3 n. some Th. chiefs facilitate the passage of Brasidas through Thessaly, iv. 78, 2. the mass of the Th. favoured the Ath. but ruled by an oligarchy, § 3. Brasidas' route through Th. ib. n. some Th. remonstrate against his passage, § 3, 4 nn. the Perœbians subject to them, § 6 n. the Penestæ of Thessaly, ib. n. if the Th. allowed a passage to the Lac. the Ath. allies would be exposed, 108, 1. Th. oppose the passage of Rhamphias, v. 13, 1 n. with other nations attack and defeat the Heracleots in Trachis, v. 51, 1, 2.

Phthiot Achæans and others, subjects of the Thess. compelled by Agis to ransom their cattle and give hostages, viii. 3, 1 nn. the Thess. complain, ib. Thessaly among the regions once in the possession of the k. of Persia, viii. 43, 3.

Thessalonica, see Therme.

Thessalus, son of Peisistratus, and brother of Hippias and Hipparchus, i. 20, 3. without issue, vi. 55, 1.

Thetes, fourth and lowest class of Ath. citizens, served as Epibatæ or naval soldiery, n. iii. 16, 1. vi. 43, 1 n.

Theucles, see Thucles.

Thoricus, a demus and port of Attica on the E. coast N. of Sunium, viii. 95, 1.

Thousand chosen Argives, a standing force, v. 67, 2. overthrow the Argive constitution, ib. n.

Thrace, bounded on the N. by the r. Ister (or Danube), ii. 96, 1. on the W. by the r. Strymon and Macedonia, ii. 96, 3. 97, 1. on the E. and S. by the Euxine, Bosporus, Propontis, Hellespont, and Ægæan, ii. 97, 1, 2 nn. rivers of Thr., see Ister, Strymon, Oscius, Nestus, Hebrus, ii. 96. mountain-ranges of Thr. Hæmus, Rhodope, Scomius, or Scombrus, 96, 1–5, 3 n. Cercine, 98, 2 n. tribes of N. Thr. Getæ, Triballi, Treres, Tilatæi, ii. 96, 4. Odrysæ, Dii, Agrianes, Lææan Pæonians, Græans, independent Pæonians, ii. 96, 1–4 nn. of S. Thrace, Pæonians, Sinti, Mædi, ii. 98, 3. Thracians of the plains N. of the Strymon; Panæi, Odomanti, Droï, Dersæi, ii. 101, 3 nn. Thracian usage concerning presents opposite to the Persian, ii. 97, 4 nn. Thracian or Thraceward gates of Amphipolis, v. 10. trading towns in Thr. belonging to Thasos, i. 100, 2. Ath. colonists of Nine Ways (afterwards Amphipolis), cut off by the Thracians at Drabescus, i. 100, 3 nn. iv. 102, 2. Pausanias travels through Thr. i. 130, 1. Sitalkes k. of the Odrysian Thr. ii. 29, 1. a large proportion of the Thr. independent, § 2. Phocis formerly inhabited by Thr. § 3 n. the Ath. seek aid from Sitalkes for the War against the Thraceward cities, § 7. seizure in Thrace and delivery to the Ath. of Aristeus the Cor. and other ambassadors on their way to Persia, ii. 67, 1–3 nn. Sitalkes, k. of the Odrysian Thr. marches against Perdiccas and Chalcidice, ii. 95. enumeration of the Thr. tribes who followed him, and their geographical position, 96, nn. extent and revenue of his kingdom, 97 nn. his route through Thrace to Doberus, 98, 1–4 nn. independent Pæonians join him; amount of force, proportion of cavalry, § 5. cavalry mostly Odrysæ and Getæ, § 6. most effective of his infantry the swordbearing, independent Thr. § 7. course and extent of the invasion in Macedonia, 100, 3 n–5. the Thr. baffle the Maced. horse, § 6, 7. part of the Thr. overrun and lay waste Chalcidice and Bottiæa, 101, 1. independent Thracians N. of the r. Strymon alarmed by Sitalkes' march, § 3 nn. Sitalkes slain in battle against the Triballi; Seuthes succeeds to the kingdom of the Odrysian Thr. iv. 101, 5. Thrace near Thasos, its gold mines, 105, 1. mercenary Thr. serving under the Ath. 129, 2. Cleon sends into Thrace to Polles k. of the Odomanti for aid, v. 6, 2. Brasidas organizes a body of mercenary Thr.; summons all the Edonians, and has a Myrcinian force, § 4. Thracians join the Ath. expedition against Amphipolis, vii. 9. Thr. mercenaries of the Diac or Dian tribe too late at Athens for the expedition to Sicily, vii. 27, 1; see Dian. Bithynian Thracians on E. coast of the Bosporus; Lamachus, having lost his ships, marches through their territory to Chalcedon, iv. 75, 2, 3.

Thraceward allies of the Ath. i. 56, 2, included Potidæa, Chalcidice, and Bottiæa, 57, 3 n. an Ath. fleet arrives too late to prevent their revolt, 59, 1. Corinthian succours under Adeimantus sent to them, 60, 3. tributary allies of Athens, ii. 9, 5. passage thither by land desirable to the Lac. iii. 92, 6. Eion Thraceward betrayed to the Ath. iv. 7, n. recovered, ib. Brasidas at Corinth prepares to march Thraceward, 70, 1. 74, 1. is on his march thither, 78, 1. the Thr. cities having revolted from the Ath. invited aid from the Pelop. 79, 2. Brasidas and the Thr. allies go against Amphipolis, 102, 1. Eucles and Thucydides the Ath. commanders of the parts Thraceward, 104, 3 n. all the Thr. allies accept the Truce concluded by the Lac. with the Ath. 122, 2. Ath. expedition sails thither under Cleon, v. 2, 1. Lac. reinforcements marching thither turn back at Pierium, 12, 13, 1. allies there hostile to Athens notwithstanding the fifty years' Peace, 26, 2. their interests the Corinthians' pretext for declining alliance with Lac. and Athens, 30, 2. the Lac. troops sent thither with Brasidas return home, v. 34, 1. 35. 67, 1. the allies there will not accept the treaty of Peace, 35, 3. resolutions of their envoys with the Bœotarchs, Cor. and Megareans, 38, 1, frustrated, § 4. the Lac. and Argives send envoys thither, 80, 2. Perdiccas does not cooperate with the Ath. against the Thr. allies, 83, 4. Diotrephes, an Ath. appointed by the oligarchy, commander there, viii. 64, 2.

Thranitæ, the uppermost rank of rowers in a trireme, vi. 31, 3 n; see Thalamii and Zugitæ.

Thrasybulus (s. of Lycus, viii. 75, 2), an Ath. trierarch, at Samos, warned

of the oligarchical conspiracy, viii. 73, 4. binds by oaths the whole armament to serve under a democracy, 75, 2. is among the new generals chosen by the armament at Samos, 76, 2. persuades the armament to invite Alcibiades, 81, 1. sails to secure Eresus; being too late blockades it, 100, 5. commands right wing of the Ath. fleet at battle of Cynossema, viii. 104, 3. outflanked by the Pelop. left, outsails them, § 4. turns upon and defeats them and their centre, 105, 3 n.

Thrasycles, an Ath. swears to the fifty years' Peace, v. 19, 2, and the fifty years' Alliance, 24, 1. commands the second squadron sent against Chios, viii. 15, 1. with Strombichides pursues Chalcideus and Alcibiades; too late to secure Miletus, 17, 3. followed by another squadron from Athens, 19, 2.

Thrasyllus, or Thrasylus, one of the five generals of Argos, unauthorized concludes a truce with Agis, v. 59, 5 n. 60, 1. just escapes stoning; his property confiscated, 60, 6 n.

Thrasylus, or Thrasyllus, an Ath. serves in the heavy-armed troops at Samos; opposed to oligarchy, viii. 73, 4. with Thrasybulus binds the armament by oaths to the cause of democracy, 75, 2. chosen one of the new generals, 76, 2. sails with the Ath. fleet from Samos, 100, 1. stops at Lesbos for provisions, § 2. endeavours to recover Eresus, § 3-5. at Cynossema commands the Ath. left, 104, 3. prevented from aiding the centre, 105, 2. the Syracusan ships opposed to him fly, § 3.

Thrasymelidas, a Spartan, son of Cratesicles, high-admiral, commands the attack by sea on Pylus, iv. 11, 2.

Thriasian plain, named from the demus of Thria in Attica, adjacent to Eleusis; devastated by the Pelop. under Pleistoanax, i. 114, 4 nn. by the Pelop. under Archidamus, ii.

Y

19, 2. without opposition, 20, 3. the Ath. hoped that the Pelop. would not advance further, 21, 1; see Strabo ix. and Herod. viii.

Thronium, in Opuntian Locris; taken by the Ath. ii. 26, 2; see Palmerii Gr. Ant. p. 172. 563, &c.

Throwers of stones (λιθοβόλοι), vi. 69, 2.

Thucles, f. of Eurymedon, an Ath. in. 80, 3. 91, 4. vii. 16, 1.

Thucles, of Chalcis in Euboea, founds Naxos, Leontini, and Catana. in Sicily, v. 3, 1, 3, 4.

Thucydides, an Ath., the historian, son of Olorus; the time, occasion, object, and manner of his writing his History of the Pelop. War, i. 1, 1 n. 20—23 nn. v. 20, 2, 3 nn. 26. lived through the war; length of his banishment; facilities for ascertaining the truth, v. 26, 5 n. seized with the plague, ii. 48, 4. in command Thraceward; is summoned from Thasos to secure Amphipolis, iv. 104, 3, 4. Brasidas dreads his influence; he worked the gold-mines in that vicinity, 105, 1 n. is too late to save Amphipolis, secures Eïon, 106, 3 n. 107, 1; see also the Life by Marcellinus prefixed to vol. i.

Thucydides, another (probably son of Melesias), with Hagnon and Phormio reinforces the fleet under Pericles against Samos, i. 117, 3 n.

Thucydides, a third, a Thess. of Pharsalus, proxenus of Athens; strives to pacify the tumult in the Peiraeeus, viii. 92, 8. of the four different persons who bore this name, see n. ib. and p. xvi. of the Life by Marcellinus prefixed to vol. i.

Thunder and lightning during a battle; effect on the minds of the combatants, vi. 70, 1 n. vii. 79, 3.

Thuria, a city of Italy on the W. of the Tarentine gulf, on the r. Sybaris; its people Thurii, its territory Thurias, vi. 61, 6, 7 n. vii. 35.

1. Alcibiades and others there conceal themselves, vi. 61, 6. leaves Thuria, § 7. 88, 9. Gylippus ineffectually seeks their alliance, 104, 2. his father a citizen of Th. ib. n. the party adverse to the Ath. expelled; Demosthenes and Eurymedon negotiate an alliance with Th. vii. 33, 4, 5 n. the Thurians join the Ath. expedition, 35, 1. compelled to this by the state of factions among them, vii. 57, 11 n. a Th. squadron sails from Pelop. to Cnidus, viii. 35, 1. five Th. ships go under Leon to relieve Chios, 61, 2. most of their seamen free, 84, 2 n. demand their pay of Astyochus, ib.

Thuriatæ, Lac. Perioeci, in Messenia, inhabiting the territory of Thuria, join the Helots in revolt at Ithome. i. 101, 2.

Thyamis, r., the boundary between Thesprotis and Cestrine, i. 46, 6 n; see Palmerii Gr. Ant. p. 273.

Thyamus, a m. in the S. border of the Agræan Ætolians, traversed by the Pelop. on their march to Olpæ, iii. 106, 3; see Palmerii Gr. Ant. p. 422.

Thymochares, an Ath. commands the Ath. naval force following the enemy to Euboea, viii. 95, 2.

Thyrea, and the Thyreatis, on the confines of Argolis and Laconia in the Cynurian territory; the Lac. give it to the Æginetans expelled from Ægina by the Ath. ii. 27, 3-5 n. iv. 56, 2 n. an Ath. expedition arrives, iv. 56, 2. the Æginetans retreat into Th. 57, 1. it is taken and burnt, § 3. its possession disputed by the Lac. and Argives, v. 41, 2. to be determined by combat, § 2, 3. incursion of the Argives into the Thyreatis, vi. 95, 2.

Thyssus, a city on the W. coast of the Acte or peninsula of Athos, iv. 109, 3. in alliance with the Ath. is taken by the Dians (?), v. 35, 1 n; see Herod. vii. 22, 6.

Tichium, see Teichium.

Tichiussa, see Teichiussa.

Tilatæi, a tribe of the Northern Thracians, ii. 96, 4.

Timagoras, s. of Athenagoras, a Cyzicene exile, envoy from Pharnabazus to Lac. viii. 6, 1. will not join in the expedition to Chios, but requires separate aid, 8, 1. gets at last a Lac. fleet to sail ultimately to aid Pharnabazus, 39, 1 n.

Timagoras, of Tegea, with others going on an embassy to Persia is seized in Thrace, delivered to the Ath. and slain, ii. 67, 1–4.

Timanor, s. of Timanthes, a Cor. commander jointly of the Cor. fleet for relief of Epidamnus, i. 29, 1.

Timber, for ship-building; possession of Amphipolis affords facilities for obtaining it, iv. 108, 1. abundant in Italy, vi. 90, 3 n. in the territory of Caulonia, vii. 25, 2.

Time, reckoned from the Trojan War, i. 12, 3. from the battle of Marathon, 18, 2. back from the end of the Pelop. War, 13, 3, 4. 18, 1. back from the birth of Christ, n. i. 18, 1. time between Xerxes' flight and the Pelop. War, 118, 2. time, marked at Argos by the years of the priestess of Here, at Sparta by the Ephor, at Athens by the Archon, ii. 2, 1 n; see also Year.

Timocrates, a Laced. one of three commissioners to advise Cnemus, ii. 85, 1. kills himself off Naupactus, is thrown on shore there, 92, 4.

Timocrates, an Ath. f. of Aristoteles, iii. 105, 4. swears to the fifty years' Peace, v. 19, 2, and the fifty years' Alliance with Lac. 24, 1.

Timocrates, a Cor. f. of Timoxenus, ii. 33, 1.

Timoxenus, s. of Timocrates, a Cor. in joint command of the expedition which restores Euarchus tyrant of Astacus, ii. 33. 1, 2.

Tisamenus, a Trachinian, ambassador to Lac. for aid, iii. 92, 2.

Tisander, an Apodotian Ætolian, ambassador with others to Corinth and Lac. for aid to reduce Naupactus, iii. 100, 1.

Tisias, s. of Tisimachus, an Ath. in command on the expedition against Melos, v. 84, 3.

Tisimachus, f. of Tisias, ib.

Tissaphernes, a Persian, under Dareius s. of Artaxerxes, commander of the forces in Lower Asia, or the sea-coast, sends an envoy to Lac. viii. 5, 4 n. his motives for seeking their alliance against the Ath. § 5. the tribute due from the Greek cities, and the destruction or capture of Amorges required of him by the k. ib. n. emulation in effecting their object between his envoys and those of Pharnabazus, 6, 2. Alcibiades aids them by his influence, § 3. the troops of his lieutenant Stages aid in razing the landward wall of Teos, 16, 3. his first treaty with the Lac. 17, 4. 18. in person completes the destruction of the wall at Teos, 20, 2. with some foreign mercenaries aids the Milesians in battle against the Ath. 25, 2 n. 26, 2. with Pelop. fleet surprises Iasus, 28, 2. obtains possession of Amorges, and of Iasus, and ransoms the captives, § 3, 4. puts Iasus into a state of defence, 29, 1. pays the Pelop. fleet; amount of monthly payment for the future proposed by him, ib. disputes, and subsequent arrangement, § 2 n. effects the revolt of Cnidus from the Ath. 35, 1 n. his second Treaty with the Pelop. 36, 2. 37. dispute at Cnidus with the eleven Lac. commissioners regarding the Treaties: he leaves them in anger, 43, 2–4. the Pelop. commanders seek maintenance for the fleet without his subsidies, 44, 1. Alcibiades takes refuge with him, 45, 1. by his suggestions reduces the pay, bribing the officers of the fleet, § 2, 3 nn. Alcibiades acts as his spokesman, § 4, 5 n. advised by Alcibiades to aid neither of the two contending parties effectually, but to let them wear each other out, 46, 1–4. takes Alcibiades into confidence, issues the pay irregularly, and prevents the Pelop. from fighting by promising the cooperation of the Phœnician fleet, § 5. effect of Alcibiades' apparently strong influence with him on the Ath. armament at Samos, 47. his friendship promised by Alcibiades to the Ath. if under an oligarchy, 48, 1. the conspirators for oligarchy desire his friendship, 49. Phrynichus informs Astyochus of Alcibiades' intrigues with Tissaphernes, 50, 2. Astyochus informs Alcibiades and Tissaphernes, and attaches himself to the interests of Tissaph. § 3 n. Alcibiades strives to win over Tissaphernes to the interests of Athens, 52. Peisander holds out to the Ath. expectation of subsidies from Tissaph. 53, 2. the Ath. decree to send ambassadors to Tissaph. 54, 2. they sail, § 4. they come to Tissaph. he demands extravagant concessions; they leave him, 56 nn. he goes to Caunus seeking to renew his connection with the Pelop. his motives; gives them pay and concludes a fresh Treaty, 57. terms of the Treaty, 58, nn. professes his intention to bring up the Phœnician fleet to their aid, 59. the Ath. ambassadors return from him to Samos, 63, 3. assassinations at Athens to gratify Alcibiades with a view to his conciliating Tissaph. 65, 2. clamour in the Pelop. fleet against Tissaph. 78. he pays them ill, 80, 1. in the hope of detaching Tissaphernes from the Pelop. the Ath. at Samos. recall Alcibiades, 81, 1. Alcibiades exaggerates his influence with Tissaph. and Tissaphernes' promises to him, § 2, 3. Alcibiades goes to Tissaphernes professedly to concert measures, 82, 2, 3. discontent of the Pelop. fleet against Tissaph. and its causes, 83, nn. the Milesians take his fort in Miletus, 84, 4. Lichas advocates the authority of Tissaph. § 5. Tissaph. sends an ambassador to Lac. to accuse the Milesians, and to defend himself from accusation, 85, 1, 2. his enmity against Hermocrates, its cause, § 3, 4. he goes to Aspendus professedly to bring up the Phœnician fleet, 87, 1, 6. his motives for not bringing the fleet variously conjectured, § 2, 3. Thucydides' judgment of his conduct, § 4–6. is followed by Alcibiades, who probably knew his intentions, 88. his officers issue no pay to the Pelop. fleet; his duplicity reported to them; they leave him, 99, 1 n. Alcibiades on return to Samos boasts of having made Tissaph. still more a friend to the Ath. 108, 1. Tissaph. leaves Aspendus for Ionia, § 3. his lieutenant's oppressive conduct causes the expulsion of his garrison from Antandrus, § 4, 5. discovers the Peloponnesians to have been concerned in it; determines to follow them and complain of this, and excuse his own conduct; sacrifices to Artemis at Ephesus, 109.

Tlepolemus, an Ath. commander, reinforces the fleet against Samos, i. 117, 3.

Tolmæus, an Ath. f. of Tolmides, i. 108, 4. 113, 1.

Tolmæus, f. of Autocles an Ath. iv. 53, 1. 119, 2.

Tolmidas, (v. l. Timid.) f. of Theænetus a Platæan, iii. 20, 1.

Tolmides, s. of Tolmæus, an Ath. naval commander, burns the naval arsenal (Gythium) of the Lac. i. 108, 4. his expedition against Orchomenus and Chæroneia, 113, 1. takes Chæroneia and garrisons it, § 2. returning is attacked and defeated in battle of Coroneia, § 3.

Tolophonii, a tribe of Ozolian Locrians, iii. 101, 2; see Palmerii Gr. Ant. p. 543.

Tolophus, an Ophionean Ætolian, ambassador to Corinth for aid against Naupactus, iii. 100, 1.

Tomeus mount, with Buphras, fixes the line of demarcation for the Ath. garrison of Pylus, iv. 118, 3 n.

Torone, a city of Chalcidice, on the E. of the Toronæan gulf, held by the Ath. iv. 110, 1. it is betrayed to Brasidas, § 2—112. its Ath. garrison with some Toronæans escape to the fort Lecythus, 113, 2, 3. Brasidas' conciliatory address to the Toron. 114. leaves Torone for Scione, 120, 2. returns to Torone, 122, 2. after his expedition against Arrhibæus returns thither, 129, 1. Pasitelidas appointed governor of Torone by Brasidas, 132, 3 nn. Cleon lands at Colophonian's Harbour near Torone, v. 2, 2 n. learns its defenceless state, § 3. attacks it, § 4. and takes it, 3, 1, 2. Brasidas hears of its capture, § 3. women and children of T. enslaved; men sent to Athens, afterwards returned home by exchange of prisoners, § 4 n. Cleon garrisons and leaves it, § 6. 6, 1. by the fifty years' Peace is completely at the discretion of the Ath. v. 18, 8.

Torylaus, a Thessalian, facilitates Brasidas' passage through Thessaly, iv. 78, 1.

Towers, πύργοι, in the besiegers' lines round Platæa, iii. 21, 4. two occupied by the Platæans while effecting their escape, 23, 1. a tower of wood at Lecythus breaks down, iv. 115, 2, 3. wooden towers on a ship of the Ath. at Syrac. vii. 25, 6. towers commanding the entrance of a harbour, viii. 90, 4 n.

Trachis, or Trachinia, a division of the country of the Malians, on the Malian gulf, its inhabitants Trachinians, 92, 1, 2 n. hostility of the Œtæans against, § 2. the Tr. seek aid from Lac. who are willing to give it, § 2-4. Heracleia, in Trachis, a colony of the Lac. 100, 3. iv. 78, 1. v. 12, 1. 51, 2.

Traffic, none in the earliest times of Greece, i. 2, 2. first carried on by land; later by sea, i. 13, 5 n. of the Phœnicians (of Tyre, n.) with Sicily, vi. 2, 5 n. traffic by barter, 31, 5 n.

Tragia, a small island off the S. coast of Samos; victory of the Ath. over the Samian fleet there, i. 116, 1.

Transports, for heavy-armed men (ὁπλιταγωγοὶ νῆες), vi. 25, 2. for troops in general (στρατιώτιδες), 43, n. both of these distinct from the cavalry transports (ἱππαγωγοὶ νῆες), ib. n. cavalry transports first made at Athens, ii. 56, 2. iv. 42, 1; see Ship.

Treasury, common tr. of the Ath. confederacy against Persia, i. 96, 4. treasurers of Greece (Ἑλληνοταμίαι), 96, 2 n. their treasury at Delos, § 4 n. treasury of the Ath. the Parthenon, ii. 13, 4 n. treasure of the Ath. 13, 3-5 n. first contribution of the Ath. to, iii. 19, 1 n.

Treaties, see Diplomat. Transact.

Treres, a people of Northern Thrace, ii. 96, 4.

Triballi, an independent nation of Northern Thrace, ii. 96, 4. their earlier migration, n. to 96, 1. they at a later time expel the Getæ, ii. 96, 4. defeat and kill Sitalkes, iv. 101, 5.

Tribes of the Ath. A cypress chest for the bones of the slain of each tribe furnished for the public funeral, ii. 34, 3 n. the men of each tribe ranked together in the Ath. army, vi. 98, 4 n. one tribe of the Ath. heavy-armed, 98, 4 n. the first tribe on the Ath. right wing, 101, 4 n. each trierarch's tribe mentioned by Nicias in his exhortation, vii. 69, 2 n. Aristocrates, a taxiarch, with his tribe, viii. 92, 4 n. of the Messanians, two in garrison at Mylæ, iii. 90, 3. of the Syrac. one tribe, vi. 100, 1. their total number unknown: Arnold's conjecture, ib. n. Corinthian tribes, number of, ib. n.

Tribute. first imposition of tribute on their allies by the Ath. i. 96, 1, 2. its amount, § 3, as settled by Aristeides, v. 18, 5 n. its increase by Pericles and again by Alcibiades, ib. n. as stated by Pericles, ii. 13, 3 n. five per cent. (ἡ εἰκοστή) imposed instead of it, vii. 28, 4 n. tribute paid to Sitalkes, ii. 97, 3 n.

Trierarchs, Ath. property qualification of; number appointed annually; expences of the office, vi. 31, 3 nn, 5. before battle severally exhorted, vii. 69, 2. in battle admonished, 70, 8.

Trinacria, an ancient name of Sicily, vi. 2, 2; see Cluverii Sic. i. 2.

Triobolus, a silver coin = three obols, half of the full pay promised by Tissaphernes, which was a drachma, viii. 29, 1. 45, 2.

Triopium, prom. of, the western extremity of the territory of Cnidus sacred to Apollo. A Pelop. squadron cruises off it, viii. 34, 2 n. the ships are taken by the Ath. the crews escape, and reinforce the garrison of Cnidus, § 3, 4. the Pelop. fleet off Triopium espies the Ath. fleet out at sea, 60, 3; see Palmerii Gr. Ant. p. 265.

Tripod, dedicated at Delphi by the Greeks for the victory at Platæa over the Persians, i. 132, 1 n. the inscription on it, ib. n. iii. 57, 2.

Tripodiscus, a village in the Megarid; Brasidas' rendezvous for relief of Megara, iv. 70; see Pausanias, i. 43, 7.

Triremes, first built at Corinth, 1. 13, 2 nn. large fleets of, belonging to the Sicilian tyrants and the Corcyræans, 14, 3. see Ship.

Tritæans, a tribe of the Ozolian Locrians, give hostages, and serve on the Pelop. expedition against Naupactus, iii. 101, 2.

Trœzen, S. of Epidaurus, the most easterly part of Peloponnesus; the Trœzenians furnish two ships to the Cor. expedition to relieve Epidamnus, i. 27, 4. having been a dependent ally is given up by Athens at the thirty years' Peace, i. 115, 1 n. (see Strab. viii. and Pausan. in Corinth.) its territory (ἡ Τροιζηνὶς γῆ) ravaged by the Ath. ii. 56, 5. the Ath. demand its restoration to them, iv. 21, 3. the Ath. having fortified and garrisoned Methone (rather Methana), make plundering incursions into the Tr. territory, 45, 2 n. Trœzen jointly with Megara, Epidaurus, and Hermione to furnish ten ships to the Pelop. fleet, viii. 3, 2.

Trogilus, on the N. shore of the peninsula of Syracuse. The Ath. works carried on towards it; the nearest point to the Great Harbour on the S. side, vi. 99, 1. stones laid for this purpose more than half the distance, vii. 2, 4; see Cluverii Sic. p. 131. 148. 152.

Trophies, raised for victory,—by the Acarnanians, over the Pelop. and Ambraciots, i. 109, 2. over the Ambraciots, 112, 8.—by the Ath. over the Potidæans and allies, i. 63, 3. over the Corinth. who also raise a trophy, 105, 6 n, 7. over the Pelop. fleet at Molycric Rhium, ii. 84, 4. over the Pelop. fleet, 92, 5, who also raise a tr. § 6 n. for defence of Pylus over the Lac. iv. 12, 1. over Lac. fleet in Pylus Harbour, 14, 5. over the people of Messana, 25, 12. on the reduction of Sphacteria, 38, 4. over the Cor. at Solygeia, 44, 3. over Bœot. cavalry at Megara, 72, 4. over Mendæans and Pelop. 131, 2. under Cleon, over the Toronæans, v. 3, 4. over the Syrac. vi. 70, 3. over a few Syrac. 94, 2. over Syrac. cavalry, 98, 4. on destroying Syrac. counterwork, 100, 3. on repulsing Syrac. attack on their works in Epipolæ, 103, 1. over the Syrac. under Gylippus, vii. 5, 3. over the Syrac. fleet, 23, 4. over the Pelop. and Cor. fleet (disputed), 34, 8. over the Syrac.

routed by the Tyrrhenians, 54, at Panormus over the Milesians, who remove the tr. viii. 24, 1. over Pelop. before Miletus, 25, 5. over the Grand Pelop. fleet at Cynossema, 106, 4.—by the Bœot. at Delium over the Ath. iv. 97, 1.—by Brasidas and Perdiccas over the Lyncestian Maced. iv. 124, 4. by Brasidas' forces over the Ath. at Amphipolis, v. 10, 12.—by the Corcyræans over the Corinth. fleet and allies, i. 30, 1. over the same, partial, 54, 2.—by the Corinthian fleet, partial, over the Corcyr. i. 54, 1. by land over the Ath. (disputed), 105, 7. by sea over the Ath. (disputed), vii. 34, 7. by the Lac. and allies over the Argives and allies at Mantineia, v. 74, 2. —Mantineans against Tegeans at Laodicium, each raise a tr. and send spoils to Delphi, iv. 134.—by Perdiccas, see above by Brasidas.—by Pelop. heavy-armed over Ath. and Thess. cavalry, ii. 22, 3. by Pelop. fleet over the Ath. (disputed); a captured ship set beside the trophy, 92, 6. Pelop. fleet over Ath. under Charminus off Syme, viii. 42, 5. over Ath. fleet at Eretria, 95, 7.—by Sicyonians over Ath. landing on their coast, iv. 101, 4.—the Stratians in Acarn. over the Chaonian allies of the Pelop. ii. 82, 3.—by the Syrac. on taking the three forts on Plemyrium, vii. 24, 1. for naval victory over the Ath. 41, 4. over the Ath. on Epipolæ, 45, 1. over the Ath. by sea and land, 54. over the Ath. by sea, 72, 1.—by the Tegeatæ over the Mantineans, iv. 134. a ship, dedicated to Poseidon by the Ath. at Molycric Rhium, beside the trophy, ii. 84, 4. by the Pelop. at Achaic Rhium, 92, 5 n. a trophy removed if raised on insufficient grounds, viii. 24, 1; see also Shield.

Trotilus, E. coast of Sicily near Megara Hyblæa, founded by Lamis, a Megarean, vi. 4, 1.

Troy, expedition against, the earliest common enterprise of the Greeks, i. 3, 1. how organized and effected, 8, 5 n. 9, 1 n, 3–6. estimate of the cities engaged in it, and the forces composing it, 10. its amount of force small through poverty rather than want of population, 11, 1. fortification of the Greek camp there, 11, 2. part of the actual force employed in obtaining supplies, § 2. but for this the siege would have been more quickly concluded, § 3, 4. the armament evidently not equal to the account given of it, § 5. revolutions and changes in Greece resulting from the return of the expedition, 12. ii. 68, 3. Trojans escaping from the Greeks settle in Sicily (see Elymi), vi. 2, 3. Phocians driven by stress of weather on their return also settle in Sicily, ib. the Scionæans in Pallene report themselves descendants of Pellenians returning from Troy, iv. 120, 1.

Truce (σπονδαί), or armistice (for Pylus) between Ath. and Lac. iv. 15, 2. its terms, 16 nn. truce (ἐκεχειρία ἐνιαύσιος) for a year, between Ath. and Lac. iv. 117. the terms, 118. 119 nn. truce for ten days (ἐκεχειρία δεχήμερος) between Ath. and Bœot. v. 26, 2. called δεχήμ. ἐπισπονδαί, 32, 5. ten days' truces between Ath. and Chalcidians in Thrace, vi. 7, 4; the nature of; renewable or terminable every tenth day, vi. 10, 3 n. truce between Camarina and Gela, iv. 58, 1. ἐκεχειρία, ib. n.

Trumpet, sound of, signal for silence, vi. 32, 1.—for onset, 69, 2.

Truth, men's carelessness in ascertaining it, 1. 20, 5.

Twentieth of the produce, or half tithe, levied by the Peisistratidæ, vi. 54, 5. probable origin of, ib. n. twentieth or five per cent. on seaborne goods levied instead of the tribute from the allies of Athens, vii. 28, 4 n.

Tyca, or Tycha, see Syca.

Tydeus, s. of Ion, a Chian, put to death with others of his party by Pedaritus the Lac. governor of Chios for atticizing, viii. 38, 3.

Tyndareus, bound by oaths the suitors of Helen, i. 9, 1.

Tyrannies, or despotisms, how they arose in Greece, i. 13, 1 n. and Appendix I. to vol. i. tyrants or despots; Polycrates of Samos, i. 13, 7 n. iii. 104, 4. Theagenes of Megara aids Cylon's attempt at Athens, i. 126, 3. Hippocrates of Gela, vi. 5, 3. Gelo of Syracuse, 4, 1 n. 5, 3. Anaxilas of Rhegium, 4, 5. Hippoclus of Lampsacus, 59, 3. Peisistratus of Athens; character of his government and that of his sons, 53, 3. 54 nn. 55, 3 n.—59 nn. tyrants in Sicily had a considerable navy, i. 14, 3 n. obtained great power, 17, 2 n. timid and selfish policy of tyrants in Greece, 17 nn. tyrants in Greece put down by the Lac. 18, 1 n. Euarchus, tyrant of Astacus, in Acarnania, ii. 30, 1. 33, 1, 2.

Tyrrhenia, or Etruria, vi. 88, 6 n.

Tyrrhenians, their country Tyrrhenia, N. of the r. Tiber, promise aid to the Ath. vi. 88, 6 n; send three penteconters, 103, 2. repulse the Syrac. vii. 53, 2. 54, 1. their equipment and organization, ib. n. reckoned as barbarian allies of the Ath. their enmity to Syracuse, vii. 57, 11. TyrrheneGulf,seeGulf;Tyrrh.Sea,see Sea.

Tyrrheno-Pelasgians, formerly inhabiting Lemnos and Athens, iv. 109, 3 n.

V.

Venus, or Aphrodite, temple of at Eryx in Sicily; offerings of silver there, vi. 46, 3.

Victims, imitative in dough, when offered at Athens, i. 126, 6 n. fullgrown victims, v. 47, 8 nn.

Victory, naval, a ship dedicated to Poseidon on occasion of, ii. 84, 4.

92, 5 n. various grounds for claiming by both parties, i. 54.

Villages, unfortified, the earliest political communities (πόλεις) of Greece inhabited, i. 5, 1 n. Lacedæmon consisted of a group of, 10, 2 n. the Ætolians inhabited, iii. 94, 4.

Vine-props, iii. 70, 5 n.

Vines growing around a temple, iv. 90, 2 n.

Vintage, alarm of the Acanthians for their, iv. 84. 88 n.

Ulysses, is said to have sailed by Charybdis, iv. 24, 5.

Vote, of the Lac. kings, popular error concerning, i. 20, 4 n. of the Lac. assemblies given by shouting or division, 87, 2, 3. Megareans compelled to vote openly for execution of 100 of the popular party, iv. 74, 2. parallel to this at Athens under the thirty tyrants, ib. n. vote by ballot used by the Acanthians, iv. 88, 1 n. vote by show of hands, ib. n. ψηφίζεσθαι used for either at Athens, ib. n. questions put to the vote a second time, iii. 36, 4 n. vi. 14, 1 n.

Vulcan, see Hephæstus and Hiera.

W.

Wagon carrying a boat prevents the shutting of the gates of the Megarean Long Walls, iv. 67.

Walls of cities, their construction a consequence of increasing wealth, i. 8, 3. of Athens, the endeavour of the Lac. to prevent their being built frustrated, i. 90. 91. manner of their construction, 93, 1-7 nn.—Walls of circumvallation against Platæa, ii. 78, 1. iii. 21 nn. counter-walls of the Syracusans, vi. 99, 2 n. 3 n. outerwall or outwork of the Syrac. 100, 2. construction of a wall resembling the Cyclopian style, λογάδην πεποιημένον, iv. 4, 2 n. 31, 2. hastily raised, λίθοις λογάδην καὶ ξύλοις, vi. 66, 2 n. wall or rampart of earth with wooden towers, 90, 2 n. against Syracuse, vi. 98, 2 n. 99, 1 n.

War, PELOPONNESIAN, importance of, i. 1, 1, 2 n. 23, 1-4. its causes, real and avowed, 23, 5—55. 56—66. 87. 88. the Pelop. endeavour to excite odium against Pericles as the cause of it, 127. preparations for it, ii. 7. beginning of it, ii. 1. v. 20, 1 n. end of year I, ii. 47, 1. of year II, 71, 1. III, 103, 2. IV, iii. 25, 4. V, 88, 7. VI, 116, 3. VII, iv. 51. VIII, 116, 3. IX, 135. X, v. 24, 2. XI, 39, 3. XII, 51, 2. XIII, 56, 5. XIV, 81, 2. XV, 83, 4. XVI, vi. 7, 4. XVII, 93, 4. XVIII, vii. 18, 4. XIX, viii. 6, 5. XX, 60, 3. XXI, 109. entire duration of the War, v. 26, 1, foretold by oracle, § 3, 4. discrepancy between the reckoning of Thuc. and that of Xenophon, n. to v. 26, 1. transactions of each year divided by its summer and winter, ii. 1, n. v. 20, 1 n, 3 n. 26, 1. carried on for the first ten years without intermission, v. 20, 1. 24, 2—25, 1. intermission merely of invasive hostilities between the Ath. and Lac. 25, 3 n. the Ath. by embassy to Argos urge its renewal, 61, 2. Ath. troops again in conflict against the Lac. at battle of Mantineia, 67, 2. 69, 1. final issue of the War to Athens, v. 26, 1 n.

Wars (I.) prior to the Pelop. War; of the Eretrians and Chalcidians of Eubœa, i. 15, 5 n. of the Ath. and Æginetans, 41, 2 n. the Median War, i. 23, 1. 41, 2. 73, 2-4. the Sacred War, 112, 5 n. war of the Corcyræans and Corinthians, i. 24—55.

Wars (II.) during and subordinate to the Pelop. War; of the Ambraciots and Amphilochians, ii. 68. the Lac. and Argives, v. 57—61. 64—74. 83, 1, 2. vi. 7, 1. 95, 1, 2. the Epidaurians and Argives, v. 53—56. wars in Sicily, &c.; see the names of the countries and parties to them.

War-contribution, ἐσφορὰ, of the Ath. when first made, iii. 19, 1 n.

War-songs of the Lac. v. 69, 2 n.

Watch, or patrol, iv. 135 n.

Watchword (τὸ ξύνθημα), bewrayed to the enemy, vii. 44, 5 nn.

Water, sacred, at Delium, iv. 97, 2 n.

Way, or road, from Platæa to Thebes, iii. 24, 1. to Athens, by Cithæron and Dryoscephalæ, ib. n. by Erythræ and Hysiæ, § 2. between Argos and Nemea, v. 58, 3, 4. way followed by the Cor. Pellenians and Phliasians into the plain of Argos, § 3. by Agis, ib. n. Helorine way or road from Syracuse, see Helorine. Egnatian or Ignatian way, its direction, n. to ii. 80, 8. and n. to iv. 83, 1.

Weapons, the constant wearing of, i. 6, 3.

Wells (κρῆναι), in Amphilochia, iii. 105, 2 n. 106, 3.

Wind, E. its effects at Platæa, iii. 23, 4 n. wind blowing out of the Crisæan Gulf in the morning, ii. 84, 2, 3 n. N. wind blowing across Italy from the Terinæan Gulf, vi. 104, 2 n.

Winter four months, precluding navigation between Athens and Sicily, vi. 21, 2.

Women, their proper excellence and glory, ii. 45, 3 n, 4. sent away from Platæa except those who were needed to prepare food, ii. 78, 3 n.

Wood, burnt, in military operations, in Ætolia, iii. 98, 2. at Sphacteria, iv. 30, 2.

Words used in non-natural meanings, iii. 82, 5-9 nn.

X.

Xanthippus, an Ath. f. of Pericles, i. 111, 3. 127, 1.

Xenagi, Lac. officers commanding the contingents of their allies, ii. 75, 3 n.

Xenares, ephor of Sparta, intrigues against the peace with Athens, v. 36, 1. 37, 1. 38, 3. 46, 4. son of Cnidis, a Lac. governor of Heracleia in Trachis, slain, v. 51, 2 n.

Xenocleides, s. of Euthycles, a Cor. commands in the fleet against Corcyra, i. 46, 2. sent in command of a Cor. garrison to Ambracia, iii. 114, 7.

Xenon, a Theban, sent with heavy-armed men to Syracuse, vii. 19, 3.

Xenophanes, f. of Lamachus, an Ath. vi. 8, 2.

Xenophantidas, a Lac. informs the Pelop. fleet at Rhodes of the desperate condition of Chios, viii. 55, 2.

Xenophon, s. of Euripides, an Ath. in command against Potidæa, ii. 70, 1. on an expedition against the Chalcidians and Bottiæans, 79, 1. slain, § 10.

Xenotimus, f. of Carcinus, an Ath. ii. 23, 2.

Xerxes, k. of Persia, his expedition against Greece, i. 14, 3. his retreat, 118, 2. correspondence between him and Pausanias, 128, 7—129. Themistocles' messages to him before and after the battle of Salamis, 137, 7 nn. his silver-footed chair in the Ath. acropolis, ii. 13, n 4. denominated ὁ βάρβαρος, i. 18, 2. father of Artaxerxes, i. 137, 5. iv. 50, 3.

Y.

Year, divided by Thuc. for the purpose of narration into summers and winters, ii. 1 n. v. 20, 3 n. 26, 1. the other seasons reckoned as parts of the summer; the spring, iv. 117, 1. 135. v. 20, 1. 39, 3. 40, 1. 81, 2. vi. 94, 1. the autumn, ii. 31, 1. time of year indicated by—the formation of the ears of corn, iv. 1, 1 n.—their immature condition, 2, 1, or greenness, 6, 1.—the vintage, iv. 84, 1 2. midsummer, v. 57, 1. vi. 30, 1. four winter months, vi. 21, 2.

Z.

Zacynthus, an island off the W. coast of Pelop. opposite to Elis, an Achæan colony from Pelop. ii. 66, 1. the Zacynthians aid the Corcyræans with heavy-armed troops, 1. 47, 2 n. an Ath. embassy to secure their friendship, ii. 7, 3 n. the Z. allies of the Ath. 9, 5. fruitless expedition of the Lac. against Z. 66. the Pelop. expedition against Acarnania with ulterior designs against Z. 80, 1. Ath. fleet at Z. eluded by the Lac. fleet on its way to Pylus, iv. 8, 2. Ath. fleet summoned from Z. to Pylus by Demosthenes, § 3. expected thence at Pylus, § 5. arrive at Pylus from Z. 13, 2 n. heavy-armed reinforcement from Z. obtained by Demosth. for the expedition against Syracuse, vii. 31, 2.

Zancle, in Sicily, the Sicel origin of the name, vi. 4, 5. Himera, a colony from Z. 5, 1; see Messana.

Zeugitæ, third class of the Ath. citizens; their qualification, iii. 16, 1 n.

Zeus = Jupiter. Zeus Ithometes i. 103, 2. Zeus Meilichius and his festival at Athens; nature of the offerings at, 126, 6 n. Zeus Eleutherius, or the Liberator, sacrificed to before the victory at Platæa, ii. 71, 4. Nemeian Z. his precincts near Œneōn, in Ozolian Locris, iii. 96, 1 n. Olympian Z. his temple at Athens, ii. 15, 5 nn; at Olympia, iii. 14, 1. rent payable to him from the Lepreans, v. 31, 2, 3. swearing at his altar, v. 50, 1 n. sacred ground (τέμενος), of Z. and Alcinous, in Corcyra, iii. 70, 5 n. his temple in the agora at Mantineia, v. 47, 11.

Zeuxidamus, f. of Archidamus, a Lac. ii. 19, 1. 47, 2. iii. 1, 1.

Zeuxidas, a Lac. swore to the fifty years' Peace, v. 19, 4, and to the fifty years' Alliance, 24, 1.

Zopyrus, f. of Megabyzus, a Persian, i. 109, 3 n.

Zūgitæ, the rank of rowers between the Thranitæ and the Thalamii.

NEW RECENSION OF THUCYDIDES,

BY L. DINDORF,

COLLATED WITH BEKKER'S AND ARNOLD'S TEXTS.

A. Arnold.   B. Bekker.   D. Dindorf.

BOOK I.

Tit. ΘΟΥΚΥΔΙΔΟΥ ΞΥΓΓΡΑΦΗ [Α.] D. ΘΟΥ- ΚΤΔΙΔΟΥ ΞΥΓΓΡΑΦΗΣ Α. Β.Α.
1,3 παλαίτερα D. παλαιότερα Β.Α.
2,4 ἐφθείροντο καὶ D. ἐφθείροντο, καὶ Β.Α.
2,6 [ἐς] τὰ ἄλλα D. ἐς τὰ ἄλλα Β.Α.
3,1,3.5 Τρωικῶν D. Τρωϊκῶν Β.Α.
3,2.4 ἐδύνατο D. ἠδύνατο Β.Α.
4. ἐκράτησε, καὶ D.A. ἐκράτησεν, καὶ Β.
5,3 ἑλήξοντο D. ἐληΐζοντο Β.Α.
5,4 ἐμμεμένηκε· π. D.A. ἐμμεμένηκεν· π. Β.
6,2 τῶν ποτε D. τῶν ποτὲ Β.Α.
6,3 κατέσχε. μ. D.A. κατέσχεν. μ. Β.
6,6 διεζωμένοι D. διεζωσμένοι Β.Α.
— δρῶσι. π. D.A. δρῶσιν. π. Β.
7 fin. εἰσί. καὶ D.A. εἰσίν. καὶ Β.
8,2 θάπτουσι. κ. D.A. θάπτουσιν. καὶ Β.
8,3 ὅτεπερ D. ὅτε περ Β.Α.
— κατῴκιζε. καὶ D.A. κατῴκιζεν. καὶ Β.
9,3 ναυτικῷ ἅμα D. ναυτικῷ τε ἅμα Β.Α.
9,5 πολλῆσιν ν. D. πολλῇσι ν. Β.Α.
10,5 δεδήλωκε· τ. D.A. δεδήλωκεν· τ. Β.
10,7 οὖν D.A. δ' οὖν Β.
12,1 Τρωικὰ D. Τρωϊκὰ Β.Α.
12,3 Καδμηΐδα D. Καδμηῗδα Β.Α.
12,4 πλίον D.A. πλεῖστον Β.
12,5. 14,2 Τρωικῶν D. Τρωϊκῶν Β.Α.
13,3 ἦλθε. ν. D.A. ἦλθεν. ν. Β.
13,5 ἐπλώιζον D. ἐπλωΐζον Β.Α.
13,7 ἐποιήσατο καὶ D. ἐποιήσατο, καὶ Β.Α.
15,1 γενόμενα. D. γιγνόμενα. Β.Α.
15,2 προσχόντες D. προσσχόντες Β.Α.
15,4 ξυνειστήκεσαν D. ξυνεστ. Β.Α.
16. ἐδούλωσε, Δ. D.A. ἐδούλωσεν, Δ. Β.
18,2 ἦλθε. καὶ D.A. ἦλθεν. καὶ Β.
18,3 ἐσβάντες D. ἐμβάντες Β.Α.
18,5 ναυσί. καὶ D.A. ναυσίν. καὶ Β.
18,6 καὶ 'Αθ. D. καὶ οἱ 'Αθ. Β.Α.
23,1 δυοῖν D. δυεῖν Β.Α.
24,4 ἐληΐζοντο D. ἐληΐζοντο Β.Α.
24,6 "Ηραιον D. 'Ηραῖον Β.Α.
25,4 προύχειν D. προέχειν Β.Α.
27,3 τέσσαρσι. καὶ D.A. τέσσαρσιν. καὶ Β.
28,5 ἀπαγάγωσι D. ἀπάγωσι, Β. †ἀπάγωσι,† Α.
28,5 πολιορκεῖσθαι, αὐτοὺς D. πολιορκεῖσθαι αὐτοὺς Β.Α.
28,6 χώραν σπονδὰς ποιήσασθαι, ἕως D. χώραν, σπονδὰς [δὲ] ποιήσασθαι ἕως Β. †δὲ† Α.
29,2 προύπεμψαν D. προέπεμψαν Β.Α.
30,1 Λευκίμνῃ D.B. Λευκίμμῃ Α.
30,4 Λευκίμμῃ D.A. Λευκίμνῃ Β.
31,2 καὶ ἦσαν—, ἔδοξεν D. καὶ (ἦσαν—) ἔδοξεν Β. καὶ (ἦσαν—) ἔδοξεν Α.
32,1 Δίκαιον, ὦ 'Αθηναῖοι, τοὺς D.A. Δίκαιον ὦ 'Αθηναῖοι τοὺς Β.
32,1,2 ἀτυχῶσι. Κ. D.A. ἀτυχῶσιν. Κ. Β.
34,2 ἠδίκουν σαφές ἐστι· D. ἠδίκουν, σαφες ἐστιν· Β. ἠδίκουν, σαφές ἐστι· Α.
36,2 τἆλλα D. τἄλλα Β.Α.
36,3 ἡμετέραις D. ὁμετέραις Β.Α.
37,4.5 ἀναισχυντῶσι.κ D.A. ἀναισχυντῶσιν.κ.Β.
38 fin. ἔχουσι. καὶ φασι D. ἔχουσιν. καὶ φασὶ Β.
39,1 ἔχουσι. καὶ φασὶ Α.
40,1 εἰσὶ δεδ. D. εἰσί, δεδ. Β.Α.
40,1 δέχοισθε μ. D. δέχοισθε, μ. Β.Α.
40,4 ἀνοκωχῆς D. ἀνακωχῆς Β.Α.
45,2 ἀποβαίνειν ἢ D. ἀποβαίνειν, ἢ Β.Α.
46,5 ἐξίησι D. ἔξεισι Β.Α.
47,1 Μυκιάδης D. Μεικιάδης Β.Α.
47,1 Λευκίμμῃ D.A. Λευκίμνῃ Β.

*A   50, fin. ἔσι

50, fin. ὦσι. ταύτας D.A.	ὦσιν. ταύτας B.
51,2 ἐπιπλέουσι. τότε D.A.	ἐπιπλέουσιν. τότε B.
51,4 Λευκίμμῃ D.A.	Λευκίμνῃ B.
53,4 [Κερκυραίων] D.	Κερκυραίων B.A.
— ἐπήκουσεν ἀν ἐβ. D.	ἐπήκουσεν, ἀνεβ. B.A.
54,4 οἱ Ἀθηναῖοι, οὐκ D.	οἱ Ἀθηναῖοι οὐκ B.A.
59,1 τἆλλα D.	τἄλλα B.A.
61,1 ἀφεστῶτι· καὶ D.A.	ἀφεστᾶσιν· καὶ B.
62,3 ἐπίωσι, X. D.A.	ἐπίωσιν, X. B.
— χωρῶσι, κ. D.A.	χωρῶσιν, κ. B.
65,1 παρὰ λέγον D.A.	παράλογον B.
— ἀντίσχῃ D.	ἀντισχῇ B.A.
— ἔπειθε, β. D.A.	ἔπειθεν, β. B.
65,2 Σερμυλίων D.A.	Ἑρμυλίων B.
65,3 fin. εἷλε. T. D.A.	εἷλεν. T. B.
66,1 προυγεγένητο D.	προσγ. B. προεγ. A.
66,2 ἀνοκωχὴ D.	ἀνακωχὴ B.A.
67,3 καὶ εἴ D.A.	τε καὶ εἴ B.
68,1 καθίστησι· καὶ D.A.	καθίστησιν· καὶ B.
68,2 ἕνεκα τ. D.B.	ἕνεκεν τ. A.
68,3 λέγουσι· καὶ D.A.	λέγουσιν· καὶ B.
69,3 καθ' ὅ, τι D.	καθ' ὅ τι B. καθ' ὅτι A.
69,6 θαρσοῦσι, γν. D.A.	θαρσοῦσιν, γν. B.
70,8 του καὶ D.	καί του A.B.
70,9 μοχθοῦσι, καὶ D.A.	μοχθοῦσιν, καὶ B.
71,1 πόλεως, ὦ Λακεδαιμόνιοι, D.A.	πόλεως ὦ Λακεδαιμόνιοι B.
71,6 ξυνομόσωσι. β. D.A.	ξυνομόσωσιν β. B.
72,4 ἀποκωλύει D.	ἀποκωλύοι B.A.
73,1 ἐστί. καὶ D.A.	ἐστίν. καὶ B.
73,2 ὄψις D.A.	ὄψεις B.
73,5 ἐποίησε· νικ. D.A.	ἐποίησεν· νικ. B.
— ἀνεχώρησε. τ. D.	ἀνεχώρησεν. τ. B.A.
74,1 τριακοσίας D.	τετρακ. B.A.
— αὑτοὶ διὰ τοῦτο δὴ D.A.	αὐτὸν διὰ τοῦτο ὑμεῖς δὴ B.
74,2 προυτιμωρήσατε D.	προετιμ. B.A.
74,4 σῷ D.	σῷοι B.A.
74,5 προυχώρησε D.	προεχ. B.A.
76,1 γοῦν, ὦ Λακ., D.A.	γοῦν ὦ Λακ. B.
80,3 Ἑλληνικῷ ἐστιν, D.	Ἑλληνικῷ ἐστίν, B.A.
81,2 ἄρχουσι, καὶ D.A.	ἄρχουσιν, καὶ B.
81,4 προσ-όδους D.	προ-σόδους as in 75, B.
— οὐκ-έτι D.A.	οὐ-κέτι B.
81,6 πόλεμος, ἦν D.	πόλεμος ἦν B.A.
82,2 ἐσακούωσί τι D.	ἐσακούσωσί τι B.A.
82,6 καθ' ὅ, τι D.	καθ' ὅ τι B. καθ' ὅτι A
84,6 παρασκευαζώμεθα D.	παρασκευαζόμεθα B.A.
85,6 εἶπε· π. D.A.	εἶπεν. π. B.
87,2 ὑμῶν, ὦ Λακ., D.A.	ὑμῶν ὦ Λακ. B.
87,6 καὶ δεκάτῳ ἔτει D.	ἔτει καὶ δεκάτῳ B.A.
89,3 ἐπεπτώκεσαν, D.	πεπτώκεσαν B.A.
90,1 ὑπῆρχε, καὶ D.A.	ὑπῆρχεν, καὶ B.
90,2 ἀπ' ἐχυροῦ ποθεν, D.	ἀπ' ἐχυροῦ ποθέν, B. ἀπὸ ἐχυροῦ ποθὲν, A.
90,4 τἆλλα D.	τἄλλα B.A.

93,4 ἦρξε) ν. D.	ἦρξεν) ν. B. ἦρξε), ν. A.
93,4 ξυγκατεσκεύαζε. καὶ D.A.	ξυγκατεσκεύαζεν. καὶ B.
93,10 τἆλλα D.A.	τἄλλα B.
94,2 ἐξεπολιόρκησαν. ἐν τῇδε τῇ ἡγεμονίᾳ D.	ἐξεπολιόρκησαν ἐν τῇδε τῇ ἡγεμονίᾳ. B.A.
95,1 ἤδη [δὲ] D.	ἤδη δὲ B.A.
95,1 ἐπιτρέπειν, ἣν D.	ἐπιτρέπειν ἣν B.A.
95,2 τἆλλα τε D.	τἄλλά τε B.A.
95,3 ἡ στρατηγία D.	ἡ στρατηγία B.A.
99,1 λιποστράτιον D.	λειποστράτιον B.
99,2 and elsewhere οὐκ-έτι D.A.	οὐ-κέτι B. cf. 81, 2, 4.
99,3 ὦσι, χρ. D.A.	ὦσιν, χρ. B.
100,1 ἐς διακ. D.	ἐς τὰς διακ. B.A.
101,2 Αἰθαιῆς D.A.	Αἰθεεῖς B.
102,2 τῆς δὲ π. D.	τοῖς δὲ π. B.A.
103,1 ἐφ' ᾧ τε D.	ἐφ' ᾧ τε B.A.
104,2 οἱ δὲ ἔτυχον —, ἦλθον D.	οἱ δέ (ἔτυχον —) ἦλθον B.A. but δὲ A.
105,2 ναυσί, καὶ D.	ναυσίν, καὶ B. ναυσὶ, καὶ B.
105,4 Γερανείας D.A.	Γερανίας B.
107,1 Φαληρόνδε (sic) D.	Φαληρόνδε B.A.
107,3 Γερανείας D.A.	Γερανίας B.
107,4 Γεράνεια D.A.	Γερανία B.
108,1 Γερανείας D.A.	Γερανίας B.
109,3 ἐκράτησε, καὶ D.A.	ἐκράτησεν, καὶ B.
— κατέκλῃσε, καὶ D.A.	κατέκλῃσεν, καὶ B.
112, f. Φωκεῦσι. καὶ D.A.	Φωκεῦσιν. καὶ B.
114,4 Θριῶζε D.	Θρίωζε B.A.
115,5 ὑπέμενον, ἀλλ' D.	ὑπέμενον ἀλλ' B.A.
120,3 δίδωσι, καὶ D.A.	δίδωσιν, καὶ B.
121,4 χρήμασι, μιᾷ D.A.	χρήμασιν. μιᾷ B.
121,5 δήπου D.	δή που B.A.
121,6 καθαιρετέον D.	καθαιρετέον B.A.
— ἡμῖν ἐστι D.	ἡμῖν ἐστί B.A.
121,7 ἀπεροῦσι, ἡμ. D.	ἀπεροῦσιν, ἡμ. B.A.
122,1 ἰσχύουσι, καὶ D.A.	ἰσχύουσιν, καὶ B.
123,1 ὑμῖν D.	ἡμῖν B.A.
124,1 ταυτὰ ξ. D.	ταῦτα ξ. B.A.
— ἐς ἀνάγκην D.A.	ἐσ' ἀνάγκην B.
125,1 ἑξῆς καὶ D.	ἑξῆς, καὶ B.A.
126,1 ἐσακούουσι. καὶ D.A.	ἐσακούουσιν. καὶ B.
126,8 διαγιγνώσκωσι· τότε D.A.	διαγιγνώσκωσιν· τότε B.
126,11 θεῶν [ἐν] D.	θεῶν ἐν B.A.
127,1 ἐκέλευον ἐλαύνειν D.	ἐλαύνειν ἐκέλευον B.A.
128,4 ἐνεχείρησεν, ἐ. D.	ἐπεχείρησεν, ἐ. B.A.
128,7 Γογγύλον D.	Γόγγυλον B.A.
129,1 ἄρχε, καὶ D.A.	ἦρχεν, καὶ B.
129,2 ἐς ἀεὶ D.	ἀσαεὶ B.A.
129,3 ὑπισχνεῖ D.	ὑπισχνῇ B.A.
130,1 ἐς ἔπειτα D.	ἐσέπειτα B.A.
130,2 παρεῖχε, καὶ D.A.	παρεῖχεν, καὶ B.
131,1 ἀνεκαλέσατο D.	ἀνεκάλεσαν B.A.

I. 131, 1—II. 61, 2.

131,1 νηὶ D.   νηΐ B.A.
132,1 παροῦσι, τά D.A.   παροῦσιν, τά B.
132,2 ἀρχηγός, ἐπεὶ D.   ἀρχηγὸς ἐπεὶ B.A.
132,3 τι τοιοῦτον D.   τι τοιοῦτο B.A.
133. τῶν [τε] ἐφ. D.   τῶν τε ἐφ. B.A.
— τἄλλ' D.   τἄλλ' B.A.
134,4 ἔσω D   εἴσω B.A.
134,7 ἀπέθανε (καὶ D.A.   ἀπέθανεν (καὶ B.
134,7 δηλοῦσι) καὶ D.   δηλοῦσιν) καὶ B.   δηλοῦσι), καὶ Α.
136,5 ἐστι, καὶ D.A.   ἐστιν, καὶ B.
— ἀσθενέστερος D.A.   ἀσθενεστέρου B.
136,6 αὑτόν, εἰπ.—διώκεται, D.   αὑτόν, (εἰπ.—διώκεται) B   αὑτὸν (εἰπ.—διώκεται), Α.
137,3 καὶ ἦν—νηί, D.   καί (ἦν—νηί) B.   καὶ (ἦν—νηί) Α.
137,5 Περσῶν τινος D.   Περσῶν τινὸς B.A.
— 'Αρτοξέρξην D.B.   'Αρταξέρξην Α.
138,9 ὀστᾶ φασι D.   ὀστᾶ φασὶ B.A.
138,10 ἐτελεύτησε. Λακ. D.   ἐτελεύτησεν. Λακ. B.A.
139,2 τἄλλα D.   τἄλλα B.A.
140,1 , ὦ 'Αθηναῖοι, D.A.   ὦ 'Αθηναῖοι B.
140,5 πάρεισι. Π. D.A.   πάρεισιν. Π. B.
141,4 ἀνέχουσι. σ. D.A.   ἀνέχουσιν. σ. B.
141,6 ἐπιτελῶσι, π. D.A.   ἐπιτελῶσιν, π. B.
— τὸ ἐφ' ἑαυτῶν D.   τὸ ἐφ' ἑαυτὸν B.A.
141,8 πράσσουσι. καὶ D.A.   πράσσουσιν. καὶ B.
142,1 διαμέλλωσι· τοῦ D.A.   διαμέλλωσι· τοῦ B.
142,3 ἤπου D.A.   ἤ που B.
145,1 ἐκέλευε, καὶ D.A.   ἐκέλευεν, καὶ B.
— ἔφρασε, καὶ D.A.   ἔφρασεν, καὶ B.

BOOK II.

3,3 τἄλλα D.   τἄλλα B A.
4,7 δ, τι D.   δ τι B.A.
5,1 ἐσεληλυθόσι, τῆς D.A.   ἐσεληλυθόσιν, τῆς B.
5,7 ξυμβαίνωσι, καὶ D.A.   ξυμβαίνωσιν, καὶ B.
7,2 νηὶ D.   νηΐ B.A.
7,3 εἴη βεβαίως, D.A.   εἴη, βεβαίως B.
8,7 οὕτως ἐν ὀργῇ D.   οὕτως ὀργῇ B.A.
13,3 τἄλλα D.   τἄλλα B A.
13,9 ὃν ἥμισυ D.   ἦν ἥμισυ B.A.
15,3 χώραν καὶ D.   χώραν, καὶ B.A.
15,3 fin. ποιοῦσι. τὸ D.A.   ποιοῦσιν. τὸ B.
15,5 θεῶν ἔστι D.   θεῶν ἐστὶ B.A.
17,2 ἀγαθῷ ποτε D.   ἀγαθῷ ποτὲ B.A.
19,1 Ζευξιδάμου Λακ. D   Ζευξιδάμου, Λακ. B.A.
21,1 Θριῶζε D.   Θρίωζε B.A.
— ἑορδάκεσαν D.   ἑωρδάκεσαν B A.
22,4 [Παρδσιοι,] D.A.   Παρδσιοι, B.
— Κραννώνιοι D.   Κραννώνιοι B A.
— Πυρδσιοι D.A.   Πειρδσιοι B.
23,1 Βριλησσοῦ D.   Βριλησσου B.A.

23,3 Γραϊκὴν D.   Πειραϊκὴν B A.
24,1 νηίτῃ D.   νηΐτῃ B.A.
25,5 'Ιχθῦν D.   'Ιχθὺν B.A.
— αἱροῦσι. καὶ D A.   αἱροῦσιν. καὶ B.
27,4 Λακωνικῆς ἐστιν, D.   Λακωνικῆς ἐστίν, B.   Λακωνικῆς ἐστίν, Α.
29,1 Τήρεω Θρ. βασ. ξύμμ. D.   Τήρεω, Θρ. βασ., ξύμμ. B.A.
29,2 ἐποίησε· π. D.A.   ἐποίησεν· π. B.
29,6 ξυνεξελεῖν B.A.   ξυνελεῖν B.
30,1 Σόλλιόν τε D.A.   Σόλιόν τε B.
31,2 γὰρ ἐν D.   γὰρ ἤδη ἐν B.A.
34,8 θάπτουσι· καὶ D.A.   θάπτουσιν· καὶ B.
34,10 καιρὸς ἐλάμβανε, πρ. D.A.   καιρὸν ἐλάμβανεν, πρ. B.
35,5 ἤκουσε· τῷ D.A.   ἤκουσεν· τῷ B.
36,3 ἐδέξαντο ὅσην D.   ἐδέξαντο, ὅσην B.A.
36,5 ἦλθον D.   ἦλθομεν B.A.
37, fin. φέρουσι. καὶ D.A.   φέρουσιν· καὶ B.
38,2 ἐπεισέρχεται D.A.   ἐπεισέρχεται B.
39,3 ἑκάστους, μ. D.A.   ἑκάστους μ. B.
— στρατεύουσι, τὴν D.A.   στρατεύουσιν, τὴν B.
39,4 προσμίξωσι, κρ. D.A.   προσμίξωσιν, κρ. B
39,5 ἀνδρείας D.   ἀνδρίας B.A.
40,2 ὁμολογεῖν τινι D.   ὁμολογεῖν τινὶ B.A.
40,8 ἀδεῶς τινα D.   ἀδεῶς τινὰ B.A.
42,4 τἄλλα D.   τἄλλα B.A.
43,6 ἢ [ἐν τῷ] D.   ἢ ἔν τῳ B.   ἢ [ἔν τῳ] Α.
44,3 αἷς ποτε D.   αἷς ποτὲ B.A.
— πειρασόμενος D.   πειρασάμενος B.A.
46,1 πολιτεύουσι. νῦν D.A.   πολιτεύουσιν. νῦν B.
47,5 μαντείοις D.   μαντείαις B.A.
48,2 ἐνέπεσε, καὶ D.A.   ἐνέπεσεν, καὶ B.
49,1 προύκαμνέ τι D.   προέκαμνέ τι B.A.
49,2 ἐλάμβανε, καὶ D.A.   ἐλάμβανεν, καὶ B.
49,8 ἐπεσήμαινε· κατ. D A.   ἐπεσήμαινεν. κατ. B.
51,4 δ, τι D.   δ τι B.A.
— ἔβλαπτε. σ. D.A.   ἔβλαπτεν. σ B.
51,8 ἐπελάμβανε. καὶ D.A.   ἐπελάμβανεν. καὶ B.
52,3 δ, τι D.   δ τι B.A.
52,4 ξυνεταράχθησαν D.   συνεταράχθησαν B.A.
53,1 τἄλλα D.   τἄλλα B.A.
53,5 ἀπεῖργε, τὸ D.A.   ἀπεῖργεν, τὸ B.
54,7 δ, τι D.   δ τι B.A.
55,1 Λαυρείου D.   Λαυρίου B.A.
56,4 προυχώρησέ γε. D.   προεχώρησέ γε. B.A.
57,1 οἱ Πελ. D.   οἵ τε Πελ. B.A.
57,2 ἀνέμειναν D.   ἔμειναν B.A.
58,2 τἄλλα D.   τἄλλα B.A.
59,4 ἤλπιζε, ξύλ. D.A.   ἤλπιζεν, ξύλ. B.
60,1 γεγένηται, αἰσθ.—αἰτίας, D.   γεγένηται (αἰσθ.—αἰτίας), B.
— μέμψωμαι D.A.   μέμψομαι B.
61,1 τἄλλα D.   τἄλλα B.A.
61,2. ἅπασι, καὶ D.A.   ἅπασιν, καὶ B.

II. 64, fin.—III. 32, 3.

64, fin. εἰσι. Τοιαῦτα D.   εἰσιν. Τοιαῦτα Β.Α.
65,6. ἓξ μῆνας D.   μῆνας ἓξ Β.Α.
65, 8 ἦγε, διὰ D.Α.   ἦγεν, διὰ Β.
65,12 ἐπιγιγνώσκοντες, ἀλλὰ D.   ἐπιγιγνώσκοντες ἀλλὰ Β Α.
68,3 Τρωικὰ D.   Τρωϊκὰ Β.Α.
68,5 ἡλληνίσθησαν D.   ἑλληνίσθησαν Β.Α.
71,3 ὦν ἐστε, D.   ὦν ἐστέ, Β.   ὦν ἐστὲ, Α.
73,3 ὑμᾶς D.   ἡμᾶς Β Α.
74,1 ποιεῖν ἐστιν D.   ποιεῖν ἐστὶν Β.Α.
75,7 ἐπινοοῦσι· δι. D.Α.   ἐπινοοῦσιν· δι. Β.
75,7 χῶμα ἐσ. D.   χῶμα, ἐσ. Β.Α.
76,4 προύχον D.   προύχον Β.Α.
77,5 τἆλλα D.   τἆλλα Β.Α.
78,1 στρατοπέδου περιετείχιζον D.   στρατοπέδου, [τὸ δὲ πλέον ἀφέντες] περιετείχιζον Β.Α.
80,2 πέμπουσι, τῷ D.Α.   πέμπουσιν, τῷ Β.
80,3 οὖσι. καὶ D.Α.   οὖσιν, καὶ Β.
80,4 περιέμενε. Κν. D Α.   περιέμενεν. Κν. Β.
80,8 Θαρύπου D.Α.   Θάρυπος Β.
80,12 τἆλλα D.   τἆλλα Β.Α.
81,5 προσπίπτουσι, καὶ D Α.   προσπίπτουσιν, καὶ Β.
83,3 Εὐηνοῦ D.   Εὐήνου Β.Α.
83,5 πρῴρας D.   πρῴρας Β.Α.
— ἴσω D.   εἴσω Β.Α.
84,3 νηὶ D.   νηῒ Β.Α.
84,5 ξυμμίξαι D.Α.   ξυμμῖξαι Β.
86,1 κατείχοντο παρεσκ. D.   κατείχοντο, παρεσκ. Β.Α.
— προσεβεβοηθήκει. D.   προσβεβοηθήκει. Β.Α.
87,4 ἀνδρείαν D.   ἀνδρίαν Β.Α.
88,3 ὅ, τι D.   ὅ τι Β.Α.
— αὐτοῖς ἐστί· καὶ D.Α.   αὐτοῖς ἐστίν· καὶ Β.
89,3 προφέρουσι, τῷ D.Α.   προφέρουσιν, τῷ Β.
89,6 ἡμᾶς D.Α.   ὑμᾶς Β.
90,2 εἴκοσιν ἔτ. D.   εἴκοσι ἔτ. Β.Α.
90,6 νεῶν τινας D.   νεῶν τινὰς Β.Α.
91,2 ἀντίπρῳροι D.   ἀντίπρωροι Β.Α.
— κατὰ τὸ Ἀπ. D.Α.   κατὰ Ἀπ. Β.
91,5 βραχέα D.   βράχεα Β.Α.
92,1 ἔλαβε, καὶ D.Α.   ἔλαβεν, καὶ Β.
— κελεύσματος D.Α.   κελεύματος Β.
96,3 ἦρχε· καὶ D.Α.   ἦρχεν· καὶ Β.
— Σκόμβρου D.   Σκομίου Β.
96,4 Σκόμβρου D.   Σκομίου Β Α.
96,5 ὅθενπερ D.Α.   ὅθεν περ Β.
97,1 νηὶ D.   νηῒ Β.Α.
97,3 πόλεων ὅσωνπερ ἦρξαν D.   πόλεων, ὅσον προσῆξαν Β.Α.
97,3 ἐποίησε, τετρ. D.Α.   ἐποίησεν, τετρ. Β.
97,5 ἰσχύος· D.   ἰσχύος. Β.Α.
97,7 ὅ, τι D.   ὅ τι Β.Α.
98,2 Σιντῶν D.   Σίντων Β.Α.
98,3 Σιντοὺς D.   Σίντους Β.Α.

99,1 ἦρχε. τῶν D Α.   ἦρχεν. τῶν Β.
99,2 Ἐλιμιῶται. D.   Ἐλειμιῶται. Β.   Ἐλιμειῶται. Α.
99,3 οἰκοῦσι· τῆς D.Α.   οἰκοῦσιν· τῆς Β.
99,4 Ἐορδούς, D.   Ἐόρδους, Β.   Ἐορδοὺς, Α.
— Ἄλμωπας D.   Ἀλμῶπας. Β.Α.
100,2 τἆλλα D.Α.   τἆλλα Β.
100,3 Γορδυνίαν. D.   Γορτυνίαν. Β.Α.
101,1 ἐστράτευσε, καὶ D.Α.   ἐστράτευσεν, καὶ Β.
— δῶρα δὲ D.Α.   δῶρά τε Β.
101,5 ἔφθειρε· καὶ D.Α.   ἔφθειρεν· καὶ Β.
— Σπαρδόκου D.   Σπαρδάκου Β.Α.
102,1 Ἀστάκου D.   Ἀστακοῦ Β.Α.
102,3 Ἀγραίων D.Α.   Ἀγραῶν Β.
102,4 πολλῷ τινι D.   πολλῷ τινὶ Β.Α.
102,5 ξύνδεσμοι D.   σύνδεσμοι Β.Α.
102,7 Ἀλκμέωνι D.   Ἀλκμαίωνι Β.Α.
102,8 ὥς φασι, D.Α.   ὥς φασί, Β.
102,9 ἐγκατέλιπε. τὰ D.Α.   ἐγκατέλιπεν. τὰ Β.
102,10 Ἀλκμέωνα D.   Ἀλκμαίωνα Β.Α.

BOOK III.

3,3 ἑορτάζουσι, καὶ D.Α.   ἑορτάζουσιν, καὶ Β.
4,4 ἀνοκωχὴν D.   ἀνακωχὴν Β.Α.
7,5 φρουρῶν τινων D.   φρουρῶν τινῶν Β Α.
10,1 τἆλλα D.Α.   τἆλλα Β.
10,3 Ἕλλησι. καὶ D.Α.   Ἕλλησιν. καὶ Β.
10,5 ἀμύνεσθαι D.Α.   ἀμύνασθαι Β.
11,2 προύχων D.   προέχων Β.Α.
11,5 αὐτῶν. D.   αὐτῶν Β.Α.
— ὅ, τι. D.   ὅ τι Β.Α.
12,1 παρεῖχε, δέει D.Α.   παρεῖχεν, δέει Β.
16,1 ἐγνώκασιν, ἀλλ' D.   ἐγνώκασιν ἀλλ'. Β.Α.
17,1 ἄλλαι ἄλλῃ D.   κάλλει Β.Α.
18,1 Ἐρέσσου, D.Α.   Ἐρέσσου, Β.
18,4 οἷ D.   ᾗ Β.Α.
21,4 καὶ τὸ ἔξω D.   καὶ ἐς τὸ ἔξω Β.Α.
22,5 ψόφον ἐποίησε. καὶ D.   δοῦπον ἐποίησεν. καὶ Β.
23,1 ἀνεβεβήκεσαν D.   ἀναβεβήκεσαν Β.Α.
26,1 ἐπιβοηθήσωσιν. ἡγ. D.Α.   ἐπιβοηθήσουσιν. ἡγ. Β.
26,3 τετμημένα, εἴ τι D.   τετμημένα [καὶ] εἴ τι Β.Α.
28,2 καθίζουσι. Π. D.   καθίζουσιν. Π. Β.   καθίζουσι· Π. Α.
28,3 τἆλλα D.Α.   τἆλλα Β.
29,1 ἐδώκε. β. D.Α.   ἐδώκεν. β. Β.
31,1 καταλαβεῖν τινα D.   καταλαβεῖν τινὰ Β.Α.
— ὑφέλωσι D.Α.   ἀφέλωσι Β.
31,2 προσμίξαι D.Α.   προσμῖξαι Β.
32,1 προσχὼν D.   προσσχὼν Β.Α.
— Τηίων D.   Τηΐων Β.Α.
32,3 ἀφῆκε, καὶ D.Α.   ἀφῆκεν, καὶ Β.
— μήποτε D.   μή ποτε Β.Α.

33,1 Κλάρον

33,1 Κλάρον D.A. Ἴκαρον B.
33,3 Κλάρῳ D.A. Ἰκάρῳ B.
34,3 τῶν ἐν τῷ D. τὸν ἐν τῷ B A.
35,1 Ἔρεσον D.A. Ερεσσον B.
36,1 ἡβῶσι, π. D.A. ἡβῶσιν, π. B.
36,1 προσξυνελάβοντο D. προσξυνεβάλετο B.A.
39,5 διαφερόντως D. διαφέροντας B.A.
39,7 τραπομένοις D. τρεπομένοις B.A.
41,1 εἶπε· μ. D. εἶπεν μ. B. εἶπε. μ. A.
42,1 νομίζω τε D. νομίζω δὲ B.A.
43,4 ἀξιοῦν τι D. ἀξιοῦντι B.A.
44,3 ἔχοντάς τι ξυγγνώμης, ἀφεῖναι, εἰ D. ἔχοντές τι ξυγγνώμης εἶεν, εἰ B.A.
45,1 κινδυνεύουσι. καὶ D.A. κινδυνεύουσιν, καὶ B.
45,2 ἐπεχείρησε; πεφ. D. A. ἐπεχείρησεν; πεφ. B.
45,5 βλάπτουσι, καὶ D.A. βλάπτουσιν, καὶ B.
47,3 τὸν δῆμον τῶν Μυτιλ. D.A. τὸν δῆμον τὸν Μυτιλ. B.
48,2 ἐναντίους κρείσσων D.A. ἐναντίους, κρείσσων B.
49,1 εἶπε. ρ. D.A. εἶπεν. ρ. B.
49,4 νηὶ D. νηῒ B.A.
51,1 Μινώαν D. Μίνωαν B.A.
51,3 προὔχοντε D. προέχοντε B.A.
52,4 οἱ δὲ ἦσαν γὰρ ἤδη ἐν τῷ ἀσθενεστάτῳ, D. οἱ δέ (ἦσαν γὰρ ἤδη ἐν τῷ ἀσθενεστάτῳ) B.A. but δὲ A.
52,6 προυτέθη D. προετέθη B.A.
53,1 πόλεως, ὦ Λακεδαιμόνιοι, D.A. πόλεως ὦ Λακεδαιμόνιοι B.
53,1 ὑμῖν ἡγούμενοι D. ὑμῖν, ἡγούμενοι B.A.
53,5 ἐπεισενεγκάμενοι D.A. ἐπεσενεγκάμενοι B.
54,5 ὑμῖν, ὦ Λακ., D.A. ὑμῖν ὦ Λακ. B.
— ὅτεπερ D. ὅτε περ B.A.
57,4 ὑμεῖς τε, ὦ Λακ., D.A. ὑμεῖς τε ὦ Λακ., B.
58,1 ξυμμαχικῶν ποτε D. ξυμμαχικῶν ποτὲ B.A.
58,6 εἰσαμένων D. ἐσσαμένων B. ἐσαμένων A.
59,2 κεκμηκότας D. κεκμηῶτας B.A.
61,2 ἐνδῶσι, π. D.A. ἐνδῶσιν, π. B.
62,5 σχήσειν, εἰ D. σχήσειν εἰ B.A.
·— κρατήσειε, κ. D.A. κρατήσειεν, κ. B.
61,6 ἔλαβε, σκ. D.A. ἔλαβεν, σκ. B.
63,2,7.64,6 ὥς φατε D. ὣς φατέ B. ὡς φατὲ A.
62,2 ὑπόσχεσιν D.A. ὑπόθεσιν B.
66,3 γιγνώσκωσι· π. D.A. γιγνώσκωσιν· π. B.
67,1 καὶ ταῦτα, ὦ Λακ., D.A. καὶ ταῦτα ὦ Λακ. B.
— ἁμαρτάνουσι. μ. D.A. ἁμαρτάνουσιν. μ. B.
67,4 ἔχουσι· τοὺς D.A. ἔχουσιν· τοὺς B.
67,5 παρενθυμηθέν τε D. παρηνθυμηθέν τε B.A.
69,1 τρισκαίδεκα D. τρισκαίδεκα B.A.
69,2 προφθάσωσι· καὶ D A. προφθάσωσιν· καὶ B.
70,5 Διὸς τοῦ τεμένους D. Διὸς τεμένους B. Διὸς [τοῦ] τεμένους A.

70,7 βουλῆς ἐστι, D. βουλῆς ἐστί, B. βουλῆς ἐστὶ A.
71,1 νηὶ D. νηῒ B.A.
71,3 ξυνέφερε, καὶ D.A. ξυνέφερεν, καὶ B.
72,3 Ὑλλικὸν D. Ὑλλαϊκὸν B.A.
74,1 προὔχων D. προέχων B.A.
75,6 ἔλαβε, καὶ D.A. ἔλαβεν, καὶ B.
— αὐτῶν τινας D. αὐτῶν τινὰς B.A.
75,7 Ἡραιον D. Ἡραῖον B.A.
78,3 ἐπιβοηθοῦσι. καὶ D.Λ. ἐπιβοηθοῦσιν· καὶ B.
79,1 νεωτερίσωσι, τ. D.A. νεωτερίσωσιν, τ. B.
— Ἡραιον D. Ἡραῖον B.A.
79,2 τρισκαίδεκα δὲ ναῦς D. τρεῖς δὲ καὶ δέκα ναῦς B.A.
— ὅθενπερ D.Λ. ὅθεν περ B.
79,3 Λευκίμμην D.A. Λευκίμνην B.
81,2 Ὑλλικὸν D. Ὑλλαϊκὸν B.
— ἀπεχρῶντο D. ἀπεχώρησαν B. †ἀνεχρήσαντο† A.
— Ἡραιόν τε D. Ἡραιόν τε B.A.
81,4 παρέμεινε, Κερκ. D.A. παρέμεινεν, Κερκ. B.
— ὅ, τι D. ὅ τι B.A.
81,5 ἀπέκτεινε, καὶ D.A. ἀπέκτεινεν, καὶ B.
81,6 προυχώρησε, καὶ D.Λ. προυχώρησεν, καὶ B.
82,6 ἀνδρεία D. ἀνδρία B.A.
— ἐπίπαν ἀργόν· D. ἐπὶ πᾶν ἀργόν. B.A.
82,7 ἀσφαλείᾳ D. ἀσφάλεια B. †ἀσφαλείᾳ† A.
— ἐπιβουλεύσασθαι ἀποτ. D. ἐπιβουλεύσασθαι, ἀποτ. B.A.
82,14 προσελάμβανε. ρ. D.Λ. προσελάμβανεν. ρ. B.
82,17 προστιθέντες, D. προτιθέντες, B. †προτιθέντες† A.
83,1 προυσκόπουν D. προεσκόπουν B.A.
85,1 ἐληίζοντο D. ἐληίζοντο B.A.
87,1 διοκωχῇ D. διακωχῇ B.A.
87,2 ὅ, τι D. ὅ τι B.A.
89,2 ἐπανελθοῦσα D. ἐπελθοῦσα B. †ἐπελθοῦσα† A.
— νῦν ἐστι D. νῦν ἐστὶ B A.
89,5 τὸ τοιοῦτον ξ. D. τὸ τοιοῦτο ξ. B.A.
90,5 τἄλλα D. τἆλλα B.A.
92,1 Τραχίνι D. Τραχινίαις B. Τραχινίᾳ A.
92,7 πλὴν D.A. πλήν γ' B.
94,1 ναυσί. καὶ D.A. ναυσίν. καὶ B.
94,5 τἄλλα D.A. τἆλλα B.
96,2 ἀπέπεμψε· τὴν D.A. ἀπέπεμψεν· τὴν B.
— τἄλλα D. τἆλλα B.A.
98,1 ὁδῶν, — Μεσσήνιος D. ὁδῶν, — Μεσσήνιος B.A.
98,2 ὁδῶν Χρ. ὁ Μ. ἐτύγχ. D. ὁδῶν, Χρ. ὁ Μ., ἐτύγχ. B.A.
— ὅθενπερ D. ὅθεν περ B.A.
102,2 ἀποικίαν,—ὑπήκοον, αἱροῦσι. Δ. D. ἀποικίαν—ὑπήκοον αἱροῦσιν. Δ. B. ἀποικίας —ὑπήκοον αἱροῦσι. Δ. D.

103,3 Καικῖνον

III. 103, 3—IV. 56, 2.

103,3 Καικῖνον D.A.   Καικίνον B.
104,7 ἄγυιαν D.   ἀγυιάν B.A.
104,8 ἐνὶ D.   ἴνι B.A.
106,2 Φοιτίας D.   Φυτίας B.A.
106,3 Ἀγραϊκόν D.   ἀγροῖκον B.A.
108,4 ἐς D.   ἕως B.A.
109,2 ξυστρατήγων D.   ξυστρατηγῶν B.A.
109,3 ὑπῆρχε, καὶ D.A.   ὑπῆρχεν, καὶ B.
110,1 ξυμμίξαι D.A.   ξυμμίξαι B.
113,3 ὅ, τι D.   ὅ τι B.
113, fin. ὦσι. μ. D.A.   ὦσιν. μ. B.
114,2 κατέπλευσε· καὶ D. A.   κατέπλευσεν· καὶ B.
115,1 Σικελῶν D.Α.   Σικελιωτῶν B.
115,3 ναυσί. τῆς D.A.   ναυσίν· τῆς B.
115,7 εἷλε· καὶ D.   εἷλεν· καὶ B.A.
116,1 γῆν τινα D.   γῆν τινὰ B A.

BOOK IV.

1,3 ἐστασίαζε, καὶ D.A.   ἐστασίαζεν, καὶ B.
3,2 τοῦτο D.   τούτῳ B.A.
4,1 ἐπέπεσε D.   ἐσέπεσε B.   †ἐσέπεσε† A.
5,1 ἐπέσχε. τ. D.A.   ἐπέσχεν. τ. B.
5,2 καταλείπουσι, τ. D.A.   καταλείπουσιν. τ. B.
7. κατέλαβε. καὶ D.Α.   κατέλαβεν. καὶ B.
8,5 ἀπὸ τῆς Ζακύνθου D A.   ἀπὸ Ζακύνθου B.
8,7 ἀντιπρῴροις D   ἀντιπρῴροις B.A.
9,1 προυσταύρωσε D.   προσεσταύρωσεν B.   προσεσταύρωσε Α.
10,1 μᾶλλον δὲ D.   μᾶλλον ἢ B.   μᾶλλον †δ'† A.
10,3 ῥᾳδίως D.   ῥᾳδίας B.   *ῥᾳδίως* A.
11,2 τρισί· ν. D.A.   τρισίν· ν. B.
11,3 προσχεῖν D.   προσσχεῖν B.A.
11,4 ἐκέλευε, καὶ D.A.   ἐκέλευεν, καὶ B.
12,1 ἐπέσπερχε, καὶ D.A.   ἐπέσπερχεν, καὶ B.
— ἐλιποψύχησε D.   ἐλειποψύχησε B.A.
12,2 μέν, ἀδύνατοι D.   μὲν ἀδύνατοι B.A.
12,3 προύχειν D.   προέχειν B.A.
13,2 πεντήκοντα D.Α.   τεσσαράκοντα B.
13,3 Πρωτὴν D A.   Πρώτην B.
14,1 ἀντιπρῴρους D.   ἀντιπρώρους B.A.
14,2 ὅτιπερ D.   ὅτι περ B A.
15,1 πρὸς τὸ χρῆμα D.   παραχρῆμα B.A.
— ὅ, τι D.   ὅ τι B.A.
16,2 ὅ, τι D.   ὅ τι B.A.
17,1 , ὦ Ἀθηναῖοι, D.A.   ὦ Ἀθηναῖοι B.
— ὅ, τι D.   ὅ τι B.A.
17,5 ξυμβεβήκασι, δ. D.A.   ξυμβεβήκασιν, δ. B.
18,5 ὑμῖν, ὦ Ἀθηναῖοι, D.A.   ὑμῖν ὦ Ἀθηναῖοι B.
20,2 αἰσχοοῦ τινος D.   αἰσχροῦ τινὸς B.A.
21,1 οἱ μὲν [οὖν] D.   οἱ μὲν οὖν B.A.
— ἀσμένους D.A.   ἀσμένως B.
21,3 ἔλαβον, ἀλλ' D.   ἔλαβον ἀλλ' B.A.
24,2 ἐσεβεβλήκεσαν D.A.   ἐσβεβλήκεσαν B.
25,1 ἀντεπαγόμενοι D.   ἀντεπαναγόμενοι B.A.

25,3 ξυλλεγεῖσαι D.   συλλεγεῖσαι B.A.
25,4 αὐτοὶ D.A.   αὐτοῖς B.
25,5 ἀπολλύουσι. καὶ D.Α.   ἀπολλύουσιν· καὶ H.
26,5 ἀληλεσμένον D.   ἀληλεμίνον B.A.
26,7 καθειστήκει D.   καθεστήκει B.A.
27,5 ἦρχε, π. D.A.   ἦρχεν, π. B.
28,1 ἥντινα D.   ἥν τινα B.A.
28,2 αὑτός, ἀλλ' D.   αὐτὸς ἀλλ' B.A.
28 5 χειρώσεσθαι D.   χειρώσασθαι B.A.
29,3 παρέσχε. πρ. D.Α.   παρέσχεν. πρ. B.
29,5 κρείσσους D.   κρείττους D.   †κρείττους† A.
30,3 τότε δὲ ὡς D.   τότε ὡς B.   †τότε† ὡς A.
31,2 εἶχε, μ. D.A.   εἶχεν, μ. B.
— τοὐσχατον D.B.   τὸ ἔσχατον A.
32,2 θαλαμιῶν D.   θαλαμίων B.A.
— ὅσοιπερ D.   ὅσοι περὶ B.A.
— κατεῖχον π. D.   κατεῖχον, π. B.A.
32,3 δ, τι D.   δ τι B.A.
33,1 καθειστήκεσαν D.   καθεστήκεσαν B A.
33,2 προσμίξαι D.   προσμίξαι B.
— καὶ οἱ ὕποστρ. D A.   καὶ οἱ ὕποστρ. B.
34,1 οὖν τινα D.   οὖν τινὰ B.A.
— εἶχε. γ. D.A.   εἶχεν. γ. B.
34,3 ἀναπεκέκλαστο D   ἀνατοκέκλαστο B.A.
— δ, τι D.   δ τι B.A.
36,2 ἐξέπληξε, τ. D.A.   ἐξέπληξεν. τ. B.
— ἐπέρρωσε. καὶ D.A.   ἐπέρρωσεν. καὶ B.
36,3 οὗτοί τε, D.   , οὗτοί τε B.A.
37,2 δ, τι D.   δ τι B.A.
38,1 ἀνοκωχῆς D.   ἀνακωχῆς B.
38,2 δ, τι D.   δ τι B.A.
38,4 τἆλλα D.   τἀλλα B.   τὰ ἄλλα A.
40,2 διεγίγνωσκε, δ. D.Α.   διαγίγνωσκεν, δ. B.
41,2 ἐλῇζον τό τε D.   ἐλῇζόν τε B.A.
42,2 Σολύγειος D.   Σολύγιος B.   †Σολύγιος† A.
42,4 Κρομμωνα D.A.   Κρομμύωνα B.
43,1 ξυνέβαλλε. καὶ D.   ξυνέβαλλεν. καὶ B,   ξυνέβαλε. καὶ A.
44,4 and 45,1 Κρομμωνα D.A.   Κρομμύωνα B.
46,1 χρόνον ὂν ταῦτα D.A.   χρόνον ταῦτα B.
— ἐγίγνετο καὶ D.   ἐγίγνετο, καὶ B.A.
46,3 ἐάν D.   ἄν B.A.
48,1 μεταστήσοντάς D.   μεταστήσαντάς B.   †μεταστήσοντάς† A.
— ἐδήλωσε, τ. D.Α.   ἐδήλωσεν, τ. B.
48,5 δ, τι D.   δ τι B.A.
48,6 ἵναπερ D.   ἵνα περ B.
50,2 δ, τι. D.   δ τι B A.
50,3 ἐτελεύτησε) ἐπ' D.   ἐτελεύτησεν) ἐπ' B.A.
52,1 ἔσεισε. καὶ D A.   ἔσεισεν. καὶ B.
52,3 χειρώσεσθαι. D.   χειρώσασθαι. B.A.
53,2 Κυθηροδίκης D.A.   κυθηροδίκης B.A.
55,2 παρεῖχε, καὶ D.A.   παρεῖχεν, καὶ B.
— ἐδεδίεσαν D.   ἐδεδίεσαν B.   †ἐδεδίεσαν† A.
— μήποτε D.   μὴ ποτε B.A.
56,2 Κυνουρίας. D.A.   Κυνοσουρίας B.

IV. 59, 1—118, 7

59,1 , ἃ Σικελιῶται, D.A. ἃ Σικελιῶται B.
59,3 ἐν καιρῷ D. καιρῷ B.A.
60,2 ἐπιστρατεύουσι, κ. D.Λ. ἐπιστρατεύουσιν, κ. B.
61,3 ἔθνεσιν ὅτι D. ἔθνεσιν, ὅτι B.A.
61,5 οὖσι· π. E.A. οὖσιν· π. B.
62,3 προμηθείᾳ D.A. προμηθείᾳ B.
64,1 προϊδόμενος D. προειδόμενος B.A.
65,1 ἔχουσι, τ. D.A. ἔχουσιν, τ. B.
67,1 Μινώαν D.A. Μίνωαν B.
— τὸ 'Ενυάλιον D. τὸν 'Ενυάλιον B. †τὸν 'Ενυάλιον† A.
67,3 ξυγκλῃσθῆναι D. ξυγκλῃθῆναι B.A.
— κατὰ τὰς πύλας D. κατὰ πύλας B.A.
— κτείνουσι. καὶ D.A. κτείνουσιν. καὶ B.
68,3 κηρύξαι τὸν D. κηρῦξαι τὸν B. κηρῦξαι, τὸν A.
68,5 ἑξακόσιοι τὴν D. ἑξακόσιοι οἱ τὴν B. ἑξακόσιοι [οἱ] τὴν A.
68,6 καὶ οἱ ξυστ. D.Λ. καὶ οἱ ξυστ. B.
69,1 προσχωρῆσαι. παρ. D. προσχωρῆσαι (παρ. B. προσχωρῆσαι, (παρ. A.
69,2 τἆλλα D. τἄλλα B.A.
— ἐπιτήδεια. D. ἐπιτήδεια), B.A.
— Μεγαρέας, D.A. Μεγαρέας B.
— Νισαίας D. Νισαίας, B.A.
69,3 ἀπετετέλεστο, D.A. ἀποτετέλεστο, B.
— δ, τι D. δ τι B.A.
69,4 τἆλλα D. τἄλλα B.A.
70,1 στρατείαν D. στρατιὰν B.A.
— Γερανείᾳ D. Γερανίᾳ B.A.
70,2 ἐσελθὼν D. εἰσελθὼν B.A.
73,4 προυκεχωρήκει, D. προεκεχωρήκει, B.A.
— ὅθενπερ D. ὅθεν περ B.A.
74,1 ἵναπερ D. ἵνα περ B.A.
75,2 Κάλητα D. Κάληκα B.A.
75,3 Καλχηδόνα D. Χαλκηδόνα B.A.
76,3 Φανοτίδι D. Φανότιδι B.A.
76,5 νεωτερίζοιτό τι D. νεωτερίζοι τι B. †νεωτερίζοιτ τι A.
77,2 τἆλλα D. τἄλλα B.A.
78,1 Μελίτειαν D. Μελιτίαν B.A.
78,2 Νικωνίδας D. Νικονίδας B.A.
— καθεισήκει D. καθεστήκει B.A.
78,5 Μελιτείας D. Μελιτίας B.A.
— Περραιβίαν. D. Περαιβίαν. B.A.
78,6 Περραιβοὶ D. Περαιβοὶ B.A.
79,2 ηὐτύχει, D. εὐτύχει, B.A.
— 'Αρρίβαιον D. 'Αρριβαῖον B.A.
80,2 καθειστήκει. D. καθεστήκει. B. καθεστήκει· A.
81,0 εἰσι. T. D. εἰσιν T. B.A.
83,1 'Αρρίβαιον D. 'Αρριβαῖον B.A.
83,3 'Αρρίβαιος D. 'Αρριβαῖος B.A.
85,3 κίνδυνόν [τε] D. κίνδυνόν τε B.A.
85,5 προσμίξαι, D.A. προσμίξαι, B.

85,5 νηίτῃ D. νηίτῃ B.Λ.
— τῷ ἐν Νισαίᾳ D.B. †τῷ ἐν Νισαίᾳ† A.
85,7 προσχωρεῖν τε D.A. προσχωρεῖν δὲ B.
86,2 ξυστασιάσων D. συστασιάσων B.Λ.
90,1 τρόπῳ τὸ D. τρόπῳ, τὸ B.Λ.
90,2 κατεπεπτώκει D. κατεπεπτώκει. B.A.
92,1 μέν,— Βοιωτοί, D. μὲν— Βοιωτοὶ B. μὲν, — Βοιωτοί, B.A.
92,4 ἕξουσι. τ. D.A. ἕξουσιν. τ. B.
92,7 ἀπίασι. T. D.A. ἀπίασιν. T. B.
93,1 ὀψὲ ἦν· καὶ ἐπειδὴ D.A. ὀψὲ ἦν. ἐπεὶ δὲ B.
95,2 μήποτε D. μή ποτε B.A.
96,2 ἔπαθε· ῥ. D.A. ἔπαθεν· ῥ. A.
— ξυνειστήκει. D. ξυνεστήκει. B.A.
96,4 κατέφυγε· τὸ D.A. κατέφυγεν· τὸ B.
97,2 δρῶσι, π. D.A. δρῶσιν, π. B.
98,6 δεινῷ τινι D. δεινῷ τινὶ B.Λ.
— τολμήσασι, τ. D.A. τολμήσασιν. τ. B.
101,5 Σπαρδόκου D. Σπαραδόκου B.Λ.
103,2 Χαλκιδεῦσι. μ. D.A. Χαλκιδεύσιν. μ. B.
103,4 fin. εἶχε. τ. D.A. εἶχεν. τ. B.
104,1 ἀλιπκομένων, τῶν D. ἁλισκομένων τῶν B.A.
104,3 ἐπέδραμε, καὶ D.A. ἐπέδραμεν, καὶ B.
— ἡμίσεος D.A. ἡμισείας B.
106,2 ἐκήρυξε. καὶ D.A. ἐκήρυξεν. καὶ B.
106,3 εἶχε, τὴν D.A. εἶχεν τὴν B.
108,2 παρεῖχε, καὶ D.A. παρεῖχεν, καὶ B.
108,3 πρᾳότητα, D. πρᾳότητα, B.A.
109,3 Θυσσὸν D. Θύσσον B.A.
— οἰκοῦσι. καὶ D.A. οἰκοῦσιν. καὶ B.
110,2 Διοσκόρειον, D. Διοσκούρειον, B.A.
110,3 προσελθόντες τινὲς D.A. προσελθόντες τινὲς B.
114,5 δ, τι D. δ τι B.A.
116,1 διέφθειρε. καὶ D.A. διέφθειρεν. καὶ B.
116,2 προσβάλλειν, D. βάλλειν, B. †βάλλειν,† A.
116,3 ἐπεβούλευε, καὶ D.Λ. ἐπεβούλευεν, καὶ B.
117,1 ἀνοκωχῆς D. ἀνακωχῆς B.A.
117,2 ηὐτύχει· D. εὐτύχει· B.A.
118,1 παροῦσι· Βοι. D.A. παροῦσιν· Βοι. B.
118,2.3 [κατὰ ταῦτα· τάδε δὲ ἔδοξε Λακεδαιμονίοις καὶ τοῖς ἄλλοις ξυμμάχοις,] D. Omitted by B. Incorporated by A.
118,3 Μινώαν (D. Μίνωαν (B. Μινώαν, (A.
— μηδὲ ἐπιμισγ. D.A μήτε ἐπιμισγ. B.
— πρὸς 'Αθηναίους. D.A. πρὸς 'Αθηναίους· B.
118,4 ξυμμαχίαν, D.A. ξυμμαχίαν. B.
— νηὶ D. νηὶ B.Λ.
118,5 ὑμᾶς μήτε ἡμᾶς. D.A. ἡμᾶς μήτε ὑμᾶς B.
118,7 ἐπρυτάνευε, Φ. D.A. ἐπρυτανευεν, Φ. B.
— ἐγραμμάτευε, Νικ. D. ἐγραμμάτευεν, Νικ. A.
— δ, τι D. δ τι B. δτι A.
— Idem D. Idem B. Idem A.

IV. 119, 1—V. 35, 3.

119,1 Ταῦτα ξυνέθεντο καὶ ὤμοσαν Λακεδαιμόνιοι καὶ οἱ ξύμμαχοι Ἀθ. D. Ταῦτα ξυνέθεντο Λακεδαιμόνιοι, καὶ ὡμολόγησαν καὶ οἱ ξύμμαχοι, Ἀθ. B. Ταῦτα ξυνέθεντο Λακεδαιμόνιοι, καὶ ὤμοσαν καὶ οἱ ξύμμαχοι, Ἀθ. A.
120,1 Παλλήνῃ D.A. Πελλήνῃ B.
120,2 ἀμύνῃ D. ἀμύνοι B.A.
120,3 Παλλήνης D.A. Πελλήνης B.
— τἆλλα D.A. τἄλλα B.
121,2 ἐπεραίωσε, β D.A. ἐπεραίωσεν, β. B.
122,6 τἆλλα D. τἄλλα B.A.
124,1 Ἀρρίβαιον D. Ἀρριβαῖον B.A.
125,1 ὅτι καὶ οἱ Ἰλλ. D.A. ὅτι οἱ Ἰλλ. B.
126,5 προσμίξαι D.A. προσμῖξαι B.
— λιπεῖν τινα D. λιπεῖν τινὰ B.A.
— πορίσειε. τοῦ D.A. πορίσειεν. τοῦ B.
127,2 ἡμύνοντο, ἦσ. D. ἡμύνοντο ἦσ. B.A.
128,1 ἐπόντας D.A. ἐπιόντας B.
— προσμίξαι D.A. προσμῖξαι. B.
128,5 εἶχε, τ᾽ D.A. εἶχεν, τ. B.
129,4 ἐδυνήθη D. ἠδυνήθη B.A.
130,5 τρέπουσιν ἅμα D. τρέπουσιν, ἅμα B.A.
132,3 Πασιτελίδαν D. Ἐπιτελίδαν B. †Πασιτελίδαν† A.
133,1 ὅ, τι—ἀπωλώλει D. ὅ τι—ἀπολώλει B.A.
133,3 ὀκτὼ καὶ D. ὀκτώ, καὶ B. ὀκτὼ, καὶ A.
135, ἔλαθε· τοῦ D.A. ἔλαθεν τοῦ B.

BOOK V.

1 Ἀτραμύτειον D. Ἀτραμύττιον B.A.
3,1 περιέπλεον αἱ ἐς D. περιέπλεον ἐς B.A.
3,2 Τορώνην καὶ D. Τορώνην, καὶ B.A.
— χερσί, τ D. χερσίν, τ. B. χερσὶ, τ. A.
3,4 ἀπῆλθε, τὸ D.A. ἀπῆλθεν, τὸ B.
4,1 ἐξέπλευσε. Λεοντ. D.A. ἐξέπλευσεν. Λεοντ. B.
4,4 αὐτῶν τινες D. αὐτῶν τινὲς B.A.
5,1 τὴν Σικελιωτῶν D. τὴν τῶν Σικελιωτῶν B.A.
— Λοκρῶν τινα D. Λοκρῶν τινὰ B.A.
5,2 [τοῖς] κομίζ. D. τοῖς κομίζ. B. †τοῖς† κομίζ. A.
6,1 εἷλε, Γ. D.A. εἷλεν, Γ. B.
6,3 [αὐτόθεν] ὁρμ. D. αὐτόθεν ὁρμ. D.A.
7,2 ἦγε. καὶ D.A. ἦγεν. καὶ B.
8,3 δείξειε τοῖς D.A. δείξειεν τοῖς B.
9,4 δέ, Κλεαρίδα, D. δὲ Κλεαρίδα, B. δὲ, Κλεαρίδα, A.
— ξυμμίξαι. D.A. ξυμμῖξαι. B.
10,3 ἐπῆλθε· καὶ D.A. ἐπῆλθεν· καὶ B.
10,4 σχολῇ D. σχολῇ B.A.
10,5 μένουσι. δ. D. μένουσιν. δ. B. μένουσι· δ. A.
10,6 ἕστηκε, καὶ D. ἕστηκεν καὶ B. ἕστηκε· καὶ A.
10,8 προυκεχωρήκει, D. προκεχωρήκει B.A.
— ἔφυγε· καὶ D. ἔφυγεν· καὶ B. ἔφυγε. καὶ A.
10,9 ξυστραφέντες D. συστραφέντες B.A.
10,11 ἐτελεύτησε. καὶ D.A. ἐτελεύτησεν. καὶ B.
10,12 ἔστησε. μ. D.A. ἔστησεν. μ. B.
11,1 ἥρῳ τε D. ἥρωΐ τε B.A.
12,1 ὅ, τι D. ὅ τι B.A.
14,1 ἐδεδίσαν D. ἐδεδίεσαν B. †ἐδεδίεσαν† A.
14,2 ἐγεγένητο D. γεγένητο B.A.
— νεωτερίσωσι. ξ. D.A. νεωτερίσωσιν. ξ. B.
14,3 Κυνουρίαν D.A. Κυνοσουρίαν B.
15,2 ἐνδεξαμένους D. ἐνδεξομένους, B. †ἐνδεξομένους,† A.
16,1 προὐθυμοῦντο, D. προεθυμοῦντο, B.A.
16,3 Ἀττικῆς ποτε D. Ἀττικῆς ποτὲ B.A.
— τῶν Λακ. D.A. τῷ Λακ. B.
17,2 ξυνόδων D.A. συνόδων B.
18,4 καθ᾽ ὅ, τι D. καθ᾽ ὅ τι B. καθ᾽ ὅτι A.
18,5 εἰσὶ δὲ Ἄργιλος, D.A. εἰσὶ δὲ αἴδε, Ἀργιλος B.
18,6 ἐσέπεμψε, καὶ D.A. ἐσέπεμψεν, καὶ B.
18,9 and 19,1 Λακεδαιμονίοις. ἄρχει D. Λακεδαιμονίοις. Ἄρχει B.A.
19,2 Λάφιλος, D. Λάμφιλος, B. †Λάφιλος† A.
— Ἀριστοκράτης, D.A. Ἀριστοκοίτης, B.
— Δημοσθένης." D.A. Δημοσθένης. B.
20,2 τιμῆς τινος D. τιμῆς τινὸς B.A.
— ἔτυχί τῳ, D.A. ἔτυχέν τῳ, B.
21,1 δὲ ἔλαχον D. δέ (ἔλαχον B. δὲ (ἔλαχον A.
— εἶχον, D. εἶχον) B.A.
21,2 Χαλκιδεῦσι, λ. D.A. Χαλκιδεῦσιν, λ. B.
23,5 and 24 εἶναι. τὸν δὲ (without a break) D. εἶναι." Τὸν δὲ (new paragraph) B.A.
24, Θεαγένης, D.A. Θεαγένης, B.
— Δημοσθένης." D. Δημοσθένης B.A.
25,3 ἀνοκωχῆς D. ἀνακωχῆς B.A.
26,1 ξύμμαχοι καὶ D. ξύμμαχοι, καὶ B.A.
26,3 ἀνοκωχῇ D. ἀνακωχῇ B.A.
26,4 ἐτελεύτησε, πρ. D.A. ἐτελεύτησεν, πρ. B.
30,1 ὅ, τι ἂν D. ὅ τι ἂν B.A.
30,2 Σόλλιον D.A. Σόλλειον B.
30,4 δ, τι D. ὅ τι B.A.
32,3 Τεγέαν D. Τέγεαν B.A.
32,5 τἆλλα D.A. τἄλλα B.
— [τούτων] τῶν πεντ. D.A. τούτων τῶν πεντ. B.
32,7 ἀνοκωχὴ D. ἀνακωχὴ B.A.
33,1 κείμενον ἐπὶ D. κείμενον, ἐπὶ B.A.
34,1 Νεοδαμωδῶν D.A. νεοδαμωδῶν B.
35,1 Θυσσὸν D. Θύσσον B.A.
— [Δικτη] Διῆς D.A. Δικτιδιῆς B. †Διῆς† A.
35,3 τἆλλα D. τἄλλα B. τὰ ἄλλα A.
— ἀπεδεδώκεσαν, D. ἀποδεδώκεσαν, B.A.
— δεχομένους D. δεχομένους, B.A.

35,3 Βοιωτοὺς

35,3 Βοιωτοὺς D. Βοιωτούς, B. Βοιωτοὺς, A.
— ἐθέλωσι, D. θέλωσι, B.A.
— ἀναγκάσουσι· χρ. D.A. ἀναγκάσουσιν· χρ. B.
36,1 Ξενάρης, D.A. Ξενάρκης, B.
—. ταῦτά τε D.A. ταὐτά τε B.
37,3 ἤρεσκε· κ. D.A. ἤρεσκεν· κ. B.
40,3 πολεμῶσι, πρ. D.A. πολεμῶσιν, πρ. B.
41,2 Κυνουρίας D.A. Κυνοσουρίας B.
41,3 ἠξίουν καὶ D. ἠξίουν, καὶ B.A.
42,1 Ἀνδρομένης D. Ἀνδρομέδης B.A.
— Ἀνδρομένην D. Ἀνδρομέδην B.A.
— ηὗρον, D. εὗρον, B.A.
43,3 ἴωσι, τ. D.A. ἴωσιν, τ. B.
45,2 τἆλλα D. τἆλλα B.A.
45,3 ἔπρασσεν, κ. D. ἔπραττεν, κ. B. ἔπραττε, κ. A.
46,4 Ξενάρην D. Ξενάρῃ B.A.
46,5 ἀδικεῖσθαι, ἔτυχ.—Ἀλκιβιάδου, D. ἀδικεῖσθαι (ἔτυχ.—Ἀλκιβιάδου) B.A.
47,4 δ, τι D. ὅ τι B. ὅτι A.
47,12 δ, τι D. ὅ τι B.A.
49,3 ἐπαγγέλλουσι), καὶ D.A. ἐπαγγέλλουσιν), καὶ B.
51,2 ἀπέθανε, δ. D.A. ἀπέθανεν, δ. B.
52,1 Ἀγησιππίδαν D. Ἡγησιππίδαν B.A.
— λάβωσι· Λ. D. λάβωσιν· Λ. B.A.
53. Πυθαέως, D.A. Πυθέως, B.
54,4 ὧν τινες D. ὧν τινὲς B.A.
56,3 λῄζεσθαι, D. λῃίζεσθαι, B.A.
57,1 τἆλλα D. τἆλλα B.A.
— ἀφειστήκει D. ἀφεστήκει B.A.
— εἶχε, ν. D.A. εἶχεν, ν. B.
— προκαταλήψονται D.A. καταλήψονται B.
58,1 προσμίξαι D.A. προσμῖξαι B.
58,3 τοὺς Λακ. μετὰ τῶν ξ. D.A. μετὰ τῶν ξ. τοὺς Λακ. B.
58,4 Ἀργεῖον D. Ἀργείων B.A.
59,3 καθύπερθεν δὲ D. καθύπερθε δὲ B.A.
60,6 στρατείας D.A. στρατιᾶς B.
61,1 [ἢ] Μαντινῆς D. ἢ Μαντινῆς B.A.
61,5 Μαντινεῦσι, καὶ D.A. Μαντινεῦσιν, καὶ B.
62,1 δ, τι D. ὅ τι B.A.
62,1,2 Τεγέαν D. Τέγεαν B.A.
62,1 Μαντινεῦσι. καὶ D.A. Μαντινεῦσιν, καὶ B.
63,3 δ, τι D. ὅ τι B.A.
64,1 Τεγέα D. Τέγεα B.A.
64,3 bis. Τεγέαν D. Τέγεαν B.A.
65,3 ξυμμίξαι D.A. ξυμμῖξαι B.
65,5 δ, τι D. ὅ τι B.A.
67,1 Νεοδαμώδεις D.A. νεοδαμώδεις B.
67,2 παρεῖχε, καὶ D.A. παρεῖχεν, καὶ B.
68,3 ἐπίπαν D. ἐπὶ πᾶν B.A.
69,1 ἕξουσι καὶ D. ἕξουσιν, καὶ B. ἕξουσι, καὶ A.
— μήποτέ τις D. μή ποτέ τις B.A.
70, ἐγκαθεστώτων D. ἐγκαθεστώτων B.A.

71,1 ἐξαλλάσσειν D. ἐξαλλάττειν B.A.
72,1 ἐθελῆσαι D. θελῆσαι B.A.
— προσμίξαι D.A. προσμῖξαι B.
72,2 ἀνδρείᾳ D. ἀνδρίᾳ B.A.
74,1 δὴ D.A. [δὴ] B.
74,2 Τεγέαν, D. Τέγεαν, B.A.
75,1 ἐβοήθησε, καὶ D.A. ἐβοήθησεν, καὶ B.
— ἀπεχώρησε. καὶ D. ἀπεχώρησεν. καὶ B.
75,2 ἐτύγχανεν D. ἐτύγχανον B.A.
76,1 Τεγέαν D. Τέγεαν B.A.
76,2 καταλῦσαι, D. καταλῦσαι· B.A.
76,3 καθ' ὅ, τι D.A. καθ' ὅ τι B.
77,3 ἔχοντι, D.A. ἔχωντι, B.
— πολέεσσι D. πολέεσι B.A.
77,4 αἱ μὲν λῆν τοῖς Ἐπιδαυρίοις ὅρκον δόμεν, [αἱ] δὲ αὐτοὺς D. ἐμενλῖ̣ν τοῖς Ἐπιδαυρίοις ὅρκον, δόμεν δὲ αὐτοὺς B. †ἐἰμεν λῆν† τοῖς Ἐπιδαυρίοις ὅρκον, δόμεν δὲ †αὐτοῖσι† A.
77,6 Πελοποννάσω D.A. Πελοποννάσου B.
— Πελοποννασίων D. Πελοπόννασον B.A.
— βουλευσαμένοις D. βουλευσαμένους, B.A.
77,7 ὅσσοι D. ὅσοι B.A.
— ἐσσοῦνται D.A. ἐσοῦνται B.
79,1 τᾶν ξυμμαχιᾶν D.A. τᾶς ξυμμαχίας B.
79,2 ὅσσοι D. ὅσοι B.A.
— ἐσσοῦνται D.A. ἐσοῦνται B.
— ἐσσοῦνται D. ἐσοῦνται B.A.
79,3 στρατείας D. στρατιᾶς B.A.
79,4 Πελοποννάσω, D.A. Πελοποννάσου, B.
79,5 ἄντινά κα D. ἄν τινα ἴσαν B.A.
— πολέεσσι δοκῇ. D. πολέεσι δοκέοι. B.A.
80,3 φρουρικόν, D. φρούριον, B. φρουρικόν, A.
82,1 Διῆς D.A. Δικτιδιῆς B.
82, ter Γυμνοπαιδίας D. γυμνοπαιδίας B.A.
83,4 κατέδραμον D. κατέκλησαν B.A.
— Μακεδονίαν Ἀθηναῖοι, Περδίκκᾳ D. Μακεδονίας Ἀθηναῖοι Περδίκκαν, B.A. but †Μακεδονίας† A.
— οὗτος, D. οὕτως, B.A.
88, πάρεστι, καὶ D.A. πάρεστιν, καὶ B.
90, Ἦ μὲν D. Ἡμεῖς B.A.
— χρήσιμον, (D. χρήσιμον (B.A.
— πείσοντά τ. D. πείσοντα τ. B. †πείποντά† τ. A.
91,1 κρατήσωσι. καὶ D.Α. κρατήσωσιν. καὶ B.
96 τιθέασι; D. τιθέασιν; B.A.
97 ἄρξαι καὶ D. ἄρξαι, καὶ B.A.
98 ξυμμαχοῦσι, π. D.A. ξυμμαχησιν, π. B.
100 Ἡπου D. Ἦ που B.A.
101 Οὐκ, ἦν D. Οὐκ ἦν B. Οὐκ, ἦν A.
— ὀφλεῖν, D.A. ὀφλεῖν, B.
103,1 καθεῖλες· τοῖς D.A. καθεῖλεν· τοῖς B.
— δαπανῶς D. δάπανος B.A.
104 ἡμεῖς, εὖ ἴστε, D. ἡμεῖς (εὖ ἴστε) B.A.
109 σκοποῦσι. τῆς D.A. σκοποῖσιν. τῆς B.

110 ἐπῆλθε· καὶ D.A.   ἐπῆλθεν· καὶ B.
111,5 εἰσι, πλ. D.A.   εἰσιν, πλ. B.
114,1 ἐτρέποντο D.A.   ἐτράποντο B.
115,2 ληίζεσθαι. D.   ληίζεσθαι. B.A.
116,4 ᾤκισαν, D.   ᾤκησαν, B.   †ᾤκησαν,† A.

BOOK VI.

1,1,2 πολλῷ τινι D.   πολλῷ τινὶ B.A.
1,2 ἤπειρος εἶναι· D.   ἤπειρος οὖσα· B.A.
2,1 παλαίτατοι D.   παλαιότατοι B.A.
2,4 τάχα [ἂν] D.   τάχα ἂν B.A.
2,5 ἐπεισέπλεον, D.   ἐπεσέπλεον, B.A.
3,1 θύουσι. Σ. D.A.   θύουσιν. Σ. B.
3,2 ᾤκισε, Σ. D.A.   ᾤκισεν, Σ. B.
3,3 οἰκίζουσι, καὶ D.A.   οἰκίζουσιν, καὶ B.
4,2 κτίζουσι, καὶ D.A.   κτίζουσιν, καὶ B.
— ξυγκατῴκισε. Γ. D.A.   ξυγκατῴκισεν. Γ. B.
4,5 ἀντωνόμασε. καὶ D.A.   ἀντωνόμασεν. καὶ B.
5,3 Γελῴαν. D.   Γελῶνος. B.   †Γελφῶν†. A.
6,2 γαμικῶν τινων D.   γαμικῶν τινῶν B.A.
— σχήσουσι, κίνδ. εἶναι μήποτε D.A.   σχήσουσιν, κίνδ. εἶναι μή ποτε B.
— ξυγκαθέλωσι· σ. D.A.   ξυγκαθέλωσιν· σ. B.
8,2 καὶ τἄλλα D.A.   καὶ τἄλλα B.
8,3 καθ᾽ ὅ, τι D.   καθ᾽ ὅ τι B.   καθ᾽ ὅτι A.
10,2 αὐτὰ D.A.   αὐτὰς B.
10,5 σκοπεῖν τινα D.   σκοπεῖν τινὰ B.A.
11,2 ἐκφοβοῦσι. νῦν D.A.   ἐκφοβοῦσιν. νῦν B.
11,4 εἶεν, εἰ μὴ D.A.   εἶεν εἰ μὴ B.
— θαυμαζόμενα D.   θαυμαζόμενα, B.A.
11,5 ὑμεῖς, ὦ ᾿Αθηναῖοι, D.A.   ὑμεῖς ὦ ᾿Αθηναῖοι B.
11,6 θαρσεῖν D.   θαρρεῖν B.A.
13 ἐὰν μὴ ψηφ. D.   ἂν μὴ ψηφ. B.A.
14 σύ, ὦ πρύτανι, D.   σὺ ὦ πρύτανι B.   σὺ, ὦ πρύτανι, A.
15,1 εἶπε, τ. D.A.   εἶπεν, τ. B.
15,2 τἄλλα D.A.   τἄλλα B.
16,1 , ὦ ᾿Αθηναῖοι, D.A.   ὦ ᾿Αθηναῖοι B.
16,2 τἄλλα D.A.   τἄλλα B.
16,3 αὕτη D.A.   αὐτὴ B.
— ᾖδ᾽ ἡ ἄνοια, D.A.   ἡ διάνοια, B.
16,6 θαρσοῦσι. καὶ D.A.   θαρσοῦσιν. καὶ B.
17,1 ἔπεισε. καὶ D.A.   ἔπεισεν. καὶ B.
17,3 ὅ, τι D.   ὅ τι B.A.
17,5 ὅσοιπερ D.   ὅσοι περ B.A.
— ὅσους ἕκ. D.   ὅσοι ἕκ. B.   †ὅσοι† ἕκ. A.
17,7 νῦν φασι. D.   νῦν φασὶ B.A.
— ὑπολιπόντας D.   ὑπολείποντας B.A.
17,8 εἰσι, τῷ D.A.   εἰσιν, τῷ B.
18,3 ἐπειδήπερ D.A.   ἐπειδή περ B.
18,4 πλεύσαι, D.A.   πλεῦσαι· B.
18,5 παρέξουσι· ν. D.A.   παρέξουσιν· ν. B.
18,6 ἀποτρέψῃ, D.   ἀποστρέψῃ B.A.
— ἐὰν μὲν ἡσ. D.   ἂν μὲν ἡσ. B.A.

19,1 σφίσι, π. D.A.   σφίσιν, π. B.
19,2 ἀποτρέψειε, π. D.A.   ἀποτρέψειεν, π. B.
— ἐπιτάξειε, τ. D.A.   ἐπιτάξειεν, τ. B.
20,4 ἀπ᾽ ἀρχῆς φέρεται. D.   ἀπαρχὴ ἐσφέρεται. B.A.
— προύχουσιν, D.   προέχουσιν, B.A.
21,1 ἄλλοι ἢ ᾿Εγεσταῖοι D.   , ἄλλοι ἢ ᾿Εγεσταῖοι, B.A.
21,2 ἀπαρτήσοντες, D.   ἀπαρτήσαντες, B.A.
22, ἀντέχωσι, ν. D.A.   ἀντέχωσιν, ν. B.
23,1 πᾶσι, μ. D.A.   πᾶσιν, μ. B.
24,4 ἤρεσκε, δ. D.A.   ἤρεσκεν, δ. B.
— ἦγε. καὶ D.A.   ἦγεν. καὶ B.
25,2 δοκῶσι, καὶ D.A.   δοκῶσιν, καὶ B.
— πλείοσι· τ. D.A.   πλείοσιν· τ. B.
28,2 ὅ, τι D.   ὅ τι B.A.
29,2 ἀποκτείνειν, D.A.   ἀποκτείνειν B.
30,2 πόλει D.   πόλει, B.A.
— ἀπεστέλλοντο· D.   ἀπεστέλλοντο. B.   ἀπεστέλλοντο· (A.
— ἀπολείπειν, D.   ἀπολιπεῖν, B.A.
31,3 κρατίστας, τῶν δὲ τριηράρχων D.   κρατίστας τῶν τριηράρχων, B.A.
— τἄλλα D.A.   τἄλλα B.
31,5 προὐτετελέκει D.   προσετετελέκει B.   †προ[σ]ετετελέκει† A.
— ἀπέστελλε, τ. D.A.   ἀπέστελλεν, τ. B.
32,2 σφίσι. π. D.A.   σφίσιν. π. B.
32,3 ἔνθαπερ D.   ἔνθα περ B.A.
33,1 τἄλλα D.A.   τἄλλα B.
33,3 αὐτοὺς D.   αὐτούς, B.   αὐτοὺς, A.
33,4 ἔργον D.   ἔργων B.A.
33,5 σφαλῶσι, τ. D.A.   σφαλῶσιν, τ. B.
33,6 τὸ τοιοῦτον ξ. D.   τὸ τοιοῦτο ξ. B.A.
34,2 τἄλλα D.A.   τἄλλα B.
34,4 ἐθέλοιμεν D.   θέλοιμεν B.A.
34,7 ἂν εὖ οἶδ᾽ ὅτι D.   ἂν (εὖ οἶδ᾽ ὅτι) B.   ἂν, εὖ οἶδ᾽ ὅτι, A.
34,9 τἄλλα D.A.   τἄλλα B.
35,1 εἶπε, τ. D.   εἶπεν, τ. B.   εἶπε. τ. A.
— ὅ, τι D.   ὅ τι B.A.
37,1 ὅς φασιν, D.A.   ὡς φασὶν B.
— ἀκολουθήσοντας D.   ἀκολουθήσοντας, B.A.
— ἰσσωληθεῖς D.   ἰσσωληθεὶς B.A.
37,2 ἱδρυθέντι D.   ἱδρυθέντι, B.A.
38,1 εὖ οἶδ᾽ ὅτι D.   (εὖ οἶδ᾽ ὅτι) B.   , εὖ οἶδ᾽ ὅτι, A.
— σώζουσι, καὶ D.A.   σώζουσιν, καὶ B.
38,2.4 μήποτε D.A.   μή ποτε B.
39,2 μεταδίδωσι, τ. D.A.   μεταδίδωσιν, τ. B.
41,1 εἶπε, τ. D.A.   εἶπεν, τ. B.   εἶπε. τ. A.
42,1 τἄλλα D.A.   τἄλλα B.
42,2 καταπλέωσι. μ. D.   καταπλώσιν. μ. B.
43 ῾Ροδίαιν D.   ῾Ροδίοιν B.A.
44,3 ἔσω D.   εἴσω B.A.

44,3 πρὸς

44,3 πρὸς τοὺς D. πρός τε τοὺς B. πρός [τε] τοὺς Α.
44,4 ὅ, τι D. ὅ τι B.A.
45,1 νῆές εἰσι, καὶ D. νῆες εἰσιν, καὶ B. νῆες εἰσί, καὶ Α.
45,2 ἐντελῆ ἐστί, καὶ D. ἐντελῆ ἐστίν, καὶ B. ἐντελῆ ἐστί· καὶ Α.
— τἆλλα D.A. τἀλλα B.
46,1 τἆλλα μὲν D. τἀλλα μὲν B. τὰ μὲν ἄλλα Α.
46,4 παρεῖχε, καὶ D.A. παρεῖχεν, καὶ B.
47, ὅσαπερ D.A. ὅσας περ B.
48, ἔχωσι, πρ. D.A. ἔχωσιν, πρ. B.
49,2 αἰφνίδιοι D.A. αἰφνίδιον B.
49,4 κρατήσουσι. ν. D.A. κρατήσουσιν. ν. B.
— ἐφορμισθέντας D.A. ἐφορμηθέντας B.
50,1 νηὶ D. νηὶ B.A.
50,4 κηρύξαι D. κηρῦξαι B.A.
52,1 νηὶ D. νηὶ B.A.
52,2 ψιλῶν τινας D. ψιλῶν τινὰς B.A.
53,2 ἀλλὰ πάντα D. ἀλλὰ πάντας B.A.
53,3 ἐλάμβανε. τ. D.A. ἐλάμβανεν. τ. B.
54,4 τρόπῳ D. τόπῳ B. †τόπῳ† Α.
54,6 ὃς D.A. [ὃς] B.
54,7 υἱὸς D.A. υἱός B.
55,1 μόνον D. μόνῳ B.A.
55,2 ἐν τῇ αὐτῇ D. ἐν τῇ πρώτῃ B. ἐν τῇ †πρώτῃ† Α.
— ἀπεικότως D. ἀπεοικότως, B.A.
55,3 δοκεῖ ποτε D. δοκεῖ ποτὲ B.A.
— κατεκράτησε, καὶ D.A. κατεκράτησεν, καὶ B.
56,2 πέμψονται D. πέμψαντας B.A.
56,3 ἕνεκα· D.A. οὕνεκα· B.
57,3 ἔσω D. εἴσω B.A.
— περὶ τὸ Λεωκ. D. παρὰ τὸ Λεωκ. B. †παρὰ† τὸ Λεωκ. Α.
58,1 ἐχώρησε, καὶ D.A. ἐχώρησεν, καὶ B.
59,4 Ἀλκμεωνιδῶν D. Ἀλκμαιωνιδῶν B.A.
60,2 ξυνδεσμωτῶν τινος D. ξυνδεσμωτῶν τινὸς B.A.
61,4 περιειστήκει D. περιεστήκει B.A.
62,2 ἐστί· καὶ D.A. ἐστίν· καὶ B.
62,3 Ἵκαρα D. Ἵκκαρα B. Ἵκκαρα, Α.
62,4 Ἵκάρων D. Ἵκκάρων B.A.
— τἆλλα D.A. τἀλλα B.
— ἀπέδοντο, D. ἀπέδοσαν, B. †ἀπέδοσαν,† Α.
64,2 εὔνων. D. εὐνόων. B.
64,3 τοὺς παρὰ σφίσι D.A. αὐτοὺς παρὰ σφίσι B.
— [τὸ στράτευμα] D. τὸ στράτευμα B. †τὸ στράτευμα† Α.
65,2 ἐς τὸ κατὰ D.A. ἐς τὸν κατὰ B.
66,3 ἐκώλυε, πρ. D.A. ἐκώλυεν, πρ. B.
— Ἑλωρίνην D. Ἑλωρινὴν B. Ἑλωρινὴν Α.
68,1 , ὦ ἄνδρες, D.A. ὦ ἄνδρες B.
69,1 προσμίξειε κ. D. προσμίξειεν κ. B. προσμίξειε, κ. Α.

69,1 ἀνδρείᾳ D. ἀνδρίᾳ B.A.
69,2 οἷα D. οἷας B.A.
69,3 κρατῶσι, τὸ D.A. κρατῶσιν, τὸ B.
70,4 Ἑλωρίνην D. Ἑλωοινὴν B. Ἑλωρινὴν Α.
— κινήσωσι, καὶ D.A. κινήσωσιν, καὶ B.
72,2 τἆλλα D.A. τἀλλα B.
— ἀνδρείᾳ D. ἀνδρίᾳ B.A.
— ἄλλως τε καὶ τοῖς D. ἄλλως τε τοῖς B.A.
72,3 ἀνδρείας D. ἀνδρίας B.A.
72,4 τἆλλα D.A. τἀλλα B.
73, ἐκέλευε, καὶ D.A. ἐκέλευεν, καὶ B.
— ἐπιπέμπωσι. Τὸ D. ἐπιπέμπωσιν. Τὸ B.A.
74,2 ποισκαίδεκα D. τρεισκαίδεκα B. τοεῖς καὶ δέκα Α.
75,1 ὦσιν, ἣν D.A. ὦσιν ἣν B.
— προυσταύρωσαν D. προεσταύρωσαν B.A.
75,4 προδιαβάλλειν D. προδιαβαλεῖν B.A.
77,2 μενοῦμεν D. μένομεν B.A.
78,1 ἐμοῦ, ἔχων D.A. ἐμοῦ ἔχων B.
78,3 ἀγαθοῖς ποτε D. ἀγαθοῖς ποτὲ B.A.
79,1 ἀδικῶσιν, ἐπεὶ D.B. ἀδικῶσιν. ἐπεὶ Α.
79,3 ἐβούλοντο, D. ἠβούλοντο, B.A.
80,1 εἶναι, ὑμῖν D.A. εἶναι ὑμῖν B.
82,2 Δωριευσίν εἰσιν. D. Δωριεῦσιν εἰσίν. B.A.
— ξυγγενεῖς φασιν D. ξυγγενεῖς φασὶν B.A.
84,2 ὦσι. τ. D.A. ὦσιν. τ. B.
84,3 ἡμᾶς φησι D. ἡμᾶς φησὶ B.A.
85,1 ὅ, τι—ὅ, τι D. ὅ τι—ὅ τι B.A.
85,2 παροκωχῇ D. παροχῇ B.
86,3 στρατοπέδῳ, D.A. στρατοπέδῳ B.
— παρουσίας, D. παρουσίας B.
— ἐπιβουλεύουσι, καὶ D. ἐπιβουλεύουσιν, καὶ B.A.
87,1 ὑμεῖς, ὦ Καμαριναῖοι, D.A. ὑμεῖς ὦ Καμαριναῖοι B.
87,2 ἐκεῖ, D.A. ἐκεῖ B.
— ἐνθάδε, D.A. ἐνθάδε B.
88,4 ἀφεισθήκεσαν· D. ἀφεστήκεσαν· B.A.
88,6 τἆλλα D.A. τἀλλα B.
88,9 φορτικοῦ D. φορτηγικοῦ B.A.
88,10 κωλύσοντας D. κωλύοντας B.A.
89,4 ἐνόμιζε, μ. D.A. ἐνόμιζεν, μ. B.
89,6 προύστημεν, D. προέστημεν, B.A.
91,4 μὴ ἐθέλοντας D. μὴ θέλοντας B.A.
— προσίασι. καὶ D.A. προσίασιν. καὶ B.
91,5 πέμπωσι. τ. D.A. πέμπωσιν. τ. B.
91,7 Λαυρείου D. Λαυρίου B.A.
— ὀλιγωρήσουσι. γ. D.A. ὀλιγωρήσουσιν. γ. B.
91,8 ὑμῖν ἐστιν, Α. D. ὑμῖν ἐστίν, B. ὑμῖν ἐστίν, Α.
92,4 οἶδα D.A. οἶδα, B.A.
94,2 Τηρίαν D.A. Τηρέαν B.
96,2 ἐξήρται D. ἐξήρτηται B.A.
— ἴσω· D. εἴσω· B.A.
97,3 εἶχε, καὶ D.A. εἶχεν, καὶ B.
— προσμίξαι D.A. προσμῖξαι B.

VI. 98, 2—VII. 71, 7.

98,2 ἵναπερ D. ἵνα περ B.A.
99,3 Τεμένους, D.A. τεμένους B.
100,1 ψιλῶν τινας ἐκ. D. ψιλῶν τινὰς ἐκ. B.A.
101,4 φυλὴ D. φυλακὴ B. †φυλὴ† A.
103,3 τἆλλα D.A. τἄλλα B.
— ἧκε, τ. D.Λ. ἧκεν, τ. B.
104,1 εἰσί, τ. D.A. εἰσίν, τ. B.
— , δυοῖν δὲ Κορινθίαιν, D. δυοῖν δὲ Κορινθίαιν B.Λ.

BOOK VII.

1,1 ἔλθωσι. καὶ D.A. ἔλθωσιν. καὶ B.
1,2 ἀπέστειλε. φθ. D.Λ. ἀπέστειλεν. φθ. B.
2,1 Γογγύλος, D. Γόγγυλος, B.Λ.
— νηὶ D. νηΐ B.A.
4,2 ἀνεβεβήκεσαν D. ἀναβεβήκεσαν B.Λ.
4,4 Πλημμύριον D. Πλημύριον B.Λ.
4,6 Πλημμυρίῳ, D. Πλημυρίῳ, B.Λ.
6,4 καὶ παρ.—οἰκοδομίαν, D.Δ. [καὶ παρ.—οἰκοδομίαν] B.
7,2 ἀφειστήκει D. ἀφεστήκει B.A.
7,3 ἂν ἐν—ἂν πρ. D.Λ. ἂν [ἐν—ἂν] πρ. B.
7,4 τἆλλα D. τἄλλα B.Λ.
11,1 ,ὦ Ἀθηναῖοι, D.A. ὦ Ἀθηναῖοι B.
— πολλαῖς D.Λ. [πολλαῖς] B.
12,4 διαψύξαι D.A. διαψῦξαι B.
13,1 ὑπῆρχε, καὶ D.A. ὑπῆρχεν, καὶ B.
13,2 αὐτομολοῦσι, καὶ D.A. αὐτομολοῦσιν, καὶ B.
— τἆλλα D.A. τἄλλα B.
— Ὑκκαρικὰ D. Ὑκκαρικὰ B.A.
15,3 δ, τι D. δ τι B.Λ.
18,1 προυδέδοκτο D. προεδέδοκτο B.Λ.
18,2 ἐπιφέρειν, D.Λ. ἐπιφέρειν B.
— δίκας ἐθέλωσι D. δίκας θέλωσι B.A.
18,4 τἆλλα D. τἄλλα B.
19,3 Νεοδαμωδῶν, D.Λ. νεοδαμωδῶν, B.
19,5 ἕωσπερ D.Λ. ἕως περ B.
21,3 αὑτοῖς D. [ἂν] αὑτοῖς B.A.
— καταφοβοῦσι, καὶ D.A. καταφοβοῦσιν, καὶ B.
22,1 ὁ δὲ Γύλιππος, D.A. ὁ δὲ Γύλιππος B.
— παρεσκεύαστο D. παρεσκευάσατο B.A.
— Πλημμυρίῳ D. Πλημυρίῳ B.Λ.
— προσμίξαι D.A. προσμῖξαι B.
23,1 Πλημμυρίῳ D. Πλημυρίῳ B.Λ.
— τείχεσι, καὶ D.A. τείχεσιν, καὶ B.
23,4. 24,1,3. 25,9 Πλημμ. D. Πλημ. B.A.
24,2 τἆλλα D.A. τἄλλα B.
24,3 τἆλλα D. τἄλλα B. τὰ ἄλλα A.
25,4 ἀνδράσι, τ. D.Λ. ἀνδράσιν, τ. B.
25,8 , οἶον εἰκός, D. οἶον εἰκὸς B. , οἶον εἰκὸς A
25,9 εἰσί, καὶ D. εἰσίν, καὶ B. εἰσί, καὶ A.
27,5 ἀπωλώλει D. ἀπολώλει B. †ἀπολώλει† Λ.
28,1 κατὰ γῆν D. κατὰ γῆς B. κατὰ †γῆς† A.
28,3 Σικελίας, D.Λ. Σικελίας B.

28,4 χρήμασι. καὶ D.A. χρήμασιν. καὶ B.
29,4 ἐστι. καὶ D.A. ἐστιν. καὶ B.
29,5 καθεστήκει D. καθεστήκει B.Λ.
30,2 τοξεύματος D.A. τοῦ ζεύγματος B.
31,1 Ἡλείων, D.A. Ἡλείων [εὑρών], B.
31,3 Πλημμυρίου D. Πλημυρίου B.A.
31,4 μέλλουσι· π. D.A. μέλλουσιν· π. B.
32,1 Πλημμυρίου D. Πλημυρίου B.A.
— Ἀλικυαίους D. Ἀλικυαίους B.A.
33,5 ὑπελέλειπτο, D.A. ὑπολέλειπτο B.
— ἐπειδήπερ D.A. ἐπειδή περ B.
— εἰσί, τ. D. εἰσίν, τ. B. εἰσί, τ. A.
34,5 ἀντίπρῳροι D. ἀντίπρῳροι B.Λ.
36,2 πρῴρας—πρῴραις—πρῴραθεν D. πρῴρας—πρῴραις—πρῴραθεν B.A.
36,3 πρῴραθεν—ἀντιπρῴροις—ἀντίπρῳροι—πρῴραθεν D. Without ι subscript B.A.
— Πλημμυρίου D. Πλημυρίου B.A.
36,5 ἀντίπρῳρον D. ἀντίπρωρον B.A.
37,2 γυμνητεία D.Λ. γυμνητία B.
39, ἐπιχειρῶσι. καὶ D.A. ἐπιχειρῶσιν. καὶ B.
40,4 ἀντιπρῴροις D. ἀντιπρῴροις B.Λ.
42,2 φαινομένην, D. φαινομένην· B.A.
43,3 αἰροῦσι, καὶ D.A. αἰροῦσιν, καὶ B.
44,4 ἀνεβεβήκει D. ἀναβεβήκει, B.A.
44,5 ὑποκρίνοιντο, D.A. ἀποκρίνοιντο, B.
48,1 πόνηρα D. πονηρὰ B.A.
48,3 ἀνεῖχε, τ. D.A. ἀνεῖχεν, τ. B.
49,2 βλάψουσι, τ. D.A. βλάψουσιν, τ. B.
— ἔξουσι. τ. D.A. ἔξουσιν. τ. B.
50,3 ἐδύναντο D. ἠδύναντο B.A.
— πᾶσι, καὶ D.A. πᾶσιν, καὶ B.
50,4 πανσέληνος D. πανσέληνος B.Λ.
55,2 μόναις δὴ D. μόναις ἤδη B.A.
56,2 κωλύσωσι, ν. D.A. κωλύσωσιν, ν. B.
57,4 Ἴωνές γε D. Ἴωνές τε B. Ἴωνές †γε† A.
58,3 Νεοδ.—νεοδ. D. νεοδ.—νεοδ. B. Νεοδ.—Νεοδ. A.
59,3 τἆλλα D.A. τἄλλα B.
60,4 τἆλλα D.A. τἄλλα B.
63,1 νηὶ D. νηΐ B.Λ.
64,1 πλευσομένους D. πλευσουμένους B.A.
65,3 τἆλλα D.A. τἄλλα B.
— πρῴρας D. πρῴρας B.Λ.
66,2 ἑαυτοῦ ἐστιν ἢ D. ἑαυτοῦ ἐστὶν ἢ B.A.
67,2 ὦσι, π. D.A. ὦσιν, π. B.
68,3 δράσουσι· τ. D.A. δράσουσιν· τ. B.
69,2 ἀγῶσι, π. D.A. ἀγῶσιν, π. B.
— δοκεῖν τινι D. δοκεῖν τινὶ B.Λ.
70,3 νηί, μὴ D. νηΐ, μὴ B. νηΐ, μὴ A.
70,4 νηὶ πρ. D. νηΐ πρ. B.Λ.
71,1 εἶχε, φ. D.Λ. εἶχεν, φ. B.
— πράξωσι. π. D.A. πράξωσιν. π. B.
71,2 δι' αὐτὸ D. διὰ τὸ B.Λ.
71,7 ἐπεπόνθεσαν D. πεπόνθεσαν B.Λ.
— αὑτοῖς D.A. αὑταῖς B.

73.2 [ἅμα]πεπαυμένους

VII. 73, 2—VIII. 46, 3.

73,2 [ἀνα]πεπαυμένους, D. ἀναπεπαυμένους, B.A.
75,1 καὶ Δημ. D. καὶ τῷ Δημ. B.A.
75,4 πάθωσι. κ. D.A. πάθωσιν. κ. B.
76. 77,1 ὠφελεῖν. "Ἔτι καὶ D.A. ὠφελεῖν τι. " καὶ B.
77,2 τἆλλα, D.A. τἄλλα, B.
77,3 φοβοῦσι. τ. D.A. φοβοῦσιν. τ. B.
77,4 ἐξαναστήσειε. τ. D.A. ἐξαναστήσειεν. τ. B.
78,3 ἐπειδὴ [τε] D. ἐπειδή τε B.A.
79,1 πρῴ D.B. πρωΐ A.
— ᾗρον D. εὗρον B.A.
80,4 Ἐλωρίνην D. Ἐλωρινὴν B. Ἐλωρινὴν A.
80,5 ηὗρον D. εὗρον B.A.
83,5 λανθάνουσι, κ. D.A. λανθάνουσιν, κ. B.
85,1 δ, τι D. δ τι B.A.
85,2 ἐκέλευε· καὶ D.A. ἐκέλευεν· καὶ B.
85,4 ἀπέθανε· πλ. D.A. ἀπέθανεν· πλ. B.
87,1,4 δ, τι D. δ τι D.A.

BOOK VIII.

1,1 [ἂν] D. ἄγαν B. †ἀν† A.
— πανσυδὶ D. πασσυδὶ B.A.
1,2 ἐλύπει τε D. ἐλύπει τε, B.A.
1,3 προβουλεύσουσι. π. D.A. προβουλεύσουσιν. π. B.
2,1,4 αὐτούς, εἰ D. αὐτοὺς εἰ B. αὐτοὺς, εἰ A.
2.3 τῷ ἦρι, D.A. τῷ ἦρι B.
2,3 εἰκός, D. εἰκὸς B. εἰκὸς, A.
3,1 στρατῷ τινι D. στρατῷ τινὶ B.A.
4. τἆλλα, D.A. τἄλλα, B.
5,1,2 Ἀλκαμένην D. Ἀλκαμένη B.A.
5,1 Νεοδ. D.A. νεοδ. B.
5,4 ἔπρασσε, X. D. ἔπρασσεν, X. B. ἔπρασσε· X. A.
5,5 ἐπωφείλησε· τ. D. ἐπωφείλησεν· τ. B. ἐπωφείλησε. τ. A.
6,2 Χίον, D.A. Χίον B.
6,4 αὐτοῖς εἰσιν ὅσασπερ D. αὐτοῖς εἰσὶν ὅσας περ B.A.
— τἆλλα B.A. τἄλλα B.
— πέμπειν, D.A. πέμπειν B.
6,5 αὐτοὶ D.A. αὐτοῖς B.
— Μελαγχρίδ. D. Μελαγχρίδ. B.A.
9,2 Κορινθίων, D.A. Κορινθίων B.
9,3 λάβωσι, καὶ D.A. λάβωσιν, καὶ B.
10,3 Πελοποννήσιοι, D. Πελοποννήσιοι B.A.
— ὁρμίζουσι. καὶ D.A. ὁρμίζουσιν. καὶ B.
10,4 ἀποκτείνουσι· καὶ D.A. ἀποκτείνουσιν· καὶ B.
— αὐτῶν τινες D. αὐτῶν τινὲς B.A.
12,1 Ἰωνίᾳ, D.A. Ἰωνίᾳ B.
14.2 προσπλέουσι, καὶ D. A. προσπλέουσιν, καὶ B.
14.3 ἀφιστᾶσι. δ. D.A. ἀφιστᾶσιν. δ. B.

16,3 Τήιοι—Τηίων D. Τήϊοι—Τηΐων B.A.
— ἐχρόνιζε, κ. D.A. ἐχρόνιζεν, κ. B.
— ἦρχε Στάγης, D.A. ἦρχεν Ὀτάγης, B.
19,3 νηὶ D. νηΐ B.A.
— Τηίων D. Τηΐων B.A.
20,2 ἀνεχώρησε. καὶ D.A. ἀνεχώρησεν. καὶ B.
— Τηίοις D. Τηΐοις B.A.
21. ἀπέκτεινε, τ. D.A. ἀπέκτεινεν, τ. B.
22,2 ἀφιστᾶσι, καὶ D. ἀφιστᾶσιν, καὶ B.A.
23,2 Ἔρεσον, D. Ἔρεσσον, B. Ἔρεσον· A.
23,4 Ἐρεσίων D.A. Ἐρεσσίων B.
— Ἔρεσον D. Ἔρεσσον B.
24,4 τοσῷδε D. τόσῳ B.A.
25,2 ξενικὸν D.A. [ξενικὸν] B.
25,5 τἆλλα D.A. τἄλλα B.
27,2 παρεσκευασμένοις D. παρασκευασμένοις B.A.
27,3 ἡσσηθῶσι· καὶ D.A. ἡσσηθῶσιν· καὶ B.
— ἰέναι; D.A. ἰέναι. B.
28,2 κατεῖχε, πλ. D.A. κατεῖχεν, πλ. B.
28,2 αἱροῦσι· καὶ D.A. αἱροῦσιν· καὶ B.
28,3 προσέταξε, καὶ D. προσέταξεν, καὶ B. προσέταξε· καὶ A.
— ἔλαβε· π. D.A. ἔλαβεν· π. B.
28,5 καθιστᾶσι. καὶ D.A. καθιστᾶσιν. καὶ B.
29,1 διέδωκε, τ. D.A. διέδωκεν, τ. B.
30,1 οὕτω· Σ. D.A. οὕτως· Σ. B.
31,1 ἐπίσχεν, D.A. ἐπίσχεν B.
— σφίσιν· ξ. D.A. σφίσιν· ξ. B.
31,2 Μαραθοῦσσαν D. Μαράθουσσαν B.A.
— Δρυμοῦσσαν. D. Δρύμουσσαν. B.A.
32,3 Ἀστύοχος λόγον D.A. ὁ Ἀστύοχος τὸν λόγον B.
33,2 λόφῳ D. λόφου B.A.
35,1 ἀφειστήκει D. ἀφεστήκει B.A.
35,4 ἐπεισελθόντων D.A. πεισελθόντων B.
38,5 καθεστήκει D. καθεστήκει B.A.
39,3 κατακάουσι. μ. D. κατακαίουσιν. μ. B. κατακάουσι. μ. A.
40,1 ναυσί, καὶ D.A. ναυσίν, καὶ B.
41,1 πάρεισι· καὶ D. πάρεισιν· καὶ B. πάρεισι. καὶ A.
— τἄλλα D.A. τἄλλα B.
41,3 εἶχε πλ. D.A. εἶχεν πλ. B.
42,1 εἶχε πρ. D. εἶχεν πρ. B. εἶχε, πρ. A.
— παρέσχε. καὶ D.A. παρέσχεν. καὶ B.
42,4 ἀπολλύασι, τ. D.A. ἀπολλύασιν, τ. B.
— Τευτλοῦσσαν D. Τεύτλουσσαν B.A.
45,2 ἔχωσι, δ. D.A. ἔχωσιν, δ. B.
— [οὐχ] ὑπολ. D. οὐχ ὑπολ. B. ὑπολ. A.
45,3 [ὥστε] δόντα D. ὥστε δόντα B.A.
— πεῖσαι ὥστε D. πεῖσαι, ὥστε B.A.
46,3 οἰκοῦσι, τ. D.A. οἰκοῦσιν, τ. B.
— σφῶν τῶν Ἑλλήνων D.A. σφῶν [τῶν Ἑλλήνων], B.

46,3 ἐκείνων

VIII. 46, 3.—100, 2.

46,3 ἐκείνων τῶν βαρβάρων, D.Δ. ἐκείνων [τῶν βαρβάρων], B.
— ἦν μήποτε D. ἦν μή ποτε B.A.
48,1 ὕστερον ἦλθε. D. ὕστερον ἦλθεν. B. ὕστερον. A.
— πρῶτον,—ποιήσειν, D.A. πρῶτον—ποιήσειν B.
48,2 ἐκοίνωσαν, D.A. ἐκοινώνησαν, B.
48,3 κάτεισι, σφ. D.A. κάτεισιν, σφ. B.
— στασιάσωσι· D.A. στασιάσωσιν B.
— βασιλεῖ D. (τῷ) βασιλεῖ B.A.
49 ξυνωμοσίᾳ, D. ξυμμαχίᾳ, B. †ξυνωμοσίᾳ,† A.
50,1 κατελήθη, D. κατέληθη B.A.
50,2 τἆλλα D.Λ. τἆλλα B.
50,4 δέδρακε, καὶ D.A. δέδρακεν, καὶ B.
50,5 πράξειε, καὶ D.A. πράξειεν, καὶ B.
51,1 τἆλλα D.A. τἆλλα B.
52 ἄν ποτε D. ὤν ποτὲ B.A.
53,2 κάτεισι, καὶ D.A. κάτεισιν, καὶ B.
— ἀντιπρῴρους D. ἀντιπρώρους B.A.
54,1 ἐνέδωκε. καὶ D.A. ἐνέδωκεν. καὶ B.
54,2 ὅπῃ αὐτοῖς D. ὅπῃ ἂν αὐτοῖς B.A.
54,4 τἆλλα D.A. τἆλλα B.
55,3 νεῶν τινων D. νεῶν τινῶν B.A.
56,4 δ, τι D. ὅ τι B.A.
— ἠξίου D. ἠξίουν B.A.
57,1 ἐκπεπολεμῆσθαι, D. ἐκπεπολεμῶσθαι, B. †ἐκπεπολεμῶσθαι† A.
58,5 ἔλθωσι· Λακ. D.A. ἔλθωσιν· Λακ. B.
58,7 καθ' ὅ, τι D. καθ' ὅ τι B.A.
59 τἆλλα ὅσαπερ D. τἆλλα ὅσα περ B. τἆλλα, ὅσαπερ A.
60,3 Σάμον, D.Λ. Σάμον B.
62,2 ἦλθε. καὶ D.A. ἦλθεν. καὶ B.
62,3 προσβαλών D. προσβάλων B.A.
63,1 ἐθάρσησε. καὶ D.A. ἐθάρσησεν. καὶ B.
63,4 ἐπειδήπερ D.A. ἐπειδή περ B.
64,2 κατέλυσε. καὶ D.A. κατέλυσεν. καὶ B.
65,2 ἐξήλασε, καὶ D.A. ἐξήλασεν, καὶ B.
66,1 δ, τι D. ὅ τι B.A.
66,2 ἐτεθνήκει, D.A. τεθνήκει, B.
— ἐνόμιζε. καὶ D.A. ἐνόμιζεν. καὶ B.
67,1 καθ' ὅ, τι D. καθ' ὅ τι B.A.
67,2 ἐφῆκε, ξ. D.A. ἐφῆκιν, ξ. B.
68,1 τἆλλα D. τἆλλα B.
— ἂ γνοίη D. ἂ ἂν γνοίη B. ἂ [ἂν] γνοίη A.
68,2 αὐτός [τε], D. αὐτός τε, B.A.
68,3 ἔπραξε, ν. D.A. ἔπραξεν, ν. B.
— ἐπειδήπερ D.A. ἐπειδή περ B.
68,4 προυχώρησε· χ. D. προυχώρησεν· χ. B. προὐχώρησε· χ. A.
69,1 ἦσαν Ἀθην. D. ἦσαν [δ'] Ἀθην. B.A.
69,4 Ἕλληνες νεανίσκοι, D.Δ. [Ἕλληνες] νεανίσκοι, B.

71,1 θόρυβον τῶν μακρ. D. θόρυβον· τῶν γὰρ μακρ. B. θόρυβον, τῆς τῶν μακρ. A.
72,1 οὐπώποτε D. οὐ πώποτε B.A.
73,2 ἦλθε, καὶ D.A. ἦλθεν, καὶ B.
73,4 Θρασύλλῳ D. Θρασύλῳ B.A.
— ξυνεστῶσι· καὶ D.A. ξυνεστῶσιν· καὶ B.
— ξυνέμεινε. οἱ D. ξυνέμεινεν. οἱ B.Δ.
73,5 νηὶ D. νηῒ B.A.
— ναῦς τινας, D. ναῦς τινὰς, B.A.
74,3 τεθνήκωσι· καὶ D.A. τεθνήκωσιν· καὶ B.
75,1 ἀντιπρῴρων D. ἀντιπρώρων B.A.
75,2 Θράσυλλος D. Θράσυλος B.A.
— προεστήκεσαν D. προεστήκει ιν B.A.
— δημοκρατήσεσθαι D.A. δημοκρατηθήσεσθαι B.
76,2 Θράσυλλος D. Θράσυλος B.A.
76,3 ἀφέστηκε· τ. D.A. ἀφέστηκεν· τ. B.
76,7 εὑρήσουσι. T. D.A. εὑρήσουσιν. τ. B.
78. αὐτῷ εἰσιν, D. αὐτῷ εἰσὶν, B.A.
80,3 ἀφιστᾶσι. καὶ D.A. ἀφιστᾶσιν. καὶ B.
81,1 τὸν Τισσαφέρνην D. τὸν Τισσαφέρνη B.A.
— σωτηρίαν, D.A. σωτηρίαν B.
81,2 φοβοῖντο αὐτὸν D.A. φοβοῖντο αὐτὸν B.
81,3 ἐξαργυρῶσαι, D. ἐξαργυρίσαι, B.A.
— εἰ σῶς αὐτὸς D. εἰ αὐτὸς B.A.
84,2 ἠπείλησε, καὶ D.A. ἠπείλησεν, καὶ B.
84,4 ἐκβάλλουσι· ξ. D. ἐκβάλλουσιν· ξ. B. ἐκβάλλουσι. ξ. A.
86,7 τἆλλα D.A. τἆλλα B.
— ἢ 'κεῖνοι, D. ἢ κεῖνοι, B.A.
86,9 νηὶ D. νηῒ B.A.
— ἐπειδὴ ἐγέν. D. [οἱ] ἐπειδὴ ἐγέν. B.A.
87,1 τἆλλα D.A. τἆλλα B.
— ἐκέλευε· τ. D.A. ἐκέλευεν· τ. B.
87,3 ἐστι, δ. D. ἐστιν, δ. B. ἐστι· δ. A.
87,4 ἀνοκωχῆς D. ἀνακωχῆς B.A.
— εἴ γε D. εἴγε B.A.
87,5 Φαρνάβαζον τὰ D. βασιλέως, τὰ B.A.
88 τρισκαίδεκα D. τρεισκαίδεκα B.A.
— ἔμελλε, καὶ D.A. ἔμελλεν, καὶ B.
90,1 Σάμῳ τῷ D. Σάμῳ [ποτὲ] τῷ B.A.
90,1.3 Ἠετιωνείᾳ D. Ἠετιωνίᾳ B.A.
90,4 Ἠετιώνεια D. Ἠετιωνία B.A.
91,2 Ἠετιώνειαν D. Ἠετιωνίαν B.A.
92,1 ἐπεισαγωγὰς D.A. ἐπεσαγωγὰς B.
92,3 κατεδεδραμήκεσαν· D. κατεδεδραμήκεσαν B.A.
92,4 Ἠετιωνείας D. Ἠετιωνίας B.A.
94,1 πολλῶν D.A. ὁπλιτῶν B.
95,7 τἆλλα D.A. τἆλλα B.
96,2 ἀπωλωλέκεσαν, D. ἀπολωλέκεσαν, B.A.
96,4 Εὐβοίας D.A. Βοιωτίας B.
97,2 τἆλλα D.A. τἆλλα B.
— πονήρων D. πονηρῶν B.A.
98,3 τἆλλα D.A. τἆλλα B.
100,1 Θράσυλλος D. Θράσυλος B.A.
100,2 τἆλλα D A. τἆλλα B.

100,3 Ἔρεσος

100,3 Ἔρεσος D.A. Ἔρεσσος B.	104,3 Θράσυλλος D. Θράσυλος Β.Α.
— Ἔρεσον D A. Ἐρεσσον B.	104,4 ξυμμίξαι, D.A. ξυμμῖξαι, B.
100,4.5 Ἔρεσον D A. Ἐρεσὸν B.	105,2.3 Θράσυλλον D. Θράσυλον Β.Α.
101,1 οὐ πελάγιαι D.A. [οὐ] πελάγιαι B.	105,3 τρέπουσι, καὶ D.A. τρέπουσιν, καὶ B.
— Ἐρέσῳ D.A. Ἐρεσῷ B.	106,1 παρεῖχε), τ. D.A. παρεῖχεν), τ. B.
101,2 Ἀργεννούσσαις D. Ἀργεννούσαις B A.	106,3 ἀπολλύασι. στ. D.A. ἀπολλύασιν. στ. B.
101,3 Λεκτὸν καὶ Λάρισαν D. Λέκτον καὶ Λάρισσαν B. Λέκτον καὶ Λάρι[σ]σαν A.	107,3 Ἱπποκράτην D. Ἱπποκράτη Β.Α.
	108,2 Ἁλικαρνασσέας D. Ἁλικαρνασέας Β.Α.
102,2 ἐκπλέωσι· τ. D.A. ἐκπλέωσιν· τ. B.	— ἐτείχισε. τ. D.A. ἐτείχισεν. τ. B.
102,3 λαμβάνουσι, δ. D.A. λαμβάνουσιν, δ. B.	— κατέπλευσε. καὶ D.A. κατέπλευσιν. καὶ B.
— κατακάουσι. μ. D. κατακαίουσιν, μ. B. κατακαίουσι. μ. A.	108,4 Ἀτραμύτειον D. Ἀτραμύττιον Β.Α.
	— κατηκόντισε. φ. D.A. κατηκόντισεν. φ. B.
103,2 Ἔρεσον D.A. Ἐρεσὸν B.	109, βλάπτωσι, καὶ D.A. βλάπτωσιν, καὶ B.

N.B. Punctuation between the column of numbers and the text, or between the text and the subjoined capitals which indicate the editions, is itself a part of the various reading, which is separated from the numbers and subjoined capitals only by void spaces. The full-point attached to a single letter, or other portion of a word, is however but an expedient for abbreviation.

GREAT HARBOUR OF SYRACUSE

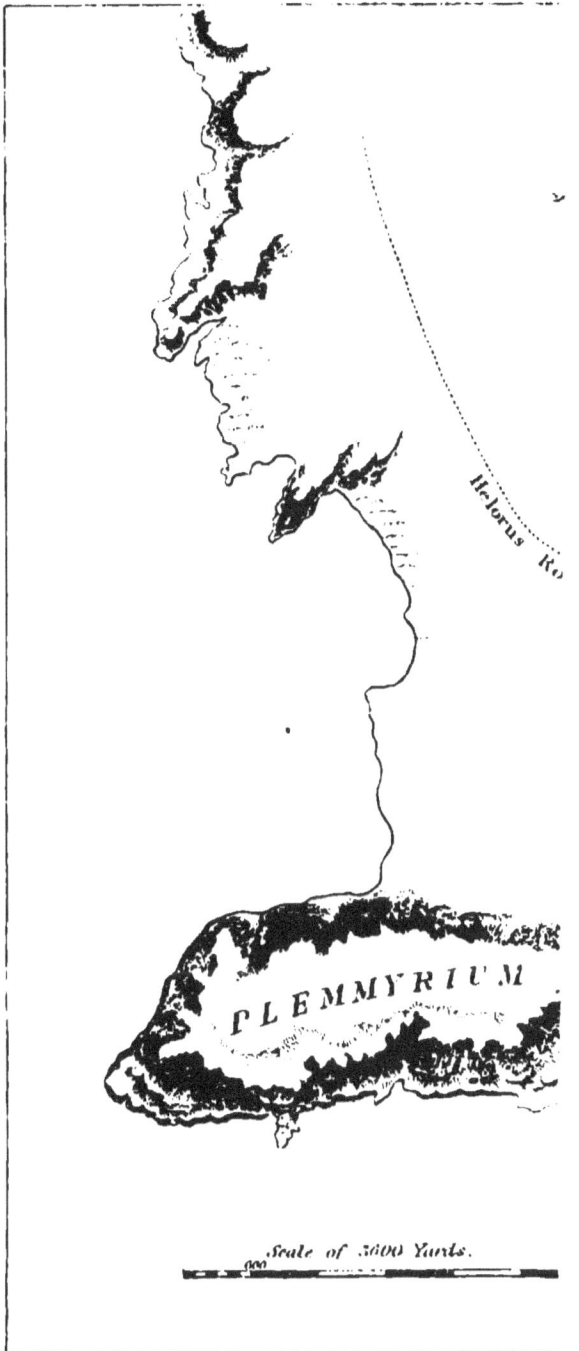

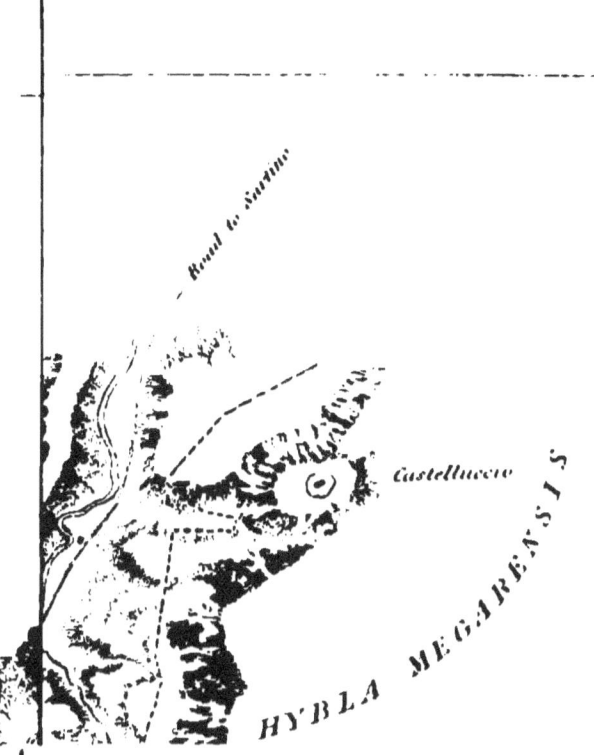

www.ingramcontent.com/pod-product-compliance
Lightning Source LLC
Chambersburg PA
CBHW031331230426
43670CB00006B/315